기독교문서선교회 (Christian Literature Center: 약칭 CLC)는 1941년 영국 콜체스터에서 켄 아담스에 의해 시작되었으며 국제 본부는 미국 필라델피아에 있습니다.
국제 CLC는 약 650여 명의 선교사들이 59개 나라에서 180개의 서점을 운영하며 이동 도서 차량 40대를 이용하여 문서 보급에 힘쓰고 있으며 이메일 주문을 통해 130여 국으로 책을 공급하고 있는 국제적 문서선교 기관입니다.

신 국 현 박사
서울부림교회 담임목사

'언약과 교회!'

하나님께서 우리에게 선물로 주신 이 두 단어의 조합은 우리의 가슴을 벅차오르게 한다. 특히, 그리스도의 승천 이후, 그분의 육신의 부재(不在) 속에서의 '언약'이라는 단어는 우리에게 깊은 위로와 확신을 주기에 충분하다. 이 책은 무엇보다 예수 그리스도께서 그분의 교회에 주신 "내가 세상 끝날까지 너희와 항상 함께 있으리라"(마 28:20)라는 약속을 어떤 방식으로 이루어 가고 계시는지를 설명해 줌으로써 교회의 믿음을 더욱 공고하게 만들어 준다.

그리스도께서 승천하신 후 진리의 성령께서는 교회에 임하셔서 그리스도를 증거하게 하시고, 죄와 심판에 대해 확신토록 하며, 교회가 하나님을 친밀히 만나는 가운데 주의 뜻 안에서 견고하게 세워져 가도록 은사를 나누어 주셨다. 이렇게 성령은 교회가 그리스도와 연합하는 가운데 재림과 종말이라는 종착지까지 안전하고 진실하게 갈 수 있도록 우리를 안내하신다.

그렇다면 우리의 관심은 종말을 향해 가고 있는 현재의 교회 실상에 있어야 한다. 이것은 '성령이 임재하시는 교회를 어떤 방식으로 인도하시는가'에 관한 것이다. 호튼은 이에 대해 '말씀'과 '성례'를 제시한다. 여기서 말씀이라 함은 성경을 기반으로 한 교리와 삶, 이론과 실천, 신조와 행위를 포함한다. 결국, 하나님의 언약을 중심으로 우리의 모든 신앙의 기초가 세워지고, 채워져 가는 것이다. 그래서 교회는 하나님의 약속으로 채워진 말씀을 통해 심판 속에서도 은혜를, 재앙 속에서도 자비를 발견하게 된다.

더불어 교회는 성찬을 통해서도 그리스도를 친밀히 만나는 혜택을 누리게 되는데, 결국 말씀과 성례라는 귀한 은혜의 방편은 내적이며 외적인 그리스도의 임재를 우리가 더욱 선명하게 느끼도록 하면서, 그리스도께서 영원토록 교회와 함께하시기로 하신 약속의 실존을 경험토록 한다.

그러나 우리가 현재 속해 있는 교회는 최종의 영광스러운 나라에 임하기까지 불완전한 상태로 존재할 수밖에 없다. 이 땅에서 우리가 누리고 있는 영광은 미래에 완성될 영광의 일부를 누리는 것이다. 이것은 결국 지상의 교회는 불가피하게 전투하는 교회가 되어야 함을 의미한다. 교회는 하나님께 택함 받은 주의 백성들이 성령의 인도하심에 따라 주의 법 아래서 운영되는 가운데, 거룩성과 보편성, 사도성을 보존하면서 운영되고 있다.

또한, 우리는 항상 하나님께서 우리를 교회로 부르신 이유를 상기할 필요가 있는데, 그것은 세상과의 분리 내지 단절이 아니라, 세상 속에서 소금과 빛으로서의 역할을 잘 감당해야 한다는 것이다. 교회는 개인의 신앙을 수양하거나 재미를 채우기 위한 공간이 아니다.

교회는 예수 그리스도의 복음을 중심으로 전하고, 가르치고, 양육하여 파송하는 곳이다. 그것을 위해 교회 안에는 말씀과 성례가 필요하며, 다양한 제도와 조직이 필요한 것이다. 교회는 말씀을 통해 그리스도를 이해하고, 성찬을 통해 그리스도와 연합하며, 그리스도의 몸 된 교회가 머리이신 그리스도의 지휘 아래 통솔되도록 제도와 조직을 갖추어야 한다.

이런 교회는 점차 그리스도의 정체성을 지닌 거룩한 군대가 된다. 그리고 세상 속에 들어가 진리 되신 그리스도를 전하고 선포하는 일을 위해 힘써야 한다. 우리를 세상 가운데서 부르신 하나님께서는 이제 세상 가운데로 우리를 보내신다.

그러나 무엇보다 우리는 현재의 불완전한 교회가 마지막 때에 완성된다는 소망을 품을 수 있어야 한다. 하나님께서 이 땅에 남기신 교회는 끊임없이 거룩한 전쟁을 치르는 가운데, 때로는 핍박과 고난을 경험해야 하고,

때로는 마치 철저히 패배한 것처럼 보이는 큰 절망과 마주해야 한다. 그러나 교회는 결코 패배하지 않을 것인데, 그것은 그리스도께서 재림하실 때에 모든 악을 심판하시고, 영광의 나라를 세우시리라는 약속을 주셨기 때문이다.

호튼은 이 책을 통해 교회란 무엇인지, 어떤 목적과 내용을 가지고 운영되어야 하는지, 현재의 싸움을 어떻게 이기며, 미래에 어떻게 완성되어 가는지를 성경적·신학적·역사적 관점에서 세밀하게 정리해 보면서 방향을 잃고 방황하는 이 시대의 교회를 향해, 교회의 본래 의미와 추구해야 할 방향성을 우리에게 제시해 준다.

많은 교인이 이 책을 통해 그리스도의 몸 된 교회로서의 정체성을 회복하고, 교회의 참의미를 이해하면서 우리에게 약속된 영광스러운 나라, 영광스러운 교회를 함께 바라보며 나아가길 소망한다.

언약과 교회론

백성과 장소

People and Place: A Covenant Ecclesiology
Edited by Michael S. Horton
Translated by Jin Woon kim
Copyright ⓒ 2008 by Michael S. Horton
Westminster John Knox Press

No part of this book may be reproduced or transmitted in any form or by any means, electronic or mechanical, including photocopying, recording, or by any information storage or retrieval system, without permission in writing from the publisher.
For information, address Westminster John Knox Press, 100 Witherspoon Street, Louisville, Kentucky 40202-1396.
All rights reserved.

Translated and printed by Westminster John Knox Press
Korean Edition Copyright © 2024 by Christian Literature Center, Seoul, Korea

언약과 교회론
백성과 장소

2024년 11월 8일 초판 발행

| 지 은 이 | 마이클 호튼 |
| 옮 긴 이 | 김진운 |

편 집	전희정
디 자 인	이보래
펴 낸 곳	(사)기독교문서선교회
등 록	제16 - 25호(1980.1.18.)
주 소	서울특별시 동대문구 천호대로71길 39
전 화	02 - 586 - 8761~3(본사) 031 - 942 - 8761(영업부)
팩 스	02 - 523 - 0131(본사) 031 - 942 - 8763(영업부)
이 메 일	clckor@gmail.com
홈페이지	www.clcbook.com
송금계좌	기업은행 073 - 000308 - 04 - 020 (사)기독교문서선교회
일련번호	24-115

ISBN 978-89-341-2756-7 (94230)
ISBN 978-89-341-1154-2 (세트)

이 한국어판 저작권은 Westminster John Knox Press와 독점 계약한 (사)기독교문서선교회가 소유합니다.
신저작권법에 의하여 한국 내에서 보호를 받는 저작물이므로 무단 전재와 무단 복제를 금합니다.

마이클 호튼의 언약신학 시리즈 ④

언약과 교회론

백성과 장소

마이클 호튼 지음
김진운 옮김

People and Place

A Covenant Ecclesiology

CLC

마이클 호튼의 언약신학 4부작

제1권 『언약과 종말론: 하나님의 드라마』(*Covenant and Eschatology: The Divine Drama*)
제2권 『언약과 기독론: 주님과 종』(*Lord and Servant: A Covenant Christology*)
제3권 『언약과 구원론: 그리스도와의 연합』(*Covenant and Salvation: Union with Christ*)
제4권 『언약과 교회론: 백성과 장소』(*People and Place: A Covenant Ecclesiology*)

목차

추천사 신국현 박사(서울부림교회 담임목사)	1
약어표	10
저자 서문	11
역자 서문	15
제1장 실재 부재와 임재: 교회론과 하나님의 경륜	28
제1부 기원: 은혜의 현장	**91**
제2장 말씀의 피조물: 성례의 말씀	92
제3장 해방되는 포로: 정경으로서의 말씀	159
제4장 표징과 인: 조약 비준	209
제5장 "이것은 나의 몸이다": 개혁주의 성찬신학	256
제2부 정체성: 몸 이해하기	**312**
제6장 전체 그리스도: 하나와 다수	313
제7장 보편성과 거룩성	375
제8장 사도성: 역사적 제도와 종말론적 사건	431
제3부 목적지: 시온으로 가는 왕의 행렬	**495**
제9장 거룩한 땅, 거룩한 전쟁: 장소 준비하기	496
제10장 완성: 우리가 받는 왕국의 성찬 전례	549

약어표

ARV	American Revised Version. 1901.
BC	*The Book of Confessions*. Louisville, KY: Office of the General Assembly, Presbyterian Church (U.S.A.), 1991.
CD	Karl Barth. *Church Dogmatics*. Edited by G. W. Bromiley and T. F. Torrance. Translated by G. T. Thomson. 5 vols. in 14. Edinburgh: T&T Clark, 1936–77.
CO	John Calvin. *Calvini opera*. 59 vols. in CR, vols. 29–87. Brunsvigae (Braunschweig): Schwetschke, 1863–1900.
CR	Corpus reformatorum. Edited by C. G. Bretschneider, H. E. Bindseil, et al. 101 vols. Halis Saxonum (Hall): Schwetschke; et al., 1834–1963. Reprinted, New York: Johnson, 1964.
ESV	English Standard Version. 2001
Institutes	John Calvin. *Institutes of the Christian Religion*. Edited by J. T. McNeill. Translated from the 1559 edition by F. L. Battles. 2 vols. Philadelphia: Westminster, 1960.
KJV	King James Version. 1611.
LW	Martin Luther. *Luther's Works*. Edited by J. Pelikan and H. T. Lehmann. 55 vols. St. Louis: Concordia Publishing House; Philadelphia: Fortress Press, 1955–86.
NASB	*New American Standard Bible*. 1960, 1995.
NKJV	*New King James Version*. 1982
NRSV	New Revised Standard Version. 1989.
OS	*Johannis Calvini opera selecta*. Edited by P. Barth and G. Niesel. 5 vols. Munich: Chr. Kaiser, 1926–52.
RSV	Revised Standard Version. 1946, 1952.
SC	Dietrich Bonhoeffer. *Sanctorum Communio: A Theological Study of the Sociology of the Church*. Vol. 1 of *Dietrich Bonhoeffer Works*. Original edited by Joachim von Soosten. English edition edited by Clifford J. Green. Translated by Reinhard Krauss and Nancy Lukens. Minneapolis: Fortress Press, 1998.

저자 서문

마이클 호튼 박사
웨스트민스터신학교(캘리포니아) 조직신학 교수

나는 이 책을 끝으로 시리즈를 마무리한다. 네 권으로 계획된 시리즈는 성경신학적 맥락(biblical-theological context)과 지평을 의식하는 신학을 갱신하기 위한 언약신학의 잠재력을 탐구하는 데 목적이 있다. 이 과정에서 나는 이런 접근 방식이 현재 제시되고 있는 극단 사이를 탐색하는 데 도움이 된다고 제안했다.

폴 틸리히(Paul Tillich)의 종교 철학에 대한 대조적 패러다임인 "소외 극복하기"(overcoming estrangement) 대 "낯선 존재와의 만남"(meeting a stranger)을 차용하고 세 번째 유형인 "우리가 결코 만날 수 없는 낯선 존재"(the stranger we never meet)를 추가하면서 나는 언약적 존재론의 당연한 결론으로 두 번째 관점 즉 "낯선 존재와의 만남"을 선택했다.

또한, 이 프로젝트는 다양한 언약 집행에서 종말론과 역사 사이의 역동적 상호 작용을 표현하기 위해 드라마의 은유에 호소하면서 신학적 진술에 대한 유비적 설명을 일관되게 옹호해 왔다. 따라서 이 시리즈의 신학 서론(prolegomenon)에 해당하는 『언약과 종말론』(*Covenant and Eschatology*)은 이런 접근 방식이 포스트모던 상황에서 구속의 미사여구(rhetoric of redemption)를 재통합하는 데 어떻게 도움이 될 수 있는지 보여 주려고 했다.

『주님과 종』(Lord and Servant)은 "낯선 존재와의 만남"이라는 패러다임을 정교화하여 비인격적 하나님과 의존적 하나님, 위로부터의 기독론과 아래로부터의 기독론, 율법적인 것과 관계적인 것, 대리적 속죄와 승리자 그리스도라는 잘못된 선택을 초월하고자 했다.

『언약과 구원론』(Covenant and Salvation, CLC 刊)은 법정적-외재적 구원론과 효과적-참여적 구원론 사이의 선택에 도전했다.

『언약과 구원론』의 뒤를 잇는 『언약과 교회론』(People and Place)에서는 그리스도와의 연합(구원론)과 성도들의 친교(교회론) 사이의 불가분 관계를 강조한다. 구속-역사적 경륜(승천, 오순절, 파루시아)의 지도 위에 교회론을 그린 다음, 선포와 성례전(제1부), 그에 따른 교회의 정체성과 사명(제2부), 그리고 시온을 향한 왕의 행렬에서 하나님의 순례자 운명에 대한 두 장의 결론을 통해 교회의 근원 또는 기원을 탐구한다.

내가 이 시리즈 전반에 걸쳐 시도했던 것처럼, 이번 작업에서도 나는 대안적 제안과 어느 정도 상호 소통하고 있다.

"언약으로서의 교회"는 벨리-마티 카카이넨(Veli-Matti Kärkkäinen)의 개혁주의 교회론의 표어이다.[1] 물론, 개혁주의 전통은 널리 입증된 이 성경적 모티브에 대한 특허를 가지고 있지 않다. 그러나 개혁주의 전통은 언약적 사고가 교회에 대한 사고를 구조화하는 정도에 따라 구별되어 왔다.

내가 이 시리즈 전체에 걸쳐 주장했듯이 그 외에도 많은 것이 있다. 이스라엘의 역사에 뿌리를 둔 은혜 언약은 신약의 교회론을 정립하는 데 적절한 맥락을 제공한다. 현재 제시되고 있는 과잉 수정 사항들과 함께 현재 우리 문화에서 계약 이론과 실천이 제시하는 도전을 고려할 때, 언약적 접근은 특히 현재의 성찰에 적합하다.

---

1   Veli-Matti Kärkkäinen, *An Introduction to Ecclesiology: Ecumenical, Historical and Global Perspectives* (Downers Grove, IL: InterVarsity Press, 2002), chap. 4

승천, 오순절, 파루시아에 의해 결정된 은혜의 경륜에서 좌표를 삼은 각 장은 현대 교회론적 제안에서 명백한 두 가지 극단에 대한 대안을 제시한다.

첫째 궤적은 머리와 지체를 하나의 주체, 즉 전체 그리스도(*totus Christus*)로 통합하는 것이다. 이 궤적은 종종 범신론적 존재론, 상승적 구원론을 전제로 하며 기독론을 교회론에 동화시킨다. 그 결과 교회론에 적용된 소외 극복과 정신의 상승이라는 형이상학적 패러다임, 즉 그리스도는 이미 교회 안에 그리고 교회로서 재림하셨기 때문에 육체로 다시 오실 필요가 없다는 것이 나의 주장이다.

둘째 궤적은 그리스도의 참된 몸과 역사적 기관으로서의 가시적 교회를 심지어 대척점에 놓을 정도로 구별한다.

이런 서로 다른 궤적은 교회의 일치, 거룩성, 보편성, 사도성을 고려할 때 계속해서 제시되고 있다. 이 장을 통해 나는 교회를 일치와 복수성을 동시에 지니고, 그리스도와 연합되어 있으면서도 그리스도와 구별되며, 의롭다 함을 받은 동시에 죄가 있으며, 종말론적 사건이자 역사적 기관이며, 신자들의 어머니이자 세상에 대해 선교사로서, 말씀과 성례를 통해 이미 다가올 시대의 권능에 참여하면서도 이 지나가는 시대에 다시 동화되기 직전에 있는 존재로 보는 시각을 자세하게 설명한다.

이 책에서 나의 목표는 이론뿐만 아니라 현대적 실천에 대한 긴급한 관심으로 사람과 장소로서의 교회의 중요하고 상호 의존적인 주제를 통합하는 언약적 모델의 잠재력을 보여 주는 것이다.

이 시리즈를 통해 감사를 표한 모든 분과 함께 특히 웨스트민스터존녹스출판사(Westminster John Knox)의 팀원들, 특히 도널드 맥킴(Donald McKim), 데니엘 부레이든(Daniel Braden), 줄리 토니니(Julie Tonini)에게 다시 한번 감사의 말씀을 전한다. 이 원고를 검토하고 개선점을 제안해 준 친구들, 특히 브랜넌 엘리스(Brannan Ellis)와 라이언 글롬스루드(Ryan Glomsrud)에게도 감사의 말을 전한다.

놀랍게도 내 아내 리사(Lisa)는 (결혼하기 전에 이 프로젝트를 시작했지만) 이 프로젝트를 진행하는 동안 나를 떠나지 않고 끊임없이 격려와 권고를 아끼지 않았다. 또한, 언약이 살아 있는 실체임을 끊임없이 일깨워 주는 네 자녀와 거룩하고 보편적이며 사도적인 교회의 지역적 표현이 무엇인지 구체적으로 보여 준 산티의 그리스도연합개혁교회(Christ United Reformed Church)에도 감사드린다.

역자 서문

김 진 운 대표
써니스 잉글리쉬 클래스 영어학원

/서론/

이 책은 마이클 호튼(Michael Horton) 박사의 언약적 맥락에서 쓴 교의학 4부작의 마지막 책이다. 호튼 박사는 언약신학의 큰 틀을 통해 교회의 기원, 사명, 운명을 탐구한다. 그는 교회론에 맥락을 제공하는 두 가지 요소는 이스라엘 역사와 은혜 언약이라고 주장하며 그리스도의 승천, 오순절, 파루시아를 통해 교회가 어떻게 구성되고 말씀과 성례전을 통해 유지되는가를 보여 준다.[1]

그의 목표는 현대적 실천에 대한 긴급한 관심을 가지고 사람으로서의 교회와 장소로서의 교회 주제를 통합하는 언약적 모델의 잠재력을 입증하는 것이다. 무엇보다도 이 책은 개혁주의에 근거한 기독교 교회론을 깊이 탐구한다. 이 책은 교회가 무엇인지, 그리고 교회가 세상 속에서 어떻게 존재해야 하는지를 다룬다. 호튼은 이 책에서 교회의 본질과 사명을 성경적, 신학적 관점에서 깊이 있게 탐구하며, 교회가 단순히 믿는 사람들의 모임을 넘어서는 중요한 신학적 실체임을 강조한다.

---

1 Michael Horton, *People and Place*, ix.

무엇보다 교회는 언약 공동체이다. 그는 언약신학을 바탕으로 교회의 정체성을 설명하며, 교회가 하나님의 언약 속에서 그 존재 의미를 찾는다고 주장한다. 이는 교회가 단순히 인간의 조직이 아니라, 하나님의 구원 계획의 중요한 부분임을 의미하는 것이다. 호튼에 의하면 교회는 말씀의 창조물로서 말씀과 성례가 교회의 핵심이다. 특히, 성찬과 세례는 신자들에게 하나님의 구원을 상기시키고, 그리스도의 몸으로서 교회의 연합을 강화하는 역할을 한다.

이 책의 구성은 다음과 같다. 즉, 구속-역사적 경륜(승천, 오순절, 파루시아)의 지도 위에 교회론을 그린 다음, 선포와 성례전(제1부), 그에 따른 교회의 정체성과 사명(제2부), 그리고 시온을 향한 왕의 행렬에서 하나님의 순례자 운명에 대한 두 장의 결론(제3부)을 통해 교회의 근원 또는 기원을 탐구한다.[2]

/본론/

1. 제1장 _ 실재 부재와 임재: 교회론과 하나님의 경륜

기독교 역사에서 예수님의 부활과 승천은 한편으로 신자들에게는 예수님의 부재라는 현실을 직면하게 했다. 그러나 그분이 떠난 바로 그곳에서 교회가 생겨났다는 역설이 존재한다. 예수님의 승천으로 인해 교회가 직면하는 현실은 완전한 임재(full presence)나 완전한 부재(full absence)가 아니라 "이 시대"와 "다가올 시대" 사이의 성찬적 긴장(eucharistic tension) 때문

---

[2] Michael Horton, *People and Place*.

에 정의된다고 호튼은 언급한다.³

기독교 역사에서 승천이 매우 중요한 위치를 차지하고 있음에도 불구하고 교회는 종종 그리스도의 육체 승천을 외면했다. 대신 교회는 그분의 편재하는 신성 또는 편재하는 육체 개념에 호소하거나 부재하는 주님을 대신하여 교회로 대체함으로써 종말론적 긴장을 해결해 왔다.⁴

또한, 나사렛 예수의 부재를 외면할 때 교회는 자신을 가시적이고 지상에 있는 예수님의 대체물로 여기게 되었다. 중세 시대에 성상이 점증하게 되고 사회를 지배하게 된 것은 예수님의 부재를 극복하기 위한 열망 때문이었다. 이런 이유로 호튼은 "그리스도의 부재를 인정하지 않는 교회는 더 이상 그리스도께 초점을 맞추지 않고 가나안을 조기에 점령하려는 우상 숭배적 대체의 유혹에 빠지게 된다"라고 언급한다.⁵

따라서 예수님의 부재를 유지하는 것은 예수님과 신자들 사이의 진정한 연속성을 유지하는 것이다. 이것은 칼빈이 언급하는 것처럼 "우리의 초점을 구속의 경륜, 즉 강림(성육신과 지상에서의 구속 사역)에서 승천과 하늘에서의 사역, 종말에 파루시아에 이르는 나사렛 예수님의 실제 역사로 되돌려 놓는" 것이다. 따라서 적절한 불안과 긴장으로 그리스도의 부재를 만나는 것이 중요하다.⁶

왜냐하면, 위에서 언급했던 것처럼 교회가 육신으로 승천하신 주님을 외면하고 성령에 끊임없이 의존하는 순간, 교회는 지상에서 그리스도의 대체(대리자)로서의 순전히 역사적인 조직으로 쉽게 퇴보하기 때문이다.

그리스도가 부활하여 승천하심으로써 오순절에 약속하신 성령이 오셨다. 성령은 그리스도께서 신자들에게 보내 주시는 선물이다. 성령은 그리

---

3   Michael Horton, *People and Place*, 4.
4   Michael Horton, *People and Place*, 5.
5   Michael Horton, *People and Place*, 13.
6   Michael Horton, *People and Place*.

스도께서 승천하시고 아버지께서 보내신 삼위일체의 위격 중 한 분이시기 때문에 지금 성령이 임재하신다고 말하는 곳에는 그리스도가 임재하신다.[7] 왜냐하면, 성령은 자신을 증거하시는 것이 아니라 그리스도를 증거하시고 신자들을 그리스도께 인도하시기 때문이다. 그리스도는 육체적으로 부재하지만, 교회는 성령이 계심으로써 그리스도의 임재를 더 경험하게 된다.

호튼 박사는 다음과 같이 언급한다.

> 예수 그리스도는 신자들과 교회 안에 내주하시지만, 즉시 육신이 아닌 그분의 성령으로 내주하신다(고후 1:22; 참조, 롬 8:16, 26; 고전 3:16; 갈 4:6; 엡 5:18). … 그러나 그리스도의 육체적 부재가 교회를 고아로 만들지 않는 이유는, 적어도 한 가지 의미에서 성령이 그리스도가 제자들에게 임재하셨던 것보다 그리스도를 더 임재하시게 만들기 때문이다. 제자들은 육신으로 그분을 보았을지 모르지만, 우리는 아들에 의해 권한을 부여받고 성령의 영감을 받은 선포를 통해 성령 안에서 그분을 본다.[8]

우리는 너무 자주 그리스도의 부활과 승천을 혼동하지만, 이는 잘못된 생각이다. 승천으로 인해 교회가 직면하는 현실은 완전한 임재나 완전한 부재가 아니라 '이 시대'와 '다가올 시대' 사이의 성찬적 긴장(eucharistic tension)이다.

그리스도는 승천하실 때 교회에 성령을 부어 주셨으며, 그렇게 하심으로써 은혜의 수단인 말씀과 성례의 선포를 통해 임재하신다. 호튼 박사는 그리스도의 부재와 임재를 언약신학의 맥락에서 통합적으로 설명한다. 그

---

7   Michael Horton, *People and Place*, 26.
8   Michael Horton, *People and Place*, 29.

리고 신자들은 성령과 성례전, 예배와 말씀을 통해 그리스도의 실제적인 임재를 경험한다.

2. 제1부 _ 기원: 은혜의 현장

이 책의 제1부는 총 네 장으로 구성되어 있다.

호튼은 제2장에서 교회의 기원을 주제로 논한다. 무엇보다도 교회는 "말씀의 창조물"(*creatura verbi*)이다. 말씀을 통해 신자들은 법적으로 하나님의 자녀로 입양되며 성령께서 그들이 하나님의 자녀임을 내적으로 증거하신다(롬 8:12-17). 다른 말로 해서 그리스도의 말씀은 그리스도에 대한 믿음을 창조하며, 믿음이 존재하는 곳에 교회가 존재한다.

본회퍼는 다음과 같이 주장한다.

> 요약하면, 수적으로나 신앙적으로나 말씀은 교회 전체가 세워지는 사회학적 원리다. 그리스도는 토대이고 이런 토대 위에 또한 이런 토대에 따라 교회가 세워진다(고전 3; 엡 2:20). 따라서 교회는 "하나님의 거룩한 성전"(엡 2:21)으로 성장하고, "온전한 사람을 이루어 그리스도의 장성한 분량이 충만한 데까지"(엡 4:13) "하나님이 자라게 하시므로 자라고"(골 2:19), 이 모든 것에서 "그는 머리니 곧 그리스도" 안에서 성장해 간다. 건물 전체가 그리스도로 시작하고 그리스도로 끝나며, 그것의 통일된 중심은 말씀이다.[9]

본회퍼의 말은 교회는 "말씀의 창조물"이며 항상 말씀의 창조물로 남아 있어야 함을 의미한다.

---

[9] Michael Horton, *People and Place*, 50.

오늘날 교회가 겪고 있는 문제는 더 이상 성경을 통해 말씀하시는 하나님을 믿거나 기대하지 않기 때문에 더 이상 기독교적이지 않다는 데 있다. 너무 지나친 일반화일 수는 있지만, 이것이 사실이라면 이것은 교회 정체성에 대한 가장 큰 위협일 수 있다. 호튼은 제3장에서 교회가 왜 교회를 창조하는 말씀에 대해 더 확신해야 하는지를 논한다.

그 이유는 하나님 말씀은 우리의 이성과 경험의 직관에 포로가 되는 대신, 우리를 포로로 잡으며 또한 말씀은 죄에서 우리를 해방하는 것처럼 우리를 인간 이성의 자율성에서 해방하기 때문이다.[10]

말씀에 확신을 두기 위해서는 오직 성경에 초점을 맞추라고 언급하며 호튼은 이제 제4장에서 거룩한 성례에 관심을 돌린다.

믿음은 어디서 오는가?

믿음은 하나님의 말씀을 들음으로써 온다. 성례전은 가장 분명한 약속을 가져온다. 왜냐하면, 성령께서 이에 대해 확증하시기 때문이다. 즉, "성령께서 거룩한 복음의 전파를 통해 우리 마음속에 믿음을 일으키시고, 거룩한 성례전의 사용을 통해 믿음을 확증하신다."[11]

제4장에서 성찬을 표징과 인으로 보는 언약적 관점에 대한 보다 성경적이고 신학적인 개요를 제시한 후 호튼은 제5장에서 개혁주의 성찬신학에 관해 논한다. 칼빈은 개혁주의 성찬신학에 토대를 마련했다. 호튼은 "영광 받으신 그리스도와 인간으로서의 자연적 존재의 연속성을 주장하면서 동시에 성찬 안에서 온전한 그리스도의 교통을 동일하게 긍정함으로써" 칼빈은 개혁주의 성찬 가르침을 형성하는 데 결정적 역할을 했다고 언급한다.[12]

그렇다면 성찬에서 신자들은 무엇을 받는가?

---

10   Michael Horton, *People and Place*, 90.
11   The Heidelberg Catechism, Lord's Day 25, Q. 65, in *Ecumenical Creeds and Reformed Confessions* (Grand Rapids: CRC Publications, 1988), 41
12   Michael Horton, *People and Place*, 126.

호튼은 칼빈을 인용하면서 다음과 같이 언급한다.

> 칼빈은 우리가 빵과 포도주를 받을 때, "몸 자체도 우리에게 주어진다는 것을 더욱 확실하게 믿자"라고 말한다.[13] 칼빈은 표징을 표징이 의미하는 것으로 바꾸거나(로마가톨릭), 표징과 표징이 의미하는 것을 혼동하거나(루터), 표징과 표징이 의미하는 것을 분리하는 대신(츠빙글리), 표징은 "신자가 그리스도의 몸과 피를 먹는다는 현재의 실체에 대한 보증"이라고 단언했다. 칼빈은 분명하게 츠빙글리와는 달리 그리스도와 그분의 혜택이라는 실체가 지상의 수단을 통해 신자들에게 진정으로 전달될 수 있다고 주장했다. 그렇지 않으면 (크리소스톰의 말을 빌려) 신앙은 그리스도의 임재에 대한 "단순한 상상"이 된다고 그는 말한다.[14]

이로써 칼빈은 루터와 츠빙글리의 견해의 결점을 잘 보완하면서 개혁주의 성찬신학에 토대를 제공했다.

츠빙글리와 달리 성찬의 실체가 그리스도의 참되고 자연적인 몸이라고 확언한 후, 칼빈은 성찬이 어떻게 이루어지는지에 대해 "명확하게 정신으로는 생각할 수도 없고 혀로 표현할 수도 없는" 신비라고 말한다.[15] 성령은 그리스도의 신성뿐만 아니라 그리스도의 통치를 보편적으로 임재하게 하신다. 따라서 그리스도의 참되고 자연적인 몸과 피까지도 신자들에게 전달될 수 있다.[16]

성찬에서 영과 물질을 어떻게 연관시킬지가 중요한 것이 아니다. 오히려 "신자들은 성령의 역사로서 이런 먹이심의 정확한 방식은 설명하기보다는

13　Calvin, *Institutes* 4.17.10.
14　Michael Horton, *People and Place*, 127-128.
15　Michael Horton, *People and Place*, 128.
16　Michael Horton, *People and Place*, 128.

경탄하고 즐거워해야 할 신비한 것으로 남아 있다"라고 호튼은 언급한다.[17]

그렇다면 성찬의 효능은 무엇인가?

16세기 개혁파 신학자 요하네스 볼레비우스(Johannes Wollebius)는 다음과 같이 언급한다.

> 성만찬의 진정한 목적은 다른 무엇보다도 그리스도의 죽음과 순종의 공로를 통해 영적 영양을 공급받거나 영생에 이르는 보존을 확인하는 것이다. 신자들이 그리스도와 그리고 서로 연합하는 것은 이것에 달려 있다. 따라서 성만찬은 자주 지켜져야 한다.[18]

이렇듯 성만찬의 효능은 매우 크므로 성만찬의 빈도 또한 중요하며 가능한 자주 성만찬을 실행해야 한다.

개혁주의 성찬신학을 논한 후 후반부에서 호튼은 개혁주의 성찬론에 대한 최근 비판을 다룬다. 한쪽에서는 신츠빙글리적(neo-Zwinglian) 시각(기독론과 교회론 사이의 대립[diastasis])에서, 다른 쪽에서는 급진 정교회(종합)에서 살펴본다.

3. 제2부 _ 정체성: 몸 이해하기

제2부는 세 장으로 구성되어 있다.

먼저 제6장에서 호튼은 교회의 위치와 기원에 따른 교회의 정체성과 사명인 '무엇'이라는 질문을 다룬다. 아울러 그는 "하나의 거룩하고 보편적

---

[17] Michael Horton, *People and Place*, 128.
[18] Michael Horton, *People and Place*, 287.

인 사도적인 교회"라는 표어를 사용하여 교회의 일치(하나이며 다수) 문제를 다룬다. 이것을 바탕으로 제7장에서 교회의 표징과 사명을 재통합하기 위해 보편성과 거룩성(지역적이고 보편적)을 다룬다. 그런 후에 제8장에서 사도성(역사적 제도와 종말론적 사건)을 살펴본다.

먼저 호튼은 기독론을 교회론에 동화시키는 것의 문제점을 "하나를 특권화하기"란 제목으로 다룬다. 대표적인 교회론이 바로 로마가톨릭 교회론의 "전체 그리스도"(*totus Christus*)이다.

로마가톨릭 교회론에 의하면 로마가톨릭교회는 "하나님 나라가 지상에 실현된 것이다." "주님이신 그리스도는 교회의 진정한 자아"이시며 교회와 그리스도는 "하나의 동일한 인격, 하나의 그리스도, 전체 그리스도"이다.[19] 이런 교회관의 문제점은 신헤겔적 버전의 전체 그리스도 원리에 따라 정의되어 기독론을 교회론에 동화시킨다는 것이다.

나사렛 예수라는 특정한 인물을 외면한 결과는 "그분의 재림을 갈망하고 성령을 불러 차이를 중재하는 대신, 교회가 그 공백을 메우기 위해 개입한다"라고 호튼은 지적한다.[20] 이런 교회론에서 성령은 신자들이 아니라 공동체 안에 내주하시며, 전체로서 교회는 세상 안에서 그리스도의 지속적 성육신이다.

로마가톨릭 교회론이 다수를 하나에 동화시키는 것이라면 그 반대, 즉 교회의 신앙이 신자의 신앙에 흡수되는 경향은 자유교회론(free-church ecclesiology)이다. 이는 다수를 특권화하는 것이다. 호튼은 "다수를 특권화하기"라는 제목 아래 칼 바르트, 오순절 교회, 복음주의 교회론을 개혁주의 교회론에 근거해 분석하고 비평한다.

---

19 Michael Horton, *People and Place*, 156.
20 Michael Horton, *People and Place*, 160.

한편, 호튼은 개혁주의 교회론에서 교회의 거룩함은 말씀과 성례를 통해 역사하시는 성부로부터 보내심을 받은 아들과 성령의 사역에서 비롯된다는 점을 강조한다. 호튼은 성령께서 우리 안에서 삼위일체의 통일성과 보편성에 유비적으로 대응하는 진정으로 인간적인 응답, 즉 한 분이 다수 안에 계시고 다수가 한 분 안에 계시는 살아 있고, 음성적이며 성찬적인 교제를 가져온다고 언급한다.

한편, 보편성은 오로지 하나님의 선택적 은혜에 기원하고 개인의 선택이나 교회의 신실함이나 불신앙의 변덕에 기원하지 않으며 그리스도의 사역을 통해 역사 속에서 가시화된다. 호튼은 사도성 역시 역사적 직분의 내재성이나 개인적인 경험에 의해 보장되는 것이 아니라 그리스도께서 정하신 수단을 통한 성령의 효과적인 복음 사역에 의해 보장된다고 지적한다.[21]

교회가 진정으로 사도적이 되려면 교회는 하나님의 말씀의 심판에 복종하고 교회의 고백과 실천이 성경과 일치하는지 새롭게 물어야 한다. 호튼은 "교회의 보편성과 사도성은 오늘날 우리가 성령의 능력으로 선지자와 사도들의 말씀 안에서, 그리고 사도들의 말씀을 통해 우리에게 말씀하시는 하나님의 음성을 들을 때에만 언약의 주님의 정경에 근거하여 실현될 수 있다"고 언급한다.[22]

이와 같이 호튼은 사도성에 관해 논할 때 개혁주의 전통에 근거해서 논한다. 즉, 사도들이 증거한 사건은 유일하고 반복할 수 없는 완성된 사건인 것처럼, 사도들의 직분도 교회 역사에서 특별하고 유일하다.[23] 또한, 호튼은 진정으로 사도적이고 선교적인 교회는 모든 관심사를 통합하려고 노력하는 교회라고 언급한다. 그는 다음과 같이 언급한다.

---

[21] Michael Horton, *People and Place*, 221.
[22] Michael Horton, *People and Place*, 223.
[23] Michael Horton, *People and Place*., 233.

신앙고백적 개신교는 일반적으로 사도들의 가르침에, 독립 복음주의와 오순절주의는 교제와 전도에, 보다 전례적인 교회는 "떡을 떼고 기도하는 것"에 초점을 맞추지만, 보다 자유로운 교회는 물질적 필요를 돌보는 데 집중한다. 그러나 진정으로 사도적이며 따라서 선교적인 교회는 이 모든 관심사를 통합하려고 노력할 것이다. 이런 과정에서 우리 교회는 더욱 사도적(선교를 지향하는 표징)일 뿐만 아니라 더욱 보편적이 될 것이다.[24]

사도적이고 선교적인 교회는 세례와 성찬 그리고 말씀의 선포가 규칙적으로 이루어지는 교회이다. 따라서 호튼은 "표징이 선교를 정의하고 선교가 표징을 정당화하는 범위까지, 교회는 사도적 정체성을 실현한다"라고 결론을 맺는다.[25]

4. 제3부 _ 목적지: 시온으로 가는 왕의 행렬

호튼은 제9장의 첫 번째 부분에서는 성지(holy land)에 대한 문제를 다루고, 두 번째 부분에서는 성전(holy war)을 다룬다. 먼저 호튼은 성전 모티브조차도 언약의 줄거리를 따르고 있다고 언급한다.[26] 구약성경에서 성전은 하나님께서 이스라엘 백성과 함께 거하시기 위해 지으라고 명령하신 물리적 건축물이다. 반면에 신약에서는 예수 그리스도가 성전의 완성으로 묘사된다.

예수님은 자신의 몸을 "성전"이라고 하셨으며, 십자가에서의 죽음과 부활을 통해 새 성전의 기초를 놓으셨다. 호튼은 현대 교회공동체를 거룩한

24　Michael Horton, *People and Place*, 254.
25　Michael Horton, *People and Place*, 256.
26　Michael Horton, *People and Place*, 261.

성전의 연장선으로 본다. 교회는 단순한 건물이 아니라, 하나님의 백성들이 함께 모여 예배하고, 서로 교제하며, 세상 속에서 하나님 나라를 확장하는 공동체이다.

호튼이 언급하는 것처럼 "바울은 교회를 예수 그리스도를 기초로 세워진 거대한 성전으로 본다(고전 3:11). 이제 각 신자는 영광의 영(Glory-Spirit)으로 충만한 성전이다(고전 3:16-17). 동시에 그들은 오직 그리스도와의 연합을 통해서만 종말론적 성소의 '산 돌'이다(벧전 2:4)."[27]

구속사 시대에 지정학적 의미의 성지가 존재하지 않는다. 그렇다면 "거룩한 전쟁이 있을 수 있을까" 하고 호튼은 질문한다. 호튼은 이 질문에 다음과 같이 답한다.

> 그리스도인들이 시저의 것은 시저에게, 하나님의 것은 하나님께 바치는 이런 때에 국가나 교회가 거룩한 전쟁의 구절을 들먹이는 것은 종말론적으로 성급하게 행동하는 것이고 최후의 심판을 자신의 손에 쥐어 주는 것이다.[28]

그리고 그리스도의 왕국은 물리적 전쟁이 아닌 고난과 십자가를 통해 이 시대에 확장되며, 말씀과 성찬이라는 유형적이고 물질적이며 일상적인 수단으로 확장되어 간다고 결론을 내린다.[29]

마지막 제10장에서 호튼은 "언약신학은 필연적으로 전례신학이며 성찬 경륜은 교회 교제의 핵심일 뿐만 아니라 현실 자체의 핵심이라고 주장하며" 이 책을 마무리한다.[30]

27　Michael Horton, *People and Place*, 267.
28　Michael Horton, *People and Place*, 276.
29　Michael Horton, *People and Place*, 287.
30　Michael Horton, *People and Place*, 289.

/결론/

호튼의 『언약과 교회론』은 교회의 본질과 사명을 깊이 있게 성찰하도록 돕는 귀중한 책이다. 호튼은 신학적 깊이와 명확한 논증을 통해 교회가 무엇인지, 그리고 어떻게 존재해야 하는지를 잘 설명한다.

이 책은 교회에 대한 이해를 넓히고, 신앙 공동체로서의 교회의 역할을 재조명하는 데 큰 도움이 된다. 이를 통해 독자들은 교회의 진정한 의미와 사명을 다시금 깨닫고, 그리스도 안에서의 연합과 사명을 새롭게 다짐할 수 있을 것이다. 교회의 정체성과 사명에 대해 고민하는 모든 이에게 이 책을 추천한다. 이 책의 출판을 위해 애써 주신 기독교문서선교회(CLC)의 대표 박영호 목사님과 직원들께 감사의 말을 전하고 싶다.

오직 하나님께 영광을(*Soli Deo Gloria*)!

제1장

실재 부재와 임재:
교회론과 하나님의 경륜

예수님의 부활과 승천은 주목할 만한 역설을 낳는다. 고난받는 종(the Suffering Servant)이 정복하는 주님, 새로운 창조의 첫 열매, 몸의 머리로서 드높여지신 바로 그곳에서 그분은 사라지신다. 그러나 교회는 승천하셨던 분이 비우신 바로 그 장소에서 정확하게 생겨난다.

이 장은 교회론적 성찰을 삼위일체적 은혜 경륜의 지도 위에 위치시키려 노력하며 이 책 나머지를 위한 구속사적 맥락을 더 구체화한다.

1. 구속사적 맥락에서 예수님의 승천

누가복음에서 승천에 관한 가장 직접적인 설명이 나온다. 최근에 부활하신(그러나 아직 인정되지 않은) 예수님은 노상에서 실의에 빠진 두 제자를 만나셨을 때 성경에 대해 그들이 가진 지식에 관해 다그치며 물으신다.

그리스도가 이런 고난을 받고 자기의 영광에 들어가야 할 것이 아니냐 하시고, 이에 모세와 모든 선지자의 글로 시작하여 모든 성경에 쓴바 자기에 관한 것을 자세히 설명하시니라(눅 24:26-27, 강조 추가).

약속하신 성령을 받을 때까지 예루살렘에 머물라고 명령하시는데, 이는 그들이 "위로부터 능력으로 입혀지기" 위해서였다. 우리는 다음과 같은 말씀을 읽는다.

> 예수께서 그들을 데리고 베다니 앞까지 나가사 손을 들어 그들에게 축복하시더니 축복하실 때에 그들을 떠나 [하늘로 올려지시니] 그들이 [그에게 경배하고] 큰 기쁨으로 예루살렘에 돌아가 늘 성전에서 하나님을 찬송하니라(눅 50-53).

사도행전 1장은 첫 구절에서 이 이야기를 반복한다. 땅끝까지 이르러 증인이 되게 하시겠다는 성령의 약속이 반복되고, 승천 보고가 이어서 나온다.

> 그들이 모였을 때에 예수께 여쭈어 이르되 주께서 이스라엘 나라를 회복하심이 이 때니이까 하니. 이르시되 때와 시기는 아버지께서 자기의 권한에 두셨으니 너희가 알 바 아니요. 오직 성령이 너희에게 임하시면 너희가 권능을 받고 예루살렘과 온 유대와 사마리아와 땅 끝까지 이르러 내 증인이 되리라 하시니라. 이 말씀을 마치시고 그들이 보는데 올려져 가시니 구름이 그를 가리어 보이지 않게 하더라. 올라 가실 때에 제자들이 자세히 하늘을 쳐다보고 있는데 흰 옷 입은 두 사람이 그들 곁에 서서 이르되 갈릴리 사람들아 어찌하여 서서 하늘을 쳐다보느냐 너희 가운데서 하늘로 올려지신 이 예수는 하늘로 가심을 본 그대로 오시리라 하였느니라(행 1:6-11).

따라서 승천(과 파루시아)은 이제 복음 자체의 일부가 되었다. 베드로는 예수님이 선지자들의 예언에 따라 십자가에 못 박히시고 부활하셨을 뿐만 아니라 다시 보내지실 것이라고 설교한다.

> 또 주께서 너희를 위하여 예정하신 그리스도 곧 예수를 보내시리니. 하나님이 영원 전부터 거룩한 선지자들의 입을 통하여 말씀하신바 **만물을 회복하실 때까지는** 하늘이 마땅히 그를 받아 **두리라**(행 3:20-21, 강조 추가).

예수님이 감람산과 다락방 담화(각각 마 24-25장; 요한 14-16장)와 엠마오 도상(승천에 이르는 나머지 날들이라고 추측할 수 있다)에서 사도적 가르침을 가르치셨듯이 사도행전에서 발견되는 사도들의 설교는 하강-상승-귀환(descent-ascent-return)의 익숙한 패턴을 따르며 "그리스도는 죽으셨고, 부활하셨으며, 다시 오실 것입니다"라는 성찬 전례의 고백을 정당화한다.

그분의 떠나심은 성육신만큼이나 실제적이고 결정적이며, 그분은 "너희 가운데서 하늘로 올려지신 이 예수는 하늘로 가심을 본 그대로 오시리라"(행 1:11). 즉, 그분은 육신으로 다시 오실 것이다. 그동안 그분은 육신으로는 부재하시다. 그러나 그 사이에 성령은 설교와 세례, 성만찬을 통해 말씀이 전파되고 열매를 맺게 하신다.

예수님의 승천으로 인한 이런 성찬적 긴장(eucharistic tension)은 교회의 정체성, 사명, 표징, 사역과 관련하여 우리의 대답은 말할 것도 없고 우리의 질문을 개편하기 시작한다.

서신서에서 승천은 추수의 첫 열매인(고전 15장) 예수 그리스도께서 자신의 교회를 대표해 현재 하늘에서 행하시는 사역을 의미한다(롬 8:33-34; 엡 4; 요일 2:1). 그리고 그분은 "주의 날"(롬 2:5; 살전 5:2; 참고. 히 10:25; 약 5:3; 벧후 3:10)을 성취하기 위해 심판과 구원 가운데 하늘로부터 강림하실 것이다(살전 4:13-5:11). 승천은 다메섹으로 가는 도중 바울이 보았던 환상은 말할 것도 없고 스데반이 순교할 때처럼 스데반의 환상에서도 증명된다.

그리스도와 연합된 신자들은 그리스도와 함께 하늘에 앉아 있으며(엡

2:6-7), 교회에 부어지는 하나님 선물의 원천으로서(엡 4:7-10) 승천에 대한 명시적 언급이 있다(시 68:18을 해석하는). 히브리서 저자는 옛 언약 예배와 새 언약 예배 사이의 대조 일부로 예수님의 승천에 호소한다(히 7:23-26; 9:25).

10장의 또 다른 대조는 다음과 같다. 레위 제사장들이 성소에서 제단 예배를 드리는 동안 절대 앉지 않았지만 "오직 그리스도는 죄를 위하여 한 영원한 제사를 지내시고 하나님 우편에 앉으사 그 후에 자기 원수들을 자기 발등상이 되게 하실 때까지 기다리신다"(히 10:12-13).

최근 몇 년 동안 내가 접한 그 어떤 책보다도 더글러스 패로우(Douglas Farrow)의 『승천과 교회』(*Ascension and Ecclesia*)는 승천을 "기독론, 종말론, 교회론의 교차점"으로 보면서 승천에 대한 명백한 과소평가(marginalization)를 해결하려고 노력했다.[1] 20세기 신학의 많은 부분이 역사와 종말론 사이에서 잘못된 선택을 요구해 왔기 때문에 이 주장은 중요한 주장이다.

패로는 "누가는 '파루시아의 연기'를 주장하는 학자들이 주장하는 것처럼 역사를 위해 종말론을 **포기하는** 것이 아니라 역사를 종말론에 **도움이** 되게 하려고 승천을 사용했다"라는 에릭 프랭클린(Eric Frankln)의 제안을 따른다.[2] 우리가 이 왕국의 본질을 잘못 이해하면 그 왕국의 출범의 경이로움을 놓치게 된다.

그러나 해석의 역사에서 한 가지 문제는 승천을 그 자체로 새로운 사건이라기보다는 부활에 대한 눈부신 감탄 부호에 지나지 않는 것으로 취급하는 것이었다. 패로는 부활과 승천을 혼동하는 것이 "우리의 현재 세계와 그리스도 안에서 하나님이 세우신 새로운 질서의 더 높은 장소 사이의

---

1 R. Maddox, *The Purpose of Luke-Acts* (Edinburgh: T&T Clark, 1982), 10을 인용하는 Douglas Farrow, *Ascension and Ecclesia* (Edinburgh: T&T Clark, 1999), 16에서 인용됨.
2 Farrow, *Ascension and Ecclesia*, 17.

연속성을 위험에 빠뜨린다"라고 말한다.³

승천을 "가현설적"(docetic)으로 해석하는 것은 이 사건을 구약의 기대와 분리할 뿐만 아니라, "결국 부활 교리 자체에 반발을 불러일으키며(실제로 이것이 부활 교리의 가현설적 해석의 표징이 아니라하더라도), 승천을 성경의 종말론과 거의 공통점이 없는 내세 종말론에 밀접하게 묶어 버린다."

"부활은 '천국에 가는 것'을 의미하게 되는데, 일부 신학에서 이것은 죽음과 구별하는 것을 어렵게 만든다!"

"이 예수"(this same Jesus)가 육신으로 다시 오실 것이라는 천사들의 약속은 우리의 부활과 그리스도의 부활 사이의 연속성과 예수 역사(Jesus-history)와 이 지나가는 시대의 일반 역사 사이의 불연속성을 동시에 확인시켜 준다. 이런 불연속성 외에도 우리는 "우리 자신의 이야기(인간의 자기 승천 이야기)를 현시대의 구원 역사의 진정한 핵심으로서 대신 사용한다."⁴

그리스도가 육신으로 오시고 가시고 재림하시는 패턴은 우리가 예수 역사(Jesus-history)를 정신의 상승을 위한 우화로 바꾸지 않게 한다.

내가 『언약과 종말론』(*Covenant and Eschatology*)에서 주장했듯이, 플라톤(Plato)의 "두 세계"가 아니라 바울의 "두 시대"가 우주론적, 종말론적 지평을 지배한다.⁵ 세상 자체가 아니라 "이 세상의 외형은 지나감이니라"(고전 7:31). 즉, 죄와 사망에 대한 속박이 사라진다.

히브리서에 관해 패로는 "기독교 플라톤주의의 작품"이라는 "불행한 생각"이 결정적으로 반박되었다고 관찰한다. 오히려 이 서신은 "(교육받은 디아스포라 유대교의 맥락에서, 그리고 그것에 대조되는) 구약성경의 여정 모티브에 관한 고전적 기독교의 재진술이다. 문제의 여정은 여기서 '다가올 세

---

3   Ibid., 29.
4   Ibid.
5   Michael S. Horton, *Covenant and Eschatology*: The Divine Drama (Louisville, KY: Westminster John Knox Press, 2002), chap. 1.

상'으로의 순례로 간주하는 출애굽이다."⁶

다니엘서 7장과 함께 시편 8편과 110편은 예수님에 관한 언어 안에서 울려 퍼진다. "즉, 그분은 멜기세덱 제사장 왕으로서 하나님 앞에 '앉으셨다'는 것이다. 중요한 간격으로 반복되는 이 승천신학은 히브리서를 하나로 묶는 초점이다."⁷

따라서 "그분의 전 생애는 십자가에서 절정에 이르는 자신을 드리는 행위로 간주한다. 승천하실 때 이 제물은 높은 곳에서 열납된다. 그러므로 이 언급은 이상적이거나 초감각적인 영역이 아니라 현재의 피조물에는 금지되어 있지만 예수님께서 들어가신 신성한 안식을 가리킨다."⁸

따라서 최종 완성에서 구속된 피조물의 이런 "지상성"(earthness)은 승천이 역사적, 육체적, 성령론적으로 구성된 사건인지 아닌지에 전적으로 달려 있다. 예수님이 첫 열매시라면, 가현적 승천은 가현적 완성을 요구한다. 동시에 승천은 역사로 환원될 수 없다.

또한, 승천은 단순히 역사적 실존에서 중단된 부분을 다시 시작하는 것이 아니라 새로운 종말론적 생명의 힘을 드러낸다. 예수님의 부활과 승천으로, 이스라엘 안에서 심지어 이스라엘의 가능성 안에서도 내재적으로 생성될 수 없었던 새로운 힘이 역사적이고 자연적인 존재의 기반(基盤)에 도입된다. 왜냐하면, 이스라엘 역시 "아담 안에서" 나머지 세상과 함께 끝났기 때문이다.

새 창조의 첫 열매이신 예수님은 승천하실 때 역사를 버리지 않으시고 승천 이전의 모든 것을 죄와 죽음의 옛 시대로 재정의하시고 옛 시대를 심

---

6   Ibid., 33; cf. L. D. Hurst, *The Epistle to the Hebrews: Its Background of Thought*, Society for New Testament Studies Monograph Series 65 (Cambridge: Cambridge University Press, 1990); Barnabas Lindars, *The Theology of the Letter to the Hebrews*(Cambridge: Cambridge University Press, 1991).
7   히 1:3; 8:2; 10:12; 12:3을 언급하는 Ibid., 33.
8   Ibid., 34-35.

판의 대상으로 삼으셨다. 단지 정죄의 열매를 맺을 수밖에 없는 인간의 비참함과 화려함, 당연한 것으로 여겨지는 자율성과 분쟁의 역사는 이제 사라지고 있으며, 쓸모없는 것이 되어 가고 있다.

심지어 지금도 '다가올 시대'는 다가올 시대의 영광스러운 머리를 중심으로 현실을 재구성하고 있다. 따라서 승천으로 인해 교회가 점유하는 시간은 '완전한 임재'(full presence)나 '완전한 부재'(full absence)가 아니라 '이 시대'와 '다가올 시대' 사이의 성찬적 긴장(eucharistic tension) 때문에 정의된다.

다시 한번 패로는 이 문제를 잘 구성한다.

> **그리스도의 임재**(Christus praesens)의 위로는 **그리스도의 부재**(Christus absens)의 굽힐 수 없는 엄연하고 괴로운 사실에 분명히 근거를 두고 있다. ··· 언약의 역사와 세계 역사는 이런 출발에서 갈라졌다. 왜냐하면, 예수님 안에서 그리고 예수님과 함께 언약의 역사는 이미 그 목표에 도달했기 때문이다. 그 결과로 발생하는 간극 안에 비록 사물이 존재하는 방식에 대한 고유한 견해를 가진 특이한 실체이기는 하지만 세계 역사 안에서 진정으로 새로운 실체로서 성찬적 공동체를 위한 자리가 열렸다.[9]

패로는 특히 제자들과 함께 빵을 떼는 장면에 비추어 부활 이후에 발생하는 '두 역사'의 해석학적 중요성을 보여 준다.

"내가 가는 곳에 너희는 올 수 없다."
예수 역사가 우리 자신의 역사에서 갈라짐으로써 교회는 교회의 특징과 이름을 얻는다. 예수 역사와 우리 역사가 갈라지는 것은 특히 성찬적 연결

---

[9] Ibid., 37, 40.

을 요구한다. 즉, 세상적 실체가 예수 그리스도의 주권적 실체와 결합하도록 깨어지고 재구성되고 실질적으로 변혁되어야 할 것을 요구한다."[10]

그리스도가 우리의 드높여진 인성 안으로 귀환하는 것은 현시대의 형태에서 급진적으로 우회하는 것이며, 현시대는 사라지고 있으므로 현시대는 최종적 발언권이 없음을 보장한다. 그러나 그것은 그리스도의 귀환이기 때문에 이런 우회는 자연과 역사로서 이 세상에서 멀어지는 것이 아니라 죄와 죽음을 넘어서는 미래의 완성을 향한 것이다.

2. 기독교 사고에서 승천의 중요성

이 승천 교리는 플라톤주의에 근본적으로 도전했지만, 초기 유대 종말론과 우주론의 가죽 부대를 터뜨렸다.[11] 그렇지만 교회는 종종 그리스도의 육체 승천을 외면하고 그분의 편재하는 신성 또는 편재하는 육체 개념에 호소하거나 부재하는 주님을 대신하여 교회로 대체함으로써 종말론적 긴장을 해결해 왔다.

영지주의에 맞서 아들이 육신을 입고 내려오신 것, 그분의 생애 동안 우리의 타락한 존재의 총괄갱신(recapitulation), 부활, 승천, 육신으로의 재림과 함께 그분의 죽음 안에서의 속죄 제물을 특히 강조한 사람은 2세기 주교 이레니우스(Irenaeus)였다.

그는 신자의 "신성화"(deification)를 신자의 진정한 "인간화"(humanization)로 보았다. 즉, 그는 신성화를 그리스도 안에서 살아 있는 새로운 피조

---

10 Ibid., 10.
11 Ibid., 35.

물을 만들기 위한 성령의 또 다른 불어넣음으로 보았지만, 아타나시우스(Athanasius) 같은 후대의 저술가들은 "하나님이 사람이 되신 것은 사람이 **하나님이** 되게 하려고"라고 말하곤 했다(강조 추가).[12] 따라서 기독교 해석의 역사에는 한쪽에 은혜의 역사적 종말론적 경륜에 대한 이레니우스식 집중과 물질과 역사에서 벗어나 합리화 및 내면화에 집중하는 오리겐식이 존재한다.

더 이상 종말론적으로 (두 시대를) 생각하지 않은 오리겐에 있어서 대립은 육체화된 존재와 영적 존재 사이의 대립이었다. 오리겐이 언급했던 것처럼 예수 그리스도 자신의 영광은 "육체의 승천보다 더 정신의 승천에 속한 것"이었다면,[13] 우리의 영광도 마찬가지라는 결론이 도출된다.

이런 정신의 승천(정화에서 조명, 관상에 이르기까지)은 수도원과 초기 기독교 신학에서 일반적으로 가현설화되는 경향의 주요 원천이 되었다. 어거스틴과 아타나시우스는 육체의 승천을 긍정하면서도 그것이 성육신과 속죄가 차지하는 우주론의 구성적 역할을 한다는 것을 허용하지 않았던 것 같다. 그들은 제자들이 마침내 예수님의 인성보다는 신성에 집중할 수 있게 하는 승천에 대해 말한다.[14]

따라서 이제 승천은 주로 마지막 아담으로서의 높아지심보다 그분의 신성에 대한 증거이다. 어거스틴은 예수님이 승천하실 때 우리에게서 "외적으로" 제거되셨기 때문에 마침내 우리를 "내적으로" 채우실 수 있었다고 말한다. 그런데 이것은 성령이라기보다는 오히려 신적 본질 그 자체를 가리킨다. 그리스도의 인성은 "오직 '우리의 연약함을 위해'" 필요하다.[15]

어거스틴과 마찬가지로 아타나시우스도 육체 승천을 긍정했지만, 특히

---

12 Ibid., 61.
13 Ibid., 97. Origen's First Principles 23.2.를 인용.
14 Ibid., 119-20. Augustine, *Sermones* 264; cf. The Trinity 1.18.를 인용.
15 Ibid., 120. Augustine, Serm. 264, 270.를 인용.

이 두 신학자의 신비주의적이고 금욕주의적인 작품에 관해서는 두 신학자 가운데 누구도 역사적 경륜에 의해 재구성되었던 이레니우스만큼 철저하게 재구성되지는 않았다.[16] 플라톤적 승천의 형이상학적 장치는 절대 해체되지 않았고 그 결과 "교회의 성찬적 불안정성에 대한 의식은 자연스럽게 사라지기 시작했다."[17]

한스 우르스 폰 발타자르(Hans Urs von Balthasar)와 같은 동정적인 교부 학자도 특히 "금욕주의와 신비주의에서,… 물질적인 것에서 영적인 것으로 분명하게 멀어지면서 세상의 힘이 하나님께로 승천하며, 단계적으로 되돌아가는 운동"이라며 이런 경향에 대해 비슷한 요약을 제시했다. 수천 가지 다른 색채로 표현되는 영성화는 어떤 면에서 이미 "이 운동의 위험성"을 드러내고 있는 초기 수도원주의와 함께 교부 시대의 기본 경향이다.[18]

나사렛 예수의 부재를 외면할 때 그리스도의 몸인 교회는 쉽게 자신을 가시적이고 지상에 있는 예수님의 대체물로 여기게 될 수 있다. 패로(Farrow)는 교회를 "그리스도의 천상 승리의 거울"이라고 언급한다.[19] 어거스틴은 머리와 지체로 구성된 그리스도 전체(the whole Christ), 즉 "토투스 크리스투스"(totus Christus, 전체 그리스도)에 대해 이야기했다.

토투스 크리스투스 개념은 예수님께 속한 것이 교회로 어느 정도 직접 전달될 수 있도록 승천에 대한 네스토리우스식 분석과 결합한다.[20] 어거스틴에게 있어서 교회는 이제 "'하나님이 지상으로 내려오시는 하늘의 사

16　Ibid., 106.
17　Ibid., 114. 참고. Boethius, *Opuscula sacra*, 4:69: 부활 후 예수님이 "결코 부재하지 않다고 우리가 알고 있는 하늘로 승천하신다. 왜냐하면, 그분은 하나님의 아들이시기 때문이다."
18　ans Urs von Balthasar, "Patristik, Scholastik, und wir," *Theologie der Zeit* 3 (1939): 88, translated by Edward T. Oakes, *Pattern of Redemption: The Theology of Hans Urs von Balthsasar* (New York: Continuum, 2005), 120
19　Farrow, *Ascension and Ecclesia*, 122.
20　Ibid., 123.

다리'이자 '그녀[교회]를 통해 우리에게 내려오신 분께로 우리가 올라가는' 하나의 [사다리]이다."²¹

다시 말해, 가시성, 일시성, 육체성과 같은 예수님에 대한 인간적인 것은 이제 역사적 몸으로서 **교회로** 이전된다. 예수님은 자신을 야곱의 사다리(요 1:50-51)라고 선포하셨지만, 그분의 육신이 부재한 상태에서 교회는 그 중재를 위해 자신을 제공한다. 육신을 입으신 예수님의 역사는 적어도 암묵적으로 하나님 나라로서의 교회의 역사로 대체된다. 그리스도의 신성은 여전히 초월적이지만, 그분의 성육신하신 존재는 교회 때문에 그리고 교회로서 "구체화"한다.

동시에 이런 움직임은 성찬에 대한 주관적 개인주의로 쉽게 이어져 성찬이 담고 있는 사회적, 육체적 본질을 부정하는 결과를 초래할 수 있다.²²

이런 인성-신성 이원론(humanity-divinity dualism)은 "기관으로서의 교회와 하나님 백성으로서의 교회 사이의 해로운 이분법, 오늘날에도 여전히 우리를 괴롭히는 이분법 안에서 교회론으로 이어진다. **이런 성찬적 긴장과 이런 성찬적 긴장을 가진 교회는 수직과 수평, 내적이고 외적인 구성요소로 분해된 것처럼 보인다**"(강조 추가).²³

종말론적 이원론보다는 형이상학적 이원론이라는 측면에서 더 많이 생각하면서 교회는 교회와 **함께**뿐만 아니라 교회**로서** 덜 모호하고 더 실현된 그리스도의 임재를 위해 점점 더 정착했다.

개인과 교회의 승천을 육신을 입으신 그리스도의 강림-승천-재림으로 대체하는 것은 위디오니시우스(Pseudo-Dionysius)의 기독교 신플라톤주의에서 더욱 철저하게 확립되었다. 디오니시우스적 우주론은 막시무스(Maximus)를 통해 비잔틴 신학에, 그리고 주로 토마스 아퀴나스(Thomas Aquinas)

---

21 Ibid., 154n. 257.
22 Ibid.
23 Ibid., 125, 127.

에 의해 서방 신학에 통합되었다.

그리스도는 디오니시우스 계층 구조의 정상이지만, 이것은 덜 역사적 그리스도라기보다는 모든 육체와 역사를 초월하는 "신성한 정신"으로, 중세 시대에 오리겐이 주장한 정신의 승천이 가진 힘을 보장한다.[24]

"루터의 『교회의 바벨론 포로』(The Babylonian Captivity of the Church)에서 루터가 '기독교화하는 것보다 더 플라톤화하는 것'을 부정하는 판단은 쉽게 무시할 수 없다."[25] 육체의 강림과 승천은 긍정하지만, 정말로 중요한 승천은 개인 영혼의 승천이다. "그것은 평소와 같이 지상의 예수님으로부터 우주의 그리스도로 향하는 것을 의미하며", 우리는 우리 자신의 정신 승천에서 이것을 본받는다.[26]

토마스 아퀴나스에게 있어서 그리스도는 육체적으로 승천하셨지만, 그럼에도 편재하는 로고스는 비공간적인 성찬적 몸을 생성할 수 있었으며, 이는 예수 그리스도의 참된 인성(따라서 예수 그리스도의 실재 부재)을 더욱 약화했다.[27] 한편으로 이것은 과도하게 실현된 종말론(overrealized eschatol-

---

24 이 해석은 특히 급진 정통주의(Radical Orthodoxy)에서 되살아났다. 존 밀뱅크(John Milbank)와 캐서린 픽스톡(Catherine Pickstock)은 *Truth in Aquinas* (London: Routledge, 2001)에서 "아퀴나스는 신적 실체라는 제목 아래 피조물에 대한 하나님의 임재를 자세히 설명한다. 이것은 하나님의 편재는 단순히 하나님 자신이며 하나님 이외의 '다른' 존재는 실제로 존재할 수 없음을 과감하게 나타낸다. … 하나님은 본질에서 존재의 충만이다. … 따라서 이런 교차식 반전(chiasmic reversal)의 중심에, 즉 신적 실체 아래에서 다루는 창조와 인간의 중심에 은혜가 처음으로 등장한다. … 우리는 이것을 다음과 같은 사실을 의미하는 것으로 해석할 수 있다. 즉, 아퀴나스에게 있어서 (그리고 여기서 우리는 아마도 새로운 신학[noubelle theologie]을 넘어선다) 모든 피조물은 완전한 신적 자기 임재에 대한 끊임없는 '복귀'로만 존재한다는 의미에서 은혜에 의해 존재하며, 반면에 지성은 단순히 이런 복귀의 의식이라는 의미로 해석할 수 있다. 따라서 지성은 은혜일 뿐만 아니라 어떤 의미에서 단순히 피조물이 나타나는 상소이며 은혜의 장소이기도 하다. 우리는 정신이기 때문에 특히 인간은 신성화될 운명이다"(37-38).
25 Farrow, *Ascension and Ecclesia*, 127.
26 Ibid., 144.
27 Ibid., 156.

ogy)을 나타낸다. 그러나 동시에 "칼빈이 오래전에 알아차렸듯이" "실현된" 것은 결코 "특별한 사람으로서 그분의 특수성이 아니다. 모든 곳에 계신 그리스도는 실제로 어디에도 없는 나사렛 예수를 의미한다."

육신을 입고 오신 그리스도의 강림-승천-재림(파루시아)의 과정은 영혼의 지적-도덕적 승천으로 변모된다. 즉, 영혼을 구속하는 대신에 창조와 역사를 초월하는 것으로 변모된다.

"다시 말해, 단지 복음이 우리에게 구원을 가장 구체적인 조건으로, 즉 육신을 입고 육신을 위한 하나님의 행위로 생각하도록 가르쳤을 때, 예수님의 이야기는 그 자체로 뒤집힌다. 결국, 그분의 인성은 배신당하고 소외된다."[28] 결과적으로, 패로는 "교회론도 비인격적이고 사실 무관한 것으로 악화된다"라고 주장한다.[29]

모든 하늘의 은혜가 교회의 계층적 피라미드 아래로 흘러내렸는데, 그것은 더 이상 파괴적인 것이 아니라 고양하는 것이었고, 더 이상 외부에서 교회로 오는 것이 아니라 교회의 모공에서 스며 나오는 것이었다. 수도사의 삶은 교회가 천상을 향해 탑을 쌓을 때 헌신했던 정신의 승천을 개인적 차원에서 반영했다.

화체설(transubstantiation)을 알리는 종의 울림으로 절정에 달하는 미사는 하나님이 그리스도와 그분의 모든 은혜를 그분의 백성에게 전하기보다는 교회가 하나님께 속죄 제물을 바치는 것에 초점을 맞추면서 이런 우주론을 시각적으로 제정했다. 사실 평신도들은 일 년에 단 두 번, 잔 없이 빵을 받는 단순한 구경꾼에 불과했다.

패로가 상기시켜 주는 것처럼, 점증하는 성상의 지배력은 예수님의 부재를 극복하려는 열망 때문이기도 했다. 주님을 성상으로 표현함으로써,

---

[28] Ibid., 13.
[29] Ibid., 14.

그것은 "예수님을 대신할 교회적 대체의 가능성이 항상 부여된 과도하게 실현된 종말론"에서 실재 부재를 부정했다. 따라서 성상의 승리는 "플라톤적 참여와 변혁을 종말론적 참여와 혼동했기" 때문에 "일반적으로 알려진 것처럼 성육신신학을 위한 그렇게 분명한 승리는 아니었다."[30] 심지어 승천의 성상조차도 "그리스도의 성상보다 빠르게 성모의 성상이 되었다. 왜냐하면, 이것들은 점점 줄어드는 예수님과 실제보다 더 큰 교회에 대한 가장 설득력 있는 증언을 제공하기 때문이다."[31]

"작은 성인과 큰 성인, 거룩한 천사, 마리아, 그리스도, 삼위일체, 즉 한쪽 끝에는 인성이 있고 다른 쪽 끝에는 신성이 있는 진정한 야곱의 사다리, 그리고 그 사이 어딘가에 공경하고자 하는 사람들"로 구성된 교회의 성스러운 이미지(sacred images)를 통해 가장 낮은 단계에서도 올라갈 수 있는 은혜의 피라미드를 만들었다.[32] 승천하신 그리스도와 그분의 교회 몸 사이의 공간은 점점 더 교회 부속물로 채워졌다.

토마스 아퀴나스의 정식화에서 예수님의 자연적 몸이 비공간화되면서 화체설의 기적은 "그리스도를 온전히 교회의 소유로 만들었다"고 패로는 지적한다. "실제로 그것은 이제 교회가 파루시아(재림)를 통제한다는 것을 의미했다. 종소리가 울리자 **그리스도의 부재**(Christus absens)는 **그리스도의 임재**(Christus praesens)가 되었다. ⋯ 아이인 그리스도를 무릎에 앉히고 편안하게 앉은 교회는 곧 그의 종이 아니라 그의 섭정이 되었다.

요컨대, 성찬 논쟁 초기에 이미 통제 불능이었던 교회의 성모 마리아의 자아(Marian ego)는 이후 한계를 알지 못했다.[33] 이런 총체화 및 절대화 경향은 교황 보니파시오(Pope Boniface) 8세의 교서, 『우남 상탐』(Unam Sanct-

---

30　Ibid., 150-51.
31　Ibid., 152.
32　Ibid.
33　Ibid., 157.

am, 1302)에서 분명하게 드러난다. 이 교서는 교회와 시민 영역 모두에서 모든 영혼과 육체에 대한 교황의 권한을 강화하여 구원을 위해 필요한 복종을 요구했다.

앙리 드 뤼박(Henry de Lubac)은 교황 보니파시오에서 트렌트 공의회까지 이런 과정을 추적한다. 그가 상기시키는 것처럼 중세 초기(the earlier Middle Ages)에는 자연적 몸, 성찬적 몸, 신비적 몸으로 구성된 삼중 몸, 즉 코퍼스 트라이포메(*corpus triforme*)를 인식했다. 이 시대에 신비적 몸은 교회를 지칭했지만 트렌트 공의회에서 성찬(the Eucharist)을 가리키게 되었다.[34]

점점 더 성찬에 의해 생성되는 친교로서의 교회는 법적 권력을 가진 사회적 기관으로서의 율법주의적 교회 모델로 대체되었다.

칼 라너(Karl Rahner)는 다음과 같이 지적한다.

> 이로 인해 신학자들은 교회를 정의할 때 법적이고 가시적인 실체에 집중하게 되었고 은혜의 실체에 대해서는 덜 중요시하게 되었다. 교도권(教導權)이 교회의 전통에 들어가는 것처럼 벨라르민(Bellarmine)에 이르러 교황의 법적 권한이 교회의 정의에 들어간다. 그러나 더 이상 성찬과 교회의 관계에 대한 언급은 없다.[35]

종교개혁과 얀센주의(Jansenism)에 대한 반발뿐만 아니라 유명론은 법적 기관으로서 교회에 대한 중세 후기의 강조를 심화시켰다.[36] 라너는 "신비적 몸의 개념은 무엇보다도 교회의 외형적이고 사회적으로 조직된 측면이 남아 있었다"고 말한다. "성령적 측면, 신자들의 삶, 성찬, 지역교회 간의

---

34 Henri de Lubac, *Corpus Mysticum*, 2nd ed. (Paris: Aubier, 1949), esp. 281-88; idem, *The Splendour of the Church*, trans. Rosemary Sheed (London: Sheed & Ward, 1956).

35 Karl Rahner, "The Church," in *Sacramentum Mundi: An Encyclopedia of Theology*, ed. Karl Rahner SJ et al., vol. 1 (New York: Herder & Herder, 1968), 315-16

36 Ibid., 317.

친교는 실질적으로 침묵 속에 지나쳐 버렸다."[37]
패로는 다음과 같이 판단한다.

> 교회가 신적 이성(the divine Reason) 안으로 거의 흡수된, 승천하시는 그리스도의 분명한 형상으로 간주하는 곳에서 교회론은 절대주의적 노선을 따라 움직일 수밖에 없다.[38]

그 결과 교회 자체는 더 이상 주님의 심판 아래 놓이지 않게 된다. 교회로 대체되는 것은 단지 주님의 육체적 부재에 의해서만 일어나는 것이 아니다.
패로는 다음과 같이 제안한다.

> 서방 교회론은 … 교회의 프로그램, 즉 본질적으로 완전히 내재주의적이고 따라서 절대주의적이 될 위험이 항상 있는 프로그램을 뒷받침할 기적적인 성찬례를 제공하려면 완전히 부재한 그리스도를 **요구한다**. …
> 그리스도와 마리아에 대해 그의 유명한 극단적 견해(maximalism)를 적용했던 던스 스코투스(Duns Scotus)와 함께 서방은 만물 안에 성육신한 로고스 사상에 주목하기 시작했고, 편재적 기독론을 보다 자신 있게 탐구하기 시작했다.
> 그의 뒤를 이어 쿠사의 니콜라스(Nicholas of Cusa)는 승천하신 그리스도를 실제로 장소라는 측면에서 정의할 수 없지만 동시에 "모든 영적 존재의 중심이자 모든 것을 포함하는 주변", 따라서 그 자체로 우주의 중심에 위치시킨 바가 있다.

---

[37] Ibid.
[38] Farrow, *Ascension and Ecclesia*, 159.

신플라톤주의의 부활과 심지어 중세 후기에 르네상스와 공유했던 **프리스카 신학** (prisca theologia, 고대 신학), 즉 신비주의의 부활도 여기서 고려해야 한다. 이는 기독교 이전의 성찬론적 세계관, 즉 범재신론(panentheism)의 끈질김을 증거 한다. 이것은 성경적 종말론의 딱딱한 모서리에 자연스럽게 저항하는 세계관이었지만, 항상 승천하는 숨겨진 그리스도와 그리스도를 다시 내려오게 하는 마리아, (철학자들의 돌과 다르지 않은) 파루시아가 항상 손이 닿는 곳에 있으면서도 영원히 물러나는 끝없는 전례 의식을 매우 편안해하는 세계관이었다.[39]

역사적 가시성의 교회는 선택된 자들의 종말론적(소위 "보이지 않는") 교회와 분명하게 동일시되었다. 마찬가지로 그리스도의 사역과 교회 기관뿐만 아니라 그리스도(영광스러운 머리)와 몸(영광을 기다리는 몸) 사이의 구분은 거의 알아볼 수 없었다.

트렌트 공의회 이후 신학(post-Tridentine theology)에 따르면 교회는 그리스도의 지상 역사적 '대리자'(vicar)에게 발견되는 절대적 권력을 가진 하나님 나라의 모호하지 않고 법적으로 완전히 실현되고 전적으로 내재하는 형태였다.

이레니우스와 마찬가지로 칼빈이 경륜에 관한 관심을 다시 불러일으켰고, 따라서 그리스도의 **부재 문제**에 주목했다고 패로는 제안한다.

> "그런데 왜 우리는 '승천'이라는 단어를 그렇게 자주 반복하는가"라고 칼빈은 물었다. 우리 자신의 말로 대답하면, 그것은 다른 개혁자들보다 더 용감하게 그리스도의 부재를 교회의 진정한 문제로 인식할 필요가 있다고 생각했기 때문이다.

---

39 Ibid., 163.

칼빈은 그리스도가 육신을 입고 승천하신 것 외에도, 우리는 우리와 닮은 그리스도의 모습을 빼앗기고, 승천하신 그리스도와 우리를 연합시키는 성령의 역할의 중요성을 상실하며, 그리스도의 육체적 재림의 실재성에 의문을 제기한다고 말한다. 그렇다면 이레니우스와 마찬가지로 칼빈은 우리의 초점을 구속의 경륜, 즉 강림(성육신과 지상에서의 구속 사역)에서 승천과 하늘에서의 사역, 종말에 파루시아에 이르는 나사렛 예수님의 실제 역사로 되돌려 놓는다.

> 진정한 부재를 유지한다는 것은 구세주와 구원받은 자 사이의 진정한 연속성을 유지하는 것이기도 하다. 이 모든 것은 칼빈이 "어디에 있는가"라는 질문이 "누구인가"라는 질문과 어떻게 연결되는지를 더 잘 파악하고 있었음을 보여 준다. 이것은 실제로 전체 논쟁에 대한 그의 중요한 통찰력이었다.
> 칼빈은 유티케스적 답변(예수님은 편재하신다)이니 네스토리우스적 답변(한 본성에는 부재하지만 다른 본성에는 존재하신다)도 충분하지 않다고 보았다. 왜냐하면, 어느 쪽이든 그리스도의 인성이 무력화되고 우리의 중보자로서 그리스도의 역할이 위험에 처하기 때문이다. 부재하신 분은 신인(God-man)이신데 우리에게 필요한 분은 임재하시는 신인이시다. … 따라서 '일종의 부재'와 '일종의 임재'는 심판의 날까지 하늘에 남아 계시는 그리스도와 맺는 우리의 친교에 자격을 부여한다. 성찬 재배치가 필요한 것은 바로 우리이다.[40]

칼빈은 성찬에서 승천으로 나아가는 대신 다른 방향으로 나아갔고, 이로 인해 "성례전적 현실성을 희생하지 않으면서도 예수의 특수성"을 강조

---

40 Ibid., 176-77.

하게 되었다. 이로 인해 "그는 임재와 부재의 문제에 대한 **성령론적 해결책**(pneumatological solution)을 모색할 수밖에 없었다"(강조 추가).[41]

이런 모든 진전에도 불구하고 패로는 다음과 같이 올바르게 지적한다.

> 칼빈이 파루시아에 관심을 기울였음에도 불구하고 임재-부재 변증법을 거의 전적으로 공간적 조건으로만 다루고 있다.[42]

이 설명을 보다 종말론적인 방향으로 나아가는 것이 제7장과 제8장에서 나의 목표 중 하나가 될 것이다.

계몽주의가 심판하거나 구원할 수 있는 외부의 권위를 원칙적으로 거부하면서 정신의 승천(내면화)은 놀라울 정도로 극단적으로 진행되었다. 피오레의 요아킴(Joachim of Fiore)이 꿈꾸었던 "제3의 시대", 즉 누구도 교회와 공적 사역을 포함한 외부의 도움이 필요 없고 모든 것을 즉각적이고 직관적으로 아는 성령의 황금기(the Golden Age of the Spirit)에 대한 비전은 중세와 근대 초기의 묵시 신앙(apocalypticism)을 촉발했고, 이는 현재까지도 로마가톨릭과 개신교의 황홀경 운동에서 찾아볼 수 있다.[43]

---

41 Ibid., 177-78.
42 Ibid., 178.
43 피오레의 요아킴(Joachim of Fiore)의 "세 가지 시대"(three ages)에 관해 특히 다음을 참조하라. Marjorie Reeves, *Joachim of Fiore and the Prophetic Future: A Medieval Study in Historical Thinking* (London: SPCK, 1976); Bernard McGinn, *The Calabrian Abbot: Joachim of Fiore in the History of Western Thought* (New York: Harper & Row, 1985); Delno C. West and Sandra Zimdars-Swartz, *Joachim of Fiore: A Study in Spiritual Perception and History* (Bloomington: Indiana University Press, 1983). 토마스 뮌처(Thomas Müntzer)와 같은 급진적 재세례파는 그들의 운동을 요아킴의 예언 성취로 보았다.
헤겔 사상을 위한 요아킴의 중요성은 Cyril O'Regan, *The Heterodox Hegel*, SUNY Series in Hegelian Studies (Albany: State University of New York Press, 1994), 270-85에서 매력적으로 자세히 다루어진다. 이 연구에서 오레건(O'Regan)은 고대 영지주의에 대한 헤겔의 의존과 현대에 이르기까지 그 궤적에 대한 엄청난 통찰력을 제공한다. *The Spirit Poured Out on All Flesh* (Grand Rapids: Baker Academic, 2005), 248-49에서 아모

레싱은 이성의 내적 빛이 외부의 권위나 피조물의 형태로 우리에게 오는 그 중재의 필요성을 초월하는 "제3의 시대"에 대한 요아킴의 비전을 계몽주의에 적용했다.⁴⁴ 정신의 수직적 상승은 또한 역사적 진보의 수평적 상승이 되었다. 이레니우스의 궤적은 물질(구체적 실현)에 대한 정신(보편적 관념)의 승리라는 오리겐주의와 영지주의적 승리에 거의 전적으로 압도당하는 것처럼 보였다.

순수 종교(즉, 도덕성), 절대정신(Absolute Spirit)이 펼쳐지는 자아의식 또는 신의식이 종교의 중심 주제가 될 때, 마지막으로 염려하는 것은 육신을 입으신 예수님의 행방이다.

패로가 지적하는 것처럼 슐라이어마허(Schleiermacher)는 "칼빈이 주장했던 공간적 거리를 엄격하게 실존적 조건으로 표현하기 위해 과격하게 루터적인 것으로 합쳤다."⁴⁵ 이제 교회 자체가 예수님의 정형화된 주제(토포스)가 되었다.

  스 용(Amos Yong)은 웨슬리(Wesley)의 후계자 존 플레처(John Flecher)가 요아킴의 논지를 불신자들 사이에서 하나님의 사역에 해당하는 아버지의 경륜, 유대인, 이방인 일신론자, 예수의 제자들(예수 사역 기간 "육체적"이고 "불완전한") 사이에서 하나님의 사역에 해당하는 아들의 경륜, 성령 세례를 통해 완전함을 가능하게 하는 성령의 경륜으로 각색했다고 지적한다.
  용은 심지어 요아킴의 고찰과의 유사점을 지적하고(249), 다른 종교의 신봉자들뿐만 아니라 "이신론자, 소시니안주의자(Socinians), 유니테리언(일신론자), 심지어 아리우스주의자(Arians)"도 성령이 역사하시는 하나님의 자녀라는 플레처의 견해를 이용한다(248-50). 요아킴의 삼위일체론적 종말론에 대한 명시적 호소(아무리 수정했다 하더라도)는 현대 신학, 특히 헤겔 사유의 창조적 재전유(creative reappropriation)를 보여 주는 현대 신학에서 놀라울 정도로 많이 볼 수 있다. 위르겐 몰트만(Jürgen Moltmann)은 그의 놀라운 교리 연구 시리즈를 통해 이런 관심을 보여 주며, *History and the Triune God* (New York: Crossroad, 1992)의 책 표지에는 요아킴의 세 시대 도표가 재현되어 있다.
44 레싱은 계몽주의를 위한 성령의 세 번째 시대에 대한 요아킴의 예언을 채택했다.("The Education of the Human Race," in *Lessing's Theological Writings*, selected and translated by Henry Chadwick (1956; repr., Palo Alto, CA: Stanford University Press, 1967), 96-97.
45 Farrow, *Ascension and Ecclesia*, 182.

어거스틴의 노선을 추구하며 슐라이어마허는 인간 사회에서 그리스도의 보이지 않는 영적 사역이 성공하기 위해서는 그리스도의 가시적 임재가 끝나는 것이 전적으로 필요했다고 주장했다.[46]

그의 신학에서 "예수에 대한 교회의 대체는 마침내 완성된다."[47] 헤겔(Hegel)은 더욱 대담하게 다음과 같이 표현했다.

> 그리스도는 죽고, 단지 죽은 자로서 하늘로 올라가 하나님 우편에 앉아 계신다. 따라서 그리스도는 영(Spirit)이시다. 그리스도 자신이 "내가 더 이상 너희와 함께 있지 않을 때, 성령께서 너희를 모든 진리 안으로 인도하실 것이다"라고 말씀하신다.[48]

따라서 패로는 다음과 같이 관찰한다.

> 기독론은 죽은 그리스도에 대한 담화가 되었다. 승천신학과 **십자가신학**(thelogiacrucis)을 결합하는 것은 영지주의자들에 대항한 이레니우스의 업적이었고, 이 둘을 하나의 동일한 것으로 만든 것은 영지주의를 현대적 관용어로 바꾸는 데 많은 수고를 했던 헤겔의 업적이었다. 헤겔은 "그리스도가 부활하셔서 하나님 우편으로 승천하신 역사"는 십자가에 못 박히신 분의 역사가 "영적 해석을 받은 지점"에서 시작되었다고 주장했다.[49]

---

46 Ibid., 182-85.
47 Ibid., 186.
48 Ibid.
49 Ibid., 187.

헤겔의 변증법은 디오니시우스적 분화(分化, 파생)이고 결합이다.[50] "그렇다면, 헤겔을 통해 우리는 길고 문제가 많았던 내재론(immanentism) 전통의 종말에 근접하게 서 있는 것처럼 보인다."[51]

마지막으로, 포이어바흐(Feurbach)와 니체(Nietzsche)와 같은 헤겔의 좌파 제자들에게는 그것은 그 반대편인 "완전한 부재"이다.[52]

그러나 오늘날 부활한 헤겔주의는 기독론(Christology)과 교회론(ecclesiology)을 통합하는 "우주적 그리스도", 즉 **토투스 크리스투스**(전체 그리스도)를 우리에게 제공한다. 내가 제2부에서 더 자세히 지적하겠지만, 이것의 영향은 오늘날 급진 정통주의(Radical Orthodoxy)에서 복음주의 내의 이머징 교회 운동(Emerging Church movement)에 이르기까지 교회의 스펙트럼에서 볼 수 있다.[53] 이런 제안의 결론은 그리스도의 인격과 사역을 교회의 역사적 발전과 동일시하고, 그리스도의 확장인 교회를 통해 전체 우주 그 자체와 동일시하는 것이다.

사실상 성육신은 승천을 대체함으로써 승천을 무효화한다. 시간과 공간의 모든 제약에서 해방된 이런 승천 버전은 역사적 예수를 실제로 우리를 떠난 적이 없는 분으로 재정의하지만, 역사적 인물로서 그분의 실제 존재를 다시 한번 의심하게 만드는 대가를 치른다.[54]

50　Ibid., 188.
51　Ibid., 189.
52　Ibid., 191. 분명히 이런 서술은 기독교 플라톤주의에서 완전히 벗어나 근대성을 유명론(nominalism)의 완결로 간주하는 급진 정통주의(특히 존 밀뱅크)의 서술과 어느 정도 대조를 이룬다.
53　이것이 더 대중적인 운동에서 얼마나 지배적인 주제가 되었는지에 관해서는 다음을 참조하라. Brian McLaren, *A Generous Orthodoxy* (Grand Rapids: Zondervan, 2004), 245-66. 그러나 이 이론은 수십 년 동안 주류 복음주의 신학과 선교학의 필수 요소로 자리 잡았다. 공정한 비평을 참조하려면 다음을 보라. Todd Billings, "'Incarnational Ministry': A Christological Evaluation and Proposal," *Missiology: An International Review* 32, no. 2 (April 2004): 187-201.
54　Farrow, *Ascension and Ecclesia*, 195, quoted in The Tablet, May 30, 1992.

그분의 역사적 삶이 있던 자리에 교회가 모든(아니 오히려 그분의) 영광을 누리는 자리에 서게 된다. 그리스도와 그분의 사역이 교회와 교회의 사역에 동화되면서 복음과 문화, 하나님의 말씀과 우리 특정 집단의 경험, 교회의 사명과 이 시대의 왕국들이 그리스도의 왕국으로 변모하는 것 사이에 유사한 융합이 일어난다.[55]

따라서 "어디에 있는가"에 대한 답이 "어디에나"라면, "누구인가"에 대한 답은 "모든 것"이라고 말할 수 있다. 패로가 결론 내리는 것처럼 이런 모든 견해는 이레니우스적, "성육신적", 반영지주의적이라고 주장하지만 실제로는 영지주의(Gnosticism)에 훨씬 더 가깝다.[56]

"이 사상의 주요 신학적 특징은 보편주의(universalism), 신인협력설(synergism), 범재신론(panenthesim)에서 찾을 수 있는데, 이 모든 것이 이 사상을 이레니우스주의보다는 오리겐주의로 분류하는 것을 정당화한다."[57]

내가 보기에, 패로가 다음과 같이 결론을 내릴 때 타당하다. 즉, 그리스도를 우주적 그리스도로 이름을 바꿈으로써 죽은 그리스도에 대한 담론을 영속화하는 것은 아무리 대담하더라도, 니체의 도전에 대한 답변이 아니라 회피로 보이는 허풍으로밖에 보이지 않는다. 즉, 실재 부재와의 직접 대면으로부터 우리 자신을 변명하려는 시도처럼 보인다.[58]

교회가 부재를 외면하고 거짓 임재를 향해, 종종 그리스도의 성육신과 화해 사역의 연장선으로 자신을 대체하려는 반복되는 유혹은 교회가 세상의 관심을 미래의 파루시아로 돌리게 하는 데 방해가 된다. 그러나 그리스

---

[55] 무수히 많은 예시 가운데 Karen Baker-Fletcher and Garth Kasimu Baker Fletcher, *My Sister, My Brother*(Maryknoll: Orbis Books, 1997), 275-76을 인용할 수 있다. 이 책에서 교회가 지금 여기에서 하나님 나라를 세우는 일을 통해 교회와 세상뿐만 아니라 하나님과 인간 사이에 "하나됨"이 이루어진다.
[56] Farrow, *Ascension and Ecclesia*, 198.
[57] Ibid., 220-21.
[58] Ibid., 221. 참고 나의 책, *Covenant and Eschatology*, "Eschatology after Nietzsche."의 첫 장을 참고하라.

도의 부재를 인정하지 않는 교회는 더 이상 그리스도께 초점을 맞추지 않고 가나안을 조기에 점령하려는 우상 숭배적 대체의 유혹에 빠지게 된다. 모세와의 유사점은 놀랍다.

> 백성이 모세가 산에서 내려옴이 더딤을 보고 모여 백성이 아론에게 이르러 말하되 일어나라 우리를 위하여 우리를 인도할 신을 만들라 이 모세 곧 우리를 애굽 땅에서 인도하여 낸 사람은 어찌 되었는지 알지 못함이니라(출 32:1).

3. 실재 임재: 오순절과 이 시대의 신적 분열

제자들의 적절한 불안과 긴장으로 그리스도의 부재를 만나는 것이 중요하다는 점을 강조했으므로 이제 우리는 성령의 중재를 통한 그리스도의 **임재**에 주목한다.

1) 약속의 성령

영원한 삼위일체 내의 구속 언약(intra-Trinitarian covenant of redemption)에서 시작된 고전적 언약신학은 아들과 성령을 떠나서는 선택조차도 아버지께 돌릴 수 없음을 강조했다.

신적 위격 사이에서 창조, 구속, 교회론의 사역을 나누는 것은, 비록 그것이 체험적(heuristric) 이유라 할지라도, **밖으로는**(ad extra) 신격의 사역이 분리되지 않는다는 확신을 암묵적으로 훼손하는 것이다(**삼위일체의 외적 사역은 나뉘지 않는다**, opera trinitatis ad extra sunt indivisa). 옛 피조물뿐만 아니라 새 피조물과 같은 삼위일체의 모든 사역에서 성령은 성부께서 성자 안에서 말씀하심에 대한 발화 효과적 결과(perlocutionary effect)를 가져온다.

홍수 이야기에서 우리는 마른 땅의 출현을 알리는 새의 모습을 한 성령의 첫 번째 사례를 만나게 된다. 출애굽기 19장은 창세기 1장과 2장을 반복하는데, 성령이 강림하여 물 위를 맴돌며 마른 땅이 나타나도록 물을 갈라놓고 그런 후에 기둥과 구름으로 안식(the Sabbath rest)으로 인도한다.[59]

출애굽기 19장에서 성령의 강림은 오순절에 다시 나타날 주제인 움직이는 구름 속에서 날개 달린 생물의 소리로 표현된다. 특히, 창조 공간을 언약의 장소, 즉 하나님 나라 운동의 물결이 땅끝까지 뻗어 나가는 창조주와 피조물 사이의 친교를 위한 보금자리로 변화시키는 위엄을 성령에게 돌린다.

선지서에 성령은 영광의 구름(glory-cloud, 사 63:11-14; 학 2:5)과 바람 즉 **루아흐**(ruach, 영/성령에 해당하는 같은 히브리어 단어)와 연관되어 있다(시 104:1-3). 이 영에 의해 만물이 창조되고 새로워진다(30절).

이런 루아흐는 창조에서 언약적 친교를 위한 장소를 만들고, 구속사의 여러 지점에서 심판을 위해 강림하며, 출애굽의 물줄기를 갈라놓는다. 새 창조에서는 이와 같은 성령이 성부와 함께 심판을 승인하는 데 있어서 성 육신하신 아들 위로 내려오신다. 우리 자신의 숨결처럼 성령은 아들 안에서 아버지께서 하신 말씀을 수신자에게 전달하여 피조물의 정체성을 구성하신다.

앞으로 살펴보겠지만 이런 모든 구절은 오순절에 대한 생생한 묘사 속에서 그 반향을 찾을 수 있다. 창조와 새로운 창조는 상호 의존적 주제이며, 특히 창조주의 형상과 모양을 지닌 피조물이 이끄는 "일곱째 날" 완성으로의 창조 과정이라는 통일된 주제를 가지고 있다.

하나님의 형상이란(the image-of-God) 주제와 유사하게, 영광뿐만 아니라

---

[59] M. G. Kline, *Images of the Spirit* (1980; repr., S. Hamilton, MA: self-published, 1986), 14-15.

신적 **증인**으로서 성령의 역할과도 밀접한 관련이 있다.[60] 창조, 출애굽, 정복, 심지어 유배 중에도 성령은 우주 법정에서 한 무리의 증인을 보존하신다. 그러나 처음부터 성령의 이런 증거는 구원뿐만 아니라 심판도 포함한다(창 3:8).[61]

아들은 원형적 '이마고 데이'(*Imago Dei*, 하나님의 형상)이시며, 성령은 지상 사역에서 그리스도를 지지하고 도덕적, 미학적, 존재론적 효과를 지닌 법적 판결로서 부활에서 종말론적 영광을 입히시는 분이다.[62]

신적 증인으로서의 성령의 특징은 "자기 앞의 사자"(the Angel of the Presence)와 밀접한 관련이 있다(사 63:9-14; 출 33:2, 12-15). 선지자들이 법정 준비 서면을 받는 야웨의 공회당으로 끌려가는 것은 "성령 안에" 있는 것과 동일시된다. 이런 모든 사법적 사명은 신약성경의 사건을 고대한다.

클라인(Kline)은 다음과 같이 언급한다.

> 그러나 이런 영광(the Glory)은 고정된 구조가 아니라 움직인다. 왜냐하면, 왕좌는 왕의 형을 집행하기 위해 빛의 속도로 움직이는 신성한 심판의 수단인 날개 달린 존재를 통해 성령이 지시하고 추진하시는 전차 왕좌이기 때문이다. … 또한, 영광의 구름이 구름 기둥과 불 기둥으로 추정되는 이중 기둥 형태는 성경에서 신적 증인으로 서 있는 하나님의 발로 개념화된다.[63]

60　G. Kline, "The Holy Spirit as Covenant Witness"(Th.M thesis, Westminster Theological Seminary, 1972)를 보라.
61　하나님이 "그날 바람이 불 때"에 오셨다는 것은 "그날의 성령으로"보다 가능성이 덜한 표현이다. 루아흐는 바람 또는 영으로 다양하게 번역될 수 있지만, 그 의미(특히 심판이라는 명백한 맥락에서)는 심판의 날에 오시는 성령을 지지하는 것 같다. Kline, *Images of the Spirit*, chap. 4; cf. M. G. Kline, *Kingdom Prologue: Genesis Foundations for a Covenantal Worldview* (Overland Park, KS: Two Age Press, 2000), 128-29를 보라.
62　Kline, *Images of the Spirit*, 16.
63　Ibid., 18-19.

그는 "보좌에 앉으신 영광 아래에 있는 언약궤는 따라서 하나님의 '발 둘 곳'(footstool)이라고 불린다(사 60:13)."[64] 그렇다면 우리는 "전체 창조 내 러티브의 언약적 캐스팅"을 보게 된다. 창세기 1:2에서 언약의 증거로 서 있는 영광의 구름은 첫 성전보다 더 영광스러운 후대의 성전에 대한 약속의 출애굽 재창조에서(학 2:5 참조), 비둘기처럼 내려오시는 예수님의 세례와 함께 새로운 창조에서 다시 나타난다.

요한계시록 10:1-11에서는 "이 영광의 인물이 구름을 입고 머리 위에는 무지개 후광을 받으며 얼굴은 해와 같고 발은 불 기둥 같고 손을 들어 하늘에 맹세하며 피조물 위에 서서 일곱째 날에 하늘과 땅과 바다와 그 모든 군대의 창조를 마치신 이에게 맹세하여 일곱째 나팔의 날에 하나님의 그 비밀이 이루어지리라."[65]

창조주 성령은 심지어 태초부터 창조의 목표인 완성에 대한 신적 증인이었다.[66] 첫 번째 창조에서 아담 때문에 좌절된 이 목표는 새 창조의 마지막 아담 때문에 마침내 성취된다. 따라서 성령의 부으심이 '마지막 날'과 다가올 시대와 동일시되는 것은 놀라운 일이 아니다.

그러므로 우리는 이미 피조물 안에서 약속의 성령, 즉 피조물을 다름 아닌 시련이 끝에서 이루어지는 완성인 그 목표를 향해 나아가게 하는 분을 만난다. 영광의 성령과 심판의 관계에 대한 이런 해석은 특히 고린도후서 3장과 4장에 의해 뒷받침된다. 그리스도 안에서 우리가 그리스도의 얼굴에 있는 하나님의 영광을 보지 못하게 막는 휘장이 이제 제거되었다(고후 3:1-6).

그리스도를 우리의 육신과 완성된 영광으로 입히신 성령이 이제 우리를 그리스도로 입히신다. 이 모든 다양한 방식은 에덴에서 성령의 호흡과 함

---

64   Ibid., n.21.
65   Ibid., 19.
66   Ibid., 20.

께 시작하여 영광스러운 예복의 모든 제사장적 이미지와 그리스도께서 제자들에게 숨을 불어넣으시는 사건으로 이어지는 왕 임명식의 옛 언약 역사에 호소한다.

클라인은 다음과 같이 말한다.

> 이런 왕의 임명식 비유가 사용될 때 "입는 것"은 하나님의 형상대로 창조된 새 사람(엡 4:24; 골 3:10) 또는 주 그리스도(롬 13:14; 갈 3:27; 참조 엡 2:15; 4:13) 또는 불멸의 부활 영광(고전 15:53; 고후 5:2ff.) ···. 베드로가 사용하는 어휘에서 "신성한 성품에 참여하는 자"는 하나님의 형상으로 새롭게 됨을 표현한다(벧후 1:4).[67]

신자들은 이제 그리스도 안에서 "하나님의 형상과 영광"이다(고전 11:7). 지상의 성소를 채우신 이 영광의 성령은 이제 종말론적 성전, 즉 그리스도의 몸으로서의 교회를 채우신다. 이들이 하나님 안에서 언약 공동체가 만들어지는 장소라면, 성령은 집(house)을 가정(home)으로 바꾸시는 분이다. 그러므로 성령은 특히 사람, 장소, 사물 등 자연적이고 피조직적인 실체를 거룩하게 하는 성화와 동일시된다. 인류는 하나님을 예배하도록 창조되었을 뿐만 아니라 영광의 성령으로 충만한 하나님의 성전이 되도록 창조되었다.

창세기 2:7에서 인류를 생명체로 만드는 성령의 호흡은 마리아의 수태고지(annunciation)뿐만 아니라 에스겔 47장의 성전 충만 사건에서처럼 구속사 전반에 걸쳐 반복적으로 나타나며, 예수님께서 제자들에게 숨을 불어넣으시고 "성령을 받으라"(요 20:22)는 수행적(遂行的) 발화를 하신 오순절의 예언적 기대에서 절정에 이른다.

---

[67] Ibid., 29.

원창조를 반영하듯, 아버지와 성령은 예수님이 세례를 받으실 때(막 1:11) 예수님께 하늘의 축복을 내리시고(막 9:7), 아버지는 하늘에서 증거하시며 변화산 사건(transfiguration)에서 아버지는 축복을 반복하신다(9:7). 그러나 예수님께 이런 평결이 고무적이긴 했지만, 그리스도에 대한 세상(종종 언약 백성을 포함한)의 완강한 반대를 고려할 때 구속사의 추가적 한 단계가 더 필요했다. 지상에서 인간들의 증언만으로는 우리의 동의를 얻는 데 충분하지 않았을 것이다.

세상(심지어 제자들조차도)은 우리**에게** 하늘에서 내려오는 신적 증거뿐만 아니라, 땅에서 즉 우리 **안에서** 언약 동반자의 '아멘'을 끌어내는 중요한 증언이 필요했다. 우주 법정에서 성령은 원형적인 증인의 구름(Cloud of Witness)이시며, 그분의 살아 움직이는 힘은 허다한 증인을 만든다.

우리는 베드로의 오순절 설교에서 성령과 심판 사이에 이런 밀접한 연관을 인식한다. 오순절 설교에서 베드로는 요엘의 예언 성취를 선포하는데, 이 예언은 그 자체로 명백히 사법적 성격을 지니고 있다.

레이먼드 딜라드(Raymond Dillard)가 언급하는 것처럼 요엘서 3:1-5(2:28-32E)은 민수기 11:1-12:8에 대한 해설이다. 하나님의 모든 백성에게 성령을 부어 달라는 모세의 간구는 요엘의 예언에서 분명하게 약속되어 있다. 두 본문 모두 "하나님의 백성이 예언할 것이다"(민 11:25-29; 욜 3:1 [2:28E])와 "하나님의 영이 부어지는 것은 (단지) 소수의 경험(민 11:25; 12:6)이 아니라 모든 사람의 경험(욜 3:1[2:28E])이 될 것이다"임을 확언한다.

두 문맥 모두 성령 소유의 사법적 기능을 반영한다. 70명의 장로는 모세의 대리자가 되어 재판관으로 섬겨야 하며(민 11:17; 참조, 출 18:13-27), 요엘서에서 종말론적 예언 능력의 부어 주심은 열방을 심판하러 오시는 주님의 재림과 연결된다(욜 3:4 [2:31E]; 4:12 [3:23E]). 무리는 결정을 **내리기** 위해 오는 것이

아니라 하나님의 결정을 **듣기** 위해 온다(4:14 [3:14E]). (강조 추가)[68]

오순절은 심판의 날, 즉 최후 심판의 날이 아니라 심판만이 승리하는 최후의 날을 앞두고 이 마지막 날에 이스라엘과 열방이 심판과 의롭다 하심을 받기 위해 모이는 프롤렙시스(prolepsis, 예기적 사건)의 시작을 알리는 날이다.

사람들이 말하기 전에 먼저 들어야 한다. 그들이 행동하기 전에 반드시 따라야 한다. 증인이 되기 전에 그들 자신은 복음의 선포 때문에 구원받아야 한다. 예수님은 승천하시기 전 제자들에게 "너희는 이 모든 일의 증인이라"라고 말씀하셨다.

> 볼지어다. 내가 내 아버지께서 약속하신 것을 너희에게 보내리니 너희는 위로부터 능력으로 입혀질 때까지 이 성에 머물라(눅 24:48-49).

딜라드는 구약성경에서 성령의 사법적 사명과 오순절에서 성령의 사법적 사명 사이의 유사점을 지적한다.

> 두 상황 모두 심판에 나타나는 불의 신현(fire theophany)을 포함한다(민 11:1-3; 욜 1:19-20; 2:3, 5; 3:3 [2:30E]). 각각에서 성령의 부으심은 이스라엘 일부에 대한 심판을 포함하는 맥락에서 이루어지며(민 11:31-35; 12:9-15; 욜 3:5 [2:32E]), 모두가 살아남는 것은 아니다."[69]

---

68   Raymond B. Dillard, "Intrabiblical Exegesis and the Effusion of the Spirit in Joel," in *Creator, Redeemer, Consummator: A Festschrift for Meredith G. Kline*, ed. Howard Griffith and John R. Muether (Greenville, SC: Reformed Academic Press, 2000), 90.

69   Ibid., 91.

그러나 오순절에 하나님은 삼키는 불이 아니라(행 2:3-4), 오히려 하나님의 쉐키나 영광이 각 사람 안에 나누어져 거하시며, 신적 임재는 지성소 위가 아니라, 하나님의 성전이 된 그분의 백성 **안에** 이루어지며(행 2:3; 고전 3:16-17; 6:19; 고후 6:16; 엡 2:19-22), 그들 모두가 증인이 되게 하신다.

성령께서 예수님을 마지막 아담, 즉 "참되고 충실한 증인"으로서 그분의 시험에서 옹호하셨던 것처럼, 그분은 허다한 증인으로서 우리 안에(개인적으로 그리고 공동체적으로) 내주하도록 보내심을 받았다.

오순절 사건 자체에 대해 알아보기 전에 시내산 경륜(the Sinaitic economy)이 세 가지 주요 절기를 알고 있었다는 사실을 상기할 가치가 있다. 첫 번째 유월절은 첫 달 열네 째 날에 열리며 출애굽을 기념하는 절기이다(출 12장; 레 23:5-8; 민 28:16-25; 신 16:1-8). 그 후 50일 후에는 곡물 수확이 끝났음을 알리는 칠칠절(the Feast of Weeks)이 이어졌다(출 23:16; 34:22; 레 23:15-22; 민 28:26-31; 신 16:9-12).

희년기(Jubilees) 6:17-22에서 오순절은 실제로 안식일 자체의 수준으로 격상되어 "언약 맹세의 절기"(Feast of the Covenant-oath)로 지정된다. 일곱째 달 초막절(the Feast of Tabernacles)은 농사의 해가 끝나고 하나님께서 이스라엘을 광야로 인도하신 것을 기념하는 절기다(레 23:39-43; 민 29:12-38; 신 16:13-15).

예수님께서 광야에서 물을 공급하신 것을 기념하는 물 긷는 의식과 등불을 밝히는 의식에서 자신을 생수의 샘으로 제시하셨던 것은 바로 초막절이었다.

> 이는 그를 믿는 자들이 받을 성령을 가리켜 말씀하신 것이라(예수께서 아직 영광을 받지 않으셨으므로 성령이 아직 그들에게 계시지 아니하시더라)(요 7:39).

은혜의 경륜에서 예수님과 성령의 역사 사이의 밀접한 연관성을 다시 한번 주목하라. 머리가 영화롭게 될 때까지는 교회의 몸이 예기적으로라도(proleptically) 공유할 수 있는 원형적 이미지나 높아진 완성된 상태가 존재하지 않는다.

유월절을 맞아 예루살렘에 승리의 입성을 하신 직후, 제자들의 승리 열기가 절정에 달했던 곳에서 그리고 그때 예수님은 그들에게 자신의 떠나심, 즉 하늘 성소로의 승리의 입성을 준비시키기 시작하셨다(요 14-16장). 더 위대한 여호수아이신 예수님은 심판의 물을 통과하여 모든 반대를 정복하셨고 약속의 땅으로 승리의 입성을 하셨다. 그리고 이제 성령은 예수님이 이끄는 자기 백성 행렬을 그들을 위해 준비된 고향으로 인도하신다.

그러나 실의에 빠진 제자들의 관점에서 볼 때, 왕국이 영광에서 영광으로 나아가는 것처럼 보이는 바로 그 지점에서 종려 주일과 그리스도의 재림 사이에 십자가, 부활, 승천으로 인해 조화되지 않은 중단이 생긴다. 이 시대에 교회가 차지할 공간, 즉 '청원적 중간'(epicletic interim)이 바로 예수님이 제자들에게 성령을 소개하는 공간이다.

2) 오순절의 성령

사도행전 1장은 승천에서 오순절로 넘어가는 전환기를 다룬다. 그리스도는 "아버지께서 약속하신 것" 즉 "몇 날이 못 되어" 성령 세례를 위해 제자들에게 예루살렘에 머물라 명령하신다(행 1:1-5). 약 120명의 사람들이 성전 근처 다락방에 모여 있었는데, 이 다락방에는 먼 지역에서 온 순례자들이 오순절 잔치를 위해 모여 있었다.

> 오순절 날이 이미 이르매 그들이 다같이 한 곳에 모였더니 홀연히 하늘로부터 급하고 강한 바람 같은 소리가 있어 그들이 앉은 온 집에 가득하며 마치 불의 혀처럼

갈라지는 것들이 그들에게 보여 각 사람 위에 하나씩 임하여 있더니 그들이 다 성령의 충만함을 받고 성령이 말하게 하심을 따라 다른 언어들로 말하기를 시작하니 (행 2:1-4).

교육을 받지 못한 갈릴리 사람들이 자신들의 언어로 복음을 전한다는 사실에 놀란 방문객들의 반응은 "놀라고 당황해 하는 것"부터 "그들이 새 술에 취하였다 하더라"(12-13절)와 같이 완전히 믿기지 않는다는 반응까지 다양했다.

이 놀라운 사건의 결과는 제어할 수 없는 대혼란이 아니라 베드로가 다른 사도들과 함께 공개적으로 복음을 선포하는 것이었다(14-36절). 비겁하게 그리스도를 세 번이나 부인했던 사람이 이제 얼마 떨어지지 않은 곳에서 십자가에 못 박히신 분이 부활하셔서 하나님 우편에 계시며 이 땅을 심판하러 다시 오실 것이라는 메시지를 목숨 걸고 전하고 있는 것이었다.

베드로는 선지자와 시편의 여러 구절을 함께 연결하며 그리스도와 이 놀라운 성령 강림을 성경이 예언한 모든 것의 성취로 선포했다. 3천 명이 "마음에 찔려" 베드로의 메시지를 받아들이고 세례를 받았다(37-41절).

성령께서는 베드로가 공개적으로 선포한 발화 수반적 말씀(illocutionary speech)이 가진 발화 효과적 결과(perlouctionary effect)를 내면으로 성취하고 계셨다. 하늘에 계신 참되시고 신실하신 증인과 연합하고, 내주하시는 성령의 능력을 받은 증인들이 증인으로 나선 사도행전의 나머지 부분은 "하나님의 말씀이 전파되었다"는 주제로 요약할 수 있다.

부활, 승천, 파루시아를 하나의 사건으로 합치는 것을 거부할 때, 시간 사이의 시간에는 성령의 공간이 나타난다. 성령은 그리스도의 인격과 사역의 대리자가 아니라 중개자이시다. 그리스도의 구속 사역은 우리 뒤에 놓여 있지만, 그 말씀의 발화적 효과는 "이 마지막 날"에 작용하고 있다.

3) 성령과 예수님

오순절은 요한복음 14-16장에서 예수님이 성령의 강림과 관련하여 묘사한 모든 표징을 보여 준다. 성령은 그리스도를 증거하시고, 세상에 죄와 심판에 대한 확신을 주시며, 그리스도를 하나님의 메시아로 믿는 믿음을 낳으실 것이다. 오순절은 마침내 마지막 날 추수의 시작, 즉 첫 열매이며, 이전의 모든 오순절 절기가 단순한 예행연습에 불과했던 진정한 '초실절'(the feast of the firstfruits)이었다.

첫째, 예수님은 성령의 선물이다.

예수님이 우리에게 성령을 주시기 전에 성령이 우리에게 예수님을 주셨다. 예수님은 성령으로 잉태되었을 뿐만 아니라 순종적인 삶과 기적의 표적, 죽음과 부활을 통해 성령의 권능과 지지를 받으셨다. 아들의 사역에 대해 우리의 "아멘"을 끌어내기 위해 보내지기 전에, 성령은 이미 예수님이 모든 언약의 '의', 즉 하나님과 인간 사이의 친교를 회복한 결정적 "아멘"을 성취하도록 그분을 강하게 하셨다.[70]

예수님과 성령의 사역의 이런 상호 내재는 언약적 예배를 회복시킨다. 왜냐하면, 이것은 하나님이 자신에게 말씀하시는 것일 뿐만 아니라 실제로 언약의 주님 소환에 대한 대표적인 인간의 응답이기 때문이기도 하다.

마침내 아버지의 말씀에 귀 기울이고 유혹의 광야를 지나 세상을 이기는 승리에 이르는 성령을 충실히 따르는 인간 대표자가 등장한다. 이스라

---

[70] 기독론이 둘째 아담으로서 그리스도의 인성을 소외시킬 때, 기독론은 이스라엘의 실제 역사와 그리스도의 적극적 순종과의 연관성을 잃을 뿐만 아니라 모든 구원 활동을 아들의 신성에 돌림으로써 말씀의 생명과 역사를 실현하는 성령의 사역을 경시하게 된다. 나는 이런 요점을 *Lord and Servant: A Covenant Christology* (Louisville, KY: Westminster John Knox Press, 2005), 167–69에서 진술하고 있다.

엘의 역사를 요약하고 영광에서 영광으로 새로운 (종말론적) 단계로 끌어올리는 그의 사역은 다음과 같은 선포로 시작한다.

> 예수께서 성령의 능력으로 갈릴리에 돌아가시니 그 소문이 사방에 퍼졌고…. 예수께서 그 자라나신 곳 나사렛에 이르사(눅 4:14, 16, NKJV).

그리고 안식일에 회당에서 두루마리를 건네받으신 예수님은 이사야 49:8-9을 읽으셨다.

> 주의 성령이 내게 임하셨으니 이는 가난한 자에게 복음을 전하게 하시려고 내게 기름을 부으시고(눅 4:18, NKJV).

예수님은 그들에게 "이 글이 오늘 너희 귀에 응하였느니라"라고 말씀하셨다(눅 4:14-21; 참조, 사 42:1-4을 인용하는 마 12:18-21). 예수 그리스도 안에서 우리는 말씀하시는 주님과 성령 안에서 "내가 여기 있나이다"라고 대답하는 종을 모두 인식한다.

> 하나님의 약속은 얼마든지 그리스도 안에서 예가 되니 그런즉 그로 말미암아 우리가 아멘 하여 하나님께 영광을 돌리게 되느니라(고후 1:20).

첫 창조에 대한 하나님의 축복의 동일한 내용("하나님이 지으신 그 모든 것을 보시니 보시기에 심히 좋았더라"; 창 1:31)이 예수님의 세례에서 비둘기의 형태로 내려오시는 성령의 강림과 아버지의 말씀과 함께 예수님의 세례에서 반복된다.

예수님이 자신의 사명을 수락하신 후("이제 허락하라 우리가 이처럼 하여 모든 의를 이루는 것이 합당하니라"), "하늘로부터 소리가 있어 말씀하시되 이는 내 사랑하는 아들이요 내 기뻐하는 자라"(마 3:13-17)라고 말씀하신다. 심지어 그분의 수동적 순종조차도 성령과 연결되어 있다.

히브리서 기자는 그리스도의 피가 우리를 거룩하게 하는 것은 그리스도가 "영원하신 성령으로 말미암아 흠 없는 자기를 하나님께 드렸기" 때문이라고 말씀한다(히 9:14 NKJV).

약속된 성령이 보내졌기 때문에 두 가지 역사가 존재한다. 하나는 죄와 죽음과 심판 아래 있는 현시대에 의해 정의되는 역사와 다른 하나는 다가올 시대에 의해 정의되는 역사이다.

에드먼드 클라우니(Edmund Clowney)는 성령과 종말론의 밀접한 관계에 주목하면서 다음과 같이 말한다.

> 우리가 마지막 날에 있으므로 성령이 우리와 함께 계신다(행 2:17; 3:24; 벧전 1:10-12).[71]

로고스가 성령의 역사를 통해서만 육신이 될 수 있는 것처럼, 우리는 "성령으로 아니하고는 누구든지 예수를 주시라"라고 말할 수 없다(고전 12:3). 따라서 성령은 아버지와 함께 성육신으로 예수 그리스도를 단번에 주신 후에도 여전히 우리에게 예수 그리스도를 주고 계신다.

그분의 영으로 말미암아 우리는 그분의 육신을 다시 정의하거나 그분이 육신을 입고 오가는 것을 외면할 필요 없이 어디서나 그리스도를 만날 수 있다. 예수님의 역사와 이 시대의 역사를 끊임없이 접촉하고 충돌하게 하면서도 예수님의 역사가 이 시대의 역사에 동화되지 않게 하는 이는 바로 성령이시다.

---

71   Edmund P. Clowney, *The Church: Contours of Christian Theology* (Downers Grove, IL: InterVarsity Press, 1995), 66.

그렇다면 성령은 그리스도의 사역을 완성하기 위해 보내진 것이 아니다. 또한, 성령은 이런 현장에 나타나는 후발 주자도 아니시다. 성령은 구속사, 그리고 그 중심인물인 예수 그리스도를 구속의 대단원으로 이끄셨다. 이것이 바로 이 마지막 날, 즉 성령의 시대에 산다는 것이 의미하는 바이다.

둘째, 성령은 예수님의 선물이시다.

예수 그리스도가 성부와 성자의 선물이시라는 것이 사실이라면 성령이 성부와 성자의 선물이시라는 것도 사실이다. 지금까지 내가 주장한 모든 내용은 요한복음 14-16장에서 그 주석적 근거를 찾을 수 있으며, 특히 우리는 15장에 집중할 것이다.

예수님은 제자들에게 당시에 그들이 깨닫지 못했지만, 오순절을 위해 준비하라고 가르치신 것이 무엇인가?

요한복음 14:26에서 예수님은 **또 다른** 보혜사(parakletos)의 임박한 도래를 선포하신다. 일부 번역에서처럼 단순히 '도우미'(Helper) 또는 '위로자'(Comforter)가 아닌 파라클레토스(*parakletos*)는 (NRSV에서처럼) "대언자"(Advocate)로 더 정확하게 번역된다.

이 단어는 옛 선지자들처럼 대리인(attorney)에 해당하는 법률 용어이다. 그러나 이 경우 선지자는 야웨의 대리인일 뿐만 아니라 야웨 자신이기도 하다. 주님이시자 종이신 예수 그리스도께서 또 다른 중재자를 보내겠다고 약속하셨다. 또 다른 중재자를 보내시기 위한 목적은 우주 재판의 결과 자체를 결정하기 위해서가 아니라(이것은 예수님께서 하실 일이므로), 세상에 대한 하나님의 소송을 제기하고(불의에 대한 유죄 판결을 끌어냄) 피고인을 위해 중보하기 위해서이다.

그는 궁극적 '립'(*rib*, 선지자들의 언약 소송에 해당하는 히브리어)을 가져올 것이지만, 이번에는 이것은 시내산 언약의 또 다른 갱신으로 이어지는 것뿐만 아니라 마침내 그리스도의 십자가를 통해 죄를 다루고 성령이 중생케 하시는 역사를 통해 새로운 마음이라는 결과가 생길 것이다(렘 31:30-33).

예수님께서 성령을 아버지께서 보내실 "또 다른 중재자"라고 말씀하신 것은 이런 배경에서 비롯된 것이다. 그리스도의 영은 그리스도의 신성이나 영혼이 아니라 별개의 위격이다. 성령과 자리를 교환함으로써 교회의 기도가 응답할 것이다

> 나라가 임하시오며 뜻이 하늘에서 이루어진 것같이 땅에서도 이루어지이다 (마 6:10, KJV).

성령은 우리 자신이 죄에 대해 죽고(죄 죽임, mortification) 그리스도에 대해 살고(살림, vivification) 하늘에 계신 우리의 중재자가 "우리 죄를 위한 화목 제물"(요일 2:1-2, NKJV)이라는 약속을 붙잡도록 우리를 인도하신다. 따라서 예수 그리스도라는 성령의 선물과 성령이라는 예수 그리스도의 선물로 인해 하나님의 뜻이 하늘에서 이루어진 것같이 땅에서도 이루어질 때까지 하늘 법정에서 한 분, 그리고 땅 법정에서 다른 분이 중보하고 증언하고 증거하는 두 분의 신적 언약의 대리인이 존재한다.

사법적으로 범죄로 유죄 판결을 받고 형을 선고받는 것과 주관적으로 유죄를 확신하는 것은 별개의 문제다. 단번에 성취하신 그리스도의 사역은 우리의 용서, 화해, 칭의, 입양의 근거가 되지만, 그 자체로 회개, 하나님과의 우정, 믿음, "아바, 아버지"라는 자식으로서의 외침을 낳을 수는 없다.

예수님은 성령으로 충만하셔서 혼자서 이루실 수 있는 모든 것을 완벽하게 성취하셨다. 같은 성령으로 충만하지만 우리는 불완전한 응답을 한다. 성령을 통해 그리스도께서 우리 밖에서, 그리고 과거에 우리를 위해 이루신 모든 것이 현재 우리 안에서 받아들여지고 열매를 맺는다. 이런 식

으로 완성(다가올 시대)을 구성하는 힘이 지금 이 세상에서 이미 작용하고 있다.

성령의 대행을 통해 그리스도의 과거 사역이 우리에게 적용될 뿐만 아니라, 그분의 현재 영광의 지위도 반이 실현된(semirealized) 방식으로 우리 자신의 존재를 관통한다. 성령의 사역은 지금 여기 우리를 그리스도의 과거, 현재, 미래와 연결해 준다. 신격의 말씀을 완성하는 권능으로서 성령은 아들의 원형적 이미지에 따라 피조적 실체를 형성한다.

성령으로 거듭나지 않고는 그리스도의 왕국을 인식하거나 들어갈 수 없다(요 3:3). 예수님이 참되고 신실한 증인으로서 행하신 외적 표적조차도 그 자체로 믿음을 가져올 수는 없다. 심지어 종교 지도자들조차도 "비록 죽은 자 가운데서 살아나는 자가 있을지라도 권함을 받지" 아니할 것이다 (눅 16:30-31).

어떤 것도 구속의 근거로 그리스도의 인격과 사역에 더할 수는 없지만, 불경건한 사람들을 그리스도의 인격과 사역과 살아 있는 관계로 이끌기 위해서는 추가적인 무언가를 더해야 한다.

그리스도의 영광과 함께 천국의 문이 활짝 열렸지만, 그가 몸 없는 머리, 가지 없는 포도나무, 추수 없는 첫 열매처럼 홀로 높아지지 않으려면 새로운 피조물에는 시민들을 영적, 최종적으로는 육체적 죽음에서 살릴 힘이 수반되어야 한다.

그러므로 세례 요한은 물뿐만 아니라 성령과 불로 세례를 주실 분의 더 큰 권위에 굴복한다(요 1:29-34). 요한은 저명한 선지자의 계보에서 가장 위대한 인물이었지만, 구속사적 위치로 볼 때 그리스도가 세우신 왕국에서는 가장 작은 자에 속한다(마 11:11).

성령의 임재는 시대가 바뀌고 있다는 것을 선언한다. 즉, 이 현시대가 다가올 시대로 바뀌고 있다. 성령의 부으심은 "이 마지막 날"에 믿음의 공동체를 보장할 것이다. 이 믿음의 공동체는 그리스도의 완성된 사역을 기억할 뿐만 아니라 실제로 그 영광스러운 머리의 언약 역사(그리고 종말론)에 삽입된 믿음의 공동체다.

바울이 가르치듯이, 성령은 신자들 사이에 보내질 뿐만 아니라 그들 안에 내주하여 최종 구속의 보증(*arrabōn*, 아라본)으로서 신자들 안에 내주하신다. 심지어 선지자들도 때때로 계시를 받을 때 "성령 안에" 있었다고 말해지지만, 이 마지막 날에는 예언의 성령이 모든 신자 안에 내주하여 현재의 입양과 미래의 영화를 확신시켜 주신다(롬 8:14-16). 선지자들 자신도 이스라엘 회중 전체가 성령 안에서 살아날 날을 기대했다(겔 37장).

이것은 정확히 "성령의 처음 익은 열매를 받은 우리까지도 속으로 탄식하여 양자 될 것 곧 우리 몸의 속량을 기다리기" 때문이다(롬 8:23, NKJV; 참조, 갈 4:6). 우리의 최종 구속의 보증이신 성령은 우리가 새로운 피조물로서 그리스도에 참여하는 "이미"를 주신다. 또한, 그리스도와의 연합에서 우리를 기다리는 아직 오지 않은 것에 대한 간절한 소망을 주시는 분은 우리 안에 계신 성령이시다(롬 8:18-28; 참조, 고후 1:22; 5:5; 엡 1:14).

우리가 다가올 시대의 실체에 대한 성령을 더 많이 받을수록 우리는 더 많이 불안해진다. 그러나 그것은 두려움에서 오는 불안이 아니라 이미 미래에 대한 전조(前兆)를 받았기 때문이다. 완성의 대기에 퍼져 있는 영원한 생명과 기쁨의 향기를 맡았을 때만 이 시대의 공기는 죽음의 썩은 냄새가 나는 것처럼 느껴진다.

하늘의 잔치를 맛본 우리는 더 이상 이 시대의 풍성한 연회가 만족스럽지 않다는 것을 알게 된다. 성령의 임재는 항상 더 많은 것을 누릴 수 있도록 우리를 자극하기 때문에 그리스도인의 고난을 스토아적 무관심(stoic indifference)으로 받아들여야 할 허무주의적이고 냉소적인 운명이나 승리주의의 정신으로 부정해야 할 현실과는 다르게 만든다.

성령으로 충만한 사람들은 승리보다는 더 많은 투쟁으로 특징지워진다.

왜냐하면, 두 시대를 갈등으로 이끌고 현재 악한 시대의 반란자들을 끌어내 새로운 투쟁의 지형을 방어하게 하는 것은 성령의 임재이기 때문이다. 성령이 내주하시는 곳에는 하나님과의 평화와 우리와 세상 가운데 있는 죄 권세가 벌이는 내적 갈등이 존재한다.

따라서 성령은 예수님을 대신하는 분이 아니시며 예수님과 동등한 구속자가 아니시라는 점을 인식하는 것이 중요하다. 성령은 예수님 역사와 우리 역사 사이의 틈새를 메우지 않으신다. 오히려 성령의 임재는 성령이 그리스도와의 친교를 생성하는 정도까지 정확하게 그런 차이를 깊이 감지하게 한다. 성령의 역사는 머리와 그 지체들 사이의 종말론적 차이를 측정하고 중재한다.

지금까지 나의 해석은 "이 마지막 날"의 성령 임재를 완전히 실현된 종말론과 동일시하려는 최근의 시도에 의문을 제기한다.

존 지지울라스(John Zizioulas)는 성령이 처음에 예수님 역사를 실제로 만드시고 성찬 사건에서 **교회를** 창조하시는 분이라는 사실을 유익하게 상기시킨다. 그러나 그는 이로부터 다음과 같은 결론을 불합리하게 도출한다.

> 기독교 진리와 우리 자신 사이에는 은혜의 수단으로 메울 수 있는 어떤 틈새도 없다. … 기독론과 교회론 사이의 모든 분리는 성령 안에서 사라진다.[72]

이것은 성찬에서 전체 그리스도(*totus Christus*, 그리스도와 교회)가 완전히 실현된 종말론적 사건이 된다는 그의 견해와 일치한다. 그러나 나는 이것이 단지 미로슬라브 볼프(Miroslav Volf)와 함께 과대 실현된 종말론(overreal-

---

[72] John Zizioulas, *Being as Communion: Studies in Personhood and the Church* (Crestwood, NY: St. Vladimir's Seminary Press, 1985), 110–11.

ized eschatology)을 나타낸다는 결론을 내릴 수밖에 없다.[73]

문제는 성찬이 기독론, 성령론, 교회론의 교차점을 가장 분명하게 드러낸다는 지지울라스의 제안에서 발견되는 게 아니라, 성찬이 해결하기보다는 오히려 강조하는 종말론적 긴장을 실제로 약화하는 성찬에 관한 그의 과대 실현된 종말론에서 찾아야 한다.

교회, 성령, 예수님이 모두 합쳐지는 것처럼 보인다. 성령이 단지 그리스도의 부재 문제에 대한 해결책으로만 호소되고, 성령의 임재 자체가 파루시아의 '더 많은 것'에 대한 우리의 이해를 끊임없이 자극하는 분으로 호소되지 않을 때, 우리는 더 이상 성령의 중재를 말하는 것이 아니라 성령이 예수 그리스도를 대체하는 것에 대해 말하고 있다.

현대 신학에서 성령을 종말론적 긴장을 극복해 나가는 분보다 부재하신 그리스도를 대신하는 분으로 취급하는 경향의 다른 예들이 존재한다.[74] 논란의 여지가 있는 러시아정교회 신학자 세르게이 불가코프(Sergei Bulgakov)와 비슷한 노선을 따라 존 밀뱅크(John Milbank)는 성자뿐만 아니라 성령도 성육신해야 한다고 추론하는 데까지 나아간다.

밀뱅크는 "은사주의 운동과 성결 운동"에 고무되어 "교회와 세상에서 성령의 지속적이고 무한한 능력을 받아들이는 훨씬 더 가톨릭적인 방향으로" 우리를 이끄는 대안적 개신교와 개혁적 가톨릭을 요구한다. 그는 다음과 같이 덧붙인다.

> 기적이 사도 시대로 끝나지 않았다면 분명히 소위 정통 전통에도 불구하고 계시도 끝나지 않았다. 비록 인간 안에서 성령의 지속적 계시가 단지

---

[73] Miroslav Volf, *After Our Likeness: The Church as the Image of the Trinity* (Grand Rapids: Eerdmans, 1998), 141.
[74] 이브 콩가(Yves Congar)는 다른 신학자들 가운데 19세기 후반 로마가톨릭 신학자 M. J. 쉬벤(M. J. Scheeben)이 교회를 "일종의 성령 성육신"이라고 불렀다고 지적한다 (*I Believe in the Holy Spirit* [New York: Crossroad, 1999], 155).

우리에게 다시 한번 그리스도를 보여 주지만 말이다. (가령, 이 칼라브리아 수도원장[피오레의 요아킴]이 무언가 빠진 것을 왜곡해서 어렴풋이 보았다 하더라도 나는 여기서 요아킴적이지는[Joachite] 않다.)[75]

밀뱅크에 따르면, 아들의 성육신은 **교회로서** 성령의 이전 성육신을 전제로 한다.[76] (성육신을 통한) 성령과 아들의 연합은 밀뱅크가 교회를 아들과 성령과 완전히 동일시하기 위한 통로 역할을 한다. 밀뱅크는 "다른 종류의 위격 내 인격화(enhypostasiation), 즉 성령에 의한 집단적 인류(교회[에클레시아])"가 존재해야 한다고 말한다. 그는 다음과 같이 덧붙인다.

> 이것이 가능하기 위해 성육신은 로고스뿐만 아니라 소피아(Sophia) 또는 말씀-선물의 위격적 상호 작용(Verbum-Donum hypostatic interaction)에 속해야 한다. 어거스틴이 성부를 기억과 연결한 것이 이미 암시하는 것처럼, 이런 상호 작용은 사실 과거를 "역사 이전" 성부와의 일종의 동일성으로 변화시킨다. 이런 방식으로 지속하는 계시를 인정하는 미래의 더욱 완전한 정통은 **삼위일체 전체의 삼중 성육신이라는** 의미에서 말해야 할 것이다(강조 추가).[77]

히포 주교의 상상을 훨씬 뛰어넘는 삼위일체에 대한 어거스틴의 유명한 (혹은 악명 높은) 심리적 유비를 추정해 보면서, 밀뱅크는 (위의 그 반대를 보여 주는 그의 주장에도 불구하고) 피오레의 요아킴(Joachim of Fiore)의 사변을 반영할 뿐만 아니라 급진화한다.

---

75   John Milbank, "Alternative Protestantism," in *Radical Orthodoxy and the Reformed Tradition: Creation, Covenant, and Participation*, ed. James K. A. Smith (Grand Rapids: Baker Academic, 2005), 38
76   Ibid., 38-39.
77   Ibid., 39.

성령이 그리스도 즉 우주적 그리스도가 아니라 성육신하신 말씀과 분리된 곳에서 복음이 "성스러운 것"에 대한 일반적 경험에 굴복하고, 교회가 종교의 역사에 쉽게 굴복한다. 더 이상 예수님의 성령이 아니라 신성에 해당하는 일반 이름 누스(Nous), 세계-영혼, 위대한 영, 가이스트(Geist)가 되며 삼위일체의 세 번째 위격은 특수성을 잃게 된다. 당연히 밀뱅크의 성령에 대한 **위격(位格) 내 인격체**(人格體, enhypostasis) 개념은 재신격화된 우주(resacralized cosmos)로 이어진다.[78]

이런 모든 방식에서 이 시대와 다가올 시대 사이의 종말론적 차이는 과소평가되어 존재론적 이원체(ontic binary)를 상향 지향적 존재로 일치시키는 데 유리하게 된다. 이원체를 중재하고 이원론을 극복하는 것에 대한 모든 담화에서 교회와 성령을 예수 그리스도로 대체하는 것은 실제로 중재할 것이 없으며 극복할 어떤 차이도 남기지 않는다.

성령이 더 이상 그리스도의 임재의 중재자로서, 따라서 내재하는 가이스트(절대정신)로 기대되는 만큼 우리의 미래 유업에 대한 시약으로 쉽게 인식되지 않을 때, '공동체의 영' 또는 개별 신자들의 마음속에 있는 예수님의 임재가 육신으로 오신 예수님의 부재를 보상한다. 역사적 예수가 우주적 그리스도에 의해 신성화된 역사적 교회에 흡수된 것처럼 (두 시대) 종말론은 철학(플라톤의 두 세계)으로 사라진다.

그러나 우리가 요한복음에 나타난 예수님의 담화 논리를 이해한다면, 약속된 것은 시간과 공간에 있는 또 다른 위격 내 인격체가 아니라, 우리를 우리 자신과 내적 경험, 교회, 심지어 성령이 아니라 **하늘에서 오신 주님께로**(to the Lord from heaven) 인도하는 "또 다른 보혜사"(another Paraclete)이다. 이 다른 보혜사는 프리랜서 선교가 아니라 그리스도 안에서 하나님의 하나 계시를 통해 종말론적 모임(ekkelsia)을 가져오는 대사관으로 파송된다.

---

[78] Milbank, "Alternative Protestantism," 40.

교회는 공식적 사역을 통해 어떻게든 성령을 통제하거나 지속적인 성육신으로서 성령에 동화되는 것이 아니라, 이런 외적 수단을 통해 인간 안에서 활동하시며 이를 통해 교회의 삶에 위기와 연속성을 가져다주시는 성령께 굴복해야 한다.

우리 마음속에 임재하시는 성령은 우리를 그리스도 사역의 '그때와 그곳'(anamnesis), 우리의 칭의, 갱신, 교제, 증거의 '지금과 여기'(epiclesis), 그리스도의 재림에 대한 기쁜 기대(epektasis)에 묶어 주신다. 이런 시제를 단순히 함께 사용하면 성령의 임재가 실제로 강조하는 이미/아직 아닌(already/not-yet tension)의 긴장을 잃게 된다.

요한복음 14-16장에서 우리는 또한 성령이 이 마지막 날에 그리스도의 삼중 직분의 발화 효과 행위의 결과(perlocutionary effect)를 가져온다는 것을 알 수 있다. **선지자로서** 성령은 심판과 칭의, 죄에 대한 확신과 믿음을 창조하는 약속 언약의 말씀을 전하신다. 이것이 바로 성령이 모든 육체에 부어지는 것을 의미한다(욜 2장). 바르트의 유명한 말처럼, "말씀의 주님은 또한 우리 청각의 주님이시다."[79]

또한, 성령은 성부와 성자 사이를 결합해 주는 행위자(bonding agent)이실 뿐만 아니라 은혜의 경륜에서 동등한 행위자이시기도 하다. 하나님의 외적 사역은 분리되지 않지만 각 위격의 행위는 뚜렷이 구별된다. 성부(the Father)가 하신 유일한 말씀(the one Word)은 성령(the Spirit)이 온전케 하시는 능력을 통해 그 창조적 목표에 도달한다. 성령은 아들과 다르시므로 ("또 다른 보혜사") 오순절은 은혜의 경륜 안에 있는 진정으로 새로운 이야기이다.

성령은 우리를 위해 또한 우리 안에서 우리에 관한 내적 삼위일체의 담화(선택, 구속, 갱신)를 해석하신다. 성령의 가르침 사역의 내용은 다른 말

---

[79] Karl Barth, *CD* 1/1:182.

씀이 아니라 우리 마음속에서 "아멘"을 불러일으키는 내적 효과인 그리스도이다(요 15:26b). 성령은 그리스도의 이름으로 아버지께서 보내신 분으로서 그리스도를 전파하시고, 듣는 이들에게 믿음을 주신다. 그리하여 그들을 그리스도의 신비한 몸의 지체로서 그리스도와 연합시키신다.

"또 다른 대언자"(another Advocate)로서 성령은 또한 그리스도께서 우리 밖에서 객관적으로 가지고 계신 제사장 직분을 우리 안에서 수행하신다(요 27-28장). 성령은 우리의 대제사장은 아니시지만, 그리스도의 완성된 사역의 혜택을 우리에게 적용하시고 우리를 그리스도 자신과 연합시키신다.

성령의 작용이 없었다면 우리는 그리스도의 인격과 사역, 어떤 중요한 관련 없이 은사를 거부한 채 "허물과 죄로 죽은 자"로 남았을 것이다(엡 2:1-5, NKJV). 우리는 심지어 "우리가 원수 되었을 때"(롬 5:10)도 그리스도 안에서 하나님과 이미 화해했지만(롬 8:1-27), 성령께서 우리를 친구이자 하나님의 자녀로 만들기 위해 오신다. 언약의 대리인으로서 성령은 휴전, 즉 단순한 적대 행위의 중단을 넘어 연합의 상태를 가져오신다.

그리스도의 **왕 같은** 사역을 중재하시는 성령은 신자들의 삶에서 불신앙과 죄의 폭정을 정복하시고, 그리스도께서 승리의 전리품으로 부어 주신 선지자와 사도, 전도자, 목사, 교사를 통해 살아 계신 머리의 통치를 받는 몸으로서 성도들의 친교를 만드신다(엡 4:11-16).

성령은 성경 정경에 영감을 불어넣고 그 정경에 따라 구성될 백성을 창조하심으로써 그리스도의 통치가 우리 안에서 그리고 우리 가운데서 효과적으로 이루어지도록 하신다. 예수 그리스도께서는 이미 사도들을 성령의 숨을 불어넣는 증인으로 임명하셨다.

그러나 이제 마침내 교회의 목회자, 교사 및 다른 직분자의 일반 사역을 통해 민수기 11:29에 나오는 모세의 요청("여호와께서 그의 영을 그의 모든 백성에게 주사 다 선지자가 되게 하시기를 원하노라!")이 모세가 꿈꾸던 것 이상으로 성취될 것이다. 70명의 장로뿐만 아니라 이스라엘 진영 전체가 성령으로 충만한 증인 공동체가 된다.

성령께서 성령의 은혜(소명)만 다를 뿐, 성령의 은혜(존재적 신분)에는 차이가 없는 안수받은 직분자들을 통해 몸 전체에 부여된 은사(charismata)를 조율하신다. 따라서 누가복음 9:1-6에 나오는 열두 제자의 사명은 10장에서 70명으로 확대된다. 그러나 이것은 오순절의 위임식을 위한 서곡에 불과했다.

4) 자리 바꾸기 (요한복음 16장)

요한복음 16장에서 볼 수 있는 성자와 성령의 오심과 가심은 내가 이 장을 소개한 역설을 강조한다. 특히, 5-7절에서 우리는 한편으로는 실재 부재를 식별한다. 즉, 예수 그리스도는 떠나셨지만, 그분의 떠나심은 우리를 위해 중보하고 그분과 우리 모두 공통의 원수를 그분 발아래에서 물리치기 위해 아버지의 오른편으로 승천하셨다는 것을 의미한다.

예수님은 앞서 14:28-29에서 다음과 같이 말씀하셨다.

> **내가 갔다가 너희에게로 온다** 하는 말을 너희가 들었나니 나를 사랑하였더라면 내가 아버지께로 감을 기뻐하였으리라 아버지는 나보다 크심이라. 이제 일이 일어나기 전에 너희에게 말한 것은 일이 일어날 때 너희로 믿게 하려 함이라 (요 14:28-29, 강조 추가).

그분은 가시고 오신다. 이것은 역설이다. 여기서 그분의 "오심"에 대한 언급은 무엇보다도 적어도 그분의 재림이 아니라 성령의 오심을 의미한다. 그분의 가심은 실제 가심, 즉 육체적 떠나심이다. 동시에 그분의 오심은 실제 오심, 즉 그분의 성령의 오심이다. 성령은 그리스도와 너무도 밀접하게 동일시되어 지금 성령이 임재하신다고 말하는 곳에는 그리스도가 임재하신다.

　교도권(magisterium)이나 수녀원, 성찬 제도나 경건한 신자가 아니라 오직 신적 성령만이 그리스도의 전리품을 분배하신다. 교회의 공식적 사역과 같은 모든 인간적 표현의 배후에는 모든 인간의 증언에서 역사하시는 신적 증인인 성령이 계신다.

　하늘과 땅, 이 시대와 다가올 시대 사이에 서 있는 것은 교회가 아니라 그리스도이시다. 또한, 정확하게 이 시대에 그분의 임재와 활동을 중재하시는 이는 다른 대언자(Advacate)이신 그분의 영이기 때문에, 그리스도의 독특한 천상 사역(heavenly session)은 그분이 육신으로 다시 오실 때까지 성공을 보장받는다.

　자리를 바꾸신 분은 성령이시고, 성령은 아버지의 오른편에서 지상 사역을 지도하시는 즉위하신 우리의 머리(enthroned head)와 함께 지상 사역을 이끌고 계신다. 아들은 십자가를 통과하여 부활에 이르시고 승천 가운데 높이지시고 성령이 그분의 상속자들에게 나누어 주시도록 하늘의 보물 창고를 여신다. 성령은 아버지로부터 보내심을 받았다(14:26).

　예수님은 "내가 가면 내가 그를 너희에게로 보내리니"라고 말씀하신다(16:7, ESV).

　첫째, 예수님은 앞서 말씀하신 내용을 자세히 설명하시면서 16장에서 성령이 내적으로 죄를 깨닫게 해 주신다고 말씀하신다.

　성령은 다가오는 심판을 선포하실 뿐만 아니라 그리스도에 대한 불신앙을 그런 유죄 평결의 초점으로 삼으며 "죄에 대하여, 의에 대하여, 심판에 대하여 세상을 책망하시기" 위해 보내지셨다(8절).

　우리는 사도행전 2:37에서 베드로의 오순절 설교를 들은 사람들이 "마음에 찔려 베드로와 다른 사도들에게 물어 이르되 형제들아 우리가 어찌할꼬"라고 말했을 때 예수님이 여기서 미리 말씀하시는 경험적 현실을 떠올린다. 성령은 또 다른 말을 하지 않으시고 내적으로 우리를 새롭게 하셔서 우리의 죄책감과 그리스도의 의로움을 확신시키고 설득하신다.

둘째, 아들이 모든 진리의 유일한 화신이기 때문에 성령은 "너희를 모든 진리 가운데로 인도하시기" 위해 보내지실 것이다(요 16:13).

성령은 안내자이시고 아들은 목적지이시다. 아들이 자신의 권위로 말씀하지 않으시고 아버지에게서 들은 것을 말씀하셨던 것처럼, 성령은 "그가 스스로 말하지 않고 오직 들은 것을 말하며 장래 일을 너희에게 알리시리라"(13절).

패로가 언급하는 것처럼 성령은 "사실 자신이 아니라 부재하시는 예수님"을 제시하신다.

> 이분이 말씀과 성찬을 통해 우리를 부재하시는 예수님과 연합시키시는 성령이시다. 그래서 세상에 속한(ἐκ τοῦ κόσδου) 우리는 붙잡히거나 사로잡힌다. 성령의 사역은 우리 시대에 대한 침해이며, 우리 존재를 아버지와 아들의 교제와 새로운 피조물로 배치하는 종말론적 재배치이다. 이런 은혜로운 침해는 이런 은혜로운 침해가 시간 가운데 나타날 때 이 세상에 속한 사람과 세속화된 교회가 신적인 것을 파악하는 것에 관한 이야기로 반증하는 것이다.[80]

다락방 담화는 성령이 우리의 종교적 경험을 검증하거나 세상에 윤리적 왕국을 세우려는 우리의 열정적 노력을 돕기 위해 오시는 것이 아니라, 죄와 의와 심판을 깨닫게 하려고 오신다는 점을 강조한다.

승천은 우리 자신과 우리의 행동, 열망, 프로그램, 경험에서 벗어나 성령께서 우리가 아버지 우편에 계신 대언자로 인식할 수 있게 하신 낯선 존

---

[80] Farrow, *Ascension and Ecclesia*, 257.

재를 바라볼 것을 요구하며, 오순절은 이런 인식의 시작을 알린다. 오직 성령만이 우리에게 예수님의 타자성과 우리가 그분과 그분 안에서 맺은 친교를 동시에 인식할 수 있게 하신다.

심지어 지금도 그리스도께서 지상의 증인들을 대신하여 변론하시고 그들을 위한 자리를 마련하시는 법정으로 우리를 인도하시는 성령의 역사를 제외한다면, 그분의 개인적 역사는 우리에게 아득하고 희미해지는 기억임이 틀림없다.

그러나 이것은 정복이 아니라 갈등을 의미한다. 교회 자신을 영광스러운 머리와 혼동할 때 교회는 자신이 **의인이자 동시에 죄인**(simul iustus et peccator)이라는 사실을 잊어버리고, 자신의 가시성이 주로 자신의 죄에 대한 고백과 복음에 대한 믿음에서 인정된다는 사실을 망각한다. 이 땅에서 낮아지신 예수님처럼 교회 전투원은 증인이다. 증인(martys, 이 단어에서 '순교자'라는 단어가 유래한다)은 다가올 시대의 권능 안에 성령에 사로잡힌 이 세상의 일부로서 이 시대의 권세와 통치자들이 받드는 "아니오"에 반대해, 그리스도께 "아멘"을 외친다.

교회는 증인이 되는 것보다 지금(또는 그리스도의 부재 가운데 여기 아래에서) 그리스도와 함께 통치하는 것을 항상 선호하곤 했다. 교회가 성찬 공동체로서 다락방에 모여 증거와 순교를 위해 흩어지는 가시적 교회가 되려 하지 않을 때, 교회는 예수님이 지상의 신정 체제를 눈에 보이는 화려함으로 회복시켜 주시기를 기대하며 예루살렘에서 펼쳐지는 엄숙한 사건들 전에 예루살렘으로 향하던 제자들의 모습을 더 많이 닮아 가기 시작한다.

부활하신 예수님이 승천하시기 직전에 제자들에게 다락방으로 가서 성령의 세례를 기다리라고 말씀하셨을 때, 제자들은 "주께서 이스라엘 나라를 회복하심이 이때니이까"라고 묻는다(참조. 행 1:4-6).

단지 오순절 이후에야, 그리고 심지어 그때도 상당한 논란과 진통을 겪은 후에야 제자들은 예수님의 대답을 이해할 수 있었다. 만약 예수님이 긍정적으로 대답하셨다면 승천과 성령의 파송은 고려할 가치가 없었을 것이다.

그 사이에 성령은 죄인들을 말씀을 듣는 청자들로 만드심으로써 그들을 내적으로 죄를 깨닫게 하시고 용서를 전하신다. 심지어 성령조차도 말씀의 청자이시다. 성령은 "오직 들은 것을 말하며"(요 16:13)라는 진술은 이와 관련하여 흥미롭다. 아들이 자신의 권위로 말하지 않고 오직 아버지의 말씀을 전하셨던 것처럼, 성령은 아버지와 아들이 보내신 선교사가 되실 것이다.

첫 번째 유혹 이후, 언약의 인간 파트너는 항상 원형적인 거짓 선지자의 미끼를 받아 진리를 억압해 왔다. "하나님이 **참으로** … 하시더냐"(참조, 창 3:1). 예레미야 23장에 나오는 거짓 선지자들은 그들이 여호와의 회의에 서지 않았음에도 불구하고 하나님을 대변하는 것처럼(항상 '긍정적인 설교') 행세한 것에 대해 책망을 받는다.

이와 대조적으로, 성령의 역할은 다른 무언가를 말씀하시는 것이 아니라 우리 마음속에서 "그렇다. 그분이 참으로 말씀하셨다"라고 답하시는 것이다. 이것이 성령의 내적 증거이다. 성령은 이야기를 '퍼트리시고'(gossip) 자신이 들은 것을 전달하신다. 성령은 선지자와 사도들처럼 증인으로 여호와의 회의에 서 계셨을 뿐만 아니라 성부와 성자와 하나이시다.

말씀이 육신으로 잉태되게 하신 분은 그분에 관한 말씀의 원천이자 해석자이시다. 그리고 그분(성령)은 과거(하나님께서 그리스도 안에서 **행하신 일**)뿐만 아니라 미래(하나님께서 그리스도 안에서 **행하실 일**)에 대해서도 진실을 말씀하실 것이다. "그가 장래 일을 너희에게 알리시리라"(요 16:13).

성령의 사역이 종교적 경험의 심리학보다 은혜의 경륜을 드러내는 데 더 집중한다는 점에 다시 한번 주목하라. 성령의 사역은 교회가 그리스도께서 성취하신 일을 기억하게 할 뿐만 아니라(anamnesis), 현재의 죄와 믿음과 의에 대한 확신을 주고(epiclesis), 신적 드라마의 다음 막(act)을 기대하게 하는(*epektasis*) 데에 관심이 있다.

우리 자신을 밖으로 끌어내어 이런 경륜에 집중하게 하는 것은 단지 신적 성령만이 성취할 수 있는 일이다. 성령은 외향적인 분이시며, 항상 말씀을 가지고 선교에 나서시고, 마침내 믿음으로 하나님을 바라보고 사랑, 증거, 섬김으로 세상을 향해 나아갈 수 있는 외향적 공동체를 만드신다.

성자는 구속받은 공동체를 창조하셨고, 성령은 사랑과 소망의 열매로 회개하고 믿는 공동체를 창조하고 계신다. 우리는 오순절에 모든 예언의 성취이신 그리스도가 선포됨으로써 이루어진 이 약속의 첫 번째 영향을 본다.

그리고 요한복음 16장에서 그리스도를 그분의 운명으로 이끄셨던 성령은 우리도 이끄심을 본다. 이 담화에서 라인하르트 휫터(Reinhard Hütter)는 성령께서 "모든 진리 가운데로 인도하시는 것"은 "개인의 종교적 의식에 직접적이고 즉각적인 성령의 영감"이라는 막연한 간정이 아니라, 구체적인 교회 실천의 형태 안에서 엄밀한 의미의 그 자체로 구원 경륜을 위해 섬기는 성령의 은사로서 이해해야 한다고 말한다.[81]

성령께서는 세례를 주고 교리를 가르치며 설교하고 공동체를 이루고 양떼를 보호하는 교회를 제때에 창조하심으로써 모든 진리 안으로 인도하신다. 그렇게 하심으로써 성령은 우리의 눈을 그리스도께 고정시키신다.

셋째, 예수님은 성령에 대해 "그가 내 영광을 나타내리니"라고 말씀하신다(요 16:14).

14b절과 15절이 구속 언약 안에서 성자와 성령 사이의 '상호 내주'(perichoresis)를 강조하는 것처럼 이것은 성령의 증거 요점을 분명히 나타낸

---

[81] Reinhard Hütter, *Suffering Divine Things: Theology as Church Practice* (Grand Rapids: Eerdmans, 2000), 127.

다. 즉, 성령과 아들은 공통의 보물을 공유하시며, 이 보물은 성령과 아들이 아버지와 함께 우리와도 공통으로 공유하고자 하시는 보물이다.

이는 아마도 요한복음 17장에 나오는 예수님의 기도에서 가장 잘 표현되어 있을 것이다. 예수님은 지상 사역에서 아버지께 영광을 돌리셨고, 십자가에 달리시기 전날에는 아버지께 자신을 영화롭게 해 달라고 간구하셨으며, 다락방 담화에서 제자들에게 성령께서도 그렇게 하실 것이라고 확신시켜 주셨다.

따라서 예수님은 제자들에게 자신의 진정한 부재, 즉 부재 자체가 그들을 위한 또 다른 구원의 역사임을 준비시키신다. 그것은 그들을 구속하는 구속의 현장에서 떠나는 것이 아니라 그 위대한 섬김의 자리로 옮겨지는 것이다.

> 내 아버지 집에 거할 곳이 많도다 그렇지 않으면 너희에게 일렀으리라 내가 너희를 위하여 거처를 예비하러 가노니 가서 너희를 위하여 거처를 예비하면 내가 다시 와서 너희를 내게로 영접하여 나 있는 곳에 너희도 있게 하리라(요 14:2-3).

예수님에게 역사가 있으므로 우리에게도 역사가 있고, 예수님이 거하실 곳이 있으므로 우리도 거할 곳 즉 예수님이 계신 곳을 갖게 될 것이다. 그리고 그분은 우리를 그곳으로 데려가기 위해 다시 오실 것이다.

한편, 그분의 떠나심은 구속 역사상 처음으로 성령의 성전인 사람들(temple-people)을 인도하시고 그들 위에 빛이 되실 뿐만 아니라 영구히 그들 안에 거하실 역사의 균열을 열었다.

> 내가 아버지께 구하겠으니 그가 또 다른 보혜사를 너희에게 주사 영원토록 너희와 함께 있게 하리니 그는 진리의 영이라 세상은 능히 그를 받지 못하나니 이는 그를 보지도 못하고 알지도 못함이라 그러나 너희는 그를 아나니 그는 너희와 함께 거

하심이요 또 너희 속에 계시겠음이라. 내가 너희를 고아와 같이 버려두지 아니하고 너희에게로 오리라 (요 14:16-18).

예수 그리스도는 신자들과 교회 안에 내주하시지만, 즉시 육신이 아닌 그분의 성령으로 내주하신다(고후 1:22; 참조, 롬 8:16, 26; 고전 3:16; 갈 4:6; 엡 5:18). 이 즉각적 임재를 위해서는 다름없는 그리스도의 육체적 재림이 필요하다. 승천으로 인해 지상의 교회는 승리하지 못했다. 만물을 새롭게 하기 위해, 머리이신 그리스도의 육체적 재림을 장차 기다려야 한다.

그러나 그리스도의 육체적 부재가 교회를 고아로 만들지 않는 이유는, 적어도 한 가지 의미에서 성령이 그리스도가 제자들에게 임재하셨던 것보다 그리스도를 더 임재하시게 만들기 때문이다. 제자들은 육신으로 그분을 보았을지 모르지만, 우리는 아들에 의해 권한을 부여받고 성령의 영감을 받은 선포를 통해 성령 안에서 그분을 본다.

제자들은 예수님을 육신으로 보았지만, 성령께서 눈을 뜨게 하시기 전까지는 예수님을 그들의 구속 주로 인식하지 못했다(마 16:17). 그들이 예수님과 맺고 있던 관계는 골고다에서 구세주를 무너뜨린 '이 시대'의 현실에 의해 (예수님과 제자들 모두에게) 좌우되었지만, 그리스도와의 구원 관계는 그분을 붙잡을 수 없는 죽음의 저편에 있는 다가올 시대의 현실에서 비롯되었다.

이것이 사실이라면 세례 요한은 오늘날 신자들보다 예수님과 동시대 사람이 아니었다는 뜻이 된다. 사실 제자들의 개인적 삶은 그리스도의 정체성을 인식하기 전과 후라는 두 부분으로 나뉜다. 진정한 의미에서 제자 베드로와 사도 베드로 사이의 '거리'는 베드로와 우리 사이의 거리보다 훨씬 더 크다. 결국, 사도 베드로는 우리와 마찬가지로 '이 마지막 날'에 살았다. 왜냐하면, 성부와 성자가 성령을 보내겠다는 약속을 이행하셨기 때문이다.

오늘날 언약의 자녀는 예수님의 지상 사역 동안 예수님의 형제들이 인식했던 것보다 예수님의 구원 직분에서 예수님을 더 완전히 인식한다. 그 이유는 우리가 오순절 이편에서 사도 베드로와 함께 살고 있으며, 예수님이 새롭게 시작하신 시대가 역사하여 우리가 그분을 알아보지 못하게 하는 권세와 정사를 무너뜨리고 있기 때문이다.

이제 우리는 베드로를 역사적 인물이나 본받아야 할 모범뿐만 아니라 우리가 속한 추수의 첫 열매로 알고 있다. 성령은 우리가 역사의 예수를 믿음의 그리스도로 인식하게 하신다(고후 5:16-17).

교회는 아들도 아니고 성령도 아니므로 항상 구속 활동의 주체가 아니라 객체이다. 따라서 승천과 오순절은 함께 작용하여 우리가 그리스도와 그분의 교회 사이의 차이점과 친밀성에 주의를 기울이게 한다. 오순절이 없다면 이 대본의 교회 공연은 원작을 재현하거나 현대적 작풍(作風, idiom)으로 옮기려 하는 일련의 절망적 시도인 '이미타티오 크리스티'(*imitatio Christi*, 그리스도를 본받아)의 순서로만 이루어질 수 있었을 것이다.

몇 개의 단편적 (항상 윤리적) '말씀'을 붙들면서 우리는 "예수님이라면 어떻게 하셨을까"라는 질문에 답하는 데 모든 에너지를 집중할 수도 있지만, 예수님이 경건치 않은 자들을 위해 하셨고, 하고 계시고, 하실 일과는 어떤 관련도 없을 수 있다.

그렇다면 교회는 예수님에게서 영감을 받아 우리의 일이 되겠지만, 그렇더라도 여전히 우리의 일이 될 것이다. 그러나 오순절로 인해 이전에는 이 지나가는 시대의 막다른 골목과 보잘것없는 줄거리에서 목적 없는 등장인물이었던 우리가 약속의 하나님을 증언하는 조연이 되었다.

성령으로 인해 지금 여기에서 진행되는 교회의 공연은 '실화를 바탕으로 한 것'이 아니라 실화의 일부, 즉 언약적 행동과 응답의 살아 있는 전례(liturgy)의 일부이다. 이것은 아버지의 마음에서 시작되고, 아들의 삶에서 펼쳐지며, 성령의 은혜롭게 파괴적인 능력에 의해 열매를 맺는다.

이 성령은 이미 완성된 예수 역사(다가올 시대)와 현시대의 마지막 날에 있는 우리의 존재 사이의 종말론적 거리를 연결한다. 그렇지만 교회는 항상 **주인공과는 다른 위치에서** 그 이야기의 일부이다. 그분은 우리보다 앞서서 마지막 막에 계시지만, 그분의 중보기도와 성령의 역사로 우리의 역사가 그분을 향해 나아가게 하신다.

요한복음 14-16장에서는 이런 내적 삼위일체의 일치와 차이가 분명하게 표현되어 있다. 즉, 성자의 실제 육체적 부재는 세상에서 하나님의 구원의 임재가 단절된 것이 아니라 새로운 종류의 임재이다. 성부께서는 은혜의 전례를 말씀하시지만, 성자 자신은 그런 은혜의 전례의 구체화이시다. 그렇다면 성령께서는 "불순종의 자녀들"(엡 2:2, KJV) 안에 역사하셔서 영광스러운 선구자 뒤에 적절한 "아멘"으로 화답하는 찬양단을 만드신다(고후 1:19-22).

> 곧 이것을 우리에게 이루게 하시고(즉, 불멸) 보증으로 성령을 우리에게 주신 이는 하나님이시니라(고후 5:5).

4. 새로운 종류의 임재: 승귀된 왕이 공동 상속자에게 은사를 나누어 주신다

에베소서 4장은 내가 이 장에서 추구해 온 기독론, 성령론, 교회론의 통합을 위한 지침을 제공한다.

> 그리스도 예수 안에서 함께 하늘에 앉히시니 이는 그리스도 예수 안에서 우리에게 자비하심으로써 그 은혜의 지극히 풍성함을 오는 여러 세대에 나타내려 하심이라(엡 2:6-7).

따라서 예수 그리스도의 육체적 부재조차도 은혜의 경륜에서 생산적인 중간 단계이다.

첫째, 승천과 오순절은 각각 그 자체의 고유한 방식으로 익명의 사람들을 언약의 장소, 즉 그리스도의 몸으로 변화시키기 위해 협력한다.

> 그러므로 이르기를 그가 위로 올라가실 때에 사로잡혔던 자들을 사로잡으시고 사람들에게 선물을 주셨다 하였도다 올라가셨다 하였은즉 땅 아래 낮은 곳으로 내리셨던 것이 아니면 무엇이냐 내리셨던 그가 곧 모든 하늘 위에 오르신 자니 이는 만물을 충만하게 하려하심이라(엡 4:8-10).

이 승천에서 주님은 자신의 모든 백성에게 은혜를 부어 주셨고, 온 백성을 그리스도 안에서 성숙하게 하는 사역을 할 목회자, 전도자, 교사라는 특별한 은사를 부여해 주셨다(엡 4:8-16).

이 연합은 우리가 달성해야 할 목표가 아니라 이미 주어진 선물이다. 아버지께서는 말씀과 성령의 두 손으로 아들이 머리이신 몸을 만드신다. 이런 연합은 에베소서 1장에 자세히 설명된 하나님의 선택, 구속, 부르심, 인치심에 이미 내재되어 있다. 가시적 교회의 구체적인 역사적 실존에서 이 몸의 가시적 연합을 보존하는 것이 과제이지만(엡 4:3), 그것은 다음과 같은 승리적 직설(triumphal indicative)에 달려 있다.

즉, 우리는 오직 하나님의 은혜로 한 몸과 한 성령에 속하여 한 소망 안에서 부르심을 받았으며 "주도 한 분이시요 믿음도 하나요 세례도 하나요. 하나님도 한 분이시니 곧 만유의 아버지시라 만유 위에 계시고 만유를 통일하시고 만유 가운데 계신"(4:4-6) 한 분께 속해 있다.

승천하신 언약의 주님께서 정복의 전리품을 분배하신다.

에베소서 4:7-10은 시편 68편을 해석하면서 하나님의 아들이 성육신하실 때 "땅 아래 낮은 곳으로 내리셨고", 이제는 "모든 하늘 위에 오르셔서", 즉 모든 권세와 통치, 권위를 훨씬 뛰어넘어 승천하셨다고 설명한다. 시편 68편은 이스라엘의 왕이 전리품을 들고 승리의 행렬을 이끌고 정복지에서 돌아오는 승천의 시이다.[82]

에베소서 4:7, 8, 11은 "주셨나니", "그리스도의 선물", "은혜를 주셨나니", "사람들에게 선물을 주셨다"와 같은 이런 언급을 반복한다. 교회는 그리스도와의 관계에서 항상 받는 쪽에 있으며, 결코 구속자가 아니라 항상 구속된 자이고, 머리가 아니라 항상 몸이며, 통치자가 아니라 항상 통치받는 자이다. 승천하실 때, "사로잡혔던 자들을 사로잡으셨다"(8a절 참조). 다시 한번 이것은 모든 신자에게 공통된 것이다.

"그가 사람들에게 선물을 주셨다"(8b절)에서 그리스도가 승천하실 때 나누어 주신 은사(복수형)는 특히 교회 내 직분을 가리킨다. 여기에는 그런 직분을 맡은 사람들에게 그들의 사역을 위해 은혜(카리스마)를 주는 것이 포함된다. 그러나 이 구절에서 목사, 교사, 전도자는 그분이 교회에 주시는 은사들이다.

목양하는 행위에 대한 언급이 있기는 하지만, 포이마이노(*poimaino*)와 그 동음이의어인 포이멘(*poimen*)과 같이 "목자, 목사"는 신약에서 단지 그리스도에 대해서만 사용되며(요 10:11, 14; 히 13:20; 벧전 2:25), 이 구절은 유일한 예외이다.[83] 목사가 몸의 유일한 은사는 아니지만 (더 광범위한 목록은 롬

---

[82] G. H. P. Thompson, *The Letters of Paul to the Ephesians, Colossians, and to Philemon*, Cambridge Bible Commentary (Cambridge: Cambridge University Press, 1967), 67

[83] Andrew Lincoln, *Ephesians*, Word Biblical Commentary 42 (Dallas: Word, 1990), 250. 이 용어는 쿰란공동체에서 감독자 또는 지도자(목자)와 관련하여 널리 사용되었으며, 사도행전 20:28에서 에베소 교회의 목사들은 "하나님의 교회를 목양하라"는 부르심을 받았다. "그렇다면 에베소서 4:11의 목사는 '다스리다, 관리하다'(προιστηōι, 살전 5:12, 롬 12:8), '행정'(κυβέρνησις, 고전 12:28), '감독, 감독자'(ἐπίτροπος, 빌 1:1) 등의 용어가 바울의 글에서 나타내는 기능을 수행한다고 볼 수 있다는 것이다." ἐπίτροπος는 헬레니즘 세계에서 유래한 용어이지만, 감독이라는 일반적 개념이 유대

12장과 고전 12장 참조), 여기서는 교회의 몸을 창조하고, 양육하고, 성숙시키고, 확장시키는 말씀 사역에 초점을 맞추고 있다.

둘째, 승천과 오순절에 의해 강조된 이런 자리바꿈의 결과로 성령은 선교지를 선교사로 변화시키신다.

오순절과 파루시아 사이의 종말론적 중간은 단순히 시간을 표시하는 기간이 아니라, 오히려 "오늘"이 "구원의 날"이다. 오순절은 영적으로 민감하고 도덕적으로 공격적이거나 교리적으로 자신만만한 사람들의 폐쇄적인 모임이 아니라, 성령의 능력을 받은 증거와 기쁜 소식의 선지자들로 구성된 전체 공동체를 탄생시킨다.

이 공동체는 교회적 존재를 받기 위해 모였다가 세상 속에서 그것을 실천하기 위해 흩어진다. 따라서 교회는 선교에 참여하는 것이 아니라 선교이며, 세상 속의 하나님의 대사관이다.

하나님과 그분의 의로운 뜻과 심판에 대한 일반적 인식과는 달리 복음은 **로고스의 씨앗**(logos spermatikos), 즉 모든 피조물을 관통하는 내적이고 내재적인 말씀이 아니라 세상에 전해져야 하는 것이다. 부활 승천하신 그리스도께 모든 권세가 주어졌으므로, 가서 전파하고 세례를 베풀고 가르치는 것은 그리스도의 교회 몸의 모든 본질이다.

교회가 이 문제에서 행하는 그 어떤 것도 그리스도께서 혼자서 주장하시는 직설(the indicative)에 속하지 않으며, 오히려 명령(the imperative)은 그분이 이루신 성취의 결과이다.

예수님은 자신을 믿는 사람들이 그분이 사역하며 행하신 기적적인 표적들보다 더 큰 일, 즉 "이보다 더 큰 일을 할 것"이라고 약속하신다(요

교 사상에서 목자와 밀접한 관련이 있었기 때문에 기독교 운동에서 '목사'(pastor)라는 용어가 '감독'(bishop)과 혼용될 수 있었던 것으로 이해할 수 있다. 행 14:23; 20:17; 딤전 4:14; 5:17, 19; 딛 1:5; 벧전 5:1, 5; 약 5:14의 "장로"(elder)인 πρεσβύτερος와 같은 의미이다"(251).

14:12). 결국, 이것들은 왕국의 **표징**이지만, 그리스도께서 하늘에서 통치하시고 성령께서 그분 백성의 마음을 다스리실 때 이 왕국의 실체가 더욱 온전히 드러날 것이다.

그분은 이 상속자들에게 말씀을 주셨고, 세상의 반대에도 불구하고 이 증거는 지속할 것이다(요 17:14-19). 현재 어둠의 권세와 통치자들은 우리의 구속이 확보되기 위해 예수님과 함께해야 했지만, 성령의 강림으로 이제 예수님의 구원 사역이 땅끝까지 이르러 "음부의 권세가 이기지 못하리라"(마 16:18)라는 말씀이 보장된다.

삼위일체의 삶에서 이런 지상 증인들의 유비적이고 언약적인 공유는 "아버지께서 나를 보내신 것과 또 나를 사랑하심 같이 그들도 사랑하신 것을 세상으로 알게 하려 함이로소이다"(요 17:23)라는 증거의 일치를 가져올 것이다.

아버지께서 아들을 세상에 보내실 때, 아버지와 아들은 성령을 보내시고, 삼위일체는 한마음으로 구속받은 증인 공동체를 보내신다. 은사를 받고 전달하는 패턴은 신격(Godhead)에서 땅끝까지 동심원을 그리며 확장된다. 아들을 증거하고 육신으로 승천하신 예수님의 재림에 대한 갈망을 불러일으키는 것은 성령의 임재 그 자체이지만, 그 임재를 통해 예수님은 "볼지어다 내가 세상 끝날까지 너희와 항상 함께 있으리라"(마 27:20)는 약속을 지키신다.

5. 그분이 다시 오실 때까지

에베소서 4장은 승천으로 끝나지 않는다. 당분간 그리스도의 우주적 왕권이 세상의 머리기사를 장식하는 일은 거의 없다. 그러나 그리스도의 몸이 지향하는 목표는 다름 아닌 "모든 하늘 위에 오르신" 분의 비전이고

"이는 **만물을 충만하게 하려 하심이다**"(10절, 강조 추가). 이것이 바로 이런 은사가 주어지는 궁극적 목표이다. 은사는 사적 용도가 아니라 온몸의 공동선을 위해 주어지는 것이다.

성령에 의해 창조된 이런 외향적 지향은 눈에 보이는 몸의 친교뿐만 아니라 교회와 세상의 관계와도 관련이 있다. 이 시대의 사라져 가는 왕국들 사이에서 그리스도의 대사관으로서 교회는 자신을 위해서가 아니라 세상을 위해 살아가며, 그리스도의 승리와 영광의 재림이 회복된 우주를 가져올 것이라는 확신에 찬 기대 속에서 그 표징이 된다.

교회는 변화된 세상을 창조하는 것이 아니라, 오히려 하나님께서 종말에 세상 자체가 새롭게 될 것을 기대하며 새롭게 창조하신 세상 일부이다. 이미 선택과 구속은 완성된 사건이다(엡 1장). 이미 그리스도는 부활하셔서 죽음의 손이 닿지 않는 하늘에서 통치하고 계시며, 영적으로 죽은 자들을 영원한 생명으로 일으키고 계신다(엡 2장). 이미 적대적이었던 두 원수인 유대인과 이방인이 한 몸으로 연합되었다(엡 3장).

그러나 앞으로 더 많은 일이 남아 있다. 우리는 그리스도의 승천과 재림 사이의 괄호 안에 살고 있다. 그리스도께서는 말씀과 성령으로 역사적 공동체를 창조하시지만, 정확히 그 말씀과 성령이 바로 그분의 말씀과 성령이기 때문에 항상 그 공동체에 의문을 제기하시고, 그 공동체의 주제넘은 자율성을 깨뜨려 우리 가운데서 그리스도께서 행하신 사건이 이 지나가는 시대의 역사에 동화되지 않도록 하신다.

그분이 성령을 보내셨기 때문에 부활하신 주님은 공동체가 아니더라도 공동체를 통해 세상에 임재하신다.

바르트는 다음과 같이 말한다.

성령이 인식을 창조하시고, 지식을 세우시며, 고백을 불러일으키시고, 따

라서 죽은 자를 살리시므로 공동체의 존재는 시작되고 지속한다.[84]

따라서 교회가 존재한다면 그것은 교회가 이런 현실이나 교회 자체를 통제하기 때문이 아니라, 말씀 안에서 성령을 통해 예수 그리스도에 의해 부름받고 통제되기 때문이다.[85] 교회는 오직 **그분의** 소유이며, 그분을 떠나서는 아무것도 할 수 없는 포도나무 가지이기 때문에 존재한다(요 15:5). 교회는 그분의 몸으로서 그리스도께 속하도록 선택되었고 그분만이 머리이시기 때문에 존재한다.[86] 교회는 그리스도 안에 있으므로 거룩하다.

바르트가 우리에게 상기시켜 주듯이, 예수님의 존재는 슐라이어마허가 제안했던 것처럼 그분의 몸의 존재에 의존하는 것이 아니라 그 반대다. 즉, 교회의 행위에 의해서가 아니라 그리스도의 행위에 의해서만 존재한다.

> 아니다. 공동체는 오직 그분이 존재하기 때문에 존재한다. "이는 내가 살이 있고 너희도 살이 있겠음이리"(요 14:19)는 말씀이 올바른 순서다. 그분만이 존재하는 분이시고 존재하는 그분 자체이시다. 그분은 존재하는 분이시고 존재하는 그분 자체로서 혼자가 아니시다.[87]

그분만이 우리의 구속, 칭의, 성화, 죽음으로부터의 부활, 하나님의 말씀이시다. 그분은 우리를 위한 이 모든 것이시다.

그러나 그분은 인류와 함께 계시거나 그분의 공동체와 함께 계시는 이런 것들이 아니다. 그분은 그분의 인격 안에서 단번에 제정하신 사역에서 이

---

84 Barth, CD IV/3.2:752.
85 Ibid.
86 Ibid., 753.
87 Ibid., 754.

런 모든 것이었다. 그분은 하늘 위 성부 우편에 계신 첫 번째 파루시아 이후와 두 번째 파루시아 이전의 시간 안에서 이제 이런 모든 것이다. 그분만이, 즉 오직 하나님과 함께, 하나님 안에 숨겨져 피조물 세계의 아래로부터 어떤 침략이나 통제도 받을 수 없는, 창조주와 피조물이 구별되는 것처럼 인류의 존재와 그분의 공동체와는 구별되신다.

이런 그분의 존재 형태로 그분께 [교회는] 오직 "주와 따로 있는" 존재로서(고후 5:6) 바라보고 움직일 수 있으며, 모든 피조물과 함께 하늘에서 나타나실 그분, 하나님의 감추어진 곳에서 나오실 그분을 기다릴 뿐이다.[88]

바르트는 에스겔 16:4-14의 감동적 유비를 언급하면서, 이 공동체는 그 자체로 나머지 세상과 마찬가지로 무력하고 타락하고 어리석고 반항적이지만, 성령께서 이 유아에게 그리스도로 옷을 입히신다고 말한다.[89] 이 참된, 그러나 종종 경험적으로 모호한 전체 그리스도(*totus Christus*)의 일치를 확보하고 보장하는 분은 바로 성령이다.[90]

성령을 통해 예수님은 "성부 우편에 계신 머리이시면서 동시에 시간적이고 공간적인 현재와 상황 속에서 공동체의 존재 안에서 몸으로, 따라서 그분의 총체성 안에서 큐리오스(*Kyrios*, 주님)로 간주할 수 있다."[91]

성령은 서로 다른 것을 하나로 묶어 준다.[92] 따라서 최소한 교회는 세상 어디에 있든 예수 그리스도가 하나님의 "예"로 충실히 들리는 곳이며, 땅끝까지 믿음의 "아멘"을 생성하는 곳이다. 그런 믿음, 다른 말로 해서 교회 자체는 어디에서 오는 것인가에 대한 답은 제1부에서 다룰 것이다.

---

88 Ibid., 755.
89 Ibid., 760.
90 Ibid.
91 Ibid., 760-61.
92 Ibid., 761.

제1부

기원:
은혜의 현장

제2장 말씀의 피조물: 성례의 말씀
제3장 해방되는 포로: 정경으로서의 말씀
제4장 표징과 인: 조약 비준
제5장 "이것은 나의 몸이다": 개혁주의 성찬신학

제2장

말씀의 피조물:
성례의 말씀

그리스도의 승천과 오순절의 우뚝 솟은 봉우리를 이정표로 삼아 먼저 교회의 기원 즉 교회의 시작뿐만 아니라 교회 정체성의 영원한 원천을 논하겠다. 루터파 교회론과 개혁주의 교회론에 중심인, 말씀의 피조물로서의 교회 개념은 이 주제를 잘 요약한 개혁주의-로마가톨릭 대화에서처럼 에큐메니컬 논의에서 새롭게 주목받고 있다.

역사 속에서 공동체로 존재하는 교회는 개혁주의 전통에서 "크레아투라 베르비"(*creatura verbi*), 즉 "말씀의 피조물"(the creation of the word)로 이해되고 묘사됐다. 하나님은 영이실 뿐만 아니라 영원히 말씀이시다. 하나님의 말씀과 영에 의해 만물이 창조되었으며, 화해와 갱신은 동일한 말씀과 영에 의한 동일한 하나님의 사역이다.

그러므로 개혁주의 전통은 수 세기에 걸친 교회의 설교, 가르침, 증거, 즉 교회의 교리와 전통은 항상 성경의 증언에 종속되어야 하며, 전통보다는 성경이 "기록된 하나님의 말씀"이며 "신앙과 실천의 유일하게 무오한 규칙"이라고 그토록 강력하게 주장해 왔다.

교회는 신앙과 마찬가지로 성령의 능력으로 하나님의 말씀을 들음으로써 존재하게 되며, 들음에 의해, 즉 "엑스 아우디튜"(*ex auditu*, 들음에 의해)

로 살아간다. 하나님의 말씀을 듣는 것에 대한 이런 강조는 16세기 이래로 개혁주의 신학에서 핵심적으로 중요하게 여겨져 왔다. 그러므로 개혁주의는 "참된 말씀의 설교"와 함께 "예수 그리스도의 제정에 따라 성례를 올바르게 집행하는 것"을 결정적인 "참된 교회의 표징"으로 강조해 왔다.[1]
이 대화는 다시 개혁주의 측에서 다음과 같이 덧붙인다,

> 개혁주의는 연속성, 관습, 제도에 대한 호소에 반대해 교회가 살기 위해서는 교회가 살아야 하는 본질적이고 결정적인 요소로서 살아 계신 하나님의 살아 계신 음성에 호소했다. 즉, 교회는 '말씀의 피조물'(creatura verbi)이다. 말씀 자체가 우리를 의롭게 하고 새롭게 하는 하나님의 창조적 은혜의 말씀이기 때문에 교회는 말씀의 창조물이다. 따라서 신앙 공동체는 복음이 전파되는 공동체일 뿐만 아니라 은혜의 말씀을 듣고 반응함으로써 공동체 자체가 고백의 매개체가 되고, 신앙이 세상에 대한 '표징' 또는 '표식'이 되며, 하나님의 말씀 때문에 다루어지고 새롭게 됨으로써 변화되는 세상의 한 부분 그 자체이다.[2]

복음 선포는 그 행위와 효과 모두에서 본질에서 사회적이기 때문에, 영성에 대한 보다 개인주의적이고 경험적인 접근 방식에 있는 본질적 의미를 규정하는 다른 관행과 마찬가지로 교회에 대항하여 설정할 수 없다. 살아 있는 말씀으로서, 복음 선포는 시대를 초월한 교리나 윤리로 환원될 수 없지만, 개인적이든 집단적이든 우리와는 다른 하나님의 말씀으로서 항상

---

1 Lutheran–R.C. Dialogue," in *Growth in Agreement II: Reports and Agreed Statements of Ecumenical Conversations on a World Level*, 1982–1998, ed. Jeffrey Gros (FSC) Harding Meyer, and William G. Rusch (Geneva: World Council of Churches; Grand Rapids: Eerdmans, 2000), 802. 이 점에 관해 루터파–로마가톨릭 대화를 참조하려면 495–98을 보라.
2 Ibid., 803.

교회의 존재를 정의하고 재정의하는 주권적 권위를 지닌 외적 말씀(verbum externum)으로 다가온다. 듣는 사건에서 잉태된 교회는 항상 자신의 구속과 정체성을 받아들이는 쪽에 머물러 있다. 특히, 들음의 중요성과 관련하여 이 주제를 명확히 하는 것이 이 장과 다음 장의 목표이다.

1. 살아 있고 활동적인 말씀: 성례의 말씀

무엇보다도 말씀은 성 삼위일체의 두 번째 위격인 영원하신 아들로서, 그분으로 말미암아 만물이 창조되었고 그분 안에서 교회를 포함하여 만물이 함께 서 있다(요 1:1-16; 골 1:15-23; 히 1:1-4; 계 19:13). 그러나 성경은 또한, 아버지께서 성령의 능력으로 아들 안에서 말씀하셔서 의도한 결과를 가져오신 구체적 사례들을 언급한다.

이런 의미에서 하나님의 말씀은 하나님이 **일하시는 것**이다. 우리 자신의 말이 우리의 인격을 드러내지 않고 우리의 의도와 영향력을 퍼뜨리듯이, 하나님의 말씀은 신적 본질의 연장(extension)이 아니라 인격적 임재와 생생한 활동의 효과이다.

인간의 말은 단순히 하나님의 말씀과 특정 지점에서 일치하는 것이 아니라 실제로 하나님의 "호흡"(딤후 3:16)이다. 오스틴(J. L. Austin)의 말을 빌리면, 하나님은 말로 일하신다(God does things with words)고 말할 수 있다.[3] 신적 본질이 발산되지는 않지만, 하나님의 말씀은 진정으로 '발산'되고

---

[3] 얼마나 많은 현대 신학자가 종교개혁자들의 말씀신학과 화행이론[話行理論, speech-act theory] 사이의 유사성을 관찰하는지는 놀랍다. 특히, J. L. Austin's *How to Do Things with Words*, 2nd ed. (Oxford: Clarendon, 1975)를 보라. 예를 들어, Oswald Bayer, Theologie, Handbuch Systematischer Theologie 1 (Gütersloh: Gütersloher Verlagshaus G. Mohn, 1994), 441ff.; Reinhard Hütter, *Suffering Divine Things: Theology as Church Practice* (Grand Rapids: Eerdmans, 2000), 82-94를 보라.

그 사명을 위해 '보내진다'. 말씀은 창조하고 재창조하는 살아 있고 활동적인 에너지이다. 말씀은 마음을 강퍅하게 하거나 녹일 수 있지만, 아들 안에서 성령에 의해 효력을 발휘하는 아버지의 말씀이기 때문에 결코 활발치 못한 것이 아니다.

신적 마음속의 고요한 생각이나 아이디어가 아니라 "여호와의 말씀으로 하늘이 지음이 되었으며 그 만상을 그의 입 기운으로 이루었다"(시 33:6).

스티븐 웹(Stephen H. Webb)은 다음과 같이 쓴다.

> 우리는 태초의 어둠을 깨뜨린 것이 빛이라고 생각하는 데 익숙해져 있지만, 실제로는 침묵을 깨뜨린 것은 하나님의 음성이었다. 이것이 바로 하나님이 불 가운데서 모세에게 나타나신 사건이 함유한 의미이다. 모세는 "음성뿐이므로"(신 4:12) 말씀은 들었지만, 형체는 보지 못했다. 불꽃이 아니라 **말씀**이 빛을 비춘다.[4]

성경에서 하나님의 말씀이라는 어구는 다양한 의미를 지니고 있다. 그러나 바빙크는 다음과 같이 언급한다.

> 하나님의 말씀은 언제나 단순한 소리가 아니라 능력이며, 단순한 정보가 아니라 하나님의 뜻의 성취를 의미한다(사 55:11; 롬 4:17; 고후 4:6; 히 1:3; 11:3). 예수님은 이 말씀으로 바다를 잔잔하게 하시고(막 4:38), 병자를 고치시고(마 8:16), 귀신을 쫓아내시고(9:6), 죽은 자를 살리시고(눅 7:14; 8:54; 요 5:25, 28; 11:43), 새로운 세상을 창조하셨습니다.[5]

---

[4] Stephen H. Webb, *The Divine Voice: Christian Proclamation and the Theology of Sound* (Grand Rapids: Brazos, 2004), 47

[5] From chap. 10 (sec. 56) of Herman Bavinck's *Gereformeerde Dogmatiek*, 3rd unaltered ed.,

이전의 창조와 출애굽에서처럼 새로운 창조에서도 하나님의 수행적 발화(performative utterance)는 세상을 존재하게 한다(사 55:10-11).

아버지께서 말씀하시는 곳마다 아들을 말씀하시고, 성령께서 듣는 자들을 창조하시며, 수많은 개인이 언약 백성이 되고, 익명의 공간이 주님께서 시온 한가운데 거하시는 풍요와 자유의 "넓은 장소"가 된다(시 18:19).

말씀의 신 중심적이고 삼위일체적인 개념에 대한 대안은 자율성이 아니라 해방될 수 없는 다른 주들(other lords)의 포로가 되는 것이다. 신 중심적이고 삼위일체적인 개념에 우선순위가 주어지면 경험과 교리를 위한 적절한 장소가 존재한다.

이 정경은 또한 문서화된 규범이자 헌법이기도 하지만, 이것은 또한 "너희 안에 거하시고"(요일 2:14) "너희 속에 풍성히 거하는"(골 3:16) "말씀에 심어진" 말씀(약 1:21)이기도 하다. 이 말씀은 경건한 개인이나 교도권으로서 우리 외부에서 우리에게 오기 때문에 이 말씀은 교회를 창조하고, 새롭게 하고, 심판하고, 의롭게 한다. 그러나 이 말씀은 성령의 능력으로 우리에게 오기 때문에 우리의 동의를 얻고 많은 사람으로 한 몸을 이루게 한다.

교회가 말씀의 피조물이라는 개념은 성경 자체에서 하나님의 말씀(speaking)이 곧 행동(acting)이며, 이 행동은 설명적이고 명제일 뿐만 아니라 창조적이고 수행적이라는 반복적 가정에서 비롯된다. 하나님의 말씀은 교리적, 윤리적 진리를 전달하기 때문에 권위적일 뿐만 아니라(물론, 그것들을 부정할 수는 없지만), 주로 하나님의 진실한 실천(praxix)이기 때문에 권위적이기도 하다. 즉, 새로운 창조를 이루기 위해 하나님은 일하고 계신다.

---

vol. 4 (Kampen: J. H. Kok, 1918); this excerpt was translated by Nelson D. Kloosterman as "Law-Gospel Distinction and Preaching," http://auxesis.net/bavinck/law gospel distinction and preaching.php, p. 2.

성경은 하나님이 하신 일을 우리에게 알려 줄 뿐만 아니라 하나님이 말씀하시는 것을 행하기도 한다. 기호(sigh)에 대한 지시 기능(referential function)만 허용하는 언어 이론은 성경 드라마에서 말씀의 활동에 대한 가장 흥미로운 묘사를 놓치게 된다.[6]

설교는 가르치는 것을 포함하지만, 그 이상이다. 이 중요한 교훈적 측면조차도 성례전적 말씀의 범주에서 이해될 때 더욱 가치가 있다. 즉, 도로시 세이어즈(Dorothy Sayers)가 말했듯이 "교리는 드라마"이다.[7] 살아 있는 관계의 언약적 맥락에서 교리와 삶, 이론과 실천, 신조와 행위는 뗄 수 없이 연결되어 있다.

교리가 단순한 명제주의(propositionalism)로 변질하는 것을 막고 실천(praxis)이 단순한 도덕주의로 변질하는 것을 막는 것은 구속의 드라마, 즉 세상 속에서 하나님의 활동 그 자체이다. 말씀에 대한 단순한 지적 관점만으로는 신앙에 대한 지적 관점만 나올 것이다. 그러나 복음은 생명을 주는 소식이자 유익한 정보로서 지식과 동의, 신뢰를 만들어 낸다.

---

6 칼 헨리(Carl F. H. Henry)와 마찬가지로 한 복음주의 신학자는 교리는 "계시의 공리로부터 도출된 정리"라고 주장했다 (*God, Revelation, and Authority* [Waco: Word, 1979], 1:234; see also 4:105-9, 113, 120). 헨리에 따르면 성경의 두 가지 주요 기능은 우리에게 "하나님과 그분의 목적에 관한 명제적 진리"와 "신적 구속 행위의 의미"를 제공하는 것이다(Carl Henry, "Narrative Theology: An Evangelical Appraisal," *Trinity Journal* 8 [1987]: 3). 헨리는 성경의 언어가 명제적 언어로 증류되어 만들어지기 전까지는 "부적절하다"고 주장한 그의 스승 고든 클라크(Gordon Clark)에게 엄청난 빚을 지고 있다 (Gordon Clark, *Religion, Reason, and Revelation* [Nutley, NJ: The Craig Press, 1978], 143). 클라크는 다른 글에서 "진리는 명제만의 특성이다. 술어가 주어에 귀속되는 것 외에는 문자 그대로의 의미에서 진리라고 할 수 있는 것은 아무것도 없다"(Gordon Clark, "The Bible as Truth," *Bibliotheca Sacra* [April 1957]: 158). 하나님에 대한 구성적 지식(즉, 신학)에 대한 주장과 명제에 대한 반지성적 묵살에 대한 칸트적 유예가 수 세기 동안 지속된 후, 헨리의 반응은 이해할 수 있었다. 그러나 헨리와 클라크가 옹호한 것과 같은 견해가 인식론적 진자를 계속 흔들리게 하는 경우가 많다.

7 Dorothy Sayers, *Creed or Chaos?* (New York: Harcourt, Brace, 1949), 3.

"성례적인 것"이라는 개념이 순전히 교육적이고 규정적인 이해 때문에 종종 소외되는 방식을 고려할 때, 기록되고 전파되는 말씀이 종종 살아 있는 공동체나 성령으로 충만한 개인이 어떻게든 보완해야 하는 죽은 문자로 취급되는 것은 놀라운 일이 아니다. 교리를 시대를 초월한 명제로만 생각하면 신앙과 실천, 설교와 체험이 분리되고, 목회자들은 성경을 관련성 있고 실용적이며 적용할 수 있고 효과적인 것으로 만들 방법을 찾아야 한다는 압박을 받게 된다.

한편 B. A. 게리쉬(B. A. Gerrish)는 "칼빈은 말씀의 '교육적'[가르침] 기능과 '성례전적 기능 사이에 어떠한 적대감도 느끼지 않았다"라고 관찰한다.⁸ 생명은 오직 하나님 안에서, 그리스도 안에 있으며, 그분의 말씀 때문에 매개된다.⁹

> 칼빈에게 하나님의 말씀은 교리적인 규범일 뿐만 아니라, 그 안에 생명력이 있으며, 성령이 조명, 믿음, 각성, 중생, 정화 등을 부여하는 정해진 도구이다. 칼빈 자신은 이 단어를 성례전 자체에 효능을 제공하는 '성례전적 말씀'(*verbum sacramentale*)으로 묘사한다.¹⁰

복음은 그리스도와의 교제를 위한 초대일 뿐만 아니라, 그리스도와의 친교가 이루어지는 효과적 수단이라는 것이 칼빈의 해석에 있어 결정적 요소이다. 따라서 제네바 요리문답(Geneva Catechism)의 테오도르 베자(Theodore Beza, 1519-1605) 판에서 성례전에 관한 네 번째 부분이 실제로 "하나님의 말씀에 관하여"(On the Word of God)라는 제목으로 시작한다는 사실을 발

---

8   A. Gerrish, *Grace and Gratitude: The Eucharistic Theology of John Calvin* (Minneapolis: Augsburg Fortress Press, 1993), 84.
9   Ibid., 85; cf. John Calvin, *Petit tracté de la sancta Cene* (1541), in OS 1:504-5.
10 Ibid., 85, referring to Calvin, *Institutes* 4.14.4.

견하면 잘 이해가 된다.**¹¹**

세례와 성만찬과 마찬가지로 성령은 표징(복음 선포)과 의미하는 실재(그리스도와 그분의 모든 혜택) 사이에 유대감을 형성한다. 말씀은 확실히 사다리이지만, 성육신과 마찬가지로 **하나님께서 항상 우리에게 내려오시는 사다리이다**(롬 10:6-17).

특히, 복음은 생명을 주는 하나님의 말씀 일부이다. 하나님이 말씀하시는 모든 것이 참되고 영향력 있는 말씀이지만, 하나님이 말씀하시는 모든 것이 구원을 주는 것은 아니다. 칼빈은 때때로 하나님의 말씀이 심판, 재앙, 두려움, 경고, 공포를 가져다준다는 사실을 상기시킨다.**¹²**

> 믿음은 하나님의 모든 말씀을 믿지만, 오직 은혜나 자비의 말씀, 즉 하나님 아버지의 선의에 대한 약속에만 의존하며, 이는 그리스도 안에서 그리고 그리스도를 통해서만 실현되기 때문이다.**¹³**

> 하나님 안에서 믿음은 생명을 구한다. …그 생명은 계명이나 형벌의 선포에서 찾을 수 있는 것이 아니라 자비의 약속, 즉 오직 거저 주시는 약속에서 찾을 수 있다.**¹⁴**

따라서 유일한 안전한 길은 성육신하신 아들을 통해 아버지를 영접하는 것이다. 그리스도는 성경의 구원 내용이며 성경의 정경적 통일성의 실체이다.**¹⁵**

11　B. A. Gerrish, *Grace and Gratitude*, 84, referring to Calvin, *Institutes* 3.5.5.
12　Calvin, *Institutes* 3.2.7; 3.2.29.
13　Ibid., 3.2.28-30.
14　Ibid., 3.2.29.
15　Ibid., 1.13.7.

우리가 아버지께서 주신 대로, 즉 그분의 복음으로 옷을 입어 그분을 영접하면 이것이 그리스도를 아는 참지식이다. 그분 자신이 우리 믿음의 목표가 되셨으므로, 복음이 길을 인도하지 않는 한 우리는 그분께 곧장 달려가지 않을 것이다.[16]

"가라사대 …", "있었고… "라는 명령으로 창조가 시작된 것처럼, 새로운 창조도 말씀의 자궁에서 시작된다. 성령은 지상의 수단에 대한 필요성을 없애는 것이 아니라 승천하신 그리스도와 우리를 연합시켜 우리의 생명이 "그리스도와 함께 하나님 안에 감추어져 있게 하는" 섬김 가운데 그런 수단을 거룩하게 한다(골 3:3).

그렇다면 이 말씀은 청자가 무언가를 행하거나 무언가가 되게 하려고 우리가 호소하는 근원이나 규범일 뿐만 아니라, 하나님께서 그때와 그곳에서 성취하신 구속의 혜택을 지금 여기에서 전달하시는 수단이기도 하다. 우리와 다른 모든 피조물은 하나님께서 우리에게 존재하라고 **말씀하셨기** 때문에 존재한다.

하나님의 말씀은 분명히 "있는 그대로 그것을 말씀"하지만, 하나님께서 사물을 있는 그대로, 그리고 애초에 있는 그대로 만드시는 행위이기도 하다.[17] 하나님의 말씀은 경고하고 약속할 뿐만 아니라 위협하고 보장하신 것을 역사에 실현하기도 한다.

---

[16] Ibid., 3.2.6.
[17] 따라서 신학적 진술이 언어 외적 실재(extralinguistic reality)를 언급할 때만 의미가 있다는 요구는 히브리적 세계관보다는 플라톤주의적 세계관을 반영하는 것처럼 보인다. 유한한 피조물의 말이 관조의 사다리를 오르는 동안 떨쳐 버리는 육체의 갑각(carapace)과 같은 유한한 피조물을 초월하는 대신, 창세기 1장부터 알아야 할 모든 것은 창조, 섭리, 구속과 완성 속에서 하나님이 "말로 표현하신" 것이다. 이런 언어성(linguisticality)은 아들이 아버지로부터 영원히 낳음을 입은 원형적 말씀으로 계신 삼위일체 자체에 가장 깊은 존재론적 근원을 두고 있다. 따라서 언어를 이해하거나 초월하려면 하나님을 이해하거나 초월해야 할 것이다.

주께서 야곱에게 말씀을 보내시며 그것을 이스라엘에 임하게 하셨은즉 (사 9:8).

하나님의 말씀은 죽은 문자가 아니라 '돌아다니는' 말씀이며, 그 말씀을 하신 하나님처럼 이 말씀은 그 말씀이 묘사하는 현실을 성취할 때까지 안주하지 않는다. 간단히 말해서, 말씀은 설명할 뿐만 아니라 실현하기도 한다. 말씀은 설명하고, 묘사하고, 주장하고, 제안할 뿐만 아니라 도착하기도 한다.

모이터(J. A. Moyter)는 다음과 같이 묻고 답한다.

> 선지자는 동료들에게 전하라는 메시지를 어떻게 받았을까?
> 대부분 그 대답은 완벽하게 명확하면서도 모호하다.
> "여호와가 임하셨다. …"[18]

실제로 "여호와의 말씀이 내게 임하니라 **이르시되**, …"라는 표현은 선지자들의 공통된 표현이기도 하다. 주님은 선지자들을 통해 전달된 말씀의 에너지로 오셨고, 이제는 에너지뿐만 아니라 본질에서도 하나님의 말씀이신 분 안에서 완전하게 오셨다(히 1:1-3).

위격적 말씀과 달리 성례전 말씀은 하나님의 존재 자체에 필요한 영원한 사건이 아니다. 오히려 성례전 말씀은 시간 속에서 자유롭게 선포되며, 항상 새롭지만, 그 이전의 말씀과 연결되어 있고, 어떤 의미에서는 우연적이지만(하나님은 다르게 말씀하셨을 수도 있었을 것이다), 하나님의 자기 일관적인 성품을 항상 드러내기 때문에 결코 자의적이지 않다.

---

18 J. A. Moyter, s.v. "Prophecy," *The New Bible Dictionary*, ed. J. D. Douglas (Grand Rapids: Eerdmans, 1962), 1039.

이 말씀은 역사의 썰물과 밀물 속에서 절대 사라지지 않는데, 이는 역사의 흐름에 들어가지 않기 때문이 아니라 적극적으로 그 흐름을 형성하고 정해진 종말에 이르게 하기 때문이다.

> 풀은 마르고 꽃은 시드나 우리 하나님의 말씀은 영원히 서리라(사 40:8; 참조, 마 24:35).

그리고 그 정해진 종말은 우리의 신뢰와 예배를 받으시기에 합당하신 유일한 종주(suzerain)와의 언약 관계이다.

> 땅의 모든 끝이여 내게로 돌이켜 구원을 받으라. 나는 하나님이라 다른 이가 없느니라. 내가 나를 두고 맹세하기를 내 입에서 공의로운 말이 나갔은즉 돌아오지 아니하나니 내게 모든 무릎이 꿇겠고 모든 혀가 맹세하리라 하였노라(사 45:22-23).

예언자의 역할은 단순한 증인의 역할이나 신적 발화의 단순한 기록자로 축소될 수 없으며, 예언자는 역사에 새로운 상황을 가져오는 살아 있고 활동적인 말씀을 전할 권한과 사명을 부여받은 대사이다.

> 내가 내 말을 네 입에 두고(사 51:16).

의미심장하게도 심판과 의롭다 함을 받기 위해 열린 청자의 귀와 마찬가지로 거룩하게 되고 위임받은 것은 입이며, 이는 하나님의 언약적 소통의 역사에서 선포의 우선순위를 강조하는 것이다. 이사야 자신은 거룩하신 분의 면전에서 "망하게 되었지만", 자신과 백성들이 "부정한 입술"을 가지고 있음을 인식하고, 하나님의 언약 백성들에게 하나님의 말씀을 신실하게 전할 수 있도록 핀 숯을 입술에 대고 있다(6:5-9).

후반 장에서 이루어질 소통에서 특히 중요하게 다루겠지만, 여기서는 신적 행위와 인간적 행위를 구분하되 대조하지는 않는다. 즉, 인간적 표징은 그 표징이 의미하는 실체를 전달하는 신적 표징으로 거룩하게 된다. 다시 말하지만, 철학적 실재론이나 구성주의의 추상적 이론이 아니라 언약이 선지자의 행동에 대한 맥락을 제공한다. 예언의 말씀은 선지자의 인격이나 공동체의 판단이 아니라 하나님께 그 근원을 두고 있다(벧후 1:20). 동시에 선지자의 개인적 특성은 결코 우회되거나 제압되지 않는다.

인간의 말로 된 야웨의 말씀은 비가 내려 열매를 맺는 것에 비유된다.

> 이는 비와 눈이 하늘로부터 내려서 그리로 되돌아가지 아니하고 땅을 적셔서 소출이 나게 하며 싹이 나게 하여 파종하는 자에게는 종자를 주며 먹는 자에게는 양식을 줌과 같이 내 입에서 나가는 말도 이처럼 헛되이 내게로 되돌아오지 아니하고 나의 기뻐하는 뜻을 이루며 내가 보낸 일에 형통함이니라(사 55:10-11).

하나님의 입과 선지자의 입에서 같은 말씀이 나온다. 그 말씀이 그에게 비난을 가져다주지는 않지만, 이 말씀은 예레미야의 뼛속까지 타오르는 불과 같아서 그가 밤낮으로 이 말씀을 언약 백성에게 전하도록 강요한다(렘 20:9).

> 여호와의 말씀이니라 내 말이 불같지 아니하냐 바위를 쳐서 부스러뜨리는 방망이 같지 아니하냐(렘 23:29).

하나님의 말씀은 사건을 일으키는 담론이며, 깨달음이나 정보를 제공할 뿐만 아니라 성취되기도 한다(겔 12:28). 에스겔 37장에 나오는 마른 뼈 골짜기에서 선지자가 설교하는 장면은 이 살아 있고 활동적인 말씀을 생생하게 묘사하며, 그 말씀이 말하는 현실을 만들어 낸다.

선지자와 사도들의 말씀은 위격적 말씀(hypostatic Word)의 활기찬 빛을 공유하기 때문에, 그리고 바로 그래서 그들의 말씀은 바로 하나님의 말씀이다. 그리스도는 자기 교회의 유익을 위해 모든 피조물을 지탱해 주시는 말씀이시며(골 1:15-20), 우리 안에 풍성히 거할 수 있도록 말씀을 주신다(3:16).

외적인 것과 내적인 것, 보이는 것과 보이지 않는 것, 신적인 것과 인간적인 것을 극명하게 대립시키면서, 오랜 세월 동안 열광주의자들은 마치 말씀이 '죽은 문자'인 것처럼 성령과 말씀 사이의 대조를 주장하기 위해 요한복음 6:63에 호소했다.

> 살리는 것은 영이니 육은 무익하니라(요 6:63).

그러나 예수님은 즉시 "내가 너희에게 이른 말은 영이요 생명이라"라고 덧붙이신다. 성령의 역할은 외부의 말씀을 내적으로 경험하고 받아들일 수 있는 현실로 만드는 것이지, 말씀 자체보다 우월한 영지주의를 제시하는 것이 아니다.

데살로니가 교인들은 그리스도 안에서 선택받은 동료 성도들로 인정받았는데, "이는 우리 복음이 너희에게 말로만 이른 것이 아니라 또한 능력과 성령과 큰 확신으로 된 것임이라"(살전 1:5). 그럼에도 우리 안에서 성령의 증거와 확신의 대상과 물질은 여전히 우리에게 외부적으로 선포된 그리스도의 말씀이다.

따라서 기록되고 선포되는 하나님의 말씀은 시대를 초월한 교리나 윤리의 비인격체가 아니라, 점진적으로 전개되는 역사 속에서 아버지의 계시적이고 구속적인 말씀의 절정인 아들(히 1:1-3)과, 발화 효과 행위(perlocutionary effect)의 원천인 말씀의 완전케 하는 능력인 성령 안에 궁극적으로 근거를 두고 있다.

"하나님의 말씀은 살아 있고 활력이 있어" 우리 마음을 드러내고 심판한다(히 4:12-13). 야고보서 1:21에 따르면, 말씀은 "너희 영혼을 능히 구원할 바 마음에 심어진" 씨앗이다. 베드로전서 1:23-24은 "너희가 거듭난 것은 썩어질 씨로 된 것이 아니요 썩지 아니할 씨로 된 것이니 살아 있고 항상 있는 하나님의 말씀으로 되었느니라"라고 덧붙인다. 또한, "너희에게 전한 복음이 곧 이 말씀이니라"라는 생기를 불어넣는 효과로 인정받는 것은 일반적 말씀이 아니라 특히 복음이다.

마찬가지로 바울은 "믿음은 들음에서 나며 … 하나님의 말씀"(롬 10:17, NKJV), 구체적으로 복음 또는 기쁜 소식의 말씀(8, 15절)을 통해 온다고 말한다. 구원은 마치 멀리 있는 것처럼 적극적으로 추구하고, 얻고, 붙잡기 위해 올라가야 하는 것이 아니라 "우리가 선포하는 믿음의 말씀"(8절)처럼 가까이 있는 것이다. 그리스도는 말씀으로 우리에게 직접 말씀하시기 때문에(6-9절), 우리는 그리스도를 죽은 자 가운데서 살리거나 하늘로 올라가서 내려오시게 할 필요가 없다.

하나님의 말씀은 창조뿐만 아니라 마지막 날에 이르는 역사의 심판과 구속 사건의 근원이기도 하다(벧후 3:1-7). 창조에서 완성까지, 우리는 시종일관 "말씀"을 받는다.

예언서 곳곳에서 두루마리를 먹고 배 속에서 불타고, 두루마리가 날카로운 모서리를 가진 거대한 양피지처럼 날아다니며 땅끝까지 심판을 가져온다. 이 모든 이미지는 언약 정경으로서 하나님의 말씀이 축복과 저주를 말할 뿐만 아니라 실제로 축복과 저주를 가져온다는 점을 강조하기 위한 것이다.

말씀의 제재는 항상 효과적으로 실현된다. 따라서 하나님의 말씀은 말씀 사건으로서뿐만 아니라 지속적인 헌법으로서도 살아 있고 활동력이 있

다. 이 정경에 따라 종주(Suzerain)는 성전 집(temple-house)을 짓는다.[19]

그러나 하나님의 말씀이 언약 공동체, 특히 말씀의 설교를 영구적으로 규율하기 위해서는 말씀이 역사적 서언, 규정(교리와 명령), 제재(죽음과 생명) 등 모든 정경적 요소를 갖춘 문서화된 조약이 되어야 한다. 이런 규범에 부합할 때만 교회의 선포는 진정으로 하나님의 말씀으로 간주할 수 있다.

즉시 위임받은 선지자와 사도들이 선포한 하나님의 말씀은 그 권위에 있어서 교도권(magisterial)이 있지만, 교회가 선포하고 교회 안에서 선포하는 하나님의 말씀은 교역권(ministerial)이 있다. 선지자와 사도들을 통해 오는 말씀은 일반적으로 언약 공동체와 그 공식적 사역을 방해하고 심판한다는 것은 복음서뿐만 아니라 예언서에서도 분명하게 드러난다.

따라서 말씀은 인간의 결정이나 노력으로 살아 있고, 활동적이며, 효과적이지 않다. 말씀은 우리가 어떻게든 말씀을 현재화하고 관련성 있게 만들 수 있다면 이 말씀은 이 언약의 정죄와 사죄의 기회를 제공할 뿐만 아니라, 그 말씀을 통해 그리스도 자신이 개인적으로, 그분의 성령으로 죄인을 정죄하고 사면한다.

성령의 역동적 활동은 그때 그곳의 계시와 여기 현재의 조명을 동일하게 만들지 않으면서 이 둘 사이의 틈새를 통과한다. 성령의 역동적 활동은 행동하시는 하나님의 임재(God's presence-in-action)이며 따라서 그 자체로 적합성을 확립한다. 말씀은 구속하고 자유롭게 하며, 굳게 하고 부드럽게 하며, 상처를 입히고 치유한다.

믿음만 있다고 해서 이 말씀이 효력을 발휘하는 것이 아니라, 믿음 자체가 복음적 선언을 통해 성령에 의해 만들어진다. 우리는 오순절 사건 자체

---

[19] 다른 곳에서도 언급했듯이, M. G. 클라인이 *The Structure of Biblical Authority*(Grand Rapids: Eerdmans, 1975; repr., Eugene, OR: Wipf & Stock, 1989), chap. 3에서 이 주제를 다루는 방식은 매우 암시적이다.

에서 이를 볼 수 있는데, 오순절 사건 자체에서 최초의 공개적 증거는 베드로의 복음 선포이다(행 2:14-36).

사도행전에서 반복적으로 언급되는 교회의 성장은 "하나님의 말씀이 점점 왕성하여", "흥왕하여 세력을 얻으니라"(6:7; 13:49; 19:20)라는 사실에 기인하며, "복음 선포"는 초대 교회의 역사에서 묘사되는 중심 활동이다. 심지어 말씀의 전파는 하나님 나라의 확산과 동의어로 취급되기도 한다. 말씀으로 우리는 법적으로 입양되고 성령으로 우리가 하나님의 자녀라는 내적 증거를 받는다(롬 8:12-17). 그리스도의 말씀은 그리스도에 대한 믿음을 창조하며, 믿음이 존재하는 곳에 교회가 존재한다.

종교개혁이 매개체와 관련하여 다시 도입한 것은 메시지 자체에 대한 통찰력만큼이나 혁명적이었다. 그것은 모든 현실의 언어적인 매개적 특징과 말의 효과적 특징에 대한 보다 히브리적인 이해의 회복을 포함했다. 또한, 그것은 법정적 선언과 효과적인 변화 사이의 잘못된 선택을 제거한다.

하나님께서 어떤 것을 그렇게 선언하실 때, 성령은 우리 안에 그에 상응하는 실체를 가져온다. 동일한 성령에 의해 이런 동일한 복음적 말씀이 우리를 의롭게 하고 새롭게 한다.[20]

피조물의 주체성은 창조주의 말씀 때문에 구성적으로 정의된다. 자아나 공동체가 먼저 존재하고 그다음에 그것에 대한 말씀이 선포되는 것이 아니라, 둘 다 하나님에 의해 존재하도록 말씀하신 대로 존재한다. 이것은 말은 내면의 생각과 마음 상태를 외부화하는 것으로 축소될 수 없으며, 반대로 하나님의 언약적 말씀은 우리를 재정의하고 결과적으로 우리를 내적으로 새롭게 하여 성령의 열매를 맺게 하는 외적 말씀이다.[21]

---

20   나는 특히 이 시리즈의 이전 책인 *Covenant and Salvation: Union with Christ* (Louisville, KY: Westminster John Knox Press, 2007). 제2부에서 이 점에 대해 자세히 다룬다.
21   이 점에 관해서 1970년대에 소위 신해석학(푹스[Füchs]와 에벨링[Ebeling]) 내에서 "말씀-사건"(word-event)의 신학을 내세우면서 어느 정도 루터주의적 부흥이 일어났다. 그러나 이 종말론적 급진주의는 구속사 전체를 아우르는 것이 아니라 개인의 실존

스티븐 H. 웹(Stephen H. Webb)은 심지어 종교개혁이 "소리의 역사 안에 있는 사건", 즉 "말씀을 다시 외치는 사건"을 나타낸다고 제안하는 데까지 나아간다.[22] 초월적 주님과 스크린으로 분리된 사람들 사이의 공간적 거리를 메우는 주로 시각적인 사건, 즉 연극적 전시 대신 공적 예배는 언어적인 사건이 되었고, 심지어 성만찬(Communion)도 언약 공동체 전체가 받고 축하하며 응답하는 음성적 서약이 되었다.

웹은 다음과 같이 언급한다.

> 이는 하나님의 말씀이 명령하는 것을 성취한다는 칼빈의 믿음에서 비롯된 것이다. 말씀은 언약의 말씀이며, 활동적이고 생명력이 넘친다. 비록 더듬 거릴지라도 말씀은 요구하는 것을 주는 힘이 있다. 하나님의 말씀은 세상을 존재하게 하셨고, 성령 충만한 교회의 말을 통해 계속해서 세상을 지탱하고 있다.[23]

중세 예배가 말씀을 시각에 종속시켰다면, 종교개혁은 (역사에 대한 인문주의적 관심과 원어 주석을 활용하여) 사람들을 하나님의 음성에 노출하고자 했다.[24]

> 이것은 형상을 설명하거나 도덕적 주장을 위한 필요성 때문에 생긴 장황

적 만남의 영역으로 축소하여 길드는 경향이 있었다. 그런 정도로 이것은 루터의 개념과는 크게 다르다.
22 Stephen H. Webb, *The Divine Voice: Christian Proclamation and the Theology of Sound*(Grand Rapids: Brazos, 2004), esp. chaps. 4-5. 이 책은 이 장에서 다루는 주요 문제를 훌륭하게 다룬다. Theo Hobson, *The Rhetorical Word: Protestant Theology and the Rhetoric of Authority*(Hampshire, UK: Ashgate, 2002)를 보라.
23 Webb, *The Divine Voice*, 159.
24 Ibid., 104-7.

함이 아니었다. 오히려 소리를 통해 은혜를 전달하기 위한 장황함이었다.[25]

루터는 말씀의 창조물로서의 교회에 대한 이런 강조를 회복하는 데 앞장섰다. 루터교 신앙고백을 요약하면서, 오스발트 바이어(Oswald Bayer)는 다음과 같이 설명한다.

하나님의 위임과 이름으로 말씀하는 또 다른 위격이 나에게 이 약속을 말하지만, 이것은 사실 하나님 자신이 말씀하시고 행동하시는 것이다.[26]

아우크스부르크 신앙고백(Augsburg Confession) 제5조에 따르면 성령은 설교와 성찬이라는 수단을 통해 "그분이 원하시는 때와 장소에서 복음을 듣는 사람들에게" 우리에게 믿음을 주신다.[27] 설교를 통해 정경은 과거에 "그때 그리고 그곳"에서 계시를 보관하는 것이 아니라 현재에도 은혜의 수단이 된다. 하나님은 우리를 죽이고 살리시는 일을 수행하시며 우리를 그분의 연극에 등장인물로 캐스팅하신다.

바이엘(Bayer)은 다음과 같이 질문한다.

말씀이 그렇게 높은 평가를 받아야 하는가?
그 말씀의 신뢰성과 권위를 조사해야 되지 않을까?
물질적이고 실체적인 역사가 말씀 뒤에 서 있어야 하지 않을까?
말씀은 단지 사건에 대해 증인이 아니라 구별되어야 하는 것이 아닐까?
괴테의 파우스트가 "말씀을 너무 높게 평가해서는 안 된다"고 한 말에 동

---

25 Ibid., 106.
26 Oswald Bayer, *Living by Grace: Justification and Sanctification*, trans. Geoffrey W. Bromiley(Grand Rapids: Eerdmans, 2003), 43.
27 *The Book of Concord*, trans. and ed. Theodore G. Tappert (Philadelphia: Fortress Press, 1959), 31.

의할 필요는 없지 않을까?

파우스트처럼 요한복음의 첫 구절을 바로잡고 "태초에 행위가 있었다"라고 말해야 하지 않을까?[28]

바이엘은 전혀 그렇지 않다고 대답한다. 즉, 말은 곧 행동이고 행동은 곧 말이다.[29]

서양 철학의 전통은 인간의 능력 중에서 지성을 중요시해 왔다. 그러나 루터는 "말보다 더 위대하고 고귀한 인간의 일은 없다"고 말한다. 우리는 무엇보다도 이성적 존재가 아니라 일차적으로 말하는 존재이다.[30]

이것은 루터에게 사소한 요점이 아니다.[31] "루터에게 모든 것은 성경에 달려 있으며, 복음의 살아 있는 음성으로서 성경을 듣고, 사용하고, 설교하는 것(*viva vox evangelii*)"이다.[32] 이것은 "외적 말씀은 단순히 우리에게 이 문제[*res*]를 가리키는 표징[*signum*]이다"라고 생각한 어거스틴과는 대조적이다.[33]

어거스틴은 담론을 지칭 대상(reference)으로 환원하는 경향, 즉 상황 (states of affairs)을 창조하는 것이 아니라 단순히 묘사하는 것으로 축소하는 경향이 있는 기표와 기의(sign-and-signified)에 대한 현실주의적(즉, 플라톤주

28　Oswald Bayer, *Living by Faith: Justification and Sanctification*, Lutheran Quarterly Books(Grand Rapids: Eerdmans, 2003), 45.
29　Ibid.
30　Ibid., 47.
31　예를 들어, Martin Luther, *Luther's Works*, ed. Jaroslav Pelikan (St. Louis: Concordia, 1968), 35:117-24, 254, 359-60을 보라.
32　Bayer, *Living by Faith*, 45.
33　Augustine's *De magistro*, trans. and ed. J. Burleigh under the title *"The Teacher" in Augustine: Early Writings* (Philadelphia: Westminster Press, 1953), 70-71을 인용하는 Ibid., 48.

의적) 견해를 취했다.

마찬가지로 웹은 다음과 같은 것을 상기시킨다.

> 어거스틴에게 있어서,… 하나님이 말씀하시는 말씀은 우리가 그것을 외부로 내뱉기 전에 내적으로 들린다. … 따라서 믿음은 생각과 마찬가지로 소리를 내기 전에 침묵하는 마음의 내부에서 시작된다.[34]

우리는 여기서 데카르트(Descartes)에서 슐라이어마허(Schleiermacher)에 이르는 현대 인식론과 해석학에 대한 기대감을 발견할 수도 있다.

그러나 종교개혁자들에게는 이런 관계가 역전된다. 즉, 말씀은 안에서 밖으로 나오는 것이 아니라 밖에서 안으로 들어오는 하나님의 말씀이다. 외적 말씀(verbum externum)에 대한 이런 강조는 단순히 하나님이 그리스도 안에서 (우리 밖에서[extra nos]) 구원을 베푸신다는 상관 관계일 뿐이다.

즉, 형식적 원리(sola scriptura[오직 성경])는 **독립적** 조항이 아니라 구제직 원리(solo Christo[오직 그리스도], sola gratia[오직 은혜], sola fide[오직 믿음]) 및 우리 구원의 최종 목적(soli Deo gloria[오직 하나님의 영광])과 통합적으로 연결되어 있다. 회개, 믿음, 사랑, 도덕적 쇄신의 다른 측면 등 개인과 공동체 안에서 가시화되는 모든 것은 외부에서 이 결정적 선언의 점진적 결과이다.

하나님의 구원 활동의 매개체로서 외적 말씀에 대한 이런 강조는 종교개혁자들을 로마가톨릭과 급진적 개신교(Radical Protestant)에 공통으로 나타나는 "열정주의"(enthusiasm)와 분리하는 지점이다.[35] 신적 계시로 높이 평가되었지만, 성경은 교회나 현대 선지자를 통한 성령의 살아 있는 음성인 지속적 계시 때문에 보완되어야 하는 죽은 문자였다.

---

[34] Webb, *The Divine Voice*, 131.
[35] Willem Balke, *Calvin and the Anabaptist Radicals*, trans. William J. Heynen (GrandRapids: Eerdmans, 1981).

그러나 종교개혁자들은 말씀 선포가 단순히 그리스도에 대한 설교자의 담론이 아니라는 점을 강조했다(설교자가 다루기 쉬운 무수히 많은 다른 것은 말할 것도 없다). 오히려 바이엘이 요약한 것처럼 "입소문으로 우리에게 전해지는 설교된 말씀은 지금 우리와 함께 계신 예수 그리스도 자신이다."[36]

복음은 살아 움직이기를 기다리는 죽은 문자가 아니라 "복음은 하나님 나라이다. 복음은 복음을 선포하거나 가리키는 것일 뿐만 아니라 나를 포함한 모든 청중을 그 나라로 인도하고 그 나라로 들어가게 하기도 한다."

복음은 하나님 자신의 말씀이다. "예수 그리스도처럼, 하나님 자신이신 복음은 입소문으로 전파될 때 단순히 내가 믿음의 결단을 통해 그것을 실제화하고 실현할 수 있다는 가능성을 제시하는 것 이상의 역할을 한다. 말씀 자체가 하나님의 능력이며 하나님의 나라이다."[37]

다음은 루터의 유명한 선언이다.

> 그리스도인에게 '그리스도인'이라는 이름에 합당하게 되는 일이 무엇인지 묻는다면, 그는 하나님의 말씀을 듣는 것, 즉 믿음이라는 것 외에는 다른 대답을 할 수 없을 것이다. 그러므로 귀만이 그리스도인의 기관이다. 왜냐하면, 그가 의롭다 함을 받고 그리스도인이라고 선언된 것은 어떤 지체의 행위 때문이 아니라 믿음 때문이다.[38]

설교를 매개체로 선택한 것은 우연이 아니다. 이것은 우리를 사물을 받는 쪽이 되게 한다. 칭의는 오직 믿음으로만 이루어질 뿐만 아니라 믿음

---

36 Bayer, *Living by Grace*, 49.
37 Ibid., 50; 고전 4:20 절과 함께 롬 1:16-17을 보라.
38 Luther, *Luther's Works*, vol. 29, *Lectures on Titus, Philemon, and Hebrews*, ed. Jaroslav Pelikan(St. Louis: Concordia Publishing House, 1968), 224; quoted in Webb, *The Divine Voice*, 144.

자체도 청각을 통해 오기 때문이다.[39]

개혁주의 신앙고백서에서도 설교된 말씀에 대한 동일한 강조점을 발견한다. 라이스(John H. Leith)가 관찰하는 것처럼 "루터와 마찬가지로 칼빈에게 귀만이 그리스도인의 기관이다."[40] 칼빈은 "하나님의 이름으로 복음이 전파될 때 그것은 마치 하나님 자신이 직접 말씀하시는 것과 같다"라고 요약한다.[41] 라이스는 "설교의 정당성은 교육이나 개혁을 위한 효과에 있는 것이 아니다. … 칼빈은 감히 설교자는 하나님의 입이라고 말했다."

설교를 효과적으로 만드는 것은 하나님의 의도와 행동이었다. 성례전의 물리적 요소와 마찬가지로 목사의 말은 그리스도와 그분의 모든 혜택과 같은 본질과 결합되어 있었다. 따라서 말씀은 구원을 묘사할 뿐만 아니라 전달하기도 한다. "칼빈의 성례전적 설교 교리는 그가 설교를 지극히 인간적인 일로 이해함과 동시에 하나님의 일로 이해할 수 있게 했다."[42]

로마서 10장에 나오는 바울의 논리에 따라 칼빈은 외적 말씀과 내적 말씀 사이의 대조를 거부해야 한다고 강조한다.

> 우리는 그의 사역자들이 마치 하나님 자신이 직접 말씀하신 것처럼 말하는 것을 듣는다. … 바울이 "믿음은 들음에서 나며"라고 지적하는 것처럼

---

[39] 듣는 것과 보는 것 사이의 이런 비교는 듣는 것에 어떤 마술적 특성이 있다거나 하나님이 이 매개체에 구속되어 있다는 것을 암시하는 것이 아니다. 오히려 하나님이 자기 의사소통의 일반적 방법인 구어(spoken word)에 자신을 구속하셨다는 것을 말하려는 것이다. 어거스틴처럼 많은 기독교인이 성경을 읽는 순간을 회심의 순간이라고 말한다. 또한, 귀먹음과 같은 신체적 장애는 하나님의 은혜에 장애가 되지 않는다. 웹(Webb)은 *The Divine Voice*, 51-55쪽에서 전문 지식에 기초에 이 문제를 잘 다루고 있다.

[40] John H. Leith, "Doctrine of the Proclamation of the Word," in *John Calvin and the Church: A Prism of Reform*, ed. Timothy George (Louisville, KY: Westminster John Knox Press, 1990), 212.

[41] 라이스(Leith)가 "Doctrine of the Proclamation," 211에서 인용함.

[42] Ibid., 210-11.

하나님은 오직 복음의 도구로만 우리에게 믿음을 불어넣으신다.[43]

바울은 "자신을 하나님과 동역자로 삼을 뿐만 아니라 구원을 나누어 주는 역할을 자신에게 부여한다."[44] 성령의 역사가 없다면 말씀이 먼 귀에 떨어질 것이지만 성령은 외적 말씀을 **통해** 먼 귀를 여신다.[45]

마찬가지로 하이델베르크 요리문답(the Heidelberg Catechism)은 칭의를 다룬 후 다음과 같이 묻고 답한다.

> 문: 우리가 그리스도와 그분의 모든 혜택을 공유하는 것이 오직 믿음으로만 가능하다면 이 믿음은 어디에서 오는가?

> 답: 성령께서 거룩한 복음의 전파를 통해 우리 마음속에 믿음을 일으키시고(롬 10:17; 벧전 1:23-25), 거룩한 성례전의 사용을 통해 믿음을 확증하신다(마 28:19-20; 고전 10:16).[46]

제2 스위스 신앙고백서(the Second Helvetic Confession)는 다음과 같이 진술한다.

> 하나님의 말씀에 대한 설교는 하나님의 말씀이다. 따라서 이제 이 하나님의 말씀이 합법적으로 부름받은 설교자들에 의해 교회에서 설교될 때, 우리는 하나님의 바로 그 말씀이 선포되고 신신한 자들에 의해 받아들여지

---

43 Calvin, *Institutes* 4.1.5-6.
44 Ibid., 4.1.6.
45 John Calvin, *Commentary on John*, trans. and ed. William Pringle (repr., Grand Rapids: Baker, 1993) on 15:27.
46 The Heidelberg Catechism, Q. 61, in *Ecumenical Creeds and Reformed Confessions* (Grand Rapids: CRC Publications, 1988).

는 것을 믿는다. 또한, 하나님의 다른 어떤 말씀도 날조되거나 하늘로부터 내려올 것을 기대할 수 없음을 믿으며, 이제 설교하는 목사가 아니라 설교되는 말씀 자체를 고려해야 함은, 가령 그가 악하고 죄인일지라도 하나님의 말씀은 여전히 참되고 선한 것으로 남아 있기 때문이다.[47]

사역자의 주관적 경건함이나 의도와는 상관없이 하나님의 말씀은 유효하다. 이것은 하나님 말씀의 유효성을 특정 직분의 오래됨과 명성 또는 특정 인물의 카리스마와 소통의 은사와 동일시하지 말 것을 경고한다. 매개체는 십자가의 메시지와 일치한다.

구속사에서 가장 중요한 증인들, 즉 모세(출 4:10), 이사야(사 6:5-8), 바울(고전 2:4) 등이 열등한 연설자로 특징지어지고 있다는 사실은 확실히 어느 정도 중요하다. 그러나 이 모든 것의 목적은 "너희 믿음이 사람의 지혜에 있지 아니하고 다만 하나님의 능력에 있게 하려 하였노라"이다(고전 2:5 참조). 말씀의 능력은 목회자 자신에게 있는 것이 아니라 성령의 시역에 있다.

이 개념에서 하나님의 말씀은 생명 에너지이자 규범적 구성 요소이다. 성령은 선지자와 사도들이 원래 듣고 말했던 것과 오늘날 그 규칙에 따라 선포하는 목회자들이 듣고 말하는 것 모두의 원천이다.

국가의 헌법과 달리 종교개혁자나 그 후계자들은 성경을 비인격적 법률문서나 사회적 계약으로 간주하지 않았으며, 내면의 경건함이나 종교적 경험의 표현으로 간주하지도 않았다. 오히려 웨스트민스터 신앙고백서(the Westminster Confession)에 따르면 "모든 논쟁의 최고 심판자는 성경에서 말씀하시는 성령이다."[48]

---

[47] The Second Helvetic Confession, chap. 1, in BC.
[48] The Westminster Confession of Faith, chap. 1, in BC.

말씀이 선포될 때마다 언약의 주님은 자기 백성을 모으시고, 하나님께서 우리와 맺으신 휴전을 기억하시며 사라지는 구름 사이로 무지개가 다시 나타난다. 이 정경이 쓰이고, 읽히고, 노래가 되고, 기도될 때, 특히 새롭게 선포될 때, 하나님과 서로에게 낯선 사람들이 친교를 이루게 된다.

이 정경만이 이런 특별한 공동체를 만들 수 있다. 오직 이 성경을 통해서만 성령께서 그리스도의 중보자 머리 되심을 교회의 삶에서 실제가 되게 하는데, 성령께서 "내쉬는"(*theopneutos*) 것은 바로 이런 본문들이기 때문이다(벧후 1:21; 딤후 3:16).

급진주의 종파들이 "단지 허공을 치는" 말씀과 개인 안에 거하는 "내적 말씀" 사이의 대조에 대해 도전하면서, 제2 스위스 신앙고백서는 계속해서 다음과 같이 기록했다.

> 따라서 우리는 참종교의 가르침은 성령의 내적 조명에 의존하기 때문에, 외적 설교가 무익하다고 생각하지도 않으며, 또는 "그들이 다시는 각기 이웃과 형제를 가리켜 이르기를 … 하지 아니하리니 이는 작은 자로부터 큰 자까지 다 나를 알기 때문이라"(렘 31:34)라고 기록되어 있기 때문이다.[49]

하나님께서 외적 설교와는 별개로 내적으로 조명하실 수 있다는 것은 부정되지 않지만, 성경에서 이런 내적 성령의 역사는 단순한 인간들의 외적 설교와 연결되어 있다(이 고백서는 막 16:15; 행 16:14; 롬 10:17을 인용하고 있다).

웨스트민스터 대소요리문답(The Westminster Larger Catechism)은 다음과 같이 덧붙인다.

---

[49] Ibid.

하나님의 성령이 말씀 읽는 것을, **특히 말씀 전하는 것을** 방편으로 하여 죄인들을 조명하시고 확신시키고 겸손하게 하시며 **그들을 자기 자신들로부터 끌어내** 그리스도께로 가까이 이끄신다. 또 그들이 그분의 형상을 본받게 하시며, 그분의 뜻에 복종케 하시며, 그들을 강건케 하셔서 시험과 부패에 빠지지 않게 하시고 은혜로 저희를 세우시고 구원에 이르는 믿음을 통해 그들의 마음을 거룩함과 위로로 굳게 세우신다(강조 추가).[50]

메시지뿐만 아니라 우리를 우리 자신으로부터 끌어내는 방법도 "내적 말씀"이 할 수 없는 일이다. 우리는 무엇이 가장 중요한지 자신에게 말할 수 없다.

우리는 무엇이 실제로 중요한지 아직 알지 못한다.

우리가 언제 진실을 가리고 있는지조차 모를 정도로 교묘하게 진실을 억압하고 왜곡한 상황에서 어떻게 우리 자신을 판단하거나 정당화할 수 있을까?

우리는 심지어 성경에 대한 언급과 암시로 자기 자신을 꾸밀 수도 있다. 그러나 환자는 자신을 진단할 수는 없다. 율법은 우리가 우리 삶의 이야기를 했던 조작(spin)을 하나님이 '벗기시는 것'으로서 그 모든 힘으로 선포되어야 하며, 복음은 우리를 그리스도의 의로 입히시는 하나님의 행위로서 그 모든 기쁨으로 선포되어야 한다.

우리가 성령을 말씀에 대적하게 할 수 없듯이 말씀을 교회에 대적하게 할 수도 없다. 성령은 직접적이고 즉각적으로 역사하는 것이 아니라 피조물적 수단을 통해 역사하기 때문에 피조물의 공동체가 생겨난다. 믿음은 우리의 영혼에서 저절로 생겨나는 것이 아니라, 동료 청자의 언약적 모임에서 생겨난다.

---

[50] The Westminster Larger Catechism, Q. 155, in BC.

디트리히 본회퍼(Dietrich Bonhoeffer)는 다음과 같이 언급한다.

> 성령의 매개되지 않은 역사가 있다면 교회라는 개념은 처음부터 개인주의적으로 해체되었을 것이다. 그러나 말씀 안에는 처음부터 가장 심오한 사회적 관계가 형성되어 있다. **말씀은 그 기원뿐만 아니라 그 목적에서도 사회적 성격을 띠고 있다.** 성령을 말씀에 묶는다는 것은 성령이 **복수의 청자**를 목표로 하고 실현이 이루어질 가시적 표징을 설정한다는 것을 의미한다. 그러나 그 말씀은 그리스도의 말씀 그 자체로서 자격이 있으며, 성령에 의해 듣는 이들의 마음에 효과적으로 전달된다(강조 추가).[51]

나 자신이 성경을 직접 읽는 것과도 구별되는 공적 선포에서 "말하는 사람은 또 다른 이가 존재하며 이것은 나에게 비교할 수 없이 확신한다."

> 완전히 낯선 사람들이 자신의 경험이 아니라 하나님의 뜻으로 나에게 하나님의 은혜와 용서를 선포한다. 나는 다른 사람들 안에서 하나님의 은혜에 대한 나의 확신의 보증인으로서 교회공동체와 공동체의 주님을 구체적으로 파악할 수 있다. 다른 사람들이 나에게 하나님의 은혜를 확신시켜 준다는 사실은 나에게 교회공동체를 현실로 만들어 주며, 내가 환상의 먹잇감이 되었을지도 모를 위험이나 희망을 배제해 준다. 신앙의 확신은 고독에서뿐만 아니라 집회에서도 생겨난다.[52]

따라서 교회는 복음이 맡겨진 공동체가 아니라 복음에 의해 창조된 공동체이다. 세례와 성만찬이 설교와 교리와 불가분의 관계에 있다. 즉, 본

---

[51] Dietrich Bonhoeffer, *SC*, 158.
[52] Ibid., 230.

회퍼가 주장하는 것처럼 교회는 항상 "말씀의 창조물"로 남아 있다.

> 요약하면, 수적으로나 신앙적으로나 말씀은 교회 전체가 세워지는 사회학적 원리다. 그리스도는 토대이고 이런 토대 위에 또한 이런 토대에 따라 교회가 세워진다(고전 3장; 엡 2:20). 따라서 교회는 "하나님의 거룩한 성전"(엡 2:21)으로 성장하고, "온전한 사람을 이루어 그리스도의 장성한 분량이 충만한 데까지"(엡 4:13) "하나님이 자라게 하시므로 자라고"(골 2:19), 이 모든 것에서 "그는 머리니 곧 그리스도" 안에서 성장해 간다. 건물 전체가 그리스도로 시작하고 그리스도로 끝나며, 그것의 통일된 중심은 말씀이다.[53]

> 설교는 공동체를 만들지만, 성만찬은 신앙을 통한 개인적 수용을 불러일으킴으로써 어떤 의미에서 그 공동체를 가시화한다.[54]

> 우리는 교회의 말씀을 통해 하나님의 말씀을 들으며, 이것이 교회의 권위를 구성하는 것이다.[55]

단지 이것 때문에 우리는 교회에 순종해야 하며, 사적 의견을 교회의 지도하에 복종하게 해야 하지만, 교회의 지도는 결코 말씀 자체에 반하지 말아야 한다.[56] 교회가 하나님의 말씀을 말하는 한, 교회의 권위는 환상적이거나 자의적인 권력을 행사하는 것이 아니다.

---

53 Ibid., 247.
54 Ibid.
55 Ibid., 250.
56 Ibid., 251.

2. 시각의 주도권: 우리가 조사하는 모든 것의 대가들

헤브라이즘과 헬레니즘 사고방식의 대조는 종종 과장된 경우가 많지만, 각각에서 청각과 시각의 우선순위는 서양 사상의 두 주요 지류에서 실제 차이가 있다는 강력한 증거를 제시한다. 첫 장에서 이미 은혜의 경륜과 플라톤주의 시각 이론에 사로잡힌 마음의 상승 사이의 대비를 살펴보았다.

한스 블루멘베르크(Hans Blumenberg)는 중요한 에세이에서 서양 철학에서 시각 은유의 계보를 파르메니데스(Parmenides)의 시 〈의견의 길〉(The Way of Opinion)에서 발견되었지만 플라톤에 의해 일반화된 신조어인 "세계에 대한 이원론적 개념"으로 거슬러 올라간다.[57]

이 개념의 변형과 변환에도 불구하고 시각/빛(vision/light)은 고대부터 중세를 거쳐 근대에 적절하게 이름 지어진 계몽주의에 이르기까지 지식과 경험의 주요 은유가 되었다.

블루멘베르크는 "데카르트가 자신의 사고의 전환점을 묘사하면서 '나는 난로가 켜진 작은 방에 하루 종일 혼자 있었다'라고 말한 폐쇄적인 중세적 방"의 의미를 상기시킨다.[58]

특히, 데카르트와 함께 근대는 조명을 위해 내면으로 향한다. 흥미롭게도 폴 틸리히(Paul Tillich)는 급진적 신비주의 종파와 근대의 합리주의자 모두를 관통하는 "내면의 빛"이라는 공통된 주제에 주목하지만, 그가 이런 연관성을 관찰하는 데 있어서 혼자는 아니다.[59]

---

57 Hans Blumenberg, "Light as a Metaphor for Truth: At the Preliminary Stage of Philosophical Concept Formation," in *Modernity and the Hegemony of Vision*, ed. David Michael Levin (Berkeley: University of California Press, 1993), 32.
58 Ibid.
59 Paul Tillich, *The History of Christian Thought*, ed. Carl E. Braaten (1967; repr., New York: Simon & Schuster, 1967), 317-18. 이런 관계를 지적하는 많은 역사가 가운데, Peter Gay, *The Enlightenment: An Interpretation* (New York: W. W. Norton, 1966), 62, 291, 326-29, 348, 350을 보라.

블루멘베르크가 지적하는 것처럼, 빛의 은유에 대한 현대적 전유(appropriation)는 여러 측면에서 고대 영지주의와 구분할 수 없으며, "마음의 내적 빛"을 물질에 분산되어 갇혀 있는 원초적인 신적 빛과 동일시한다. 더 이상 죄(어둠)에서 구원(빛)으로의 윤리적, 종말론적, 언약적, 역사적 전환에 대한 은유가 아닌, 영지(gnosis)는 빛이 그 자체로 복귀하는 것, 즉 내면의 영이 물질의 감금에서 해방되는 것을 옹호한다.[60]

이런 설명은 오리겐 정신의 교육학적 상승에 부합하는 것처럼 보인다. 그러나 상승의 비행은 내면의 비행이기도 하며, 이는 계몽주의에서 더욱 더 분명하게 드러난다.

내면화와 합리화는 필연적으로 말씀이 내적 자아에 포로가 되는 내재화, 즉 초월적이면서도 인격적으로 내재하는 하나님의 이질적 말씀을 순전히 인간의 말의 자율성에 동화시키는 내재화로 이어진다. 더 이상 하나님이 말씀하시는 것을 듣지 않는 시대가 "계몽"으로 도래했음을 알리는 것은 의미심장하다.

그러나 이 모든 용어는 서구 지성 전통에서 시각의 은유(개념, 관념, 관조, 이해, 인식, 보기 등)와 근본적으로 얽혀 있어서 청각적 유비를 일차적인 것으로 삼기 어려웠다. 예를 들어, 직관은 '응시하다'라는 뜻의 라틴어 '인투에리'(*intueri*)에서 유래한다.[61] 데리다가 상기시켜 주듯이, 언어 자체도 타자와의 소통과 교감보다는 주로 내면의 생각 표현으로 생각될 때 지적 비전(완전한 임재)에 동화될 수 있다.[62]

---

60   Hans Blumenberg, "Light as a Metaphor," 40.
61   Ibid., 54n. 1.
62   데리다는 말(phone, speech)의 우위성은 "'자신이 말하는 것을 듣는(이해하는)' 체계는 … 비외재적이고 비일상적인, 따라서 비경험적이거나 비우발적인 기표로 자신을 드러낸다"는 임재(presence)의 환상을 전제한다고 말한다(Jacques Derrida, *Of Grammatology*, ed. Gayatri Chakrovorty Spivak [Baltimore: Johns Hopkins University Press, 1976], 8; cf. 16). 파루시아로서의 이런 임재는 "죽음의 또 다른 이름, 하나님의 이름이 죽음을 억제하는 역사적 환유(metonymy)이다. 그렇기 때문에 이 운동이 플라톤주의

기독교 신학은 이 시점에서 헬레니즘적 해석과 성경 해석 사이의 불협화음을 인식할 수밖에 없었다. 이미 창세기에서 "첫째 날의 빛은 창조된 빛을 나타내며", 빛과 어둠 사이의 "원초적 이원론이 아니라" "신적 명령"에서 기원한다.

"하나님 자신은 이런 대립을 초월하시고 이것을 마음대로 하신다. 이를 위해서는 고대 후기(late antiquity, 서양사에서 적용되는 시대 구분으로 기원후 2세기부터 8세기까지의 시대-역주)가 빛의 은유에 부여한 초기의 이원론적 성격을 뒤집어야 한다."[63]

말씀은 빛보다 먼저 온다.

영지주의 이원론에 처음으로 직접 대면하고 그 과정에서 신플라톤주의의 빛에 대한 은유에 도전한 사람은 이레네우스(Irenaeus)였다.[64]

의 형태로 그 시대를 시작한다면, 그것은 무한한 형이상학으로 끝나는데, 무한한 존재만이 임재의 차이를 줄일 수 있다. 그런 의미에서 신의 이름은 적어도 고전적 합리주의 내에서 발음되는 그대로는 무관심 그 자체의 이름이다"(271, 강조는 추가) 세계는 사유 속에서 자신을 드러낸다. 즉, "동일성(the Same)과 일자(the One)에 대한 헬라적 지배, … 세계 어느 곳과도 비교할 수 없는 억압, 존재론적 또는 초월적 억압"(Jacques Derrida, *Writing and Difference* [Chicago: University of Chicago Press, 1978], 83) 같은 책에서 *Specters of Marx* (New York: Routledge, 1994) (특히 75쪽) 참조. 기독교 신플라톤주의 전통에서 소위 "임재의 형이상학"에 대한 마리온(Marion)과 데리다(Derrida)의 흥미로운 대화를 참조하려면 *God, the Gift, and Postmodernism*, ed. John D. Caputo and Michael J. Scanlon (Bloomington: Indiana University Press, 1999), 20–78의 첫 번째 두 장을 보라. 그러나 말(phone)에 대한 데리다의 설명(과 비판)은 히브리어(언약적) 개념보다는 헬라적 개념을 전제로 한다.

63 Blumenberg, "Light as a Metaphor," 40–41.
64 Ricoeur, *History and Truth*, trans. Charles A. Kelbley (Evanston, IL: Northwestern University Press, 1965), 111. "이 텍스트[이레네우스의 『이단에 대항하여』]가 나타내는 사상사적 혁명의 범위를, 현실이 점진적 후퇴, 즉 형태가 없는 일자(the One)에서 육체가 없는 정신으로, 세계 영혼으로, 그리고 그 자체가 절대적 어둠인 물질 속으로 빠져드는 영혼으로 내려갈수록 증가하는 불가피한 혼란이라는 신플라톤주의와 관련하여 생각해 보자"라고 말한다. 리쾨르는 "우리는 이 텍스트와 신플라톤주의적 사변 사이의 거리에 민감하게 반응하고 있는가"라고 묻는다.

어거스틴도 이 은유를 빛을 들여다보는 것에서 빛 안에서 보는 방향으로 변형시켰다. 즉, 빛이 말씀을 비춘다는 것이다.[65] 이는 회심에서 경험하는 은혜의 행위이다.[66] 어거스틴의 개념에서는 눈멀고 포괄적인 시야로 바라보는 대상이 아니라, 우리가 보는 빛이 지배한다.

블루멘베르크는 "빛의 언어가 이렇게 미묘하고 풍부한 미묘한 방식으로 다뤄진 적은 이전에도, 이후에도 없었다"고 평가할 정도이다.[67]

이런 변화에도 불구하고 빛과 시야의 은유는 계속해서 지배적인 인식론적 역할을 수행했다고 블루멘베르크는 지적한다.

> 헬라 사상에서 모든 확실성(certainty)은 가시성(visibility)을 기반으로 했다. 로고이(*logoi*, '말'의 복수형)가 다시 가리키는 것은 형태를 가진 시각, 즉 에이도스(*eidos*, 이데아)를 의미한다. 어원적으로도 '지식'과 '본질'(에이도스로서)은 '보는 것(seeing)'과 매우 밀접한 관련이 있다. 로고스(*Logos*)는 보였던 것의 집합체이다.
>
> 헤라클레이토스에게 눈은 '귀보다 더 정확한 증인'이다. 헬라인들에게 '듣는 것'은 진리에 대해 아무런 의미가 없으며 처음부터 구속력이 없다. 독사[*doxa*, 의견]를 나누는 것으로서 이것은 항상 시각적으로 확증해야 하는 주장을 나타낸다. 그러나 구약성경 문헌과 그 문헌에 기록된 진리에 대한 의식에서 보는 것은 항상 듣는 것에 의해 미리 결정되거나 의문이 제기되거나 능가된다. 피조물은 말씀에 근거하며, 구속력 있는 주장이라는 측면에서 말씀은 항상 피조물보다 앞선다. 실제적인 것은 그 의미의 지평, 즉 듣는 것에 의해 할당된 지평 안에서 자신을 드러낸다.[68]

---

65 Hans Blumenberg, "Light as a Metaphor," 43.
66 Ibid., 44.
67 Ibid., 42.
68 Ibid., 46.

이런 충돌은 필로가 청각을 시각으로 바꾸려는 시도에서 볼 수 있다.[69] 이와 대조적으로, 블루멘베르크는 루터의 『의지의 속박에 대해』(*De servo arbitrio*)가 "귀의 은유를 눈의 은유와 대조시킨다"라고 관찰한다.

> 눈은 방황하고, 선택하고, 사물에 접근하고, 그것을 쫓지만, 귀는 자신에 관한 한 영향을 받고 말의 건넴을 받는다. 눈은 찾을 수 있고 귀는 기다릴 수 있을 뿐이다. 보는 것은 사물을 '배치'하고, 듣는 것은 배치된다. 무조건적으로 요구하는 것은 '듣기'에서 만난다. 양심은 빛이 아니라 '목소리'를 가지고 있다.[70]

루터는 영원히 잠잠한 신적 마음속의 원초적 관념이 아니라 하나님의 입에서 나오는 토대적 발화에 다시 관심을 기울였다.

오스왈드 바이어는 루터의 견해를 다음과 같이 설명한다.

> 창조주께로의 회심처럼 새로운 창조는 우리에게 말씀하시는 하나님의 음성을 듣고 그분의 피조물을 통해 우리에게 말씀하시는 세상으로의 회심이다. 어거스틴이 "하나님의 음성이 우리를 하나님의 피조물에서 내면으로,

---

69 Ibid., 46-47. 스티븐 H. 웹(Stephen H. Webb)은 필로의 『모세의 생애』(*On the Life of Moses*)에 나오는 또 다른 예를 제시하는데, 이 예는 목소리에서 불타는 떨기나무로 집중을 옮기며 목소리를 보았다고 주장하기까지 한다. "왜 하나님의 음성이 보이는 것일까?"라고 웹이 묻고 다음과 같은 필로의 답변을 제시한다. "'하나님이 말씀하시는 모든 것은 말이 아니라 행동이며 귀라기보다는 오히려 눈으로 판단하시기 때문이다'"(Webb, The Divine Voice, 182). 분명히 말을 행동으로 간주해서는 안 되었다. 이것이 필로뿐만 아니라 오리겐과 어거스틴에서도 발견할 수 있는 의미해석학(hermeneutics of signification)의 위험성이다. 성경적 관점에 따르면 우리는 말을 함으로써 일을 성취하지만, 이 세계관에서는 말(words)은 의미하는 현실을 '대변' 또는 '재현'(시각적 은유)한다.

70 Blumenberg, 'Light as a Metaphor,' 48.

그리고 초월로 이끈다"고 말한 것은 잘못된 것이었다.[71]

듣는 것은 실제로 우리를 주관성에서 벗어나 외적이고 외향적이며 사회적 피조물로 만들어 준다.

서양의 지적 전통(이 점에서 동방의 사유와 분명한 관련성을 공유하는)은 영원한 진리를 향한 관상적 상승에서 현세적이고 변화하는 그림자(즉, 역사)의 영역을 초월하는 것을 목표로 하지만, 성경적 신앙은 역사 속에서 하나님이 우리에게 내려오신 것에 관심을 집중한다.

따라서 월터 옹(Walter Ong)도 그의 권위 있는 연구에서 지적하는 것처럼 구전적인 것/청각적인 것(oral/aural)은 역사적인 것과 불가분의 관계가 있다.[72]

어떤 사건은 (그 자체가 발화⟨speech⟩와 연결된) 연대를 추정할 수 있는 과거에 일어났기 때문에 반드시 이야기되어야 하며, 이야기를 전하는 사람들은 사건의 증인이고, 그들이 이야기를 전하고 다시 말하는 것 자체가 사건이다. 다른 종교와 달리 성경적 신앙은 영원한 진리나 자연의 순환에 대한 관조가 아니라 사건의 선포를 지향했다.[73] 역사적 사건은 개인적 소환에 해당한다.

---

71 Bayer, *Living by Faith*, 28.
72 2. Walter J. Ong, SJ, *The Presence of the Word: Some Prolegomena for Cultural and Religious History* (Minneapolis: University of Minnesota Press, 1981), 4. "보만(Thorlief Boman)은 히브리어와 헬라어의 대조에 대한 방대한 증거를 수집했으며, 제임스 바(James Barr)가 보만의 해석과 절차에 대해 이의를 제기했지만 대조 자체는 충분히 분명하다. Thorlief Boman, *Hebrew Thought Compared with Greek*, trans. Jules L. Moreau (Philadelphia: Westminster Press, 1961); and James Barr, *The Semantics of Biblical Language* (London: Oxford University Press, 1961).
73 Ong, *The Presence of the Word*, 10.

하나님은 아브라함에게 "아브라함아"라고 부르시고, 아브라함은 "내가 여기 있나이다"(창 22:1)라고 대답한다.

야곱에게도 비슷한 일이 일어난다(창 31:11).

에리히 아우어바흐 (Erich Auerbach)는 『미메시스』(Mimesis)의 첫 장에서 이런 직접적이고 설명할 수 없는 대면, 즉 하나님이 특정한 한 개인에게 언어적 공격을 가하는 것은 그리스나 다른 비성경적 전통에서 만날 수 있는 것이 아니라고 분명히 밝혔다. 하나님의 말씀은 양날의 검처럼 인간에게 영향을 준다. 선지자들에게서 하나님 말씀의 의식이 특히 강렬하게 다가온다. 이 말씀은 활발하지 못한 기록이 아니라 소리처럼 살아 있는 무언가, 진행 중인 무언가이다.[74]

구전/청각 문화에서 과거는 기록에서뿐만 아니라 사람들의 살아 있는 발화(speech)와 제도 속에도 존재한다. 호머의 서사시는 노래와 연극의 배경에서 발생했으며, 항상 그러한 사회적 사건에서 이야기되었다.

옹(Ong)은 시편과 예수님의 팔복의 예를 제공하면서 다음과 같이 제안한다.

> 사건으로서 말(words)은 문자 문화에서 축하의 의미가 더 크고 도구로서의 역할은 더 적다.[75]

이런 문화권에서 진리는 발화(speech)와 마찬가지로 하나의 사건 즉 삶의 상황 속에서 일어나는 하나의 사건이다. 플라톤의 시대를 초월한 이데아와 달리 "진리는 결코 멀리 있는 것이 아니다."[76] 구전 문화에서 나는 우

---

[74] Ibid., 12.
[75] Ibid., 30.
[76] Ibid., 33.

주에 존재하는 사물의 무관심한 주인이 아니라 사건의 한가운데에 있는 참여자이다. 호메로스의 이야기는 낭송되었고 공동체적 사건이었지만 플라톤의 "지복직관"(至福直觀)은 고독한 지적 추구였다.[77]

글을 읽고 쓸 수 있는 능력이 매우 높은 우리 문화에서 시각적 은유가 진리에 이르기 위한 어휘를 지배하는 것은 놀라운 일이 아니다. 하나의 관념(an idea)은 멈추어지고 관찰되고 해부될 수 있지만, 발화는 그럴 수 없다.[78]

발화는 "움직임을 의미하므로 변화를 의미한다."[79] 이것이 바로 역사와 증인, 소환과 응답이 중심이 되는 언약의 맥락에서 듣고 말하는 것이 매우 적절한 이유이다. 내적 또는 외적 눈으로 파악하는 관념, 개념 및 기타 정적 이미지와 달리 구술(orality)은 상호 작용하는 의사소통이다.

옹(Ong)이 상기시켜 주는 것처럼, 성육신하신 하나님의 말씀은 "인간에 대한 하나님의 소통인 동시에 하나님에 대한 인간의 응답이기도 하다."[80]

옹은 성경적 접근 방식과 헬레니즘적 접근 방식을 구분할 뿐만 아니라 호메로스 시대와 플라톤 시대 사이의 헬라 문화의 중요한 차이점도 강조한다. 성경과 호머의 구전 문화가 구어(spoken word)를 "날개 달린 말"(winged words)로 여겼던 곳에서, 플라톤은 발화를 영원한 이데아에 대한 지적 관조에 종속되게 했다.

더 나아가 근대성은 심지어 이런 구전 문화의 문자화된 퇴적물을 정신에 의해 공간에서 해부되고, 지도화되고, 통제될 수 있는 활동력이 없는 물질에 점차 동화시켰다.[81] "시각은 표면을 제시하지만" 듣는 것은 조사를 위해 내부를 훼손하지 않고 우리에게 내부를 제시한다. 발화는 시선으로

---

77   Ibid., 34-35.
78   Ibid., 40-41.
79   Ibid., 42.
80   Ibid., 13.
81   Ibid., 93.

대상을 포착할 수 없게 하면서도 목적과 깊이를 드러낸다.[82]

오히려 계몽주의는 이런 감각을 시각으로 환원하는 것을 더욱 강화했다. 듣는 것과 증언은 우리에게 의견을 제시하고, 직접 무언가를 보는 것(지적으로는 합리주의자나 관념주의자, 육체적으로는 경험주의자)은 지식을 산출한다.

옹은 로크의 "인간 오성론"(An Essay concerning Human Understanding, 1690)에서 전체 감각(sensorium)이 시각으로 환원된다는 점을 관찰한다.[83] 생각하고 보는 것은 사적 활동일 수 있지만, 의사소통은 사회적 활동이다.

"소리로서 목소리에 내재한 사회화 효과가 최소화되면서 필연적으로 '개인주의'가 등장했다." 이것이 바로 뉴턴에서 정점에 달한 "우주의 무성음화"(devocalization)이다.[84] 18세기 이신론자들은 흔히 신을 소통자라기보다는 건축가라고 불렀고, 인간은 "우주의 참여자라기보다는 관중이자 조작자"가 되었다.[85]

칸트가 지적했듯이 "현상"(phainomenon)은 '보여 주다'라는 뜻의 '파이네인'(phainein)에서 유래한 '외관'(appearance)을 의미한다.[86] 근대에 세계를 "마음속에 그려보려는" 이런 시도는 지도와 지구본의 장치로 장려된다.[87]

우리는 우리 자신을 우리를 지탱하는 세계에 살거나 거주하는 존재라기보다는 우리가 조사하는 모든 것의 주인으로 여긴다. 모든 현실이 공간적 사고방식으로 환원될 때 "현상계"(phenomena)의 표면 너머에 있는 "가상계"(noumena)의 문제가 발생하는 것은 당연한 일이다. 시간적 사건, 변화, 생성과 소멸이 플라톤주의에서보다 훨씬 더 악랄하게 단순한 외관의 영역

---

82   Ibid., 117-118.
83   Ibid., 66-68.
84   Ibid., 72.
85   Ibid., 73.
86   Ibid., 74.
87   Ibid., 9.

으로 강등되기 때문에 우리가 이런 거래에서 존재의 깊이를 잃어버리는 것도 당연하다.

옹은 다음과 같이 말한다.

> 우리를 현재 우리가 있는 곳으로 데려오기 위해 말은 자연 서식지인 소리에서 새로운 서식지인 공간으로 이식되었음에 틀림없다.[88]

특히, 가동 활자(movable type)의 등장으로 심지어 문자로 된 텍스트도 이런 변화에 기여할 수 있다. 개별적으로 쓰이고 읽히는 페이지의 단어들은 반드시 구술의 사회적이고, 살아 있고, 현재 시제적, 사건적 특성을 잃게 된다.[89]

옹이 때때로 구어와 문어를 지나치게 대조하는 것일 수도 있지만, 말씀의 성육신은 구술과 문자 문화의 역사적 교차점에서 일어났다는 점을 지적한다.[90] 이것은 이 장과 다음 장에서 나의 주장을 위한 중요한 관찰이다. 즉, 교회에 주셨고 주시는 그리스도의 선포는 또한 교회를 정의하고 규율하는 정경이다.

---

[88] Ibid., 92.
[89] Ibid., 96-97.
[90] Ibid., 23. 이 책의 거의 최종 초고를 쓴 이후부터 나는 웹(Webb)의 *The Divine Voice*를 읽었다(위의 각주 96 참조). 그의 엄청난 통찰력 중에는 옹의 공헌에 대한 미묘한 분석이 포함되어 있다. 대체로 높이 평가하지만, 그는 옹의 논의에서 일부 환원주의, 즉 글보다 구술에 대한 향수가 '원초적인'(primitive) 것은 구술-청각(oral-aural)과 같고 '현대'는 시각과 같다는 다소 쉬운 일반화를 부추긴다는 점을 지적한다(39-40). 또한, 웹은 옹이 문자(written speech)보다 구술을 더 선호하는 것은 "오직 성경"(*sola scriptura*)과는 대조적으로 "기록되지 않은 전통의 상대적 자율성"에 대한 그의 헌신에 기인하는 바가 크다고 지적한다(37). 이런 비판에도 불구하고 나는 옹이 구술에 우선순위를 부여하는 것은 관료 후원적 개혁자(the Magisterial Reformers)들이 공유한 견해라고 생각한다. 위에서 언급했듯이, 최근 웨스트민스터 신앙고백서처럼 하나님이 은혜의 수단으로 사용하시는 것은 성경을 "읽는 것, 특히 설교하는 것"이다.

텍스트성(textuality)이 과거의 기록과 그 원초적 담론을 더 잘 보존하지만, 소리는 실존적 관계 속에서 현재를 살아가는 우리를 서로 묶어 준다.

원래 공적인 사회적 사건이었던 텍스트를 개인적으로 읽을 수도 있지만, 그 역학관계는 다르다. 공적인 사회적 사건에서 우리는 단순히 단어가 아닌 개인적 존재를 식별한다. "담화는 '여기'에 있고, 우리를 감싸고 있다."[91] 더 나아가, 담화는 "지금 여기에서 개인적 임재를 확립한다."

"아브라함은 하나님의 '음성'을 들었을 때 하나님의 임재를 알았다."[92] 아담과 하와가 야웨의 음성을 피해 도망친 것도 마찬가지일 수 있다. 음성 없는 임재는 있을 수 있지만, 임재 없는 음성은 없다. 목소리는 "다른 어떤 것도 하지 못하는 임재를 전달할 뿐이다."[93] 누군가의 말을 들을 때 우리는 예 또는 아니오라고 말할 수 있지만, 읽을 때처럼 무관심하거나 냉담할 수는 없다.

옹은 매스커뮤니케이션 시대에 "신이 죽은 것이 아니라 우리가 청각 장애인이 된 것은 아닐까"라고 생각한다.[94] 옹의 분석이 소리와 기계 매체의 차이를 포착한 것이라면, 그의 결론은 인터넷 시대에 인간 상호 간의 담화(interpersonal speech)가 텍스트-그래픽 시각에 동화되고, 구체화한 (대면) 만남 없는 존재와 사회적 친교에 대한 거짓 약속이 더욱 분명하게 드러나는 최근의 상황에서 더욱 분명해졌다는 것이다.

말 자체가 시각에 동화된다. 즉, 화면과 우리가 매일 접하는 무수한 광고 문구의 페이지에 등장하는 문자에 동화된다. 우리의 시간 감각은 공간(spatial register)에 동화된다.

91　Ong, *The Presence of The Word*, 101.
92　Ibid., 113.
93　Ibid., 114.
94　Ibid., 16.

구전 문화권에서는 말, 특히 구어(spoken words)가 더 강력한 것으로 여겨졌다. 심지어 전령은 왕을 대변하는 공식 행위에서 군주의 대리인이었다.[95] 구술성(orality)은 또한 광범위한 사회 참여를 유도하고 읽고 쓸 줄 아는 문자 문화와는 다른 노선을 따라 공동체를 형성한다. 페이지에 적힌 단어를 읽는 것만으로도 자기 자신에게 몰입할 수 있으므로 조용히 혼자서 책을 읽는다는 것은 최근까지 거의 알려지지 않았다.[96]

게다가 글을 쓰는 것에는 규칙이 있고 "구술에서 일어나는 모든 것을 용납하지 않기 때문에" 글쓰기는 모든 사람이 이용할 수 있어 계급이나 교육에 따라 서열화되지 않는 사회성을 확립한다.[97] "소리는 다른 어떤 것도 하지 못하는 것처럼 생명체 집단을 하나로 묶어 준다."[98] 이것은 다른 감각을 소외시키려는 것이 아니라, 우리의 소리 감각은 상호 소통을 유도하는 동시에 "일정한 거리"를 필요로 한다. 진정한 공동체는 공통 언어를 통해 생겨난다.[99]

옹은 소리가 우리 몸에 공간을 형성하고 매개하는 방식을 언급한다. 담화에 대한 그의 설명이 언약적 교회론(covenantal ecclesiology)에 특히 얼마나 적합한지 주목해 보라. 즉, "순수한 내부(사람)는 대부분 음성으로 서로 소통하기 때문에, 말의 침묵은 어떤 식으로든 자기 자신으로 물러나는 것을 예고한다.[100]

우리는 적어도 포스트 현대적 느낌만큼이나 근대성을 위한 브리콜라주(도구를 닥치는 대로 써서 만든 것)로서의 인터넷은 말할 것도 없고 위에서 언급한 데카르트의 자서전적 기록을 다시 한번 떠올리지 않을 수 없다. 결

---

[95] Ibid., 112.
[96] Ibid., 126.
[97] Ibid., 116.
[98] Ibid., 122.
[99] Ibid., 123-24.
[100] Ibid., 125-26.

국, 끊임없이 쏟아져 나오는 말 자체, 즉 우리가 그 힘에 면역이 될 수 있는 말 자체가 거의 전적으로 상징에 동화되고 심지어 구술 담론조차도 소리만 내는 것으로 축소될 수 있다.

결과적으로, 기술 전도사(techno-evangelists)들의 광고에도 불구하고 모든 사람은 신체적 존재감이나 말을 희생하면서까지 '연결'되고 있다. 그것은 실제로 존재하는 현실을 위협하는 '실제 존재'(real presence)이다. 즉, 복수심을 품은 영지주의다.

소리는 일어나는 일의 한가운데에 우리를 위치시키는 반면, 시각은 우리를 순차적 순서로 사물 앞에 놓이게 한다. 우리는 주어진 순간에 주어진 풍경의 한 부분에만 시선을 '고정'할 수 있다. 그러나 소리로 우리는 주변의 모든 것을 동시에 들을 수 있으므로 우리는 사물 앞이 아닌 사물 한가운데에 위치한다. 따라서 소리는 더 찰나적이지만 더 포괄적이기도 하다.[101]

> 듣는 것은 시각처럼 그 자체로 해부하지 않는다. … 우리는 "나는 그분의 임재 안에 있다"라고 말하지 "그분의 임재 앞에 있다"라고 말하지 않는다. 그분 안에 있다는 것(being in)은 소리의 세계에서 우리가 경험하는 것이다.[102]

우리의 말씀신학이 일반적인 소리 이론에 종속될 수는 없지만, 구속사뿐만 아니라 하나님의 창조와 섭리에서 그리스도의 선포가 왜 은혜의 주요 수단이 되었는지 상기할 가치가 있다. 옹은 "소리는 그 자체로 신비감을 불러일으킨다"고 상기시키며 개인의 활동을 강조한다. 화자는 공간에 수학적으로 배열된 단순한 사물이 될 수 없다.[103]

---

101 Ibid., 129.
102 Ibid., 130.
103 Ibid., 163.

청각적 공간은 사람이 거주하는 공간, 즉 장소가 되어 우리를 주변이 아닌 사물의 한가운데에 위치시켜 관찰하게 한다.[104] 의사소통은 쌍방향 대화지만, 시각은 "그 자체로 한쪽으로만 작동한다."[105] 촉각은 "확실히 현재를 매개할 수 있지만, 경건함을 잃을 위험이 있다"라고 옹은 말하며 부활 후 "나를 붙들지 말라 내가 아직 아버지께로 올라가지 아니하였노라"(요 20:17 KJV 참조)라고 하신 예수님의 경고를 언급한다.

오직 청각만이 우리에게 직접 암시하기 때문에 사람들이 사는 공간이자 동시에 성스러운 특성을 부여받은 공간을 제공한다.[106]

소리의 인상이 지배하는 세계에서 개인은 어떤 예측 불가능성에 둘러싸여 있다. 앞서 살펴본 바와 같이 소리는 그 자체로 어떤 행동이 진행되고 있다는 신호를 보낸다. 무언가 일어나고 있으므로 주의를 기울여야 한다.[107]

옹의 관찰에 비추어 볼 때, 우리는 예수님이 성령의 신비하고 예측할 수 없는 역사를 "바람이 임의로 불매 네가 그 소리는 들어도 어디서 와서 어디로 가는지 알지 못하는" 바람과 비교하신 것을 더 잘 이해할 수 있게 된다(요 3:8, NKJV).

---

[104] Ibid., 164.
[105] Ibid., 167.
[106] Ibid.
[107] Ibid., 131.

3. "들으라 이스라엘아 …": 언약의 말씀

듣고 응답하는 언약적 예배(covenantal liturgy of hearing-and-answering)는 창조에서 이미 분명하게 드러나며, 창조 자체가 창조에 추가되는 관계가 아니라 언약적으로 구성되어 있음을 상기시켜 준다. 하나님은 "있으라"라고 말씀하심으로 장소를 마련하시고, 무생물의 '응답'조차도 이 반음계적 언약의 예배에 은유적으로 동화될 수 있다(시 19:1-4).

그러나 왕의 형상을 지닌 자(royal image-bearer)로서 구체적 의도를 가지고 구체적 사명을 수행하면서 "내가 여기 있나이다"라고 응답하는 것은 오직 인간뿐이다.[108]

이런 식으로 인간은 하나님의 선하심과 영광을 증언할 뿐만 아니라, 자신의 말을 통해 자율적이거나 중립적인 공간으로 도피하는 대신 하나님이 우주에서 그들에게 부여하신 창조된 장소를 받아들인다. 누구든 어떤 공간에 있든 그곳은 항상 하나님이 말씀하신 장소이다. 인간이 역사가 되는 시간과 장소가 되는 공간에 위치하게 되는 것은 언약적 담론과 그 구체화를 통해서이다.

1) 우상과 연설자

의미심장하게도 타락 후 아담과 하와의 소환은 소환과 응답의 언약적 예배가 중단되었음을 보여 준다. 이것은 우선 명령을 듣고 순종하기보다는 오히려 시선의 대상을 포착하는 선택에서 발생하고, 그런 후에 더 이상 "내가 여기 있나이다"가 아니라 침묵과 하와와 뱀, 아담과 하와 사이의 낱

---

[108] 나는 *Lord and Servant: A Covenant Christology* (Louisville, KY: Westminster John Knox Press, 2005), esp. chap. 4에서 이 요점을 전개했다.

말 놀이, 그리고 마지막으로 하나님에 대한 아담의 응답으로 맞닥뜨리는 "아담아, 네가 어디 있느냐"라는 소환에서 발생한다. 진실한 담론의 연약한 끈이 끊어지고 언약 자체도 끊어진다.

내가 성경 자체를 믿는 것처럼 이 세 권에서 진행되는 부차적 줄거리 중 하나는 우상 숭배와 신앙 사이의 대조이다. 우상 숭배는 신들이 자신을 완전히 존재하고, 눈에 보이도록, 즉 소유할 수 있고, 필요하다면 개인이나 집단이 느끼는 욕구가 어느 순간에 결정되는 무엇이든지 생산하도록 조작될 수 있음을 의미한다.

미국 기독교의 많은 부분을 끌어들인 것으로 보이는 소비 사회의 허무주의적 에로스(*eros*, 성애)는 결코 충족될 수 없는 욕망을 만들어 낸다. 광고와 상점 진열장에는 그 아이콘이 상징하는 삶, 즉 완전히 실현된 종말론을 가지려는 우리의 야망을 충족시켜 줄 것을 약속하는 아이콘이 끊임없이 쏟아져 나온다. 신용카드를 판매원에게 건네는 것은 기호(sign)와 기의(signified) 사이의 이런 거래에 대한 성례전이 될 수 있다.

그러나 끝없이 소비되는 이 익명의 공간은 진정한 **샬롬**(true Shalom)이라는 약속의 장소를 패러디한 것이다. 이미지를 소비하고, 내재성의 표면에 살면서 우리는 우리를 진정으로 하나님과 이웃과 하나로 묶어 줄 외부의 말씀 때문에 우리 자신으로부터 부름받기를 거부한다. 우리는 조용히 혼자서 채널과 웹사이트를 서핑하며 정체성을 찾기 위해 쇼핑을 한다.

의미심장하게도 예언자들은 우상에 대한 항의를 우상은 말을 하지 않으며 또한 그것들은 완전히 생기가 없다는 사실에 중점을 둔다.

새긴 우상은 그 새겨 만든 자에게 무엇이 유익하겠느냐
부어 만든 우상은 거짓 스승이라 만든 자가 이 **말하지 못하는** 우상을 의지하니 무엇이 유익하겠느냐
나무에 깨라 하며 말하지 못하는 돌에게 일어나라 하는 자에게 화 있을진저

> 그것이 **교훈을 베풀겠느냐**
> 보라 이는 금과 은으로 입힌 것인즉 그 속에는 **생기가 도무지 없느니라**
> 오직 여호와는 그 성전에 계시니 온 땅은 그 앞에서 **잠잠할지니라** 하시니라
> (합 2:18-20, 강조 추가)

하이델베르크 요리문답(Heidelberg Catechism)이 "배우지 못한 자를 위한 보조 교재"로서 가시적 하나님의 형상을 거부할 때 강조하는 것은 바로 이런 대조이다.

> 우리는 하나님보다 더 현명해지려고 해서는 안 된다. 그분은 자신의 백성이 말조차 할 수 없는 우상이 아니라 살아 있는 말씀의 설교를 통해 가르침 받기를 원하신다.[109]

우상 숭배적 종교에서는 숭배자들이 모든 말을 하는데, 그들은 종교적 시를 만드는 창조자이며, 결국은 자신과 내재하는 창조물에 대한 (잘못 해석된) 인식에 대한 자신의 내적 경험을 상징으로 표현한다.

사람은 실제로 낯선 자를 만나는 것이 아니라 거울 속 자기 자신과 마주할 뿐이다(따라서 포이어바흐, 니체, 프로이트에서 발견할 수 있는 종교에 대한 설명 안에 있는 진실). 이와 대조적으로 야웨는 말씀하시고 백성들은 침묵하고 언약의 주님께 귀를 기울이라는 명령을 받는다. 말을 할 수 없는 우상들과 달리 하나님은 입의 말씀으로 만물을 창조하셨다(렘 10:1-5).

---

109 The Heidelberg Catechism, Q. 98, in *Ecumenical Creeds and Reformed Confessions*.

> 그가 목소리를 내신즉 하늘에 많은 물이 생기나니 그는 땅끝에서 구름이 오르게 하시며…(렘 10:13).

십계명에서는 형상을 예배하는 것뿐만 아니라 형상을 만드는 것조차 엄격하게 금지하고 있다.[110]

인간의 시선과 조작을 위해 존재하게 된 '신'은 결코 참된 하나님, 야웨가 아니다. 따라서 첫 번째 계명과 두 번째 계명 사이의 밀접한 연관성, 즉 올바른 하나님(즉, 야웨)을 경배하는 것은 올바른 방식으로 하나님을 경배하는 것(즉, 그의 말씀에 귀를 기울이는 것)에 달려 있다. 형상을 만들 때 예배자는 심판자이다. 반면에 하나님의 음성을 듣는 자로서 예배자는 심판을 받고, 이런 심판에서 선한 목자에 의해 구원을 받는다.

> 양은 그의 음성을 듣나니 그가 자기 양의 이름을 각각 불러 인도하여 내느니라 (요 10:3-4).

다른 곳에서 나는 폴 리쾨르의 성스러움의 해석학과 선포의 해석학 사이의 대조에 호소했는데, 이것은 정확히 옳다.[111] 이런 대조는 또한 "소외 극복하기"(정신의 상승을 통해 존재론적 통일성과 조화로운 전체 속에서 만물의 성스러움에 대한 새로운 인식으로서의 계시)와 "낯선 존재 만나기" 사이의 더 넓

---

110 John Bright, *A History of Israel*, 3rd ed. (1972; repr., Philadelphia: Westminster Press, 1981), 160-61; cf. Walter Brueggeman, *Theology of the Old Testament: Faith, Dispute, Advocacy* (Minneapolis: Fortress Press, 1997), 429-50을 보라. 제 2 계명의 현대적 적용에 관해 참조하려면 특히 Hughes Oliphant Old, *Worship That Is Reformed according to Scripture* (Atlanta: John Knox Press, 1984), 3을 보라.

111 Paul Ricoeur, *Figuring the Sacred*, trans. David Pellauer; ed. Mark I. Wallace (Minneapolis: Fortress Press, 1995), 49-50. 나는 이 대조에 대해 *Covenant and Eschatology: The Divine Drama* (Louisville, KY:Westminster John Knox Press, 2002), 143, 154-55, 168-169; and *Lord and Servant*, 109-10에서 더 길게 다뤘다.

은 대비를 강조하는데, 특히 (위의) 제1장에서 설명한 교회론의 결과와 관련해서도 그러하다.

리쾨르는 게르하르트 폰 라드의 말을 빌려 "이스라엘의 신학 전체가 어떤 근본적 담론을 중심으로 조직되어 있다"고 지적한다. 심지어 찬송, 지혜서, 다른 장르들조차도 건국 사건으로 구성된 '전통'(즉, 내러티브)과 이스라엘의 자만에 대한 비판인 '예언'이라는 양극에 접목되어 있다. 토라(Torah)는 우상을 부숴 버린다.

> (하나님의) 이름신학(a theology of the Name)은 우상의 현신(hierophany, 영적인 것이 육체적 존재로 나타남)에 반대한다. 말씀을 듣는 것이 표적의 환상을 대신한다.[112]

선지자들이 일상적으로 지적하듯이 우상은 내면의 느껴진 욕구를 표현한 것이다. 우상은 외부에서 우리에게 다가와 우리에게 말을 거는 것이 아니라, 우리 자신의 경험, 갈망, 표상, 망상 속에서 존재하게 된다.

성경적 전통에는 여전히 신성한 공간과 시간이 존재하지만, 미학적, 신비적이기보다는 윤리적, 종말론적, 신학적 측면이 강조된다. 또한, 자연의 신성함은 "말씀의 요소, 윤리적, 역사적 요소 앞에서 물러나기 때문에 의식(ritual)은 더 이상 신성한 우주에서와 같이 신화와 의식 사이의 상관 관계에 근거하지 않는다." 특히, 역사신학(a theology of history)은 우주적 신학(a cosmic theology)을 수용할 수 없었다. 예언자들의 풍자에서 볼 수 있듯이 "전쟁은 아무런 동정심도 없이 무자비해야만 했다."[113]

112　Ricoeur, *Figuring the Sacred*, 56.
113　Ibid.

제1장에서 살펴본 "토투스 크리스투스"(*totus Christus*, 전체 그리스도)의 플라톤, 신플라톤, 헤겔식 버전에 나타난 정신의 상승은 선포의 해석학(낯선 존재 만나기)과 대조해서 성스러운 것의 해석학(소외 극복하기)을 기념한다. 존 밀뱅크는 기독교적 신플라톤주의의 회귀는 재신성화된 우주를 선포한다.[114]

성경적 세계관과 기독교 이전 서구의 세계관 사이에 긴장이 있을 때마다 밀뱅크는 후자를 지지한다. 밀뱅크는 심지어 "소위 이런 헤브라이즘과 비이교도주의(nonpaganism)는 결국 매우 심각한 종류의 우상 숭배가 아닌가"라는 의문을 제기하기까지 한다. 그는 중세 초기 세계가 그랬던 것처럼, 우리 신학에도 다른 차원의 실체가 있는 이교도 신들을 위한 공간이 다시 있어야 한다고 그는 주장한다.

> 우리는 서양의 신화적, 형이상학적, 신학적 비전의 완전한 풍부함을 회복해야 한다. 왜냐하면, 이것만이 지금 우리를 구원할 것이기 때문이다.[115]

그러나 리쾨르는 (바르트를 비롯한 일부 신학자와는 달리) 성스러운 것과 말씀(the word)과 단순한 대비에서 멈추지 않는다. 오히려 그는 말씀이 성스러운 것보다 우선한다고 해서 성스러운 것이 폐지되는 것이 아니라, 오히려 성스러운 것이 말씀의 빛 안에서 재해석된다고 말한다. 사실이다. 말씀은 성스러운 것에서 벗어나지만 단지 성스러운 것의 기능을 인계받기 위해서이다.

---

[114] John Milbank, "Alternative Protestantism," in *Radical Orthodoxy and the Reformed Tradition: Creation, Covenant, and Participation*, ed. James K. A. Smith (Grand Rapids: Baker Academic, 2005), 40.

[115] Ibid., 41.

선포가 없다면 어떤 해석(hermeneutic)도 존재하지 않을 것이다. 그러나 말씀이 힘이 없다면, 즉 말씀이 선포하는 새로운 존재를 제시하는 힘이 없다면 선포는 없을 것이다. 우리가 말하는 것이 아니라 우리에게 하시는 말씀, 우리가 표현하는 것이 아니라 우리를 구성하는 말씀, 즉 말하는 말씀, 그런 말씀은 성스러운 것을 폐지하는 것만큼이나 성스러운 것을 재확증하지 않는가.[116]

이런 관점에서 보면 심지어 성례 자체도 성례가 승인하는 말씀에서 그 효력을 얻는다. 말씀의 이름으로 우상 숭배적인 "성스러운 것"을 폐지할 때 말씀은 새로운 피조물에 스며드는 진정한 성스러움 또는 거룩함을 다시 도입한다.

이런 해석학적 전환이 일어나기 훨씬 전부터 언약신학은 현실에 대한 언어적 해석을 강조해 왔다. 말로 창조되고 지탱되며 구속되고, 언젠가 말로 영화롭게 되는 우리는 다른 피조물과 마찬가지로 자율적 존재가 아니라 소환된 존재이다. 우리는 존재하도록 말씀하셨기 때문에 존재하며, 성령께서 아버지가 아들 안에서 하시는 말씀이 공허하게 돌아오지 않도록 보장하시기 때문에 우리는 시간 속에서 지속한다.

근대성은 분명히 바벨의 역사에 서 있다. 듣는 것보다 우선하는 시각의 은유가 언약적 순종보다는 자율성을 강화한다는 논지는 쇼펜하우어(Schopenhauer)가 명백히 주장한 것이다. 심지어 쇼펜하우어는 읽기(듣는 것은 말할 것도 없이)가 우선권을 갖는 데 반대했다. 왜냐하면, 읽기는 순수한 이성적 성찰보다 수동적이기 때문이다.[117]

---

[116] Ibid., 66.
[117] John Webster, *Holy Scripture* (Cambridge: Cambridge University Press, 2006), 72, citing Arthur Schopenhauer, *Essays and Aphorisms* (New York: Penguin, 1970), 89.

이 철학자는 텍스트에 복종하는 것이 주권적 자아의 즉각성과 자율성을 방해하며, (그가 생각하기에) 주권적 자아의 "판단"은 "군주의 결정처럼 그 자신의 절대 권력에서 직접 발생해야 한다"고 올바르게 인식했다.[118]

또한, 포스트모던 해체(postmodern deconstruction)는 실제로 근대성의 주권적 주체의 논리를 초월하지도 않는다. 저자의 죽음은 진정으로 낯선 존재를 대하는 방식이 아니다. 오순절은 그 메시지와 방법 모두에서 이런 착각에서 벗어나 타자(하나님과 인간)가 위협이 아닌 선물이 되도록 우리를 구원한다.

이런 사역을 통해 우리는 신적인 낯선 존재뿐만 아니라 우리가 서로에게 인간적인 낯선 존재인 우리 자신과도 화해하게 된다. 이런 사역은 신적 타자나 인간적 타자의 낯섦(타자성)을 절대 제거하지 않지만, 그들 사이의 적대감의 벽을 허물어뜨린다. 복음으로 그리스도 안에서 하나가 된 사람들조차 인격의 융합이 아니라 형제자매가 된다.

존 레벤슨(Jon Levenson)은 언약적 시고와 듣는 것 사이의 이런 밀접한 연관성을 더욱 분명하게 강조한다. 그는 유대 랍비 전통은 "성경의 명백한 의미를 설명하는 데 전념했다"고 말한다.[119] 이 언약 담론을 통해 "하나님은 한 손으로는 손짓하고 다른 한 손으로는 격퇴하신다."[120] "나눌 수 없는 매력과 위협의 특성 안에서, 이 언약 담론은 대단이 이국적이고 익숙한 것의 경계 밖에 놓여 있다."[121]

우리는 분명히 우리를 부르는 낯선 존재를 만나는 영역에 있으며, 말하는 것은 이야기하고 다시 말하는 바로 그 행위에서 주어지고 만들어지는 내러티브, 자아, 공동체의 형태를 취한다.

---

[118] John Webster, *Holy Scripture*, 73에서 인용함.
[119] John D. Levenson, *Sinai and Zion: An Entry into the Jewish Bible* (San Francisco: Harper-SanFrancisco, 1985), 7.
[120] Ibid.
[121] Ibid., 16.

랍비 유월절 전례(하가다)에 따르면, "각 사람은 마치 애굽에서 나온 것처럼 자신을 바라볼 의무가 있다"고 한다. 세계 종교 중 이스라엘 종교의 본질에 대한 우리의 이해에 중요한 것은 이스라엘에 있어서 의미는 내적 성찰이 아니라 하나님에 대한 공개 증언에 대한 고려에서 파생된다는 것이다.

현세대는 역사를 그들의 이야기로 만들지만, 그것은 최초의 역사이다. 그들은 내면을 들여다보고, 개인 영혼의 깊이를 파헤치고, 자아의 가장 깊은 곳에서 신비로운 빛을 추구함으로써 자신이 누구인지 결정하지 않는다. 오히려 방향은 정반대이다. 공적인 것이 사적인 것이 된다. 역사는 현대화될 뿐만 아니라 내면화된다. 한 민족의 역사는 곧 한 개인의 역사가 된다.

사람은 자신이 누구인지 알기 위해 자아를 바라보게 된다. 사람은 자신의 정체성을 발견하지 못하며, 스스로 만들어 내지도 않는다. 그는 공적 지식의 문제인 정체성을 적절히 활용한다. 이스라엘은 주어진 것을 긍정한다. 언약 의식에서 확인되는 주어진 것은 원칙이 아니며, 사상이나 격언이나 이상이 아니다. 대신에 그것은 하나님의 행위로 제시된 것의 결과이다. 이스라엘은 이야기를 통해 자신의 정체성을 유추하고 확인하기 시작했다.[122]

언약은 들려주어야 하는 **이야기**, 즉 언약 공동체가 통제할 수 없고, 창조하지 않았지만, 현재 자신의 정체성으로 받아들이고 수용해야 하는 일련의 사건들이다. "확실히 이야기에는 명제로서 진술할 수 있는 함의가 있다. 예를 들어, 역사적 서언의 의도된 함의는 야웨(YHWH)는 신실하시며, 봉신이 종주를 의지해야 하듯이 이스라엘은 하나님을 의지할 수 있다는 것이다. 그러나 이스라엘은 야웨가 신실하시다는 진술로 시작하지 않고"

---

[122] Ibid., 39.

시간과 장소의 특수성에 따라 달라지는 이야기에서 그것을 유추한다.[123]

일반화를 의심하지만, 레벤슨은 보이는 우상과 들리는 야웨의 음성 사이의 대비를 확증한다.

> 때때로 헬라인들은 눈으로 생각했지만, 히브리인은 귀로 생각했다고 주장한다. 확실히 이런 일반화에는 상당한 진실이 있다. 호메로스의 서사시는 예리한 시각적 묘사로 가득 차 있다. 히브리어 성경에서 시각적 묘사는 일반적으로 거의 중요하지 않다. 예를 들어, 우리는 아브라함의 머리카락 색깔이나 모세의 신장조차 알지 못한다. 이것은 이스라엘에서 인간과 세상의 모습이 아니라 하나님의 말씀에 초점을 맞추기 때문이다(삼상 16:7).

확실히 다른 감각도 관여한다. "그럼에도 눈보다 귀가 우세한 것은 고대 이스라엘 감성의 특징인 것 같다."[124] 심지어 눈이 요청될 때에도 눈은 지배해야 할 대상이 아니라 역사를 구속으로 인도하는 주체에 마주친다. 즉, 눈은 청각의 한 방식으로서 보는 것이지 그 반대의 경우, 즉 보는 것의 한 방식으로 듣는 것은 아니다.

2) 종말론과 귀

금송아지 사건이 상기시켜 주는 것처럼 우상 숭배는 과대 실현된 종말론과 자율성에 대한 요구, 즉 신적인 것을 선물로 받기보다는 소유하고 통제하며 미래를 결정하려는 동기가 동시에 작용한다. 야웨의 무시무시한 목소리를 들은 사람들은 이 존재를 길들이고 시각과 촉각을 통해 타자를

---

[123] Ibid.
[124] Ibid., 147-48.

조종하려 했다.

그들은 역사 속에서 하나님의 형상인 '에이콘 투 테우'(*eikon tou theou*)의 출현을 기다리지 않았고, 종말론적 긴장감 속에서 그들은 보이지 않는 하나님을 자신들의 방식으로 보이게 만들려고 했다.

애굽의 일용할 양식에 대한 향수 어린 갈망, 금송아지, 신성한 상과 기둥이 있는 산당, 광고 문화 속에서 우리를 감싸고 있는 수많은 내재성의 아이콘이었던 "보기에 아름다운" 열매가 있는 이 나무는 모두 자율성의 방해에 영향을 받지 않는 순수한 존재의 통제된 환경을 지배하려는 시도를 가리킨다.

레벤슨은 히브리어 성경에서 청각과 시각은 추상적으로 대립하는 개념이 아니라고 상기시킨다. 그는 시내산에서는 귀가 중심이지만 시온에서는 눈이 중심이라고 주장한다.[125] 귀로 들은 것이 이제 눈앞에서 성취되었다.[126] 눈보다 귀의 우선성을 확언한 직후 레벤슨은 "그러나 이런 관계가 역전된 한 영역이 있는데, 바로 성전이다"라고 덧붙인다.[127]

이를 기독교 종말론에 비추어 해석하면, 나는 이런 예외는 성전이 그리스도와 맺는 모형론적 관계 때문이라고 제안한다. 즉, 성육신하신 말씀은 들어야 하는 강력한 말씀 이상으로 다른 감각의 대상이 되었다.

이 모든 요점은 청각과 시각이 구속사에서 사건이 차지하는 특정한 위치에 의해 좌우된다는 결론으로 우리를 이끈다. 이스라엘은 시온에 관한 약속에 대해 들었을 뿐만 아니라, 선지자들의 메시지를 통해 비록 멀리 떨어져 있지만, 그 약속이 성취되는 것을 목격한다.

> 우리가 들은 대로 만군의 여호와의 성, 우리 하나님의 성에서 보았나니 (시 48:8a).

---

[125] Ibid.
[126] Ibid., 150-51.
[127] Levenson, *Sinai and Zion*, 148.

듣는 것과 보는 것은 약속과 성취에 해당한다.
블루멘베르크는 다음과 같이 말한다.

> 신약성경에서 말씀을 듣는 것은 신실함의 원천이다. 듣고 싶지 않다는 것은 구원의 제안을 거부하는 것을 의미한다. … [사실] 시야(vision)는 종말론적 최종성의 한 양태를 나타낸다.

따라서 요한복음(그리스도가 육신으로 임재하시는)과 요한계시록에서 요한이 보는 것을 강조하는 것은 이 때문이다.[128] 무엇보다도 우상 숭배는 종말론적으로 성급하게 행동함으로써 하늘을 점령하여 자신의 방식으로 완전한 임재를 얻으려는 시도이다. 그러나 약속이 가장하기보다는 오히려 합법적으로 이행될 때, 목격자가 다음과 같이 말하는 것은 전적으로 적절하다.

> 태초부터 있는 생명의 말씀에 관하여는 우리가 들은 바요 **눈으로 본 바요 자세히 보고 우리의 손으로 만진 바라** 이 생명이 나타내신 바 된지라 이 영원한 생명을 우리가 보았고 증언하여 너희에게 전하노니 이는 아버지와 함께 계시다가 우리에게 나타내신 바 된 이시니라 우리가 보고 들은 바를 너희에게도 전함은 너희로 우리와 사귐이 있게 하려함이니 우리의 사귐은 아버지와 그의 아들 예수 그리스도와 더불어 누림이라 우리가 이것을 씀은 우리의 기쁨이 충만하게 하려 함이라(요일 1:1-4, 강조 추가).

시내산과 시온의 대조에 대한 바울의 호소에서, 약속이 성취를 위해 기꺼이 굴복하는 것처럼 시내산은 시온에 양보해야 한다(갈 4장).

---

[128] Blumenberg, "Light as a Metaphor," 47.

구속사적 관점에서, 우리는 야웨의 상징적 표상을 예배하는 것은 말할 것도 없이 만드는 것조차 엄격히 금지하는 것은 그리스도만이 "보이지 아니하는 하나님의 **형상**"(골 1:15)이라는 사실에 근거하고 있음을 인식한다. 산에서 내려온 모세의 모습으로 상징되는 옛 언약의 영광은 새 언약의 더 큰 영광에 비하면 무색해진다.

> 어두운 데에 빛이 비치라 말씀하셨던 그 하나님께서 예수 그리스도의 얼굴에 있는 하나님의 영광을 아는 빛을 우리 마음에 비추셨느니라(고후 4:6; 참조, 3:7-11).

그러나 레벤슨의 중심 논지는 시내산이 유대교에서 시온보다 최종적으로 우위에 있다고 주장한다. 랍비 유대교에서는 시내산 전통(토라를 공부하는)이 성상보다 우위에 있었다.[129] 따라서 유대교와 신약성경은 성상 금지에 대한 다른 이유를 제시한다. 신약성경의 경우, 이것은 정확하게 시내산 전통이 시온에 자리를 내준 결과 하나님의 형상은 임마누엘의 성육신된 임재를 제외하고는 눈에 보이는 형태로 나타낼 수 없기 때문이다.

그러나 승천을 생각하면 우리는 우리의 경험을 사도들의 경험과 동일시할 수 없다. 우리는 목격자들처럼 그리스도를 바라보는 것이 아니라, 그분의 말씀을 듣고 세례와 성찬을 통해 그분이 행하시는 것을 보았으나 "거울로 보는 것같이 희미하고" 언젠가 "얼굴과 얼굴을 대하여" 그분을 보게 될(고전 13:13 KJV) 사람들로서 본다.

우리 역시 약속과 성취의 변증법 속에서 우리 자신을 본다. 우리가 아무리 구속사의 진전 속에 있다고 해도, 우리가 듣는 약속 때문에 생겨난 믿음과 희망은 아직 다가올 시대를 특징짓는 완전한 비전과 완전한 사랑으로 이어지지 못했다.

---

[129] Levenson, *Sinai and Zion*, 148.

시내산 기슭의 이스라엘과 마찬가지로 문제는 시력 자체가 아니라 우상숭배를 유발하는 지복직관을 조기에 포착하는 것이다. 광야 세대는 그들에게 전해진 복음을 받아들이기보다 갈망하는 음식을 요구했고, 결국 약속의 땅에서 쫓겨났다. 그러나 바로 그 복음이 지금 우리에게 선포되고 있으므로 "그의 안식에 들어갈 약속이 남아 있다"(히 4:1-13).

눈에 보기 좋은 열매를 **직접 보는 것은** 타락한 이후에도 여전히 다른 사람으로부터 실제 상황을 **듣는 것보다** 우리 자신의 자율성에 더 친숙하게 남아 있다. 데카르트의 철학은 "명석 판명한 개념", 즉 담화에 항상 따르는 은폐성을 피하고 신비를 피하는 순수한 존재에 관한 것이다.

위의 옹(Ong)과 마찬가지로 한스 우르스 폰 발타자르(Hans Urs von Balthasar)는 군주를 직접 쳐다보는 것에 대한 금지를 언급하는데, 이는 평등하다는 인상을 줄 수 있으며, 심지어 지배를 목표로 하는 것일 수도 있다. 보는 것은 소유하는 것을 의미하며, 이는 억제되어야 한다. 우리는 사물을 듣는 것이 아니라 "그들의 말과 의사소통을 듣는 것"이라고 발타자르는 덧붙인다.

> 따라서 들리는 것을 우리 편에서 결정하고 그것이 우리를 기쁘게 할 때 그것에 주의를 돌리기 위해 그것을 대상으로 우리 앞에 놓는 것은 우리 자신이 아니다. 들리는 것은 우리가 오는 것을 미리 알지 못하는 사이에 우리에게 다가온다. 그리고 그것은 우리가 요청받지 않아도 우리를 붙잡는다. 우리는 미리 내다보고 거리를 둘 수 없다. 우리의 귀가 아닌 눈에만 눈꺼풀이 있다는 것은 가장 높은 수준의 상징이다.
> 따라서 듣는 자와 들려지는 것 사이의 기본 관계는 한쪽은 무방비 상태이고 다른 한쪽은 소통인 관계이다. 이 둘 사이의 평등한 입장은 근본적으로 제거된다. 즉, 계급이 동등한 사람들 사이의 대화에서도 현재 듣고 있는

사람은 겸손하게 받아들이는 종속적 위치에 있다.[130]

미래에 지복직관이 우리를 기다리고 있지만, 교회는 "하나님의 말씀 아래에 서 있는" "듣는 교회"라고 발타자르는 쓴다.[131]

> 보는 행위가… 가장 높고 동일한 상호 시선의 대면을 목표로 한다면, 듣는 행위는 더욱 완전한 순종을 목표로 하고, 따라서 창조주로부터 더욱 겸손하게 구별되는 피조물성을 목표로 한다.[132]

선지자나 사도들과 달리 우리는 목격자가 아니라 귀로 듣는 증인이다. 그러나 구속사의 이 단계에서 우리가 차지하는 위치 때문에 우리는 이 선포를 통해 눈이 있어도 보지 못했고 귀가 있어도 이해하지 못했던 사람들보다 더 깊고, 더 충만하고, 더 풍성한 방식으로 그리스도를 안다. 목격자들의 증언을 들으면서 우리는 우리에게 말씀하시는 하나님의 음성을 듣는다. 그러나 목격자들의 증거에서도 여전히 듣는 것에 중점을 두고 있다는 점이 놀랍다.

스티븐 H. 웹(Stephen H. Webb)은 제자들로부터 예수님에 대한 육체적 묘사가 없다는 사실을 상기시킨다.

> 그러나 그들은 그분의 목소리에 관심을 가졌다. 성전 치안을 담당하는 자들은 "그 사람이 말하는 것처럼 말한 사람은 이때까지 없었나이다"(요 7:46)라고 보고하는 요한복음에서 특히 그렇다.[133]

---

130 Hans Urs von Balthasar, *Spouse of the Word: Explorations in Theology* (San Francisco: Ignatius Press, 1991), 2:476-77.
131 Ibid., 480.
132 Ibid.
133 Webb, *The Divine Voice*, 31.

신약성경은 예수님을 유명인 인터뷰를 위한 흥미로운 인물로 만들기에 충분한 자료를 제공하지 않지만, 우리에게는 사도들이 '증언'하는 예수님의 언행과 그들이 '선포'하는 복음이 있다.

과거는 증거의 말씀을 통해 현재로 매개되어 원래 사건의 '목격자'로서 관련되었던 동일한 공동체를 지금 여기에서 일으키며, 그 자체로 홀로 서 있는 것이 아니라 선지자들의 메시지를 "더 온전히 확증"했다(벧후 1:16-21). 그러나 예수님의 승천이 오순절의 길을 열어 준 것처럼, 목격자의 시대는 성령의 능력으로 그리스도를 전파할 수 있는 길을 준비하여 더욱 설득력 있고 효과적인 증거를 가져다준다.

사도들과 함께 우리는 적어도 같은 성령과 같은 복음을 공유하므로 어떤 의미에서 "이 마지막 날"에 사는 사람들과 동시대인이다. 제자들이 두 천사로부터 "어찌하여 서서 하늘을 쳐다보느냐"(행 1:11, NKJV)는 질문을 받았다면, 우리에게도 동일한 수사학적 질문을 던질 수 있을 것이다. 지금은 "들으면서 앉아 있고" 우리가 들은 것을 다른 사람들에게 선포해야 할 때이다.

포스트모더니티(postmodernity)에서 단어는 단순히 순수한 내재성의 상호텍스트, 또는 장 보드리야르(Jean Baudrillard)가 표현한 것처럼 시뮬라크르(복제물이나 모조품, simulacra) 질서의 승리를 의미한다. 즉, 대변하는 것이 실재가 되는 것을 의미한다.[134] 많은 측면에서 옹이 위에서 언급한 궤적은 더 일반적으로 들뢰즈(Deleuze)와 보드리야르(Baudrillard)의 이론과 포스트모던의 조건에서 완결된다. 수 세기에 걸친 빛과 시각의 은유 이후에 내부와 깊이는 표면과 시뮬라크르에 완전히 굴복한다.

---

[134] Jean Baudrillard, *Simulations*, trans. P. Foss, P. Patton, and P. Beitchman (New York: Semiotext[e], 1983); cf. Ernest Sternberg, "Transformations: The Eight New Ages of Capitalism," *Futures* 25, no. 10 (Oxford: Butterworth-Heinemann, 1993): 1019–40.

우리는 더 이상 우리 주변의 세속적 사건에 둘러싸인 청자 즉 참여자가 아니라 마케팅 문화가 만들어 낸 끝없는 기호 놀이의 관중이 되었다.

그렇다면 급진적 정통주의(Radical Orthodoxy)가 가정하는 것처럼 이런 전개를 중세 후기 사상이 플라톤주의의 유산에서 눈을 돌린 결과로 단순히 다룰 수 없다. 이것은 적어도 구술성(orality)이 시각 문화에 자리를 내어 준 지식 사회학뿐만 아니라 플라톤주의가 만들어 낸 서양 사상의 시각 은유와 관련 있다.

성상이 우리의 시선을 사물의 표면으로 끌어당기지만, 청자를 행동의 한가운데로 끌어들이는 공동체를 형성하는 이야기를 전달할 수는 없다. 시장은 공동체의 표면적 이미지를 만들 수 있지만, 세대를 거쳐 공유되는 이야기, 관행과 관습, 역사, 상품과 서비스 등 대인 간 소통만이 진정한 공동체를 만들어 낼 수 있다.

은혜의 주요 수단인 선포에 귀를 닫는 교회는 마찬가지로 교회적 시뮬라크르, 즉 더 깊은 실체가 없는 표징을 만들어 낼 것이다. 이들을 방어하는 방대한 문헌이 보여 주는 것처럼, 우상은 영적인 것과 물질적인 것 사이의 소위 존재론적 분열을 중재하는 데 사용된다. 그러나 성경은 그러한 존재론적 상처를 의식하지 않고 거룩하신 하나님과 죄성 있는 인간, 이 시대의 권세와 다가올 시대의 권세 사이의 중재에 관심을 두고 있다.

은혜는 자연을 높이거나 보완하기 위해 주어지는 것이 아니라 거짓을 좋아하는 세상에서 진실한 소통, 따라서 관계를 회복하기 위해 주어진다. 플라톤주의는 데리다와 포스트구조주의가 '완전한 임재'(full presence)에 반대해 반응하는 전통이다. "그림자와 빛의 은유(자기 드러냄과 자기 숨기기의 은유)는 형이상학으로서 서양 철학의 기초가 되는 은유이다. … **우리 철학의 전체 역사는 사진학(photology)이다.**"[135]

---

[135] John McCumber, "Derrida and the Closure of Vision," in *Modernity and the Hegemony*

결과적으로, '임재'는 과거와 미래와 무관한 완성으로서의 현재를 의미하며, 인식론적 차원에서는 임재-자아(presence-to-self) 또는 자기 확실성(self-certainty)을 의미한다.[136] 레비나스(Levinas)를 따라서 데리다는 "형상 개념의 형이상학적 지배는 시선에 대한 일종의 복종을 낳을 수밖에 없다"라고 쓴다.[137] 대상은 아는 자(the knower)에게 동화된다.

우리를 압도하는 강력한 언어가 어떤 의미에서 우리를 우리가 조사하는 모든 것의 주인으로 만드는 시각적 은유에 동화되는 것을 감안할 때 말이 현재형의 드라마, 신비, 진정한 공동체를 구성하는 능력을 잃는다는 것은 놀라운 일이 아니다.

성경이 새로운 창조를 중재하는 언약적 역할을 희생하면서 도덕, 영성, 교리를 위한 시대를 초월한 원칙과 기술의 지침서가 될 때처럼, 우리가 말을 내재적 목적과 수단에 대한 우리 자신의 지배 아래 두면 하나님조차도 우상이 될 수 있다.

다음 도표는 내가 추구해 온 소외 극복하기, 낯선 존재와의 만남, 그리고 우리가 결코 만날 수 없는 낯선 존재 사이의 폭넓은 대비를 통해 이런 서로 다른 사고방식을 대조한다.

---

of Vision, ed. David Michael Levin (Berkeley: University of California Press, 1993), 235, 에 의해 인용됨, 강조 추가).

[136] Ibid., 236.
[137] Jacques Derrida, "Forme et vouloir-dire," in Marges de philosophie(Paris: Editions de Minuit, 1967), 188; cf. 158; ET, Margins of Philosophy, trans. Alan Bass (Chicago: University of Chicago Press, 1982).

소외 극복하기	낯선 존재 만나기	우리가 결코 만날 수 없는 낯선 존재
완전한 임재(이미)	이미/아직 아니	순전한 부재 (영원한 아직 아니)
현현	선포	표징의 놀이
우상	말씀	흔적/침묵
일의성	유비	모호성
시각 파악	수용적 청각	끝없는 방황/일탈
새로운 인식	새로운 소식	새로운 선택

3) 듣는 것이 믿는 것이다: 매개체와 메시지

기록되고 전파되는 말씀은 열광적인 영적 여행자를 위한 현장 안내서가 아니라 은혜의 수단이다. 우리는 "행위로 말미암는 의"를 통해 우리 자신의 상승으로 하나님을 찾는 것이 아니다. 하나님은 자신이 보내신 자에 의해 선포되는 "그리스도의 말씀"(롬 10:6, 15-17)을 통해 "믿음으로 말미암는 의"를 통해 우리를 발견하시고 우리를 의롭다 하신다.

바울의 논리는 일관성이 있다. 즉, 구원은 믿음으로 말미암기 때문에 은혜에 의한 것이고, 이 믿음은 듣는 사건을 통해 오며, 이 사건 자체는 하나님이 우리에게 복음을 선포하도록 누군가를 보내신 결과이다. 그것은 끝까지 신적 낮추심이다.

신비적, 윤리적, 지적 상승의 모든 매뉴얼은 복음("믿음에서 오는 의")과 대치되는 메시지("율법에서 오는 의", 10:5)에 속한다. 그러므로 "십자가의 도가 멸망하는 자들에게는 미련한 것이요 구원을 받는 우리에게는 하나님의 능력이다. 하나님의 지혜에 있어서는 이 세상이 자기 지혜로 하나님을 알지 못하므로 하나님께서 전도의 미련한 것으로 믿는 자들을 구원하시기를 기뻐하셨다"(고전 1:18, 21).

이 시대에 그리스도가 '보이는' 형태, 심지어 광고판처럼 '광고'되는 형태는 말씀과 성찬으로 복음을 전하는 것이다. 바울이 어떻게 보는 것과 듣는 것에 대한 은유를 혼합하여 마침내 보는 것을 듣는 것에 동화시키는지 주목하라.

> 예수 그리스도께서 십자가에 못 박히신 것이 너희 눈앞에 **밝히** 보이거늘 누가 너희를 꾀더냐
> 내가 너희에게서 다만 이것을 알려 하노니 너희가 성령을 받은 것이 율법의 **행위로냐**
> 혹은 **듣고** 믿음으로냐(갈 3:1b-2, 강조 추가).

루디가 하이델베르크 논쟁(Heidelberg Disputation)에서 지적했듯이, 영광 신학은 눈에 보이는 것을 신뢰한다. 어떤 사람들은 겉으로 보기에 의로워 보일 수 있다. 노력하는 사람이 주도권을 쥐고 있다. 그러나 믿음은 선포된 약속 안에서 안식하는 것이고, 마지막 날의 미래 판결을 현재에서 받아들이는 것이며, 하나님, 세상, 이웃, 나 자신과 같은 현실을 내가 발견하거나 추측하는 대로가 아니라 하나님이 "말씀하신 대로" 해석하는 것이다.

루터의 영광신학과 십자가신학의 대조는 위의 데리다의 표현을 빌리면, "우리 철학의 역사 전체가 사진학"이라는 사실에 대한 분명한 복음주의적 비판이다. 영광신학은 눈에 보이는 표면의 모든 것을 찾아내지만, 십자가신학은 마음의 깊은 곳을 탐색하고 우리를 우리 자신으로부터 그리스도께 매달리도록 끌어낸다.

눈에 보이는 것의 우선순위를 포기하지 않으면서도 이런 비판을 피하려는 학구적 시도들이 있었다.

장 뤽 마리옹(Jean-Luc Marion)은 우상(idol)과 달리 "성상(icon)은 시각에서 비롯되는 것이 아니라 시각을 자극하고, … 보이는 것이 아니라 나타나는 것이다"라고 제안한다.[138] 마리옹의 성상은 말하지 않고 상상한다. 그는 "우상은 그것을 겨냥하는 시선에서 비롯되지만, 성상은 **보이는 것을 … 보이지 않는 것으로 조금씩 채우게 함으로써 시력을 소환한다**"고 썼다(강조 추가).[139]

그러나 성상조차도 신앙을 소환할 수 없으며, 예배자를 환원 불가능한 공적이고 사회적 행동의 한가운데가 아닌 대상 앞에 놓기 때문에 공동체를 만들 수 없다.

심지어 마리옹은 말씀을 성례(the Eucharist)에 종속시킴으로써(그리고 성례의 청각적 약속을 성상의 소환에 종속시킴으로써) 성찬의 타당성과 효능의 원천을 포기한다.[140] 마리옹은 제자들이 떡을 떼는 장면(눅 24:30-31)에서 부활하신 그리스도를 알아본 것에 집중하면서, 이 이야기 전후의 주변 구절(1-27, 44-49절)에서 그리스도의 자기 선포의 사건을 생략한다.

실제로 예수님은 떡을 떼신 직후에 다음과 같이 말씀하셨다.

---

[138] Jean-Luc Marion, *God Without Being*, trans. T. A. Carlson (Chicago: University of Chicago Press, 1991), 17.
[139] Ibid.
[140] Ibid., 23. 마리옹은 유효한 성상이란 "보이는 것과 보이지 않는 것의 결합뿐만 아니라 구별을 강화하는 개념 또는 개념의 집단으로, 따라서 하나를 강조할수록 다른 하나를 더욱 강조하는 것"이라고 주장한다. 우리의 측면에서 볼 때, 이 규칙은 진심으로 긍정할 수 있지만, "보이는 것"과 "보이지 않는 것"을 정적 임재에 대응하는 것이 아니라 십자가와 고난의 형태로 이미 존재하고 있고(복음에서 알려진 보이는 것) 미래에 완성될(아직 보이지 않는) 새로운 창조의 측면을 나타내는 지표로 인식할 때만 가능하다. 나는 진리의 전달과 인간의 반응이 없다면 친교의 사건으로서 진리에 대한 지지울라스(Zizioulas)의 설명에 대해 동일한 반대를 제기할 것이다. 성례는 언어적으로 (전례로서) 구성되고 지식, 동의, 신뢰인 믿음을 확인하는 역할을 하므로 성례조차도 인지적 내용(noetic content)을 회피하지 않는다.

또 이르시되 내가 너희와 함께 있을 때에 너희에게 말한바 곧 모세의 율법과 선지자의 글과 시편에 나를 가리켜 기록된 모든 것이 이루어져야 하리라 한 말이 이것이라 하시고 이에 그들의 마음을 열어 성경을 깨닫게 하시고(눅24:44-45).

바르트는 신성에 대한 모든 가시적 표현을 개혁파가 거부하는 근거의 일부를 다음과 같이 잘 표현한다.

> 그런 감정적 작품이 끊임없이 눈을 끌고, 따라서 듣는 공동체의 의식적 또는 무의식적 주의를 끌어야 하며, 예술가가 의심할 여지 없이 좋은 믿음으로 받아들인 예수 그리스도의 특별한 개념에 그 작품들을 고정하는 것은 거의 불가피하다.
>
> 이것은 그리스도에 대한 선포로부터 주의를 돌리고, 우리의 시선을 우리와 함께하는 그분의 역사로서 그분 역사의 지속적 선포, 즉 통찰에서 통찰로 나아가는 그분이 살아 있는 자기 증명이 여파로 하나이 잠정적 아멘에서 다른 아멘으로 옮겨 가는 것이 아니라 예술가의 그리스도에 대한 개념으로 향하게 한다.
>
> 그러나 지극히 심지어 가장 뛰어난 조형 예술도 예수 그리스도를 그분의 진리, 즉 참된 하나님의 아들이자 사람의 아들이신 그분의 일치로 표현할 수 있는 수단을 가지고 있지 못하다. 위대한 이탈리아인들처럼 반드시 한쪽에서는 그분의 신성을 추상적이고 가현적으로 지나치게 강조하거나, 다른 한쪽에서는 렘브란트처럼 그분의 인성을 똑같이 추상적이고 에비온적으로 지나치게 강조하여 심지어 최선의 의도를 가지고도 오류가 조장될 것이다.[141]

---

[141] Karl Barth, *CD* IV/3.2:868

그리스도의 그림과 형상이 6세기까지 교회에서 허용되지 않았다는 사실은 중요하다.[142] 그것들은 (위의) 제1장에서 자세히 설명한 것처럼, 정확하게 교회가 두 시대 사이에 놓인 위태로운 의식을 점점 더 잃어 가면서 역사적 예수에게서 멀어지는 일반적 궤적 일부로 생겨났다.

시각의 우상이 반드시 물질적 유물일 필요는 없으며, 지적 개념일 수도 있다. 에드워드 T. 오크스(Edward T. Oakes)는 발타자르(Balthasar)의 견해에 대해 "시각이 청각에 종속되면 인간 사변(사변이라는 단어가 얼마나 적절한가!)의 어떤 수단이 자동으로 닫힌다"라고 언급한다.[143]

설교는 외적 눈의 우상뿐만 아니라 사변의 내적 눈의 우상도 전복시켜, 그 과정에서 우리를 만나고 주장한 낯선 존재(the Stranger)를 길들이거나 지배하지 못하도록 한다.

우리는 진리를 도래가 아닌 회상(공간적-시각적 은유에 주목하라)으로 취급하는 플라톤주의의 미메시스(mimesis, 모방)를 어거스틴이 변형한 것조차 넘어서야 한다. 그는 "말을 함으로써" "우리는 단지 무언가를 떠올릴 뿐인데, 기억은 그 안에 저장된 단어를 넘기면서 기호에 대한 단어를 가진 실재 자체를 떠올리기 때문이다."[144]

플라톤의 유산에서 우리는 말이 다른 세계를 가리킨다는 개념을 받아들였고, 낭만주의에서는 말이 주관적 상황(생각과 감정)을 객관화하는 표현이었다는 생각을 받아들였다.

---

[142] Jaroslav Pelikan, *The Christian Tradition: A History of the Development of Doctrine*, vol. 2, *The Spirit of Eastern Christendom* (600-1700) (Chicago: University of Chicago Press, 1974), 99-133; Ernst Kitzinger, *The Cult of Images in the Age before Iconclasm*, Dumbarton Oaks Papers 7 (Dumbarton Oaks, Washington, DC: Trustees for Harvard University, 1954), 85-150; Peter Brown, *The Rise of Western Christendom: Triumph and Diversity* AD 200-1000 (Oxford: Blackwell, 1997), chap. 14

[143] Edward T. Oakes, SJ, *Pattern of Redemption: The Theology of Hans Urs von Balthasar* (New York: Continuum, 1994), 140.

[144] Augustine, *De magisto*, trans. Robert Russell (Washington, DC: Catholic University of America Press, 1963), 9.

로저 런딘(Roger Lundin)은 다음과 같이 상기시킨다.

> 낭만주의 운동 당시 해석학은 권위 있는 말씀이나 명령을 설명하는 작업보다는 회의적인 독자들에게 불신받는 텍스트를 관련성 있게 만드는 방법을 찾는 것과 연관되게 되었다.[145]

(고대와 근대, 포스트모던을 막론하고) 하나님의 초월적 말씀을 자율적 지배로 길들이려는 다양한 시도 앞에서 교회는 모든 것을 새롭게 만들기 위해 외부에서 우리에게 다가오는 성찬 말씀에 대한 신뢰를 절실히 회복해야 한다. 그러나 정확하게 복음이 반직관적이기 때문에 그 엄청난 영향력은 종종 표면적으로 인식되지 않는다.

엘리자베스 아흐테마이어(Elizabeth Achtemeier)는 설교된 말씀을 연약한 전달자를 통한 하나님의 살아 있는 음성으로 다루었던 칼빈을 자세히 설명한 후 다음과 같이 덧붙인다.

> 아무도 그 말씀을 듣기 전까지는 하나님이 말씀을 통해 말씀하신다고 믿지 않는다. 그리고 성령의 역사 외에는 어떤 논증으로도 불신자를 설득할 수 없다. 바울은 "믿음은 들음에서 나며 들음은 그리스도의 말씀으로 말미암았느니라"라고 쓴다(롬 10:17, RSV). 그리고 그리스도의 설교, 즉 인간의 말 너머에 초월적 말씀이 있다는 신앙의 증거는 교회를 깨우고 새롭게 할 수 있는 유일한 방법이다.[146]

---

[145] Roger Lundin, *The Culture of Interpretation: Christian Faith and the Postmodern World* (Grand Rapids: Eerdmans, 1993), 39; cf. Christoph Schwöbel, "Human Being and Relational Being," in *Persons Divine and Human*, ed. Christoph Schwöbel and Colin Gunton (Edinburgh: T&T Clark, 1991), 162–70.

[146] Elizabeth Achtemeier, "The Canon as the Voice of the Living God," in *Reclaiming the Bible for the Church*, ed. Carl E. Braaten and Robert W. Jenson (Edinburgh: T&T Clark,

그러나 그녀는 "이 나라의 많은 교회는 더 이상 성경을 통해 말씀하시는 하나님을 믿거나 기대하지 않기 때문에 더 이상 기독교적이지 않다"라고 결론을 내린다.[147] 일반화이기는 하지만 내 생각에 아흐테마이어의 귀에 거슬리는 주장은 결코 과장된 말이 아니다. 그렇다면 그것은 우리 앞에 놓인 교회 정체성에 대한 가장 큰 위협이다.

다음 장에서 나의 목표는 그녀의 주장을 입증하고, 더 중요한 것은 교회가 어떻게 하면 교회 자체가 아니라 교회를 창조하는 말씀에 대해 더 확신을 가질 수 있는지에 대한 몇 가지 제안을 하는 것이다.

1995), 122-23.
[147] Ibid., 120.

제3장

해방되는 포로:
정경으로서의 말씀

존 칼빈은 "두 종파", 즉 "교황과 재세례파"(the Pope and the Anabaptists)가 서로 상당히 다르지만, 이 두 분파가 하나님의 말씀을 왜곡하거나 산만하게 하려고 "성령을 사치스럽게 자랑"한다고 불평했다.[1]

칼빈이 말한 "재세례파"는 극단적 집단, 특히 토마스 뮌처(Thomas Müntzer)와 그의 추종자들을 염두에 둔 것이 틀림없다. 그러나 오늘날 종교개혁 논쟁의 대상이 된 "두 종파"는 전통이나 교단 소속에 따라 명확하게 구분되지 않는다. 판단하고 정당화하는 외적 말씀을 자아나 교회의 내적 말씀에 동화시키는 이런 경향은 개혁교회와 장로교를 비롯한 교계 전반에 걸쳐 나타나고 있다. 윌리엄 플래처(William Placher)의 좋은 표현을 빌리면, 이는 "초월성 길들이기"이다.[2]

---

[1] John Calvin, *Reply by Calvin to Cardinal Sadolet's Letter*, in *Tracts and Treatises on the Reformation of the Church*, ed. Thomas F. Torrance, trans. Henry Beveridge (reprint of Calvin Translation Society edition, Grand Rapids: Baker, 1958), 1:36.

[2] William Placher, *The Domestication of Transcendence: How Modern Thinking about God Went Wrong* (Grand Rapids: Eerdmans, 1996).

교황이나 성경의 주장에 반하여 계몽주의는 급진적 신비주의자들이 했던 것보다 더 급진적으로 자아에 주권적 권위를 부여했다.[3]

월터 옹(Walter Ong)을 따라 스티븐 웹(Stephen H. Webb)은 종교개혁의 말씀 듣기에 대한 강조에서 "계몽주의의 '우주의 무성음화(無聲音化)'(devocalizing of the universe, 하나님 말씀의 상실 의미-역주)로 바뀐 급진적 변화를 지적하는데, 이런 급진적 변화에서는 말씀하시는 하나님이 이성의 패권적 목소리에 대한 공격으로 여겨지게 된다.[4]

하나님의 말씀이 우리를 우리 자신으로부터 불러내 신적 소명을 듣게 하는 반면, 계몽의 추구는 우리가 자율적으로 결정하고 소유할 수 있는 빛과 영광의 시각을 보기 위해 우리를 우리 자신 속으로 더 깊이 불러낸다.

1. 내면의 이성과 경험에 포로가 된 말씀

순종하는 교제를 위해 하나님의 형상으로 지음 받은 피조물에게 율법은 모국어이다. 우리의 불의로 인해 율법의 진리를 억압하고 있지만, 우리는 여전히 율법과 하나님과 이웃에 대한 이 규정된 사랑을 요구하시는 하나님을 알고 있다.

그러나 그리스도 안에서 우리가 사망에서 생명으로, 진노에서 은혜로 넘어갔다는 놀라운 선포인 복음은 반직관적이다. 따라서 이성과 경험, 즉 내재적이고 친숙하며 내적으로 확실한 것이 실체로의 접근을 안내할 뿐만

---

[3] 중세 신비주의자, 16-17세기 급진적 개신교(Radical Protestant)의 "내면의 빛"(inner light)과 이성의 시대(the Age of Reason)의 "계몽주의" 사이에는 종종 유사점이 발견되었다. 예를 들어, Paul Tillich, *A History of Christian Thought*, ed. Carl E. Broaten (New York: Simon & Schuster, 1968), 315-18을 보라.
[4] Stephen H. Webb, *The Divine Voice: Christian Proclamation and the Theology of Sound* (Grand Rapids: Brazos, 2004), 118.

아니라 실체를 결정하도록 허용한다면, 우리는 칸트의 말처럼 "위에는 별이 빛나는 하늘만 그리고 내면에는 도덕법"만 남게 될 것이다. 좋은 소식은 전해야 하지만, 우리가 이미 알고 있고 경험했다고 생각하는 것에 동화되는 정도라면 경건한 조언, 좋은 교훈, 실용적 제안일지 모르지만 좋은 소식은 아닐 것이다.

교회 존재의 근원에 대한 견해에 따라 교회의 정체성에 대한 견해가 결정된다. (계몽주의에서처럼) 이성이든 (급진적 형태의 신비주의와 경건주의에서처럼) 경건한 경험이든 '내면의 말씀'에 특권을 부여하는 것은 하나님이나 교회(또는 둘 다)에 반대해서 개인의 자율성을 보존하는 것이다. 내면의 말씀이 내면의 교회를 만든다.

성경에 대한 호소(종종 성경주의적 경향을 보이기도 함)를 배제하지 않으면서도 경건주의와 부흥주의는 신조와 신앙고백서, 전례, 성례, 안수 과정을 통한 교육적 사역을 가진 가시적 교회에 대한 불안감을 드러내곤 했다.

바울은 안수받은 사역이 포함된(딤전 4:14) 복음을 선포하도록 보냄을 받은 사역자(롬 10:15)를 우리에게 제공함으로써 또한 이런 안수는 결코 성급하게 또는 시험 없이 행해져서는 안 된다고(딤전 5:22) 함으로써 신적 겸손의 신학을 강조했지만, 이런 외적 질서를 성령의 내적 증거와 반대되는 것으로 보는 집단이 항상 존재해 왔다.

경건주의와 계몽주의 사이의 종종 있는 밀접한 이런 관계는 관찰됐다.[5] 이것은 칸트가 "순수한 종교"와 "교회적 신앙"을 구분한 것에서 분명히 볼 수 있다.[6] 칸트와 그의 계승자들에게는 신앙(faith, 보편적인 순수한 도덕)

---

[5] Tillich, *History of Christian Thought*, 317–18. 이런 관계를 지적하는 많은 역사가 가운데 피터 가이(Peter Gay)가 있다. *The Enlightenment: An Interpretation* (New York: W. W. Norton, 1966), 62, 291, 326–29, 348, 350.

[6] Immanuel Kant, "Religion within the Boundaries of Mere Reason," in *Religion and Rational Theology*, trans. and ed. Allen W. Wood and George Di Giovanni (Cambridge: Cambridge University Press, 1996), esp. 148–50.

이 있고 신앙들(faiths)이 있는데, 이 신앙들은 어떤 의미에서 내적 신앙을 전달하는 데 필요한 외적 수단이지만 또한 불필요하고 위험한 것이기도 하다. "세상을 자주 뒤흔들고 피를 뿌려 온 소위 종교적 투쟁도 교회적 신앙들(ecclesiastical faiths)을 둘러싼 다툼에 지나지 않았다."[7]

이것이 올바른 교리("은혜에 의한 구원")와 올바른 도덕적 행위 사이의 다툼으로 귀결된다면, 칸트는 "순수한 도덕적 신앙이 교회적 신앙보다 우선해야 한다"고 말한다.[8]

칸트에게는 자신의 "순수한 도덕적 신앙"이 역사적으로 조건화되고 특수하며 개인적으로 전유된 "교회적 신앙"이라는 생각이 전혀 떠오르지 않았던 것 같다. 따라서 자유주의 개신교는 하나님이 행했고 행하는 것은 신화적 껍질에 속하지만, 우리가 행했고 행하는 것(또는 경험)은 영원하고 변하지 않는 순수한 종교의 핵심에 속한다는 예측이 가능해졌다.

빌헬름 헤르만(Wilhelm Herrmann)은 이런 전망을 다음과 같이 표현했다.

> 교리를 … 체계로 고치는 것은 기독교 교회가 마지막으로 해야 할 일이다. 그러나 한편 우리가 우리의 관심을 그리스도인의 내적 삶에서 하나님께서 만들어 가시는 것에 고정한다면, 신앙에서 나오는 생각의 다양성은 우리를 혼란스럽게 하는 것이 아니라 기쁨을 주는 원인이 될 것이다.[9]

---

[7] Ibid., 140-41. 몇 년 전 찰스 왕세자가 물려받은 직함 중 하나인 "그 신앙의 수호자"(Defender of the Faith)를 "신앙의 수호자"(Defender of Faith)로 변경할 계획이라는 보도가 떠올랐다. 세속적 직책을 수호하는 데 신적 사명이 없다는 사실 외에도, 그런 행보가 종교적 다원주의의 '포스트모던' 환경을 반영한다는 끊임없는 반박에도 불구하고 제안된 그런 변화는 철저하게 현대적 감성을 반영한다.

[8] Ibid., 148.

[9] Wilhelm Herrmann, T*he Communion of the Christian with God* (New York: G. P. Putnam's Sons, 1913), 16

이런 궤적의 유사 영지주의적 전제(quasi-gnostic presupposition)는 영적, 윤리적, 사적, 보편적, 이상적, 내적, 자율적인 것은 신적이고 육체적, 신학적, 공적, 특수적, 구체적, 외적, 이질적인 것은 순수한 종교의 인간적 타락에 불과하다는 것이다.[10]

이레니우스, 어거스틴, 루터, 칼빈과 같은 해석가들이 "율법 조문은 죽이는 것이요 영은 살리는 것이니라"(고후 3:6)라는 바울의 진술을 약속이 없는 율법의 명령을 가리키는 것으로 이해했던 곳에서 고금의 영지주의자들은 이 말씀을 내적 말씀에 반대되는 것으로서 외적인 것으로 해석해 왔다. 눈에 보이는 교회뿐만 아니라 성경 자체도 개인의 자율성을 위협하는 '외적 종교'로 전락하게 된다.

외적 말씀의 창조물로서의 교회 교리는 신적 작용보다 인간적 작용(개인 또는 공동체)을 우선시하는 모든 주장에 이의를 제기한다. '신조가 아닌 행위'는 '복음이 아닌 율법'에 해당한다. 성경은 우리의 활동에 유용한 자료가 될 수 있지만, 주권적 심판과 은혜의 말씀으로서 완전한 힘을 가질 수는 없다. 칸트주의는 외적 말씀, 즉 놀라운 복음적 발표를 제외하고 우리에게 무엇이 남았는지를 잘 보여 주는 지표이다. 율법은 직관적이고 친숙하지만, 복음은 반직관적이고 낯선 것이다.

칸트의 대조는 우리 시대의 평균적인 사람들의 가정(assumptions, 예를 들어, 존 레논의 노래 〈이매진〉[imagine]에서)에서뿐만 아니라, 끝없이 도래가 연기되는 보편적 "메시아 구조"와 이미 도래한 특정 메시아에 대한 위험한

---

10 특히, 미국 장로교의 이런 유사 영지주의적 특성에 관하여 Philip E. Lee, *Against the Protestant Gnostics* (New York: Oxford University Press, 1987)를 보라. 자신을 유대인 영지수의자라고 소개한 해롤드 블룸(Harold Bloom)은 *The American Religion: The Emergence of the Post-Christian Nation* (New York: Simon & Schuster, 1992)이라는 장대한 책을 썼는데, 이 책에서 블룸은 비판보다는 칭찬을 많이 했지만 동일한 주장을 많이 했다. 흥미롭게도 그는 현대 서구에서 '영지주의적' 경향의 지배에 대한 두 가지 주목할 만한 예외로 칼 바르트(Karl Barth)와 J. 그레샴 메이첸(J. Gresham Machen)을 꼽았다 (212-13, 228-29).

애착 사이 데리다의 대조에서도 발견할 수 있는데, 이는 칸트의 주장을 그대로 반영하고 있다.[11]

우리는 여론 조사에서 한편으로는 교회 소속, 특정 신념, 의식(ritual)에 관한 관심이 부족하지만 다른 한편으로는 영성과 보편적인 도덕적 명령에 관한 관심이 높다는 결과가 나올 때마다 교회 신앙과 순수 종교 사이의 이런 대조를 접한다.[12]

누군가는 이런 현상을 "포스트모던"이라고 설명할 수 있지만, 사실 그것은 오래된 계몽주의 신조이며, 권위 있는 계시를 찾기 위해 내면을 보라는 뱀의 유혹 이후 종종 "순수 종교"라는 핑계로 기독교와 함께 평행선을 유지해 왔다. 그러나 이런 '영성'과 '도덕성'은 '영'이 주로 내적 자아를 가리키기 때문에 신적 구속자가 필요하지 않은 것처럼 삼위일체의 세 번째 위격인 성령을 필요로 하지 않는다.

이런 유산은 미국의 종교적 경험, 특히 부흥 운동의 역사에서 비옥한 토양을 발견했다.

19세기 저술가 알렉시스 드 토크빌(Alexis de Tocqueville)은 미국인들이 모든 종류의 "강요된 제도에서 벗어나기를" 원하며, "사물의 유일한 이유를 스스로 그리고 그 자체로 추구하고, 결과를 향한 수단에 얽매이지 않고 결과만을 바라본다"고 관찰했다. 그들은 "스스로 진리를 발견했기 때문에" 진리를 발견하기 위해 외적 지침이 필요하지 않다.[13]

인간의 경험을 중심에 두는 것은 "강렬한 이기주의와 감정주의"를 지닌 유럽 낭만주의의 더욱 일반적인 경향이었다고 버나드 리어던(Bernard

---

[11] Jacques Derrida, *Deconstruction in a Nutshell*, ed. John D. Caputo (New York: Fordham University Press, 1997), 22-24, 162-63, 167, 173.

[12] Wade Clark Roof, *Spiritual Marketplace:* Baby Boomers and the Remaking of American Religion (Princeton, NJ: Princeton University Press, 1999), 189를 보라.

[13] Alexis de Tocqueville, *Democracy in America*, ed. J. P. Mayer, trans. George Lawrence (New York: Harper & Row, 1988), 429.

Reardon)은 지적한다.[14]

경건주의의 영향(특히, 대각성 운동에서 절정에 달한)은 윌리엄 맥러플린(William McLoughlin)이 관찰하는 것처럼 "집단적 믿음, 신조 표준문서 준수, 적절한 전통적 형식 준수에서 개인의 종교적 경험 강조로 초점을 옮기는 것이었다."[15] 계몽주의의 효과는 "종교의 궁극적 권위"를 교회에서 "개인의 마음"으로 옮기는 것이었다.[16] 그러나 낭만주의는 단순히 교수진(정신에서 마음으로)을 바꾼 것이지 주체(자아에서 외적 권위로)를 바꾼 것은 아니었다.

전형적인 미국 사상가 랄프 왈도 에머슨(Ralph Waldo Emerson)이 낯선 존재를 만나는 것에 대한 두려움을 다음과 같이 잘 표현했다.

> 내 안에 있는 하나님을 보여 주는 것이 나를 강하게 한다. 내 밖에서 하나님을 보여 주는 것은 나를 무사마귀와 종기로 만든다. 더 이상 내가 존재할 이유가 없다.

이미 1838년 하버드 연설에서 에머슨은 "대중 예배가 사람들에게 미쳤던 모든 영향이 사라졌거나 사라지고 있다"라고 선언하며 우리에게 내면으로 향하라고 촉구했다.[17] 그러나 모든 시대의 신비주의, 합리주의, 관념주의, 실용주의를 이끄는 이런 내면의 불꽃, 내면의 빛, 내면의 경험, 내면

---

14 Bernard Reardon, *Religion in the Age of Romanticism* (Cambridge: Cambridge University Press, 1985), 9.
15 William McLoughlin, *Revivals, Awakenings, and Reform* (Chicago: University of Chicago Press, 1980), 25. 이 자료와 다음 참고 자료를 제공해 주신 토비 커스(Toby Kurth)에게 감사드린 다.
16 Ned Landsman, *From Colonials to Provincials: American Thought and Culture, 1680-1760* (New York: Twayne Publishers, 1997; Ithaca, NY: Cornell University Press, 2000), 66.
17 Ralph Waldo Emerson, "The Divinity School Address," in *Ralph Waldo Emerson: Self-Reliance and Other Essays* (New York: Dover, 1993), 108.

의 이성, 이것은 정확하게 자율적 자아인데, 이런 자율적 자아는 신약성경에 따르면 세례를 통해 그리스도와 함께 십자가에 못 박히고 장사 지내야 새 시대의 주민으로서 그리스도와 함께 살아날 수 있는 자율적 자아이다.

낭만주의, 관념주의, 실존주의, 그리고 지금은 포스트모더니즘이 계몽주의의 어떤 특징에 대한 반작용을 어느 정도 표현하든, 그것들은 모두 가족 간 다툼에 속한다.

자신 안으로 굽어 있는(*Incurvatus In Se*) 우리는 듣는 것보다 보는 것을, 신비롭고 다르게 남아 있는 것보다는 통제하고 조작하고 동화시키는 것을, 우리 외부보다는 우리 내부에서 찾을 수 있는 것을 더 신뢰한다. 이와는 대조적으로 말씀은 외향적이고 복음적으로 구성되며 교회적으로 형성된 공동체를 만든다.

모든 '열광주의'의 근원은 우리 삶의 심판과 구원을 쥐고 계시며, 우리 밖에 계신 하나님에 대한 적대감이다. 이런 공격으로부터 자신을 보호하기 위해 우리는 '신적인 것'을 우리 자신과 우리 공동체의 울림으로 만들려고 노력한다. 즉, 이는 선지자들이 우상 논쟁에서 조롱했던 바로 그런 종류의 동기이며, 포이어바흐, 마르크스, 니체, 프로이트가 일반적으로 종교에 대한 그들의 설명에서 조롱했던 것과 같은 것이다.

다른 누군가에 의해 창시되었다는 생각은 현대에서 원시 시대의 유산으로 취급됐다. 에머슨의 말처럼, 우리는 우리 자신 안에서 직접 경험하는 것이 다른 사람이 들려주는 것보다 더 믿을 만하다고 생각하게 되었다. 따라서 우리는 항상 새로운 인식이나 새로운 조언을 받아들일 준비가 되어 있지만, 다른 사람이 전해 주는 것일 뿐만 아니라 전적으로 다른 사람의 업적과 관련된 보고서로만 우리에게 다가올 수 있는 새로운 뉴스는 받아들일 준비가 되어 있지 않다.

심지어 설교가 정경적 규범으로의 본문에 올바르게 복종할 때에도, 개인적 읽기 관행은 종종 더 넓은 언약적 환경에서 분리되어 나온다. 우리가 주로 "이것이 나에게 어떤 의미가 있는지, 내 일상생활과 어떻게 연관시킬 수 있는지"를 분별하기 위해 성경을 읽을 때, 심지어 성경조차도 방향을 잃고 혼란스러운 언약적 환경에서 우리를 하나님 앞에서 그리고 그분의 언약 공동체 가운데 우리를 열어 놓게 하는 주권적 말씀이 아니라 우리의 자율적 자기 창조의 종이 된다.

앞에서 살펴본 것처럼, 말씀의 공적 선포는 사회적 사건일 뿐만 아니라 새로운 사회를 창조하기도 한다.

루터가 "교회는 펜의 집(pen-house)이 아니라 입의 집(mouth-house)"이라고 말했을 때,[18] 그리고 웨스트민스터 신앙고백서 작성자들(Westminster divines)이 성령께서 은혜의 수단으로 "성경을 읽는 것, 특히 말씀의 설교"를 축복하신다고 고백했을 때,[19] 그들은 개인적 또는 가정적 헌신에서 신실하고 묵상적이며 기도하는 성경 읽기가 교회의 공동생활에서 말씀의 공적 사역에 종속되어 있다고 주장한 것이었다.

말씀이 공동체를 창조하는 것처럼, 말씀은 그런 공동체 안에서 구체적인 언약적 교류를 통해서만 진정으로 들리고, 받아들여지고, 따를 수 있다.

자칭 유대인 영지주의자로 글을 썼던 해롤드 블룸(Harold Bloom)은 미국 종교를 일반적으로 영지주의, 즉 **외적** 말씀, 성령, 교회에 대항하는 **내적** 말씀, 영, 교회로 규정했다.[20] 이것이 정확하게 종교개혁자들이 급진적 개신교 분파주의를 "열광적"(*en-theos*), "안에 계신 하나님"(God-within)으로 규정했을 때 염두에 둔 것이다.

18　Webb, *The Divine Voice*, 143; from Martin Luther, *Church Postil* of 1522에서 인용함.
19　Westminster Shorter Catechism, Q. 89, in BC.
20　이런 가치관이 일반적으로 미국 종교를 특징짓는 방식에 대한 흥미로운 이야기를 참고하려면, Bloom, *The American Religion*을 보라.

그러나 칼빈은 하나님이 자신을 낮추셔서 동료 죄인들의 "입과 혀를 자기에게 성별하셔서" "그분의 음성이 그들 가운데 울려 퍼지게" 하신 것은 "유일한 특권"이라고 썼다.

> 왜냐하면, 하나님의 능력은 외적 수단에 얽매이지 않지만, 그분은 우리를 이 평범한 가르침의 방식에 묶어 두셨다. 광신도들은 그것을 굳게 붙잡기를 거부하고 많은 치명적인 올무에 스스로를 얽어 매고 있다. 많은 사람이 교만, 혐오감, 경쟁심에 이끌려 사적 독서와 명상을 통해 충분히 이익을 얻을 수 있다는 확신에 사로잡혀 공적 집회를 경멸하고 설교를 불필요한 것으로 여긴다. 그러나 … 누구도 역겨운 오류와 더러운 망상에 사로잡히지 않고서는 이 거룩하지 못한 분리의 정당한 형벌을 피할 수 없다.[21]

청각이 읽기에 종속될 때, 자율성의 공간화, 시각화, 개별화, 숙달 논리가 음향적, 청각적, 공동체적, 청취적 수용 논리를 위협한다. 놀랍지 않게도, 최근의 많은 사회학적 연구는 복음주의 청소년 모임과 교회에서 자란 사람들의 실제 신학이 교회에 다니지 않는 사람들 만큼이나 크리스천 스미스(Christian Smith)가 정식화한 "도덕주의적이고 치료적인 이신론"으로 묘사될 수 있다는 것을 보여 주었다.[22]

법은 직관적이지만 복음은 그렇지 않다는 위의 지적을 고려할 때, 이 연구와 다른 연구들에 따르면 복음주의 청년 그룹에서 자란 세대도 이와 같은 기본적 종교 성향을 보이는 경향이 있다는 것이 과연 놀라운 일인가?[23]

21　John Calvin, *Institutes* 4.1.5.
22　Christian Smith with Melinda Lundquist Denton, *Soul Searching: The Religious and Spiritual Lives of American Teenagers* (New York: Oxford University Press, 2005).
23　웨이드 클락 루프(Wade Clark Roof)는 종교에 대한 현대인의 태도가 전반적으로 "교리보다는 경험을, 제도보다 개인적인 것을, 인지적인 것보다 신화적이고 몽환적인 것을, 공식적 종교보다 사람들의 종교를, 딱딱하고 비인격적인 이미지보다 부드럽고 돌

복음의 반직관적 논리를 반성하면서, 듀크신학교의 전 설교학 교수이자 현재 연합감리교회의 감독인 윌리엄 윌리몬(William Willimon)은 가장 결정적인 것은 설교자와 청중 사이의 설교 간격이 아니라 "우리와 복음 사이의 공간"이라고 지적한다.[24]

문제는 현대인(혹은 포스트모던인)이 복음의 관련성을 회복하려는 우리의 시도와 별개로 복음과 관계 맺을 수 없다는 것이 아니라, 일반적으로 타락한 자아와 특히 현대성의 핵심에 놓인 자율성이 단순히 권위적인 "외적 말씀"(verbum externum)이라는 개념을 참을 수 없다는 것이다.

하나님의 말씀은 그 관련성을 유지하기 위해 권위의 범주에서 벗어나 실제 유용성과 의미에 호소력을 발휘해야 한다. 이를 위해서는 회심이 아니라 동화, 즉 낯선 존재를 만나는 것이 아니라 소외감을 극복하는 것이 필요하다.

윌리몬(Willimon)은 복음 자체가 의사소통의 주요 문제라는 인식, 즉 사람들이 회심 없이도 복음을 받아들일 수 있다고 생각하는 우리의 인식을 회복하라고 우리에게 올바르게 촉구한다.[25] 그는 현대 설교의 많은 부분이 주류든 복음주의든 회심을 우리 말과 성례전을 통해 생성되는 것으로 가정하고 있다고 인식한다. "이 점에서 우리는 회심을 기적이 아니라 '구성된 수단을 올바르게 사용한 순전히 철학적 [즉, 과학적] 결과'라고 생각했던 찰스 피니(Charles G. Finney)의 상속자들이다."

보는 신성의 이미지를, 남성적인 것보다 여성적이고 중성적인 것을 선호한다"고 관찰했다"(*A Generation of Seekers* [San Francisco: HarperCollins, 1993], 195. 사회학자 제임스 데이비슨 헌터의 중요하지만 지금은 다소 낡은 연구를 보라. *Evangelicalism: The Coming Generation* (Chicago: University of Chicago Press, 1987. Cf. Marsha G. Witten, *All Is Forgiven: The Secular Message in American Protestantism*(Princeton, NJ: Princeton University Press, 1993).

24 William H. Willimon, *The Intrusive Word: Preaching to the Unbaptized* (Grand Rapids: Eerdmans, 1994), 15.
25 Ibid., 18-19.

우리는 한때 전도자들이 부흥을 위한 그들의 '새로운 방법'을 방어해야 했던 때가 있었으며, 설교자들이 청중보다 복음이 더 중요하다고 생각하는 칼빈주의 비방자들에 맞서 청중의 반응에 대한 그들의 집착을 방어해야 했던 때가 있었다는 사실을 잊고 있다. 나는 여기서 부흥은 기적적이며, 복음은 너무 기이하고 우리의 자연적 성향과 문화의 열광에 너무 어긋나기 때문에 참되게 듣는 것이 있으려면 다름 아닌 기적이 필요하다고 주장하고 있다. 따라서 나의 입장은 피니의 입장보다는 칼빈주의자 조나단 에드워즈의 입장에 더 가깝다.[26]

그럼에도 "설교학의 미래는 아쉽게도 에드워즈보다는 피니에게 있다"라고 말하는 복음주의 교회 마케팅 전문가인 조지 바나(George Barna)는 다음과 같이 말한다.

> 예수 그리스도는 의사소통 전문가였다. 그분은 다양한 방법으로 자신의 메시지를 전달했고, 현대의 광고 및 마케팅 에이전시도 인정할 만한 성과를 거두었다.[27]

이런 발언에 직면하여 자연스럽게 떠오르는 질문은 예수님이 새로운 것을 만들었다고 말할 수 있느냐는 것이다.

윌리몬은 또한 설교는 청중 분석이 아니라 성령에 대한 확신 때문에 "효과가 있다"는 것을 전제로 한다는 점을 상기시킨다. 우리의 설교가 믿기 위해 기적을 필요로 하지 않는다면 그것은 복음 설교가 아니다.[28]

---

26 Ibid., 20.
27 George Barna, *Marketing the Church: What They Never Taught You about Church Growth* (Colorado Springs: NavPress, 1988), 50을 인용하는 Ibid., 21.
28 Willimon, *The Intrusive Word*, 22.

피니의 유산은 주류 개신교에서도 분명하게 드러난다. 그는 로빈 마이어스(Robin R. Meyers)를 인용한다.

> 우리는 어떤 개념적 정확성을 달성하기 위해 상징적 언어를 사용하는 것이 아니라, 인간의 공통된 경험을 인식하는 데서 오는 통찰력을 얻기 위해 은유를 사용하고 있다.[29]

마이어스는 다음과 같이 덧붙인다.

> 자기 설득 이론은 매우 단순하지만, 핵심 전제, 즉 우리가 스스로 만들어 내는 메시지가 외부에서 오는 메시지보다 더 권위 있다는 전제에 기초한다. 고전적 수사학과 명확하고 단호하게 결별한 이 이론은 설득의 중심을 화자의 입이 아닌 청자의 귀에 두고 있다. 그리고 권위에 관한 한 가장 거룩한 삼위일체는 나, 나 자신, 나라는 주장을 뒷받침하는 상당한 양의 연구가 존재한다.[30]

이런 접근 방식에서 자아의 우상 숭배적 위치를 지적하는 것 외에도 윌리몬은 중립적이고 해석되지 않은 "공통의 경험"이라는 개념 자체에 적절한 의문을 제기한다. 교회가 말씀의 피조물이라는 것이 무엇을 의미하는지에 대한 새로운 정의를 제시하면서 그는 "교회는 복음에 의해 불러일으키는 인간의 경험이다. … 설교는 복음이 없었다면 결코 가질 수 없었을 경험을 불러일으키는 것을 의미한다."[31]

---

29 Robin R. Meyers, *With Ears to Hear: Preaching as Self-Persuasion* (Cleveland, OH: Pilgrim Press, 1993), 79를 인용하는 Ibid.
30 Meyers, *With Ears to Hear*, 49를 인용하는 Willimon, *The Intrusive Word*, 79.
31 Willimon, *The Intrusive Word*, 23.

복음은 우리 안에서 생겨나는 것이 아니라 우리 가운데 침입하는 것이다. 부활절은 하나님의 궁극적 침입이다. 부활절에 드러난 죽음과의 동맹과 생명의 하나님 사이의 간극은 복음 설교가 맞서 싸워야 하는 궁극적 간극이다. 부활절은 교회가 피할 수 없는 당혹스러움이다. 그러나 이 당혹스러움이야말로 우리의 설교를 이끄는 원동력이다. … 하나님이 부활절에 카이사르와 모든 죽음의 군단을 이기지 못하셨다면, 우리 교회에서 주일날 「월스트리트 저널」(The Wall Street Journal)과 레오 버스카글리아(Leo Bucaglia, 『살며 사랑하며 배우며』의 저자-역주)를 이기지 못하실 것이다.[32]

우리는 번역과 관련성에 대한 우리의 영리한 노력으로 그리스도를 끌어내리는 것이 아니라, 그리스도가 우리에게 내려오셔서 그분만의 분위기를, 즉 위로는 물론 대결적 분위기를 조성하신다.

윌리몬은 다음과 같이 덧붙인다.

아아, 내가 아는 대부분의 '복음적' 설교는 사람들을 주관성에서 구출하려는 시도라기보다는 주관성 속으로 더 깊이 끌어들이려는 노력이다.[33]

복음에 대한 우리의 지적 문제는 의미의 문제가 아니라 실제로는 능력에 관한 문제이다. '내가 이걸 어떻게 믿을 수 있을까'라는 제한적인 지적 문제가 아니라 '내가 현재 어떤 권력 구조의 노예가 되어 있는가'라는 지적 문제이다.[34]

---

[32] Ibid., 25.
[33] Ibid., 38.
[34] Ibid., 42.

이것이 바로 우리에게 "외적 말씀"이 필요한 이유이다.[35] "따라서 어떤 의미에서는 우리가 복음을 발견하는 것이 아니라 복음이 우리를 발견하는 것이다. '너희가 나를 택한 것이 아니요 내가 너희를 택하여 세웠나니'(요 15:16)."[36]

우리에게는 우리 밖의 구원이 필요하므로 우리 밖의 말씀이 필요하다. 윌리몬은 "자력 구원은 우리 설교의 많은 부분이 지향하는 목표"라고 요약한다.[37] 이와는 대조적으로 성경은 복음이 단순히 새로운 인식이 아니라 새로운 소식이라는 점을 반복해서 강조한다.

> 그리스도인이 된다는 것은 독특한 이야기를 가진 사고로 형성된 공동체, 즉 반문화 공동체의 일원이 되는 것이다. 이 이야기는 은혜에 관한 것이기 때문에 유앙겔리온(*euangelion*), 즉 좋은 소식이다. 그러나 일반 미국인 열 명 중 아홉 명이 이미 알고 있는 상식이 아니므로 소식이기도 하다. 복음은 자연스럽게 오지 않는다. 복음은 예수님으로 온다.[38]

이 외적 말씀은 신비주의, 도덕주의, 사변의 사다리를 타고 **올라가** 포대기에 싸여 구유에 누워 계신 하나님의 선물을 **받으려는** 우리의 모든 시도에 대항하여 작용한다.

우리가 다른 사람을 소외시키는 방식의 중요성을 무시하지 않더라도, 우리 시대의 가장 큰 비극은 교회에서조차 **우리가 소외시키는 목소리는 바로 하나님이라는 것이다.** 우리 내면의 목소리나 다양한 공동체의 목소리가 드러날 수는 있지만, 그것이 온 세상을 향한 하나님의 기쁜 소식인

---

[35] Ibid.
[36] Ibid., 43.
[37] Ibid., 53
[38] Ibid., 52.

계시는 아니다.

설교뿐만 아니라 교리 교수(敎授)와 전례에서 더 폭넓게 말씀을 전할 때에도 우리는 교회 공간을 너무 우리 목소리로 채워서 하나님이 말씀하시는 것을 들을 수 없다. 성경은 심지어 교회에서 노래하는 목적조차도 "그리스도의 말씀이 너희 안에 풍성히 거하게 하려는 것"(골 3:16; 참조, 엡 5:19)이라고 말하지만, 심지어 여기에서도 많은 경우 자기 표현에 중점을 두고 있는 것처럼 보인다.

스티븐 웹이 관찰한 것처럼, 하나님의 초월적 임재보다는 내재에 중점을 두고 있다.

> 이제 찬양 음악의 잔잔한 리듬이 설교보다 예배의 분위기를 더 잘 조성한다. 그 결과, 음악이 말로 하는 말씀을 동반하는 것처럼 보이기보다는 오히려 말로 하는 말씀이 음악을 동반하는 것처럼 보인다.
> 오늘날 우리가 말씀을 듣는 능력을 상실했다면 어떻게 말씀을 권위 있게 전할 수 있을까? …
> 목회자들은 종종 이 끔찍한 상황에 대처하기 위해 설교를 시각적 보조 자료로 보완하는데, 이는 말로 하는 말씀은 중요하지 않다는 생각을 강화할 뿐이다.[39]

우리의 많은 예배는 종교가 "대중의 아편"이라는 마르크스의 주장에 신빙성을 부여하는 것처럼 보인다.

우리가 죽음의 현실로부터 면역을 얻기 위해 스스로 만든 이 폐쇄된 세계 바깥에서 어떤 것이든, 혹은 누구든 우리에게 다가올 수 있을까?

---

[39] Webb, *The Divine Voice*, 26.

세상(과 세상적 교회)은 해방이라고 생각하는 것에 속박되어 진정한 파티를 여는 방법을 알지 못하며, 율법과 복음을 억압하여 슬퍼하지도 춤추지도 못한다(마 11:16-19). 진정한 샬롬(shalom)을 생각할 수 없는 우리는 쇼핑을 한다. 은혜의 축제를 알지 못하고 죽음과 죄와 심판을 끊임없이 부정하는 세상은 궁극적으로 사물의 큰 계획에서 무엇이 유용하거나 관련성이 있는지에 대한 신뢰할 만한 판단을 기대할 수 없다.

나는 예수님이 자신의 목숨을 구하려고 애쓰는 사람은 목숨을 잃게 될 것이고, 자신의 목숨을 그리스도께 넘겨 죽음과 장례를 치르는 사람은 스스로는 상상할 수 없던 부활의 상태로 되돌아오게 될 것이라고 말씀하실 때 이것을 예수님의 요점으로 받아들인다(마 16:25). 그것은 영광의 길이 아니라 십자가의 길이다(24, 26절). 성령은 말씀과 성찬을 통해 우리를 그리스도의 죽음에 동참하도록 세례를 주시고 그분과 함께 새 생명으로 살리신다(롬 6:1-14).

주권적 자아는 자신이 인식하지 못하는 자신의 유익을 위해 용기를 내거나, 회유하거나, 즐겁게 하거나, 심지어 깨달음을 얻으려 하지 말고 하늘의 재판정에 소환되어야 한다. 그곳에서 우리와 같은 다른 사람들이 하나님에 대해 말할 뿐만 아니라, 육신이 되셔서 지금도 거룩한 말씀으로 우리에게 말씀하시는 하나님이 우리 자신에 대해서도 진리를 말씀하실 것이다.

그러나 우리 중 누구도 이것을 좋아하지 않는다. 구부러진 자아(curved-in self)는 그러한 공격에 맞서 무기고에 있는 모든 도구를 동원할 것이다. 그러나 디트리히 본회퍼(Dietrich Bonhoeffer)가 주장하듯이, 교회의 설교와 실천을 교회의 교양 있는 멸시자들에 더 적합하게 만들려는 시도는 "우리 안에 (이성이든, 문화든, 국민이든[Volk]) 성경과 선포를 판단할 수 있는 아르키메데스적 기준점(Archimedean point)"이 있다고 가정한다.⁴⁰ 그러나 "그 말씀은 어떻게든 현실화하기를 바라며 인간 존재의 변두리에서 기다리는 것이 아니라, 그 자체의 적절한 의사소통적 활력으로 자신을 선포한다."⁴¹ 본회퍼는 다음과 같이 말한다.

> 우리는 우리 자신의 존재에서 쫓겨나고 지상에서 하나님의 거룩한 역사로 되돌아가게 된다. 그곳에서 하나님은 신적 진노와 은혜를 통해 우리의 필요와 죄를 다루셨다. 중요한 것은 하나님이 오늘날 우리 삶의 구경꾼이시자 참여자시라는 것이 아니라, 우리가 거룩한 이야기, 즉 이 땅에서, 그리스도의 이야기에서 하나님의 행동에 주의 깊게 귀 기울여 듣는 청자와 참여자라는 것이다.
>
> 하나님은 오늘날 우리가 그곳에 있는 한 우리와 함께하신다. 우리의 구원은 '우리 자신 밖에서'(*extras nos*) 이루어진다. 나는 내 삶의 이야기가 아니라 오직 예수 그리스도의 이야기에서 구원을 발견한다. ⋯ 우리가 우리의 삶, 우리의 문제, 우리의 죄책감이라고 부르는 것은 결코 현실 전부가 아니다. 우리의 삶, 우리의 필요, 우리의 죄책감, 우리의 구원은 성경에 있다.⁴²

다른 곳에서 그는 다음과 같이 덧붙인다.

> 성경 이외의 어떤 다른 곳은 나에게 너무 불확실해졌다. 나는 그곳에서 나 자신에 관한 어떤 신적 분신을 만나게 될까 두렵다.⁴³

---

40   John Webster, *Word and Church* (Edinburgh: T&T Clark, 2001), 81.
41   Ibid., 82.
42   Dietrich Bonhoeffer, *Life Together* (Minneapolis: Fortress Press, 1996), 62에서 인용한 Ibid., 83.
43   Webster, *Word and Church*, 85, from Dietrich Bonhoeffer, *Meditating on the Word* (Cam-

웹스터가 주장한 것처럼, 우리는 이 파괴적인 말씀을 우리의 경험과 이성과 연관시키려 하지 말고, 포기(죄 죽임, mortification)와 제자도(살림, vivification)와 연관시켜야 한다.[44]

이전 장에서 지적했듯이, 종교개혁자들이 말씀의 창조물로서의 교회에 대한 개념은 합리주의의 내적 눈이나 우상 숭배적 시야의 외적 눈이 아니라 언약 집회에서 하나님의 목소리를 듣는 것을 확증했다.

귀라는 기관을 통해 단순히 정신이나 감정이 아닌 전인은 "믿음은 들음에서 나며 들음은 그리스도의 말씀으로 말미암았기"(롬 10:17, NKJV) 때문에 의로워지고 새로워진다. 성례전적 말씀에 대한 강조는 논의를 언약적 담론의 차원, 즉 그 핵심이 극적이고 사건적인 신적 말씀과 인간적 응답의 차원으로 이동시킨다.

2. 교회적 실천에의 포로

복음주의적 개인주의의 혼란과 전통에 대한 자유주의적 공격에 대항하여, 점점 더 많은 개신교 신학자들이 교회가 말씀의 어머니라는 전통적인 로마가톨릭의 주장에 매력을 느끼고 있다.[45]

---

bridge, MA: Cowley, 1986), 46에서 인용함.

[44] Webster, *Word and Church*, 86, 88, 92.

[45] 일부는 린드벡(Lindbeck)의 문화언어학적 모델(cultural-linguistic model)에 영향을 받았다. 그의 교리에 관한 규칙 이론(rule theory of doctrine)의 진술을 참고하려면, George Lindbeck, *The Nature of Doctrine* (Louisville, KY: Westminster John Knox Press, 1984)를 보라. 정경과 교회의 이런 관계를 보다 전통적인 "가톨릭" 방식으로 해석하는 사람들로는 로완 윌리엄스 캔터베리 대주교(Archbishop of Canterbury Rowan Williams)가 있다. 그의 작품, *On Christian Theology* (Oxford: Blackwell, 2000)에서 성경에 관한 장을 보라. 또한, Robert Jenson, *Systematic Theology*(Oxford: Oxford University Press, 1997), 1:27-30을 보라. 스티븐 파울(Stephen Fowl)과 L. 그레고리 존스(L. Gregory Jones)는 그들의 책, *Reading in Communion: Scripture and Ethics in Christian*

우리를 우리 자신으로 형성하는 데 실천의 중요한 역할을 강조하는 많은 포스트 자유주의 개신교인들은 (종교개혁자들이 강조한 것처럼) 우리가 그리스도의 몸으로서 함께 하나님의 말씀을 들을 뿐만 아니라 성경도 교회의 책이라고 주장한다.[46]

스탠리 하우어워스(Standley Hauerwas)는 "솔라 스크립투라(*sola scriptura*, 오직 성경)가 텍스트와 해석의 구분을 뒷받침하는 데 사용될 때", "솔라 스크립투라가 교회에 도움이 되기보다는 이단이라는 것이 나에게는 분명해 보인다"라고 쓴다.[47] 비트겐슈타인의 후기 언어 이론을 바탕으로 한 조지 린드벡의 교리 이론을 정교화하면서, 하우어워스는 말씀에 의미를 부여하는 것은 교회, 특히 교회의 도덕적이고 덕을 형성하는 실천이라고 주장하는 많은 후기 자유주의자 중 한 사람이다.[48]

신앙과 실천의 통합적 관계와 설교가 의미가 있는 사회적(즉, 교회적) 맥락을 상기시키는 데 도움이 되는 이 접근법은 언약의 구체적인 맥락이 형

Life(Grand Rapids: Eerdmans, 1991)에서 비슷한 맥락에서 주장한다.

[46] 데이비드 켈세이(David Kelsey)는 *The Uses of Scripture in Recent Theology* (Philadelphia: Fortress Press, 1975)에서 존재론적 판단을 내리는 것에 대해 그의 전 동료들(한스 W. 프라이(Hans W. Frey)와 조지 린드벡(George Lindbeck)이 가진 경계심을 보여 준다. 내가 그의 글을 올바르게 읽었다면, 켈세이는 결국 성경이 교회에서 권위를 갖는 것은 교회가 성경을 정경으로 채택했기 때문이라고 제안한다. 따라서 성경의 권위는 기능적이고 교회적으로 파생된다. 예를 들어, 로버트 젠슨에게 정경은 존재론적으로 권위가 있지만, 이 권위는 하나님의 말씀 행위 자체에 의존하는 것만큼이나 교회를 통한 중개에 의존한다(*Systematic Theology*, 1:25-50). 따라서 개개의 차이를 고려하여 예일 학파로 대표되는 비트겐슈타인주의적 포스트 자유주의와 젠슨과 관련된 복음주의 및 가톨릭 진영은 성경이 무엇인지에 대해서는 별로 말하지 않고 성경이 교회에서 어떻게 기능하는지, 즉 성경의 선포가 만들어 내는 교회와 교회의 텍스트 규범과는 구분되는 기능주의적 설명을 제시한다.

[47] Stanley Hauerwas, *Unleashing the Scripture: Freeing the Bible from Captivity to America* (Nashville: Abingdon, 1993), 27. Cf. Stanley Hauerwas, *A Community of Character: Toward a Constructive Christian Social Ethic* (Notre Dame, IN: University of Notre Dame Press, 1981

[48] Reinhard Hütter, *Suffering Divine Things: Theology as Church Practice*, trans. David Scott (Grand Rapids: Eerdmans, 2000), 131-32를 보라.

식과 내용 사이의 이원론을 거부하는 언약적 교회론의 관점에서 볼 때 더욱 매력적으로 보인다. 그러나 교회적 실용주의는 믿음을 창조하는 듣는 것보다는 자기 창조 과정(self-poiesis)을 수용하는 인간 중심적이고 내재론적인 경향을 더 개인주의적인 경쟁자와 공유한다.

교회가 말씀의 창조물이 아니라 말씀이 쉽게 교회의 창조물이 된다. 문제의 핵심은 우리가 성경(the Bible)을 "성경"(Scripture)이라고 부르는 것이 성경의 (존재론적) 의미 때문인가, 아니면 교회의 결정과 사용(기능적 의미) 때문인가 하는 데 있다. 그러나 후자를 택하는 것은 포스트 자유주의나 포스트모더니즘과는 거리가 멀다. 예를 들어, 아돌프 폰 하르낙(Adolf von Harnack)이 후자를 따랐다.[49] 사실 이 문제는 종교개혁자들과 그 계승자들이 자주 접하고 인상적인 논증으로 답했던 문제였다.[50]

존 웹스터(John Webster)는 교회 전통에 반하는 정경의 개념이 또한 성경을 "규범이 아닌 산물"로 취급하는 사회문화적, 사회정치적, 이데올로기

---

[49] 그의 *Word and Church*에서, 웹스터(Webster)는 아돌프 폰 하르낙(Adolf von Harnack)의 *History of Dogma* (New York: Dover, 1961), 2:62 n. 1을 인용한다. "교회 역사 전체에서 사도 정경을 형성하고 그것에 구약 성경과 동등한 지위를 부여한 것보다 더 위대한 창조적 행위는 언급 할 수 없다"(11). 웹스터는 "사실상 정경은 '성경'의 범주에서 '전통'의 범주로 옮겨 가는데, 이는 성경과 전통을 명확하게 구분하기가 매우 어렵기 때문이다"라고 판단한다. 따라서 "오직 성경(*sola scriptura*)이라는 교의적 원칙은 점점 더 작동하기 어려워진다"(12). 이 중요한 논문 "정경"(Canon)에서 웹스터는 이 해석을 반박하기 위해 칼빈의 몇 가지 중요한 인용문을 포함한다. 개혁파 스콜라 학자들은 이 점에 대해 정교한 논증을 제시했는데, 이 논증은 (1) 교회가 정경보다 시간적으로 앞섰고 (2) 교회가 정경에 동의했다는 인식에 의해 미묘한 차이를 보인다. 그러나 말씀(the Word)은 교회와 텍스트 정경 모두에 선행했으며, 교회는 정경을 창조한 것이 아니라 수용했다. 객관적 기준(특히 사도적 기원에 관한 문서의 진위 여부)이 사용되었다는 사실은 교회가 성경을 승인할 수 있는 위치에 있다고 생각하지 않고 단순히 성경을 받아들이는 데 그쳤다는 것을 보여 준다.

[50] Richard Muller, *Post-Reformation Reformed Dogmatics*, vol. 2, *Holy Scripture: The Cognitive Foundation of Theology* (Grand Rapids: Baker Book House, 1993), esp. 357-88을 보라.

적 비판 때문에 거부되고 있음을 관찰했다.[51]

"정경의 자연화"(naturalization of the canon)는 교회 전통과 권위를 지지하는 것처럼 보이지만 교회의 권위마저 해체하는 방향으로 나아가고 있다.[52] 따라서 그런 비판은 계몽주의가 드리운 긴 그림자 속에 서 있으며, 궁극적인 목표는 자아의 외부에 있는 최종 권위를 완전히 배제하는 것이다.

앨리스데어 매킨타이어(Alisdair MacIntyre), 스탠리 하우어워스(Stanley Hauerwas), 존 밀뱅크(John Milbank)는 근대성의 권위로부터의 도피에 대해 가장 통찰력 있는 비평가들 가운데 있지만, 이들은 내재적 주권의 한 형태(자아)를 다른 형태(교회)로 대체할 위험이 있다.

단지 "오직 성경"만이 교회의 정당한 목회적 권위가 교권적 절대주의(magisterial absolutism)로 변질하는 것을 막는 진정한 초월성을 확보할 수 있다. 삼위일체 하나님의 말씀에 의한 이런 주권은 세상만큼이나 많이 교회도 그리스도의 보좌 아래 놓이게 한다.

웹스터는 정경(sola scriptura)이 "오직 은혜"(sola gratia), "오직 그리스도"(sola Christo), "오직 믿음"(sola fide)과 밀접하게 연결될 때에만 적당하게 이해할 수 있다고 올바르게 주장한다.[53]

교회의 대리권과 사용이 하나님의 것을 대체한다면 복음의 은혜로운 특성 자체가 위태로워진다. 문제는 우리가 (집단으로 또는 개인적으로) 우리의 신성한 생각, 경험, 실천으로 하나님께 올라가느냐, 아니면 하나님이 새로운 세상을 창조하기 위해 내려오시느냐 하는 것이다. "실천이 말에 의미를 부여한다"는 비트겐슈타인의 해석학적 관찰에 이의를 제기할 이유는 없다.[54]

---

51   Webster, *Word and Church*, 11-46.
52   Ibid., 17.
53   이것이 *Word and Church*에서 그의 논문 "정경"(Canon)에 이미 인용한 웹스터의 입장 취지이다.
54   Ludwig Wittgenstein, *Lecture on Ethics, Culture and Value*, ed. G. H. von Wright, trans.

그러나 중요한 질문은 이것이다.

"말에 의미를 부여하는 실천이 무엇보다도 하나님의 것인가 아니면 우리의 것인가?"

정경에 대한 교회의 **인식**과 정경을 **만들 수 있는** 것으로 추정되는 권위를 혼동하는 것 외에도, 이런 궤적이 제기하는 더 근본적인 도전이 있다. 교회에 대한 정경의 승리는 인간의 반역과 심판에 대한 은혜의 승리와 함께 성패가 갈린다. 교회는 말씀의 은혜뿐만 아니라 말씀의 심판 아래 자신의 자리를 받아들이는 죄 많은 세상의 단순히 그 부분일 뿐이다.

'전체 그리스도'(totus Christus) 사상이 머리이신 그리스도를 그분의 교회인 몸과 혼동할 때마다, 그분의 교회에 대한 그리스도의 외적 말씀(verbum externum)은 교회가 단순히 자신에게 말하는 사례가 되기 쉽다.

그리고 우리가 구원에 관한 말을 다루고 있으므로 이것은 교회가 좋은 실천(good praxis)으로 자신(그리고 아마도 세상)을 구원하는 것 이외의 다른 것을 의미할 수 있을까?

이런 말씀의 내재화, 즉 말씀을 영리하고, 관련성이 있고, 신비롭고, 덕이 있고, 유용한 인간의 말로 길들이는 것은 오늘날 교회 전반에 걸쳐 다양한 방식으로 나타나고 있으며, 그것들 모두 자아나 공동체가 자율적 껍질 안에 편안하게 안주할 수 있도록 하는 내면화를 촉진하고 있다.

P. Winch (Oxford: Blackwell, 1966), 81

3. 융합하는 포로 상태

칼빈이 설명한 이런 두 가지 "열정"의 융합을 반영하듯, 최근의 일부 복음주의 신학은 교회의 규범보다 개인의 경험을 우선시하는 경건주의적 강조와 말씀의 어머니로서 교회에 대한 후기 자유주의적 강조를 동시에 끌어안고 있다. 이런 제안이 겉으로 보기에 모순되는 궤적을 통합하는 데 성공할 수 있을지는 지켜봐야 한다.

예를 들어, 복음주의 신학자 스탠리 그렌츠(Stanley Grenz)는 경건주의와 자유주의 전통의 경험적 표현주의와 외적 말씀을 교회 담론에 최종적으로 동화시키는 문화 언어적 실용주의를 결합한다.[55]

그는 『복음주의 신학의 수정』(Revisioning Evangelical Theology)에서 이런 첫 번째 강조점을 이끌어 가며 복음주의가 "신학"이라기보다는 "영성"에 가깝고 신조, 고백, 전례보다는 개인의 경건에 더 관심이 있다고 주장한다.[56] 그는 경험이 교리를 낳고, 교리가 경험을 결정하기보다는 오히려 사실 경험이 교리를 "결정"한다고 말한다.[57] 복음주의자들은 "성경의 이야기가 말해질 때 어떤 의미에서 그 이야기를 진실한 것으로 받아들이기 위해" 그들의 마음 즉 거듭난 본능을 따른다.[58]

그러나 주요 요점은 이런 이야기가 일상생활에서 어떻게 사용될 수 있는가이다. 따라서 매일의 헌신을 강조한다. 그렌츠는 개인의 내적 삶에 대

---

[55] 여기서는 조지 린드벡(George Lindbeck)의 획기적 저서인 *The Nature of Doctrine* (Louisville, KY: Westminster John Knox Press, 1984)에 나오는 범주를 사용하고 있다. 린드벡은 보수 개신교와 가톨릭의 "인지적 명제주의"(cognitive-propositionalist) 교리 이론과 자유주의의 "경험적 표현주의"(experiential-expressivist) 관점을 대조하고, 이 둘에 대한 자신만의 대안인 "문화-언어적"(cultural-linguistic) 모델을 제시한다.
[56] Stanley Grenz, *Revisioning Evangelical Theology: A Fresh Agenda for the 21st Century* (Downers Grove, IL: InterVarsity Press, 1993), 17, 31, and throughout the volume.
[57] Ibid., 30, 34.
[58] Ibid., 31.

한 이런 강조에는 교회론적 함의가 있다고 말한다.

> 일부 복음주의자들은 교회를 어떤 의미에서 은혜의 분배자로 이해하는 교회론적 전통에 속하지만, 일반적으로 우리는 회중을 무엇보다도 신자들의 교제라고 생각한다.[59]
>
> 우리는 개인적 변화의 여정("우리의 증거")을 공유한다.[60]

따라서 복음주의에서 "자의식의 근본적 변화"가 진행 중일 수 있으며, "신조 기반에서 영성 기반 정체성으로의 이동"은 개신교 정통보다는 중세 신비주의와 더 유사할 수 있다.[61] "결과적으로, 영성은 내적이고 조용한 것"이며,[62] "낮은 본성과 세상"과 싸우는 것과 관련이 있고,[63] "신자의 애정의 궁극적 초점이 되는 개인적 헌신"이다.[64]

그렌츠는 이런 설명에서 신앙의 기원을 외적 복음에서 찾지 않는다. 오히려 신앙은 내적 경험에서 비롯된다. "영성은 개인 내부에서 생성되기 때문에 내적 동기가 중요"하며, 실제로 "웅장한 신학적 진술"보다 더 중요하다.[65]

> 영적 삶은 무엇보다도 그리스도를 본받는 것이다. … 일반적으로 우리는 종교적 의식을 피한다. 노예처럼 의식을 따르는 것이 아니라 예수님이 하셨을 일을 하는 것이 우리가 생각하는 참된 제자도의 개념이다. 따라서 대

---

59 Ibid., 32.
60 Ibid., 33.
61 Ibid., 38, 41.
62 Ibid., 41-42.
63 Ibid., 44.
64 Ibid., 45.
65 Ibid., 46.

부분 복음주의자는 많은 주류 교회의 성찬주의를 받아들이지 않으며, 성찬을 완전히 배제하는 퀘이커교에 가입하지도 않는다. 우리는 세례와 성만찬을 행하지만, 이런 의식의 의미를 조심스럽게 이해한다.[66]

어쨌든 이런 의식은 개인적 체험을 위한 자극제로, 그리고 하나님의 명령에 대한 순종으로 행해진다고 그는 말한다.[67] "이런 견해는 교회의 우선순위를 신자의 우선순위로 바꾸기 때문에 구원론과 교회론의 관계에 급진적 변화를 가져온다.[68]

"작업을 계속하라. 성장에 도움이 되는 것을 실천함으로써 자신의 삶을 정리하고 영적으로 성숙하지 않은지 살펴보라"고 권면한다. 사실 신자가 침체가 시작되었다고 느끼는 시점에 이르렀을 때, 복음적 충고는 훈련을 실천하는 일에 노력을 배가하는 것이다. 복음주의 영성 상담가는 "자신을 점검하라"고 충고한다.[69]

그는 우리가 교회에 가는 것은 "은혜의 방편"을 받기 위해서가 아니라 교제, "가르침과 격려"를 받기 위해서라고 말한다.[70] 그렌츠는 자신의 해석이 "물질적이고 형식적인 원칙"에 대한 개신교의 신앙고백적 강조, 즉 "오직 그리스도"와 "오직 성경"만을 강조하는 것에 의문을 제기한다는 점을 인정한다.[71]

---

66 Ibid., 48.
67 Ibid.
68 Ibid., 51.
69 Ibid., 52.
70 Ibid., 54.
71 Ibid., 62.

따라서 그렌츠의 설명에서 (슐라이어마허의 설명과 유사하게) 개인과 공동체는 공통된 경험의 수준에서 융합하는 것처럼 보인다. 따라서 복음주의 신학의 수정은 "신학은 역사 속에서 신적 활동을 통해 하나님을 만나고 따라서 이제 현대 세계에서 하나님의 백성으로 살아가려는 사람들의 신앙 경험을 신앙 공동체가 성찰하는 것"이라는 관점을 수반한다.[72]

그렌츠는 성경에 대한 정통적 관점이나 신정통주의적 관점 모두 계시가 "공동체 형성 과정"에서 발생한다는 견해를 적절하게 다루지 못한다고 결론지었다. 그렌츠는 경험적-표현주의적 접근 방식을 포기하지 않고 개인을 넘어 공동체로 확장할 뿐이다.

성경은 본질에서 교회의 종교적 경험에 대한 기록이다.[73] 따라서 말씀의 초월성은 개인적 경험과 공동체적 경험의 융합으로 인해 이중으로 위협을 받는다. 그렌츠는 놀랍게도 "신앙은 본질에서 즉각적인 것"이며 성경은 신앙 공동체가 하나님과 만난 기록이라고 주장한다.[74]

따라서 그렌츠는 말씀과 신앙의 관계를 뒤집는다. 신앙이 하나님의 말씀에 따라 만들어지는 것이 아니라 말씀 자체가 공동체의 경험 때문에 만들어진다. 분명히 이것은 "성경의 권위의 본질에 대한 수정된 이해"를 필요로 한다.[75]

"오직 성경"은 복음주의에서 고귀한 역사가 있다. "그러나 상황화에 대한 헌신은 성경에만 근거한 진리의 구성이라는 오래된 복음주의 신학 개념을 암묵적으로 거부하는 것을 수반한다." 복음주의자들은 신앙과 실천의 유일한 규범 대신에, 실제로 이미 이 운동을 특징짓는 것, 즉 "폴 틸리히(Paul Tillich)가 제안한 잘 알려진 상관 관계의 방법을 명시적으로 수용

---

72 Ibid., 76.
73 Ibid., 77.
74 Ibid., 80.
75 Ibid., 88.

해야 한다.[76]

그렌츠는 복음주의권에서 성경, 이성, 경험, 전통이라는 "웨슬리주의적 사각형"(Wesleyan quadrangle)이 공유된 규범으로 인기를 얻고 있는 것을 높이 평가한다.[77] 성경, 우리의 유산, 현대 문화적 맥락은 위계적으로 연관되기보다는 상호적으로 연관되어야 한다. 그리고 여기에서도 마치 교회가 정경을 받은 것이 아니라 승인한 것처럼 **교회 때문에 정경화된 성경**이다 (강조 추가).[78] 정경이 교회 전통의 영역으로 끌어들여지면서 둘 다 문화에 의해 상대화된다.[79]

그렌츠는 정경에 대한 기능주의적 관점을 명시적으로 채택한다.[80] 우리의 조명뿐만 아니라 성경의 영감도 "모든 시대의 신자가 그들이 독특하고 끊임없이 변화하는 맥락에서 직면하는 문제들과 투쟁하고자 할 때 그들 안에서 성령의 음성을 듣는다"라는 사실에 의존한다.[81] "복음주의자들이 종종 지지하는 이해와는 대조적으로, 성경은 성경을 탄생시킨 신앙 공동체의 산물이다. 이것은 일반적으로 영감으로 알려진 성경 형성 과정에서 성령의 감동에 대한 우리의 고백이 확장되어야 함을 의미한다.[82]

놀랍지 않게도 그렌츠는 이것이 성경과 전통의 관계에 대해 개신교와 로마가톨릭 사이에 더 큰 융합을 가져올 것이라고 제안한다.[83] 그러나 이것은 또한 계시의 지속성에 대한 중요한 카리스마적이고 오순절적인 관점을 통합하고 있다.

---

76 Ibid., 90.
77 Ibid., 91.
78 Ibid., 93.
79 Ibid., 101-3.
80 Ibid., 119.
81 Ibid., 120.
82 Ibid., 121-22.
83 Ibid., 123.

"이런 식으로 패러다임적 사건은 다음 세대가 공동체의 과거 역사의 사건의 관점에서 자신을 바라볼 때 계시의 지속적인 원천이 된다." 이런 결론은 "하나님의 계시를 성경과 단순하게 동일시하는, 즉 성경의 말씀과 하나님의 말씀 자체를 일대일로 대응시키려는 복음주의적 경향을 넘어서는 길을 제시한다."[84]

그렌츠의 『근본주의를 넘어서』(*Beyond Fundamentalism*)의 공동 저자인 존 프랑케(John Franke)도 복음과 문화의 상호 관계와 관련하여 비슷한 주장을 펼쳤다.

> 성경을 통한 성령의 말씀과 문화를 통한 성령의 말씀은 두 가지 의사소통 행위가 아니라 하나의 통일된 말씀이다.[85]

프랑케는 또한 교회를 성경의 어머니로 규정하면서 "더 넓은 개념의 영감"을 추구하는 린드벡의 문화 언어학적 방법에 호소한다.[86] 한편으로 그것은 교회의 구성적 내러티브를 제공한다. "다른 한편으로, 그것은 그 공동체와 공동체의 권위에서 파생된 것이다."[87] 어느 쪽도 다른 쪽에 대한 최종 권위를 갖지 않으며, 계시(성령의 말씀)는 하나님, 교회, 문화 사이의 대화로서 발생한다.[88]

아모스 용(Amos Yong)은 또한 새로운 세대의 복음주의 및 오순절 신학자들 사이에서 증가하는 이런 경향을 따라 "오직 성경"을 현대적 근본주의의 산물로 취급합니다. 대신 그는 성령, 말씀, 공동체를 상호 결정적인 것

---

[84] Ibid., 130.
[85] John Franke, *The Character of Theology* (Grand Rapids: Baker Academic, 2005), 141–42.
[86] Ibid., 151.
[87] Ibid., 152.
[88] Ibid., 153.

으로 이해해야 한다고 주장한다.[89]

그러나 기록되고 전파된 말씀을 신앙과 실천을 위해 하나님이 주신 규범만큼이나 공동체와 그 경험의 산물로 삼음으로써 구원론과 교회론은 신인협력적(synergistic) 측면에서만 이해될 수 있다. 결과적으로, 성경은 "**하나님의 백성이 이 만남 안에서 힘을 얻고, 치유되고, 변화되는 한에서** 공동체에 의해 성령의 영감을 받은 것으로 간주한다"(강조 추가).[90]

우선순위를 갖는 것은 말씀이 묘사하는 세상을 창조하는 말씀의 법정적이고 선언적인 힘이 아니라, 우리의 경험과 변화의 과정을 돕는 기능적 잠재력이다. 말씀이 이런 인간의 행동을 촉진하는 한에서만 말씀은 영감된 것이다.[91] 말씀과 성례전, 그리고 "말씀, 춤, 외침, 치유"는 그리스도인들의 "물질적이고 구체화된 경험 속에서 성령의 현현"을 위한 기회를 제공한다.[92]

4. 모든 지상 권력을 넘어서

지금까지 이 장은 일방적으로 비평에 주어졌으므로 이제 말씀이 개인의 자율성과 교회의 자율성을 어떻게 해체하는지 제안함으로써 해석 단계로 이동할 것이다.

---

89 Amos Yong, *The Spirit Poured Out on All Flesh* (Grand Rapids: Baker Academic, 2005), 156. See also his *Spirit-Word-Community: Theological Hermeneutics in Trinitarian Perspective* (Burlington, VT: Ashgate, 2002).
90 Yong, *The Spirit Poured Out*, 298.
91 Ibid., 156.
92 Ibid.

1) 개인의 왕국

메시지뿐만 아니라 방법도 우리 외부로부터의 구속과 관련이 있다. 스티븐 웹(Stephen H. Webb)은 다음과 같이 우리를 상기시킨다.

> 따라서 시각이 거리와 시간성을 나타내지 못하는 방식으로 소리는 거리와 시간성을 나타낸다. 청각은 외부로 발산되는 내면의 조명이 아니라 외부에서 내부로 진행된다. … 소리는 우리를 소음의 근원으로 인도하여 우리 자신으로부터 끌어내는 반면, 시각은 이미지를 우리에게 가져다준다. … 소리는 즉각적이지 않으면서도 친밀하다.[93]

웨스트민스터 신앙고백서 작성자들은 말씀의 설교가 "사람들을 자신에게서 몰아내 그리스도께로 인도하는" 구원의 "효과적 수단"이라고 지적했다.[94] 우리가 저항하는 것은 바로 우리 자신에게서 몰아내는 이 말씀 설교 사건이며, 말씀 설교는 우리를 문제 삼는 타자성을 극복하기 때문에 즉시성을 선호한다.

이를 메롤드 웨스트팔(Merold Wetphal)은 "존재론적 외국인 혐오증", 즉 "가령 낯선 존재가 하나님일지라도 낯선 존재를 만나는 것에 대한 두려움"이라고 한다.[95]

폴 루이스 메츠거(Paul Louis Metzger)가 상기시키는 것처럼 경험하고, 상징하고, 표현하고, 추론하고, 계산하고, 입법화하는 자아보다 신적 화자(divine speaker)를 우선하는 것은 키에르케고르(Kierkegaard)를 이용하는 바르

---

[93] Webb, *The Divine Voice*, 46.
[94] The Westminster Larger Catechism, Q. 155, in *BC*.
[95] Merold Westphal, *Overcoming Onto-theology: Toward a Postmodern Christian Faith* (New York: Fordham University Press, 2001), 238.

트(Barth)가 강력하게 주장한 것이다.

"키에르케고르는 예나 지금이나 이교도에 반대해 독자들에게 자신의 내면을 들여다보라고 권면한다. 왜냐하면, 독자는 자신의 내면에서만 '자신의 비진리를 발견'하기 때문이다." 이 주체적인 스승은 산파 이상으로 우리를 외부의 압제자들뿐만 아니라 우리 자신으로부터도 구원하고 건져내려고 온다. 하나님은 우리에게 "진리를 발견하거나 비진리를 발견할 기회"를 주기 위해 오시는 것이 아니라 "'구원자', '구조자', '화해자', '심판자'로서 오신다. 이것은 하나님께는 유일한 지혜이지만 헬라인과 그 후손에게는 어리석은 일이다."[96]

이것이 복음의 가장 날카로운 공격의 요점이다. 말씀이 우리의 목표를 달성하는 데 도움이 되고, 우리의 프로젝트를 격려하며, 우리의 자존감을 확인하고, 미덕의 공동체를 형성하며, 유용한 가르침을 제공한다는 데는 아무도 이의를 제기하지 않을 것이다. 그러나 바르트가 분명히 인식했듯이, 말씀을 치료적 또는 도덕적 유용성으로 축소하는 것은 포이어바흐의 비판을 반박하기보다는 오히려 그의 비판을 불러일으킨다.

뇌 연구의 선구자인 로버트 제이 리프턴(Robert Jay Lifton)은 현대인의 성격을 "변화무쌍한 자아"로 규정했다. 포스트모던 자아는 항상 자기 변혁의 과정에 있고, 변신 중이며, 새로운 정체성으로 가는 길목에서 대격변적 재탄생의 순간을 갈망한다.[97] 피터 버거(Peter Berger)는 "근대성은 까다롭게 고르는 것이 필수가 되는 새로운 상황을 만들어 냈다."[98]

현실을 선물로 받아들이기를 거부하는 급진적 주의주의(主意主義, voluntarism)는 자아가 스스로 선택한 현실만을 인정한다. 리프트가 지적하

---

[96] Paul Louis Metzger, *The Word of Christ and the World of Culture: Sacred and Secular through the Theology of Karl Barth* (Grand Rapids: Eerdmans, 2003), 68.
[97] Jay Lifton, "The Protean Self," in *The Truth about the Truth*, ed. Walter Truett Anderson (New York: Putnam, 1995), 130-35.
[98] Peter Berger, *The Heretical Imperative* (New York: Doubleday, 1979), 78.

는 것처럼, 이런 상태의 문제점은 변화무쌍한 자아가 아무리 많은 변신을 시도해도 "명확한 기원이 없으므로 그만큼 더 골치 아픈 계속되는 무가치하다는 느낌을 스스로 제거할 수 없다는 것이다."[99]

이 단어가 성취하는 것은 바로 "프로테우스"(Proteus)라는 명명이다. 더는 자기 변형에 의한 억류를 피할 수 없는 변화무쌍한 자아는 방향을 읽게 만드는 낯선 존재를 받아들여야 하며, 그 과정에서 이제 변화무쌍한 자아가 느끼는 죄책감의 기원뿐만 아니라 용서의 원천도 인식하게 된다.

진리는 발견되는 것이 아니라 만들어지는 것이라는 니체(Nietzshce)의 가정에 빚을 지고 있는 이 시대에 변화무쌍한 자아는 놀라운 일이 아닐 수 없다. "내 삶에 목적이 없다는 것은 그 기원의 우연성에서 분명하게 드러난다"라고 그는 썼다. "내가 스스로 목표를 설정할 수 있다는 것은 또 다른 문제다."[100]

오늘날 시장은 이런 자기 변형에 필요한 모든 자원을 제공하겠다고 약속하지만, 이는 자율성과는 거리가 먼, 시장이 제공하는 선택의 노예가 될 뿐이다. 본질에서 낭만주의적 성격을 띤 영감의 관점에 따르면, 성경은 이런 변형을 촉진하는 한도 내에서 하나님의 말씀이다.

포이어바흐에서 프로이트에 이르는 현대 무신론은 종교가 본질에서 자아와 그 욕구의 투영이라고 주장했지만, 현대 교회의 많은 관행은 실제로 이런 관점을 파괴적 비판으로 인식하기보다는 암묵적으로 수용하는 것처럼 보인다.

우리의 경건한 경험, 행위, 역사, 엄숙한 선언, 희망, 두려움 등 우리 자신에게서 벗어나 우리 밖에 계신 구세주(히 12:2)에게 청각적 시선을 고정하는 것이 바로 성례전 말씀의 목적이다(혼합된 은유는 의도적임). 죄의 본질

---

[99] Lifton, *The Protean Self*," 133.
[100] Friedrich Nietzsche, *The Portable Nietzsche*, ed. W. Kaufmann (New York: Viking Press, 1968), 40.

이 우리 자신에게 굽어 있으므로, 경건한 성찰이나 영성의 이름으로라도 익숙한 '내 안의 신'에게로 향하는 것은 결국 은혜의 하나님이 아니라 진노의 하나님을 발견하게 될 수밖에 없다.

루터와 칼빈은 모두 구석에 홀로 성경을 들고 앉아 있는 것으로 신실한 그리스도인이 될 수 있다고 생각하는 사람들에게 엄중한 경고를 보냈는데, 이는 "솔라 스크립투라"가 아니라 패러디에 불과하다는 것이다.[101]

마찬가지로 윌리엄 아브라함(William J. Abraham)은 기독교인의 말씀 경험을 사회-교회적 맥락에서 뿌리 뽑아 "도덕적, 신학적 내용"이 절망적으로 부족한 고아로 만드는 개종주의의 위험성에 대해 효과적으로 주의를 환기한다.[102]

말씀이 외부에서 자기 자신에게 온다는 개념은 '낯선 존재와 이방인'을 하나님의 드라마 속으로 끌어들이기 위해 성경조차도 자신의 프로젝트에 포로로 삼으려는 자율적 자아의 시도를 도전하고 심판한다. 성경이 말하는 친교를 창조하는 것은 경건한 개인이나 성스러운 교회가 아니라 '살아 있고 활동적인' 하나님의 말씀이다. 그러나 하나님의 해방하시는 은혜는 폐쇄적 자아에 의해 공격과 속박의 행위로 마주친다.

복음이나 복음을 전하기 위해 그리스도께서 제정하신 관행은 자명하지 않다. 복음은 반드시 들어야 하는 이야기이며, 우리를 계속 놀라게 하고 방심하게 만드는 기묘한 이야기이다. 말씀은 우리의 이성과 경험의 직관에 포로가 되는 대신, 우리를 포로로 잡는다.

교회의 실천도 여기에 한몫하겠지만, (감사하게도) 그것은 결코 복음 그 자체가 아니라 항상 그 자체로부터 "그리스도의 말씀"(롬 10:17)을 가리킨다. 교회의 행위는 세상 속에서 발언의 기회를 얻을 수 있는 능력에 도움

---

[101] 이 주제를 좋은 논의를 참고하려면 Keith A. Mathison, *The Shape of Sola Scriptura* (Moscow, ID: Canon Press, 2001)을 보라.
[102] William J. Abraham, *The Logic of Evangelism* (Grand Rapids: Eerdmans, 1989), 95.

이 될 수도 있고 방해가 될 수도 있지만, 그 신실함은 언제나 말씀의 효과이지 말씀 자체의 일부가 아니다. 자신의 행위를 복음의 일부로 선포하는 자신이나 교회는 이미 복음 전파에 실패한 것이다.

교회가 자신에 대해 증언하는 것 중 하나는 그리스도에 대한 믿음이 있다는 것뿐만 아니라 이 믿음이 종종 약하고 실제 실천이 종종 죄가 있다는 것이다. 교회는 하나님의 은혜로 자신의 불경건을 인정하고 예수 그리스도 안에서 하나님의 의롭다 하심과 거룩하게 하시는 역사를 받아들이는 세상의 한 부분일 뿐이다. 말씀이 우리의 삶과 교회에 들어오는 곳마다 두 시대의 충돌이 일어난다. 이 말씀은 현 상태를 긍정하는 것 이상으로 교회를 끊임없이 도전하고 교란할 것으로 예상할 수 있다.

2) 공동체의 왕국

은혜 언약 안에서 우리는 내성적이고 도덕주의적이며 자기중심적이고 자기 정당화하는 에로스에서 벗어나 대신 우리를 화해시켜 주신 낯선 존재에게서 최고의 기쁨과 만족, 즉 진정으로 성취된 에로스를 발견하게 된다.

우리는 우리 자신으로부터 그리스도 안에서 하나님과 그분의 은혜로 이끌린다. 또한, 우리는 고립된 경험에서 언약 공동체로 이끌리며, 영적, 도덕적, 정서적 나르시시즘에서 해방되어 세상 속에서 이웃을 사랑하고 섬길 수 있게 된다.

이것이 바로 말씀의 역사이다. 하나님이 말씀하시기 때문에 그분의 이름을 가진 공동체가 존재한다. 그러나 이 관계를 뒤집으면 우리는 말씀과 교회를 모두 잃게 된다.

하나님은 말씀과 성례를 통해 일하신다. 이런 신성한 관행은 우리를 믿음으로 하나님을 바라보고 사랑의 섬김으로 이웃을 향해 나아가는 외향적 피조물로 만든다. 이 말씀의 주권과 낯섦을 피하고자 합리화가 넘쳐난다. 분명히 성경은 그 자체로 명확하지 않으므로, 자아(또는 교회)가 추론하며 그래서 자아가 관계를 계속 책임지는 상태로 남아 있을 수 있다.

그러나 웹스터(Webster)는 다음과 같이 반박한다.

> 성경은 성경이 하나님과 맺고 있는 관계로 인해 스스로 해석되고 명료하며, 성경의 명료성은 권위 있는 당국, 학자-왕자 또는 경건한 독자에 의해 만들어진 것이 아니라 내재한다.[103]

포스트모더니즘이 강조하는 생산(poesis)과 해석자의 텍스트 의미 재창조는 "일종의 해석학적 펠라기우스주의"를 반영한다.[104] "그것은 주석적 난점들이 아무리 사실일지라도 그것들은 결국 성경 읽기의 어려움의 핵심이 아니라는 것을 암시할 수 있다. 진짜 문제는 다른 곳에 있는데, 바로 은혜에 대한 우리의 반항에 놓여 있다."[105]

자아에 대한 현대성의 중독에서 벗어나는 경향은 교회적 실천의 우선순위에 대한 문화적-언어적 강조뿐만 아니라 신헤겔주의적 토투스 크리스투스 교회론과 밀접하게 연관되어 있다.

많은 복음주의자의 경험에서 "오직 성경"은 교회라는 서식지에서 개인적 영성의 영역으로 옮겨졌다. 하나님이 자신의 마법을 행하시는 성례전적 말씀이 경시되면서 성경은 "개인적 성장"을 위한 자료가 되었다. 어떤 경우에는, 특히 이머전트 운동(emergent movement)이라고 불리게 된 "근본주의"와 "현대성"의 (가상적이고 실제적인) 손아귀에서 벗어나려는 또 하나

---

103 Ibid., 93.
104 Ibid., 100. 이 점에 관해서 *Suffering Divine Things: Theology as Church Practice* (Grand Rapids: Eerdmans, 2000), 61-63에서 Reinhard Hütter의 탁월한 요점을 보라.
105 Ibid., 106.

의 시도 때문에 "오직 성경"에 대한 비판이 부추겨지기도 한다.[106]

그러나 종교개혁의 관점에서 성경이 신앙과 실천의 유일한 규범이라고 말하는 것은 단순히 교회에 대한 그리스도의 유일한 주 되심(the sole lordship)을 주장하는 것이다. 그리스도는 정경을 통해 그분의 성령으로 하늘에서 통치하신다. 그래야만 복음이 교회의 창조물이 아니라 교회가 진정으로 복음의 창조물이라고 말할 수 있다.

칼빈은 다음과 같이 주장했다.

> 하나님은 오직 말씀을 통해서만 교회를 낳고 번성시키신다. …
> 교회가 멸망하지 않는 것은 오직 하나님의 은혜의 전파에 의해서만 가능하다.[107]

설교와 성찬은 분명 교회의 관행이며, 언약적 관점에서 복음 전도는 사람이 가시적 교회에 공개적으로 가입할 때까지 불완전한 것으로 이해된다(행 2:47). 복음 전도의 이런 과제는 이미 언약 공동체 안에 있는 사람들, 즉 신자와 그 자녀들뿐만 아니라 "모든 먼 데 사람"(2:39)에게도 집중되어야 하므로, 교회는 구원받은 **사람들**의 총합일 뿐만 아니라 이런 일이 일어나는 **장소**이기도 하다.

칼빈은 키프리아누스의 말을 의역하여 "[하나님]이 아버지이신 사람들에게 교회는 어머니"라고 말할 수도 있다고 했다.[108]

그러나 이것이 교회가 그런 관행의 효과적인 주체라는 것을 의미하지 않으며, 더구나 그런 관행의 창시자이자 승인자라는 것을 의미하진 않는

---

[106] Brian McLaren, *A Generous Orthodoxy*(Grand Rapids: Zondervan, 2004), 133-40, 198, 210.
[107] John Calvin, *Commentary on the Psalms*, trans. John King (repr., Grand Rapids: Baker, 1998), 1:388-89.
[108] Calvin, *Institutes* 4.1.1.

다. 대사의 연설이 국가의 정책을 시작하거나 효력을 발생시키지 않고 전달하는 것처럼, 교회의 사역은 신적 행동의 원인이 아니라 수단이다. 또한, 대사와 마찬가지로 교회는 스스로의 관행이나 은혜의 방편을 창안할 수 없다. 하나님은 자비를 베푸시는 일에 진정으로 적극적일 것을 약속하셨지만, 하나님이 직접 선택하신 장소와 수단을 통해 이루어질 것이다.

다시 한번 말하지만, 머리와 몸, **우리 밖으로부터**(*extra nos*)의 구속과 **우리 안에서**(*in nobis*)의 성화, 외적 칭의와 내적 갱신을 혼동하는 교회론(ecclesiology)은 교회가 은혜의 수혜자라는 사실을 제대로 다룰 수 없다.

낮은 교회 교회론(Low-church)은 그리스도와 신자를 혼동하는 반면, 높은 교회 교회론(high-church)은 그리스도를 공동체와 합친다. 이들은 "하나님의 자유로운 위엄에 대해 충분한 주의를 기울이지 않는다"고 웹스터는 지적한다. 그리고 그는 "교회의 은혜롭거나 기적적인 특성, 즉 교회를 존재하게 하는 하나님의 완전한 사역과 대비되는 교회가 가진 순전한 차이점은 종종 참여의 언어가 종종 사용되는 쉽고 문제 없는 방식으로 인해 어느 정도 손상된다"고 덧붙인다.[109]

또한, "많은 현대 교회론의 헤겔주의적 경향이 매우 두드러지게 분명히 보이며, 이런 경향은 많은 교회론과 신론을 결합하는 사람들의 저항을 거의 받지 않는다"면서 이는 "신적 내재에 대한 표류"를 나타낸다고 말한다.

그리스도의 성육신과 구속 사역을 증거라기 보다는 오히려 어떤 의미에서 그리스도의 성육신과 구속 사역을 실현하거나 지속하는 것으로서의 교회의 대리성을 강조한다. 따라서 이런 교회론은 "교회의 거룩함은 더 이상 완전히 이질적인 것이 아니며, 더 이상 말씀의 선포 결과가 아니라 어떤 의미에서 교회가 하나님과의 코이노니아(*koinonia*), 성삼위일체와의 상호 내재

---

[109] John Webster, *Holiness* (Grand Rapids: Eerdmans, 2003), 55-56.

적(perichoretic) 관계 때문에 교회에 주입된 것"이라는 결론에 이르게 한다.[110]

복음이 교회를 창조한다면, 복음만이 교회를 세상과 다른 어떤 것(어떤 종류의 "기독교적" 대리를 포함)으로 보존한다. 우리 자신 밖에서 우리에게 오는, 무엇보다도 외적 의(extrinsic righteousness)인 순수한 은혜의 종말론적 침입이 없다면, 신자나 교회에 내재적 거룩함이 있을 가능성은 없을 수 있다. 교회가 이 지나가는 시대의 역사에 다시 동화되지 않도록 지켜 주는 것은 바로 말씀이다.

볼프하르트 판넨베르크(Wolfhart Pannenberg)와 로버트 젠슨(Robert Jenson)과 같은 동료 루터주의자들에 도전하면서 마크 C. 매츠(Mark C. Mattes)는 복음에 따라 교회를 정의하는 대신 교회론이 복음 자체를 재정의하도록 허용하고 있다고 주장한다. "여기서 칭의는 더 이상 법정 용어가 아니라 젠슨 자신이 '공동체의 승리'라고 부르는 것과 함께 존재론적 용어로 간주한다."[111]

율법과 복음을 구별하지 않고 주교 체제 아래서 교회의 가시적 연합이 주요 사명이 된다.[112] 복음주의적 칭의관은 에큐메니컬 관점에서 볼 때 너무 분파적이며 참여적 존재론에 반하는 것으로 판단된다.[113]

"감각에 대한 이성의 승리에 대해 헤겔의 플라톤적 가정과 유사하게, 하나님 안에 참여하는 것은 더 이상 영원한 형상을 현세적 현실에 예시화하는 것이 아니라, 우리가 은혜롭게 공유하도록 허락된 자신의 목적인(目的因, telos)을 향해 자기 발전하는 영원한 신적 생명의 수단이라는 것이

---

110 Ibid.
111 Mark C. Mattes, *The Role of Justification in Contemporary Theologies* (Grand Rapids: Eerdmans, 2004), 118; see Robert W. Jenson, *Systematic Theology*, 2 vols. (New York: Oxford University Press, 1999), 2:126.
112 Ibid., 119.
113 Ibid.

젠슨의 생각이다."[114]

그러나 복음을 공동체적 중재에 동화시키는 것은 신적 약속, 즉 외적 약속(verbum externum)을 공동체의 약속으로 전환시킨다. 젠슨은 "교회가 '말씀의 창조물'이라는 개신교의 가정"을 거부한다. 오히려 교회와 말씀은 서로를 결정한다.[115] 그러나 마테스는 "교회의 생명을 정의하는 것은 전달자가 아니라 언어적 실재로서의 복음의 선물이다"라고 답한다.[116] "교회는 상품을 전달하는 것이다. 교회 자체가 상품과 융합되어서는 안 된다."[117]

율법과 복음으로서의 말씀은 그 선포에 필요한 사회적 지지, 현명한 외교, 건강한 공동체를 제공할 수 있는 공동체적 리더십을 창출한다. … "오직 성경"(Sola scriptura)이 우선해야 한다. 의심할 여지 없이 복음은 신조와 교육 직분에 내재되어 있다. 그러나 신조와 교육 직분 이 두 가지는 복음을 전하는 한 복음으로부터 생명을 얻는다. 젠슨은 세상과 교회가 모두 모호한 상태로 남아 있다는 사실을 이해하지 못한다.[118]

일반적으로 현대 개인주의에서 벗어나는 변화로 알려지지만, 구원론을 교회론으로, 칭의를 교회와 교회의 덕행으로, 말씀을 교회의 해석으로 동화시키는 추세는 하나님의 구속 사역에서 우리 자신의 것으로 옮겨 가는 것으로 더 적절하게 묘사된다.[119]

---

[114] Ibid., Jenson, *Systematic Theology*, 1:5 참조. 또한 매츠(Mattes)는 다음과 같이 덧붙인다. "젠슨이 생각하는 교회는 실제 존재하는 교회공동체와 일치하지 않는 것처럼 보이기 때문에 대부분 가설적 교회이다."
[115] Ibid., 133.
[116] Ibid., 137.
[117] Ibid., 137.
[118] Ibid., 141.
[119] 내가 이전 책인 *Covenant and Salvation: Union with Christ* (Louisville, KY: Westminster John Knox Press, 2007)의 제1부에서 지적하는 것처럼, 이런 경향은 제임스 던(James

그러므로 교회의 일치를 **구성하는** 것이 무엇인가를 묻는 것은 교회 자체를 **창조하는** 것이 무엇인가를 질문하는 것이다. 이 두 가지 질문에 대한 답은 은혜의 방편이자 규범인 하나님의 말씀이다. 복음은 이성, 정치, 마케팅, 심지어 교회에 의존하지 않는다. 오히려 복음은 그 자체의 합리성, 도시(polis), 공공성, 교회를 만들어 낸다. 복음은 자급자족하며 다른 모든 것을 그 뒤로 끌어당긴다.

이것은 "오직 성경"에 반대하는 새롭고 오래된 항의의 중심에 있는 중요한 문제, 즉 정경과 교회의 논리적 우선순위를 제기한다. 성경의 충분성은 추상적이고 교의 이전의 규율이 아니라 하나님, 언약, 구속에 대한 우리의 견해와 본질에서 관련이 있다.

창조가 삼위일체 위격들 간의 대화의 결과인 것처럼, 교회는 복음의 기원이 아니라 그 자손이다. 그러므로 바울이 복음의 역사를 창조에 관한 하나님의 말씀과 비교하는 것은 놀라운 일이 아니다(롬 4:16-17). 언약 공동체는 시간상으로는 하나님이 말씀으로 기록된 정경(inscripturated canon)보다 우선하지만, 무로부터(ex nihilo) 창조하는 말씀은 이 두 가지보다 시간적, 소통적 우선순위를 주장한다.

다행히도 갈라디아 교회(또는 고린도, 에베소, 로마)는 정경적이지는 않지만, 그들에게 보낸 사도들의 서신은 정경이다. 이 서신 원본이 가장 중요한 행위보다 우선한다.[120] 또한, 정경은 우리의 좋지 못한 행위를 심판할 뿐만 아니라 그런 행위를 반복하거나 옹호해야 하는 것에서 우리를 해방해 준다.

Dunn), N. T. 라이트(N. T. Wright), 바울에 대한 새로운 관점(the New Perspective on Paul)이라고 불리게 된 다른 지지자들의 작업에서도 분명하게 드러난다.

[120] Michael S. Horton, *Covenant and Eschatology: The Divine Drama* (Louisville, KY: Westminster John Knox Press, 2002), 271–72; cf. Kevin Vanhoozer, *The Drama of Doctrine: A Canonical-Linguistic Approach* (Louisville, KY: Westminster John Knox Press, 2006). 벤후저는 이 주제를 더 완벽하게 풍부하게 발전시킨다.

언약적 맥락은 교회가 정경을 만들었다는 주장을 고려할 때 언약적 맥락의 가치를 다시 한번 증명한다. 하나님이 **말씀하신**(spoken) 말씀은 이제 글, 정경 또는 규약에 기록되었다. 성경은 하나님의 변치 않은 말씀의 문자적 저장소이다. 변하지 않은 하나님의 말씀을 구두로 선포하는 것이 창세기 3:15의 원복음(Protevangelium) 이래로 세상에 교회를 만들고 지탱해 왔다.

교회는 목적이 이끌어 가는 것이 아니라 약속이 이끌어 간다. 교회를 구속하는 모든 명령은 교회를 처음 해방한 말씀에 근거하고 있다.

> 나는 너를 애굽 땅, 종 되었던 집에서 인도하여 낸 네 하나님 여호와니라(출 20:2; 신 5:6).

이 말씀은 야웨가 자신의 백성을 다스리는 주권자로서 그분의 유일한 권리를 주장하는 것을 정당화하는 역사적 서문(prologue)이다. 그러므로 하나님은 "너는 나 외에는 다른 신들을 네게 두지 말라"(출 20:2-3, NKJV)고 하셨다.

교회의 권위는 교회의 구성 규범에서 비롯되며, 그 규범에 따라 자격이 주어지고 측정된다. 즉, 우리는 이 언약적 헌법을 가지고 있으므로 우리는 이런 특별한 언약 공동체이다. 따라서 교회보다 정경이 우선한다는 것은 "원하는 자로 말미암음도 아니요 달음박질하는 자"(롬 9:16)보다 하나님의 은혜가 우선한다는 추론이다.

클라인(M. G. Kline)과 다른 사람들이 지적했듯이, 성경은 정복과 집짓기에 대한 이교도 신화를 패러디하고 있다. 이 신화에 따르면, 혼돈의 괴물 리바이어던(Leviathan)을 물리친 후 영웅 신(hero-god)은 그 괴물을 숭배하기 위해 성소를 건설한다. 그러나 성경은 야웨를 피조물을 다스리는 유일한 주님으로 제시하고 있으며, 야웨는 창조 사역을 마친 후 자신의 승리를

기념하기 위해 성전 집(temple-house)을 짓는다.[121]

창조 이야기(역사적 서문)가 하나님이 아담 안에서 인류와 맺은 언약의 규정과 제재로 이어지는 것처럼, 리바이어던에 대한 승리 이야기로서 출애굽 이야기는 시내산에서 이스라엘이 순종하기로 맹세한 '집의 법'으로 이어진다. 그리고 이 정경-집(canon-house)이 완성되면 인간의 손으로 어떤 식으로든 변경할 수 없는 것과 정확하게 동일한 방식으로(신 4:2; 12:32), 새 언약의 정경-집도 똑같은 엄숙한 경고가 담겨 있다(계 22:18-19). 누구든지 이 정경에서 더하거나 빼는 사람은 언약적 기록에서 지워져야 한다.

집이 하나님의 집이기 때문에 '집의 법'도 하나님의 것, 즉 종주(suzerain)가 해방된 봉신(vassal)에게 일방적으로 수여하는 헌법 또는 헌장이다. 말씀은 성례전의 원천이자 언약 공동체의 존재 자체에 대한 규범이므로, 말씀은 항상 교회보다 우선시되어야 한다.

게어하르트 자우터(Gerhard Sauter)는 다음과 같이 주장한다.

> 이 땅 그리스도인들의 최종 항소 법정은 그리스도인들이 하나님에 대해 생각하거나 느끼는 것이 아니며, 하나님께 직접 접근할 수 있는 그들의 내면의 목소리도 아니다. 또한, 예수 그리스도의 대변자이자 하나님의 성령의 구현(具現)인 하나님의 지상 대리자로서의 교회도 아니다. 따라서 "오직 성경"(*sola scriptura*)은 교회에 대한 최종 호소(*sola ecclesia*)나 자신의 양심(*sola conscientia*), 이성(*sola ratio*), 특히 자신의 선한 감정(*solus affectus*)에 대한 대안임이 입증된다.[122]

자우터는 다음과 같이 요약한다.

---

[121] M. G. Kline, *The Structure of Biblical Authority* (Grand Rapids: Eerdmans, 1975), 27-93.
[122] Gerhard Sauter, *Gateway to Dogmatics: Reasoning Theologically for the Life of the Church* (Grand Rapids: Eerdmans, 2003), 217

성경을 자세히 살피는 것은 단순히 의견과 사전 지식을 강화하기 위해 인용문을 찾거나 신탁의 책으로 사용하는 것이 아니다. **성경을 진정으로 자세히 살피는 사람은 살피는 과정에서 하나님이 들리기를 희망한다**(강조 추가).[123]

교회가 하나님의 대사로서 감히 세상을 향해 말할 때, 교회는 듣는 이들에게 자신도 그 말씀의 심판과 은혜 아래 있음을 겸손하게 상기시켜 준다. 예수님이 자신의 말씀에 대해 아버지의 권위에 호소하고(요12:49-50), 성령은 아들에게서 오직 "들은 것을 말씀하신다"(16:13-15)면, 교회가 달리 말하는 것은 아무리 생각해도 주제넘은 일이 될 것이다.

그리스도의 말씀과 행위라는 핵을 중심으로 발아한 이 정경은 처음 선포되고, 들려지고, 회상되면서 완성된 저장소가 되었고, 위조 본에 대응하여 정경 목록이 공식적으로 규정되기 훨씬 전에 그렇게 취급되었다.[124] 정경의 발전은 정경이 만들어지는 과정과는 별개였으며, 이 사실은 고대 교회 때문에 입증되었고, 특히 정경의 판단은 자의적 결정보다는 문서와 사도들과의 관계에 대한 역사적 비평 때문에 이끌어졌다는 사실에서 입증되었다.

웹스터는 다음과 같이 말한다.

> 신학은 언론의 자유가 아니라 거룩한 언론이다. … 따라서 성경의 권위는 교회가 **인정해야** 할 문제이지, 교회에 **귀속시키는** 문제가 아니다.[125]

---

[123] Ibid., 220.
[124] Bruce Metzger, *The Canon of the New Testament* (Oxford: Clarendon, 1987); cf. William Abraham, *Canon and Criterion in Christian Theology* (Oxford: Clarendon, 1998); John Barton, *Holy Writings, Sacred Text: The Canon of Early Christianity* (Louisville, KY: Westminster John Knox Press, 1997); F. F. Bruce, *The Canon of Scripture* (Downers Grove, IL: InterVarsity Press, 1988).
[125] John Webster, *Holiness* (Grand Rapids: Eerdmans, 2003), 2, 19.

적절한 언약적 맥락에 확고히 자리 잡을 때, 복음뿐 아니라 율법의 설교도 하나님의 성소를 세우는 데 기여한다.

웹스터(Webster)는 1541년 제네바 요리문답(Geneva Catechism)에 호소하면서 "솔로 베르보"(*solo verbo*, 오직 말씀으로)는 "솔라 피데"(*sola fide*, 오직 믿음으로)의 상관어라고 말한다.[126] 말씀에 우선순위를 부여하는 것은 하나님의 행동에 우선순위를 부여하는 것이다.[127]

> 말씀과 믿음으로 정의되는 교회는 성경을 교회의 확고한 정체성의 도구로 삼는 자기 실현적 기관이 아니다. 성경을 통해 교회는 끊임없이 방해에 노출된다. 따라서 말씀을 듣는 교회가 된다는 것은 전례든 교리든 결코 일상의 문제가 아니다. 오히려 그것은 "교회의 삶 전체가 공격을 받고, 경련을 일으키고, 근본적으로 바뀌고, 재구성되어야 한다"는 교회의 준비 상태이다.[128]

단순히 자신과 대화하는 개인이나 교회는 결코 **회심할** 수 없다. 모든 인간의 통치권을 무너뜨리는 것은 사실 우리의 해방이다. 이제 대본에 전념하는 연극 자체의 '그때 그리고 거기'는 지금 여기에서 공연하는 연극을 넘어서는(때로는 반대하는) 것이며, 이는 교회도 구원받을 수 있음을 의미한다.

교회의 몸을 교회의 주권적 머리와 동일시할 수 없듯이, 교회의 말(전통)도 하나님의 말씀과 동일시할 수 없다. 그리스도의 인격과 사역, 그리고 그것에 대한 사도적 증언은 교회와 교회의 관행과 질적으로 구별되기 때문에

---

[126] Ibid.
[127] Ibid., 45.
[128] John Webster, *Holy Scripture* (Cambridge: Cambridge University Press, 2006), 47, citing Karl Barth, CD I/2:804.

정경은 모방(속죄에 대한 모범적 관점의 추론)으로 완성하거나 추가적 속죄와 화해의 행위로 반복할 수 있는 좋은 이야기를 제공할 뿐만 아니라 우리를 연기자로서 그 이야기 줄거리 안으로 끌어들이는 완성된 각본이다.

정경의 등장인물들은 연극을 공연하는 정경 이후에 생겨난 교회와는 질적으로 다른 부류에 속한다. 대본에서 의도적으로 벗어났다고 말하는 것조차 대본이 규범적이라고 가정하는 것이다.

하우어워스(Hauerwas)와 젠슨(Jenson), 다른 신학자들은 우리 시대의 타락한 버전의 "오직 성경"(sola scriptura), 즉 교회의 신앙과 실천에서 해석을 끌어내는 개인주의적 접근법을 상기시킨다. 그러나 한 가지 형태의 열정에서 다른 형태로 반동하는 것은 해결책이 될 수 없다.

세속적 도시(polis)에서와 마찬가지로 언약 공동체에서도 마찬가지다. 즉, 헌법(본문)과 법원(해석)의 구분은 교회의 발언이 유아론(唯我論, solipsism), 즉 교회가 스스로 말을 거는 것에 기초한 자의적 권력 행사로 전락하는 것을 방지한다. 그러나 여전히 법원은 존재한다.

우리는 함께 성경을 읽고, 신조, 신앙고백, 교리문답, 교회 명령의 형태로 이루어진 공동체의 해석은 부차적이기는 하지만, 구속력이 있는 권위를 가지고 있다. 선지자와 사도의 특별한 소명이 오늘날 목회자의 평범한 소명과 질적으로 구별되는 것처럼, 정경의 위엄 있는 권위는 교회의 목회적 권위보다 우선한다.

교회가 정경을 받으면서 인정했듯이, 정경은 하나님의 활동 영역에서 그것이 무엇이고 누구의 것이기 때문에 권위가 있는 것이지, 우리가 개인적으로나 공동체적으로 그것을 어떻게 해석하느냐에 따라 권위가 있는 것이 아니다. 말씀에 의미를 부여하는 실천은 무엇보다도 우리의 것이 아니라 하나님의 것이다. 왜냐하면, 말씀뿐만 아니라 세례, 성만찬, 친교, 기도, 봉사, 집사의 돌봄 실천은 정경 안에서 승인과 효능을 발견하기 때문이다.

웹스터는 일부 개신교계에서 "교회의 책"이라는 성경 개념이 인기 있는 이유와 관련해 다음과 같이 관찰한다.

> 이것은 교회의 사회적 가시성에 큰 의미를 부여하는 광범위한 내재주의 교회론, 즉 '실천', '미덕'과 같은 인간론적 개념을 두드러지게 하는 교회론을 반영하는 경향이 있지만 이런 교회론은 완전한 종말론적 교회 개념의 불안정성으로 인해 많은 것이 결핍되어 있다. … 실제로 이런 설명은 때때로 리츨식 사회도덕주의(Ritschlian social moralism)의 고도로 정교한 해석학적 재작업의 형태를 취할 수 있는데, 여기서 성경신학의 무게 중심은 하나님의 활동에서 교회의 사용으로 옮겨졌다.[129]

> 구원은 우리의 노력이 아니라 하나님의 역사에 의한 것이므로 교회의 결정적 행위는 성경의 역할을 통해 성령의 능력 안에서 부활하신 그리스도께서 선포하신 구원의 복음을 충실히 듣는 것이다.[130]

> 따라서 '전통'은 새로운 '말하기'(speaking) 행위라기보다는 말씀을 듣는 것으로 가장 잘 고려된다.[131]

정경은 교회 때문에 확장되거나 완성되는 것이 아니라 다양한 시대와 장소에서 해석되고 수행된다. 그렇지 않으면 교회 권위는 아무리 자격을 갖추고 회피한다 해도 "사회적 권력의 자의적 행사라는 비판에 노출될 수밖에 없다."[132]

---

[129] Webster, *Holy Scripture*, 43.
[130] Ibid.
[131] Ibid., 51.
[132] Ibid., 53.

5. 풀린 방언

인류가 말씀과 성찬을 통해 성령 안에서 열방이 공적으로 모이는 것을 패러디하는 자율성과 자부심의 집회에 함께 모일 때마다 그것은 하늘을 기습하여 점령하는 것이다. 그러나 바벨에 대한 심판으로 강림하여 그 일꾼들을 흩으시고 언어를 나누셨던 동일한 성령께서 오순절에 은혜로 강림하셔서 그리스도의 말씀을 중심으로 수신자들을 하나로 묶어 주셨다.

말씀은 무엇보다도 자율성에 관한 주장에 미혹된 자아를 중심에서 분산시키는 것이지만 말씀은 종의 목소리를 없애는 것이 아니라 "아멘"을 부르는 목소리를 훈련하는 데 목적이 있다. 성경이 "여호와께서 이처럼 말씀하시되"(Thus says the Lord)라는 직접적 말씀뿐만 아니라, 하나님의 백성이 이 관계의 역사적 상황에서 어떻게 대답할 것인가를 고민하는 역사, 탄식, 찬양, 잠언, 해석도 함께 기록하고 있다는 점이 놀랍다.

따라서 하나님은 우리에게 심판과 은혜의 말씀뿐만 아니라 믿음과 감사의 대본에 적절한 대사도 주셨다. 이 재창조적 말씀은 인간의 생산(poesis, 제작이라는 의미에서 행위-역주)을 전복하기 위해서가 아니라, 인간의 생산이 반응적(모형적, ectypal) 생산이라기보다는 근원적(원형적, archteypal) 생산이라는 가정을 전복하기 위해 도착한다.

우리의 말하기와 만들기는 항상 하나님의 말하기와 만들기와 유비적으로 관련되어 있으며, 실체가 가진 생명의 중심인 무로부터의 말씀(*ex nililo*)과 결코 동일하지 않다. 따라서 하나님의 말씀은 우리를 침묵하게 만드는 것이 아니라 우리의 목소리를 되찾아 주거나 오히려 우리를 위해 의도된 대본의 적절한 대사를 되찾아 준다.

웹(Webb)은 설교와 전례(liturgy)에서 말씀에 대한 종교개혁의 관점을 다음과 같이 설명한다.

하나님이 우리를 죄에서 해방하는 말씀을 이미 하셨기 때문에 말씀이 찬양으로 솟아날 수 있었다.[133]

다시 한번 우리는 법정적 말씀이 철두철미한 만큼이나 광범위한 효과적 경륜을 만들어 낸다는 것을 알 수 있다.

다스리는 말씀은 무엇보다도 먼저 해방하는 말씀이다. 우리가 충성을 바치는 다른 주권자들의 다른 말씀과는 달리, 이 말씀은 포로를 해방하고 매혹적 해방을 가져온다. 그러나 그것은 언제나 낯선 것이며, 우리가 성령으로 거듭나야 한다.

그리고 이것은 자아에 있어서만큼이나 많이 공동체에 있어서 마찬가지이며, 둘 다 우리가 우리 자신을 정의하는 것을 거부하는 이 주권적 은혜로부터 면제될 수 없다. 면제된다면 그것은 우리의 죽음이 될 것이다. 이사야처럼 우리도 "망하게 되었지만", 용서받고 옷 입고 우리 입술과 마음에 좋은 소식을 가지고 보내지게 될 뿐이다(사 6장).

교회는 본문의 주인이 아니라 말씀이 말하는 현실을 창조하는 원형극장이며, 마른 뼈 골짜기가 부활의 공동체가 되는 장소이다(겔 37장). 바르트(Barth)는 로마서 10장과 관련하여 "교회는 열매 맺는 회개와 희망이 있는 회개의 장소이며, 다른 것은 아무것도 아니다"라고 썼다.

> 교회가 이 지점에 부딪힐 때, 한순간에는 하늘로 올라가고, 다른 순간에는 심연으로 내려가려는 경련적 시도에 혐오감으로 압도당하고, "높이"와 "깊이"가 되려고, 그것들을 차지하고, 그것들에 대해 말하고, 그것들을 지적하고, 그것들을 분배하려고 시도했어야 했다는 데 경악을 금치 못한다. 교회 자신의 말씀이 지닌 역동적이고 악마적인 힘을 이용하여 하나님의

---

[133] Webb, *The Divine Voice*, 107.

일을 일으키고, 신성의 성육신이나 인류의 부활에 영향을 미치려는 모든 시도에는 어떤 공포가 있다.

교회는 전례를 다듬고, 전문 용어를 대중화하고, 성직자 교육의 기반을 넓히고, 교회 행정이 더 효율적으로 이루어지도록 하고, 평신도들의 요구가 아무리 의심스러워도 그런 요구에 서둘러 양보하고, 신학 저널리즘을 장려하고, 낭만주의, 자유주의, 민족주의, 사회주의 등 '시대정신'의 불확실성에 더 가까이 다가갈 수 있으며, 실제로 '그리스도를 이런 모습 안으로 끌어들일' 수도 있다.

그러나 그분을 이런 모습 안으로 끌어들일 때, 우리는 그분을 끌어내리거나 끌어올려서 그렇게 소개할 수 없다는 것을 발견하게 된다. 그리스도는 고귀하고 변화된 이상적인 사람이 아니기 때문이다. 그분은 새로운 사람이다.[134]

우리가 침묵할 때만 "모든 도덕과 감상"이 십자가의 말씀에 자리를 내어줄 수 있다. 그러나 이 말씀조차도 심연으로의 하강, 즉 도덕화의 또 다른 방법인 "파괴의 복음"으로 변형되어서는 안 된다.[135] 바르트는 "빈손만이 잡을 수 있는 것을 잡기 위해 우리는 결코 우리의 손을 비워 두지 말아야 하는가"라고 묻는다.[136] 그러나 이렇게 우리의 손을 비우는 것조차도 너무나 은혜로우셔서 우리에게 최종적 발언을 허락할 수 없는 하나님의 심판과 해방의 사역이다.

---

134 Karl Barth, *The Epistle to the Romans*, trans. Edwyn C. Hoskyns from the 6th ed. (London: Oxford University Press, 1933), 378.
135 Ibid., 379.
136 Ibid., 380-81.

제4장

표징과 인:
조약 비준

지금까지 나는 **들을 것이** 많다는 것을 제안했는데, 그렇다면 그 사이에 **볼 것이** 없다는 말인가?

개혁주의 전통이 물, 빵, 포도주의 이미지를 제한하도록 동기를 부여했던 것은 눈에 보이는 것에 대한 의심이 아니라 우상 숭배에 대한 의심이었다.

필립 워커 부틴(Phillip Walker Butin)은 다음과 같이 말한다.

> 칼빈의 '은혜의 가시성'에 대한 관심은 성례전에 대한 그의 특별한 이해에서도 드러난다.

칼빈은 말씀이 믿음을 낳는다고 주장한다. "그러나 성례전은 가장 분명한 약속을 가져다준다."[1]

믿음은 어디에서 오는가?

---

1 Philip Walker Butin, *Revelation, Redemption and Response: Calvin's Trinitarian Understanding of the Divine-Human Relationship* (New York: Oxford University Press, 1995), 103

하이델베르크 요리문답(Heidelberg Catechism)은 교회의 기원에 대해 다음과 같이 말한다.

> 성령께서는 거룩한 복음의 전파를 통해 우리 마음에 믿음을 창조하시고 거룩한 성례의 사용으로 확증하신다.[2]

이 장의 목표는 임재에 대한 광범위한 설명을 제공하고, 이 해석을 구체적으로 세례와 성만찬에 적용함으로써 표징과 인으로서의 성례에 대한 언약적 해석을 제시하는 것이다.

1. 언약(과 종말론)의 범위 안에서만 존재하는 임재와 부재

신적 임재를 다룰 때, 특히 성례전과 관련하여 중요한 형이상학적 질문이 제기될 수 있지만, 가까이 있고 멀리 있는 임재와 부재의 범주는 언약 관계에 대한 공간적 은유이다. 대략적으로 말하면, 이 용어들은 각각 축복과 저주에 해당한다.

예를 들어, 이방인 신자들은 과거에는 "그리스도 **밖에 있었고**(separate) 이스라엘 나라 **밖의**(alienated) 사람이라 **약속의 언약들에** 대하여는 외인이요 세상에서 **소망이 없고 하나님도 없는** 자"였다. 그러나 그런 우리가 이제는 그리스도 안에 있다(엡 2:12-14).

임재의 개념은 언약적 맥락 외에도, 특히 피조물의 중재와 관련하여 항상 종말론적으로 조건화되어 있다. 우리 안에서 "아바! 아버지!"(롬 8:15)

---

[2] The Heidelberg Catechism, Lord's Day 25, Q. 65, in *Ecumenical Creeds and Reformed Confessions* (Grand Rapids: CRC Publications, 1988), 41.

라는 자식의 외침을 불러일으키는 동일한 성령은 또한 예수님이 약속하신 파루시아에 대한 갈망의 외침을 불러일으킨다.

> 이것들을 증언하신 이가 이르시되 내가 진실로 속히 오리라 하시거늘 아멘 주 예수여 오시옵소서(계 22:20-21).

이런 언약적, 종말론적 맥락을 고려할 때, 우리는 단순히 정적인 존재론적 용어, 즉 사물이 무엇인가를 생각하는 대신 언약의 주님과의 관계와 전개되는 구속 사건의 줄거리에서 사물이 어디에 있는지를 고려해야 한다. 언약 안에 있는 사람들은 비록 눈에 보이는 지체에 지나지 않더라도 이 시대의 물을 갈라놓는 성령의 활동 영역 안에 있으며, 다가올 시대의 관통하는 에너지를 통해 친교를 위한 마른 곳이 준비될 수 있다(히 6:4-9).

데리다가 주장했듯이, 기호-기의 관계(sign-signified relation)라는 개념은 (플라톤주의적 용어로 생각하든 유명론적 용어로 생각하든) 형이상학의 역사에 속하며, 특히 (위의) 2장에서 보았듯이 시각의 은유학이 지배하는 임재의 형이상학에 속한다.[3] 그렇지만 나는 언약신학이 조약 체결의 역사와 종말론적 조건화된 것에서 드러난 것처럼 기표와 기의의 관계에 대한 다른 설명을 제공한다고 제안한다.

하나님의 임재에 대한 언약적 관점은 존재론적 사다리의 낮은(감각적) 단계와 높은(이해적) 단계 사이를 중재하기보다는 의사소통적 행동, 즉 현현보다는 선포에 집중한다. "존재론적" 유산(소외 극복하기)의 경우 존재와 임재의 문제는 이미 특권적이지만, 언약적 패러다임(낯선 존재와의 만남)의 경우 그것은 죄와 구속의 문제이다.[4]

---

[3] Jaces Derrida, *Of Grammatology*, trans. Gayatri Chakravorty Spivak (Baltimore: Johns Hopkins University Press, 1976), 13.

[4] 특히, 데리다의 비판과 관련하여 한 가지 추가적 요점을 더 언급할 수도 있다. 예수 그

리처드 키니(Richard Kearney)가 플라톤주의에 대한 레비나스의 도전을 진술하는 것처럼, "저 너머의 선(the good beyond) 그 자체는 서로 사이에 새겨져 있다."[5]

만약 이것이 사실이라면(이 장에서 주장하겠지만), 말씀과 성찬 안에서 그리스도의 진정한 임재에 대한 형이상학적 논쟁을 넘어 보다 건설적인 길을 발견할 수 있을 것이다. 언약적 맥락에서 표징은 단순히 부재하는 기표를 나타내거나 떠올리게 하는 것이 아니다. 표징은 또한 본질에서 융합되지도 않는다. 오히려 말씀과 표징이 함께 언약을 만든다.

'언약을 맺는다'는 뜻의 히브리어 관용구가 '언약을 자른다'는 뜻이라는 점이 의미심장하다(karat be rît). 이 의식은 조약 자체와 분리할 수 없는 것으로, 단순히 두 당사자 간의 새로운 관계를 상징하는 것이 아니라 이를 확립하는 것이다. **따라서 문제는 기호와 기의의 추상적 성격이 아니라 대리인이 표징(말과 의식 모두)을 통해 말과 행위(speech-act)를 효과적으로 실행하는지 여부이다.**

2. 언약의 표징과 인: 행동으로서의 임재

고대 근동의 조약 체결 의식에서와 마찬가지로 은혜 언약은 공개적으로 선포되고(서면으로 기탁될 뿐만 아니라) 의식을 통해 비준된다. 언약은 승인

리스도가 없다면 기호와 초월적 기의 사이에는 진정한 연결이 있을 수 없다. 그는 창조와 구속 모두에서 하나님과 세상 사이의 중개자이다. 그리고 하나님이자 인간으로서 예수 그리스도는 그 자신이 기의(signified)이면서 동시에 기표(signifier)이기도 하다. 기호와 기의가 완전히 결합된 이런 인격 외에는 어떤 분이나 체계, 사상, 원리와 같은 그 어떤 것도 존재하지 않는다.

5 Richard Kearney, "Desire of God," in *God, the Gift, and Postmodernism*, ed. John D. Caputo and Michael J. Scanlon (Bloomington: Indiana University Press, 1999), 117.

된 특정 인간의 말과 행동이 하나님의 은혜의 수단으로 간주하는 법적 및 관계적 맥락을 제공함으로써 새로운 상황을 구성하고 인증한다. 특히, 동방 기독교에서 사용되는 본질과 에너지 구분을 차용하여, 나는 하나님의 말씀 행위가 그분의 본질보다는 그분의 에너지에 속하며, 언약 경륜에서 조약의 표징과 인은 그 말씀의 일부라고 제안한다.

예수 그리스도께서 동시대 사람들 가운데 육신을 입고 임재하셨던 곳에는 어디든 하나님이 **육체로 임재하셨다**(본질/현현). 또한, 오늘날 이 땅에서 말씀이 선포되고 성례전이 집행되는 곳에는 어디든 하나님이 행동으로 임재하신다(에너지/선포).

1) 조약 비준으로서의 성례전

하나님의 부르심은 하나님의 백성이 고향을 향해 이주하도록 한다. 야웨는 아브람에게 "너는 너의 고향과 친척과 아버지의 집을 떠나"(창 12.1)라고 선언하셨다.

빈첸초 비티엘로(Vincenzo Vitiello)는 다음과 같이 언급한다.

> 유대 민족의 운명 전체가 이미 이 말씀 속에 담겨 있다.[6]

여기서 우화적 해석은 효과가 없을 것이다.

---

[6] Vincenzo Vitiello, "Desert, Ethos, Abandonment: Towards a Topology of the Religious," in *Religion*, ed. J. Derrida and V. Vattimo (Palo Alto, CA: Stanford University Press, 1998), 137.

아브라함의 이주는 가장 문자적이고 구체적인 방식으로 이해해야 한다. 즉, 유대교의 하나님은 질투심 많은 하나님이시며, 자기 백성을 무엇과도 아무와도 나누지 않으실 분이다. … 이 명령에 동반하는 것은 하나님이 자신에 대한 백성들의 믿음이 흔들리는 것을 감지했을 때 조약이 되는 약속이다. 시간이 흐르면서 여러 차례 갱신될 이 조약, 이 동맹에 대해 하나님의 남성 피보호자들(male proteges)은 지울 수 없는 표징을 몸에 새겨야 한다. 즉, 질투하시는 하나님, 자기 백성을 멀리하시는 하나님.[7]

하나님의 임재를 고려할 때, 이스라엘이 가장 염려하는 것은 하나님의 언약적 심판에 대한 이런 근본적 관심사였다.

야웨께서 그들의 실수에도 불구하고 여전히 약속을 지키고 계신다는 의미에서 하나님이 그 백성과 함께 계시는가?

그들은 어떻게 알 수 있었을까?

언약 경륜에서 표징의 기능은 주로 내면의 경험이나 소망을 표현하는 것이 아니다. 그 기능은 또한 주로 내면의 경험이나 소망을 초월하는 상황을 상징적으로 가리키는 것도 아니다. 오히려 그것은 인격적 관계에서만 얻을 수 있는 현재의 의무를 창출하는 행위이다.

이 기능의 고전적 예는 노아와의 언약에서 찾을 수 있지만, 거기서 야웨는 맹세하는 자의 역할을 맡아 종주와 봉신(suzerains and vassals) 사이의 일반적 관계를 뒤집으신다.

> 내가 내 무지개를 구름 속에 두었나니 이것이 나와 세상 사이의 언약의 증거니라
> (참조. 창 9:12-13, NKJV).

---

7 Ibid.

한때 인간을 향해 겨눴던 심판의 활과 대홍수에서 발사된 화살은 이제 창세기 15장에서 하나님이 아브라함 앞에서 하신 것과 유사한 자기 저주의 맹세를 통해 하나님 자신을 향해 겨눠지고 가리키고 있다. 요한계시록 4:3(10:1 참조)에서 심판의 활은 평화의 제스처로 보좌 뒤에 매달려 있다.

이 표징은 다른 것을 의미하지 않는다. 그것은 존재하는 것이 부재한 것을 나타내거나 사랑하는 사람을 어떻게든 마음속에 존재하게 하는(그림을 보는 것처럼) 문제가 아니다. 이것은 실물 교훈이나 예시가 아니다. 이것은 평범한 자연 현상을 압도하거나 대체하는 것이 아니라 특별한 소통의 사건을 위해 그것을 성화시킨다.

따라서 무지개는 존재론적 변형을 거치기 때문이 아니라 하나님이 그것을 실제로 사용하셨기 때문에 "언약"이라고 부를 수 있다. 일반적 기상 현상이 거룩해진다. 언어의 의미가 언어의 사용이라면, 하나님과 인간 사이의 언약 의식 맥락에서 물, 빵, 포도주의 의미는 그들이 비준하는 언약 조약과의 관계에 따라 결정되어야 한다.

무지개는 가능한 한 가장 생생한 용어로 평화의 서약이다. 즉, 이 표징으로 하나님은 이 약속이 깨지면 자신의 심판을 일방적으로 감수하신다. 야웨 하나님은 다음과 같이 덧붙인다.

> 내가 구름으로 땅을 덮을 때 무지개가 구름 속에 나타나면, 내가 나와 너희와 및 육체를 가진 모든 생물 사이의 내 언약을 기억하리니 …. 무지개가 구름 사이에 있으리니 내가 보고 나 하나님과 모든 육체를 가진 땅의 모든 생물 사이의 영원한 언약을 기억하리라(창 9:14-17, NKJV).

여기서 "기억한다"는 것은 단순히 모방하는 행위가 아니다. 무지개 표징은 과거 사건에 대한 기억을 불러일으키기 위해 만들어진 것이 아니다. 오히려 이런 표징에 근거하여 언약을 기억하는 것은 자신의 서약을 다시 한번 인정하는 것이다. 게다가 이 언약은 순수한 자비의 일방적 언약이기 때문에, 그 표징을 볼 때마다 그 맹세를 "기억"하시는 분은 야웨이시다. 하나님께 **기억한다는 것은** 이전의 서약에 따라 지금 여기에서 **행동하는 것**과 동의어이다.

아브라함에 대한 약속은 먼저 잘린 동물의 반쪽을 통과하는 신현의 환상으로 확인되고 비준된 다음 할례로 이루어진다(창 15-17장). 아브람이 "여호와를 믿으니 여호와께서 이를 그의 의로 여기시고"(창 15:6)라고 읽은 지 불과 두 구절 후에 아브람은 "주 여호와여 내가 이 땅을 소유로 받을 것을 무엇으로 알리이까"(8절)라고 묻는다. 하나님은 자신이 쪼갠 반쪽을 통과하는 환상을 통해 말씀하신 약속을 승인함으로써 그 요청에 응하신다(9-21절).

이 책 시리즈의 이전 두 권에서는 고대 근동에서 잘 알려진 조약 체결 관행인 신현의 연기 횃불이 잘린 동물의 반쪽을 통과하는 창세기 15장의 아브람 환상의 의미를 살펴보았다. 이 환상에서 우리는 익숙한 언어적 유사성을 인식할 뿐만 아니라 비준식 자체의 밀접한 연관성을 볼 수 있다.

맥카시의 『조약과 언약』(*Treaty and Covenant*)은 8세기 아슈르니라리 5세 (Ashurnirari V)와 마티일루(Mati'ilu)의 조약을 예로 들어 설명한다.

> 이 숫양은 제물로 바치기 위해 무리에서 꺼내지 않으며, 가리투 축제(gari-tu-festival)를 위해 꺼내지 않으며, 키니투 축제(kinitu-festival)를 위해 꺼내지 않으며, 병든 사람을 위해(의식[rite]을 위해) 꺼내지 않으며, 도살을 위해 꺼내지 않는다[s…]. 이 숫양은 앗수르의 왕 아슈르니라리(Ashurnirari)가 자신이 데리고 온 마티일루와 조약을 맺기 위해서이다. 마티일루가 신들이 맹세한 조약에 대해 죄를 지으면, 이 숫양이 자기 무리에서 끌려와서 자기 무리로 돌아가지 못하고 그 우두머리에 [서지] 못하는 것처럼, 마티일루도 그의 아들들과 [그의 귀족들과] 자기 땅에서 멀리 [끌려온] 자기 땅의 백성

들과 함께 자기 땅으로 돌아가서 자기 땅의 우두머리에 서지 못할 것이다. 이 머리는 숫양의 머리가 아니라 마티 일루의 머리, 그의 아들, 그의 귀족, 그의 땅의 백성 머리이다. 지명된 자들이 이 조약을 어기고 [죄를] 지으면, 이 숫양의 머리가 잘리고 그 다리가 입에 들어가듯이 […], 지명된 자들의 머리도 잘릴 것이다[…](col. 1.10ff.).[8]

아브람의 환상에서 야웨는 인간 파트너의 악행에 대해서도 자신이 부과한 제재를 자신의 머리에 내리면서 고독한 자기 저주의 맹세를 한다. 이런 동물 희생은 조약 체결에 사용되었을 뿐만 아니라 이스라엘을 위해 정교한 종교 의식이 처방된 속죄 제사에서와같이 위반 시 관계를 회복하는 데에도 관여했다.

이 절기들은 과거의 구속 사건과 미래의 성취에 대한 영원한 현재적 참여를 엄숙히 기념했다. 애굽을 떠난 이스라엘 백성은 "모세에게 속하여 다 구름과 바다에서 세례를 받고" 광야의 반석을 마셨는데, 그 반석은 "그리스도"였다(고전 10:1-4). 또한, 유월절을 기념하는 각 세대는 이 "세례"에 참여했음을 인식해야 했다.

이 언급이 성만찬의 실행에 특히 초점을 맞춘 공적 예배에 대한 확장된 담론의 시작이라는 것은 놀라운 일이 아니다. 심지어 그들은 하나님이 행하신 일(유월절, 출애굽, 성막 등)을 되돌아보면서도 그리스도 안에서 훨씬 더 큰 성취를 기대했는데, 요한복음은 이를 특히 상세히 설명한다.

같은 언약 공동체의 일원으로서, 시대별로 이런 원래의 사건에서 제외되었던 사람들은 그럼에도 건국 세대에 언약적으로 포함될 수 있다. 이웃 나라와 달리 이스라엘의 절기는 자연의 순환을 기념하는 것이 아니라 미

---

[8] Quoted by Dennis J. McCarthy, SJ, *Treaty and Covenant: A Study in the Ancient Oriental Documents and in the Old Testament* (Rome: Biblical Institute Press, 1963), 195.

래에 더 큰 성취를 기대하며 과거의 언약 구원의 역사적 사건을 기념한다. 따라서 복음서(특히 요한복음)가 예수님 이야기를 서술할 때 이스라엘의 절기 순서를 따르는 것은 놀라운 일이 아니다.

그렇다면 표징이 의미하는 실제에 '참여'한다는 것은 무슨 의미인가? 일반적인 철학적 해답으로 시작하는 대신 고대 근동의 답이 있다.

"이것은 마티일루(Mati'ilu)와 그의 아들들의 머리이다."

성경의 성례는 위에서 언급한 조약과 같은 조약에서 전제된 표징-표징이 의미하는 관계(sign-signified)와 밀접하게 유사하다. 예수님이 다락방에서 들으신 잔을 "새 언약의 피"(마 26:26-28, NKJV)라고 지칭하신 것처럼, 할례를 단순히 "언약"이라고 부를 정도로 맹세하는 사람과 의식 동물, 그리고 표징을 의미하는 대상과의 대표적 동일시가 너무 가까웠다.

이런 행동에서 우리는 단순한 예시(부재한 기의를 나타내는 드러난 표징)나 마술이 아니라 실제로 예수님을 심판의 칼 아래 두는 행위적 의사소통을 접하게 된다. 예수님은 겟세마네에서 자신이 두려워하지만, 우리를 위해 받아들일 "진노의 잔"을 찌꺼기까지 마실 것이기 때문에 그들에게 "구원의 잔"을 제공한다. 따라서 바울이 십자가를 "그리스도의 할례"(골 2:11)라고 불렀던 것은 놀라운 일이 아니다.[9]

이사야가 예언한 대로 그리스도는 이런 분이시다.

---

9   클라인(M. G. Kline)은 이삭처럼 예수님도 유아로서 할례를 받으셨는데, 이는 "부분적이고 상징적인 단절," 즉 "예언적으로 그에게 '예수'라는 이름을 짓기 위해 선택된 순간"이었음을 상기시켜 준다. 그러나 창세기 22장의 번제에 대한 응답으로 십자가에 달리신 그리스도의 할례는 할례의 완성이자, 상징적인 부분의 벗는 것일 뿐만 아니라 '육의 [온전한] 몸'을 벗는 것(골 2:11, ARV)이고, 상징적인 맹세-저주일 뿐만 아니라 [실제로] 저주받은 어둠과 버림 속에서 '그의 육체의 죽음으로 말미암아"(골 1:22) 끊는 것이다"(*By Oath Consigned* [Grand Rapids: Eerdmans, 1968], 45.

땅에서 **끊어짐**은 마땅히 형벌 받을 내 백성의 허물 때문이라 …그가 많은 사람의 죄를 담당하며 범죄자를 위하여 기도하였느니라(사 53:8-12, 강조 추가).

할례의 죽음으로 그리스도와 연합한 세례자도 하나님의 심판 칼 아래 놓이게 된다. "그것은 죄에 대한 형벌로서의 사법적 죽음이다"라고 클라인은 말한다. "그러나 그의 죽음에서 그리스도와 연합하는 것은 또한 그의 부활에서 죽음이 붙잡을 수 없었던 그와 함께 의롭다 하심을 얻기 위해 부활하는 것이다."[10]

그리고 베드로가 확언하는 것처럼, 홍수 사건에서 노아와 그의 가족이 구원받은 것으로 예표된 세례는 몸을 깨끗하게 함으로써가 아니라, "예수 그리스도께서 부활하심으로 말미암아 … 하나님을 향한 선한 양심의 간구니라 그는 하늘에 오르사 하나님 우편에 계시니"(벧전 3:21-22).

따라서 하나님을 향한 선한 양심의 간구로 "이제 구원"을 제공한다.

클라인은 "이제 양심은 고발하고 변명하는 것과 관련이 있으며, 법정적이다"라고 강조한다. "따라서 세례는 하나님의 심판 보좌 앞에 있는 인간과 관련이 있다."[11]

출애굽기에서와 마찬가지로 여기서 우리는 물과 불 시련의 종말론적 성격을 상기하게 된다. 이제 백성들이 물을 통과할 때, 그들은 익사하지 않을 것이다. 왜냐하면, 하나님이 출애굽 때와 마찬가지로 그들과 함께 계시기 때문이다(사 43:1-3).

할례를 "언약"이라고 부를 수 있는 것은 표징과 표징이 의미하는 바가 밀접하게 결합해 있기 때문이듯이, 유월절 의식은 그 자체로 "여호와의 지나가심"이라고 불렀으며, 후대 사람들은 자신들을 건국 세대와 함께 대

---

10 Ibid., 47.
11 Ibid., 66-67.

표적으로(즉, 언약적으로) 존재하며, 구속을 기대하며 길을 떠나는 것으로 간주하도록 요청받았다(출 13:14-16). 마찬가지로 성만찬의 제정 말씀에서도 예수님은 잔과 떡을 "내 피에 담긴 새 언약"이라고 간단히 말씀하신다.

> 이것은 내 몸이니라 … 이것은 죄 사함을 얻게 하려고 많은 사람을 위하여 흘리는 바 나의 피 곧 언약의 피니라 (마 26:26-28, NKJV).

야웨의 부름은 세속적 조약에서 봉신이 종주의 이름을 불러 침략군으로부터 자기 백성을 구할 수 있었던 것과 유사하다. 이스라엘이 유월절 잔을 들었던 것도 바로 이런 조약 호출의 맥락에서 비롯된 것이다.

> 내가 구원의 잔을 들고 여호와의 이름을 부르며 (시 116:13).

메시아에 대한 심판으로 가득 차 있던 동일한 잔(마 26:39)을 이제 그분의 죽음과 부활에 연합하여 그분으로부터 용서와 생명을 받는 사람들이 마시고 있다. 성례는 언약적 제재의 비준으로서 말씀(율법과 복음)에 해당한다.

> 우리가 축복하는바 축복의 잔은 그리스도의 피에 참여함[코이노니아]이 아니며 우리가 떼는 떡은 그리스도의 몸에 참여함이 아니냐 떡이 하나요 많은 우리가 한 몸이니 이는 우리가 다 한 떡에 참여함이라 (고전 10:16-17).

따라서 연합은 언약적 관계이며 이전의 적들 사이의 법적, 관계적 중재를 중심으로 한다.

초점은 신적 **임재** 그 자체가 아니라 신적 **행동**에 있다. 웨스트팔(Westphal)이 지적한 것처럼 언약의 말씀이 "율법과 은혜의 음성, 자칭 자율적인 자아를 해체하는 음성"인 것처럼[12] 성례전 역시 로완 윌리엄스(Rowan Williams)가 전위(dislocation)라고 불렀던 것에 영향을 발휘하는 하나님의 수단이다.

> 신학자들은 때때로 기독교의 성례전적 '원리'를 신적 의미를 지니는 물질적 사물의 내재적 능력에 대한 확증으로 다소 느슨하게 이야기했지만, 우리가 때때로 성례전신학을 뒷받침하는 사물의 자연적 신성함에 대한 다소 부드러운 호소에서 시작한다면 우리가 기대하는 것보다 그러한 의미가 어떻게 소외, 항복, 재창조의 과정에서 나오는지에 대해 성례전적 행위의 실제 형태와 설득력은 더 많은 것을 말해 준다. 세례의 정체성은 선택되는 것이 아니라 주어지는 것이다.[13]

윌리엄스의 "성례전적 원리"와 "전위"의 대조는 소외 극복하기와 낯선 존재 만나는 것 사이의 더 큰 대조와 명백한 유사점을 가지고 있다. 세례를 받기 위해 제시된 유아는 중립적 상태가 아니라 "위험이나 부자유, 하나님의 '진노'에 대한 책임으로 다시 묘사된" 세례에 있다. 성만찬도 같은 패턴을 따른다. "'성찬 전' 상태는 하나님의 약속이 확실하지 않거나 우리에게 확실한 것으로 인식되지 않는 상태이다."

하나님의 임재는 양면적이다. 즉, 두려움이나 기쁨을 불러 일으킨다.

> 우리가 실제로 언약의 증표를 받기 전까지는 하나님에 대한 확신 부족에서 비롯된 죄와 하나님과 서로에 대한 적대감 속에 갇혀 있는 것 같다. 우

---

[12] Merold Westphal, *Overcoming Onto-Theology: Toward a Postmodern Christian Faith* (New York: Fordham University Press, 2001)

[13] Rowan Williams, "Sacraments of the New Society," in *Christ: The Sacramental Word*, ed. David Brown and Ann Loades, *Incarnation, Sacrament and Poetry* (London: SPCK, 1996), 90.

리가 그 확신의 서약을 실제로 받을 때, 우리는 하나님과 서로에게 "언약"을 맺게 된다([1662] 공동 기도문[Book of Common Prayer]은 우리가 "거룩한 교제"의 "살아 있는 지체"가 되었다고 말한다). 신적 약속의 주도권은 "신실한 백성"(1662년을 다시 인용)인 연합된 공동체를 창조한다.**14**

설교와 함께 세례와 성만찬을 통해 전달되는 말씀은 그 말씀이 말하는 세상을 창조한다. 설교는 언어 외적 실재를 가리킬 뿐만 아니라, 실제로 성령이 그것을 발생시키는 언어적 수단이기도 하다(겔 37장; 요 6:63; 행 10:44; 12:24; 빌. 2:16; 딤후 2:9; 히 4:12; 벧전 1:23).

그렇다면 성례전조차도 그 성례전이 인준하는 말씀에서 그 효력을 얻는다. 스티븐 웹(Stephen H. Webb)이 지적하는 것처럼, "종교개혁자들에게 성례는 언어 그 이상이지만, 결코 언어 그 이하도 아니다."**15**

동시에 성례는 시각적이고, 사실 촉각적이며, 먹을 수 있는 말씀이기도 하다. 말씀은 개인적 소비를 넘어 공동체를 창조하기 때문에 성례전이 은혜의 수단일 뿐만 아니라 낯선 사람들과의 친교를 가능하게 하는 은혜의 수단으로서도 그 효력을 보장한다.

하나님은 말씀하신 대로 행하신다. 그분의 말씀은 단순한 표징이 아니라 강력한("살아 있고 활동적인") 능력이 있으므로, 성령의 손안에서 성례는 또한 하나님의 구원 은혜를 진정으로 전달한다.

---

14 Ibid., 95. 지상의 모든 안전, 모든 자율적 이성이나 경험, 의도와 직관에 대한 이런 위협은 성경에서 "예수 그리스도를 죽은 자 가운데서 부활하게 하심으로 말미암아 우리를 거듭나게 하사 산 소망이 있게 하시며 썩지 않고 더럽지 않고 쇠하지 아니하는 유업을 잇게 하시나니 곧 너희를 위하여 하늘에 간직하신 것이라. 너희는 말세에 나타내기로 예비하신 구원을 얻기 위하여 믿음으로 말미암아 하나님의 능력으로 보호하심을 받았느니라"(벧전 1:3-5, ESV)라고 말하는 것과 같은 것이다.

15 Stephen H. Webb, *The Divine Voice: Christian Proclamation and the Theology of Sound* (Grand Rapids: Brazos, 2004), 43.

2) 은혜의 방편: 주입인가 비준인가?

아퀴나스(Aquinas)에 따르면, 성례는 다른 성스러운 것의 표징과는 달리 "사람들을 거룩하게 만든다."[16] 따라서 "인간의 거룩함의 완성을 의미하는 것들만 성례라고 불린다."[17] 성례는 받는 사람에게 은혜를 주입함으로써 이를 성취하며, 여기에서 성례의 근본이 되는 은혜에 대한 다양한 이해가 나타난다.[18]

토마스 아퀴나스에게 은혜는 소외감을 극복하는 힘, 즉 주입된 물질이지만 종교개혁자들에게 은혜는 낯선 존재를 만나는 호의적 사건이다. 루터교 전통과 개혁주의 전통은 성례전이 은혜의 수단이라는 점을 로마가톨릭과 정교회와 함께 확언하지만, 가장 큰 차이점은 은혜에 대한 이해가 상당히 다르다는 데 있다.

개혁주의자들에게는 자연-은혜(nature-grace)의 문제와 같은 문제는 없고 오직 죄-은혜(sin-grace)의 문제만 존재한다. 따라서 은혜의 방편으로서 성례에 대한 그들의 이해는 존재론적 은혜 개념과 성례에 대한 인과적 이해를 극복하고 철저하게 종말론적이고 따라서 성령론적인 언약적, 관계적, 약속적, 선포적 기능을 지지하려고 노력한다.

---

[16] Thomas Aquinas, *Summa theologia*, Q. 60, Art. 2, Part III; trans. *Fathers of the English Dominican Province* (repr., Westminster, MD: Christian Classics, 1948), 4:2340.
[17] Ibid.
[18] Ibid., Q. 69, Art. 9, Pt, Ninth., 2409: 유아들은 모두 동등한 능력으로 세례를 받을 때 동일한 효과를 받지만, "자신의 신앙으로 세례에 임하는 성인들은 세례에 똑같이 임하는 것이 아니며, 어떤 이들은 더 큰 헌신으로, 어떤 이들은 더 적은 헌신으로 세례에 임하기 때문이다. 따라서 어떤 사람은 새로움의 은혜를 더 많이, 어떤 사람은 더 적게 받는다," 불에 가까이 다가가는 사람이 더 많은 열을 받는 것처럼 말이다. 은혜는 분명히 힘(*potentia*)이자 물질(*substantia*)로서, 우리가 그 효과를 최대한 누리기 위해서는 반드시 협력해야 한다. 즉, "따라서 사람이 세례로 의롭게 되려면 그의 의지가 세례와 세례의 효과를 모두 받아들일 필요가 있다. … 따라서 불성실은 세례의 효과를 방해하는 것이 분명하다."

"은혜의 방편(수단)"(means of grace)이라는 용어가 때때로 다음과 같이 모호하게 만들 수 있는 점을 인식하는 것이 중요하다. 즉, 비인격적인 어떤 것도 우리 안에서(in *nobis*) 일어나지 않는다. 우리에게 부어지거나 우리 안에서 작동하는 물질, 심지어 은혜조차도 존재하지 않으며, 오히려 "너희 안에서 행하시는 이는 하나님이시니 자기의 기쁘신 뜻을 위하여"(빌 2:13, ESV) 행하시는 분은 그리스도의 성령에 의한 그리스도 자신이시다.

존 웹스터가 언급하는 것처럼, 은혜는 "단순한 재화의 전달이 아니라 관계의 운동이다."[19] 성령의 이런 인격적 사역은 다가오는 시대의 현실에 참여하는 선물이기 때문에 은혜와 동일시될 수 있다. 성령과 종말론의 이런 긴밀한 연결은 개혁주의 이해에서 매우 중요하다.[20]

이 시대에 삼위일체 하나님이 그분의 백성 가운데 임재하시는 것은 참으로 오심(*adventus*)이지만, 파루시아 자체를 완전히 실현하는 것이 아니라 맛보는 것이다. '파루시아'는 히브리어 파님(*pānîm*, 얼굴/보이는 임재)의 헬라어 번역어이다. 이 시대에 우리 가운데 오신 그리스도의 오심은 종말에 오실 그리스도의 육체적 재림을 기대하지만, 그 재림과 동일시할 수는 없다.

> 우리가 지금은 거울로 보는 것같이 희미하나 그 때에는 얼굴과 얼굴을 대하여 볼 것이요(고전 13:12).

---

19 John Webster, *Word and Church* (Edinburgh: T&T Clark, 2001), 63.
20 Gerhardus Vos, "Paul's Eschatological Concept of the Spirit," in *Redemptive History and Biblical Interpretation: The Shorter Writings of Geerhardus Vos*, ed. Richard B. Gaffin Jr. (Phillipsburg, NJ: Presbyteran & Reformed Publishing Co., 1980), 125. 게할더스 보스(Geerhardus Vos)는 "바울에게 성령은 일반적으로 다가올 세상과 연관되어 있었으며, 따라서 성령으로부터 그리스도인의 삶이 특정한 성격을 통해 받는 모든 초자연적이고 구속적인 능력을 잉태하게 되었다"라고 쓴다.

성만찬(the Supper)이 신자들에게 그리스도와 그분의 유익을 전달하고 언약을 승인하는 동시에, 진정한 의미에서 우리는 종말까지 그리스도와 함께 먹고 마시지 않을 것이다. 만찬을 제정하시면서 예수님은 다음과 같이 말씀하셨다.

> 너희에게 이르노니 내가 포도나무에서 난 것을 이제부터 내 아버지의 나라에서 새것으로 너희와 **함께 마시는 날까지** 마시지 아니하리라(마 26:29, 강조 표시 추가)

바울은 다음과 같이 말했다.

> 너희가 이 떡을 먹으며 이 잔을 마실 때마다 주의 죽으심을 **그가 오실 때까지** 전하는 것이니라(고전 11:26, 강조 추가).

성례전을 "그리스도께서 구속의 혜택을 전달하시는 외적이고 평범한 수단"(웨스트민스터 소요리문답)으로 만드는 것은 **표징** 자체나 **사람들**의 행동이 아니라 **하나님**의 행동이다(고전 11:26, 강조 표시).[21]

언약 공동체는 아브라함과 모세에게 표적을 주셨던 것과 같은 이유, 즉 우리를 향한 하나님의 은혜에 대한 인준과 확신을 받기 위해 식탁 주위에 모인다. 성찬은 "내가 이 땅을 소유로 받을 것을 무엇으로 알리이까"라는 아브람의 질문(위)에 대한 하나님의 응답이다(창 15:8).

하나님의 임재가 항상 호의적인 것은 아니기 때문에(하나님이 또한 심판하러 오실 때도 많기 때문에), 우리는 그분이 지금 우리에게 평화 가운데 오신다는 확신이 필요하다. 이것이 바로 성례전 임재에 대한 개혁주의적 이해의

---

21 The Westminster Shorter Catechism, Q. 88, in *Trinity Hymnal*(Atlanta and Philadelphia: Great Commission Publications, 1990), 867.

핵심인 것 같다.

위에서 인용한 고대 근동 조약의 당사자들은 마티일루와 그의 백성들이 양의 머리에 실질적으로 존재한다고 상상하지 못했다. 또한, 그들은 희생 제물이 단순히 사람들을 대표한다고 생각하지도 않았다. 오히려 그들은 이 의식적 행위를 통해 모든 위협과 축복이 수반되는 언약을 맺는다(문자적으로 "짜른다")고 믿었다.

아퀴나스는 『신학 총론』(Summa theologia)에서 여덟 편의 글을 통해 "그리스도가 이 성찬 안에 임재하시는 방식"을 지지하는 일련의 철학적 논증을 제시한다.[22] 이는 또다시 한번 그가 은혜를 세례와 그 이후의 성례 때문에 주입되는 형이상학적 물질로 취급한 것과도 일치한다. 물리적 원인과 주입된 물질의 유비가 지배하는 체계에서 그리스도가 어떻게 임재하시는지에 대한 불안은 의미가 있으며, 그의 주장 논리는 완벽하게 타당해 보일 것이다.

이와 대조적으로 우리가 탐구해 온 언약 패러다임은 약속을 주고받는 경륜과 관련 있는 인격 간의 행위(interpersonal agency)를 강조한다. 이것은 인간을 신적 존재로 만들기 위해 새로운 자질을 주입하는 것이 아니라, 원수를 친구를 넘어 가족으로 만들기 위해 서약을 주고받는 문제이다. 이런 선언은 변화로 이어지지 그 반대, 즉 변화가 선언으로 이어지는 것은 아니

---

22 Thomas Aquinas, *Summa theologia*, Q. 76, Pt. III. 아퀴나스는 승천의 실재를 부정하지 않으며, 임재에 대한 그의 이해를 자연적이고 지역적인 개념(예를 들어, 한 장소에서 다른 장소로의 이동과 관련된)과 신중하게 구분한다. 그러나 그 모든 것에 대해 "빵의 온전한 실체는 그리스도의 몸의 온전한 실체로, 포도주 온전한 실체는 그리스도의 피의 온전한 실체로 바뀐다. 따라서 이것은 형식적인 전환이 아니라 실질적인 전환이며, 자연적인 운동의 일종도 아니나, 나름대로의 이름을 붙여 화체설(*transubstantiation*)이라고 부를 수 있다"(Q. 75, 5항, 3권 2444문답). 나는 그러한 설명(그리고 이 진영에 남아 있는 경쟁적 설명들)이 오직 존재 신학적 담론(onto-theological discourse) 안에서만 발전할 수 있다고 믿고 싶다. 심지어 아퀴나스가 성경 본문을 증거로 삼을 때에도 성례전을 다루는 데 있어서는 아리스토텔레스가 모든 곳에서 지배적인 목소리를 낸다.

다. 따라서 내가 다른 곳에서 자세하게 주장했듯이, 주입은 하나님의 은혜로운 행동에 대한 잘못된 범주이다.[23]

니콜라스 월터스토프(Nicholas Wolterstorff)는 **임재와 행동**의 관점에서 토마스(Thomas)와 칼빈(Calvin) 사이의 대조를 이해하기 위한 좋은 사례를 제시한다.[24]

칼빈과 개혁파 신앙고백서는 "성례에 관한 논의에서 표징-행위(sign-agency)의 언어보다는 하나님-행위(God-agency)의 언어를 사용하는 경향"이 강하다.[25] 다시 말해, 문제는 표징의 효능이 아니라 신적 행위의 효능이다. 그는 이런 대조는 "상징 체계"와 "담론 체계" 사이에 이루어진다고 제안한다.[26] 눈에 보이는 표징조차도 담론의 사건이다.

이것이 우리가 탐구해 온 대조에 대한 해석학적 결론이 될 수 있을까?

언약적 모델에서 성례는 설교를 통해 주어진 것과 다른 것을 전달하는 것이 아니라 복음에서 주어진 것을 확인하는 역할을 한다.[27] 성례 의식은 확인, 서약, 보증, 인증, 비준하는 것이다. 다시 말해, 담화 체계에서 지시하는 것은 표징이 아니라 사람이다. 성례의 효력과 유효성을 결정하는 것은 추상적 표징과 표징이 의미하는 것의 형이상학적 관계가 아니라 담화, 즉 특정한 (언약적) 담화에서 행위자들의 인격적 행동이다.

다시 말해, 문제는 하나님이 표징을 표징이 의미하는 것에 존재론적으로 참여시키기 위해 표징**에** 무엇을 하느냐가 아니라 약속된 실체를 비준하고 전달하기 위해 표징**으로** 무엇을 하느냐는 것이다. 말씀과 성례에 관

---

23 나는 이 요점을 이 시리즈의 이전 책인 *Covenant and Salvation: Union with Christ* (Louisville, KY: Westminster John Knox Press, 2007, 『언약과 구원론』[CLC, 2020])의 제2부 전체에 걸쳐서 어느 정도 자세히 전개했다.
24 Nicholas Wolterstorff, "Sacrament as Action, not Presence," in Brown and Loades, *Christ: The Sacramental Word*, 124–25.
25 Ibid., 106.
26 Ibid., 108.
27 Ibid., 109.

한 개혁주의 개념과 의사소통 이론 사이에 융합을 보는 것은 분명히 과장이 아니다.

게리쉬(B. A. Gerrish)는 심지어 이렇게까지 관찰한다.

> 칼빈주의 성례의 효능은 전적으로 신적 약속 안에 있기 때문에, 오스틴(J. L. Austin)의 용어를 아마 똑같이 적절하게 사용하여 칼빈주의 성례전을 '수행적' 표징이라고 부를 수도 있다.[28]

월터스토프는 다음과 같이 언급한다.

> 언어 행위 이론(화행, 언어를 통해 이루어지는 행위)에 의하면, 나의 발화 수반 행위(illocutionary act)는 오늘 오후에 자동차의 새 타이어를 사겠다고 당신에게 약속하는 행위이며, 그런 말을 명심하는 나의 행위는 그 약속을 하는 나의 행위로 간주된다. 그리고 나의 발화 효과 행위(perlocutionary act)는 당신에게 그 약속을 함으로써 당신의 불안을 덜어주는 나의 행위이다.[29]

> 칼빈이 예배 의식(liturgy, 전례)을 이해하는 것처럼 예배 의식을 행하는 것은 하나님의 임재뿐 아니라 신적 행동의 영역에 들어가는 것이다. 칼빈의 사고방식에서, 하나님은 예배에서 파악해야 할 존재라기보다는 참여해야 할 행위자이시다. 두 번째로 나를 놀라게 하는 것은 칼빈이 하나님께서 우리에게 빵과 포도주라는 물질적 요소를 주시고 우리가 그것을 먹고 마시는 것에 특별한 의미를 부여한다는 점이다. … 내가 알기로는 그렇게 중대

---

[28] B. A. Gerrish, *Grace and Gratitude: The Eucharistic Theology of John Calvin* (Minneapolis: Augsburg Fortress Press, 1993), 140 n. 50.
[29] Ibid., 110.

한 의미가 평범한 물질적 요소에 담긴 적은 없었다.[30]

문제는 하나님이 어디에 임재하시는가가 아니라 (편재하는 신성에 관해 이야기할 때 그 자체로는 상대적으로 흥미롭지 않음) 하나님이 우리를 위해 정죄와 파괴가 아닌 평화와 안전으로 임재하신다는 것이다.

따라서 성례의 관심은 하나님이 위엄 가운데 임재하시는 것이 아니라, 일반적으로 모든 사람에게(설교에서 복음을 일반적으로 제시할 때처럼)뿐만 아니라 특히 각 수신자에게 언약의 약속을 비준하고, 보증하고, 증명하고, 확인하고, 인봉하는 하나님의 행동 수단이 되는 것이다.

하이델베르크 요리문답(Heidelberg Catechism)에 따르면, 다음과 같다.

> 내가 나를 위해 떼어지신 주님의 떡과 내게 주신 잔을 눈으로 확실하게 보는 것처럼, 그분의 몸은 나를 위해 바쳐지고 쪼개졌으며 십자가에서 나를 위해 피를 쏟으신 것이 확실하다. [그러나 이것은 단지 과거 시제만은 아니다.]
>
> 내가 섬기는 자의 손에서 받아 입으로 그리스도의 몸과 피의 확실한 표징으로 내게 주신 주님의 떡과 잔을 맛보는 것처럼, 그분이 십자가에 못 박히신 몸과 부어 주신 피로 영생을 위해 내 영혼을 기르고 새롭게 하는 것이 확실하다.[31]

벨직 신앙고백서(Belgic Confession)도 마찬가지로 말한다.

---

[30] Ibid., 119-20.
[31] The Heidelberg Catechism, Lord's Day 28, Q. 75, in *Ecumenical Creeds and Reformed Confessions* (Grand Rapids: CRC Publications, 1988), 45.

그리스도의 몸과 피의 성찬은 우리가 성찬을 손에 들고 입으로 먹고 마심으로써 우리의 생명이 유지되는 것처럼, 우리의 영적 생명을 위해 우리의 유일한 구주이신 그리스도의 참된 몸과 참된 피를 우리의 영혼 안에 진정으로 받는다는 것을 우리에게 증거하기 위해 제정되었다.[32]

츠빙글리식 예배나 로마가톨릭 예배와 대조적으로, 칼빈의 예배(부분적으로 부처[Bucer]의 예배를 모델로 삼음)는 말씀과 성찬의 예배(liturgy)였다. 그의 언약적 이해는 하나님의 언어적 서약과 시각적 서약 사이의 동등한 중요성과 불가분의 관계를 전제로 했다.

따라서 게리쉬가 주장한 바와 같다.

> 가령 다시 말씀처럼 성례가 다름 아닌 그리스도와의 신비한 연합에 영향을 미쳐야 한다고 하더라도 이것은 또한 성례는 말씀처럼 의미의 전달을 통해 작동하는 것으로 재해석할 것을 요구했다.[33]

다시 말하지만, 이것은 성례가 현현과 임재 자체의 형이상학이 아니라 수행적 언어 행위(performative speech-acts)의 경륜에 속한다는 요점을 다시 한번 강조한다.

칼빈은 다음과 같이 말한다.

> 그분은 우리의 눈을 단순히 보여 주기만 하는 것이 아니라 실재(rem praesentem)로 인도하시며, 동시에 그분이 묘사하는 것(figurat)을 효과적으로 성취하신다. … 하나님은 외적 수단을 통해 일하신다.[34]

---

32 The Belgic Confession, Art. 35 in *Ecumenical Creeds and Reformed Confessions*, 115.
33 B. A. Gerrish, *Grace and Gratitude*, 108; see Calvin, *Institutes* 4.14.7.
34 Calvin, *Institutes* 4.15.14–15.

그리스도 안에 있는 하나님 아버지의 선하심은 칼빈의 성례전 해석에서 가장 중요한 부분이다. 즉, 세례를 통해 그분은 우리를 그분의 가족으로 입양하시고, 성만찬을 통해 우리를 지속해서 먹이신다.[35]

3) 은혜의 수단인가, 순종의 행위인가?

하나님은 복음을 선포하시고 세례와 성만찬을 집행하심으로써 그분의 은혜 조약을 공개적으로 선포하셨다. 우리가 자비로우신 하나님을 어디에서 찾을 수 있는지 알고 싶고 다른 사람들도 알기를 원한다면, 우리는 그분이 우리를 찾으신 곳, 그분이 평화롭게 오시겠다고 약속하신 곳에서 그분을 찾아야 한다.

종교개혁자들은 중세 교회에 성례전이 추가되면서 그리스도께서 승인하신 세례와 성찬 예식의 효력과 중요성이 약화하였음을 관찰했다. 종교개혁자들은 성례가 추가될 수 있었던 것은 성례의 기준이 더 이상 성례가 그리스도에 의해 승인되고 그리스도의 선물과 그분의 모든 혜택을 전달하려는 명시적 의도가 있지 않았기 때문이라고 주장했다.

그 대신 성례는 하나님의 은혜에 대한 서약이라기보다는 은혜를 주입하는 통로가 되었다. 바티칸 2세(Vatican II)의 말을 빌리면, 미사(the Mass) 자체는 예배자가 희생 제물을 바치는 것을 중심으로 하는 "사람들의 일"이 되었다.

우리 시대에 아이러니하게 복음주의자들 사이에서도 비슷한 경향을 볼 수 있다. 성례전의 본질이 주로 신자의 행위로 이해되기 때문에 성례전 또는 '의식'(ordinances) 목록이 개방적일 수 있다는 것은 놀라운 일이 아니다. 이머징 교회 지도자인 브라이언 맥라렌(Brian McLaren)은 로마가톨릭의

---

35   Gerrish, *Grace and Gratitude*, 122-23, from Calvin, *Institutes* 4.15.1 and 4.17.1.

일곱 가지 성례를 찬양하며, 일단 일곱 가지 성례가 있으면 결국 "모든 것이 잠재적으로 성례적이 된다"고 제안하며, "다운증후군 아이의 친절한 미소, 강아지의 통통 튀는 환희, 무용수의 우아한 등 아치, 좋은 영화의 카메라 작업, 좋은 커피, 좋은 와인, 좋은 친구, 좋은 대화"를 포함한다.[36]

그러나 이것은 사실 복음주의계에서 오랫동안 이어져 온 견해이며 오늘날 웨인 그루뎀(Wayne Grudem)이나 찰스 라이리(Charles Ryrie) 같은 보수적 복음주의자들 사이에서도 찾아볼 수 있는 견해이다.

라이리는 성례전과 달리 의식(ordinance)은 "은혜를 전달한다는 개념이 아니라 상징이라는 개념만 포함"한다고 말한다.[37]

"옛 삶을 떠나 새 삶으로 들어가는 것"을 상징하기 위해 "실제 세례"가 필요한가?

라이리는 다음과 같이 묻는다.

> 교회 단상에 작은 옷장을 세우고, 후보자가 낡은 옷을 입고 옷장에 들어가 옷장 안에서 옷을 갈아입은 다음 새 옷을 입고 나오게 하면 어떨까?
> 그것이 세례가 설명하는 것과 같은 동일한 진리를 설명하지 않겠는가?
> 그리고 이것이 성경적 예시가 아닌가?(골 3:9-12)[38]

따라서 우리의 관행에 "더 많은 유연성"을 가져야 한다고 결론짓는다.

흥미롭게도, 심지어 설교를 포기하는 것, 즉 보수적 복음주의자들이 도전하곤 했던 것과 같은 동일한 논리를 사용하는 현대 예배에 대한 더 급진적인 이론이 등장했다. 이것은 미국 복음주의의 유산에서 보수/전통주의

---

[36] Brian McLaren, *Generous Orthodoxy* (Grand Rapids: Zondervan, 2004), 225-26.
[37] Charles Ryrie, *Basic Theology: A Popular Systematic Guide to Understanding Biblical Truth* (1986; repr., Chicago: Moody Press, 1999), 487.
[38] Ibid., 467.

와 진보/자유주의의 범주를 정의하기 어렵다는 사실을 지적한다.

그루뎀은 벌코프(Berkhof)가 성례를 안수받은 목사가 집례하는 세례와 성만찬으로 제한한 것에 대해 "'성직특권주의'(sacerdotalism)의 색채가 짙다"고 비판한다.[39]

> 그러나 '은혜의 방편'을 그렇게 짧은 목록으로 만드는 것이 현명한 일인가?
> 교회의 교제를 통해 특히 신자들에게 임하는 성령의 축복을 받는 모든 수단을 나열하고 논의하고자 한다면, '은혜의 방편'을 안수받은 성직자나 교회의 직분자에게만 국한하는 세 가지 활동으로 제한하는 것은 지혜롭지 않은 것 같다. … 그러한 목록이 상당히 길어질 수 있다.[40]

그러나 결과적으로 "세례는 교회를 분열시키는 것으로 남아야 하는 '주요한' 교리가 아니다", "비록 세례가 일반적 교회 생활에 중요한 문제"이기는 하지만 말이다. 그는 은혜 언약의 연속성에서 유아 세례를 지지하는 논증은 옛 언약에는 "'언약 공동체'에 들어가는 육체적이고 외적인 수단이 있었던 반면, 교회에 들어가는 수단은 자발적이고 영적이며 내적인 것"이라는 점을 깨닫지 못했다고 이의를 제기한다.[41]

스탠리 그렌츠(Stanley Grenz)에 따르면 "의식(ordinances)은 복음을 상징하고",[42] 세례와 만찬을 직접 다루는 장의 제목은 "공동체 헌신의 행위"다.

---

[39] Wayne Grudem, *Systematic Theology: An Introduction to Bible Doctrine* (Grand Rapids: Zondervan, 1994), 950.
[40] Ibid., 951.
[41] Ibid., 976-77.
[42] Stanley Grenz, *Theology for the Community of God* (Nashville: Broadman & Holman, 1997), 644.

그렌츠는 급진적 종교개혁자들과 그들의 침례교 계승자들의 관점에서 볼 때 세례와 성만찬은 "기본적으로 신적 행위가 아니라 인간적 행위"라고 설명한다. "이 신학의 핵심은 순종에 중점을 두었다. 신자들은 교회를 위해 이런 행위를 제정하신 분께 순종하고자 하는 열망에서 의식에 참여한다. 따라서 의식은 순종의 표징이다."[43]

앞으로 살펴보겠지만 성례를 하나님의 은혜의 방편이 아니라 우리 자신의 순종 행위로 보는 것은 더 일반적으로 교회론에 큰 영향을 미친다. 그러나 이것은 또한 구원론에도 큰 영향을 미친다.

밀라드 에릭슨(Millard Erickson)은 "언약의 개념과 밀접하게 연관된" 개혁주의/장로교적 견해가 "성례의 객관적 측면"을 강조한다는 점을 인정한다.[44] 이런 견해에 반대해 에릭슨은 "세례 행위는 직접적인 영적 유익이나 축복을 전달하지 않는다"라고 주장한다. "그렇다면 세례는 사람이 이미 중생했다는 증거"이며, 세례 후보자가 "중생의 믿을 만한 증거를 보여주었고" 따라서 "구원의 조건(즉, 회개와 적극적 믿음)을 충족한 후에만" 행해진다.[45] "그것은 그리스도에 대한 헌신의 공개적 표시이다."[46]

성만찬에 관해 에릭슨은 다음과 같이 언급한다.

> [개혁주의적 관점에서] 성찬의 진정한 객관적 유익이 있다. 그것은 참여자에 의해 생성되는 것이 아니라 오히려 그리스도 자신에 의해 성례로 가져온다. 성만찬은 기본적으로 기념적이다.[47]

43　Ibid., 670.
44　Millard Erickson, *Christian Theology*(Grand Rapids: Baker, 1985), 3:1093-1094.
45　Ibid., 1096.
46　Ibid., 1101.
47　Ibid., 1120, 1122.

주의 만찬은 전 의식(前意識)적 믿음을 의식으로 가져오는 효과가 있다.[48]

급진 개신교는 개인 신앙의 중요성을 상기시켜 주지만, 이 관점과 개혁주의 입장 사이의 차이는 개혁주의와 로마가톨릭의 관점을 구분하는 것만큼이나 크다고 말해야 한다.

로마가톨릭과 재세례파/침례교 전통의 입장은 성례전(또는 예식)이 하나님의 약속을 승인하는 하나님의 선물이라기보다는 우리의 믿음과 사랑을 증거하기 위해 하나님께 드리는 제물(개념은 다르지만)이라는 근본적인 점에 사실상 동의한다.

개혁파(루터파도 마찬가지)의 관점에서 볼 때, 일단 그렇게 되면 상징적 이론과 실제적 이론에 대한 이견은 비교적 중요하지 않다.

언약의 근거가 모든 계약 조항의 개인적 이행("우리가 이 모든 것을 할 것이다")이든, 왕의 하사(下賜, 언약의 우두머리가 개인적으로 이행했기 때문에 상속인에게 수여되는 유산)이든, 언약은 두 당사자 간의 관계이다. 따라서 개혁주의 신학은 성례전이 일차적으로 신성한 서약이지만 언약 당사자의 적절한 응답을 요구한다는 점을 항상 확인했다.

그러나 그 적절한 인간적 응답을 만들어 내고 확인하는 것은 서약과 그것의 비준이다. 은혜 언약에서 이 반응은 믿음과 회개이다. 이런 식으로 직설(복음)은 항상 명령(명령)에 앞서고, 하나님의 행동은 인간의 반응에 앞서지만, 둘 다 언약의 비준에 관여한다. 이는 각 성례에 초점을 맞추면 더 명확해진다.

---

[48] Ibid., 1126.

3. 세례: 전위(轉位)와 재배치

야웨는 할례를 제정하기 전(창 17장) 환상 가운데 아브라함에게 나타나시며, 그 환상 가운데 자기 저주적인 맹세(창 15장)를 비준하기 위해 잘린 시체 사이를 통과하신다. 시내산 조약에도 피의 비준 의식이 있지만, 중요한 점에서 차이가 있다. 이 의식은 이스라엘이 그 땅에서 지위를 유지하기 위한 조건으로 하나님이 명하신 모든 것을 지키겠다는 이스라엘의 맹세를 비준하는 것이기 때문에, 야웨의 자기 저주적 맹세라기보다는 이스라엘 심판의 징표이자 인이라고 할 수 있다.

출애굽기 24장에서 모세는 백성에게 피를 뿌리면서 "이는 여호와께서 **이 모든 말씀에 대하여** 너희와 세우신 언약의 피니라"(8절, 강조 추가)라는 제정의 말씀을 전한다.

어떤 말씀에 따라 하는가?

우리는 앞 구절에서 이스라엘 백성이 "여호와의 모든 말씀을 우리가 준행하리이다"(7절)라고 맹세할 때 이스라엘의 말에서 듣는다.

성경뿐만 아니라 고대 근동 조약의 세속 정치에서도 말과 표징은 언약에서 뗄 수 없는 관계였다. 서로 다른 '말'(즉, 언약)은 서로 다른 비준 의식을 요구하지만, 항상 맹세자의 목숨이 걸려 있는 잘라 내기(cutting)를 수반한다.

이를 근거로 예레미야는 창세기 15장의 환상과 대조되는 그림을 그릴 수 있었는데, 선지자는 하나님의 이름으로 다음과 같이 선언한다.

> 송아지를 둘로 쪼개고 그 두 조각 사이로 지나매 내 앞에 언약을 맺었으나 그 말을 실행하지 아니하여 내 계약을 어긴 그들을 곧 송아지 두 조각 사이로 지난 …
>
> (렘 34:18-19).

'잘라 내기'는 언약 공동체와 그 안에 속한 개인을 심판하는 언약의 언어이다.

1) 할례-그리스도와 함께하는 세례

할례는 하나님의 백성으로부터 완전히 잘리는(제명) 것을 막기 위한 부분적인 '잘라 내기'였다. 따라서 (할례를 통해) 언약의 축복에 헌신하거나, (할례를 받지 않고) 언약의 저주에 헌신해야 했다. 이삭의 제물로 상징되었던 것은 바로 이런 철저한 잘라 내기였지만 주님께서 수풀에 걸려 있는 숫양이라는 대용품을 마련함으로써 방지되었다(창 22장).

8일째 되는 날 할례를 받을 때 아브라함의 더 큰 후계자는 예언적으로 "예수"(눅 2:21)라고 명명되어 구속의 역사에서 그분을 수풀에 걸린 숫양, 즉 요한의 "하나님의 어린양"이라고 동일시된다(요 1:29).

클라인은 다음과 같이 말한다.

> 그러나 창세기 22장의 번제에 대한 응답으로 할례를 완성한 것은 십자가에 달리신 그리스도의 할례였다. … 이는 상징적 부분일 뿐만이 아니라 '육의 [전체] 몸'을 '벗는 것'으로, 이는 상징적 맹세-저주일 뿐만 아니라 저주받은 어둠과 버림 속에서 "그의 육체의 죽음"(골 1:22)을 끊는 것이다.[49]

할례가 심판의 칼이었지만 단순히 포피만 잘라 냄으로써 수신자를 '통과'한 것처럼, 세례에서도 우리는 신적 심판의 칼 아래 놓이게 된다. 그러나 이런 사건에서 우리는 온전히 새 생명으로 부활하기 위해 심판에 전적으로 헌신한다(롬 6:1-11).

---

[49] M. G. Kline, *The Structure of Biblical Authority*(Grand Rapids: Eerdmans, 1975), 45.

세례에서 의미하는 것과 보증되는 것은 다름 아닌 마지막 날의 종말론적 심판, 즉 아담 안에 있는 우리의 저주가 그리스도 안에 있는 우리의 축복으로 삼켜지는 것을 의미한다.

골로새서 2:9-12에서 게르할더스 보스(Geerhardus Vos)는 다음과 같이 상기시킨다.

> 그리스도인의 '할례'를 세례 후에 따르는 것으로 이해해서는 안 된다. 대신 이 두 가지 행위는 동시에 이루어지는 것으로 간주해야 한다. 옛 언약에서 발견된 정결 의식은 새 언약에서 명령된 정결 의식에서 그 성취를 발견한다. … 이 구절의 의미는 "세례를 받을 때 그와 함께 묻혔을 때 할례를 받았다" 또는 "세례를 받을 때 그와 함께 묻힘으로써 할례를 받았다"와 같이 표현하는 것이 가장 잘 전달될 것이다. …
>
> 가능한 한 가장 완전한 의미에서 새 언약에 따른 세례는 옛 언약에 따른 할례로 표현되었던 모든 것을 성취한다. 세례를 받음으로써 기독교 신자는 할례의 정결 의식과 동등한 경험을 했다.[50]

바울은 또한 이 연합을 위해 이스라엘 자손이 홍해를 통해 모세에게 속하여 "세례"를 받은 유비에 호소하며(고전 10:2), 베드로는 노아의 홍수 시련(Noahic deluge ordeal)을 지금 우리를 구원하는 세례를 예표하는 세례로 언급한다(벧전 3:21).

예수님은 자기편에 선 영광의 신학자들에 맞서 자신 외에는 십자가의 "세례"를 받을 수 없다고 강조하셨지만(눅 12:50; 참조, 막 10:38), 이제 우리는 그분의 할례-죽음과 부활-생명의 혜택에 포함되었다. 새 언약에서 약속이 더 큰 것처럼, 새 언약이 약속하는 실체를 거부하는 저주 또한 더 크

---

50 Geerhardus Vos, *Redemptive History and Biblical Interpretation*, 165-66.

다(마 8:12; 요 15:1-8; 롬 11:17-21; 히 4:2; 6:4-8; 12:25). 지정학적 신정 정치에서 이 땅으로 유배되는 것은 하늘 안식으로부터 끊어지는 것을 단지 모형화하는 것이다.

표징과 그 표징이 나타내는 것(the sing and thing signified)은 구약에서와 마찬가지로 신약에서도 밀접하게 연결된 것으로 취급된다.

> 그리스도는 물로 씻어 말씀으로 [교회를] 깨끗하게 하사 [*katharisas tō loutrō tou hydatos en rhēmati*] (엡 5:26, NASB)

> 우리를 구원하시되 우리가 행한 바 의로운 행위로 말미암지 아니하고 오직 그의 긍휼하심을 따라 중생의 씻음과 성령의 새롭게 하심으로 하셨나니 (딛 3:5).

따라서 하나님의 은혜로운 사역은 피조적 수단과 대립할 수 없다.[51]
신자들은 "세례로 [그리스도와] 함께 장사"되고 "새 생명으로" 그와 함께 일으키심을 받았다. 이제 세례는 참된 할례이다(골 2:11-12; 롬 6:4).
초기 사도들의 설교는 청중들에게 호소한다.

> 너희가 회개하여 각각 예수 그리스도의 이름으로 세례를 받고 죄 사함을 받으라 그리하면 성령의 선물을 받으리니 이 약속은 너희와 너희 자녀와 모든 먼 데 사람 곧 주 우리 하나님이 얼마든지 부르시는 자들에게 하신 것이라 … 그 말을 받은 사람들은 세례를 받으매 이 날에 신도의 수가 삼천이나 더하더라 (행 2:38-41, NASB).

51　예를 들어, Karl Barth, *CD* IV/4:113-14를 참조하라. 각 구절에 대한 다양한 고전 및 현대 해석의 상당한 기술과 지식에도 불구하고(서문에서 이와 관련해서 아들 마르쿠스 바르트에 대한 빚을 인정하고 있음), 칼 바르트의 주석은 처음부터 이 구절들이 성례전적 방식으로 해석될 수 없음을 전제하고 있다.

요한의 세례뿐만 아니라 제2 성전 유대교의 의식적 세례는 물에서 행해졌기 때문에, 그의 말씀을 받은 사람들은 물에서 세례를 받은 것이 분명해 보인다. 예를 들어, 빌립이 에티오피아 궁정의 재무관에게 그리스도를 선포했을 때에도 이런 이해가 있었다. 물이 있는 곳에 도착한 그 관리는 "물이 있으니 내가 세례를 받음에 무슨 거리낌이 있느냐"(행 8:36)라고 말했다.

다시 사도행전 2장으로 돌아가서, 사람들이 세례를 받는 것에 대한 언급이 세례를 통해 죄의 용서와 성령의 새롭게 하심을 포용한다고 말하지 않는 한 물 세례의 관점에서 이해되어야 한다고 제안하는 것은 자의적으로 보일 것이다.

그럼에도 (할례와 마찬가지로) 세례가 눈에 보이는 은혜 언약에 참여하는 것을 의미하고 보증하지만, 세례가 전달하는 실재는 믿음으로 받아들여야 한다.

4. 그리스도와 분리된 할례-세례

우리는 언약의 역사를 통해 육체의 할례가 마음의 할례의 표징이자 인이지만, 육체의 할례가 마음의 할례를 초래하지는 않는다는 것을 알고 있다. 이 두 가지는 옛 언약(신 10:16; 30:6; 렘 4:4; 31:32-34)에서도 구별되며, 바울이 외적 할례와 내적 할례를 대조하기 전에도 구별된다(롬 2:28-29; 3:30; 4:10; 고전 7:19; 갈 5:2-6; 빌 3:3; 골 2:11).

그리스도를 믿는 믿음과는 별개로, (아담이나 이스라엘 안에 있는) 사람은 모든 의를 이루는 완전한 개인적 순종을 요구하는 율법 언약 아래 서 있다. 그들의 할례-세례는 은혜 언약의 중보자이신 그리스도와는 별개로 그들 스스로가 감당해야 할 몫이다.

따라서 히브리서 기자는 광야 세대를 마지막 날의 언약 구성원들과 비교할 수 있다.

> 그들과 같이 우리도 복음 전함을 받은 자이나 들은바 그 말씀이 그들에게 유익하지 못한 것은 듣는 자가 믿음과 결부시키지 아니함이라 이미 믿는 우리는 저 안식에 들어가는도다 …(히 4:2-3).

사실 이 안식은 여호수아가 개척한 안식보다 더 큰 안식이다(히 4:2-11). 히브리서 6장은 "한 번 빛을 받고"(고대 기독교 저술가들은 이 용어를 세례를 가리킬 때 사용했다) "하늘의 은사를 맛보고 성령에 참여한 바 되고 하나님의 선한 말씀과 내세의 능력을 맛본" 사람들이 그럼에도 "구원에 속한 것"(4-9절)에 미치지 못하여 믿음을 떠나는 사람들에 대해 정신을 바짝 차리게 하는 경고를 제공한다.

하나님이 원나무의 얼매 맺지 않는 가지를 꺾어 야생 가지를 접붙이셨다면, 외형적으로만 나무와 연결되어 있을 뿐 믿음으로 그리스도와 생명력 있게 연합하지 않는 야생 가지는 얼마나 더 용납하시지 않겠는가(롬 11:19-24).

> 제사하는 처음 익은 곡식 가루가 거룩한즉 떡 덩이도 그러하고 뿌리가 거룩한즉 가지도 그러하니라(롬 11:16, NKJV).

그럼에도 외적으로 언약과 관련된 것과 실제로 믿음으로 그리스도와 연합하는 것은 별개 문제이다. 믿는 부모는 언약의 자녀를 거룩하게 하며(고전 7:14), 히브리서 6장이 확증하는 것처럼 언약은 (아직) 신자가 아닌 사람들 사이에서도 성령이 가시적으로 역사하시는 영역이며, 포도나무에 생명을 주시는 참여를 가져오는 가시적 수단이다.

따라서 전통적 개혁파의 이해에 따르면, 선택과 은혜 언약의 관계는 보이지 않는 교회와 보이는 교회의 관계이다. 언약의 가시적 구성원이자 따라서 어떤 의미에서 성령의 성화 작용의 수혜자인 모든 사람이 포도나무의 살아 있는 가지인 것은 아니다. 우리 자신에게서 그리스도께로 돌이켜 그분의 사역을 신뢰함으로써만 우리는 실제로 그리스도와 연합하고 그분의 택하신 몸의 산 지체가 된다.[52] 따라서 믿음은 성례와 분리되지도 않고 (믿음은 세례에서 약속된 실재를 받아들이기 때문에) 성례 때문에 불필요하게 되지도 않는다.

두 개의 은혜 언약이나 두 개의 교회가 있는 것이 아니라, 하나의 은혜 언약과 그리스도의 교회가 지금은 '혼합된 모임'으로 존재한다는 것이다. 그러나 이것은 새 언약 백성에게 새로운 문제가 아니라, 바울이 주장하듯이 처음부터 하나님의 선택 특권의 본질적 부분이었다(롬 9:6-18).

그렇다면 바울이 정의하는 것처럼 성례전은 우리가 믿음으로 얻은 의의 표징이자 인이다(롬 4:11). 언약 회원들만이 그들에게 주어지고 그들에게 비준되었지만, 그들이 실제로 받아들이지 않은 약속에서 "끊어질"(제명될) 수 있다. 그러므로 바울은 지금 할례를 받거나 시내산 율법 언약의 표징과 인으로 할례를 요구하는 사람들은 실제로 아브라함의 기업에서 자신을 잘라 내고 있다고 경고한다(갈 3:5-25; 5:1-6).

5. 하나님의 사역으로서의 세례

이런 관점에서 설교와 성찬은 단순한 은혜의 증인도 아니고 은혜의 원인도 아니지만, 약속을 비준하고 약속하시는 분에 대한 우리의 믿음을 강

---

[52] Ibid., 288.

화한다는 점에서 은혜의 방편이다. 말씀과 성령에 의해 이루어지는 '보이는 말씀'으로서 세례 자체는 대표적이거나 상징적일 뿐만 아니라 '살아 있고 활동적인' 것이다. 설교와 마찬가지로 세례는 하나님의 에너지가 생생하게 작동하는 것이다.

성찬을 집행할 때, 성부께서는 성령으로 아들 안에서 우리를 향한 자신의 서약을 비준하신다. 이를 통해 성령은 언제 어디서나 복음 약속의 발화효과(perlocutionary effect)를 가져온다. 표징으로서 세례는 우리가 은혜의 언약에 포함되었음을 객관적으로 증거하고, 보증으로서 세례는 성령께서 한 번뿐 아니라 우리의 순례 여정 내내 하나님의 약속과 명령에 대한 "아멘"을 우리 안에 불러일으키는 수단이다.[53] 세례 자체가 (성례의) 사효적 방식으로(ex opere operato) 이것에 영향을 주는 것이 성령께서 선택하시는 때와 장소에서 이루어진다.

이런 모든 이유로 벨직 신앙고백서는 말한다.

> 그리스도께서는 성인과 마찬가지로 신자들의 어린 자녀들을 씻기 위해 피를 흘리셨기 때문에 새 언약의 어린이들도 옛 언약의 어린이들과 마찬가지로 세례를 받아야 한다. … 게다가 세례는 할례가 유대인에게 행한 것과 같은 일을 우리 자녀들에게 행한다. 그래서 바울은 세례를 '그리스도의 할례'라고 부른다(골 2:11).[54]

따라서 성례에 대한 언약적 관점은 성례가 **은혜** 언약이라는 중요한 점을 약화하기보다는 오히려 강화한다. 종교개혁자들과 그들의 계승자들은 무엇보다도 세례가 삼위일체 전체의 행위임을 강조했다.

---

53 The Belgic Confession, Art. 34, in *Ecumenical Creeds and Reformed Confessions*.
54 Ibid.

칼빈은 다음과 같이 기록한다.

> 왜냐하면, 그는 자기 자신의 몸으로 세례를 성별하시고 거룩하게 하심으로써 그것을 우리와 공유하시고, 그것을 그가 감히 우리와 함께 형성하기로 작성하신 연합과 사귐을 맺으신 가장 견고한 유대로서 삼고자 하셨기 때문이다. … 왜냐하면, 세례 가운데서 하나님이 부여하신 모든 선물은 오직 그리스도 안에서 발견되기 때문이다. 그러나 그리스도 안에서 세례를 받는 자가 또한 아버지와 성령의 이름도 부르지 않으면 이런 일이 일어날 수 없다. … 이런 이유로 우리는 성부 안에서 원인[*causa*], 성자 안에서 질료[*materia*], 성령 안에서 우리의 정결함과 중생의 효과[*effectio*]를 얻고, 말하자면 분명히 분별한다.[55]

하나님과 자아(습관, 성향, 등) 사이의 기계적 작용 대신에 삼위일체의 상호 내재적 관계(perchoretic relations)가 있어서 명예는 하나님께만 귀속되지만, 각각의 신적 위격의 독특한 작용에도 귀속된다는 것에 주목하라.

칼빈이 일찍이 성경을 통해 신자들은 마치 하나님이 그들 앞에 서 계신 것처럼 하나님의 음성을 듣는다고 주장한 것처럼, 세례를 받을 때 "자녀의 몸에 새겨진 주님의 언약을 바로 눈으로 보게 된다."[56] 하나님의 모든 일과 마찬가지로 성부께서는 성자 안에서 그리고 성령의 완전한 대행으로 말씀하신다.

더 일반적으로는 종교개혁과 함께 칼빈과 개혁파 신앙고백서들은 성례전이 복음 전파처럼 인간의 행위가 아닌 신적 은사라고 주장했다. 즉, 성례전은 하나님의 선의에 대한 서약이며, 그리스도 안에서 모든 부의 기업

---

[55] Calvin, *Institutes* 4.15.6.
[56] Ibid., 4.16.9.

을 신자와 그 자녀들에게 분배하겠다는 하나님의 증거이다. 이것은 또한 우리 편에서 믿음과 회개를 요구하지만, 그보다 우선하는 것은 하나님의 약속이다. 하나님은 우리를 먼저 섬기시고, 교회는 은혜의 수혜자로서 (처음뿐만 아니라 그리스도인 개인과 공동체의 삶 전체에 걸쳐) 존재하게 된다.

따라서 하나님은 은사주의와 오순절주의 기독교인들이 올바르게 주장하는 것처럼 지금 여기에서 우리 가운데서 일하고 계시지만, 언제 어디서나 말씀과 성찬의 평범한 사역을 통해 우리를 평안 가운데 만나겠다고 약속하셨다. 하나님은 이런 표징을 통해 기적을 행하신다.

우리는 이미 표징과 표징이 의미하는 것 사이의 관계에 대한 우리의 개념이 교회론의 광범위한 질문에 대해 얼마나 중요한지 알기 시작했다.

성례와 관련하여 피조물적 실재가 신적 실재에 압도되거나 신적 실재에 흡수되는 것으로 보는 동일한 경향은 그리스도와 그분의 교회를 융합하는 데서 나타나지만, 성례와 성례의 실재를 분리하는 경향은 하나님의 사역(보이지 않는 교회에서)과 인간의 사역(보이는 교회에서)을 구분하는 것으로 이어진다. 여기서 제시된 언약적 해석에 따르면, 피조적 실재는 신성화된 것이 아니라 하나님의 화해 활동을 수행하기 위한 목적으로 하나님에 의해 성별된 것이다.

칼 바르트는 어떤 형태의 신인협력설(synergism)을 강력하게 피하지만, 세례는 순전히 인간의 응답 행위로 만든다. 따라서 그가 언약 자녀의 세례를 거부하게 된 것은 놀라운 일이 아니다. 우리의 반응이 첫째로 나올 뿐만 아니라 그것은 성찬의 의미이기도 하다. 세례는 그것과는 별개로 이미 주어진 은혜를 증거한다.

> 세례는 그 자체가 은혜의 전달자, 수단, 또는 도구가 아니다. 세례는 신비, 즉 예수 그리스도의 역사, 그분의 부활, 성령의 부으심이라는 성례에 응답

하는 것이다. 그러나 그 자체가 신비나 성례는 아니다.⁵⁷

그러나 이런 이원론적 접근의 대가는 세례를 전적으로 인간의 행위로 간주하고 신성한 서약으로서 어떤 지위도 성례에 부여하지 않는다는 것이다.

이 점에서 (유아 세례에 대한 거부와 마찬가지로) 바르트의 입장은 츠빙글리보다 훨씬 더 급진적이다(또는 더 일관되다). 이 사실을 반영하여 바르트는 "개혁교회와 개혁 신학은 (심지어 취리히에서도) 츠빙글리의 가르침을 계속 견지할 수 없었다"며 칼빈의 '성례전주의'(sacramentalism)를 향해 "후퇴"했다고 썼다. "우리는 부정적이든 긍정적이든 츠빙글리가 기본적으로 옳았다는 것을 부인할 수 없다."⁵⁸

그러나 적어도 내가 보기에 바르트는 용서와 성령의 은사를 약속하는 하나님의 행위로서 세례에 대한 압도적인 신약성경의 증언에 대한 설득력 있는 주석을 제시하진 않는다.

『교회 교의학』(Church Dogmatics)의 마지막 부분에서 바르트가 세례를 다룬 것에 대해 심지어 존 웹스터(John Webster)처럼 동정적인 해석자도 다음과 같은 결론을 내린다.

> 그 주석은 때때로 놀라울 정도로 조잡하고, 때로는 물 세례(전적으로 인간적인 행위)와 성령 세례(전적으로 신적인 행위) 사이를 거의 플라톤적으로 구분하는 것처럼 보이는 것뿐만 아니라 특별한 변론에 의해 지배된다. … 성례에 관한 개혁주의 전통은 분명히 그에게 매력을 잃었지만, 그것을 대체하는 것은 초기 논의의 뉘앙스와 무게감이 부족했다.⁵⁹

---

57 Karl Barth, *CD*, IV/4:73, 102.
58 Ibid., 130.
59 John Webster, *Barth*(New York: Continuum, 2000), 157.

특히, 베드로(행 2:38-39)와 바울(고전 4:17)이 신자들과 그들의 자녀들의 포함을 재차 강조하고 사도행전에 가정 세례의 예(16:15의 루디아와 그녀의 가족, 16:31-34의 간수와 그의 가족, 참조, 고전 1:16의 스데바나와 그의 가족)가 있는데도 불구하고 바르트는 왜 신자들과 그들의 자녀들을 포함하는 동일한 언약에서 자녀들이 제외되는지 적절히 설명하지 못한다.

따라서 언약신학은 세례에 대한 사효적 방식의(그것을 행함으로 그것이 이루어진다, 다 된 것) 관점과 세례를 은혜의 수단이 아니라 순종의 수단으로 만드는 재세례파의 관점 모두와 구별되어야 한다.

내가 여기서 제안하는 것은 주입이라는 개념을 완전히 배제하고 세례가 본래의 (언약적) 장소를 차지하도록 허용하자는 것이다. 성경에는 세례가 새로운 습관을 주입한다고 말하는 구절은 없지만, 거듭남이 말씀에 기인한다는 분명한 진술이 있다(눅 8:11; 히 4:12; 약 1:21; 벧전 1:23).

심지어 에베소서 5:26에 교회가 "물로 씻어 말씀으로" 거룩해지고 깨끗해졌다고 하는 경우에도 전치사 디아(dia)는 말씀을 도구로 만든다. 이 견해는 은혜의 수단으로서 세례의 의미를 축소하는 것이 아니라, 세례가 왜 은혜의 수단인지, 즉 세례는 세례받은 자에게 약속의 말씀을 확증하는 표징이자 인이기 때문이라는 것을 나타낸다.

할례는 아브라함의 칭의의 원인이 아니라 바울이 분명히 말하는 것처럼 그가 믿음으로 얻은 의의 표징이자 인이었다(롬 4:9-12). 그럼에도 하나님은 모든 남자 유아에게 할례를 명하셨으므로(창 17장), 그들의 경우에 할례는 그들이 이미 했던 응답을 의미하고 보증할 수 없었을 것이다. 세례는 믿음의 행위 전이든 후에 받든, 오직 믿음으로만 얻은 의의 표징과 인으로 남아 있다(골 2:11-12).

마찬가지로 문설주에 묻은 피는 하나님이 애굽의 이스라엘 가정을 넘어가게 하신 것은 아니지만, 복수하는 천사의 심판으로부터 이스라엘 가정들을 구속하신다는 **의미와 인이었다.** 무지개처럼 문설주에 묻은 피는 이스라엘 백성뿐만 아니라 심판의 하나님께도 표징이자 인이었다.

율법 언약의 표징과 인이 축복의 조건으로서 맹세하는 자의 하나님의 명령 이행 의무를 비준하는 것처럼, 약속 언약의 표징과 인은 하나님의 맹세를 비준하고 그것을 통해 그 약속을 받아들이는 수신자에게 그분의 "무지개"를 걸어 주는 것이다. 즉, 세례는 인과적 틀보다는 법정적, 소통적, 언약적 틀에 적절하게 자리 잡고 있다. 따라서 세례는 중생의 원인이 아니라 다가올 이 시대에 우리가 참여하겠다는 서약이다.

6. 만찬: 성찬적 코이노니아

세례의 우선순위는 하나님의 은혜로운 행동에 있지만, 세례에는 온 교회와 가족, 그리고 결국 인생 후반에 신앙을 고백할 자녀들의 반응하는 서약도 포함한다. 나는 언약 식사가 고대 근동, 특히 이스라엘에서 조약을 맺는 행사의 핵심 부분이었음을 이미 보여 주었다. 그렇다면 세례와 마찬가지로 언약의 맥락부터 시작하겠다.

7. 구원의 잔: 언약적 맥락에서의 만찬

"지극히 높으신 하나님의 제사장" 살렘의 신비한 왕이 "떡과 포도주를 내어" 아브라함에게 야웨의 축복을 선포했을 때처럼 언약의 식사는 조약을 축하하고 비준하는 것이었다(창 14:17-20).

유월절 식사는 문설주에 묻은 피 덕분에 하나님의 칼 아래 무사히 지나간 밤에 앞으로 올 세대들이 참여하는 것이다(출 12장). 위에서 인용한 마티일루(Mati'ilu)가 맹세한 세속적 조약과 유사하게, 피의 맹세는 의사소통적 사건이다. 숫양의 머리는 실질적으로가 아니라 언약적으로 그리고 대표적으로(즉, 언약적으로) 마티일루와 그의 아들들의 머리가 된다. 다시 말해, 이런 의식에 참여하는 사람들은 **이런 말과 다른 행동을 통해** 각 민족을 대표하여 특정한 책임을 맡게 되는 것이다.

마찬가지로 선지자들은 하나님의 심판을 "진노의 잔"으로 자주 언급한다. "이것은 내 몸이다", "이것은 새 언약의 피다"라는 예수님의 선포에서, 특히 자신이 십자가에 못 박힌 것을 자신이 대표하는 사람들을 대신하여 "진노의 잔"을 그 찌꺼기까지 마시는 것으로 말씀하실 때(막 10:38; 눅 22:42) 우리는 동일한 언약적 배경을 가정해야 하지 않겠는가.

그날 밤 그분은 자신의 머리에 언약의 저주가 내릴 자로서 자신의 운명을 진정으로 확정지었다. 성찬에서 의미되고 보증된 실재를 받아들이는 사람들에게는 시련이 해방이지만, 실체를 받아들이지 않고 표징만 받아들이는 사람들은 개인적으로 자신의 죄를 짊어져야 한다. 따라서 성만찬에서 주님의 몸과 피(실체)를 분별하지 않는 사람들은 "자기의 죄를 먹고 마시는 것이다"(고전 11:29).

언약의 식사는 조약을 맺는 의식에 따른 국가의 만찬일 뿐만 아니라, 그 의식의 일부분이기도 하다. 우리는 시내산 정상에서 모세와 아론, 그리고 장로들이 위대한 왕 야웨와 함께 식사했던 것을 기억한다.

가부장적 내러티브에서 특히 두드러지는 "주님 앞에서 먹고 마시는" 모티브는 누가복음에서도 명백하게 이어진다.[60] 아담과 하와가 하나님의 부재 속에서 누렸던 언약 파기 식사와는 달리, 그들의 눈이 "열려" 그들의 죄를 인식한 엠마오 도상의 두 제자는 부활하신 그리스도가 모든 성경에 기록된 자신에 관한 것을 설명하시고 떡을 떼시는 행위에서 "눈이 열려"

---

60 식사 교제의 중요성에 관해서 특히 David P. Mossner, *The Lord of the Banquet: The Literary and Theological Significance of the Lukan Travel Narrative* (Minneapolis: Fortress Press, 1989)를 보라.

그분을 인식한다.[61]

유월절 식사에서 "기억하는 것"은 과거의 사건뿐만 아니라 현대의 구원 행위도 지적으로 기억하는 것이었다. 식사 참가자들은 구원을 위해 종주(Suzerain)의 이름을 부르며 유월절 잔을 들었다.

내가 구원의 잔을 들고 여호와의 이름을 부르며(시 116:13).

유월절의 표징과 그 표징이 의미하는 것 사이의 긴밀한 유대는 신약성경의 주의 만찬 기념으로 이어진다. 이런 행위의 원래 맥락과는 무관한 형이상학적 질문으로 인해 처음부터 주의가 산만해지면 중요한 요점을 놓칠 수 있다.

누가의 기록(22:14-23; 참조. 마 26:26-30; 막 14:22-25)에서 예수님은 "하나님의 나라에서 충만하게 이루기까지"(16, 18절) 제자들과 이 식사를 나누지 않겠다고 두 번이나 강조하신다. 이 특별한 식탁에 예수님이 물리적으로 임재하실 때에도 "그가 다시 오실 때까지" 부재에 대한 기대가 있다.

이렇게 함으로써 유월절은 과거(유월절의 성취)와 현재(그리스도의 희생)뿐만 아니라, 바울이 성찬식을 제정(고전 11:26) 하는 말씀에 포함한 것처럼 미래와도 연결될 수 있다.

대속적 죽음과 종말론적 절기, 그러나 미래 사이의 이런 연결에서 나는 특히 리델보스(Herman Ridderbos)의 통찰력을 발견했다.

예를 들어, 마르쿠스 바르트(Markus Barth)는 (슈바이처와 마찬가지로) 하나님 나라에 대한 그리스도의 기대가 환상이었다고 주장하지는 않지만, 실현된 종말론을 채택하는데 이 실현된 종말론에 의하면 성만찬 제정이 십

---

61 Douglas Farrow, *Ascension and Ecclesia: On the Significance of the Ascension for Ecclesiology and Christian Cosmology* (Edinburgh: T&T Clark, 1999), 7 n. 23, 이곳에서 E. Earle Ellis 의 통찰력을 이용하고 있다.

자가에 집중해서는 안 된다.[62]

마르쿠스 바르트에 따르면 이 만찬에서 그리스도의 제사장직이 아니라 그리스도의 왕권이 중심이 되어야 하며, 그리스도의 대속적 죽음의 기념을 만찬의 배경으로 격하시켜야 한다.[63]

그러나 리델보스에 따르면, 이것은 본문 자체가 강조하는 이미/아직(already/not-yet)이 아닌 긴장을 뒤엎는 것이다.[64]

> 다가오는 하나님 나라에서 성찬과 먹고 마시는 것 사이의 관계는 **상징과 현실 사이의 관계일 뿐만 아니라 시작과 성취 사이**의 관계이기도 하다. … 한마디로 성찬은 그리스도의 오심으로 '장차 올 세상의 권세'가 풀리고 '하늘의 선물'과 성령이 주어지고 맛보는 식사이다(히 6:4-6, 강조 추가).[65]

과대 실현된 종말론은 (성찬이 가리키는) 대속적 죽음과 (아직 미래의 혼인 잔치에서 기대하는) 왕국의 충만 사이의 연결과 **시간적 간격**을 놓치고 있다. 예수님이 재림하실 때까지 더 이상 제자들과 함께 먹고 마시지 않겠다는 말씀은 "미래를 가리키는 작별 인식", "이별의 말씀"이라고 리델보스는 말한다.[66]

그분이 하나님 나라의 '유월절의 성취'와 '새 포도주'에 대해 말씀하실 때, 그분은 단순히 내재적으로 실현된 왕국이 아니라 인자의 파루시아로 시작

---

62 Herman Ridderbos, *The Coming of the Kingdom*, trans. H. de Jongste, ed. Raymond O. Zorn (Philadelphia: Presbyterian & Reformed Publishing Co., 1962), 405.
63 Ibid., 406.
64 Ibid., 406-11. 공관복음서 병행 구절과 고전 11장과 함께 대속적 죽음을 강조하는 눅 22:19b과 20의 진정성을 지지하는 본문 비평적 주장을 참고하라.
65 Ibid., 412-13.
66 Ibid., 414.

될 위대한 미래를 염두에 두고 계신다.⁶⁷

리델보스의 지금까지의 주해는 내가 요한복음 14-16장의 예수님 담화 1장에서 제시한 해석과도 잘 맞는다. 따라서 예수님이 미래에 언급하신 이 종말론적 잔치는 예수님의 승천과 오순절 이후에 일어난 일이기 때문에 부활 후 제자들과 함께 나누신 식사보다 훨씬 더 큰 의미를 지니고 있다.

오늘날 우리가 성만찬을 기념하는 것은 그 위대한 식사를 미리 맛보는 것이지만, 완전히 실현된 의미는 아니다.⁶⁸ (따라서 고린도전서 11: 26의 "너희가 이 떡을 먹으며 이 잔을 마실 때마다 주의 죽으심을 그가 오실 때까지 전하는 것이니라"라는 바울의 대사의 의미가 중요하다).

지금은 제자들이 예수님이 허락하신 빵을 정기적으로 먹고 포도주를 마셔야 한다. "다만, 그들은 앞으로 이렇게 먹고 마실 것이 **주님의 몸과 피**라는 것을 깨닫고 그렇게 해야 한다."⁶⁹

따라서 이 시대에는 그리스도께서 음식과 음료가 되시고, 다가올 시대에는 우리와 함께 먹고 마시게 될 것이다. 지금은 희생적 식사이지만, 그리스도께서 재림하실 때 종말론적 잔치로 완전히 실현될 것이다.⁷⁰

만찬은 유월절 식사가 아니라 그들이 옛 언약의 잔치를 기념한 후에 시작된다. 그러나 이것은 어린양의 혼인 만찬은 아니다.⁷¹ 주의 만찬은 옛 시대와 새 시대 사이에 이루어지며, 교회는 이 두 시대의 위태로운 교차점에 위치한다. 이런 의미에서 리델보스는 다음과 같이 지적한다.

67　Ibid., 415.
68　Ibid., 416.
69　Ibid.
70　Ibid., 417.
71　Ibid., 431.

떡과 잔으로 받는 것은 새 언약의 희생적 음식과 음료, 신약의 희생 피의 열매이다. … 주의 만찬은 그리스도의 희생에 모든 복음 전파의 초점을 맞추고 그것으로 식탁을 차린다.[72]

따라서 우리는 제단이 아니라 식탁에 초대받는다. "성만찬은 제사 자체가 아니라 적용과 기념이다." 부활절 식사와 마찬가지로 성만찬은 희생 제물이 아니라 그리스도의 죽음의 혜택을 받는 희생적 식사이다.[73]

"그리스도의 몸과 피가 성만찬 식탁에서 먹고 마시는 곳마다 십자가는 회중 가운데서 실제적이고 살아 있는 현실이 되고" 세상에 대해 증인이 된다.[74] 따라서 골고다의 '그때와 그곳'과 우리 실존의 '지금 여기' 사이의 시간적 틈새를 가로지르는 것은 개인이나 교회의 행동이 아니라 이런 피조물의 수단을 통한 하나님의 행동이다.

우리의 음식과 음료를 위해 자신의 몸과 피를 주시는 분은 그리스도이시며, 우리는 그것을 받는다. "빵과 몸, 포도주와 피의 연결은 그리스도의 말씀과 그분의 명령, 그분이 분배자이자 주인이시라는 사실에 있다. 따라서 여기서 모든 것은 그분 약속의 신뢰성, 그분 말씀의 효능과 권위에 달려 있다."[75]

시내산에서 백성에게 뿌려진 피 대신 율법에 규정된 모든 것을 행하겠다는 맹세를 확인하면서 예수님은 "이것은 **너희를 위하여 주는** 내 몸이라…. 이 잔은 내 피로 세우는 새 언약이니 곧 **너희를 위하여 붓는** 것이라"라고 말씀하시며 새 언약을 시작하신다(눅 22:19-20, 강조 추가).

---

[72] Ibid., 427.
[73] Ibid., 428.
[74] Ibid., 432.
[75] Ibid., 438.

횃불의 환상(창 15장)으로 확인된 아브라함의 맹세를 이행하는 다락방에서의 이 행위는 틀림없이 합법적이고 언약적인 사건이다. 새 언약의 경우, 야웨와 그분의 백성 사이에는 언약의 주님이 종이 되어 범죄자들을 대신하여 제재를 감당하는 조약이 있다.

히브리서 기자가 구약 예배에서 피를 뿌리는 역할에 호소하면서 설명하는 것처럼, 그리스도의 죽음은 '마지막 유언과 증거'라는 의미에서 죄에 대한 희생이자 새 언약의 시작이다. 유언자의 죽음은 유언의 효력을 발휘한다(히 9:17-22).

그런 다음 바울은 그리스도의 희생 우월성, 최종성, 반복할 수 없는 성격을 계속해서 선언한다. 이런 관점에서 바울은 고린도전서 10장과 11장에서 자신의 성례전신학을 전개한다.

그들이 "모세에게 속하여 다 구름과 바다에서 모세에게 세례를 받은 것"(고전 10:1)처럼 그리스도에게 세례를 받은 이 출애굽 세대는 "다 같은 신령한 음식을 먹으며 다 같은 신령한 음료를 마셨을 때" 예고된 진정한 약속의 땅에 우리와 함께 들어가는데, "이는 그들을 따르는 신령한 반석으로부터 마셨기 때문인데 그 반석은 곧 그리스도시다"(4-5절, NKJV).

헬라 형이상학이나 로마 신비 숭배가 아니라 성경적 언약주의가 바울에게 이런 참여의 관점에 대한 개념적 토대를 제공한다. 그리고 성만찬에 대한 논의에 이르러 바울은 성만찬을 구별되면서도 연합된 표징과 의미로 표현한다(고전 10:16-17; 11:26-32). 이런 언약적 개념에서 만찬은 결코 예수님과의 개인주의적 만남으로 축소될 수 없다.

바울이 고린도전서에서 만찬에 대해 논의하는 것은 사실 공동체의 분열을 염두에 둔 것이다. 몸의 머리이신 그리스도의 존재는 우리를 그분의 마지막 유언과 증언의 공동 상속자로 만든다. 따라서 수평적 매개체가 곧바로 수직적 매개체와 연결된다.

> 떡이 하나요 많은 우리가 한 몸이니 이는 우리가 다 한 떡에 참여함이라 (고전 10:17).

이와는 대조적으로, 우상 제사에 참여하는 사람들은 거짓 신의 "제단에 참여하는 자들[참여자]"이다(18절). 이것은 이미 6장에서 일반적인 시민적 매춘 관행에 참여하는 것과 관련하여 시작된 논쟁의 일부이다(고전 6:15-17).

다소 거칠게 표현하면, 교회는 교회가 무엇을 **먹는가이다**. 문제의 핵심은 언약적 동일성, 즉 어떤 주님과 어떤 헌법 아래 있으며, 따라서 어떤 친교에 속해 있는지다. 함께 나누는 성찬은 그 사람이 속한 사회를 반영할 뿐만 아니라 그 사회를 구성하는 요소이기도 하다.

만연한 부도덕, 분파, 사회경제적 분열에 대한 해답은 그리스도와의 연합을 올바로 인식하는 것이며, 동시에 그분의 몸으로서 서로 연합하는 것이다(고전 11:28-29). 이런 의미에서 개혁주의 전통은 말씀에 덧붙여진 성찬은 생명을 주시는 머리이신 그리스도의 역사적 몸의 에너지를 진정으로 전달하기 때문에 교회의 몸에 부여한다는 태도에 동의할 수 있다.

제5장

"이것은 나의 몸이다":
개혁주의 성찬신학

이전 장에서 나는 성찬을 표징과 인으로 보는 언약의 관점에 대한 보다 성경적이고 신학적인 개요를 제시했다. 첫 장을 다시 살펴볼 때, 이 장에서는 제2부(아래)에서 다루게 될 전통의 더 넓은 교회론적 약속을 알리는 데 이 견해가 얼마나 중요한지를 보여 주기 위해 은혜의 경륜(승천, 오순절, 파루시아)과 관련하여 성만찬에 관한 개혁주의 가르침을 해석한다.

오웬 커밍스(Owen F. Cummings)는 칼빈에게 인간은 "성찬적 인간"이라고 제안한다.[1]

그리고 게리쉬(B. A. Gerrish)는 다음과 같이 말한다.

> 존 칼빈의 전체 작품을 은혜와 감사의 주제로 가득 찬 성찬신학으로 묘사할 수 있다.[2]

---

[1] Owen F. Cummings, "The Reformers and Eucharistic Ecclesiology," *One in Christ* 33, no. 1 (1997): 47-54.
[2] B. A. Gerrish, *Grace and Gratitude: The Eucharistic Theology of John Calvin* (Minneapolis: Augsburg Fortress Press, 1993), 52.

성만찬은 우리가 그것을 제도라고 부르든 그렇지 않든 간에 단순히 칼빈의 전체 신학의 핵심에 있는 은혜와 감사라는 주제의 예배 의식적 제정이다. … 칼빈의 교리를 (칼빈 자신의 평가에 따르면) 단순하고, 교화적이며, 평화적인 것으로 만든 것은 바로 성만찬이 가진 이런 중심적 이미지이다.[3]

이 "제도"가 언약신학의 범주에 따라 구체화하면서, 우리가 하이델베르크 요리문답(Heidelberg Catechism)의 죄, 은혜, 감사의 구분에서 관찰할 수 있는 것처럼 칼빈의 강조점은 사라지지 않았다.

1. 무엇을 받는가?

제1장에서 나는 더글러스 패로우(Douglas Farrow)가 그리스도의 강림, 승천, 재림의 역사적 경류에 대한 우리의 관심을 다시 불러일으킨 중요한 인물로 칼빈에게 호소하는 것을 언급했다.

로마가톨릭이나 루터보다 더 단호하게 예수 그리스도의 육체 승천을 인정한 칼빈은 츠빙글리에게 맞서 성찬에서 그리스도의 몸과 피를 참되게 먹는 것을 확증했다. 칼빈이 루터의 편재 교리(doctrine of ubiquity)를 강력하게 거부한 만큼, 그와 그의 개혁파 동료들(취리히의 동료들 제외)은 성만찬에서 무엇을 받느냐는 질문에 대해 비텐베르크와 일치하지 않았다고 확신했다.[4]

---

[3] Ibid., 20, 13.
[4] Ibid., 8. 게리쉬는 다음과 같이 지적한다. "나중에 마르부르크(Marburg) 회담 이후에 루터주의자들과 개혁파 사이의 쟁점은 더 이상 그리스도의 몸과 피가 성찬에 존재하는지가 아니라 단지 어떻게 존재하는지 여부였음이 반복적으로 주장되었다. 칼빈 자신도 그렇게 주장했다." 심지어 불링거(츠빙글리의 후계자)조차 성찬에서 표징과 의미하는 것 사이의 성찬적 결합을 받아들이게 되면서, 성찬의 초점은 먹는 방식, 즉 임재 자체보다는 성찬에서 받는 것(그리스도와 그분의 모든 혜택)에 맞춰졌다.

(어거스틴처럼) 츠빙글리에게 그리스도는 자신의 신성으로 편재하시기 때문에 그리스도가 육체로 승천하셨다는 것은 별로 중요하지 않은 것 같았다. 츠빙글리의 개념에서 결정적인 것은 영과 물질에 대한 이원론적 관점이었다. "신앙은 감각에 접근할 수 있는 것에서 비롯되는 것도 아니고 감각에 접근할 수 있는 것은 신앙의 대상도 아니다"라고 그는 주장한다.[5] 이 주장을 일관되게 따른다면(다행히도 그는 그렇게 하지 않았다), 설교는 수단으로서 효과가 없을 뿐만 아니라 성육신하신 그리스도는 신앙의 대상으로서 부적절하게 될 것이다. 츠빙글리는 성찬에서 그리스도의 참된 몸을 먹되 영적 방식으로 먹는다는 것은 말도 안 된다고 생각했다(이것이 개혁파의 신앙고백적 입장이 되었다).[6]

따라서 츠빙글리는 다음과 같이 결론 내린다.

> 믿음은 우리를 보이지 않는 것에로 이끌고 우리의 모든 희망을 거기에 고정시킨다. 왜냐하면, 믿음은 감각적이고 육체적인 것 가운데 거하지 않으며, 그것과 공통점이 없기 때문이다.[7]

그러나 "그리스도가 순결한 동정녀에게서 나신 그런 본성으로 인해 고난 받으시고 죽으셔야 했지만, 그리스도가 순결한 동정녀에게서 나신 그런 본성이 아니라, 하늘에서 내려오신 그분의 본성의 이런 부분에 의해 우리의 구원이라는 것을 말이 나온 김에 언급해야 한다"는 츠빙글리의 언급에서처럼 그다지 정교하지 않은 네스토리우스적 기독론을 뒷받침하고 있다.[8]

---

5 Zwingli, *Commentary on True and False Religion*, ed. Samuel Macauley Jackson and Clarence Nevin Heller, trans. Samuel Macauley Jackson (Durham, NC: The Labyrinth Press, 1981), 214.
6 Ibid.
7 Ibid.
8 Ibid., 204. 게리쉬의 책 외에 점점 많은 유요한 연구가 나타났다. 다음과 같은 책들이

루터와 츠빙글리는 성만찬에 대한 다른 개념뿐만 아니라 기독론과 심지어 우주론에 대해서도 서로 다른 개념을 가지고 작업하고 있다는 것을 깨달았다.

부처(Bucer)와 다른 개혁파 지도자들은 이미 루터와 일정한 합의에 도달했지만(특히 비텐베르크 콩코드에서), 칼빈은 개혁파의 합의를 위한 논거를 채워 넣었다. 칼빈은 루터와 함께 구분되지만 분리되지 않는다(*distinctio sed non separatio*)는 격언을 확인하면서 기표(빵과 포도주)와 기의(그리스도의 몸과 피)를 분리하는 것을 거부했다. 그러나 츠빙글리와 함께 그는 편재성의 교리가 실제 인간이 아닌 "괴물 같은 환상"으로 이어졌다고 주장했다.

칼빈은 '그리스도는 **어디에** 계신가'라는 질문이 부활 후 그리스도가 누구신가를 위해 결정적으로 중요한 질문이었지만 그리스도와 관련하여 가장 중요한 것은 후자 즉 그리스도가 누구시냐는 것을 인식했다는 것이다. 따라서 그는 은혜의 경륜, 즉 강림, 승천, 육신의 파루시아에 초점을 맞추었다.[9]

영광을 받으신 그리스도와 인간으로서의 자연적 존재의 연속성을 주장하면서 동시에 성찬 안에서 온전한 그리스도의 교통을 동일하게 긍정함으로써 칼빈은 개혁주의 성찬 가르침을 형성하는 데 결정적 역할을 했다. 그는 성찬에 대한 어떤 합리화도 단호히 거부하면서 그리스도는 "단지 이해

있다. Ronald S. Wallace, *Calvin's Doctrine of Word and Sacrament* (Grand Rapids: Baker, 1988); Jill Rait, *The Eucharistic Theology of Theodore Beza: Development of the Reformed Doctrine*, AAR Studies in Religion (Chambersburg, PA: American Academy of Religion, 1972); Keith Matheson, *Given for You: Reclaiming Calvin's Doctrine of the Lord's Supper* (Phillipsburg, NJ: Presbyterian & Reformed Publishing Co., 2002); and Leonard J. Vander Zee, *Christ, Baptism and the Lord's Supper: Recovering Sacraments for Evangelical Worship* (Downers Grove, IL: InterVarsity Press, 2004). 개혁주의 신학이 복음주의자들 사이에서 점점 더 많은 추종자를 끌어들이는 상황에서, 교회와 성례에 대한 개혁주의적 이해는 종종 그 체계에 필수적이지 않은 것으로 취급되거나 츠빙글리적 해석이 적절한 개혁주의적 선택으로 간주되어 왔다.

9 Douglas Farrow, *Ascension and Ecclesia* (Edinburgh: T&T Clark, 1999), 204.

와 상상"에 의해 받아들이지 않는다고 주장했다.[10] 칼빈에 따르면 성만찬은 루터가 "기적적 교환"(*mirifica commutatio*)이라고 묘사한 것에 우리 자신이 참여하는 것을 확신하는 것이다.[11]

심지어 츠빙글리의 후계자 하인리히 불링거(Heinrich Bullinger)는 제2 스위스 신앙고백서(the Second Helvetic Confession)와 칼빈과의 합의문에서 성례를 "헐벗고 적나라한 표징"으로 보는 견해와 거리를 두었다.[12]

칼빈은 그들의 합의에 대해 "우리는 적절하게 표징과 표징이 의미하는 것을 구별하지만, 표징과 실체를 분리하지는 않는다"[13]라고 주장할 수 있었다.

표징과 표징이 의미하는 것의 성례적 연합을 확언한 후, 제2 스위스 신앙고백서는 다음과 같이 기록한다.

> 성례를 성화되고 효력이 없는 일반적 표징으로만 말하는 사람들의 교리를 배격한다. 또한, 우리는 보이지 않는 것 때문에 성례의 보이는 측면을 경멸하고, 메살리안(*Messalians*, 히브리어/시리아어, 기도하는 사람들)들이 주장한 것처럼 이미 그 자체를 누리고 있다고 생각하기 때문에 표징을 불필요하다고 믿는 사람들을 인정하지 않는다.[14]

10　Calvin, *Institutes* 4.17.9.
11　Ibid., 4.17.2.
12　티구리누스 합의(The Consensus Tigurinus)는 *CO* 35:733에서 그리고 영어 번역 John Calvin, *Tracts and Treatises*, trans. Henry Beveridge (Grand Rapids: Eerdmans, 1958), 2:212-20에서 발견할 수 있다. Timothy George, "John Calvin and the Agreement of Zurich (1549)," in *John Calvin and the Church: A Prism of Reform*, ed. Timothy George (Louisville, KY: Westminster John Knox Press, 1990), 42-58을 보라.
13　Consensus Tigurinus, in *OS* 2:249.
14　The Second Helvetic Confession, in *BC*, 5.180-81.

불링거가 자신이 전임자의 주장의 두드러진 입장을 거부하고 있다는 사실을 몰랐다고 상상하기 어렵다.

게리쉬는 "칼빈은 처음부터 세례와 주의 만찬의 주체에 대해 츠빙글리가 틀렸다고 확신했다"고 지적한다. "성례는 다른 무엇보다도 후보자, 전달자 또는 교회의 행위가 아니라 하나님 또는 그리스도의 행위이다."[15]

츠빙글리가 하나님의 행위와 피조물의 행위 사이에서 선택을 강요할 수밖에 없는 상황에서 칼빈은 "하나님께서 사용하시는 실행이 무엇이든 그분의 주된 행위에서 아무것도 훼손하지 않는다"라고 언급한다.[16]

무엇보다도 "주의 만찬은 선물이다. 이것은 성찬에 대한 칼빈 사상의 전체 방향의 근본이고" 칼빈이 "로마가톨릭보다 결함이 거의 없다"고 생각했던 츠빙글리 개념에서 결정적 이탈을 알리는 신호이다.

특히, 『기독교 강요』 4.17.6에서 칼빈은 "성만찬은 선물이며, 단지 우리에게 선물을 상기시켜 주는 것은 아니다"라는 점을 강조한다. 설교된 말씀을 통해 복음을 받을 때와 마찬가지로 성찬에서 우리는 수신자이며, 성찬은 "순전히 수동적인 행동"(*actio mere passiva*)이다.[17]

> 선물에 대한 인간의 반응은 감사이며, 이것이 성찬을 사람들이 지급하는 속죄 희생 제사인 미사에 반대해 성찬이라고 부르는 이유다. … 이런 제사는 주는 것이 받는 것과 다른 만큼이나 성만찬 성례와 다르다.[18]

선물은 예수 그리스도 자신, 즉 그분의 신성뿐만 아니라 그리스도 전체이

---

15 Gerrish, *Grace and Gratitude*, 204.
16 Calvin, *Institutes* 4.14.17.
17 Gerrish, *Grace and Gratitude*, 150, from Calvin, *Institutes* 4.14.26.
18 Calvin, *Institutes* 4.18.7.

기도 하다.[19]

선물은 표징과 함께 주어진다. 다시 한번 츠빙글리와 로마에 대한 비판이 함축되어 있다.[20]

이런 선물은 성령에 의해 주어진다.[21]

선물은 경건한 사람과 불경건한 사람, 신자와 불신자 모두에게 주어진다.[22]

성찬을 거부할 수는 있지만 그렇다고 해서 불신앙으로 인해 복음의 전파가 무효화되지 않는 것처럼 성찬도 무효로 하지 않는다.
칼빈은 다음과 같이 말한다.

> 음식과 음료를 거부하는 사람들이 있기 때문에 음식과 음료가 그 본질을 잃는가?
> 성찬에서 빼앗기는 것은 아무것도 없다. 이와는 반대로 악인들이 성찬에 외적으로 참여하지 않고 떠난다고 해도 그 진리와 효능은 손상되지 않는다. … 온 세상이 침해할 수 없는 성찬의 완전성은 바로 여기에 있다. 그리스도의 살과 피가 하나님의 택함을 받은 신자들에게 진실로 주어지는 만큼이나 합당하지 않은 이들에게도 진실로 주어진다.[23]

---

19 Gerrish, *Grace and Gratitude*, 136, citing Calvin, *Petit tracté de la sancta Cene* (1541), in OS 1:508; cf. *Confessio fidei de eucharistia* (1537), in OS 1:435-36, Library of Christian Classics 22:168-69; Calvin, *Institutes* 4.17.7, 9
20 Gerrish, *Grace and Gratitude*, 137.
21 Ibid., 칼빈은 4.14.9와 12.21에서 자세히 이것을 설명한다.
22 Ibid., 138.
23 Calvin, *Institutes* 4.17.33.

동시에 이런 실체는 오직 믿음을 통해서만 받아들여진다. "성례 말씀은 주문이 아니라 약속이다. 그러므로 성찬은 그 선포 자체가 만들어 내는 믿음으로 응답하는 사람에게만 유익하다."[24]

칼빈은 우리가 빵과 포도주를 받을 때, "몸 자체도 우리에게 주어진다는 것을 더욱 확실하게 믿자"라고 말한다.[25] 그는 표징을 표징이 의미하는 것으로 바꾸거나(로마가톨릭), 표징과 표징이 의미하는 것을 혼동하거나(루터), 표징과 표징이 의미하는 것을 분리하는 대신(츠빙글리), 표징은 "신자가 그리스도의 몸과 피를 먹는다는 현재의 실체에 대한 보증"이라고 단언했다.[26]

칼빈은 분명하게 츠빙글리와는 달리 그리스도와 그분의 혜택이라는 실체가 지상의 수단을 통해 신자들에게 진정으로 전달될 수 있다고 주장했다. 그렇지 않으면 (크리소스톰의 말을 빌려) 신앙은 그리스도의 임재에 대한 "단순한 상상"이 된다고 그는 말한다.[27]

성찬 전기에 대한 칼빈의 이런 영향력을 부정할 수는 없지만, 그가 개혁파 동료들(부처, 버미글리, 무스쿠루스, 녹스 등)과 그들의 신앙고백 후계자들도 가르쳤던 견해를 분명히 표현했다는 점을 인식하는 것이 중요하다.

따라서 성찬에서 **받는 것**과 관련하여 개혁파 입장은 츠빙글리의 대답을 거부하고 비텐베르크와 로마가톨릭에서와 같은 대답, 즉 벨기에 신앙고백서의 표현대로 다름 아닌 "그리스도의 적절하고 자연스러운 몸과 적절한 피"라는 대답을 내놓았다.

벨기에 신앙고백서는 그리스도의 인격을 떠나서는 그리스도의 유익을 전달할 수 없다는 칼빈의 주장을 반영하여 다음과 같이 언급했다.

24　Gerrish, *Grace and Gratitude*, 139; see Calvin, *Institutes* 4.14.4; 4.17.15
25　Calvin, *Institutes* 4.17.10.
26　Gerrish, *Grace and Gratitude*, 165.
27　Calvin, *Institutes* 4.17.5-6.

그리스도는 자신의 모든 유익으로 우리에게 자신을 전달하신다. 그 식탁에서 그분은 자신의 살을 먹음으로써 가난하고 황폐한 우리의 영혼을 양육하시고, 강건하게 하시며, 위로하시고, 피를 마심으로써 그들을 구제하시고 새롭게 하심으로, 그분의 고난과 죽음의 공로만큼이나 우리가 그분 자신을 누리게 하신다.²⁸

2. 어떻게 받아들여지는가?

츠빙글리와 달리 성찬의 실체가 그리스도의 참되고 자연적인 몸이라고 확언한다면, 칼빈은 성찬이 어떻게 이루어지는지에 대해 "교회를 분열시키고 무서운 소동을 일으키는 것보다 더 우스운 일이 어디 있겠는가" 하고 의문을 품었다.²⁹

그는 유일한 경건한 결론은 다음과 같다고 말한다.

> 명확하게 정신으로 생각할 수도 없고 혀로 표현할 수도 없는 이 신비에 경이로움을 발하는 것이다.³⁰

개혁주의 신앙고백의 전형인 웨스트민스터 대소요리문답(Westminster Larger Catechism)은 실체(substance, 내용)가 아닌 방식(mode)이 영적이었다고 지적한다.³¹ 또한, 여기서 "영적"이란 단순히 지적 또는 상상적인 먹는 방

---

28 The [Belgic] Confession of Faith, art. 35, *Psalter Hymnal, Doctrinal Standards, and Liturgy of the Christian Reformed Church* (Grand Rapids: CRC Publications, 1976), 87–88.
29 John Calvin, *Defensio doctrinae de sacramentis*, in OS 2:287.
30 Ibid.
31 예를 들어, 웨스트민스터 대소요리문답, Q. 170 (BC 7.280에 있는)을 참조하라. 웨스트민스터 대소요리문답은 다음과 같은 사실을 고백함으로써 이런 요점을 강조한다.

식이 아니라 한 위격, 즉 성령을 가리킨다는 점을 명심해야 한다. 그리스도는 성찬에서 육체적으로 임재하시는 것과 대조적으로 영적 임재가 아니라 성령의 작용으로 자신을 우리의 양식과 음료로 주신다.

이 외에도 개혁주의 신학은 성만찬이 그 자체의 명시라기보다는 신적 행동의 매개체이기 때문에 정해진 방법(mechanics)에 대한 논쟁에 너무 많은 시간을 투자하는 것을 경계해 왔다. 눈에 보이지 않는 성령의 역사는 신비롭고 우리의 감각으로는 접근할 수 없다. 그러나 성부께서 진정으로 주시고, 성자께서 진정으로 주시고, 성령께서 진정으로 주시는데 누가 그분의 관대하심에 대해 이의를 제기할 수 있겠는가.

칼빈은 "호기심 많은 사람이 그리스도의 몸이 빵 안에 어떻게 임재하는지를 정의하고자 했다"라고 썼다. 경쟁 이론을 요약한 후 그는 다음과 같이 말했다.

> 그러나 가장 중요한 질문은 그리스도의 몸이 우리를 위해 주어졌을 때 어떻게 우리의 것이 되었으며, 우리를 위해 흘리셨을 때 어떻게 피가 우리의 것이 되었는가 하는 것이다. 중요한 것은 우리가 어떻게 십자가에 못 박히신 그리스도 전체를 소유하여 그분의 모든 축복에 참여하게 되는가 하는 것이다.[32]

요점은 그것이 "허상이 아니라 실재(reality)와 실체(substance)가 결합된 것"이라는 것을 떨리는 양심에 확신시키는 것이다.[33] 애초에 우리를 그리

즉, 신자들이 진정으로 "참되고 진실하게 그리스도의 몸과 피(성찬의 실체)를 먹고", "육체를 따르지 않고 영적 방식으로, 반면에 믿음으로 십자가에 달리신 그리스도와 그분의 죽음의 모든 혜택을 받아 그들 자신에게 적용한다."

32 John Calvin, 1536 *Institutes*, in *OS* 1:139.
33 Ibid., 508-9.

스도와 연합시키시는 성령의 행위로 인해 그리스도의 인격과 사역이 교회에 실제로 전달될 수 있지만(츠빙글리처럼), 그리스도를 지상의 제단으로 끌어내리는 일 없이 (로마가톨릭과 루터처럼) 전달된다.

그리스도의 신성뿐만 아니라 그리스도의 통치를 보편적으로 임재하게 하시는 분은 성령이시며, 따라서 그리스도의 참되고 자연적인 몸과 피도 신자들에게 전달될 수 있다.

이런 상호 내재적인 삼위일체론적 틀이 인정될 때, "그리스도의 승천은 칼빈에게 더 이상 '문제'가 아니다"라고 필립 부틴은 관찰한다.

> 이와는 반대로 그리스도의 승천은 그의 성찬신학 전체에 독특하게 긍정적이고 '상향적인' 강조를 부여한다. 따라서 이 시점에서 칼빈의 접근 방식은 성육신에 대한 루터의 '하향적' 강조를 부활과 승천에 대한 동등한 '상향적' 강조로 보완하고 완성한다.
> '그분이 우리를 자기 자신으로 끌어올리시는 강림의 방식'이 있다. (성령 안에서) 그리스도께서는 가시적이고 유형적이며 창조된 요소들을 통해 신자들에게 자신을 나타내시기 위해 겸손히 낮아지실 뿐만 아니라, 동시에 성령에 의해 예배하는 교회는 하늘에 아버지와 함께 앉아 계신 승천하신 그리스도의 중재를 통해 아버지의 하늘 예배로 이끌리게 된다. 칼빈에게 이것은 그리스도의 참된 인성을 감소시키는 것이 아니라 오히려 강조한다.

따라서 성찬 예배 의식(liturgy)에서 "수르숨 코르다"(sursum corda, 마음을 드높이자)와 "에피클레시스"(epiclesis, 성령의 임재 기도)를 강조한다.[34]

---

[34] Philip Walker Butin, *Revelation, Redemption, and Response: Calvin's Trinitarian Understanding of the Divine-Human Relationship* (New York: Oxford University Press, 1995), 118.

칼빈은 성령의 효과적 역사에 따라 "그리스도의 육체는 신격에서 솟아나는 생명을 그 자체로 우리에게 부어 주는 풍부하고 마르지 않는 샘과 같다"라고 언급한다.[35] 우리는 동료 인간으로서 그리스도와 일반적 관계뿐만 아니라 종말론적, 성령론적, 신비적, 구원론적으로도 관련되어 있다.

> 그분이 우리와 같은 사람이시기 때문에 우리가 그분의 뼈 중의 뼈와 그분의 살 중의 살인 것은 아니다. 오히려 그분의 성령의 능력으로 우리를 그분의 몸에 접목시키기 때문에 우리가 그분에게서 생명을 얻는다.[36] 따라서 성령은 공간적으로 멀리 떨어져 있는 것들을 서로 연합하게 하시고, 따라서 그리스도의 육신에서 나오는 생명이 하늘로부터 우리에게 도달하게 하신다.[37]

따라서 칼빈에게 있어 문제는 영과 물질을 어떻게 연관시킬 것인가가 아니라 하늘에서 영광을 받으신 그리스도께서 어떻게 우리의 현재 상태인 우리와 연관되실 수 있는지다. 성령의 역사로서 이런 먹이심의 정확한 방식은 설명하기보다는 경탄하고 즐거워해야 할 신비로 남아 있다.

마찬가지로 벨직 신앙고백서(Belgic Confession)는 다음과 같이 말한다.

> 성령의 활동은 숨겨져 있고 이해할 수 없으므로 그 방식을 우리가 이해할 수 없지만, 우리가 먹고 마시는 것이 실제 자연스러운 몸이며 그리스도의

---

35 Calvin, *Institutes* 4.17.8.
36 John Calvin, *Commentary on Paul's Epistle to the Ephesians* (Grand Rapids: Baker, 1979), commenting on Eph. 5:30–31.
37 John Calvin, "The Best Method of Obtaining Concord," in *Selected Works of John Calvin: Tracts and Letters*, vol. 2, trans. Henry Beveridge, ed. Henry Beveridge and Jules Bonnet (repr., Grand Rapids: Baker, 1983), 578.

실제 피라고 말할 때 우리는 오류를 범하지 않는다.[38]

이 견해에서 성령은 그리스도를 대신하시는 것이 아니라 우리를 그리스도와 연합하게 하셔서 신자들에게 그리스도와 그분의 혜택을 전달하는 대리자이시다.

더 최근에는 프린스턴 신학자 하지(A. A. Hodge)가 이 성례전적 임재 문제를 제기하면서 "영적 임재"를 츠빙글리식으로 이해하는 전통 내의 사람들을 암묵적으로 비판했다.

> 그분이 실제로 그리고 진정으로 임재하지 않으신다면 성찬은 우리에게 관심이나 진정한 가치를 가질 수 없다. 이런 문구가 모호하기 때문에 이 임재가 영적일 뿐이라고 말하는 것은 적절하지 않다. 그리스도의 임재가 우리에게 객관적으로가 아니라 단순히 우리의 의식에 주관적으로 존재하시는 그분에 대한 정신적 의견이나 생각을 의미한다면 그 문구는 거짓이다. 객관적 사실로서의 그리스도는 성찬에서 빵과 포도주, 또는 우리 곁에 있는 성직자나 동료 교우들처럼 실제로 임재하고 활동하신다. 그리스도가 성령으로 대표되는 대로만 임재하신다는 의미라면, 그리스도는 한 위격이시고 성령은 다른 위격이시며 인격적으로 임재하시는 분은 그리스도이시기 때문에 전적으로 참되지 않다. …
> 그리스도의 인성이 부재하는 동안 그리스도의 신성이 임재한다고 말하는 것은 적절하지 않는데, 왜냐하면 그것은 그리스도의 분할할 수 없는 신적이며 인간적인 위격 전체가 임재하기 때문이다.[39]

---

38 The [Belgic] Confession of Faith, *Psalter Hymnal, Doctrinal Standards, and Liturgy*, 87–88.
39 A. A. Hodge, *Evangelical Theology: Lectures on Doctrine* (Edinburgh: Banner of Truth, 1976), 355.

그리스도는 그의 교회에 자신의 영원한 임재를 약속하셨다. 하지는 '임재'의 의미와 관련해 다음과 같이 말한다.

> '임재'라는 개념을 공간에서의 근접성과 혼동하는 것은 큰 실수이다. … **따라서 '임재'는 공간의 문제가 아니라 관계의 문제이다**(강조 추가).[40]

성만찬과 관련하여 하지의 지적은 정확히 옳지만, 우리는 그리스도께서 다시 오실 때까지 그리스도의 자연적 몸의 공간적 부재(따라서 현실)를 다시 한번 놓치지 않도록 주의해야 한다.

3. 그것을 어디서 받는가?

칼빈이 그리스도의 공간적 부재에 대한 성령의 중재에 너무 집중했다는 비난을 받을 수도 있지만, 어떤 자격을 제공하는 종말론적 좌표를 더 많이 발견할 수도 있다. 칼빈의 공간적 거리에 관한 이야기는 적어도 승천의 문제에 직접 직면했고 요한복음 14-16장에 기록된 담화에서 예수님이 강조한 경륜의 오고 감의 패턴을 더 잘 인식할 수 있게 해 주었다.

로버트 젠슨도 다음과 같이 말한다.

> 그러나 예수님의 부활하신 몸이 있을 자리가 없다면 부활하신 그 몸이 어떻게 몸일 수 있겠는가. 존 칼빈의 말이 틀림없이 옳았다. "이것이 어떤 몸의 영원한 진리, 즉 그 자리에 들어 있다는 것이다."[41]

---

[40] Ibid., 356.
[41] Robert W. Jenson, *Systematic Theology* (New York: Oxford University Press, 1997), 1:202, citing Calvin's 1536 *Institutes* 4.122. See Jenson's excellent treatment on 1:202-5.

칼빈과 그의 동료들에게서 발견되는 이런 강조를 따라 개혁파 정통은 성찬이 분리나 혼동 없이 지상의 표징과 하늘의 실재로 구성되어 있다는 가톨릭의 견해를 되풀이했다. 경쟁적 입장은 그리스도의 진정한 임재를 요소들에서 찾거나(또는 요소로서) 그러한 임재를 완전히 부정한다. 그러나 개혁파의 견해에 따르면 성찬은 지상의 표징과 하늘의 실재를 포괄한다.

볼레비우스(Wollebius)는 다음과 같이 말한다.

> 그리스도가 빵 안에 임재하신다고 말하는 것과 성만찬 안에 임재하신다고 주장하는 것은 별개의 문제이다.[42]

신자들은 성만찬에서 빵과 포도주를 받는 것을 통해서도 완전한 그리스도를 영접한다. 그렇다고 그리스도께서 성찬에 육체적으로 임재하시기 위해 **성찬의 요소들** 안에 육체적으로 둘러싸여 있으실 필요는 없다. 그분의 육체가 요소들 안에 임재하는 것은 오히려 그분의 오심과 재림의 실재성을 방해할 수 있기 때문이다.

츠빙글리의 주장은 승천에서 멈추는 것처럼 보였지만, 칼빈은 그리스도를 참되게 먹어야 한다는 점을 똑같이 강조하면서 두 재림 사이 이 시기의 성령 활동에 주목했다.

칼빈은 성경뿐만 아니라 교부들에게서도 이런 종말론적, 하늘의 먹이심에 대한 충분한 증거를 발견했다. 이렇게 참되게 먹는 것에 대한 그의 견해에 대한 그의 긍정적 진술(Institutes 4.17.8-39)은 기본적으로 성경과 교부들로부터 가져온 여러 구절을 요약한 것이다.

---

42 Heinrich Heppe, *Reformed Dogmatics*, rev. and ed. Ernst Bizer, trans. G. T. Thomson (London: Allen & Unwin, 1950), 642.

칼빈은 키릴, 크리소스톰, 어거스틴의 의견을 종합하여 다음과 같이 결론을 내린다.

> [즉, 그리스도께서 육체적으로 하나님 우편에 오르셨지만], 이 왕국은 공간의 위치에 의해 제한되지도 않고 어떤 한계에 의해 둘러싸여 있지도 않다. 따라서 그리스도는 하늘과 땅 어디에서든 그가 원하시는 곳에서 자신의 권능을 행사하는 것을 방해받지 않으신다.

그러나 (어거스틴과 츠빙글리처럼) 그리스도 통치의 무한한 확장을 그의 편재하는 신성과 연관시킬 것으로 예상할 수 있는 바로 그 지점에서 칼빈은 "요컨대, 그분은 자신의 몸으로 자신의 백성을 먹이시고, 그분의 **성령의 능력으로** 친교를 주신다"고 말한다(강조 추가).[43] 우리는 그리스도의 인격적 행위가 편재함을 확증하기 위해 그리스도의 자연적 실체를 신적 실체로 변형시킬 필요가 없다.

칼빈은 그의 비평가들이 "그리스도가 우리에게 내려오지 않으시면 임재하지 않으시는 것처럼 보인다"고 생각하는 것 같다고 불평한다.

> 어떻게 그리스도께서 우리를 자신에게로 들어 올려야 하신다면 그리스도의 임재가 덜한 것일까?
> 그리스도가 성찬에 임재하시려면 왜 그분이 빵과 포도주 안에 임재하셔야 하는가?
> 이것이 우리를 하늘에서 그리스도와 연합시키는 성령의 사역의 요점이 아닌가?[44]

---

[43] Calvin, *Institutes* 4.17.18.
[44] Ibid., 4.17.31.

그러므로 누군가 말하는 것처럼, 우리는 그리스도께 천국의 확실한 영역을 할당해야 하는가? …
그러나 나는 어거스틴과 함께 이것은 매우 불필요한 캐묻는 질문이라고 답한다.[45]

나는 더 종말론적 해석이 어떻게 칼빈의 공간적 강조(하늘과 땅)를 세련되게 할 수도 있는지를 암시했다. 이미와 아직 아닌(already and not-yet)의 역설은 우리가 성찬론적 본문에서 강요하는 것이 아니라, 성만찬이라는 제도 자체에 이미 존재하고 있다.

이것을 자주 하는 만큼 여러분은 그리스도의 죽음을 그분이 다시 오실 때까지 선포하는 것이다.

칼빈과 개혁주의 전통이 강조했듯이, 그리스도께서 실제로 모든 제단이나 식탁에 임재하시기 위해 육신을 입고 이 땅에 재림하신다면 "그분이 다시 오실 때까지"라는 미래적 측면은 무의미하다. 따라서 칼빈은 우리가 떼는 떡과 마시는 잔은 그리스도의 몸과 피에 참여하는 것(고전 10:16)이라는 바울의 정교한 설명에 비추어 제도("이것은 내 몸이다")라는 말의 공식(copula, is)을 해석한다.[46]

성만찬에 대한 종말론적 이해의 많은 요소가 칼빈의 공식에 존재하지만, 그것들이 더 분명하게 함께 그려지고 하늘과 땅이 공간적 좌표보다 종말론적으로 인식될 때, 하늘의 먹이심은 우리가 그리스도와의 연합으로 인해 하늘의 장소에 그리스도와 함께 앉은 것(골 3:1-4)만큼이나 신비하지

45　Ibid., 4.17.26.
46　Ibid., 4.17.22.

만 실제적인 것이 될 수 있다.

"하늘"과 "땅"을 공간적 측면보다 종말론적 측면에서 이해할 때, 이 식사의 장소는 더 이상 그리스도의 것이든 우리의 것이든 전달 수단에 대한 사변의 문제가 되지 않는다.

이런 종말론적 긴장은 성만찬을 통해 **해소되기**보다는 **강조되며**, 그렇기 때문에 그리스도의 구속 사역에 대한 기억(anamnesis)과 현재에서의 그 효과(epiclesis)는 반드시 미래에 나타나실 그분에 대한 갈망(epektasis)을 불러일으킨다. 성찬 사건은 다가올 시대의 힘이 현시대를 관통하는 이 접점에서 일어나고 우리를 이곳에 배치한다. 파루시아에서는 질적으로 다른 임재가 일어날 것이다.

> 우리 생명이신 그리스도께서 나타나실 그때에 너희도 그와 함께 영광 중에 나타나리라(골 3:4, NKJV).

그분은 지금도 "우리의 생명이시다."

종말론적 측면에서 생각할 때 시간은 공간보다 더 중요한 범주가 된다. 성만찬은 여전히 종말의 이쪽에서 거행되고 있으므로 우리를 기다리고 있는 혼인 잔치와 동일할 수는 없지만, 우리는 "한 번 빛을 받고 하늘의 은사를 맛보고 성령에 참여한바 되고, 하나님의 선한 말씀과 내세의 능력을 맛본다"(히 6:4-5, NKJV).

그렇다면 성만찬은 우리가 파루시아 이전에 문자 그대로 하늘의 식탁으로 (공간적으로) 옮겨졌다는 관점에서 생각하기보다는, 성령에 의해 현세에서 우리가 완성에 반실현적으로(semirealized) 참여하기 위해 열린 균열이라고 생각하는 것이 더 적절하다.

존 지지울라스(John Zizioulas), 장 뤽 마리옹(Jean-Luc Marion), 그리고 다른 많은 이가 지적한 것처럼 성찬이 교회에 주는 것은 사실이다. 그러나 적어도 개혁주의적 관점에서 볼 때, 이것은 주어진 교회가 완전히 실현된 교회가 아니라 두 시대가 충돌하면서 생성된 반실현적 공동체(semirealized community)라는 것을 의미한다. 동시에 공간적 거리의 중요성을 완전히 배제해서는 안 되는데, 이는 다시 한번 승천과 따라서 완성에 대한 가현적 해석(docetic interpretation)의 문을 열어 줄 수 있기 때문이다.

종말론에 관한 관심은 그 자체로서 임재의 형이상학에 대한 논쟁으로 인해 약화되었다. 칼빈은 때때로 그가 가정하는 공간적 지도에도 불구하고(나는 종종 정당한 이유가 있다고 주장했다), 종말론적 문제에 더 직접 직면했다.

개혁주의 전통은 루터와 로마가톨릭의 경향이 그리스도를 승천하신 동일한 분이 아닌 다른 분으로 만드는 대가를 치르면서까지 파루시아 이전에 육체적으로 임재하는 과대 실현된 종말론(overrealized eschatology) 쪽으로 향하는 것에 대해 우려해 왔다.

그러나 츠빙글리는 그리스도의 육체적 부재로 인해 종말이 올 때까지 그리스도의 완전한 인격의 소통이나 중재를 인정하지 않는 과소하게 실현된 종말론(underrealized eschatology)을 지향했다.

또한, 서구의 다른 견해(루터교, 로마가톨릭, 츠빙글리적)에서는 성령의 중재가 그다지 절실하게 필요해 보이지 않았다. 칼빈에 따르면, 성령은 생명을 주는 그리스도의 육체 에너지를 전달한다.

> 태양이 자손을 낳고 기르고 자라게 하기 위해 대지에 광선을 비추고 그 물질을 어느 정도 투사한다면, 그리스도의 살과 피의 친교를 우리에게 전하기 위해 그리스도의 성령 광채가 왜 덜해야 하는가?[47]

---

[47] Ibid., 4.17.12.

여기서 나는 우리가 태양과 광선의 일반적 비유를 포함하여 동방의 본질-에너지 구분을 인지한다고 제안한다. 이런 진술은 때때로 (특히 미국 장로교계에서) 칼빈의 성례전 가르침에 이상한 모순으로 간주되어 왔다. 그러나 나는 이것이 부분적으로 서방 신학이 이런 구분이 없이 창조되지 않은 존재와 창조된 작품이라는 두 가지 범주만을 인정한다는 사실과 관련이 있다고 확신한다.

나는 『언약과 구원론』(*Covenant and Salvation*, CLC 刊) 제12장에서 이 연관성을 자세히 다루었지만, 여기서는 우리의 목적을 위해 서방 신학이 창조주(본질)와 피조물(결과)의 범주만을 인정하는 반면, 동방 신학에서는 어느 쪽으로도 동일시할 수 없는 하나님의 은혜(에너지) 사역에 대해 말하고 있다는 것을 언급하는 것으로 충분할 것이다.

아타나시우스(Athanasius)는 다음과 같이 말했다.

> 하나님은 그분의 본질에 따라 만물 밖에 계시지만 그분의 능력 행위를 통해 만물 안에 계신다.[48]

고대 동방의 많은 저자와 마찬가지로 칼빈은 성찬에서 성령이 우리에게 전달하시는 그리스도의 "에너지"에 대해 말한다.

예를 들어, 찰스 하지는 그러한 언급이 펜의 실수로 치부하기에는 너무 명백하다는 점을 인식하면서, 루터교가 이런 교부적 모티프를 주장의 일부로 삼지는 않았지만 하지는 그것을 루터교와 개혁교회의 화해를 위한 칼빈의 열심에 기인하는 것으로 본다.[49]

---

[48] Athanasius, *On the Incarnation* 17, trans. R. W. Thomson, in *Athanasius: Contra Gentes and De Incarnatione* (Oxford: Clarendon, 1971), 174.

[49] Charles Hodge, "Doctrine of the Reformed Church on the Lord's Supper," selected from *The Princeton Review*, in Charles Hodge, *Essays and Reviews* (New York: Robert Carter & Brothers, 1957). 존 윌리엄슨 네빈(John Williamson Nevin)을 주시하면서, 하지는 칼빈

최근 브루스 맥코맥(Bruce McCormack)은 칼빈의 전가에 관한 가르침에는 한편으로는 갈등이 존재한다고 주장했다. 또한, 다음과 같이 주장했다.

> 칼빈이 성찬에 관해 말할 때 사용하는 상당히 많은 표현이 제안하는 이런 주제들은 거의 더 많은 교부적 이해가 존재한다.[50]

후자는 속성의 전달을 거부하는 것과 상반되는 것처럼 보이지만 칼빈은 키릴(Cyril)의 표현이 담고 있는 존재론적 위험을 인식하지 못했다고 맥코맥은 추측한다.[51]

> 만약 칼빈이 인식했다면, 그는 키릴의 신성화 구원론과 우선 그런 구원론을 가능하게 한 (대체로) 플라톤적 '참여'의 존재론을 받아들이지 않고는 생명을 주는 그리스도의 '몸'의 특성에 대한 키릴의 표현을 당연히 긍정할 수 없다는 것을 깨달았을 것이다. 그는 또한 자신의 칭의 교리에 심각한 문제를 야기하고 있다고 생각했을 수도 있다.[52]

이 성만찬에서 전달되는 그리스도의 살아 계신 인격 전체에 대한 이해(하지는 이것을 일부 개혁주의 신앙고백서에서 가르치는 것으로 인정한다)조차도 교부적 자료, 요한복음 6장에 대한 지나친 문자적 읽기, 루터주의자들을 달래려는 욕구에서 비롯된 "비동일적인 이질적 요소"로 규정한다(363-66).
더 예리한 견해는 제임스 헨리 쏜웰(James Henley Thornwell), 댑니(R. L. Dabney), 윌리엄 세드(William G. T. Shedd)에 의해 표현되었는데, 이들 중 마지막 사람인 윌리엄 세드는 칼빈의 견해를 자신의 츠빙글리식 개념에 동화시키려고 시도했다(*Dogmatic Theology*, 3rd ed., ed. Alan W. Gomes [Phillipsburg, NJ: Presbyterian & Reformed Publishing Co., 2003], 814-15). 오토 리츨(Otto Ritschal)은 *Die reformierte Theologie* (Göttingen: Vandenhoeck & Ruprecht, 1926)에서 칼빈의 성찬에 대한 키릴식(Cyrillian) 해석에 대해 동일한 불만을 표현한다.

50　Bruce McCormack, "What's at Stake in Current Debates over Justification?" in *Justification: What's at Stake in the Current Debates?* ed. Mark Husbands and Daniel J. Treier (Downers Grove, IL: InterVarsity Press, 2004), 104-5; cf. Calvin, *Institutes* 4.17.9.
51　McCormack, "*What's at Stake?*" 104-5.
52　Ibid.

칭의와 마찬가지로 그리스도와의 연합이 전적으로 법정적이라면 맥코맥이 옳을 것이다. 그러나 칼빈과 전통은 일반적으로 법정적 칭의가 유기적이고, 생명적이며, 신비롭고, 실제적인 연합의 법적 근거라고 주장했다.

토랜스(T. F. Torrance)가 칼빈의 칭의 교리에 그의 "키릴적인" 성찬 사상을 부여해야 한다고 제안한 것은 잘못이지만, 그러한 사상이 칭의 교리와 모순된다고 단정할 필요도 없다. 칭의와 신비적 연합은 칼빈에게 있어 구원의 뚜렷한 측면이다. 법정적 칭의는 다른 모든 것을 뒤따르게 하지만 유일한 선물은 아니다.[53]

칼빈의 성찬적 가르침의 이런 측면에 문제가 있다면, 우리는 그의 연합 교리 전체에 어려움을 겪게 될 것이다.[54] 더욱이 우리가 '에너지'를 그리스도께서 온전한 추수의 첫 열매로서 온전히 소유하신 "내세의 능력"(히 6:5)으로 해석한다면, 개혁주의 신비적 연합 교리의 특징인 동일한 성령론적 중재가 성찬신학에서 작용하고 있다.

최근의 학자들은 이 점에서 칼빈의 정식화가 특히 이레니우스(Ireneaus)와 크리소스톰(Chrysostom)뿐만 아니라 알렉산드리아의 키릴(Cyril of Alex-

---

[53] 존재론적 융합을 피하는 특정한 종류의 "신성화"에 대한 변호를 포함하여 이 점에 관해서는 나의 *Covenant and Salvation: Union with Christ* (Louisville, KY: Westminster John Knox Press, 2007), esp. chap. 12를 보라.

[54] 칼빈은 그리스도와의 연합에 대한 자신의 견해를 성만찬과 명시적으로 연결한다. 예를 들어, 칼빈은 버미글리(Peter Martyr Vermigl)(1555년 8월 8일)에게 쓴 서신에서 다음과 같이 쓴다. "내가 말하는 것은 그리스도가 복음 안에서 자신을 내어 주는 것을 믿음으로 받아들이는 순간 우리는 그분의 진정한 몸의 지체가 되고, 머리에서처럼 그분으로부터 생명이 우리 안으로 흘러 들어온다는 것이다. … 이것이 바울이 신자들이 그리스도의 교제(코이노니아)로 부름받았다고 말하는 구절을 내가 해석하는 방식이다(고전 1:9). "동행" 또는 "교제"라는 단어는 그의 생각을 전달하기에 적절하지 않은 것 같다. 즉, 그것은 그분의 모든 것을 우리 모두에게 전달하기 위해 하나님의 아들이 우리를 그분의 몸에 접목시키는 거룩한 연합을 나에게 암시한다. 따라서 우리는 그분의 살과 피에서 생명을 얻으므로 부당하게 우리의 "음식"이라고 불리지 않는다. 나는 그것이 어떻게 일어나는지는 제 지능의 척도를 훨씬 뛰어넘는 것이다. 따라서 나는 그 신비를 이해하려고 애쓰기보다는 그 신비를 숭배한다. (*CO* 15:722-23)

andria)과 같은 교부들의 문헌을 칼빈이 읽었음을 반영한다는 것을 확인했다.⁵⁵ 그러나 칼빈은 혼자가 아니었다. 즉, 그의 신학적 동시대인들과 계승자들은 본질(태양)과 에너지(광선) 비유를 포함해 유사한 견해를 반영한다.⁵⁶

종말론적으로 해석하면, 이것은 마치 우리의 개인 정체성이 예수님께 동화되거나 예수님의 정체성이 우리의 개인 정체성에 동화되는 것처럼 실체의 융합을 의미하지는 않는다. 그렇지만 태양의 효능(에너지)이 우리에게 전달되어 지금도 그리스도의 승귀한 육체뿐만 아니라 신성한 능력이

---

55 Irena Backus, "Calvin and the Greek Fathers," in *Continuity and Change: The Harvest of Later Medieval and Reformation History*, ed. Robert J. Bast and Andrew C. Gow (Leiden: Brill, 2000), 253-76; cf. Johannes Van Oort, "John Calvin and the Church Fathers," in *The Reception of the Church Fathers in the West: From the Carolingians to the Maurists*, ed. Irena Backus (Leiden: Brill, 1997). See also Anthony N.S. Lane, *John Calvin: Student of the Church Fathers* (Grand Rapids: Baker Books, 1999), 41-42. 특히 오르(Oort)에서 키릴이 크리소스톰 다음으로 통찰력이 깊다고 평가한 것으로 칼빈이 인용된다("Calvin and the Church Fathers," 693).

56 헤페(Heppe)는 『개혁 교의학』(*Reformed Dogmatics*), 641페이지에서 이와 관련된 많은 인용문을 제공한다. 많은 초기 개혁파 신학자와 마찬가지로 볼레비우스(Wollebius)도 성만찬을 논할 때 태양과 그 광선에 대한 일반적 비유를 포함하여 에너지의 범주에 명시적으로 호소하여 "공간적으로 멀리 있는 것이 효능에서 존재한다"라고 말한다. 그는 "임재는 거리가 아니라 부재에 반대되는 것"이라고 덧붙인다. 부카누스(Bucannus)는 다음과 같이 덧붙인다. 즉, 요한복음 6:51에 나오는 그리스도의 몸과 피를 먹고 마시는 것은 믿음이나 "단순한 인식"으로 축소될 수 없으며, 오히려 "그분 자신께 참되게 참여함으로써 우리는 소생되어야 한다"라고 가르친다. 올레비아누스(Olevianus)에 따르면 그분의 완전한 삶이 우리의 굶주림을 해소하는 양식이 된다. "우리의 영혼은 단지 육체 없이 그리스도의 영혼과만 연합된 것일까, 아니면 우리의 육체도 그리스도의 육체와 연합된 것일까"라고 부카누스가 묻는다. "참으로 각 신자의 전인, 즉 영혼과 육체는 그리스도의 전인과 참으로 결합되어 있다."
그분이 우리의 필멸의 육신을 취하셨듯이 우리도 그분의 불멸의 육신에 참여한다. 우리는 달리 어떻게 우리 자신의 영광과 부활을 확신할 수 있겠는가라고 그는 묻는다. 마르틴 부처(Martin Bucer), 버미글리(Pter Martyr Vermigli), 볼프강 무스쿠루스(Wolfgang Musculus), 그리고 (칼빈의 선배이자 동시대의) 저명한 개혁파 지도자들은 본질적으로 동일한 성찬론적 지형을 차지했다. 개혁교회와 장로교 신앙고백서(찰스 하지가 인정한 것처럼)가 이런 견해를 반영한다는 사실은 칼빈이 전통의 성찬식 가르침에 "비동일적인 외래적 요소"를 도입했다는 개념에 더욱 도전한다.

우리에게 도달하여 그 활력으로 우리를 새롭게 한다는 것을 의미한다.

가지들은 단순히 포도나무의 효능이 아니라 포도나무의 생명을 공유하며, 그리스도와 그분의 몸 관계는 첫 열매와 추수의 관계와 같다.

4. 성찬의 효능

칼빈은 성만찬의 효능을 그의 비평가들만큼이나 실제로 긍정할 수 있었다.

첫째, 그리스도의 위격과 관련하여 칼빈의 기독론은 츠빙글리가 거의 네스토리우스처럼 두 본성의 구별을 강조하지 않았다.

츠빙글리가 그리스도의 신성이 구속의 모든 일을 한다고 가정하는 것처럼 보이는 곳에서, 칼빈은 다음과 같이 쓴다.

> 하나님의 바로 그 위엄이 우리에게 내려오지 않았다면, 그분께 올라갈 수 있는 능력이 우리에게는 없으므로 상황은 확실히 절망적이었을 것이다. 따라서 하나님의 아들이 우리를 위해 '임마누엘, 즉 우리와 함께하시는 하나님'이 되셔야 했고, 그런 방식으로 그분의 신성과 인성이 상호 결합하여 서로 합쳐질 수 있도록 해야 했다(*ut mutual coniunctione eiusdivinitatas et hominum natura inter se coalescerent*). 그렇지 않았다면, 우리가 하나님이 우리와 함께 거하시기를 희망하기에 그 가까움이 충분하지 않았을 것이고, 그 친밀함이 충분히 확고하지 않았을 것이다(*Deum nobiscum habitare*).[57]

---

57 Calvin, *Institutes* 2.12.1.

신적인 것 못지않게 인간적인 그리스도 전체가 우리의 구속을 보장하셨다면, 우리의 친교는 반드시 그리스도 전체와 이루어져야 한다.

둘째, 우리가 그리스도의 인격 없이 그리스도의 유익을 받을 수 없다면, 만찬은 그리스도의 인격과 그분의 사역을 전달해야 한다.

이런 동방의 교부적 강조점, 특히 성령의 역할과 내재적 본질-에너지의 구별에 비추어 볼 때, 이 성찬 교리는 우리 시대에 정교회 신학자 알렉산더 슈메만(Alexander Schmemann)이 표현한 견해와 유사성을 공유한다.

전체 성찬과 마찬가지로 기념은 반복이 아니다. 그것은 이 '세상'에서 따라서 반복해서 그리스도께서 단번에 베푸신 성찬, 그리고 우리가 성찬으로 승천하는 것의 현현, 선물, 경험이다.

성만찬은 그리스도의 구속 사역을 완성하거나 연장하지 않는다고 슈메만은 덧붙인다.

그리스도 안에서 모든 것이 이미 성취되었고, 모든 것이 실재하며, 모든 것이 부여되었다. 그분 안에서 우리는 아버지께 접근하고 성령 안에서 친교를 나누며 그분의 왕국에서의 새로운 삶에 대한 기대를 얻었다.
성찬의 목적은 빵과 포도주의 변화가 아니라 우리의 양식, 우리의 생명, 그리스도의 몸으로서 교회의 현현이 되신 그리스도를 우리가 취하는 데 있다. 그러므로 거룩한 선물 자체가 동방정교회에서 특별한 경외심, 묵상 및 숭배의 대상이 되지 않았으며 마찬가지로 특별한 신학적으로 '해결 곤란한 여러 문제'의 대상이 되지 않았다. 즉, 어떻게, 언제, 어떤 방식으로 그것들의 변화가 성취되는지 아무것도 설명되지 않고, 아무것도 정의되지 않으며, '이 세상'에서 아무것도 변하지 않았다.

그렇다면 이 빛, 마음에 넘쳐나는 기쁨, 충만함, '다른 세계'를 만지는 이런 느낌은 어디에서 오는 것일까?

우리는 이 질문에 대한 해답을 성령 임재의 기원(Epiclesis)에서 찾는다. 그러나 그 답은 우리의 '단층적' 논리 법칙에 기초한 '이성적'인 것이 아니라 성령께서 우리에게 계시해 주시는 것이다.[58]

동방적 관점과 마찬가지로 칼빈의 성찬신학은 성령에 의한 그리스도와의 연합이라는 그의 신학의 큰 틀에서 자연스러운 실타래이다. 본질과 에너지를 구분하지 않으면 태양과 광선의 빈번한 비유는 서양 신비주의의 끊임없는 위협이었던 범신론으로 쉽게 무너질 수 있었다.

유일한 대안은 하나님의 활동적 사역을 피조물의 효과로 축소하는 것이다. 내가 보기에 이 문제는 서방 논쟁의 저변에 숨어 있다. 즉, (화체설에서처럼) 본질의 융합이 있느냐 아니면 단지 피조물적인 표징이 있느냐(츠빙글리식 경향)처럼 말이다.[59]

나는 우리에게 필요한(그리고 칼빈이 암묵적으로 따르는 것으로 보이는) 제3의 것(*tertium quid*)은 동방의 에너지 범주이지만 언약적 관용어에서는 하나님의 **사역**(the working of God), 구체적으로 성령에 의한 아들 안에서 아버지의 구속적 언어 행위(speech-act)가 된다고 제안하고 싶다.

성육신하신 말씀으로서 그리스도의 독특한 역사적 존재의 본질은 피조물(심지어 그분의 인성조차도 연합에 의해 결정되기 때문에)에게 전달될 수 없다. 그렇지만 그리스도의 전인격과 구별할 수 없는 그리스도의 **사역은** 그를 한 몸의 머리, 가지를 가진 포도나무, 전체 수확의 첫 열매가 되게 하는 것이다.

---

[58] Alexander Schmemann, *The Eucharist: Sacraments of the Kingdom* (New York: St. Vladimir's Seminary Press, 1988), 224-27.

[59] 나는 이런 주장을 *Covenant and Salvation*, 211-15, 268-69에서 전개했다.

믿음으로 받은 말씀과 성찬을 통한 하나님의 사역을 통해 성령은 이 시대에는 우리를 내적으로 그리스도로 입히시고, 다가오는 시대에는 우리를 외적으로 의와 아름다움과 영광과 불멸로 장식하신다. 다시 한번 우리는 이전 장에서 강조한 요점, 즉 내용 없는 현현이 아니라 하나님의 임재를 매개하는 성례에 대한 강조를 인식한다.

따라서 칼빈이 그리스도의 육체를 만찬에서 전달된 마르지 않는 생명 샘이라고 말할 때(4.17.9), 그는 그리스도의 본질(신성 또는 인성)이 피조물에 부어졌다고 말하는 키릴보다 더 많은 것을 제안하고 있는 것이 아니다. 결국, 그는 오시안데르(Osiander)가 그러한 견해를 공식화한 것을 반박하기 위해 1559년 판 『기독교 강요』(1559)에 한 부분을 추가했다. 오히려 그리스도의 에너지가 전달된다.

따라서 칼빈은 유비적 참여에 대한 강력한 교리를 가지고 있지만, 이 교리는 본질들의 융합(*methexis*)보다는 인격들의 친교(*koinōnia*)라는 측면에서 이해된다. 앞의 논의를 고려할 때, 개혁주의 성찬론에서 강조하는 것은 교회나 성례전이 성취하는 것이 아니라 성부, 성자, 성령으로서 언약을 맺는 말과 행동을 통해 하나님이 성취하시는 것에 있다.

성찬의 효능에 대한 견해에 따라 성찬의 빈도에 대한 견해가 크게 달라진다. 신자와 공동체의 주관성을 강조하는 츠빙글리주의적 접근이 더욱 내성적인 성찬식(introspective)을 산출한다는 것은 놀라운 일이 아니다. 성만찬을 신적 선물로 간주하는 한, 성만찬의 빈번한 기념은 긍정될 것 같다.

츠빙글리는 참된 신앙에는 지상의 소품이 필요하지 않다고 주장했지만, 칼빈은 루터와 마찬가지로 이와는 반대되는 견해를 밝혔을 뿐만 아니라 강조했다. 츠빙글리는 지상의 모든 것을 뛰어넘는 신앙을 지향했지만, 칼빈은 루터와 마찬가지로 우리의 연약한 상태에 대한 하나님의 낮아지심을 강조했다.

따라서 칼빈은 성만찬을 자주 하지 않는 중세의 전통적 관행(아쉽게도 오늘날 개혁교회에서는 너무 일반적이다)에 반대해 "말씀이 선포될 때마다 또는 적어도 일주일에 한 번은 성만찬을 거행해야 한다"고 지속해서 간청했다.[60]

"성찬은 주님의 몸과 피의 성찬"이므로 성찬식을 자주 하지 않는 것은 사실상 언약 집회에서 그리스도와 그분의 혜택을 보류하는 것이라고 칼빈은 말한다.[61]

제네바시가 종교개혁을 공식적으로 수용한 지 불과 1년 후, 칼빈은 "제네바의 교회 조직과 예배에 관한 조항"에 다음과 같이 규정했다.

> 교회 안에서 우리 주님의 성만찬이 항상 거행되고 자주 거행되지 않는 한 교회가 질서 있고 잘 규율된다고 말할 수 없다는 것은 확실하다.[62]

사람들은 일 년에 단 한 번만 성만찬을 거행했고, 그마저도 빵만 받았으며, 예식 대부분을 이해는커녕 들을 수도 없었다는 점을 고려하면, 종교개혁이 실제로 성만찬을 교회 생활에서 실질적 중요성의 자리로 회복시켰다고 해도 과언이 아니다.

칼빈은 성찬을 실행하지 않은 중세를 반박하며 고대 교회의 관행에 호소하면서 "배고픈 사람처럼 모두가 풍성한 만찬에 모여들어야 한다"고 말하며 다시 크리소스톰의 지지에 의존한다.[63]

---

60   Calvin, *Institutes* 4.17.44-46.
61   Mary Beaty and Benjamin W. Farley, eds., *Calvin's Ecclesiastical Advice* (Louisville, KY: Westminster John Knox Press, 1991), 165.
62   John Calvin, "Articles concerning the Organization of the Church and of Worship at Geneva Proposed by the Ministers at the Council, January 16, 1537," in *Calvin: Theological Treatises*, Library of Christian Classics, ed. and trans. J. K. L. Reid (Philadelphia: Westminster Press, 1954), 48.
63   Calvin, *Institutes* 4.17.46.

리 팔머 완델(Lee Palmer Wandel)은 다음과 같이 말한다.

> 칼빈은 '예배 의식'(liturgy) 자체에 대한 새로운 개념화를 명확히 했다 … 그에게 성만찬은 분명 하나의 드라마였지만, 그 드라마의 원천은 하나님이셨다. 인간의 어떤 움직임도 어떤 방식으로 그 의미를 더할 수 없었고, 어떤 공예품도 이런 지상적 요소보다 더 큰 관심을 끌 수 없었다.

그녀는 다음과 같이 덧붙인다.

> 그러나 무엇보다도 가장 중요한 것은 칼빈이 주장한 "빈도"(frequency)이다. 대부분 복음주의자들은 일 년에 한 번 거행되는 중세의 성찬식 요구가 비성경적이라고 비난했다. 그러나 그 어떤 복음주의자도 성찬을 신앙의 심화뿐만 아니라 성만찬 자체의 표징, 더 나아가 세상 속에서 하나님의 표징을 읽을 수 있는 능력을 증가시키는 대화적 과정 안에 그렇게 명시적으로 배치하지 않았다.[64]

로마가톨릭과 츠빙글리식 개념에서 성찬은 주로 그리스도를 다시 희생제물로 드리거나 기억하고 서약하는 인간의 일이었다.
그러나 완델은 다음과 같이 말한다.

> 칼빈에게 성만찬은 '외적' 의식도 아니었고, 츠빙글리와 루터 같은 다른 복음주의자들이 사용했던 의미의 '예배', 즉 하나님께 영광을 돌리는 방식도 아니었다. … 오히려 그것은 '그리스도는 우리와, 우리는 그리스도와

---

[64] Lee Palmer Wandel, *The Eucharist in the Reformation: Incarnation and Liturgy* (Cambridge: Cambridge University Press, 2006), 171.

완전히 하나가 되는' 지속적 관계 속에서 우리를 그리스도와 점점 더 하나로 묶어 주는 수단이다.[65]

성만찬의 본질과 효능과 그 빈도 사이의 밀접한 연관성을 개혁파 신학자들 가운데 부처, 버미글리, 녹스, 다른 신학자들도 인정했는데, 이들은 테트라폴리탄 신앙고백서(Tetrapolitan Confession)에서처럼 "그리스도의 가장 거룩한 만찬"이 "이전보다 더 자주 그리고 경건하게"는 말할 것 없이 "우리 가운데 매우 종교적으로 그리고 특별한 경외심으로 집행되고 받아들여진다"고 지적했다.[66]

크랜머 대주교는 츠빙글리식 개념에서 칼빈주의적 이해로 옮겨 갔고, 이는 39개 신조(Thirty-Nine Articles)에서 교리적 지위를 획득했다.[67]

칼빈주의적 견해는 웨스트민스터 표준문서에 명확하게 표현되어 있고 국교파(Conformists)와 비국교파(Nonconformists) 모두가 공유했기 때문에 청교도주의를 츠빙글리주의자로 이해할 수도 없다.

웨스트민스터 예배 지침서(The Westminster Directory for Public Worship)는 성만찬을 자주 거행할 것을 촉구했다.

하이웰 로버츠(Hywell Roberts)는 국교파들과 비국교파들이 "주의 만찬에 대한 공통의 신학을 공유했다"고 관찰한다. "양측 모두 칼빈의 해석을 받아들였다."[68]

---

[65] Ibid.
[66] The Tetrapolitan Confession, chap. 18, excerpted by Heppe, *Reformed Dogmatics*, 641-42.
[67] The Thirty-Nine Articles of Religion, art. 25-31 in Philip Schaff, *The Creeds of Christendom*, vol. 3, *The Evangelical Protestant Creeds*., ed. Philip Schaff, revised by David S. Schaff (Harper & Row, 1931; repr., Grand Rapids: Baker, 1990), 502-7.
[68] Hywell Roberts, "Union and Communion," in *The Westminster Conference Papers* (London: 1979), 55.

칼빈의 논리는 언약적이었다. 우리가 말씀으로 언약적 약속을 정기적으로 받는다면, 성찬에서 그 약속이 비준되어야 한다.⁶⁹ 성만찬에서 우리는 믿음의 힘이나 성숙을 증거하는 것이 아니라 약한 자를 강하게 하는 은사를 받는 것이다.

16세기 개혁파 신학자 요하네스 볼레비우스(Johannes Wollebius)는 이를 다음과 같이 언급했다.

> 성만찬의 진정한 목적은 다른 무엇보다도 그리스도의 죽음과 순종의 공로를 통해 영적 영양을 공급받거나 영생에 이르는 보존을 확인하는 것이다. 신자들이 그리스도와 그리고 서로 연합하는 것은 이것에 달려 있다. **따라서** 성만찬은 자주 지켜져야 한다(강조 추가).⁷⁰

웨스트민스터 대소요리문답에서와 같이 개혁주의 신앙고백서에서도 같은 입장을 찾을 수 있는데, 특히 확신이 부족한 신자들에게는 "약속이 이루어지고 이 성찬은 약하고 의심하는 그리스도인들도 구제하기 위해 제정되었으므로 성만찬에 오도록 촉구한다."⁷¹

만찬이 더 이상 약자를 위한 것이 아니라 강자를 위한 것이며, 합당하게 참여하기 위해 내성적 준비에 많은 관심을 기울일 때, 로마가톨릭의 예식처럼 만찬은 개신교에서 우리가 확실하게 드리는 희생 제사가 된다.

69　Calvin, *Institutes* 4.17.44, 46.
70　Johannes Wollebius, "Compendium Theologiae Christianae," in *Reformed Dogmatics: Seventeenth-Century Reformed Theology through the Writings of Wollebius, Voetius, and Turretin*, ed. and trans. John W. Beardslee III (1965; repr., Grand Rapids: Baker Book House, 1977), 15, 17.
71　Westminster Larger Catechism, Q. 172, in *The Confession of Faith and Larger and Shorter Catechisms* (Glasgow: Free Presbyterian Publications, 1973), 262.

칼빈은 오히려 "은혜의 상태"에 있다는 것이 마치 "모든 죄에서 깨끗해지고 정화되는 것"을 의미하는 것처럼 "사람들을 합당하게 먹을 수 있도록 준비시킬 때, 불쌍한 양심을 끔찍한 방식으로 고문하고 괴롭히는 사람들"을 오히려 날카롭게 꾸짖었다.

> 그러한 교리는 지상에 있거나 지상에 있었던 모든 사람이 이 성찬을 사용하는 것을 금지할 것이다. 왜냐하면, 우리가 스스로 합당함을 추구하는 문제라면 우리는 끝장이다. 우리에게 남은 것은 파멸과 혼란뿐이다.[72]

경건주의와 부흥 운동의 유산에 더하여, 미국 개신교는 특히 '성찬주의'를 경계해 왔으며 영지주의적 개인주의와 내면성의 위협은 적어도 그에 못지않게 분명하다.[73]

모든 종류의 방식으로 게리쉬는 다음과 같이 상기시켜 준다.

> 칼빈의 성찬적 경건은 공식적으로는 그를 종교개혁자라고 주장하지만 실제로는 성찬신학에서 칼빈이 "불경하다"고 거부한 츠빙글리식 견해에 더 가까워진 교회들에서 반복적으로 사라지거나 적어도 축소되어 왔다.
> 심지어 "복음주의적" 경건과 "성례적" 경건을 날카롭게 구분하는 것이 일반화되었다. 따라서 이런 구분은 성만찬이 복음에 의해 정확하게 주어지는 그리스도의 몸과 피와의 친교를 증명하는 칼빈에게 거의 지지를 얻을

---

[72] Calvin, *Institutes* (1536), trans. Ford Lewis Battles (Atlanta: John Knox Press, 1975), 151.
[73] 남장로교의 댑니(R. L. Dabney)는 개신교가 성례에 대한 치료에 상대적으로 적은 공간을 할애한다고 설명하며(종교개혁자나 그 후계자들을 염두에 두지 않았을 것이다), 자신의 저작에서 "할당된 분량의 대부분은 이런 형식적이고 미신적인 경향을 반박하려는 우리의 시도에서 비롯된 것"이라고 덧붙인다. 그는 심지어 칼빈의 견해가 너무 "신비주의적"이고 "비합리적"이라고 판단하기도 한다.

수 없었다.⁷⁴

개혁주의 신학은 성만찬에서 하나님의 행동 우선성을 강조하지만, 더 넓은 효능을 인정하여 빈번한 성만찬 기념의 중요성을 강조하기도 한다. 법정적인 것이 효과적인 것을 산출한다.

우리 외부로부터(*extra nos*) 하나님의 수직적이고 파괴적이며 객관적인 사역은 인간 사이의 수평적이고 질서 있고 주관적인 관계의 새로운 체계가 된다. 이것은 드라이브 스루식 식사가 아니라 연회이다. 여기서 우리는 이국적이거나 "의미 있는" 종교적 경험의 소비자가 아니라 가족 식탁에 둘러앉은 공동체의 일원이다.

칼빈은 주님께서 진정으로 자신의 몸을 우리에게 전하실 때, 우리도 "그러한 참여로 한 몸이 되게 하신다"라고 쓴다.⁷⁵ 말씀처럼 성례는 우리를 개인 방에서 식당으로, 그리고 그리스도 및 서로와의 언약적 교제의 거실로 이끌어 준다. 따라서 그리스도와의 친교는 동시에 온몸과의 친교이다. 따라서 그리스도의 자연적, 성찬적, 교회적 몸은 서로 뗄 수 없이 연결되어 있으면서도 각자의 몫을 다한다.

몸의 어느 부분도 온몸의 고통 없이 다칠 수 없으며, 성만찬은 이 점을 설명하거나 대표할 뿐만 아니라 그리스도께서 실제로 교회적 일치를 이루시는 수단이기도 하다. "따라서 어거스틴은 타당한 이유로 이 성찬을 종종 '사랑의 유대'라고 부른다."⁷⁶

이 성찬에서 그리스도는 자신을 모든 신자의 공동 재산으로 삼으시며, 어떤 신자도 다른 신자보다 그리스도께 더 많이 또는 덜 참여하거나 그

---

74 B. A. Gerrish, "Calvin's Eucharistic Piety," in *Calvin Studies Society Papers* (*1995, 1997*): *Calvin and Spirituality / Calvin and His Contemporaries* (Grand Rapids: CRC Publications, 1988), 64.
75 Calvin, *Institutes* 4.17.38.
76 Ibid.

분의 혜택을 더 적게 소유할 수 없다고 칼빈은 주장한다.[77] 다시 말하지만, 칼빈은 혼자가 아니라 여러 면에서 다른 신학자들 가운데 부처를 반영하고 있다.[78]

16세기 개혁교회에서 성찬 가르침과 실천이 사회에 미친 놀라운 영향에 관해 많은 글이 쓰였다. 성찬은 설교된 말씀과 마찬가지로 우리 자신을 밖으로 이끌어 하나님의 선물을 받는 사람이 되게 하며, 또한 우리를 밖으로 향하여 형제자매를 향하게 한다.

이런 맥락에서 네덜란드의 칼 데덴스(Karl Deddens) 목사는 최근 다음과 같이 말했다.

> 여기에 집사 사역의 근원이 있다. 성만찬을 기념하는 축제 정신은 또한 하이델베르크 요리문답(Heidelberg Catechism) 38항에 따라 우리가 가난한 이들에게 연민을 보여 줄 수 있는 기회이기도 하다. … 그리고 성만찬의 축제적 성격이 우리 예배에서 충분히 표현된다면 이런 이상은 현실이 될 것이다.[79]

데덴스는 네덜란드의 중요한 공의회에서 "지지하는 방법으로 고린도전서 11:17을 가리키며 …. 주의 만찬을 더 자주 거행해야 한다"고 판단하는 네덜란드의 중요한 공의회를 가리킨다.[80]

성만찬을 기념하는 것이 고린도 신자들 사이의 더 큰 연합과 자선에 대한 바울의 도전에 중요한 촉매제가 되었다는 것은 분명한 사실이다. 그들은 충분히 강하고 경건하고 서로 사랑할 수 있을 때 만찬에 온 것이 아니

77　Ibid.
78　Martin Bucer, "The Reign of Christ," in *Melanchthon and Bucer*, ed. Wilhelm Pauck, Library of Christian Classics (Philadelphia: Westminster Press, 1969), 182, 236–59.
79　Karl Deddens, *Where Everything Points to Him*, trans. Theodore Plantinga (Neerlandia, Alberta: Inheritance Publications, 1993), 93.
80　Ibid., 91.

라, 바로 그런 놀라운 은혜의 수단을 통해 믿음과 상호 사랑으로 강화된 연약하고 죄 많은 신자로서 만찬에 온 것이었다.

5. 현대 논의에서 "실재 임재"

중요한 차이점들이 남아 있지만, 최근의 에큐메니컬 대화는 인상적인 합의점을 도출했다.[81] 제2부(아래)에서 대조적인 교회론적 패러다임을 살펴볼 것을 예상하면서, 이 장의 나머지 부분에서는 개혁주의 성찬론에 대한 최근 비판을 한쪽에서는 신츠빙글리적(neo-Zwinglian) 시각(기독론과 교회론 사이의 대립 [diastasis])에서, 다른 쪽에서는 급진 정교회(종합)에서 살펴보는 것으로 제한하겠다.

---

81 루터파와 개혁파 합의에 관하여 참조하려면 다음을 보라. Keith F. Nickle and Timothy F. Lull, *A Common Calling: The Witness of Our Reformation Churches in North America Today*; The Report of the Lutheran Reformed Committee for Theological Conversations, 1988-1992 (Minneapolis: Augsburg Fortress Press, 1993), 37-49. See also "XI. Lutheran-Reformed Dialogue," *in Growth in Agreement II: Reports and Agreed Statements of Ecumenical Conversations on a World Level*, 1982-1998, ed. Jeffrey Gros (FSC), Harding Meyer, William G. Rusch (Geneva: World Council of Churches; Grand Rapids: Eerdmans, 2000), 230-47, esp. 242. 그러나 루터교와 개혁파의 중요한 분파는 이런 논의에 참여하지 않았으며, 그들의 결론이나 합의를 지지하지 않는다는 점을 지적하는 것이 중요하다. 개혁파-로마가톨릭 토론에 대해 참조하려면 다음을 보라. *Growth in Agreement II: Reports and Agreed Statements of Ecumenical Conversations on a World Level, 1982-1998*, ed. Jeffrey Gros (FSC), Harding Meyer, William G. Rusch (Geneva: World Council of Churches; Grand Rapids: Eerdmans, 2000), "Reformed-Roman Catholic Dialogue," 815. 세계 교회 협의회(the World Council of Churches) 회원 단체 간의 일반적인 합의를 참조하려면 *Baptism, Eucharist and Ministry 1982-1990: Report on the Process and Responses*, Faith and Order Paper No. 149 (Geneva: World Council of Churches, 1990), 115-16.

1) 표징과 표징이 의미하는 것의 분리

역사적으로 루터파가 마르부르크(Marburg)에서 츠빙글리의 입장을 성만찬에 대한 '개혁파' 견해로 받아들였지만, 츠빙글리에 대한 현대의 해석은 종종 칼 바르트의 신학 렌즈를 통해 읽혀 왔다.

예를 들어, 한스 우르스 폰 발타자르(Hans Urs von Balthsasar)는 바르트가 교회와 성례에 상대적으로 관심이 적은 것을 "그가 칼빈에 대해 가진 친밀감"으로 돌리면서 칼빈주의와의 대화는 교회와 성례보다는 하나님 교리와 기독론에 초점을 맞출 것이라고 제안한다.[82]

칼빈의 입장을 지지하거나 반대하는 사람이 누구든, 지금까지의 이런 요약이 이런 것을 부당한 것으로 드러내기에 충분하리라 희망한다.

성례에 관해서는 칼빈보다는 츠빙글리를 연상하는 것이 적절하다. 세례에 관한 이전 장에서 지적했듯이, 바르트 자신도 이 점을 인정하면서, 그의 견해로는 안타깝게도 개혁주의 전통 전체가 수용했던 '성례전주의'(sacramentalism)를 피했다.[83]

『교회 교의학』(Church Dogmatics) 제4권에서는 성령이 신자와 공동체의 삶에서 어떻게 역사하여 그들을 그리스도께로 인도하는지에 대한 논의에서 세례와 만찬은 언급조차 없다.[84] 그러나 이것은 세례와 만찬이 하나님의 은혜 수단이라기보다는 엄밀하게는 인간의 순종 행위라는 그의 견해와 일치한다. 우리는 이미 하나님께서 영적 축복을 전달하기 위해 물질적 수단을 사용하신다는 개념이 츠빙글리에게 있어 범주적 실수라는 것을 관찰했다.

---

82 Hans Urs von Balthasar, *The Theology of Karl Barth: Exposition and Interpretation*, trans. Edward T. Oakes, SJ (San Francisco: Ignatius Press, 1992), 44.
83 Karl Barth, *CD* IV/4:128-30.
84 Barth, *CD*, IV/2:360-77.

성령은 "통로나 수단"을 필요로 하지 않으신다.[85] 바르트에게도 신적 행위와 피조물의 행위는 평행선을 달리는 것처럼 보이며, 결코 확장된 수평면에서 실제로 교차하는 법이 없다. 자신이 완성할 수 있었던 『교회 교의학』 마지막 부분에서 바르트는 하나님의 구원 사역과 물 세례, 그리고 순전히 인간적인 전례적 순종의 사역인 만찬 사이의 날카로운 구별을 반복한다.[86]

> 그분은 그분이고 그분의 사역은 기독교 신앙과 기독교 세례를 포함한 **모든 기독교 행동에 대항하여 서 계신다**(강조 추가).[87]

바르트는 자신이 종교개혁의 합의에서 벗어나고 있다는 것을 인정하면서도 다른 곳에서 종교개혁이 미사 대신 설교만을 대체했다는 특이한 주장을 제시한다.

> "보이는 말씀"(*verbum visible*), 즉 객관적으로 명료화된 말씀의 설교가 우리에게 남은 유일한 성례이다. 종교개혁자들은 성경을 제외한 모든 것을 우리에게서 엄격하게 제거했다.[88]

---

85 "An Account of the Faith," in W. P. Stephens, *The Theology of Huldrych Zwingli* (Oxford: Clarendon, 1986), 186. Cf. Ulrich Zwingli, *Commentary on True and False Religion*, ed. Samuel Macauley Jackson and Clarence Nevin Heller (Durham, NC: The Labyrinth Press, 1981), 214-15, 204-5, 239
86 Barth, CD IV/4. Titled *The Christian Life*. 이 책은 바르트가 미완성된 교의학의 일부로 개발하여 출판한 단편이다. Cf. CD 4/3:2, 756, 783, 790, 843-901.
87 Ibid., 88.
88 Karl Barth, *The Word of God and the Word of Man*, trans. Douglas Horton (New York: Harper Torchbooks, 1957), 114.

그러나 츠빙글리를 비롯한 모든 종교개혁자는 어거스틴에 이어 성례전을 "보이는 말씀"(*verbum visible*)으로서 기록되고 설교되는 말씀과 구분했다. 여기서 그리스도와 그분의 구원 사역을 "가두어" 인간의 통제하에 두려는 로마가톨릭과 신개신교 경향에 대한 바르트의 이해할 만한 경계심은 과잉 반응을 불러일으킨다.[89]

츠빙글리나 바르트 모두 **설교를** 은혜를 매개할 수 없는 것으로 간주했다. 따라서 조지 헌싱어는 이 지점에서 바르트의 모순을 지적한다.[90] 피조물의 행위는 하나님의 은혜를 가리킬 수는 있지만, 하나님의 은혜의 수단이 될 수는 없다. 바르트에게 성만찬은 "**공동체**의 행동, 그리고 실제로 공동체가 교제를 확립하는 행동"(강조 추가)과 관련이 있다.[91]

성례전에 대한 바르트의 견해뿐만 아니라 많은 개혁교회와 장로교회에서 작동하는 전제에 이르기까지 이어지는 전체 "츠빙글리적" 궤적은 종종 표징(하늘의 은혜)과 표징이 의미하는 것(피조적 요소와 행동) 사이의 진정한 결합을 수용하는 데 상응하는 과묵함과 함께 약한 성령론을 나타낸다.[92]

---

[89] David Allen, "A Tale of Two Roads: Homiletics and Biblical Authority," *Journal of the Evangelical Theological Society* 43, no. 3 (September 2000), esp. 492. Cf. Barth, CD 1/1:127.

[90] George Hunsinger, *Disruptive Grace: Studies in the Theology of Karl Barth* (Grand Rapids: Eerdmans, 2002), 275-76. 그러나 라인하르트 후터(Reinhard Hutter)는 더 나아가 바르트가 생애 말년에 한 진술에 관한 월터 크레크(Walter Kreck)의 직접 설명을 인용하면서, 선포는 신적 행동을 실행하는 것이 아니라 선언하는 것으로 보는 바르트의 견해(*CD* I/1에서)를 수정한 것으로 보인다. 후터에 따르면, "이것은 세례와 성만찬에 더하여 복음 선포 자체를 성령의 내적 증거(testimonium Spiritus internum)에 대한 반응적 증거로 삼음으로써 기본 사상의 궁극적 결론을 이끌어 낸다. Reinhard Hütter, *Suffering Divine Things: Theology as Church Practice* (GrandRapids: Eerdmans, 2000), 110.

[91] Barth, *CD*, IV/3.2:901.

[92] 이와 관련해서 바르트에 대한 많은 비평 가운데 특히 다음을 보라. Robert Jenson, "You Wonder Where the Spirit Went," in *Pro Ecclesia* 2 (1993): 296-304; Wolfhart Pannenberg, *Systematic Theology*, trans. G. W. Bromiley, vol. 3 (Grand Rapids: Eerdmans, 1998), 1-27

바르트가 "계시 사건에서 주관적 측면"이라고 부르는 것처럼, 성령의 사역은 전적으로 사람들에게 이미 참된 것을 일깨워 주는 것이지 실제로 그리스도를 신자에게 전달하는 것이 아니다.[93]

이전 장에서 살펴본 바와 같이 현대 복음주의 신학에서 성만찬에 대한 지배적 견해는 츠빙글리의 개념을 넘어서서 성례의 효능을 전적으로 신자의 '헌신 행위'를 증거하는 상징적 역할에 두는 것일 수도 있다.

2) 표징과 표징이 의미하는 것 혼동하기

존 밀뱅크(John Milbank), 그레이엄 워드(Graham Ward), 그리고 급진적 정교회에 속한 다른 사람들은 (스코투스주의를 통해) 허무주의(nihilism) 계보를 개혁주의 성례전 가르침에 적용했다.

유명론(nominalism)에 의해 타락한 트렌트(Trent)와 종교개혁자들은 초기 신학이 마법적 신플라톤주의에서 차용한 존재에 유비론적 참여(ananalogical participation in being)를 거부했다. 칼빈의 추종자들은 "부수적으로 성례전 참여와 중재를 이제 경시했다."

적어도 칼빈에게는 성례를 통해 진정한 은혜가 매개되었지만, 후대의 언약 사상가들에게 세례는 "언약 공동체의 일원이 되는 표징"이 되었다. 그러나 "은혜의 전가는 다른 곳에, 하나님과 개인 사이의 직접 거래 안에 놓여 있다."[94]

밀뱅크의 유명론 계보는 전통의 실제 역사보다 우선권을 가진다. 밀뱅크가 칼빈의 신학적 계승자들에게 전가하는 관점(세례를 "언약 공동체 내의

---

93 Barth, *CD*, I/1:449.
94 John Milbank, "Alternative Protestantism," in *Radical Orthodoxy and the Reformed Tradition: Creation, Covenant, and Participation*, ed. J. K. A. Smith and James H. Olthuis (Grand Rapids: Baker Academic, 2005), 31.

회원 자격의 표시"에 불과한 것)은 사실 칼빈의 신학적 계승자들 스스로가 "재세례파"(Anabaptist)로 거부하는 견해이다.[95]

그의 이야기를 계속하면서 밀뱅크는 성례전을 가시적 회원 자격의 표지로 축소하는 이런 주장은 "뉴잉글랜드에서 일어난 것처럼" 교회의 세속화로 이어질 수 있을 뿐이라고 말한다.[96] 밀뱅크는 이런 퇴보의 결과로 "성찬이 그리스도께 직접 참여하게 한다는 의미는 17세기에 단순히 새 언약의 표징이라는 견해에 찬성하여 사라지는 경향이 있었다"라고 언급한다.[97]

아이러니하게도 밀뱅크가 칼빈주의적 "플라톤주의자"로 높이 평가한 사람은 조나단 에드워즈이지만, 에드워즈는 밀뱅크가 일반적으로 원인을 전통으로 잘못 돌리고 있는 성찬적 중재의 퇴보 일부를 보여 주고 있다.[98]

---

95 예를 들어, 개신교 스콜라주의의 황혼기인 1699년에 피터 반 마스트리히트(Peter Van Mastricht)는 "세례의 용도나 효력은 **교회 언약을 의미하고** 그 언약 안에 있는 사람과 그 언약 밖에 있는 사람을 구별하는 것 외에는 어떤 용도나 효력을" 허용하지 않는 재세례파의 입장을 비판했다(강조 추가). 피터 반 마스트리히트, 그의 *Theologia theoretica-practica*(1699)에서 발췌한, 『중생』(*Regeneration*), 브랜든 위드로(Brandon Withrow)가 수정한 익명의 영어 번역본(Morgan, PA: Soli Deo Gloria Publications, 2002), 52.
96 Milbank, "Alternative Protestantism," 31. 여기서 그가 언급하는 모든 것은 E. Brooks Holifield의 *Theology in America*, 특히, 개혁주의와 장로교 신앙고백의 교회론을 상당히 수정한 뉴잉글랜드(독립) 신학에 관한 것이다.
97 Ibid.
98 프랑스 가톨릭 철학자 니콜라스 말브랑슈(Nicholas Malebranche)에 이어 에드워즈는 세상의 모든 사건은 하나님의 즉각적 능력, 즉 새로운 무(無)로부터의 창조 행위의 결과라고 주장했다. 따라서 그는 사실 도구적 인과관계를 부정했다. Nicholas Malebranche, *Dialogues on Metaphysics and on Religion*, ed. Nicholas Jolley, trans. David Scott (Cambridge: Cambridge University Press, 1997); cf. Steven Nadler, "Occasionalism and Arnauld's Cartesianism," in *Descartes and His Contemporaries: Meditations, Objections, and Replies*, ed. Roger Ariews and Marjorie Greene (Chicago: University of Chicago Press, 1995), 115-16. 에드워즈의 기회원인론(occasionalism)의 활용에 관하여 Jonathan Edwards, "The Great Christian Doctrine of Original Sin Defended," in *The Works of Jonathan Edwards*, revised by Edward Hickman, vol. 6 (Edinburgh: Banner of Truth, 1990), 223. Cf. Michael Gibson, "The Integrative Biblical Philosophy of Jonathan Edwards," *Westminster Theological Journal* 64 (Spring 2002): 154-55를 보라.

중세 후기 로마가톨릭 신학에 대한 밀뱅크의 평가는 개신교보다 조금 더 나은 편이다. 밀뱅크에 따르면, 16세기 논쟁에서 기본적으로 유명론에 빚을 진 양측은 모두 초기 중세 전통과는 다른 "실재 임재"에 대한 담론에 갇혀 있었다. 표징이 유비적으로 실체를 매개하는 대신 내재화되어 일의성(univocity)에 굴복하게 되었다.

트렌트 공의회는 "실재 임재"를 성찬식의 "지금"에서 찾지만, 개신교는 성경에서 찾았다. 따라서 우리는 선택에 직면하게 된다. 즉, 따라서 시간을 성찬에 의해 정의된 것으로 이해하느냐, 아니면 성찬을 "지금 여기(here and now)라는 형이상학적 우상 숭배"에 의해 정의하느냐 하는 것이다. 후자라면 "실재 임재"는 우상의 현현, 즉 신적인 것을 포착하고 내재성을 절대화하는 시선(완전한 임재로서의 현재)일 수밖에 없다.[99]

밀뱅크와 워드(드 뤼박[de Lubac]과 마리온[Marion]의 뒤를 이어)가 성찬 사건을 순수한 임재의 연극적 광경으로 축소하려는 중세 후기 경향의 위험성을 지적할 때, 종교개혁 신학은 동의할 수밖에 없다. 마리온은 심지어 "그러므로 실재 임재는 그 사람을 이용할 수 있고 영구적이며 편리하고 한계가 정해진 것 안에 고정하고 얼어붙게 한다"고 판단하기까지 한다.

> 따라서 자신의 한심한 '낡은' 대용품 (성찬 예약)에 찬양을 쌓고, 인기 있는 물건으로 전시하고(성체 전시), 깃발처럼 휘두르는(행렬) 등 '하나님'을 공경한다고 상상하는 우상 숭배의 뻔뻔스러움 …. 실재 임재는 사물이 된 '하나님', 의미 없는 인질, 벙어리이기 때문에 강력하고, 유명무실하지 않기 때문에 수호자, "임재의 의미를 제외한 모든 의미가 박탈된 것"(말라르메[Mallarmé]).[100]

---

99 Ibid., 176.
100 Jean-Luc Marion, *God Without Being*, trans. Thomas A. Carlson (Chicago: University of Chicago Press, 1991), 164–65.

개혁주의 해석자들은 또한 화체설 대한 최근의 대안(츠빙글리식 접근 방식과 매우 유사)에 대한 마리온의 비판을 공감적으로 수용할 수 있다.[101] 마리온은 성만찬에서 그리스도의 임재를 객관적인 것 또는 주관적인 공동체 의식으로 환원할 수 없다고 적절하게 주장한다.[102]

그레이엄 워드는 특히 현대 문화가 "현재를 우상화하는" "세속적 종말론"을 제공함에 따라, 그의 『하나님의 도시』(Cities of God, 2000)에서 활기차고 통찰력 있게 함의를 도출했다.[103]

내가 이 프로젝트 내내 제안했듯이, 일의성(univocity)은 실현된 종말론을 반영하지만, 포스트모던의 다의성(equivocity)은 끝없는 연기(deferral, 지연)를 의미한다.

워드는 우리의 현재는 영원에 참여하지만, 그 자체가 영원은 아니라는 소위 유비적 견해를 제시한다.[104] 어거스틴과 아퀴나스는 성찬과 관련하여 실재 임재는 말할 것도 없이 "임재"에 대해 이야기하지 않는다고 워드는 관찰한다. 그러나 바로 이 지점에서 워드는 "아퀴나스와 칼빈의 '임재' 개념의 차이에서 추적할 수 있는 것은 다름 아닌 바로 유비의 붕괴와 일의성, 즉 '명확하고 뚜렷한' 개념의 투명성을 향한 움직임이다."[105]

워드에 따르면 서로 다른 견해에도 불구하고 칼빈과 트렌트 공의회는 모두 오컴의 공간화 논리를 단순히 따르고 있었다. 이와 대조적으로 어거스틴은 우리가 현재에 완전히 실현할 수 있는 것은 아무것도 없으며 그것이 바로 우리를 하나님으로 만드는 것이라고 주장했다.[106]

---

101 의미 변화(transsignification, '화체설'이란 용어 대신 사용하는 용어-역자주)에 관한 가장 완전한 전개와 변호를 참조하려면 Edward Schillebeeckx, *The Eucharist* (London: Sheed & Ward, 1968), 108-19를 보라.
102 Ibid., 166-67.
103 Graham Ward, *Cities of God* (New York and London: Routledge, 2000), 154.
104 Ibid., 155.
105 Ibid., 157.
106 Ibid.

나는 "따라서 아퀴나스에게 있어서 '임재'(praesens/prasentia)라는 언어는 우상 숭배의 언어(시간에서 뽑아낼 수 없고 그 자체로 완전히 존재할 수 없는 것을 구체화하는 언어)"라고 제안한다.

아퀴나스가 **참된 임재**(vere praesens)에 대해 이야기하는 동안, 트렌트(그리고 소위 개신교적) 개념에서 작동하는 유명론은 **실재 임재**(realis prasens)에 대해 말하기 시작했다.[107]

> 현재란 이제 추상화되어야 할 상품, 파악되어야 할 속성이 되었다.[108]

이것은 칼빈의 입장을 잘못 표현할 뿐만 아니라, "칼빈은 어거스틴과 아퀴나스를 유명론과 구별하는 바로 그것인 '레알리타스'(realitas, 현실, 실제) 또는 '레알리스'(realis, 현실적) - 단지 '베레'(vere, 참으로)/'브라이'(vrai, 진실)라는 용어를 사용하지 않는다"는 워드 자신의 인식과도 일치하지 않는다. 그렇지만 어떤 방식으로든 칼빈은 유명론 바이러스의 보균자임에 틀림없다.[109]

타당한 이야기이기는 하지만, 다음과 같은 결론은 칼빈을 자세히 읽은 사람에게 믿기지 않는 인상을 줄 것이다.

> 물질의 배후 또는 그 너머의 심령적 기운, 즉 불안한 느낌이 육체를 희생하면서 '영성'을 강조하게 되고, 결국 고독한 종교 경험을 진정한 거룩성의 표식으로 강조하게 될 것이다. 자연의 평화는 세속적이고 탈신비화된 세계관(그리고 나중에는 세속적 재화에 대한 자본주의적 숭배의 과학적 세계관)을 위한 형이상학적 토대를 마련한다. ··· 우리는 인상적 광경의 사회로 들어

---

[107] Ibid., 159-60.
[108] Ibid., 161.
[109] Ibid., 163에서 반복.

가고 있다.¹¹⁰

이 점에서 워드는 칼빈이 화체설과 편재성 모두에 반대하는 핵심을 완전히 놓치는 것처럼 보인다. 즉, 워드는 칼빈이 그리스도의 자연적 몸을 "영성화"하는 모든 시도에 **반대하는** 그리스도의 자연적 몸의 중요성을 완전히 놓친 것 같다.

워드는 칼빈이 성찬신학을 발전시킬 때 어거스틴에게 자주 호소했다는 사실을 인정하지만, 칼빈과는 대조적으로 어거스틴은 "표징이 의미하는 것에 표징이 참여한다고 이해한다"라고 주장한다.¹¹¹ 그러나 다시 한번 이것은 개혁파 신앙고백서에서 표징-표징이 의미하는 것의 연합에 대한 동일한 명시적 확언을 심각하게 왜곡할 뿐만 아니라 어거스틴의 풍부한 인용과 함께 이 견해에 대한 칼빈의 명백한 변호를 심각하게 왜곡한다.

그러나 말씀을 통한 그리스도의 행동하는 임재가 실체화된 임재가 아니라 약속된 실체와 표징의 결합인 것처럼 성례전에서도 마찬가지라고 칼빈은 말한다. "따라서 우리가 떡과 포도주를 그리스도의 몸과 피라고 부르는 것은 타당한 이유가 있다." 그리고 이 점에서 칼빈은 "구별이 적절하지만, 절대 나누어지지 않는다"라는 칼케돈 공식을 반복한다.¹¹²

---

110   Ibid., 162.
111   Ibid., 164.
112   Ibid., 172. 확실히 빵과 포도주는 표징이며 항상 그렇게 남아 있다. 심지어 위격적 연합(hypostatic union)에서도 성자의 초월적 신성은 인성 안에 포함되거나 혼동될 수 없다. 이런 관점에서 볼 때, 소위 엑스트라 칼비니스티쿰(extracalvinisticum, 칼빈주의자들이 주장하는 밖에서도)은 어거스틴(과 칼케돈)에게 더 적절하게 귀속될 수 있다. 엑스트라 칼비니스티쿰은 심지어 성육신에서도 하나님은 자신의 강림을 초월하면서도 나타나신다는 것을 보장한다. 각 본성과 표징과 표징이 의미하는 것의 완전성은 유지되어야 한다. 칼빈은 "그러나 우리는 마찬가지로 주님의 성례가 성례의 실체와 본질로부터 분리되어서는 안 되며 분리될 수도 없다"고 재빠르게 언급한다.
존재론적 접근방식(특히, 강한 신플라톤주의 버전)은 존재론과 임재에 대한 형이상학적 설명에 의존하는 반면, "낯선 존재와 만나는 것"을 위한 명백한 자원은 기독론이라이 모든 것에도 불구하고 워드는 다음과 같이 주장한다.

> 칼빈에게 이원론적 사고가 중재를 대신한다. 그것은 그 자체로는 중재할 수 없지만, 단지 정반대되는 것(주관적, 문화적, 사적인 것)에 대해서만 한 가지(객관적, 자연적, 공적인 것)에 정의를 부여하는 논리를 수립한다. 칼빈의 유비적 추론은 전혀 유비적이지 않다(여기서 유비는 유사성과 차이, 일의 성과 다의성 사이의 중재를 정의한다).[113]

그러나 이 논의 어디에서도(그리고 내가 살펴본 다른 토론에서도) 워드는 칼빈이 부족하다고 생각하는 바로 이 중재를 위한 성령론의 역할에 대해 인식하지 못하는 것 같다.[114]

또한, 워드가 마니교 이원론에 반대하는 칼빈의 반복적 논쟁과 물질 창조, 성육신, 그리고 우리가 보았듯이 그리스도의 승천과 육신 재림에 대한 그의 강한 긍정을 접했다는 증거도 없다. 그렇지만 워드는 "이런 공간화는 소유하지 않고, 얻지 못하고, 도달하지 못하는 결핍에 기반한 욕망의 경륜을 만들어 낸다"고 계속해서 언급한다.[115]

칼빈이 역동적 구원의 경륜을 보는 곳에서 워드는 정태적 형이상학의

고 제안하는 것은 지나친 것일까?
[113] Ibid., 165.
[114] 워드는 각주에서 "잘 알려진 대로 칼빈은 성찬 임재를 삼위일체론적 활동과 연관시킨다. 성령은 위 하늘에 계신 그리스도와 아래 신자 사이의 거리를 가로지른다. 내 생각에 양태론(modalism)으로 표현되는 칼빈의 삼위일체론은 사실 칼빈의 성찬론과 마찬가지로 잘 기록되어 있다"라고 언급한다(ibid., 274n 11). 분명히 "잘 알려진 것처럼"과 "잘 기록되어 있다"와 같은 이런 논평은 참고 문헌이 없기 때문에 믿음으로 받아들여야 한다. 그러나 나는 가톨릭이든 개신교든, 다른 것이든 칼빈의 삼위일체론을 양태론으로 규정하는 어떤 진지한 연구도 알지 못한다. 만약 그가 단순히 칼빈의 삼위일체론과 성찬에 대한 견해가 잘 기록되어 있다고 제안하는 것이라면, 그것은 분명한 만큼 정확한 것이다.
[115] Ibid., 167.

추상적 범주를 본다. 칼빈은 다음과 같이 말한다.

> 아리스토텔레스가 아니라 성령은 그리스도의 부활 당시부터 그리스도의 몸이 유한했으며 심지어 마지막 날까지도 하늘에 포함되어 있다고 가르친다.[116]

워드는 칼빈이 끝없는 연기(deferral)의 일종의 원시 데리다식 존재론(proto-Derridean ontology)을 옹호하는 것으로 해석하지만, 칼빈은 단순히 그리스도의 자연적 몸의 실재 부재와 성령의 매개로 그 몸이 그의 교회에 **제공**(availability)될 수 있다는 것에 관한 주석적 궤적을 통해 생각하려고 할 뿐, 단순히 그 자연적 몸을 **교회로 대체**하지 않는다.

칼빈(과 나머지 전통)은 성만찬이 의미하는 실재를 전달하지 않고 "단순한 벌거벗은 표징"으로 구성된다는 개념을 명백히 거부했기 때문에, 그에게 성찬은 "단순한 연극", "가상현실"이라는 사이먼 올리버(Simon Oliver)의 비난을 워드가 반복하는 것을 가지고 무엇을 하려고 하는지 알기 어렵다.[117]

"주님은 공허한 표징으로 우리를 우롱하지 않고 우리 눈앞에 놓으신 것을 내적으로 성취하시며 따라서 그 효과는 표징과 결합된다"는 칼빈 자신의 위의 언급에도 불구하고 이것은 비난받는다.

그러나 칼빈은 다른 곳에서 다음과 같이 말한다.

---

[116] Calvin, *Institutes* 4.17.26.
[117] Ibid.

그리스도의 만찬은 영적 양식을 연극적으로 보여 주는 것이 아니라, 그 안에서 경건한 영혼들이 그리스도의 살과 피를 먹기 때문에 실제로 묘사하는 것을 제공한다.[118]

성찬식을 "연극적 전시"로 바꾸는 것은 사실 종교개혁이 중세 미사에 대해 비판한 특징적 내용이었다.

그렇다면 워드 자신의 제안은 무엇인가?

승천을 **부재**로 취급하는 대신에, 우리는 승천을 **전위(轉位)**로 보아야 한다. 이런 전위에서 나사렛 예수의 자연적 몸은 실제로 부재하는 것이 아니라 모든 다른 몸을 포함하도록 무한히 확장된다. 이를 통해 우리는 워드가 반복적으로 동일시하는 "성별화된 유대인"의 몸에 집착하지 않고, 자연적 고정관념(성별, 성적 지향과 같은)을 거스르는 초육체적 몸의 교차 속에 편입될 수 있다. 워드의 치료법이 편재성 교리와 아무리 다를지라도 문제는 비슷하다.

'초육체적 몸'(transcorporeal body)이란 정확히 무엇이며, 이것이 우리가 이해하는 (그리고 플라톤주의가 비판하는) 육체화를 어떻게 긍정할 수 있을까? 워드는 자신의 견해가 "성별화된 유대인"의 몸을 긍정하기 때문에 가현적이지 않다고 주장하지만, 이 몸은 더 이상 떠났다가 다시 돌아오겠다고 말한 주체로서 더는 인식할 수 없을 때까지 "확장"된다. 워드에 따르면, "모든 것 중에서 가장 큰 상품화"를 대표하는 하나님을 "수용"하는 것은 트렌트 공의회 "실재 임재"(reali praesentia)에서도 분명하지만 칼빈의 하늘에 있는 몸의 "수용"에서도 분명하다.[119]

---

[118] Gerrish, *Grace and Gratitude*, 140, from *CO* 15:212-13에서 인용함.
[119] Gerrish, *Grace and Gratitude*, 180.

워드처럼 밀뱅크는 트렌트 공의회식 유명론에 의해 결정되지 않은 화체설의 논리를 변호하기 위해 몸의 본질을 재정의한다.

> 이 음식을 섭취할 때 우리는 우리 안에서 그 목적과 유일한 정당성을 찾는 음식처럼 그리스도를 우리의 인격이나 우리의 '사회적 몸' 또는 그 밖에 무엇이든지에 동화시키지 않는다. 이와는 반대로 우리는 그리스도의 성례전적 몸을 통해 그분의 교회적 몸에 동화된다.[120]

나는 여기까지는 동의할 것이다. 그러나 이 영적 몸은 "**어떤 육체보다 무한히 더 통합되고, 더 일관되고, 더 변함없는, 한마디로 더 실제적인 몸**"이다(강조 추가).[121]

따라서 표징과 표징이 의미하는 것의 범주는 영적인 것이 육체적인 것보다 더 실제적인 실체의 변화와 함께 플라톤식 존재론에 보이게 된다. 육체는 "영적 통합의 탁월성"을 지향하는 현세의 물질성에 대한 그리스도의 낮아지심이다.[122]

육체는 마침내 초월된다. 밀뱅크에 따르면 그리스도의 몸과 피는 표징(성찬, *sacramentum*)이고 교회는 실체(*res*), 즉 "**오직 이 교회 몸만이 순전히 실체라고 불려야 한다**"(강조 추가).[123]

그리스도를 위한 교회의 더 완전한 대체는 상상하기 어렵다. 성만찬에서는 실제적인 것(떡과 포도주)과 표징(몸과 피) 사이의 순서가 뒤바뀐다. "실제적인 것은 오로지 평범한 시선에 '신비롭게' 보이는 것, 즉 그리스도

---

[120] John Milbank, in *Radical Orthodoxy: A New Theology*, ed. John Milbank, Catherine Pickstock, and Graham Ward (London: Routledge, 1999), 179.
[121] Ibid.
[122] Ibid.
[123] Ibid., 180.

의 몸과 그분의 교회 몸이다."[124]

따라서 교회 자체가 확장된 그리스도이기 때문에 성령이 중재할 것은 아무것도 남지 않는다. 아이러니하게도 그 과정에서 잃어버린 것은 제자들이 떠나는 주님을 보았던 것처럼 죽으시고 부활하셨으며 다시 오실 분인 것 같다.

최근에 개혁 신학과의 대화에서 밀뱅크는 다음과 같이 썼다.

> 칼빈의 성례전신학은 일관성이 없다. 성찬과 관련하여 칼빈은 헬라적 견해를 연상시키며 일부 가톨릭의 논의보다 우월한 그의 강력한 성령론적 강조로 인해 철저히 칭찬받을 만하다. … 그러나 하늘에 있는 몸에 영적으로 참여한다는 생각은 거의 타당하지 않다.

화체설 교리가 더 낫다. 왜냐하면, 대신 "신비하게 물질적일지라도 물질적인 실체에 참여하는 것 자체가 신비하게도 물질적인 것"이라고 제안함으로써 그리스도의 몸과 피가 하늘이나 빵과 포도주에 국지적으로 임재하는 것을 피하기 때문이다.[125]

"신비하게도 물질적"이라는 문구에서 "실제로 인간의 몸이 아니다"라는 동등한 문구를 발견한다면, 밀뱅크와 워드에게 그것은 단순히 '지금 여기'를 우상화하고 성찬에 의해 결정되지 않은 공간과 물질 이론을 수용하는 유명론적 존재론을 채택했다는 증거일 뿐이다.

밀뱅크의 주장은 언뜻 이원론에 대한 비판처럼 들리지만, 헤겔적 강조가 가미된 디오니시우스적 이원론(Dionysian dualism)에 더 가깝다고 할 수 있다. 다시 말해, 물질적인 것(정립[定立])과 영적인 것(반정립[反定立])은 초

---

[124] Ibid., 180-181.
[125] Milbank, "*Alternative Protestantism*," 35.

육체와 신비한 물질적 실체(또는 영에 의해 변형된 헤겔의 물질)와 같은 더 높은 종합이 출현할 수 있는 재료를 제공한다. 따라서 더 높은 종합의 주체가 되는 것은 교회의 몸, 즉 교회이다.

밀뱅크와 워드가 칼빈의 정식화에 대해 문제 삼는 것은 다시 한번 헤겔과 마찬가지로 **중재**로 잘못 취급되는 그러한 **동화**를 허용하는 것을 거부한다는 점이다. 밀뱅크는 "내가 암시하려고 했던 이유 때문에 칼빈의 인문주의적이고 실천적인 신학은 암묵적으로 형이상학을 추구하는 신학"이며, 그가 플라톤주의적 참여 형이상학을 채택하지 않았기 때문에 그의 프로그램은 결국 실패했다고 결론지었다.[126]

칼빈에 대한 이런 해석은 도전받아 왔다. 중세 사상(기독교 신플라톤주의 포함)에 동조하는 학자인 로라 스미트(Laura Smit)는 워드가 칼빈의 성례전 신학을 츠빙글리식으로 잘못 해석하여 유비와 참여에 대한 그의 강한 긍정을 인식하지 못한다고 지적한다.[127] 그녀는 참여에 대한 명백한 유비적 견해를 발전시키는 데 있어서 칼빈이 경건주의적 출처에 직접 호소하는 것을 인용한다.[128]

워드는 모두 성령이 매개하는 그리스도의 하향식 이동과 상향식 이동의 풍부한 미묘한 통합을 놓치고 있다.[129] 우리는 이미 이 점에 대한 필립 워

---

[126] Ibid., 밀뱅크는 칼빈에 대한 비판에서 그의 "실천적" 지향성이 "미국 실용주의 유산의 한 요소"라고 덧붙인다(36). 그렇다면 우리는 전통에 대한 보다 플라톤적인 해석자들을 따르는 것이 더 낫다. "미적 분별력에 대해 말하는 것은 (그리고 나는 여기서 조나단 에드워즈와 꽤 가깝다고 생각한다) 신적 의지와 명령만큼이나 많이 신적 이성과 비전에 호소하는 것이다." 그런데 이것은 유명론적 프로그램의 일의적이고 주의주의(主意主義, voluntarist)적인 차원을 피하는 것이다.

[127] Laura Smit, "'The Depth behind Things': Towards a Calvinist Sacramental Theology," in Smith and Olthuis, *Radical Orthodoxy and the Reformed Tradition*, 206. 스미트의 칼빈의 성찬 교리에 대한 조사는 자신의 연구 외에도 키스 매티슨(Keith Mathison)의 탁월한 연구로부터 정보를 얻었다. *Given for You: Calvin's Doctrine of the Lord's Supper* (Phillipsburg, NJ: Presbyterian & Reformed Publishing Co., 2002).

[128] Ibid., 207-8.

[129] Ibid.

커 부틴(Philip Walker Butin)의 설명을 살펴보았다(위). 칼빈은 사변적인 이유가 아니라 승천하신 그리스도의 몸의 완전한 인성(따라서 편재하지 않는)을 유지되는 한에서만 그리스도의 행방에 대해 관심을 가졌다.[130]

또한, 스미트는 워드 자신의 설명이 "칼빈보다 부재에 대한 훨씬 더 급진적인 이해"를 제공한다고 지적한다. 어떻게든 "임재"하는 이 예수님은 "가장 다의적인 방식으로만" 존재하신다. "왜냐하면, 이제 '예수님'은 더 이상 살다가 십자가에서 죽으신 성육신한 사람이 아닌 것으로 재정의되었기 때문에, 이분은 칼빈이 말하는 예수님과는 분명히 다르다."[131]

워드가 보기에 "나사렛 예수의 특별한 인성이 사라졌으므로 현재 존재하는 유일한 그리스도의 몸은 보이지 않는 교회이다." 그러한 사라짐을 막는 것은 바로 칼빈이 아버지 우편에 있는 그리스도의 자연적 몸의 지역적 임재를 강조한 반가현적 강조이다.[132]

"초육체성"(transcorporeality)에 대한 워드의 이해를 고려할 때, 스미트는 다음과 같이 관찰한다.

[워드가] 칼빈이 그리스도의 육체적 임재를 "물질의 배후 또는 그 너머의 심령적 기운, 즉 불안한 느낌"으로 축소한다고 칼빈을 비난하는 것은 아이러니한 일이며(CG 162), 이는 나에게 워드 자신이 진정으로 부활한 몸이나 우리의 현재 경험에 국한되지 않는 물질성에 대해 생각할 수 있는 범주가 없음"을 시사한다.[133]

워드가 승천이 "몸이 지워지는 것이 아니라 몸의 확장"(CG 112)을 의미한다고 말하지만, 스미트는 실제로 실질적인 차이가 있다고 확신하지 못한다. 왜냐하면, 워드에 따르면 "우리는 이 성별화된 유대인(the gendered

---

[130] Smit, "'The Depth behind Things,'" 213.
[131] Ibid., 210.
[132] Ibid., 211.
[133] Ibid.

Jew)의 몸에 접근할 수 없기 때문이다"(*CG* 113). "나는 이것이 바로 워드가 재림에 대한 신학이 없는 이유라고 생각한다"라고 스미트는 판단한다.

> 예수 그리스도는 이제 교회의 몸으로만 존재하는데 어떻게 다시 오실 수 있는가?[134]

패로우의 다음과 같은 요점도 비슷하다.

> 물론, 그레이엄 워드의 논문은 난해함과 포스트모던적 불꽃을 제거하면 다음과 같은 익숙한 후렴구로 환원된다. 즉, 부재가 임재의 변증법적 근거가 되고 교회론이 종말론을 감싸는 진보적 신성화를 위해 워드가 그분을 즐겨 부르는 것처럼 이 '성별화된 유대인'의 너무나도 명확한 인성의 (변증법에서) 지양(止揚)으로서의 승천이라는 익숙한 후렴구로 환원된다.[135]

워드는 "우리가 기다리는 다른 나라가 있다"라는 제안에 참을성이 없어 보인다.[136]

"칼빈은 유물론자가 아니므로" 스미트는 다음과 같이 덧붙인다.

> 영적 친교는 진정한 친교이고, 영적 먹이심은 진정한 먹이심이다. 그럼에도 친교는 그리스도의 인간 몸과의 친교이다.[137]

---

[134] Ibid., 212.
[135] Farrow, *Ascension and Ecclesia*, 260.
[136] Ibid., 215.
[137] Ibid.

다시 말해. 위에서 살펴본 것처럼 이것은 우리의 구원은 그분의 신적 능력 안에서 발견되는 것만큼이나 그분의 능동적이고 수동적인 순종, 부활, 승천의 인간적 삶에서 발견되기 때문이다. "성찬을 통해 우리는 그리스도의 승천에 참여한다."[138]

스미트와 함께 나는 워드가 그러한 설명을 "실제적인 것"이 아닌 "가상적인 것"으로 일축한 것이 "삼위일체의 세 번째 위격(성령)의 사역에 대한 그의 명백한 관심 부족"을 드러내는 것이 아닌가 생각한다.[139] 또한, 칼빈의 견해에서 표징은 실제로 "우리에게 실체(reality)를 제시한다."[140]

워드의 해석은 유비와는 거리가 먼, 사실상 알레고리적 해석이다.[141] 칼빈주의적 우상 파괴의 주요 원동력은 이런 "말씀과 성찬의 대화적 순환" 안에서 우리는 창조자가 아니라 "하나님의 행동에 휩쓸린" 수용자라고 주장한다.[142] "마지막으로" 스미트는 칼빈이 영성을 사유화했다는 워드의 주장에 대해 답하면서 "주의 만찬의 거행은 항상 공동체 전체가 참여해야 한다"라고 쓴다.[143]

칼빈의 성찬신학을 유명론적으로 해석한 워드를 비판하는 네이션 커(Nathan R. Kerr)도 이런 요점을 자세히 설명한다.[144]

---

[138] Ibid., 217.
[139] Ibid., 220.
[140] Ibid., Calvin, *Commentary on Corinthians*, trans. John King (repr., Grand Rapids: Baker Book House, 1998), 1:234.
[141] Farrow, *Ascension and Ecclesia*, 220.
[142] Ibid.
[143] Ibid., 223.
[144] Nathan R. Kerr, "Corpus Verum: On the Ecclesial Recovery of Real Presence in John Calvin's Doctrine of the Eucharist," in Smith and Olthuis, *Radical Orthodoxy and the Reformed Tradition*, 232.

칼빈은 성찬적 임재의 문제를 그리스도의 육체적[자연적] 몸과 성례적[성찬적] 몸의 이분법적 구조로 축소하는 것을 거부한다.

오히려 성찬적 전체 그리스도(totus Christus)는 그리스도의 참된 몸(교부들의 진실한 성체[corpus verum])으로서 교회 몸의 긍정을 포함하는 3차적 구조를 요구한다. 칼빈은 성령을 통해 그리스도께서 성찬 안에서 우리에게 영적으로 임재하시는 방식을 살펴보면서, 이 성령은 교회 안에서, 교회 구성원들의 육체를 통해 그리스도를 구현함으로써 우리를 그리스도의 육체와 적절히 연합시킨다고 제안한다(ICR[Institutes] 4.17.8-10).[145]

결국, 성령은 그리스도의 영이며, 아들의 영과 함께 추가적 성육신이나 위격 내인격화(enhypostasiation)가 필요하지 않다.[146] 따라서 성찬적이고 교회적인 몸은 이분법이 아니라 공동 작인(作因)이다.[147]

그리스도 자신과 그분의 모든 혜택의 전달만으로 교회 몸을 만들기에 충분하다. 이런 모든 방식으로 칼빈은 그리스도의 육체적 재림(따라서 종말론적 차원)에 대한 우리의 갈망을 불러일으키는 승천(따라서 그리스도의 참된 육체의 실제 '거리')과 현재 그리스도의 몸, 그의 몸으로서의 몸과의 친교를 함께 묶을 수 있다.

교회는 그 확장과 심화하는 성숙과 일치 속에서 이런 몸이 **되어 가고 있으며**, 이런 교회의 실체는 성례적 몸과 역사적 몸을 긴밀하게 조화롭게 묶어 준다.[148]

---

145 Ibid., 235.
146 (위) 제1장에서 살펴보았듯이, 밀뱅크는 바로 여기에서 교회 안과 교회로서의 성령의 성육신이라는 주장의 논리를 취한다. 놀랍게도 성령은 예수님과 같은 운명, 즉 교회로 변화되는 같은 운명을 공유한다.
147 특히 Calvin's *Institutes* 4.17.39를 보라.
148 Nathan R. Kerr, "Corpus Verum," 232.

성찬을 통해 "믿음을 받아들임으로써 그리스도의 몸을 깨닫는" 신자는 적극적으로 자신이 받는 것이 됨으로써 참여하며, 이는 베룸 코르푸스(*Verum Corpus*, 진실한 성체)로서 "마지막 종말론적 아침에 우리가 모두 그리스도와 함께 나눌 영광스러운 하늘의 몸을 실제로 미리 맛볼 수 있는 지상 공동체를 만들어 준다."[149]

캐서린 픽스톡(Catherine Pickstock)이 설명하듯이, 급진적 정교회(Radical Orthodoxy)는 성찬을 "교회적 사건"으로 재강조함으로써 고립된 현상으로서 성찬이 무엇 "인가"에 대한 문자주의적 관심을 극복하고자 하는데, 여기서 임재의 문제는 "거룩한 행동"의 문제에 종속된다.[150]

그러나 이것이 바로 우리가 살펴보았듯이 칼빈이 분명히 표현한 것이다.[151] 칼빈에게 이 사건은 "성별화된 유대인"의 구체적 인격에 진정한 참여를 요구했지만, 급진 정교회에 이 인격은 교회보다 덜 실재적이었다.

머리와 지체의 상관 관계를 고려할 때, 예수님의 자연적 몸의 확장으로서의 전위(轉位)에서 이 저자들이 말하는 종말론적 희망은 육체의 부활이 아니라 초육체적 존재라는 것이 놀랍지 않은가?[152]

이것은 오리겐의 정신 승천의 논리적 완성이라고 할 수 있다.

최근 교회 정체성을 위해 성찬의 중심성을 강조하는 것은 유익하지만, 성찬이 말씀과 세례와 연결되는 한, 그리고 단지 성찬 교리가 교회를 이 죄와 사망의 시대와 의와 생명의 시대 사이의 위태로운 틈새에 위치시키고 성령에 끊임없이 의존하는 경우에만 유익하다.

---

149 Ibid., 242.
150 Catherine Pickstock, *After Writing: On the Liturgical Consummation of Philosophy* (Malden, MA: Blackwell, 1998), 163.
151 Kerr, "Corpus Verum," 239.
152 John Milbank and Catherine Pickstock, *Truth in Aquinas* (London: Routledge, 2001), 37. 나는 Smith and Olthuis, Radical Orthodoxy and the Reformed Tradition, 70페이지에서 주의 깊게 미묘한 해석으로 이 참고 자료를 알려 주신 것으로 인해 제임스 스미스(James K. A. Smith)에게 감사를 표한다.

그리스도께서 역사 속에서 우리와 떨어져 행하신 일(anamnesis)에서 단서를 얻고, 다가올 일(epiclesis, 성령의 임재 기도)의 보증(*arrabōn*)이신 성령과 함께 창조의 쇄신(*epektasis*)을 이루실 그분이 남기셨던 일을 위해 육신으로 다시 오실 주님을 기다리는 것을 잊을 때, 교회는 자신을 부재하신 주님의 대리자라고 쉽게 상상하게 된다.

말씀과 성례를 통해 성령에 의해 구체적으로 나타나고 진정으로 구성되는 그리스도의 강림, 승천, 파루시아의 구속 경륜에서 좌표를 삼아 제2부에서 전개되는 언약적 교회론은 두 시대 사이의 불안하고 낯설고 심지어 위험하지만 놀라운 교차점에서 교회의 정체성을 찾는다.

제2부

정체성:
몸 이해하기

제6장 전체 그리스도: 하나와 다수

제7장 보편성과 거룩성

제8장 사도성: 역사적 제도와 종말론적 사건

제6장

전체 그리스도:
하나와 다수

제1장에서 '어디서'라는 질문을 다룬 후, 제2-5장에서는 은혜의 수단인 교회의 원천, 근거, 기원인 '어떻게'라는 질문을 다루었다. 이 장에서는 교회의 위치와 기원에 따른 교회의 정체성과 사명인 '무엇'이라는 질문에 집중할 것이다.

이번 장은 신조 형용사를 일반 표제("하나의 거룩하고 보편적인 사도적 교회")로 사용하여 교회의 일치(하나이며 다수)를 다룰 것이다. 이를 바탕으로 다음 장에서는 교회의 표징과 사명을 재통합하기 위해 보편성과 거룩성(지역적이고 보편적인), 사도성(역사적 제도와 종말론적 사건)을 살펴볼 것이다.

1. 하나를 특권화하기: 그리스도와 교회 융합하기

그리스도의 육체 승천을 긍정하면서도 그리스도와 그분의 교회 사이의 동일성은 어거스틴의 "전체 그리스도"(totus Christus) 개념에서 매우 완전하여, 그리스도와 함께 그리스도 안에서 하나가 될 뿐만 아니라 실제로 "그리스도"가 되었다.[1] 왕국과 교회, 머리와 지체, 종말론과 역사가 합쳐지기 시작했다.

제1장에서 자세히 설명했듯이 기독론을 교회론에 동화시키는 것은 중세 시대에 특히 디오니시우스적 신비주의를 통해 가속화되었지만, 중세 후기 유명론에 이르러서야 신비적 몸은 교회가 아닌 성찬과 동일시되었다.

결과적으로, 앙리 드 뤼박(Henry de Lubac), 칼 라너(Karl Rahner)와 다른 신학자들이 관찰했듯이 중세 후기를 지배하게 된 교회의 개념은 "지상에서 그리스도의 유일한 대리자인 로마 교황" 아래 있는 법적, 사법적 기관이라는 개념이었다.[2] 이 시대에 교회의 위치나 정체성에 대해 의심스럽거나 모호하거나 불안정한 것은 없었다. 그것은 단순히 하나님의 나라, 즉 그리스도의 자연적 몸을 역사적으로 대체하는 것이다.

1) 로마가톨릭 교회론의 전체 그리스도

튀빙겐의 요한 묄러(Johann Mohler)의 제자였던 칼 아담(Karl Adam)은 트리엔트 공의회식 율법주의(Tridentine legalism)에서 현재 "개혁 가톨릭"(reform Catholicsim)으로 알려진 보다 유기적인 교회론으로의 전환을 촉진했다.[3] 낭만주의의 봄철에 유기적 비유가 유행했고 이미 교회론적 담론뿐만 아니라 정치 및 사회 담론에서 이런 유기적 비유가 광범위하게 사용되었다.

---

[1] Augustine, *Confessions* 13.28.
[2] Robert Bellarmine, *De controversies*, tom. 2, liber 3, *De ecclesia militante*, cap. 2, "De definitione Ecclesiae" (Naples: Giuliano, 1857), 2:75.
[3] Robert A. Krieg, CSC, introduction, in Karl Adam, *The Spirit of Catholicism* (New York: Crossroad, 1997), xi.

아담은 역사적 기관으로서의 교회와 종말론적 왕국 사이에는 모호함이 없다는 것을 식별한다. 즉, 단지 씨앗에서 만개까지 점진적으로 전개될 뿐이다.[4] 성육신의 연장선상에서 교회는 절대정신(Absolute Idea)이 역사 속에서 실제로 발생한 것이다.

아담에 따르면, 지금이야말로 우리는 소외된 자녀들이 로마로 돌아오는 것을 상상할 수 있는 장소에 있고, 그래서 "서구의 위대하고 시급한 임무는 수 세기 동안 우리를 갈라놓았던 불건전한 균열을 마침내 봉합하고 새로운 영적 일치, 종교적 중심을 만들어 **서구 문명의 재건과 재탄생을 위한 유일한 기반**을 준비하는 것이다"(강조 추가).[5]

로마가톨릭교회는 "하나님 나라가 지상에 실현된 것이다."[6] "주님이신 그리스도는 교회의 진정한 자아"이며 교회와 그리스도는 "하나의 동일한 인격, 하나의 그리스도, 전체 그리스도"이다.[7]

여기서 우리는 로마가톨릭뿐만 아니라 최근 많은 개신교 교회론을 지배하게 된 어거스틴의 전체 그리스도 개념에 대한 헤겔식 버젼의 윤곽을 발견한다.

헤겔(Hegel)은 피히테(Fichte)가 유한한 자아를 무한한 자아에 동화시킨 것을 바탕으로, 시간과 공간에서 보편(universal)을 구체적으로 실현하기 위해서는 개별자(particulars)를 필요한 것으로 간주했지만 상승하는 종합에 흡수되기 때문에 "유한(the finite)한 것은 소멸해야 한다"고 생각했다.[8] "투쟁 속에서 스스로 소진하고 그 일부가 파괴되는 것은 개별자이다. 그러나

4　Ibid., 2.
5　Ibid., 6.
6　Ibid., 14.
7　Ibid., 15.
8　G. W. F. Hegel, *Reason in History*, trans. Robert S. Hartman (New York: Macmillan, 1953), 20–45.

보편은 바로 이런 투쟁, 개별자의 파괴에서 비롯된다."[9]

스피노자와 마찬가지로 헤겔은 전체만이 실재하며 유한한 것은 부분으로서 악의 근원이라고 주장한다.[10] 따라서 헤겔은 플라톤주의의 이분법을 초월하는 것은 말할 것도 없이 중재한 적도 없다. 유한과 무한의 관계에 대한 그의 견해는 사실 거의 마니교에 가깝다.[11]

종합은 단순히 각각의 반정립에서 약한 것을 강한 것에 동화시켰을 뿐이다. 예를 들어, "물질은 정신으로 변화된다."[12] 다수는 하나에 동화되고 부분은 전체에 동화된다. 자아와 타자의 반정립은 결국 종합에 의해 극복된다.

헤겔이 절대정신(즉, 도토리에서 떡갈나무로 이어지는 역사의 전개 과정)으로 생각한 "신"조차도 이 질서에 속한다. 나사렛 예수의 유한한 삶은 역사 속에서 절대적 관념의 실현을 위해 중요하지만, 예수의 현존재(Dasein)가 공동체 안으로 받아들여지면서 그것 역시 영에 의해 지양(止揚)된다.

시릴 오레건(Cyril O'Regan)은 다음과 같이 관찰한다.

> 헤겔에 따르면 역사의 예수에 대한 관심은 완전히 잘못된 것이다. 왜냐하면, 역사의 예수에 대한 관심은 예수님의 사라지심이 성령의 임재 조건이라는 것을 인식하지 못하기 때문이다. 따라서 오순절 체험은 동시에 예수 그리스도의 구체적 존재를 대신하는 성령적 대체이자, 인간을 자유롭고

---

9 Ibid., 43. cf. G. W. F. Hegel, *The Christian Religion: Lectures on the Philosophy of Religion, part 3, The Revelatory, Consummate, Absolute Religion*, ed. and trans. Peter C. Hodgson (Atlanta: American Academy of Religion, 1979). 이 전체 저작은 특히 기독교 신앙과 실천을 다루고 있기 때문에 헤겔 체계의 요점을 이해하는 데 매우 중요하다. 그러나 142-312 페이지가 특히 중요하다.

10 Cyril O'Regan, *The Heterodox Hegel*, SUNY Series in Hegelian Studies (Albany: State University of New York Press, 1994), 316 (esp. note 56).

11 Ibid., 175, 177.

12 Hegel, *Reason in History*, 43.

하나님의 자녀로 만드시는 예수님의 소명 기간이다.[13]

헤겔은 마이스터 에크하르트(Meister Eckhart)를 반영하여 세상이 같은 이유로 하나님을 필요로 하는 것처럼 하나님은 자기 실현과 완성을 위해 세상이 필요하시다고 주장한다.[14]

튀빙겐 학파가 단순히 헤겔의 정신현상학을 반복한 것은 아니지만, 어거스틴적 격언에 대한 이런 헤겔식 왜곡은 교회가 "신자들 안에서의 그리스도의 성육신"이라는 아담(Adam)을 위한 결론을 도출한다.[15]

그러나 로마가톨릭에 따르면 전체 그리스도는 로마가톨릭의 가시적 머리인 교황으로부터 내려오는 위계적 구성으로 되어 있다. 따라서 "교회의 전체 구성은 민주적이지 않고 완전히 귀족적이며, 교회의 권위는 위로부터, 즉 공동체로부터가 아니라 그리스도로부터 나온다."[16]

아담의 논의에서 플라톤주의의 존재 사다리는 명백히 드러나는데, 가장 높은 단계는 영적인 것에 부합하지만 신성은 가장 낮은 단계로 흘러내려와 모든 인류를 통합한다.

> 교회는 보이지 않는 영적이고 영원한 것을 향해 질서정연하게 배열되어 있다. … 그러나 교회는 단지 보이지 않는 것만이 아니다. 교회는 하나님의 왕국이기 때문에 우연한 개인들의 집합이 아니라 규칙적으로 종속된 부분들로 이루어진 질서 있는 체계이다.
>
> [이런 위계를 통해] 신적인 것은 객관화되고, 공동체 안에서 성육신하며, 교회가 공동체라는 한에서만 정확하게 그리고 오직 공동체 안에서만 성육

---

13 O'Regan, *The Heterodox Hegel*, 240.
14 G. W. F. Hegel, *Lectures on the Philosophy of Religion*, ed. Peter Hodgson (Berkeley: University of California Press, 1984), 1:347–
15 Adam, *The Spirit of Catholicism*, 20.
16 Ibid., 21.

신한다. … 따라서 교회는 그리스도의 성령을 소유하고 있으며, 개개의 개인들로 이루어진 다수나 영적 인격의 총합이 아니라 신자들의 집합체로서, 개별 인격을 초월하는 공동체로서,… **하나로서 다수**(the many as one)가 되는 공동체로서 존재한다.

[그리스도의 사명은] **이런 개별적 사람이나 저런 개별적 사람이 아니라** 일체로서, 즉 전체로서 인류를 하나님께 일치시키는 것이다(강조 추가).[17]

따라서 "개혁 가톨릭"은 보다 역동적이고 유기적인 모델을 채택했지만, 이 모델 자체는 더 오래된 율법 패러다임만큼이나 다수에 대한 하나를 강조하기 쉬웠다. 아담은 "개인이 아닌 공동체가 예수의 성령을 지닌 존재"라고 주장하며, 여기에는 수적 단일성의 상징인 교황이라는 가시적 수장이 수반된다.[18]

아담은 자신의 시대와 장소를 다소 냉정하게 묘사하면서 "한 분 하나님, 하나의 믿음, 하나의 사랑, 하나의 사람, 이것이 교회의 화려한 행사에 영감을 주고 예술적 형식을 부여하는 감동적인 생각이다"라고 열정적으로 주장한다.[19]

헤겔을 반영하면서 그는 "신적인 것은 오직 전체 속에서만, 개인이 아닌 인간의 전체성 속에서만 자신을 실현할 수 있기 때문이다"라고 선언한다.[20] 결과적으로, "공간과 시간 속에서 실현되는 그리스도의 몸의 구조적 기관은 교황과 주교이다."[21]

---

17 Ibid., 31-32.
18 Ibid., 38.
19 Ibid., 41. 당대의 많은 가톨릭 및 개신교 신학자와 마찬가지로 아담도 처음에는 히틀러의 등극을 환영했다. 크리그(Krieg)에 따르면, 히틀러를 지지 선언한 후 6개월 후 아담은 히틀러 정권을 비판했다(xii).
20 Ibid., 53.
21 Ibid., 97.

이런 경험적 정치, 즉 관찰 가능한 교회 계층 구조가 세상 속에서 교회의 가시성을 구성한다. 이 모든 이유로 아담은 "그리스도의 몸으로서, 하나님 나라를 세상에서 실현하는 가톨릭교회는 인류의 교회"라고 말한다. 따라서 교회는 배타적이면서(다른 은혜의 사다리가 없으므로) 동시에 포용적이다(하나님의 은혜가 교회를 통해 가장 낮은 사다리로 흘러내리기 때문이다).[22]

이런 은혜는 "기독교 공동체뿐만 아니라 비기독교 세계, 유대인, 터키인, 일본인에게도", 적어도 "자신을 준비시키고 자기 안에 있는 것을 행하며 양심이 명령하는 것을 행하는 모든 사람"에게도 작용한다.[23]

이런 교회론은 하나님의 백성과 같은 다른 이미지와 함께 세련되고 균형 잡혀 있지만, 칼 라너, 바티칸 2세, 요한 바오로 2세(특히 그의 회칙 도미니우스 이에우스[Dominus Iesus])와 교황 베네딕트 16세의 임기에서 지배적 해석으로 남아 있다.

또한, 특히 공의회 이후의 교회론(그리고 최근의 개신교 변형)에서 중요한 것은 내가 이미 언급 한 앙리 드 뤼박이다. 드 뤼박에 따르면, 다음과 같다.

> 그리스도가 하나님의 성례라면 교회는 우리를 위한 그리스도의 성례이다. 교회는 용어의 완전하고 고대적인 의미에서 그리스도를 대표하며, **교회는 실제로 그리스도를 임재하시도록 한다. 교회는 그리스도의 사역을 이어갈 뿐만 아니라**, 어떤 인간 기관이 그 설립자의 연속이라고 말할 수 있는 것보다 훨씬 더 실제적인 의미에서 **그분의 연속이다**(강조 추가).[24]

---

22 Ibid., 159-65.
23 Ibid., 168. 이탤릭체로 표시된 조항은 종교개혁이 특히 비판의 대상으로 삼은 유명론 격언인 "자기 안에 있는 것을 행하는 자에게 하나님은 그의 은혜를 부인하지 않으실 것이다"(*facientibus quod in se est deus non denigat gratiam*)라는 구절이다.
24 Henri de Lubac, *Catholicism* (London: Burns, Oates, & Washbourne, 1950), 29.

화체설은 이제 성찬의 몸뿐만 아니라 교회가 "원초적 성례"라는 개념에서 교회 몸에도 적용되어 그리스도는 그의 교회와 함께 "공동체 인격"으로 존재하게 되었다.[25] "그리스도와 역사적으로 연결되지 않은 은혜의 표현은 … 더 모호할 것이지만" 존재하지 않는 것이 아니다.[26]

현대 로마가톨릭 교회론에 대한 또 다른 중요한 기여는 한스 우르스 폰 발타자르(Hans Urs von Balthasar), 특히 그의 『교회와 세계』(*Church and World*) (1967)에서 비롯되는데, 우리는 이 책에서 분명한 기독론적 규범을 발견한다.[27]

그렇지만, 이 규범은 신-헤겔적 버전의 전체 그리스도 원리에 따라 정의되어 기독론을 교회론에 동화시킨다. "사실 이런 폭력적이고 종종 **경건한 주체의 교회적 대상에 대한 '십자가에 못 박는' 희생**(이것은 슐라이어마허와 헤겔이 '공동체 의식'이라고 부르는 것이다)은 궁극적으로 성찬적 주님의 임재 조건 중 하나이다"라고 그가 쓰는 것처럼 말이다(강조 추가).[28]

폰 발타자르가 "교회는 동시에 생성해 가는 과정에서 구속된 세상이고 세상의 완전한 구속을 위한 그리스도의 도구이다"라고 썼을 때 도토리와 참나무 유비는 그의 생각과 크게 다르지 않다. "따라서 시간적으로 교회의 개별 구성원은 마치 교회가 이런 기능을 수행하는 집행자인 것처럼 교회와 관련하여 실제로 기능적이지 않다. 오히려 그는 전체로서 교회 안에

---

25 라너(Rahner)는 오토 셈멜로스(Otto Semmelroth)와 함께 이 모델을 더욱 발전시켰고 (*Die Kirche als Ursakrament* [The Church as Primordial Sacrament], Frankfurt am Main: Knecht, 1953), 쉴레벡(Schillebeecky)과 콘가(Congar), 그리고 바티칸 2세(Vatican II)의 결론에서 가장 완전한 표현에 이르렀다. Avery Dulles, SJ, *Models of the Church* (New York: Doubleday, 1974), 59.

26 Ibid., 66. 1968년 웁살라 총회(Uppsala Assembly)에서 세계교회협의회(The World Council of Churches)는 교회가 "다가오는 인류 일치의 표징"이라는 바티칸 2세의 선언을 되풀이했다(quoted in ibid., 70).

27 Hans Urs von Balthasar, *Church and World*, trans. A. V. Littledale with Alexander Dru (Montreal: Palm Publishers, 1967), 20–23.

28 Ibid., 32.

서 그리고 교회와 함께 기능한다."²⁹

확실히 제2차 바티칸 공의회(the Second Vatican Council)는 하나님의 순례자 백성으로서의 교회, 언약 공동체, 종말론적 예비(왕국이 펼쳐지는 것이 아니라 왕국의 표징으로서의 교회에 대한 새로운 강조)와 성경의 광범위한 이미지에 새롭고 풍부한 전망을 열어 주었다.

그러나 계층적 단일성, 로마가톨릭교회와 같은 참된 교회와 같은 기본적 특징은 그대로 유지되지만 모든 사람이 이미 다양한 정도의 회원이며, 교회는 여전히 그리스도의 인격과 사역의 확장으로 간주한다.

이브 콩가(Yves Congar)는 더 성령론적 관점의 유익한 효과에도 불구하고 성령을 "교회의 영혼"으로 보는 전통적 견해를 반복한다.³⁰ 그러나 이것은 교회를 그리스도의 승천하신 몸의 가시적 대체물로 만드는 심신 이원론을 심화시킬 뿐만 아니라 성령을 내재적 "공동체의 영"으로 쉽게 축소한다. 결과적으로, 그리스도와 그분의 교회 몸의 차이와 친화성을 중재하는 성령의 행위는 역사에서 성령의 존재와 사역의 현상적/구체적 형태인 교회로 축소된다.

교황 베네딕트 16세(Pope Benedict XVI)가 되기 전, 라칭거 추기경(Cardinal Ratzinger)은 그의 저서 『친교로 부르심: 오늘날 교회를 이해하기』(*Called to Communion: Understanding the Church Today*, 1996)에서 이런 이해를 더 자세히 상술했다. 즉, 오늘날 머리와 지체의 결합은 "존재의 융합"이다.³¹

라칭거의 설명에서 전체(*totus Christus*)를 위한 개인의 희생은 특히 신앙 자체가 "교회의 선물"이라는 전통적 견해를 되풀이하는 데서 잘 드러난다. "개인적 방식으로 믿는다는 것은 본질적으로 '믿는 공동체의 이미 존

---

29 Ibid., 107-8.
30 Yves Congar, *I Believe in the Holy Spirit*, trans. David Smith, 3 vols. (New York: Seabury Press, 1983), 2:19-20.
31 Joseph Cardinal Ratzinger, *Called to Communion: Understanding the Church Today*, trans. Adrian Walker (San Francisco: Ignatius Press, 1996), 37.

재하는 결정에 참여하는 것'을 의미한다."[32]

따라서 미로슬라브 볼프(Miroslav Volf)가 지적한 것처럼 "라칭거가 따르는 앙리 드 뤼박의 연구에 따르면 신조의 자아는 개인적 자아가 아니라 집단적 자아, 즉 '믿는 한에서 개인적 자아가 속해 있는 믿는 '마터 에클레시아'(Mater Ecclesiae, 어머니로서의 교회)의 자아이다."

라칭거는 심지어 "자신의 [신앙] 행위를 그것[교회]에 내어 맡긴다"는 표현으로 교회와의 공동 믿음이라는 개념을 설명한다.[33] 볼프도 독일 관념주의에 빚을 진 것을 강조한다.[34]

다시 한번 우리는 나사렛 예수라는 특정한 인물을 외면한 결과가 어떤 것인지 보게 된다. 그분의 재림을 갈망하고 성령을 불러 차이를 중재하는 대신, 교회가 그 공백을 메우기 위해 개입한다. 교회의 존재는 그리스도의 육체적 부재에 대한 불안을 완화한다. 보이지 않는 것과 보이는 것의 존재론적 이원론은 지금과 아직 오지 않은 것의 종말론적 이원론을 대체한다.

볼프는 다음과 같이 판단한다.

> 라칭거는 역사적인 것 이면에서 더 심오하거나 실제적인 것을 찾고, 구체적 현실은 단지 영적이고 초월적인 내용을 위한 표징으로만 보는 경향이 있다. 따라서 지상의 예수님은 구체적 인간으로 묘사되기보다는 "단지 인간의 모범"으로 묘사된다. … 이것은 라칭거가 플라톤적으로 "보이지 않는 것을 참된 실재로서의 우위에 두는 것"의 결과이다(Ratzinger, *Einfuhrung* 48).[35]

---

[32] Joseph Cardinal Ratzinger, *Principles of Catholic Theology: Building Stones for a Fundamental Theology*, trans. Mary Frances McCarthy (San Francisco: Ignatius Press, 1987), 38.

[33] Miroslav Volf, *After Our Likeness: The Church as the Image of the Trinity* (Grand Rapids: Eerdmans, 1998), 35, 37.

[34] Ibid.; quoting Joseph Ratzinger, *Introduction to Christianity* (London: Burns & Oates, 1969), 178.

[35] Volf, *After Our Likeness*, 49.

라칭거는 심지어 교황이 "그리스도의 말씀과 사역의 통일성을 구현하고 확보하기 위해 … 주님께 직접 책임을 지고 있다"고 주장할 수 있을 정도이다.[36] 결과적으로, "베드로의 후계자들과 일치의 이런 요소를 상실하면 교회는 '교회로서의 존재 본질에 상처를 입는다.'"[37]

볼프가 지적하는 것처럼 이 점에서 중요한 질문은 이 한 몸을 구성하는 교회 주체가 실제로 존재하는지 여부이다.[38] 삼위일체의 위격들을 "순수한 관계"로 보는 라칭거의 견해는 논리적으로 하나의 실체 안(the one substance)에 있는 (그리고 관념주의적 용어로 생각되는) 하나님의 통일성(the unity of God)에서 "교회를 위한 일원론적 구조"로 나아간다.[39]

추상적 개념으로 제1(the number one)은 지나치게 과대평가되어 있다. 그러나 성경적 신앙의 핵심에는 모든 존재의 존재론적 근원이신 한 분 하나님이 본질적으로 세 위격이신 삼위일체의 신비가 있다.

그러나 통일성(unity)이 단일성(unicity)을 의미하는 경우, 결국 차이점은 동일성에 희생되어야 한다. 즉, 내가 (틸리히의 모형론을 빌려서) 낯선 존재를 만나는 것을 두려워하는 소외를 극복하는 형이상학(웨스트팔의 "존재론적 낯

---

36 Ibid., 58. Joseph Ratzinger, *Das neue Volk Gottes: Entwürfe zur Ekklesiologie*, 2nd ed. (Düsseldorf: Patmos-Verlag, 1977), 169.
37 Volf, *After Our Likeness*, 59. Joseph Cardinal Ratzinger, *Gemeinschaft gerufen: Kircheheute verstehen*, 2nd ed. (Freiburg, 1992), 88 인용. 같은 페이지에서 볼프는 라칭거의 "Die Kirche in die Welt," 178-79쪽을 인용하면서, 비록 바티칸 2세 이전이지만 "엄밀한 의미에서 로마의 사도좌(使徒座: 라틴어 *Sedes Apostolica*)는 로마가톨릭이므로 보편적 친교(*communio catholica*) = 로마가톨릭의 친교(*communio Romana*)라고 말할 수 있으며, 오직 로마가톨릭에 일치하는 자만이 참된 교회, 즉 보편적 일치 안에 서 있는 것이고 로마가톨릭이 파문하는 자는 더 이상 보편적 친교, 즉 교회의 일치 안에 있지 않은 것이다.
38 Volf, *After Our Likeness*, 67: "니체의 인간론에서처럼 여기서도 마찬가지이다. 즉, 행위자는 아무것도 아니며, 활동이 모든 것이다. 또한, 라칭거는 이 결론을 명시적으로 끌어내는 것을 주저하지 않는다. 신적 위격들의 행위와 행동 뒤에 남는 '나'는 없으며, 그들의 행위가 곧 그들의 '나'이다."
39 Ibid., 69-71.

선 자 혐오증"[ontological xenophobia] 진단)이라고 언급해 온 것이 바로 그것이다. 실재하는 모든 것은 단일한 근원에서 이 위계적으로 배열된 사다리로 흘러내려야 한다.[40]

윌리엄 제임스(William James)가 잘 관찰했듯이 일원론은 "다양성이나 통일성을 단독으로 취하지 않는" 것을 목표로 하는 "전체성"(totality)이다.[41] 추상적 반정립(antitheses) 없이는 종합이 있을 수 없다. 그러나 종합은 하나의 개별자도 아니고 다양한 개별자의 친교도 아니며, 승귀된 전체에서 상반된 것들의 융합이다.

아담의 교회론에서처럼 성령은 신자들이 아니라 공동체 안에 내주하시며, 전체로서 교회는 세상 안에서 그리스도의 지속적 성육신이다. 라칭거로 대표되는 이런 접근 방식의 근본 전제로 보이는 것은 바로 이런 통일성 개념이다. 그리고 다른 제안에서 다시 이런 개념을 만날 것이다(아래).

내가 이미 보여 주었듯이 어거스틴의 전체 그리스도는 급진 정교회에서 맹렬하게 다시 나타나며 원래의 정식화를 훨씬 뛰어넘는다.

밀뱅크는 쿠사의 니콜라스(Nicholas of Cusa)를 인용하여 다음과 같이 쓴다.

> 실제로 영원한 도시의 중심부에 있는 부활하신 어린양의 몸을 통해 신부 예루살렘은 하나님과 동일시되고 신성화(deification)를 통해 삼위일체의 삶으로 완전히 이끌린다. … 심지어 위계적 구조조차도 하나님 자신으로부터 시작하여 형성된 합의에 의해 세워진다.[42]

---

40 Colin Gunton, *The One, the Three, and the Many: God, Creation and the Culture of Modernity*, The 1992 Bampton Lectures (Cambridge: Cambridge University Press, 1993)
41 William James, *Pragmatism: A New Name for Some Old Ways of Thinking* (New York: Longmans, Green, & Co., 1912), 130.
42 Ibid., 132.

밀뱅크는 이런 회복을 통해 우리는 종교개혁과 트렌트 공의회를 모두 초월할 수 있다고 제안한다.

> 왜냐하면, 개신교는 그리스도의 역사적 몸을, 트렌트는 성례전적 몸을 특권화했기 때문이다. 동일하게 이것은 각각 성경이나 전통을 선호한다는 것을 의미했다.[43]

밀뱅크는 교회론적 보편주의, 우주적 기독론, 모범 속죄 교리를 포함한 오리겐의 정신의 상승을 되살리는데, 이 모든 것은 성육신의 연장으로서의 교회, 사실 심지어 그리스도의 속죄 사역의 개념에 일조한다. 성령을 통해 "신부"는 "성령의 강림에 의해 (시작과 끝의 종말론적 완전성에서) 위격 내 인격화되어(enhypostasized) 신랑과 동등하게 된다."[44]

성령은 결코 그리스도의 임재를 중재하시는 것이 아니라 교회와 합쳐져 그리스도의 부재가 남긴 공백을 순수한 임재로 채우신다.

밀뱅크는 심지어 다음과 같이 덧붙인다.

> 속죄가 존재론적으로 실재하려면 그리스도의 호소는 결국 역사 안에서 여전히 작동해야 하며, 어떤 의미에서 교회(ecclesia)가 실제로 존재해야 한다. 그분의 모범은 어딘가에서 어떻게든 따라야 하며, 이런 모방(mimesis)은 성령의 위격적 임재를 실현하는 상호 속죄의 추가 행위를 분명히 포함해야 한다.[45]

---

[43] Ibid., 133-34.
[44] Ibid., 208.
[45] John Milbank, *Being Reconciled: Ontology and Pardon* (London and New York: Routledge, 2003), 42.

다시 한번 밀뱅크의 설명을 돋보이게 하는 것은 "은혜에 대한 왜재론적 (extrinsicist)이고 전가적인 설명"과 함께 루터가 주장한 "유명론적 일의성 주의"와 "은혜에 대한 외재론적이고 전가적인 설명"인데, 이것은 "아퀴나스에게 있어서 모든 것은 단지 인성이 아니라 이미 그 자체로 그 자체 이상이며 또한 **이것은 어떤 의미에서 신성의 일부이다**"라는 견해와 상충된다(강조 추가).⁴⁶

우리는 은혜가 자비로운 사면과 종주(suzerain)와의 관계 회복을 의미하는 고대 조약의 세계와는 거리가 멀다. 대신에 특히 디오니시우스적 신비주의에서 전유된 마법적 신플라톤주의의 존재론적 위계질서가 있다.⁴⁷ 교회 용어로 이것은 "주교가 평신도 위에 있지만 교회 전체가 주교 위에 있다는 것"을 의미한다.⁴⁸

신헤겔주의의 전체 그리스도는 교회적 몸에 의해 지양된 승천하신 그리스도의 자연적 몸뿐만 아니라 그런 교회적 몸을 함께 형성하는 개별 신자들의 자연적 몸을 모두 가린다. 헤겔 자신은 특히 에크하르트와 보메를 통해 디오니시우스적 신비주의에 빚을 졌고, 우리는 절대정신의 통일성에 개별자와 유한한 것을 동화시키는 끊임없이 상승하는 종합에서 "영적 위계"의 메아리를 발견한다.⁴⁹

이런 디오니시우스 전통에 대한 밀뱅크의 호소에서도 우리는 중재가 아닌 지양이 헤겔 논리의 결론임을 상기한다.

---

46 Ibid., 110-11, 115.
47 Ibid., 130. 르네상스 후기에 발견된 아마도 5세기 또는 6세기에 시리아 수도승이 쓴 것으로 추정되는 이 텍스트는 번역본에서 발견할 수 있다. *Pseudo-Dionysius: The Complete Works*, trans. Colm Luibheid and Paul Rorem (New York: Paulist Press, 1987).
48 Ibid., 131.
49 마이스터 에크하르트(Meister Eckhart)와 야곱 보메(Jacob Boehme)가 매개한 디오니시우스 신비주의는 에른스트 벤츠(Ernst Benz)가 그의 책에서 면밀히 탐구했다. *The Mystical Sources of German Romantic Philosophy*, trans. Blair R. Reynolds and Eunice M. Paul (Allison Park, PA: Pickwick, 1983); and O'Regan, *The Heterodox Hegel*, 249-70.

메롤드 웨스트팔(Merold Westphal)은 헤겔의 자유관과 관련하여 이것을 지적한다. 즉, 하나는 다른 하나 안에서 자신을 발견하지만, 둘 다 결국 전체에 동화되어 "전체만이 자유롭다."[50]

그레이엄 워드의 『하나님의 도시』(Cities of God)에서 일반적으로 오리겐주의 전통과 마찬가지로 예수님의 부재는 명백할 뿐이다.[51] 그것은 상실이 아니라 단지 "전위", "전파", "확장"일 뿐이다.[52] 기독교는 "잃어버린 몸에 대한 끝없는 연기(deferral)와 꺼지지 않는 슬픔에도 반대"하는데, 특히 왕국은 이제 "**우리의 수고를 통해**" 실현되고 있기 때문이다.[53]

"물질 자체는 그러한 논리의 틀 안에서 은유적인 것이 된다."[54] 일단 예수님의 역사적 몸이 초육체적(예를 들어, "성으로 구별되고 성으로 구별되지 않는"[sexed and not sexed])으로 표현되면, 워드는 당연히 "그리스도의 몸을 갖지 않는 것은 결여가 아니며 부정이 아니다. 왜냐하면, 그리스도께서 자신의 몸을 거두심으로써 그 몸과 더 큰 동일시를 가능하게 하기 때문이다. 사실 교회는 그 동일시 속에서 그리스도의 몸이 된다"고 쓸 수 있다.[55]

밀뱅크(Milbank), 픽스톡(Pickstock), 워드(Ward)는 놀랍지 않게도 최종 완성(consummation)에서 우리는 마침내 "육신의 껍질에서 해방될 것"이라고 결론을 내린다.[56]

그래서 우리는 다시 한번 다음과 같은 오리겐과 슐라이어마허의 논지로 돌아간다. 예수님의 사라지심은 결국 그분이 실제로 사라지신 것이 아니

---

50 Merold Westphal, *Overcoming Onto-theology: Toward a Postmodern Christian Faith* (New York: Fordham University Press, 2001), 200–205.
51 Graham Ward, *Cities of God* (London and New York: Routledge, 2000), 93.
52 Ibid., 93–94.
53 Ibid., 94.
54 Ibid., 98–99.
55 Ibid., 102, 108.
56 John Milbank and Catherine Pickstock, *Truth in Aquinas* (New York: Routledge, 2001), 37.

기 때문에 문제가 되지 않으며, 오늘날 교회 안에서와 또한 교회와 마찬가지로 단지 임재하시고, 아니 오히려 더 완전히 임재하신다. "그리스도의 몸은 본문에서 계속 부재한다"라고 워드는 말한다.

"그리스도의 몸이 어디로 가는가?

그 몸이 대체되는 것은 교회의 증거이다."[57] "승천은 이 성별로 구별된 유대인(the gendered Jew) 몸의 최종적 전위이다. 다시 말하지만, 나는 전위가 **지워짐**이 아니라 몸의 **확장**이라는 것을 강조한다"(강조 추가).[58]

그러나 나사렛 예수가 어디에나 계시다면, 그분은 어디에나 계시며, 이것은 지우기에 해당하지 않는가?

그리고 그리스도의 자연적 몸의 **대체는 지워짐** 외에 무엇을 의미할 수 있는가?

워드는 자신의 "승천에 대한 해석이 오리겐의 '육체가 아닌 정신의 승천'과 일치하지 않는다"는 자신의 부인에도 불구하고 워드의 주장은 이와는 반대되는 판단을 완화하는 데 거의 도움이 되지 않는다.[59]

그리스도의 편재 개념에 관한 다소 극단적인 이런 버전에 따르면, "우리는 성별로 구별된 유대인(예수님을 의미함-역주)의 몸에 접근할 수 없다. … 이것은 무의미하다. 왜냐하면, 교회는 이제 그리스도의 몸이기 때문에 예수님의 몸을 이해하기 위해 우리는 교회가 무엇인지, 성경이 증명하는 그 몸의 본질에 대해 무엇을 말해야 하는지 살펴볼 수 있다."[60]

워드의 제안은 어느 편인가 하면 자연적 몸과 성찬적 몸을 교회적 몸으로 대체한다는 점에서 지금까지 살펴본 전체 그리스도의 관련 버전보다 더 완전하다고 할 수 있다. 워드는 다음의 내용을 인용한다.

---

57 Ibid., 109.
58 Ibid., 112.
59 Ibid.
60 Ibid.

니사의 그레고리(Gregory of Nyssa)가 아가서에 대한 열세 번째 설교에서 지적하는 것처럼, 교회를 보는 사람은 그리스도를 직접 본다.[61]

2) 현대 동방정교회의 교회론: 존 지지울라스

동방과 서방은 비잔틴과 중세 신학에서 기독교 신플라톤주의의 동일한 많은 교부적 자료와 심지어 유사한 궤적을 공유한다. 막시무스(Maximus)와 디오니시우스(Dionysius)는 두 전통에 공통된 유산을 대표한다. 그렇지만 동방에서는 삼위일체가 공유하는 신적 실체보다는 삼위일체의 근원으로서 성부의 위격에 집중함으로써 한 분을 위해 다수를 희생시키는 것을 더 경계해 왔다.

특히, 존 지지울라스(John Zizioulas)는 『친교로서의 존재』(*Being as Communion*)에서 이런 유산을 다소 서방적인 관용구로 바꾸었다. 지지울라스는 그의 작품 전반에 걸쳐 은혜의 경륜에 대한 각 신적 위격의 뚜렷한 공헌을 지적한다.

성부와 성자는 역사 안에서 일하시지만 성자는 육신이 되신다. 그러나 정확하게 성령은 역사를 초월하시기 때문에 아들을 죽음에서 일으키시고 "마지막 날, 즉 종말(*eschaton*)을 역사 안으로 가져올 수 있으시다. 따라서 성령론의 첫 번째 근본 특수성은 성령론이 가진 종말론적 성격이다. 성령은 그리스도를 종말론적 존재, 즉 '마지막 아담'으로 만드신다."[62]

---

[61] Ibid., 116.
[62] John Zizioulas, *Being as Communion: Studies in Personhood and the Church* (Crestwood, NY: St. Vladimir's Seminary Press, 2002), 130.

이런 성령론적 근거는 "공동체적 인격"을 설명한다. 즉, 그리스도는 개별적인 "하나"일 뿐만 아니라 "다수"이시다.[63] 성령은 이 친교(코이노니아)를 가져오실 뿐만 아니라 이런 친교이거나 이런 친교를 구성하신다. 성령 때문에 그리스도는 몸, 즉 교회를 가지신다.[64]

그렇다면 우리는 (라너와 로마가톨릭의 교회론이 전형적으로 언급하는 것처럼) "교회의 '본질'이 보편교회에 있다고 말할 수 없다."

오히려 **"한 그리스도 사건은 한 그리스도 사건 자체만큼이나 존재론적으로 일차적인 사건들(복수형)**의 형태를 취한다. 지역교회는 보편교회만큼이나 교회론에서 일차적이다. 그러한 교회론에서는 지역교회보다 보편적인 교회가 우선한다는 것을 생각할 수 없다."[65] 게다가 종말론은 교회론이 역사적 제도에 대한 단순한 긍정이 되는 것을 막는다.[66] 그리스도는 교회를 **제정하시고** 성령은 교회를 **구성하신다.**[67]

여기에는 언약적 교회론을 정교화하는 데 일관성이 있을 뿐만 아니라 유용하다고 생각되는 많은 것이 있다. 동시에 지지울라스의 설명은 라칭거의 설명과 일부 동일한 약점을 가지고 있는데, 특히 둘 다 결국 다수를 하나에게 굴복시키는 "공동체적 인격"에 대한 관념주의적 개념에 깊이 빚지고 있기 때문이다.

언약적 머리는 공동체적 인격과는 근본적으로 다른 개념이다. 전자가 머리의 대표적 성격을 긍정하는 반면, 후자는 다수를 하나에 동화시킨다. 즉, 그리스도 전체는 이제 성도들의 친교라기보다는 하나의 (공동체적) 인

---

63 Ibid.
64 Ibid., 131.
65 Ibid., 132-33.
66 Ibid., 140.
67 Ibid., "정교회가 성직주의, 반제도주의, 오순절주의 등의 문제와 같은 서방 교회와 유사한 상황을 경험하지 않았다는 사실은 대부분의 경우 성령론이 지금까지 정교회의 생명을 구했다는 표시로 받아들여질 수도 있다"(140).

격으로 이해된다. 확실히 그의 버전은 각 신자가 "전체 그리스도"라는 점에서 라칭거의 버전과 다르다.

그러나 각 지체가 몸 전체가 아니라 각 지체가 몸에서 각자의 역할이 있음을 상기시키는 구절들(특히 엡 4장; 롬 12장; 고전 12장)은 어떤가?

지지울라스는 생물학적 개인(individuals, 본질에서 자율적이고 비 관계적인)과 교회적 인격들(persons)을 선명하게 대조함으로써 다시 한번 신실함, 범법, 용서라는 언약적 영역에서 존재론적 이분법의 영역으로 초점을 옮긴다. 결과적으로, 지지울라스(라칭거처럼)는 법정적인 것에서 존재론으로 이동하기보다는 오히려 존재론에서 법정적인 것으로 이동한다.

언약적 견해에 따르면, 죽음이라는 존재론적 사실조차도 이 직분을 위반한 것에 대한 제재이다(창 2:17; 3:3-5, 14-19; 롬 3:23; 고전 15:56). 그러나 지지울라스에게는 우선 세례를 통해 치료되어야 하고 우리를 생물학적 개인에서 교회적 인격들로 변화시켜야 하는, 하나님이 창조하신 자연 자체의 균열이 있다. 지지울라스에 따르면, 우리는 심지어 그리스도를 개인이자 인격으로 말할 수 있으며, 후자에 따르면 그리스도는 교회라는 하나의 주체, 즉 "공동체적 인격"이다.[68]

그러나 지지울라스의 개인에 대한 정의에 따르면, 이것은 생물학적 주체인 나사렛 예수를 존재론적 결함의 범주에 놓이게 하여 그분의 역사적 정체성을 적어도 승천 이전이나 이후의 구원 효능에 있어 모호하게 만든다. 지지울라스에 따르면 "그리스도의 몸을 먹고 그의 피를 마신다는 것은 '무리'에게 책임을 다하셨던 그분에게 참여하여 … 그들로 하여금 하나의 몸인 그분의 몸을 이루게 하는 것을 의미한다."[69]

---

[68] Ibid., 특히, 130-49.
[69] Miroslav Volf, *After Our Likeness*, 98, from John Zizioulas in John Zizioulas, J. M. R. Tillard, and J. J. von Allmen, *L'eucharistie* (Paris: Mame, 1970), 55.

그러나 그가 보기에 이것은 그리스도 안에서 생물학적으로 타락한 **개인**으로 구성된 다수가 비록 각 개인이 전체의 소우주라 하더라도 존재론적으로 하나의 **교회적 인격**(ecclesial person)으로 구성되는 것을 의미한다.

따라서 복수성(plurality)은 결국 존재론적 원장(元帳)의 부정적 측면에 속하는 것인가?

다시 헤겔의 그림자가 나타나는데, 유한한 개인은 전체 안에서 지양을 통해 극복해야 하는 존재론적 결핍을 나타낸다.

"공동체적 인격"과는 대조적으로, 그리스도의 언약적 머리 되심은 우리를 생물학적(즉, 존재론적) 개체성에서 구원하는 것이 아니라, 자기 생각에 파묻힌 정죄와 폭정으로부터 우리를 구속한다. 따라서 언약의 관점에서 볼 때, 지지울라스가 묘사하는 그런 "생물학적 개인"은 존재하지 않으며, 하나님의 형상대로 창조되었음에도 하나님 및 동료 피조물과의 언약 관계를 부정하는 억압하는 인격만이 존재할 뿐이다.

신약성경에서 "아담 안에서"와 "그리스도 안에서" 사이의 대조는 존재론적 이분법의 지도와 일치하지 않는다. 심지어 바울의 "육신"과 "영"의 대조조차도 종말론적이며, 아담 안에서 죽었거나 그리스도 안에서 살아 있는 것으로 식별한다.[70]

결과적으로, 지지울라스가 개인과 인격 사이를 너무 심하게 구분하는 대신, 우리는 (성찬에서 확장될 수 있는) 교회 몸의 언약의 머리이신 그리스도와 (확장될 수 없는) 그분의 자연적 몸을 구분할 수 있다.

그렇다면 성찬 집회 안에서 "무리"는 언약적으로 한 몸으로 연합된 것만큼이나 존재론적으로 다양하고 구별된 존재로 남아 있다. **머리가 "각자에게 개별적으로"** 부여하는 은사의 다양성 속에서 몸 전체가 필요한 것을

---

[70] 이 점은 이 시리즈의 첫 번째 책 제1장에서 살펴보았다. *Covenant and Eschatology: The Divine Drama* (Louisville, KY: Westminster John Knox Press, 2002).

받는다(고전 12:4-31; 참조, 엡 4:7-13). 그리스도조차도 이 몸을 구성하는 "많은" 사람 중 하나이지만 그분은 **머리**로서 몸을 구성한다.

3) 전체 그리스도와 최근 개신교 교회론

칼빈도 어거스틴의 전체 그리스도 개념을 전용할 수 있었지만, 그리스도와의 연합 교리의 더 넓은 범위 내에서 그 개념은 플라톤보다 더 바울적인 개념이다.

그러나 급진적(보다 오리겐적이고 신플라톤주의적인) 버전은 슐라이어마허(Schleiermacher)와 헤겔(Hegel)을 거쳐 뉴먼 추기경(Cardinal Newman)과 테일하르트 드 샤르댕(Teilhard de Chardin)에 이르기까지 이어지며, 최근 로버트 젠슨(Robert Jenson)과 급진 정통주의(Radical Orthodoxy)의 체계에서도 발견할 수 있다.

예수 그리스도 안에서 하나님과 인성의 위격적 연합을 그리스도 안에서 하나님과 성도의 신비적 연합과 혼동할 위험성을 지적한 찰스 고어(Charles Gore)는 19세기 말에 다음과 같이 기록했다.

> 교회는 "말씀이 육신이 되신 것", 즉 물질적이고 인간적인 것을 통해 영적이고 신적인 것을 표현하고 소통하는 것과 같은 원리를 구현한다. … 그러나 이런 가시적이고 물질적인 사회는 영적 생명을 받아들이고, 구현하고, 전달하기 위해 존재한다. 그리고 이런 생명은 다름 아닌 성육신의 생명이다.[71]

---

[71] Charles Gore, *The Incarnation of the Son of God* (London: Murray, 1892), 219. Cf. Lewis Smedes, "The Incarnation: Trends in Modern Anglican Thought" (PhD diss., Free University of Amsterdam, 1953). 나는 학생 논문에서 이 언급을 지적해 주신 미셸 엘리자베스 하네(Michelle Elizabeth Hahne)에게 감사드린다.

존 웹스터(John Webster)가 지적한 것처럼, "신학만큼이나 헤겔의 역사 이론에 빚진 그리스도의 인격과 사역의 연장으로서의 교회에 대한 강조는 현재 지배적인 현대 신학 및 신학 윤리의 일부 스타일에서 흔히 볼 수 있는 것이 되었다." 그리스도 안에서 세상을 화해시키는 하나님의 사역은 교회의 도덕적 행동과 합쳐진다.[72]

보다 문화 언어적 패러다임 안에서 해석된 스탠리 하우어와스(Standley Hauerwas), 티모시 고린지(Timothy Gorringe)와 다른 신학자들이 이런 궤도에 합류한다. 제1장에서 살펴본 것처럼, 복음주의 권에서 "성육신적"이 지배적 형용사가 되면서 그리스도의 인격과 사역의 특수성과 고유성을 잃어버리는 경우가 많다.

웹스터가 인정하듯이, 이런 접근 방식은 종종 삼위일체와 은혜에 호소한다. "그렇지만 그들은 하나님의 화해 행위의 순전한 은혜에 대한 광범위한 묘사에는 특징적으로 덜 끌리고, 교회의 성례적, 도덕적 행위에 대한 긴 설명을 덕목, 습관 및 관행이라는 관용구를 통해 제공하는 경우가 더 흔하다."[73]

티모시 고린지에 따르면, "화해의 공동체"는 "속죄가 이루어지는 수단이며, 이것이 아마도 그리스도께서 일련의 교리나 진리가 아니라 배신과 배신의 생존에 기초한 공동체를 우리에게 물려주신 이유일 것이다."[74]

웹스터는 교회의 구속 활동에 대한 이런 부풀려진 이야기 속에서 그리스도의 완성된 사역의 힘이 "단순히 사라졌다"고 판단한다.[75] 그리스도의 인격과 사역은 교회가 증거하는 완성된 사건이 아니라 교회의 행동(그리스

72　John Webster, *Word and Church* (Edinburgh: T&T Clark, 2001), 226.
73　Ibid.
74　Webster, "Christ, Church and Reconciliation," in *Word and Church*, 217, from Timothy Gorringe, *God's Just Vengeance* (London: Verso, 1991), 268.
75　Ibid., 웹스터(Webster)는(*Word and Church*, 218-20) 비슷한 노선을 따라 볼프(Miroslav Volf)의 *Exclusion and Embrace* (Nashville: Abingdon, 1996)를 평가한다.

도를 본받는 것, *imitatio Christi*)을 위한 '모델' 또는 '비전'이 되기 쉽다.

이 궤적을 따라 로버트 젠슨(Robert Jenson)은 교회가 "하나님 안에서 완성되었을 때에도 피조물과 마찬가지로 외적 작품(an opus ad extra)임을 부인한다. 오히려 "전체 그리스도(*totus Christus*)는 교회와 함께하는 그리스도이다."[76]

젠슨은 우리가 세상에 우리의 신앙을 두진 않지만 "우리는 분명히 우리의 신앙을 교회에 두는 것"이라면서, 이것은 구원의 열매뿐만 아니라 도구로서의 교회를 지지하는 에큐메니칼 논쟁에서 "가톨릭 입장을 지지한다"고 인정한다.[77] 젠슨은 "예수는 왕국을 선포했지만, 임한 것은 교회였다"는 근대주의 가톨릭 신학자 알프레드 로아시(Alfred Loisy)의 악명 높은 말은 그의 비꼬는 의도에도 불구하고 "정확한 진실을 말하고 있다"고까지 말한다.[78]

젠슨은 "그리스도의 몸"이 유비라는 것을 허용하지 않을 것이다. "이 복잡한 [바울적인] 구절들에서 '몸'을 바울의 주장과 맞지 않는 직유나 다른 비유로 해석할 수는 없다."[79] 몸은 단순히 사람이 다른 사람을 위한 이용 가능성이라고 그는 주장한다. "교회가 부활하신 예수님의 인간적 몸이라는 명제가 존재론적으로 명백하게 참되려면, 요구되는 것은 예수님이 참으로 하나님의 로고스이기 때문에 그분의 자기 이해가 실제인 것을 결정하기만 하면 된다."[80]

---

[76] Robert Jenson, *Systematic Theology*, vol. 2, *The Works of God* (New York: Oxford University Press, 1999), 167.
[77] Ibid.
[78] Ibid., 170.
[79] Robert Jenson, *Systematic Theology*, vol. 1, *The Triune God* (New York: Oxford University Press, 1997), 205.
[80] Ibid., 206.

속성 교류(communicatio idiomatum)에 대한 루터파의 해석을 급진적으로 해석한 젠슨은 승천한 상태에서는 심지어 예수님의 인간 몸조차도 예수님의 인간 몸을 진정한 인간으로 만드는 속성을 가질 필요가 없다고 말하는 것처럼 보인다. 이런 해석은 그리스도와 교회 사이의 구별을 지울 뿐만 아니라, 은혜가 자연에 무언가를 더하거나 초자연적 상태로 끌어올리는 것이 아니라 자연을 구속하고 회복한다는 종교개혁의 주장을 잃게 한다. 인성이 신성에 흡수되고 교회는 이 새로운 존재의 현장이다.

밀뱅크와 워드처럼 젠슨의 존재론은 자연적 몸을 불안정하고, 의심스럽고, 명확하지 않고, 무한히 확장 가능한 존재로 표현한다. 그는 제프리 프레스턴(Geoffrey Preston)의 다음과 같은 말을 인용한다.

> 교회와 그리스도의 관계는 사람의 몸과 사람 자신의 관계와 '같은' 것이 아니다. 그것은 주님 자신에 대한 그리스도의 몸의 관계이다.[81]

정체성이 "한쪽과 그런 후에 다른 쪽"을 명확하게 언급할 수 있는 여지를 남겨 두어야 한다는 점을 인식한 젠슨은 자신의 건설적 제안을 발전시키는 데 있어 헤겔과 피히테에게 명시적으로 호소한다.[82]

"성례를 행하는 교회는 그리스도가 자신을 의도하는 대상이기 때문에 우리가 그리스도를 의도할 수 있는 대상이다"라고 젠슨은 요약한다. 따라서 "주체로서의 그리스도와 그리스도의 성례를 지닌 교회 사이의 관계는 바로 초월적 주관과 객관적 자아 사이의 관계이며,… 교회는 부활하신 그리스도의 자아이다."[83]

81　Jenson, *Systematic Theology*, 2:212, quoting Goeffrey Preston, *Faces of the Church* (Grand Rapids: Eerdmans, 1997), 89
82　Ibid., 213-15.
83　Ibid., 215; cf. George Hunsinger's "Robert Jenson's Systematic Theology: A Review Essay," *Scottish Journal of Theology* 55 (2002): 196.

동료 루터주의자 마크 매티스(Mark C. Mattes)는 젠슨이 구원론보다 교회론, 복음보다 교회, 외적 말씀보다 내적 말씀을 우선시하는 점증하는 경향을 대표한다고 지적한다. 젠슨과 그의 진영은 존 밀뱅크가 블론델(Blondel)과 드 뤼박의 연구를 해석한 것처럼 "'자연을 초자연화하는'" 신학을 지향한다.[84]

이런 견해의 문제는 창조에 대한 자율성을 거부하는 것이 아니라 참여의 개념이 "'상승'이라는 은유가 지배하는 초월성 안에서 구성된다는 데 있다"는 것이다. 이것은 우리의 기관이 "코람 데오"(*coram deo*)를 지니고 있음을 의미한다.

> 하나님 앞에서 우리는 근본적으로 수동적인즉슨 오직 수용자라는 진리를 무시한다. … 그러한 수동성에 부합하는 도덕적 삶은 이웃에 대한 적극적인 섬김이며, 그리스도인의 삶에 대한 적절한 은유는 타인에 대한 자선의 '하강'이다. … 교회는 복음의 메시지와 성례전에 의해 형성된 사람들의 모임이라는 루터교의 확언에서 급진적으로 출발하여, 젠슨은 하나님이 피조물인 교회의 몸으로서 자신의 정체성을 세상에 표현하신다고 믿는다.[85]

젠슨에 따르면, "전체 그리스도"(그리스도의 몸)로서의 교회는 "나머지를 이해하는 피조물"이다.[86]

현대 교회론에서 종종 간과되는 것은 디트리히 본회퍼(Dietrich Bonhoeffer)의 박사 논문이다.[87] 교회와 국가 모두에서 헤겔적 일원론의 승리를 고

---

[84] Mark C. Mattes, *The Role of Justification in Contemporary Theologies* (Grand Rapids: Eerdmans, 2004), 125.
[85] Ibid.
[86] Ibid., Jenson, *Systematic Theology*, 2:159.
[87] Dietrich Bonhoeffer, *Communio: A Theological Study of the Sociology of the Church*, in Dietrich Bonhoeffer Works, German original ed. Joachim von Soosten, English edition ed.

통스럽게 인식했던 본회퍼는 특히 그리스도와 교회의 융합을 비판했고, 이미 이런 경향을 철학적 관념주의와 동일시했다. 플라톤주의와 마찬가지로 관념주의 철학은 (죄와 은혜와 같은) 윤리적 범주를 (시간과 영원과 같은) 존재론적 범주로 바꾸어 종말론을 내재성의 차원에 동화시키고 다수를 하나로 환원한다. 따라서 국가는 가장 높은 형태의 집단성이다.[88]

이 총체적 내재성의 대가는 크다. 즉, 개별적인 것과 육체적인 것이 보편적이고 이상적인 것에 동화된다. 관념주의의 "내재적인 것으로서의 정신"이라는 개념은 "내(the I)가 정신인 한에서 나는 인격이다"라는 의미이며, 칸트 이후 관념주의자들은 "보편과 정신이 동일시되고 개인은 가치를 잃는다"고 주장했다고 본회퍼는 설명한다.

따라서 **"이성의 영역으로 흡수되어 보편적 이성 또는 하나의 정신에 의해 정의되고 서로 다른 활동으로만 구분되는 완전히 유사하고 조화로운 인격의 영역을 형성하는 것이 인간 종의 운명이다.** 그러나 가장 중요한 것은 이런 유사한 존재들의 연합이 결코 공동체 개념으로 이어지지 않고 동일성, 일치의 개념으로만 이어진다는 것이다."[89]

이런 견해에서는 자발적 선택이나 죄의 개념이 없다.[90] 관념주의의 대가는 인격의 융합뿐만 아니라 "신적 정신에만 귀속될 수 있는 절대적 가치를 인간의 정신에 귀속시키는 것을 포함한다."[91]

이와는 대조적으로 성경적 신앙은 영-물질 또는 하나와 다자(one-and-many)의 딜레마보다는 창조주-피조물로부터 관계를 취한다. 인간과는 절대적으로 다른 존재인 성경의 하나님 앞에서만 우리는 동료 인간에 대한

Clifford J. Green and trans. Reinhard Krauss and Nancy Lukens (Minneapolis: Fortress Press, 1998).
[88] Ibid., 37.
[89] Ibid., 43, 원본 강조.
[90] Ibid., 48.
[91] Ibid., 49.

윤리적 책임이 있음을 진정으로 인식하게 된다.[92]

존재론적 질문 이상의 윤리적 담론으로서 "낯선 존재를 만나는 것" 사이의 밀접한 연관성이 다시 한번 본회퍼의 논의에서 인정된다. "그렇다면 사회적 관계는 순전히 대인관계로 이해되어야 하며, 사람의 독특성과 분리성에 기초해야 한다. 사람은 인격 없는 정신(apersonal spirit)에 의해 극복될 수 없으며, 어떤 '일치'도 사람들로 이루어진 복수성(plurality)을 부정할 수 없다."[93]

이것은 본회퍼가 개인주의를 수용하는 것이 아니라 오히려 내가 언약적 코이노니아(covernantal koinonia), 즉 사람들의 공동체라고 부르는 견해로 이어진다.

> 하나님은 인간 개개인의 역사가 아니라 인간 **공동체**의 역사를 원하신다. 그러나 하나님은 개인을 그 자체로 흡수하는 공동체가 아니라 **인간** 공동체를 원하신다. 하나님의 눈에는 공동체와 개인은 같은 순간에 존재하며 서로에게 안식한다.[94]

우리는 본회퍼가 "몸"에 대한 관념주의적 해석에 반박할 때, 우리가 예수님의 오심과 재림의 경륜에 다시 주목할 때 교회론이 얼마나 다르게 보이는지 다시 확인할 수 있다.

"그러나 바울은 완전한 동일시를 원하지 않는다. 왜냐하면, 바울에게 있어서 그리스도도 하나님과 함께 계시기 때문이다. 그리스도는 하늘로 승천하셨다(엡 4:8ff; 살전 4:16; 고전 15:23). 우리는 그분의 오심을 기다린다"(빌 3:20), 그리고 이것은 교회의 이런 중간적 지위의 성령론적으로 결

---

92 Ibid., 49-50.
93 Ibid., 56.
94 Ibid., 80, 84.

정된 특징을 낳는다.⁹⁵

성경에서 사용된 유기적, 생물학적 은유는 여전히 매우 중요하지만, 본 회퍼는 "'그리스도의 몸'으로서 교회는 종말론적 실체로서 보이지 않는다"것을 상기시켜 준다. 게다가 "바울은 헬라 전통에서 유기체라는 개념을 가져왔지만, 그것을 재구성한다.… 로마가톨릭, 생물학 또는 국가 철학의 유기체 이론은 개인보다 집단을 우위에 둔다. 바울에게 있어서 오직 그리스도만이 개인 '앞'과 '위'에 존재한다."⁹⁶

이런 조사를 고려할 때, 패로(Farrow)는 "예수님을 외면하는 것은 자연스러운 반사가 되었다"는 결론을 내리는 데 있어서 상당히 정당해 보인다.

> 고대인과 현대인은 인식론적 또는 존재론적 거리라는 측면에서 하나님과 인간 사이의 소외를 잘못 해석하는 데 있어 동조하고 있다. 결과적으로, 그들은 심지어 기독론적인 곳에도 그리스도의 특수성을 부정함으로써 작동하는 중재 시스템을 구축하는 데에도 동맹을 맺고 있다. 이렇게 이해되는 소외를 극복하는 유일한 방법은 거리와 타자성을 없애는 것, 즉 연합하고, 동질화하고, 신성화하는 것, 사실 성육신을 보편화하는 것이다. 그리고 인간 예수를 외면하거나 실제로 우리를 인간으로 만드는 것에서 멀어지지 않고는 그렇게 할 방법이 없다.⁹⁷

---

95 Ibid., 137.
96 Ibid., 141.
97 Douglas Farrow, *Ascension and Ecclesia* (Edinburgh: T&T Clark, 1999), 255.

2. 다수를 특권화하기: 그리스도와 교회의 대조

로마가톨릭 교회론에 따르면 신자의 신앙이 교회의 신앙에 흡수되는 경향이 있다면, 그 반대, 즉 교회의 신앙이 신자의 신앙에 흡수되는 경향은 자유교회론(free-church ecclesiology)에서 분명하게 드러난다. 복음주의적 맥락에서 교회는 주로 교제를 위한 자원으로 간주하는 경우가 많다. 아래에서 살펴볼 복음주의 지도자들의 최근 연구에 따르면, 예수님과의 고유한 개인적 관계를 위해 교회는 불필요할 뿐만 아니라 개인적 성장에 방해가 될 수도 있다.[98]

적어도 더욱 대중적인 형태(예를 들어, 영미 부흥주의[Anglo-American revivalism])에서 복음주의는 종종 연합(구원론)과 친교(교회론)에 대해 언약적(covenantal) 시각보다 계약적(contractual) 시각을 채택해 왔다. 특히, 아르미니우스 구원론과 결합할 때 회심과 교회 존재의 계약적 근거로서 인간의 결정을 강조하는 주지주의적(voluntaristic) 강조가 나타난다.[99]

우리는 복음주의 신학자들이 종종 성례전을 은혜의 수단이 아니라 헌신의 수단으로 분리하여 성례전을 현실과 분리하는 방법을 보았다. 다시 한 번 말하지만, 인간의 선택과 행위는 개인주의적 조건이지만 신적 선택과

---

[98] 적어도 경건주의의 역사에서 그리스도인의 삶에 대해 더 진지하다고 생각되는 개인 또는 신자 집단은 더 넓은 교회의 구성원으로 남아 있었다. 특히, 1970년대의 "예수 운동" 이후 많은 형태의 비교단적 복음주의에서 교회 회원 자격은 선택적이거나 심지어 제거되었다. (모호한 역사적 해석을 가진) 초대 기독교인들의 예배를 재현하고자 하는 가정교회 운동은 때때로 "평신도의 승리"로 불리는 것처럼 "평신도의 승리"를 보여 주는 많은 사례 중 하나이다. 조지 바나(George Barna)가 관찰하고 기념하는 것처럼, 그가 "혁명가"로 밝히는 다음 세대는 조직화된 교회에 대한 영적 교화와 공동체 대안의 형태를 계속해서 찾고자 한다(George Barna and Thom Black, *The Revolutionaries' Handbook* [Carol Stream, IL: Tyndale House Publishers, 2005]). 경건주의와 부흥 운동은 이런 실험의 오랜 역사가 있으므로 이것이 얼마나 혁명적인지는 논쟁의 여지가 있을 수 있다.

[99] Stanley Grenz, *Theology for the Community of God* (Nashville: Broadman & Holman 1997), 611.

구속보다 우선한다.

첫 번째 궤적(복수성보다 우선하는 통일성)이 그 발전 과정에서 더 일관되게 보이지만, 두 번째 궤적은 복음주의 경건주의/부흥주의와 프리드리히 고가텐, 루돌프 불트만, 에밀 브 루너, 칼 바르트와 같은 '변증법적' 신학자들의 느슨한 소속이라는 두 가지 뚜렷한 경향에서 인식될 수 있다.

불트만과 브루너는 하나님 나라를 하나님과 개인의 내적 관계로 축소한 스승들의 수준을 크게 벗어나지 못했으며, 성례전신학을 포함한 약화한 교회론은 일반적으로 신정통주의에서 분명하게 드러난다.[100] 나는 먼저 바르트를 살펴본 다음 보다 경건주의적인 형태의 복음주의 개신교의 교회론 경향에 대해 논할 것이다.

1) 칼 바르트

칼 바르트(Karl Barth)의 교회론적 성찰의 원천은 계약주의적, 개인주의적, 신인협력적인 것과는 거리가 멀다. 이런 점에 있어서 때때로 그가 가한 경건주의에 대한 날카로운 비판은 실제로 잘 알려져 있다.[101] 그는 다음과 같이 썼다.

---

[100] 덜레스(Dulles)는 『교회의 모델』(*Models of the Church*), 44페이지에서 "예를 들어, 루돌프 숨(Rudolph Sohm)은 교회의 본질은 모든 법과 대척점에 서 있다고 가르쳤다. 에밀 브루너는 『교회에 대한 오해』(*The Misunderstanding of the Church*)에서 성경적 의미의 교회(에클레시아)는 제도가 아니라 형제애(Brüderschaft)이며, '사람들의 순수한 친교'(Personengemeinschaft)라고 주장했다. 이런 근거에서 브루너는 모든 율법, 성례, 제사장적 직분을 교회의 참된 존재와 양립할 수 없는 것으로 거부했다."

[101] 이런 차이점은 Eberhard Busch, *Karl Barth and the Pietists*, trans. Daniel W. Bloesch (Downers Grove, IL: InterVarsity Press, 2004)에서 흥미롭게도 자세히 설명되고 해석된다.

땅의 소금, 세상의 빛, 언덕 위에 세운 도시인 "진리의 기둥과 터"(딤전 3:15)는 비록 개별적 그리스도인이 하나님의 공동체 안에 자신의 확실한 자리와 필수 불가결한 기능, 흔들리지 않는 개인적 약속을 하고 있지만, 하나님의 공동체이지 그리스도인 개인이 아니다. 신조 제3조에서 (성령과 밀접하게 연관되어) 서 있는 것은 그리스도인 개인이 아니라 **거룩한 교회와 사도직이다**(ecclesia una sancta catholica et apostolica).[102]

그의 프로젝트 제목인 『교회 교의학』(Church Dogmatics), 신학을 선포에 종속시키는 것, 그리고 고백하는 교회 운동에서 그가 맡은 역할은 가시적 교회에 대한 그의 헌신을 잘 드러낸다. 그러나 독립적 교회론에 대한 그의 끌림, 그리고 마지막으로 『교회 교의학』 IV/4에서 유아 세례에 대한 그의 분명한 거부는 가시적 교회에 관하여 『로마서』(Römerbrief) 이후부터 그의 사상의 지배적 경향으로 보이는 것을 강조한다.

바르트가 그리스도와 교회를 날카롭게 구분한 것은(때로는 심지어 대조하는 것은) 다양한 요인에 의해 동기가 부여된 것이다. 우리는 이미 다시 한 번 성례전신학이 교회론과 맺고 있는 밀접한 관계를 강조하는 그의 신츠빙글리식 견해를 접했다.

소극적으로 말하면, 바르트의 교회론적 성찰은 기독론을 교회론에 광범위하게 동화시키는 것에 반대하면서 형성되었다. 참된 교회는 관찰 가능한 현실 아래에 있는 "신적 계시의 '지금'이라는 해저 섬"에 속한다.[103] 로마서에서 그는 "복음과 교회 사이의 대조"에 대해 분명하게 말한다.[104]

---

[102] Karl Barth, *CD* IV/1:150.
[103] Karl Barth, *The Epistle to the Romans*, trans. Edwyn C. Hoskyns from the 6th ed. (London: Oxford University Press, 1933), 304; cf. 396 for the same analogy
[104] Ibid., 340.

그리스도는 유일한 성례전이다. 사실 표징과 종말론적 충만함 사이에는 차이가 있을 뿐만 아니라, 바르트가 "요한계시록의 하늘 예루살렘에서 **교회의 완전한 부재**보다 더 최종적으로 중요한 것은 없다. 즉, '그리고 내가 거기서 어떤 성전을 보지 못하였다'"(강조 추가)라고 쓸 때 "보이지 않는 교회"는 극단적 한계에 도달한다.[105]

교회론을 총체화하는 것은 과대 실현된 종말론(overrealized eschatology)을 가진다는 비난을 받을 수도 있다. 그러나 바르트의 이원론적 교회론은 과소 실현된 것이 아니라 단지 최종 완성에서 교회가 설 자리가 없을 뿐이다. 따라서 "공동체의 활동은 포탄이 폭발하여 형성된 분화구에 지나지 않고 복음이 자신을 드러내는 빈 곳에 지나지 않으려고 하는 한에서만 복음과 관련된다."[106]

바르트의 위대한 업적 중 하나는 예수님께로 관심을 돌린 것이었다. 그는 그리스도의 화해 사역은 더 이상의 보충이나 역사적 발전이 필요하지 않다는 것을 확인하는 데 적절하게 관심이 있다. 따라서 자유주의적 역사주의와 신인협력설에 반대한다. 교회는 그리스도의 인격과 사역의 연장선이 아니다.[107] 교회는 단순히 이 구속 사건에서 성취된 것을 인정하고 증거할 뿐이다.

바르트는 다수의 친교로 이끄는 언약적 교제(koinonia)와 존재적 융합(ontic fusion)을 일으키는 신플라톤적 공유(*methexis*) 또는 헤겔적 종합 사이의 차이를 인식한다. "이런 [언약적] 영역에서 인간의 존재를 구성하는 것은 존재의 단일성이 아니라 하나님과의 진정한 함께하심(togetherness)이다."[108]

---

105 Ibid., 이것이 1920년의 표현이라는 것이 아마 여기서 고려되어야 한다.
106 Barth, *Epistle to the Romans*, 36.
107 Barth, *CD* IV/3:7, 327; IV/2:132.
108 Barth, *CD* III/2:141.

그러나 바르트의 기독론은 또한 하나의 선택 대상과 선택된 주체, 연속적 사건과 언약을 통해 전개되는 구속의 역사보다는 변증법적으로 관련된 측면을 가진 단일 사건이라는 일원론적 경향을 보여 준다. 역사(바르트가 "소위 역사"라고 부르는 것)는 영원한 현재로 지양(止揚)하는 경향이 있다. 계시에서 문제가 되는 것은 "역사가 아니라 진리"이다.[109]

개별자를 보편에 희생시키는 신헤겔주의 사상의 일원론적 경향과 달리, 바르트의 "하나"는 한 개인, 예수 그리스도와 그분의 역사라는 특수주의(particularism)에 의해 주도된다. 하나님의 구속 행위에는 시간적 순서가 없는 것 같다. 이런 사건들은 바르트 자신이 말했듯이 "동일한 것"이 된다.[110] 이것은 교회론이 위치한 경륜에 대한 바르트의 취급에 엄청난 결과를 가져온다.

바르트에게 그리스도의 속죄 사역과 성육신의 유일성을 "최종적으로" 유지하는 것이 중요한 만큼이나, 은혜의 경륜에서 그 이후의 사건들이 갖는 의미에 대한 의문이 제기된다. 신헤겔주의 경향이 예수 역사와 교회 역사 사이의 연속성을 강조한 곳에서, 바르트는 적어도 인간적이고 가시적인 측면에서는 불연속성을 강조했다.

예수님의 부활과 승천, 오순절조차도 이미 객관적으로 사실인 것을 주관적으로 우리에게 설득하는 역할을 할 뿐이다. 이것들은 예수 그리스도의 역사, 따라서 모든 사람을 포함하는 선택된 공동체의 역사에서 새로운 사건이 아니다.

그리스도의 성육신과 속죄의 동시적 비하(Humiliation)와 승귀(Exaltation)는 "새로운 특징이나 발전으로 초월되거나 확대될 필요가 없다." 옛 형태의 세상의 끝이자 새 세상의 시작인 그분의 존재는 "심지어 부활과 승천

---

[109] Karl Barth, *The Word of God and the Word of Man*, trans. Douglas Horton (New York: Harper & Bros., 1957), 66, 72.
[110] Ibid., 90. Barth, *CD* IV/2:107-9; cf. IV/2:118, 133, 140-41.

없이도" 이미 사실이다.[111]

부활은 단순히 "십자가에 관한 하나님의 결정"을 **드러내는 것이다**.[112] 그것은 골고다의 이 사건이 "영원한 역사가 되고 … 따라서 그때 일어났던 것처럼 지금 여기에서도 일어나고 있다"는 것을 보증한다(강조 추가).[113] 그분의 영광 재림조차도 "여전히 동일한 계시일 것이다."[114]

바르트가 예수 역사에서 비하에서 승귀로 이어지는 연속적 움직임을 인정하지 않는 것처럼, 개인적 경험에서도 진노에서 은혜로, 죽음에서 생명으로, 정죄에서 칭의로의 시간적 움직임은 없다고 본다.[115]

> 성화는 [칭의]와 동시에 일어나거나 시간상으로 그보다 앞서거나 뒤따르는 두 번째 신적 행동이 아니다. 예수 그리스도 안에서 세상을 자신과 화해시키시는 하나님의 행동은 단일하다.[116]

그리스도의 비하와 승귀 안에서 인류는 의롭게 됨과 동시에 성화된다.[117]

바르트는 구원을 심리화하는 경건주의적 계획을 당연히 경계한다. 그러나 성령의 구속 적용의 과소평가로 인해 위협받는 것은 경건주의뿐만 아니라 피조물적인 "은혜의 수단"에 대한 모든 개념이다.[118] 부활, 승천, 오

---

111 Barth *CD* IV/2:133.
112 Barth, *CD* IV/1:309.
113 Ibid., 313.
114 Ibid., 142.
115 이것은 벌카우어(G. C. Berkouwer)가 제시한 중요한 비판이다. "역사에서, 진노에서 은혜로의 전환은 배제되고 진노는 '은혜의 형태'에 지나지 않는다"(*The Triumph of Grace in the Theology of Karl Barth*, trans. H. R. Boer [Grand Rapids: Eerdmans, 1956], esp. 253).
116 Barth, *CD* IV/1:501.
117 Ibid., 502.
118 "은혜의 수단"과 같은 것은 없다(IV/4:106, 129-30 등 참조. IV/3.2:756, 783,790, 843-901). 성례는 (이상하게도 설교와는 달리) 교회의 사역과 증거의 측면에 서 있으며 구원 사건의 신성한 측면에 서 있지 않다. "그리스도인의 고백, 고난, 회개, 기도,

순절, 파루시아가 "구속"이 아닌 "증거" 쪽에 있다면, 성령론, 설교, 성례전은 인간의 "증거" 쪽에 놓일 수밖에 없다는 결론에 이르게 된다.

전통적 개혁주의 체계에서 구속을 적용하는 사역(즉, 구원의 서정 [*ordo salutis*])은 비록 교회의 일반적 사역을 통해 이루어지지만, 성령의 역사 아래서 다루어진다. 신헤겔주의적 관점에서 이 사역은 그리스도의 인격과 사역의 확장으로서 교회와 동일시되는 경향이 있다.

그러나 바르트에게 있어서 예수 그리스도라는 한 사건에서 구원의 가치가 있는 모든 일은 이미 일어났고, 일어나고 있으며, 모든 사람을 위해 일어날 것이다. 우리는 영원한 언약의 역사 속에서 나사렛 예수의 동시대인이다. 회심, 칭의, 성화, 부르심은 주관적으로 인식하지 못하더라도 모든 사람에게 이미 일어났다.[119] 모든 사람이 이미 그리스도와 연합했다면, 교회의 행위뿐만 아니라 성령의 사역도 지적 영역(noetic sphere)으로 축소된다.

그러나 신약성경은 **구속 역사**(*histroica salutis*)와 **구원의 서정**(*ordo salutis*) 모두에 대해 진정한 변화를 증거한다.

예수님은 제자들이 자신의 비하와 승귀의 동시성을 인식하지 못한 것이 아니라, 먼저 고난을 받고 나서 영광에 들어가야 한다는 사실을 깨닫지 못했다고 꾸짖으셨다(눅 9:28-45; 24:26; 빌 2장; 히 1:3-4; 2:9-10; 벧전 1:11). 마찬가지로 개인의 삶에도 진노에서 은혜로의 전환이 있다(예: 요 1:12-13;

겸손, 행위, 세례, 성만찬 역시 이 사건을 증명할 수 있고, 증명해야만 한다." 예수 그리스도는 유일한 하나의 성례전이다(IV/1:296). "그분은 그분이고, 그분의 사역은 그분의 사역이며, 그리스도인의 믿음으로 받는 세례를 포함한 모든 그리스도인의 행동에 대항해 계신다"(IV/4:88). 그리스도의 인성조차도 로고스와의 연합에도 불구하고 하나님의 직접적 계시는 아니다. 그렇지만 그분의 신성이 그분의 인성의 베일을 통해 드러나는 한, 이것만으로도 성례의 지위를 얻는다(II/1:53). 『교회 교의학』(*Church Dogmatics*) 마지막 부분의 전체는 성령의 사역과 순전히 인간의 반응인 물 세례 사이의 대조를 따른다.

[119] Barth, *CD* IV/1:148.

5:24; 롬 4:22-25; 5:1; 6:2-11, 17-22; 7:6; 8:1, 9-17; 8:29-30; 엡 2:1-5; 벧전 2:9-10; 요일 3:14). 두 경우 모두, 전환은 단순히 지적인(noetic) 것이 아니라 역사적인 것이다.[120]

인간적인 것을 신적인 것에 동화시키려는 바르트의 경향은 폰 발타자르가 "우리가 시작과 끝의 일원론(기독론과 종말론)으로 정의하는 역동적이고 실재적인 신범론(theopanism, 우주가 신에게서 나오거나 신의 투사라는 믿음)"이라고 불렀던 것을 입증한다.[121]

"바르트의 사건과 역사신학에서는 모든 것이 이미 영원 속에서 일어났기 때문에 바르트 안에서 너무 많은 것이 실제로는 별다른 일이 일어나지 않는다는 인상을 준다"는 폰 발타자르의 결론은 타당한 것처럼 보인다.[122]

또한, 순수하게 실제적인 이해는 피조물의 행위에 선택권을 주지 못한다. "실재론(actualism)은 모든 활동을 순수 행위(*actus purus*)를 하시는 하나님으로 끊임없이 끈질기게 환원하기 때문에 하나님 외에 다른 활동의 중심을 둘 여지가 없다." 교회가 말하는 것은 "신적 권위, 심지어 말씀에 종속된 신적 권위조차 주장할 수 없다."[123]

---

[120] 바르트는 *CD* I/1에서 자신의 삼위일체신학을 계시의 모티브(계시자, 계시, 계시됨)를 중심으로 정리함으로써 여하튼 그는 이미 성령의 사역이 이미 참된 것(자신의 선택, 화해, 칭의, 성화)을 인식하게 하는 것 이상의 것을 포함한다고 보기 어렵게 만든다.

[121] Hans Urs von Balthasar, *The Theology of Karl Barth*, trans. Edward T. Oakes, SJ (San Francisco: Ignatius Press, 1992), 94.

[122] Ibid., 371. 그러나 발타자르에서도 같은 경향은 분명하다. 즉, 역사는 그리스도의 십자가 죽음에서 너무나 철저하게 요약되어 있어서, 슈테펜 뢰셀(Steffen Lösel)이 언급하는 것처럼 "미래에는 본질적으로 새로운 것을 기대할 수 없다." Steffen Lösel, "Murder in the Cathedral: Hans Urs von Balthasar's New Dramatization of the Doctrine of the Trinity," *Pro Ecclesia* V, no. 4 (Fall 1996): 432. Cf. von Balthasar, *Theo-Drama: Theological Dramatic Theory*, vol. 3, *The Dramatis Personae: The Person of Christ*, trans. Graham Harrison (San Francisco: Ignatius Press, 1992), 46–47, 74, 326.

[123] Ibid., 105.

따라서 이 후기 글들에서도 폰 발타자르는 "모든 것이 『로마서』의 거룩하지 않은 이원론으로 다시 합쳐진다"고 결론을 내린다.[124]

우리를 그리스도와 연합시키는 성령의 사역을 포함하여 예수님의 사후 구속 역사에 더 큰 공간을 주는 것은 기독론의 객관성과 특수성을 보호하려는 바르트의 관심을 훼손하는 것이 아니라 오히려 강화하는 것이다. 왜냐하면, 이 이후의 사역 역시 그리스도 안에서 성령에 의한 아버지 하나님의 사역이기 때문이다. 그러나 여기에 더해 우리는 피조물적 수단을 통한 하나님의 주권적 활동, 즉 수직적으로 내려올 뿐만 아니라 역사를 통해 수평적으로 확장되는 행동에 대한 확고한 확언이 필요할 것이다.

중세 시대에 그리스도와 교회가 유사하게 융합되었음에도 칼빈의 교회에 대한 언어(에라스무스의 코이노니아[koinonia]의 번역어인 소시에타스[societas]와 코뮤니오[communio]를 거부하고 더 강력한 참여주의 언어를 선호)는 바르트의 언어보다 덜 반동적이다. 에라스무스와 츠빙글리에 더 가까운 바르트는 특징적으로 교회를 "공동체"(Gemeinde), 사회, 교제라고 부른다.[125]

하나님과 인간 사이의 모든 관계는 성경, 설교, 성례전, 교회이든지 간접적이어야 한다. 바르트에게 표징은 종교개혁 신앙고백서에서 거부한 언어를 빌리면, 표징 그 자체가 "있는 그대로의 표징"인 한에서만 표징일 뿐이다. 교회론의 관점에서 볼 때, 신적 행위와 피조물 행위의 평행하고 절대 교차하지 않는 선은 보이는 교회와 보이지 않는 교회 사이의 절대적 이중성을 의미한다.

---

124 Ibid.
125 확실히 바르트는 삼위일체적 전제에 기초하는 친교, 즉 위격(존재 방식)이 서로 친교하고, 하나님과 인간 사이의 친교, 신자들이 서로 친교 그리고 실제로 모든 피조물과 친교한다는 신약성경의 코이노니아 모티브를 확증한다. 각각의 친교는 서로 다른 종류의 코이노니아이지만, 모든 친교는 궁극적으로 이런 삼위일체적 상호 내주(perichoresis)(ibid., 256-60)에 기초를 두고 있다. 이런 것이 독일 개신교에서 구별되는 방식과 같이 교회(Kirche)보다 선호하는 최근의 역사적 이유가 있다.

바르트는 예수 그리스도를 교회로 축소하는 것에 대해 중요한 경고를 한다.[126] 그러나 내가 보기에 그것은 신헤겔주의적 궤적을 지나치게 수정한 것이다. 신헤겔주의 교회론의 일의적(univocal) 경향과 변증법적 신학의 다의적(equivocal) 경향과는 달리, 표징과 표징이 의미하는 것 사이의 유비적 관계는 잘못된 대안을 피할 가능성을 다시 한번 보여 준다.

머리가 지체와 구별되어야 한다면, 그럼에도 언약적 교회론은 성령이 중재하는 연합을 인정해야 한다. 성령론적 중재를 가능케 하고 필요하게 하는 것은 그리스도와 그분의 교회 사이의 구별이지만, 하나님의 자기 구속적 서약뿐만 아니라 성령론적 중재는 그런 구별이 대조나 대립으로 전락하는 것을 방지한다. 다시 말하지만, 중요한 질문은 계시와 구속의 사건이 피조물적 중재를 통해서도 온전히 하나님께 귀속될 수 있는지다.

2) 복음주의와 오순절 교회론

최근 기독교 운동의 개인주의적 경향에 대해서는 상당히 다른 출처를 찾아야 할 것이다.

내가 위에서 언급했듯이 복음주의와 오순절주의 부흥 운동의 대부분은 기본적으로 회심과 교회성(ecclesiality)에 대한 계약적 관점을 전제로 한다. 이는 의심할 여지 없이 이런 운동이 전 세계적으로 성공할 수 있었던 부분적인 이유이기도 한데, 전통적(자연적 그리고 교회적) 공동체의 유대가 점점 더 시장에서 개인이 스스로 선택한 친밀감으로 대체되고 있기 때문이다.

자유교회론을 옹호하는 미로슬라브 볼프(Miroslav Volf)는 다음과 같이 이에 대해 비판적이다.

---

[126] 내 생각에는 웹스터(Webster)가 『말씀과 교회』(*Word and Church*), 227-40에서 논의하는 것이 바르트(Barth)보다 더 좋다.

자유교회가 원하든 원하지 않든, 자유교회는 종종 특정 사회 계층과 문화권의 특정 요구에 특화된 '동질적 단위'로 기능하며, 상호 경쟁 속에서 인생 계획의 슈퍼마켓에서 종교 소비자에게 덤핑 가격으로 상품을 판매하려고 한다. 고객은 왕이며 자신의 종교적 요구를 평가하기에 가장 적합한 사람이며 약간의 충성과 가능한 한 많은 돈만 있으면 그 이상 아무것도 필요하지 않은 사람이다. 자유교회가 기독교 국가의 구원에 기여하려면 먼저 그들 자신이 치유되어야 한다.[127]

볼프는 또한 교회론을 왜곡하는 신앙의 사유화가 현대 문화에서 자유교회론을 더욱 효과적으로 만든다고 지적한다. 그는 결정이 사유화될 때 "신앙의 전승"이 위협을 받는다는 것을 인정한다.[128] 그러나 그는 또한 개인 선택의 문화에 대한 이런 적응성이 그러한 교회론을 우리 시대에 특히 효과적으로 만든다고 판단한다.[129]

스탠리 그렌츠는 "종교개혁 이후 '참된 교회'(vera ecclesia)에 대한 논의는 교회의 본질에 대한 초점적 이해로서 언약 사상이 등장하는 역사적 맥락을 형성했다"고 관찰한다.[130]

교회의 표징에 관한 주장으로 "종교개혁자들은 말씀과 성례전으로 초점을 옮겼지만" 재세례파(Anabaptist)와 침례교는 "한 걸음 더 나아가" 회중교회론을 옹호했다. "이런 견해는 참된 교회는 본질에서 하나님과 자발적으로 언약을 맺은 사람들"이라고 주장한다.[131]

---

127 Volf, *After Our Likeness*, 18.
128 Ibid., 16.
129 Ibid., 17.
130 Grenz, *Theology for the Community of God*, 609.
131 Ibid., 610-11.

자유교회의 전통은 교회가 제국, 국민 국가 또는 시의회 산하의 종교 업무부서가 아니라는 점을 상기시켜 준다. 그렌츠는 교회가 명목상 "기독교적이라" 할지라도 "더 넓은 사회에서 모인 영적 백성"임을 적절히 상기시켜 준다.[132]

종교개혁자들은 종종 비슷한 용어로 말하면서 세속적 힘이 아닌 말씀만으로 사람들을 복음으로 설득할 수 있어야 한다고 주장했다. 그렇지만 실제로 박해를 받았던 재세례파나 침례교인들은 교회와 사회의 차이를 더 잘 인식하고 있었던 것으로 보인다.

그러나 개혁파 신앙고백서는 눈에 보이는 교회를 **자녀와 함께** 신자로 정의했다. 그러나 이것조차도 교회 회중 정치의 기본 규칙인 **자발적** 언약에 위배되는 것으로, 지역교회의 독립성뿐만 아니라 그 관계의 조건에 상호 동의할 때까지 그 안에 있는 개인의 독립성을 수반한다.

그렌츠는 "더 이상 중세 모델에서처럼 공동체 전체가 개인보다 우선시되지 않았다"고 말한다. 오히려 교회가 개인을 형성하기보다는 오히려 개인이 교회를 형성했다. "그 결과 구원의 순서에서 교회가 아닌 신자가 우선순위에 서게 되었다."[133] "상호 언약을 맺은 신자들의 모임이 교회를 구성하기 때문에 교회는 개인들의 언약 공동체이다."[134] 그러나 교회는 또한 역사가 있다.

극단적으로 계약적 사고는 교회 마케팅의 복음주의 선구자인 조지 바나(George Barna)가 표현한 견해로 쉽게 이어진다.

---

[132] Ibid., 611.
[133] Ibid.
[134] Ibid., 614.

교회를 종교적 모임 장소가 아니라 사람들의 필요를 충족시키기 위해 존재하는 실체(entity) 즉 서비스 기관으로 생각하라.[135]

당연히 바나는 최근 제도적 교회는 더 이상 적합하지 않으며 친교를 위한 비공식 모임과 인터넷 커뮤니티로 대체되어야 한다고 제안했다. 그는 심지어 새로운 인구통계인 "혁명가", 즉 "기성 교회를 넘어 교회가 되기로 선택한 수백만 명의 신자들"을 소개하기도 했다.[136]

바나는 "교회"(소문자 c, church)를 "공식적 구조, 리더십 계층, 특정 신자 그룹을 포함하는 회중 기반의 신앙 경험"을 가리키고 "교회"(대문자 C, Church)를 "지역교회와의 관계나 참여 여부에 관계없이 그리스도에 대한 믿음으로 연결된 하늘에 속한 개인들로 구성된 예수 그리스도를 믿는 모든 사람"을 의미한다고 설명한다.[137] 혁명가들은 진정한 신앙을 추구하기 위해 교회를 포기해야 한다는 것을 발견했다.[138]

그러니 비니는 제도권 교회에 "전례 없는" 영향을 미칠 혁명가들의 입장을 지지한다.[139] 바나는 친밀한 예배에는 "'예배'가 필요하지 않고" 성경, 기도, 제자도에 대한 개인적 헌신만 있으면 된다고 말한다.[140] 사도행전 2:42-47에 대한 주석을 제공하면서 바나는 설교는 단순히 "신앙에 기초한 대화"이며 은혜의 수단은 단지 "의도적인 영적 성장", "사랑", "자원 투자", "영적 우정", "가족 신앙"이라고 제안한다.[141]

---

135 George Barna, *Marketing the Church* (Colorado Springs: NavPress, 1988), 37.
136 George Barna, *Revolution: Finding Vibrant Faith beyond the Walls of the Sanctuary* (Carol Stream, IL: Tyndale House Publishers, 2005), back-cover copy.
137 Ibid., x.
138 Ibid., 17.
139 Ibid.
140 Ibid., 22.
141 Ibid., 24-25.

모든 강조점이 개인이 하는 일에 집중되어 있는 것에 주목하라. 이 책에는 교회가 우리를 위한 하나님의 사역에 의해 정의될 수 있다는 어떤 제안도 없다. "중요한 것은 당신이 누구와 관련되어 있는가(즉, 지역교회)가 아니라 당신이 누구인가이다"라고 바나는 말한다.[142]

통계를 고려해 볼 때, 교회에 다니는 그리스도인들은 다른 사람들과 크게 다르지 않게 살고 있기 때문에 교회 참여의 유용성에 의문이 제기된다.[143] "성경은 마음과 뜻과 힘과 영혼을 다해 하나님을 사랑하는 데 헌신하는 삶이 그분을 영화롭게 한다고 가르친다. 지역교회의 일원이 되는 것은 그런 삶을 촉진할 수 있다. 아니면 그렇지 않을 수도 있다."[144]

바나에 따르면, 성경은 "교회 관행, 의식(rituals), 또는 구조는 말할 것도 없이 지역교회에 대한 개념을 정립하지는 않지만, 근본적인 영적 훈련의 중요성과 근본적인 영적 훈련을 삶에 통합하는 것에 관해 방향을 제시한다."[145] 그는 제도적 교회에서 "대안 신앙 공동체"로의 전환이 주로 시장의 힘 때문임을 인식하고 있다.

> 방송, 의류, 음악, 투자, 자동차 등의 변화를 살펴보면, 이런 소모품의 생산자들은 미국인들이 자신들의 삶을 통제하기를 원한다는 것을 깨닫게 된다. 그 결과 미국에서 더 적은 수의 사람들에게 서비스를 제공하지만, 더 큰 충성도(및 수익)를 끌어낼 수 있는 고도로 세분된 카테고리를 만드는 "틈새시장"이 생겨났다.
>
> 지난 30년 동안 지역교회에서도 다양한 세대를 위해 설계된 교회, 다양한 스타일의 예배 음악을 제공하는 교회, 특정 계층의 관심 사역을 강조하는

---

[142] Ibid., 29.
[143] Ibid., 30-31.
[144] Ibid., 37.
[145] Ibid.

교회 등이 등장하면서 이런 틈새화 과정을 거쳤다. 이제 교회 환경은 모두를 위한 대형교회와 함께 이런 전문점과 같은 교회를 제공한다. 종교 시장에서 가장 큰 타격을 입은 교회는 획일적 접근 방식을 고수한 교회로, 일반적으로 획일적 접근 방식은 누구에게나 적합하지 않다는 것을 증명하고 있다.[146]

또한, 미국 소비자들은 교리보다 "실제적인 신앙 경험"을 요구하고 있으며, "종교적 경험의 예측 가능성보다는 참신함과 창의성, 종교 행사의 융통성 없는 일정보다는 시간 이동의 필요성"을 요구하고 있다.[147] 대신 혁명가들은 가정교회, 가족교회(즉, 직계 가족과 함께하는 신앙), "인터넷을 통해 전달되는 영적 경험의 범위인 소위 '사이버 교회'로 눈을 돌리고 있다."[148]

아무리 빈약하다 하더라도 바나가 예수님을 패러다임적 "혁명가"로 해석하는 배경에는 신학이 있는데, 그 신학은 기본적으로 19세기 부흥사 찰스 피니(Charles Finney)의 신학이다.

피니에 따르면 회심은 신적 은혜의 기적에 의존하는 것이 아니라 다른 선택과 마찬가지로 개인의 결단 결과이다. 또한, 회심은 말씀과 성찬의 규칙적 사역에 의해 매개되는 것이 아니라 방법이 무엇이든지 간에 "회개를 유도하기에 충분한 흥분"을 통해 이루어진다.[149]

---

[146] Ibid., 62-63.
[147] Ibid., 63.
[148] Ibid., 65.
[149] *Lectures on Systematic Theology* (repr., Minneapolis: Bethany House Publishers, 1976)에서 찰스 피니는 원죄 교리를 "반성경적이고 무의미한 교리"라고 말하며 그리스도의 의를 신자에게 전가하는 대속 속죄나 칭의의 개념을 거부했다. 이런 이론은 "법적으로 불가능"할 뿐만 아니라 단지 "우리 자신의 개인적 순종으로의 회귀를 … 구원의 필수 조건"(*sine qua non*)으로서 훼손할 수 있을 뿐이다(206). 칭의는 전적으로 개인의 "현재적이고 완전하며 완전한 순종"에 매 순간 의존한다(46-57, 320-22 참조). 피니

피니에게 있어 산업에서 합리적 방법이 결과를 낳듯이 신자, 교회, 패스트푸드 체인점의 성장에도 시장 원리가 동일하게 적용된다. 그의 계약적 접근법의 펠라기우스적 경향은 바나의 권면에서도 분명하게 드러난다.

> 당신이 혁명가라면 그것은 그리스도를 본받으라는 하나님의 부르심을 감지하고 이에 응답했기 때문이다. 여러분을 이 틀에 맞게 만드는 것은 교회의 책임이 아니다. … 혁명가가 되기로 하는 선택은 오직 여러분이 하나님과 맺는 언약이다.[150]

최근 몇 년간 복음주의 지도자들의 대표적인 많은 책에서도 비슷한 관점을 찾을 수 있다. 최근 윌로우 크릭(Willow Creek)의 연구에 따르면 가장 헌신적인 교인들에게 교회는 지속적 성장에 덜 중요하다고 결론지었다. "이 사람들은 자신의 삶을 그리스도께 기꺼이 내어 주었다."[151] 이들에게 "교회의 주된 역할은 봉사 기회를 제공하는 것이다."[152]

가 언급하는 것처럼, "전도자는 죄인이 회개하도록 유도하기에 충분한 흥분을 일으켜야 한다"(31). 그 결과 피니는 교회를 용서받은 죄인들의 공동체가 아니라 도덕적 개혁을 위한 사회로 생각했다.
부흥에 관한 서한에서 피니는 다음과 같이 말했다. "이제 교회의 가장 큰 사업은 세상을 개혁하는 것, 즉 모든 종류의 죄를 없애는 것이다. 그리스도의 교회는 원래 개인, 공동체, 정부를 개혁하기 위해 개혁가들의 단체로 조직되었다." 피니는 교회가 이를 따르지 않는다면 뒤처질 수밖에 없다고 주장했다. "율법, 보상, 처벌, 이런 것들 그리고 이와 같은 것들은 도덕적 설득의 핵심이자 영혼이다. … 형제 여러분, 교회 기관, 대학, 신학교가 앞으로만 나아간다면 누가 그들에게 신의 가호가 있기를 바라지 않겠는가. 그러나 그들이 앞으로 나아가지 않는다면, 즉 개혁의 거의 모든 분야에 대해 불평과 비난과 책망 외에는 아무것도 듣지 못한다면, 우리는 무엇을 할 수 있을까?" (*Lectures on Revival*, 2nd ed. [New York, 1835], 184-204)

150　Barna, *Revolution*, 70.
151　Ibid., 39.
152　Ibid., 42.

이런 연구에 의하면 이렇게 활동성이 높은 회원 중 상당수가 윌로우 크릭에 불만족하는 것으로 나타났다.

"왜 이런 단절이 있을까?"

저자들은 묻는다.

"대답은 간단하다. 즉, 하나님은 무엇보다도 우리가 교회가 아닌 그분과 성장하는 관계에 있도록 우리를 '연결'하셨기 때문이다."[153] 저자들의 결론은 하나님이 그분의 백성들이 교회의 사역에 의존하는 것에서 "기도, 일기, 고독, 성경 공부 등 개인이 그리스도와의 관계에서 성장하기 위해 스스로 하는 일"을 포함하는 "개인적인 영적 실천"으로 이동하도록 의도하셨다는 것이다. 신자들이 성숙해지면 교회에서 자신의 사적 활동으로 관심을 옮겨야 한다.[154]

"이 연구는 사람들이 영적으로 성장함에 따라 교회의 영향력이 감소한다는 것을 강력하게 시사한다."[155] "완전히 순복한" 사람들은 더 이상 교회의 "양육"이 필요하지 않고 이제 스스로를 지킬 수 있는 청년들에 비유된다.[156]

"우리 사람들은 그리스도와의 관계를 심화할 수 있는 개인적인 영적 실천을 통해 스스로를 먹이는 법을 배워야 한다. … 우리는 교회의 역할을 영적 부모에서 영적 코치로 전환하길 원한다." 저자들은 "개인별 운동 계획"을 제공하는 헬스장 트레이너의 비유를 제시한다.[157]

댄 킴볼(Dan Kimball)은 신흥 교회 운동의 지도자이지만(종종 대형교회 모델에 비판적) 그는 동일한 교회론적 가정을 옹호한다.[158] 복음주의 전체 범

---

[153] Ibid., 39.
[154] Ibid., 42-43.
[155] Ibid., 44.
[156] Ibid., 45.
[157] Ibid., 65.
[158] Dan Kimball, *The Emerging Church: Vintage Christianity for New Generations* (Grand

위 전반에 걸쳐 신자 개인과 예수님과의 개인적 관계는 그리스도를 받아들이기로 한 결정에 따라 즉각적이고 내면적이며 직접적이며, 교회에 가입하는 것 또한 이런 기본 계약에 부합할 수도 있고(경우에 따라서는 그렇지 않을 수도 있는) 개인의 결정이라는 전제가 널리 공유되고 있다.

사회학자 마샤 위튼(Marsha Witten)은 세속화가 사유화, 다원화, 합리화를 결합한다고 말한다. 그러나 이전 이론(특히, 막스 베버의 이론)에서는 이것이 필연적으로 종교를 파괴할 것이라고 생각했지만, 복음주의는 이미 신앙을 사적 문제로 만드는 경향이 있고, 객관적 진리보다 주관적(치료적) 이익을 더 강조하며, 개인 변화를 위한 다양한 절차, 공식, 규칙 및 단계를 제공하기 때문에 번성했다.[159]

바나의 메시지는 혁신적이라고 보기 어렵다. 그것은 단순히 종교적 열정의 역사에서 내적이고 도덕적이고 영적이며 개별적이고 개인적인 것과 언약 공동체를 통한 하나님의 외적이고 신학적이고 가시적이며 조직적이고 매개적인 은사를 대조하려는 경향의 급진적 버전일 뿐이다.

직접적이고 내적이며 매개되지 않은 신적 행동이 원칙적으로 공인되고 외적이며 매개된 피조물의 행동에 반대하면 성경의 교권과 교회의 목회적 권위가 모두 훼손된다. 그리고 이런 유사 영지주의적(quasi-gnostic) 전제가 극단적인 신학적 주지주의(voluntarism)와 결합하면 교회는 성도들의 친교가 아니라 소비자들의 인구 통계학적 개요가 된다. 사실상 계약이 언약을 대체한다. 교회는 더 이상 말씀의 창조물이 아니라 시장의 창조물이 된다.

그렇지만 이런 독립교회론(실제로는 교회로부터의 독립)은 청교도 회중주의나 바르트의 전통적 자유교회 사고와는 다른 궤도를 차지한다. 실제로 바르트는 키에르케고르(Kierkegaard)뿐만 아니라 "모든 형태의 신비주의와

Rapids: Zondervan, 2003), esp. 91.
159 Marsha Witten, *All Is Forgiven: The Secular Message in American Protestantism* (Princeton, NJ: Princeton University Press, 1998), 1–90.

경건주의"에서도 이런 "사적 기독교" 안으로 물러나는 것을 발견할 수 있다고 지적했다.

"칼빈이 언급하는 것처럼(*Institutes*. IV, I, 10), 자기 자신을 위해 기독교인이 되려고 하는 것은 '종교 회피자나 포기자'(*transfuga et desertor religioonis*)가 되는 것이며, 따라서 기독교인이 아니다." 그러한 사람은 "심지어 구원이 위험에 처하고 상실할 수도 있고,… 하나님과 세상의 화해에 대한 참여까지 잃을 수 있다. 그것은 아마도 그가 죄책감을 느끼는 성령을 거스르는 죄와 비슷한 것일 수 있다. 성령은 그를 그리스도와의 사적 관계가 아닌 공동체로 직접 인도하시기 때문이다."[160]

현대 복음주의 및 오순절 신학자들 사이에서 보다 강력한 교회론의 필요성에 대한 인식이 점점 더 커지고 있다. 그렇지만 많은 사람 가운데 자유교회와 로마가톨릭 교회론의 장점을 혼합하기 위해 종교개혁 자료들을 건너뛰는 일반적 경향이 있다.[161]

제3장에서 논한 "융합하는 포로 상태"에서처럼 경건주의와 신헤겔주의의 해석의 이런 아이러니한 융합은 슐라이어마허, 리츨, 헤르만, 하르낙의 유산을 반복할 위험성이 있다. 이 책에서 나의 주된 목표는 '제3의 길'로서 언약적 설명을 제시하는 것이다.

그러나 통일성과 복수성에 대한 설명으로 넘어가기 전에 언급할 만한 가치가 있는 자유교회론에 관해 설명이 하나 더 있다.

미로슬라브 볼프(Miroslav Volf)의 놀라운 연구 『우리의 닮음을 본받아』(*After Our Likeness*, Eerdmans, 1993)가 바로 그것이다. 라칭거(베네딕트 교황)와 지지울라스와 상대하는 볼프의 연구는 신중한 분석과 비평으로 시작된다.

---

[160] Barth, *CD* IV/1:689.
[161] Amos Yong, *The Spirit Poured Out on All Flesh* (Grand Rapids: Baker Academic, 2005), esp. 121–25; and Veli-Matti Kärkkäinen, *An Introduction to Ecclesiology: Ecumenical, Historical, and Global Perspectives* (Downers Grove, IL: InterVarsity Press, 2002).

볼프는 관념주의와 실존주의에 대한 공통의 빚을 지적하면서, 라칭거와 지지울라스가 다수(the many)를 각각 하나의 실체 또는 성부라는 한 위격에 최종적으로 동화시킨다고 몰트만과 함께 주장한다. 위계는 하나가 다수보다 존재론적으로 우선한다는 것의 자연스러운 활동 과정을 위한 것이다.[162]

복수성이 위계적 통일성으로 접히면서, "지지울라스의 사고에서 창조와 타락은 하나의 실체로 합쳐진다. … 타락은 단지 피조물 존재에 내재한 한계와 잠재적 위험의 계시와 실현에 있다."[163] "따라서 구원은 **인격성을 실현하는 존재론적 탈개별화에 놓여 있어야 한다**."[164] "그러나 그럴 때 지지울라스가 피하고자 하는 결과가 정확하게 나타날 것이다. 즉, '하나의 광대한 존재의 바다,' 즉 신적 인격(divine person) 안에서 위계들은 사라질 것이다"라고 볼프는 판단한다.[165]

개인들이 아닌 사람들로서 각 신자는 "전체 그리스도이다."[166] 그러나 이것은 성령께서 성찬에서 완전히 실현된 방식으로 수행하시는 종말론적 실체, 즉 "소급적 인과성"이다.[167]

결과적으로, 지지울라스에 따르면 진리는 (그 인격을 한 개인으로 되돌리는) 제안의 중재가 아니라 친교의 사건을 포함할 수 있다.[168] "이것이 하나님의 말씀이 교회에 대항하지 않고 세상과도 대항하지 않는 이유이다"라고 볼프는 말한다.

162　Volf, *After Our Likeness*, 78-79.
163　Ibid., 81-82.
164　Ibid., 83, 원문에서 강조.
165　Ibid., 87.
166　Ibid., 89.
167　Ibid., 90.
168　Ibid., 94.

지지울라스에게 말씀은 설교되거나 기록된 말씀이 아니라 오로지 한 인격을 가리킨다. "탈개인화는 직접적이거나 즉각적인 관계를 요구하며, 이런 관계는 차례로 성찬으로 언어를 대체할 것을 요구한다. 이것이 바로 성찬이 진리가 일어나는 장소인 이유이다. 성찬은 **탁월한** 공동체적 사건으로서 삼위일체 자체의 생명과 친교를 성육신하고 실현한다."[169]

그러나 볼프는 신뢰뿐만 아니라 지식과 동의 없이는 진정한 신앙이 있을 수 없으므로 복음의 "언어적 선포"가 필요하다고 선언한다.[170]

이런 구원의 탈개별화는 언어적 중재를 제거할 뿐만 아니라, 심지어 하나님이 주신 믿음조차도 인식을 포함하기 때문에 지지울라스의 구원론이나 교회론에서 믿음 자체는 아무런 역할을 하지 않는다.

"지지울라스의 구원론은 '오직 은혜'(sola gratia)라는 개념을 완전히 수용하지만, (종교개혁자들과 마찬가지로) 인간 신앙의 기원뿐만 아니라 인간 신앙 경험도 배제하는 방식으로 수용한다."[171] 다시 말하지만, 문제는 윤리적 대조(불신앙 대 신앙)가 아니라 존재론적 대조(생물학적 개인 대 세례 받은 사람)에 있다. 나쁜 선택이 아니라 선택 자체가 생물학적 피조물의 본질적 결함이 있는 개별성에 속한다는 것이다.[172]

지지울라스의 해석에 따르면 성찬 안에서만 이런 직접적이고 즉각적인 친교가 있을 수 있으며, 이는 "교회는 모든 성찬 안에서 역사에서 완전히 실현되는 엄밀한 종말론적 실체"라는 결론으로 이어진다.[173] 그러나 볼프가 지적한 것처럼 "지역교회가 그리스도와 동일하다면, 성찬 모임에서 종말 자체가 완전히 실현되어야 한다."[174]

169　Ibid.
170　Ibid., 170.
171　Ibid., 95-96.
172　Ibid., 97.
173　Ibid., 101.
174　Ibid., 101, 140.

지지울라스와 라칭거와는 대조적으로 볼프는 보편교회가 본질적으로 종말론적 실체임을 강조한다. "지역교회는 임재하는 보편교회의 구체적인 실현이 아니라, 오히려 하나님의 백성 전체의 종말론적 모임에 대한 진정한 기대 또는 예기적(豫期的, proleptic) 실현이다." 따라서 볼프는 교회의 필수적인 표징은 "모든 교회가 다른 모든 교회를 향한 개방성"이라고 볼프는 주장한다.[175] "역사 안에서 하나의 교회는 교회들의 친교로서만 존재한다."[176]

과대 실현된 종말론이 전체 그리스도적 중요성과 결합되면 "그리스도가 교회, 즉 보편교회의 주체가 될 뿐만 아니라 **교회 자체가 주체가 되기도** 한다. 즉, 그리스도의 주체성이 교회로 전이된다."[177]

라칭거와 지지울라스의 제안과는 대조적으로, "교회가 그리스도와 함께 구원 활동의 [행동하는] 주체가 아니라 오히려 그리스도만이 그러한 구원 활동의 유일한 주체라고 주장해야 한다. 이것이 바로 '전체 그리스도, 머리 그리고 지체'(*Christus totus, caput et membra*, the whole Christ, head and members)이고 전체 그리스도는 오직 그리스도(*solus Christus*)와 양립할 수 없다는 개념을 거부해야 하는 구원론적 이유이다."[178]

교회는 사람을 믿음으로 인도할 수 있지만, 믿음(fiducia)은 "전적으로 하나님의 성령의 선물이다."[179]

볼프는 고린도전서 12:12과 에베소서 5:31-32에 나오는 남편과 아내가 이루는 "한 몸"의 비유를 근거로 "그리스도의 몸"은 "한 사람의 몸으로서 유기적으로가 아니라 여러 사람의 몸, 어떤 방식으로든 잉태된 총체인 그

---

[175] Ibid., 156.
[176] Ibid., 158.
[177] Ibid., 141, 원문 강조.
[178] Ibid., 164.
[179] Ibid., 163.

몸으로서 공동체적으로 생각해야 한다"고 주장한다.[180]

지지울라스와 라칭어는 그리스도의 몸의 **은유적** 특성을 제대로 이해하지 못했다. "바로 이런 은유적 사용은 모든 지역교회가 본래의 의미에서 '그리스도의 몸'이라고 불릴 수 있게 한다."[181] 따라서 교회는 "집단적 주체가 아니라 오히려 사람들의 친교"이며, 이를 위해 그는 원형적 모형으로서 사회적 삼위일체론에 호소한다.[182]

이런 식으로 교회의 기독론적 조건은 단순히 위에서 아래로(복수성을 더 높은 통일성으로 끌어내는) 내려오는 것이 아니라 사람들 사이의 '다중 관계'에서 작동한다.

따라서 볼프에게 교회는 그리스도에 대한 신실한 고백이 있는 곳이면 어디든 존재한다(행 2:42; 고전 15:11; 고후 11:4).[183] "교회의 존재"는 "그리스도를 고백하는 모인 사람들에 의해 구성되는 것"이다.[184] "존재하는 교회, 즉 믿고 고백하는 인간이 바로 (원칙적으로) 교회를 구성하는 것이다."[185]

교회 통치의 특정한 형태뿐만 아니라 안수받은 직분이라는 개념 자체도 교회의 '에세'(*esse*, 존재)보다는 '베네 에세'(*bene esse*, 안녕)에 속하는 것으로 표현된다.[186] 심지어 성례전조차도 궁극적으로 구성적인 것이 아니라 "그러한 고백의 공적 표현이다."[187]

다음 장에서 볼프의 통찰을 바탕으로 교회 존재의 보편성(지역적이고 보편적인 측면)으로 논의를 확장해 보겠다. 그러나 이 시점에서 몇 가지 요점을 분석해 볼 수 있다.

---

180 Ibid., 142.
181 Ibid.
182 Ibid., 145.
183 Ibid., 147-49.
184 Ibid., 150n. 93.
185 Ibid., 151.
186 Ibid., 152.
187 Ibid., 153.

볼프는 라칭거와 지지울라스의 전체 그리스도 모티브에 대한 해석의 바탕을 이루는 관념주의적 인격 철학에 대한 결정적인 비판과 함께 독립적 교회론이 빠지기 쉬운 몇 가지 극단에 대한 도전을 동시에 제시한다.

예를 들어, 위의 독립성에 대한 일부 주장과는 대조적으로 볼프는 교회가 단순히 개별 신자들의 집합체라고 생각하지 않는다. "여러 명의 '나(I's)가 모여 문법적으로 복수형을 구성하지만, 그런 '나'들이 아직 교회적인 '우리'를 구성하지는 않는다."[188] 그러나 특히 지역 모임의 신앙과 고백이 교회를 구성하는 것으로 간주할 때 주관주의의 유령이 나타난다. 이것은 교회는 하나님이 역사하셔서 믿음을 창조하는 장소가 아니라 개인이 반응하는 장소로 이해된다는 것을 의미한다.

교회의 가시성은 반드시 설교와 성찬에서 개인과 공동체 내에서 설교와 성찬의 효과로 바뀐다. 볼프는 분리주의 지도자가 세례를 베풀 "참된 교회"가 없다고 판단했기 때문에 존 스미스가 "스스로 세례를 베풀기로 한 불행한 결정"을 비판하지만, 볼프 자신의 견해가 다른 교회에 대한 개방성이 교회 정체성의 필수적 표시라는 주장을 제외하고는 충분한 반박을 제공하는지는 분명하지 않다.[189]

분명히 말씀은 그리스도에 대한 신실한 고백이 있는 데 필요하며, 나중에 볼프는 "성례전 없이는 교회가 없다"라고 쓸 때 성례전이 교회의 존재에 속한다고 인정하는 것처럼 보인다. 그러나 그는 곧바로 "그러나 신앙고백이 없고 신앙 자체가 없는 성례전은 없다"라고 덧붙인다.[190]

이 시점에서 개혁주의 신학은 다른 전통과 함께 신앙이 성례를 구성하는 것이 아니라 성례전이 전하는 실체를 받는다고 주장한다. 말씀과 성례는 개인의 반응과 관계없이 그 유효성을 유지하지만, 신앙을 떠나서는 그

---

[188] Ibid., 10.
[189] Ibid., 153n. 108.
[190] Ibid., 154.

혜택을 받을 수 없다. 따라서 자유교회는 교회를 구성하는 것은 개인의 반응이라는 전제를 고려할 때 교회를 진정으로 거듭난 신자들의 지역 모임과 동일시할 때만 일관성이 있다.[191]

볼프는 교회를 "어머니"로 보는 종교개혁자들의 견해에 더 가깝다는 것을 확인하면서, 신격의 위격은 "모든 성경이나 피조물보다 낫기" 때문에 "거듭난 사람들은 더 이상 은혜의 수단이 필요하지 않아야 한다"는 존 스미스의 권고와는 거리를 둔다.[192] 라칭거와 지지울라스의 "과도하게 실현된 종말론"에 대한 그의 비판을 긍정하지만, 지역교회만이 "하나님의 백성 전체의 종말론적 모임에 대한 진정한 기대 또는 예기적(豫期的, proleptic) 실현"이라는 볼프의 주장은 그럴듯해 보인다.

그러한 보편적 모임이 현재에 취하는 가시적 형태를 "다른 [지역]교회에 대한 개방성"으로 축소한다면 어떤 방식으로 그런 보편적 모임이 심지어 예기적으로 실현되는가?

머리와 지체의 혼동과 가시적 교회를 신자의 구원과 그리스도와의 친교에 외적인 것으로 간주하는 자유교회 경향을 경계하면서 볼프의 모델은 엄청난 통찰을 제공한다. 그러나 그의 설명에서 복수성은 더 관계 지향적이지만, 앞서 언급한 이유(특히 사회적 삼위일체 모델)로 인해 몸의 일치와 지역교회 간의 연결은 덜 결정적인 요소로 남아 있다.

---

191 이 점에서 바르트는 공동체나 개인의 신앙이 교회를 구성한다는 생각에서 벗어나도록 우리를 적절하게 인도한다. 오히려 신앙이 반응하는 말씀이 교회를 구성한다(Barth, CD IV/1:151). 나는 성례전에서도 마찬가지라고 덧붙이고 싶다.

192 Volf, *After Our Likeness*, 161–62.

3. "몸" 식별하기: 하나 그리고 다수

1877년 프레드릭 퇴니스(Frederick Tönnies)는 현대 사회에서 두 가지 유형의 정치 조직을 구분했다. 그는 사회 계약과 상호 이기심에 기반한 **게젤샤프트**(Gesellschaft)와 가족, 마을, 이웃, 우정과 같은 비공식 공동체인 **게마인샤프트**(Gemeinschaft)로 구분했다.[193]

토마스 홉스(Thomas Hobbes)의 정치 철학에서 가장 잘 드러나듯이, 주권적 자아는 "만인에 대한 만인의 전쟁"에서 안전을 보장받는 대신 어느 정도의 자율성을 왕(또는 국가)에게 양보한다. 게젤샤프트로서 이런 버전의 공동체(community-as-gesellschaft)의 승리는 정치, 경제, 심지어 영적 측면까지 현대 생활의 무수한 형태에서 분명하게 드러난다.

언약 공동체는 퇴니스가 설명한 이 두 가지 범주에 정확히 들어맞지는 않지만 사회 계약과는 뚜렷한 대조를 이룬다. 이런 모든 차이점에도 불구하고 우리가 접한 현대판 전체 그리스도 중 일부는 개신교 개인주의와 언약적 관점보다는 계약적 관점을 공유하고 있다. 경건주의의 유산을 반영하여 슐라이어마허는 "기독교 교회는 중생한 개인들이 질서 있는 방식으로 상호 교류하고 협력함으로써 형성된다."[194]

따라서 아이러니하게도 그는 다른 것들 가운데 교회를 (중생한 개인들의) 자발적 사회로 보면서도 동시에 공동체를 위한 개인의 희생에 대해 말할 수 있었다.

이 둘과는 대조적으로 언약적 접근은 자율성을 가지고 투자하거나 전체를 위해 희생할 주권적 자아가 애초에 존재하지 않는다고 주장한다. 그리

---

[193] Frederick Tönnies, *Community and Society*, trans. C. Loomis (New York: Harper & Row, 1963).

[194] Friedrich Schleiermacher, *The Christian Faith*, § 115, ed. H. R. Mackintosh and J. S. Stewart (Edinburgh: T&T Clark, 1928), 532.

스도 안에서는 다수가 남아 있지만, 이제는 영원한 전쟁 상태가 아니라 생명의 친교 속에 있다.

그리스도 안에서는 교회의 은혜 배급으로 극복해야 할 부족함이 없으며, 그것은 죄의 죄책과 능력을 능가하는 은혜(롬 5:20), "우리가 그리스도 안에서 그의 은혜의 풍성함"(엡 1:7-8), "그리스도 예수 안에 있는 믿음과 사랑과 함께 넘치도록 풍성"(딤전 1:14)하라는 완전한 풍요의 경륜이다.

생물학적 개인을 소멸시키는 것이 아니라 선택하시고, 구속하시고, 부르시고, 의롭게 하시고, 거룩하게 하시고, 영화롭게 하시는 은혜는 자아를 새로운 피조물로 식별되는 관계의 연결망에 놓이게 한다. 우리는 모두 같은 선물을 받았기 때문에 하나이다.

개혁주의 신학도 전체 그리스도 모티프에 거리낌 없이 호소하지만, 그것은 항상 그리스도의 죽음과 부활에 참여함으로써 예수님께 일어난 일이 우리에게도 일어날 것이라는 역사적 경륜과 연결되어 있다. 그리스도는 언약의 대표직 머리이지, 자신과 우리의 정체성이 전체에 복종하는 '공동체적 인격'은 아니다.

승천은 이런 버전이 피라미드형 교회나 우주적 몸을 그리스도로 대체하는 것을 막고, 우리를 그리스도와 연합시키는 성령의 역사로 인도하여 실제 차이에도 불구하고 진정한 친밀감을 갖도록 한다.

칼빈은 다음과 같이 표현한다.

> 하나님의 아들이 우리와 연합될 때까지 그분이 자신을 어느 정도 불완전한 존재로 간주하신다는 것은 교회의 최고 영예이다.
> 우리가 그분과 함께하고 나서야 그분은 그분의 모든 부분을 소유하거나 완전한 것으로 간주되기를 원하신다는 것을 알게 되는 것이 우리에게 얼마나 큰 위로가 되는가!

따라서 고린도전서에서 사도가 인간의 몸에 대한 은유를 주로 논할 때, 그는 그리스도의 한 이름 아래 전체 교회를 포함한다.[195]

그렇다면 칼빈이 에라스무스의 소시에타스(*societas*)보다 코이노이아(*koinonia*)에 대해 더 강력한 언어를 주장한 것은 놀라운 일이 아니다. 그리고 이것은 또한 이 점에서 개혁자의 바르트와의 거리를 측정하는 것이다. 그렇지만 칼빈과 그의 후계자들에게 이런 버전의 전체 그리스도는 종말론적으로 향해 있다. "하나님의 아들은 추수의 첫 열매, 즉 몸의 머리이시기 때문에 자신을 어느 정도 불완전하거나 불완전한 존재로 간주하신다."

그분 자신 안에서 완전하고 완벽하게 소유하고 있는 것이 현재 그분의 몸에서는 불완전하고 불완전하게 실현될 뿐이다. 선택과 구속을 받았지만 아직 몸 전체가 모여 의롭다 함을 얻지 못했다. 의롭다 하심을 받은 사람들도 성화의 진전이 시작될 뿐이며, 그 성화는 영화롭게 될 때 완전히 실현될 것이다.

그러나 가시적 교회는 종말론적 실재, 즉 모든 때와 장소에서 선택된 자들의 전체 친교에 예기적으로 참여한다. 이 시점에서 유아 세례의 실천이 성도의 친교에 대한 언약적 관점에 더 일반적으로 얼마나 중요한지 관찰하지 않을 수 없다. 세례에 대한 언약적 관점은 교회를 연합과 친교의 효과적 원인으로 만드는 경향이 있는 세례에 대한 사효적(*ex opere operato*) 관점을 피하면서 교회를 단순히 자발적 사회로 생각하지 못하게 한다.

본회퍼는 "유아를 협회에 가입시키는 이유는 무엇인가"라고 묻는다. "아무리 열정적 체스 선수라도 어린아이를 체스 클럽에 등록시키지는 않을 것이다. … 오직 사회[게젤샤프트]가 아닌 공동체[게마인샤프트]만이

---

195   John Calvin on Eph. 1:23, in *Commentaries on the Epistles of Paul to the Galatians and Ephesians*, trans. William Pringle (Grand Rapids: Eerdmans, 1957), 218.

아이를 품을 수 있다. 협회[게젤샤프트] 안에서 유아 세례를 베푸는 것은 내적 모순이다."[196]

따라서 유아 세례는 언약 교회론에서 부수적인 것이 아니라 필수적이다. 유아 세례는 구약과 신약을 통한 언약의 연속성뿐만 아니라 신앙을 낳고 양육하는 장소이자 신앙을 나타내는 사람들로서의 교회 개념에도 필수적이다. 신자의 자녀를 포함하는 것은 교회론과 구원론에서 하나님의 주권적 은혜의 우선순위를 강조하며, 개인주의적 신앙과 실천에 기여하는 모든 주지주의적이고 계약적인 해석에 도전한다.

언약신학의 맥락에서 해석할 때 신자가 자녀와 함께 세례를 받는 것은 다음과 같은 사항을 강조하는 것이다.

첫째, 교회를 창조하는 데 있어 신적 활동의 우선순위(즉, 계약보다 언약)
둘째, 과대 실현된 종말론을 전복하는 현재 그리스도 몸의 '혼합적' 성격
셋째, 신앙과 회개의 양육에서 공동체의 중재뿐만 아니라 개인적 신앙의 중요성

언약적 모델에서 그리스도 안에 있는 신성과 인성의 위격적 연합(hypostatic union)은 교회와 머리의 신비적 연합과 구별된다.[197] 그리스도는 공동체적 인격이 아니라 그분의 몸의 언약적 머리이시다. 그때 거기서 단번에 완성된 그리스도의 인격과 사역은 교회 때문에 확장되거나 완성되는 것이 아니다. 그렇지만 그리스도와의 실제 연합과 그분의 유익이 있으려면 지금 여기에서 성령의 사역도 마찬가지로 중요하다.

---

196 Bonhoeffer, *SC* 254, 257.
197 최근 대화에서 이 문제를 쉽게 다룰 수 있는 방법을 알려 준 조지 헌싱어(George Hunsinger)에게 감사드린다.

머리와 지체의 교회론이 지나치게 부풀려지거나 축소됨으로써 우리는 건전한 교회론에 필요한 종말론적 긴장과 성령론적 풍요로움을 많이 잊어버린다. 유비로서 그리스도의 몸은 일의적 묘사도 아니고 다의적 비유도 아니다.

뉴비긴(Newbigin)이 관찰하는 것처럼 일의적으로 해석할 때 "'성육신의 연장'"으로서의 교회 이론은 "육신(sarx)과 몸(soma)의 혼동에서 비롯된다." "그리스도의 부활하신 몸" 즉 자연적 몸과 구별되는 그분의 교회는 "육신이 아니라 영적 몸"이다. "그분은 육신을 따라 우리를 그분의 몸에 통합하기 위해 오신 것이 아니라 성령을 따라오셨다." 따라서 승천하실 때 영을 보내 주신다고 약속하셨다.[198]

뉴비긴의 요점은 그리스도의 육신 승천과 성령의 강림 모두의 중요성을 상기시켜 준다. 그리스도와의 연합은 융합된 본성의 수준에서 이루어지는 것이 아니라 동일한 영에 의해 다가올 시대의 동일한 현실에 서로 다른 지체가 공동으로 참여하는 것으로 이루어진다. 이 견해는 은유를 영성화하는 것과는 거리가 먼, 머리와 지체의 구체적이고 공동체적이며 환원할 수 없는 특수성을 강조한다.

볼프는 "바울의 '그리스도 안에 하나'를 라칭거의 '그리스도와 단일 주체'로, 또는 확실히 '하나의 … 예수 그리스도'로 변형시키기 위해 바울 자신을 넘어서는 신학적 해석이 필요하다"라고 적절하게 주장한다.[199]

확실히 라칭거는 "십자가에서 '떠난' 주님이 성령을 통해 '다시 오셨고,' 이제 그분의 '신부'인 교회와 애정 어린 대화를 나누고 계신다"라고 말한다.

---

[198] Lesslie Newbigin, *The Household of God: Lectures on the Nature of the Church* (London: SCM Press, 1957), 80.
[199] Volf, *After Our Likeness*, 34. 볼프의 언급은 교황이 되기 전의 라칭거에 대한 것이므로, 나는 이 장에서 이 명칭을 그대로 사용할 것이다.

볼프는 "그러나 성령의 대리적 사역에 의지한다고 해도, 하나의 단일 주체 안에서 대화한다는 생각은 자신과의 단순한 대화라는 의심에서 자유롭게 할 수 없다. 신랑과 신부를 모두 포함하는 하나의 주체라는 개념을 포기하지 않고는 교회와 그리스도의 병치를 생각하는 것이 불가능해 보인다"라고 말한다.[200]

또한, 고린도전서 12:12에서 "몸은 하나인데 많은 지체가 있고 몸의 지체가 많으나 한 몸임과 같이 그리스도도 그러하니라"와 같이 바울의 구절이 등장하는 곳마다 통일성만큼 복수성을 긍정하는 데 바울의 구절이 사용된다. 다수와 하나가 동일한 존재론적 비중으로 취급될 뿐만 아니라 이 공식 자체도 "마찬가지로… 그리스도도 그러하니라"라는 직유를 표현하고 있다. 유비는 수사학적 수사가 아니라 우리의 능력에 맞는 방식으로 진리를 전달하는 것이다.

에이버리 덜레스 추기경(Avery Cardinal Dulles)이 적절하게 상기시키는 것처럼, 성경적 유비의 다양성과 풍부함을 고려해야 한다.[201] 핵심은 한 모형을 객관화하여 다른 모형을 배제해서는 안 된다는 것이다. 예를 들어, 유기체적 모형은 풍부한 조명을 제공하지만 "세대를 거쳐 지속되는 인간 공동체로서의 교회 특유의 대인관계적, 역사적 현상을 설명하지 못한다. 따라서 순례하는 하나님의 백성과 같은 사회적 모형이 유기적 은유를 보완하는 데 사용된다."[202]

예를 들어, 신약성경은 성전과 그리스도의 몸의 이미지를 논리적으로 일관되지 않지만 신학적으로 적합한 방식으로 결합한다. 베드로전서 2:5에

---

[200] Ibid.
[201] Avery Dulles, *Models of the Church*, 17, 21-30. Paul Minear's *Images of the Church in the New Testament* (Philadelphia: Westminster Press, 1960)에는 96개의 이미지가 수록되어 있다.
[202] Ibid., 22-23.

서 우리는 그리스도인이 산 돌로 지어진 성전이라고 말하지만, 에베소서 4:16에서 바울은 그리스도의 몸은 여전히 건축 중이라고 말한다. 폴 미니어(Pual Minear)는 이런 "풍부한 은유의 혼합"은 "논리적 혼란이 아니라 신학적 생명력을 반영한다"는 것을 상기시킨다.[203]

델레스는 그리스도의 몸 유비 자체가 언약이라는 보다 기본적인 모티브에 의존하고 있다고 지적한다. "이 은유의 근원은 고대 근동에서 종주국이 속국과 맺은 일종의 조약 관계"라고 그는 말한다. 그리스도의 몸 유비에 대한 배경을 제공할 뿐 아니라, "그런 종류의 군사적, 정치적 조약은 '하나님의 백성'이라는 개념이 형성된 원료를 제공했다."[204]

이것은 성경적 교회론의 언약적 맥락을 하나의 바울적 유비에 동화시키기보다는 오히려(특히, 관념주의적 틀 안에서 해석될 때처럼), "그리스도의 몸"을 언약적 교회론의 유비로 이해해야 한다는 가능성을 시사한다. 델레스 자신도 "그리스도의 몸"은 그 자체로 "교회의 불건전한 신성화"로 이어질 수 있으며, 마치 연합이 "따라서 생물학적이며 위격적인 연합"이고 교회의 모든 행위는 사실상 그리스도와 성령의 행위인 것처럼 인식한다.[205]

언약적 맥락에서는 관련성과 차이점이 모두 존재한다. 봉신은 종주와 동일시되기 때문에 어느 한쪽에 대한 위협이나 상해는 다른 쪽에 대한 위협이나 상해가 된다. 그러나 이는 종주와 봉신으로 구성된 단일 주체의 생물학적 통일성 때문이 아니라 종주가 제국의 수장으로서 자유롭게 맡은 책임에 근거한 것이다. 그렇지만 종주는 항상 조약을 통해 가신에 대항한다.

---

[203] Ibid., 29-30.
[204] Ibid.
[205] Ibid., 51.

융합 없는 연합, 흡수 없는 친교가 있으며, 언약 백성(교회)은 승천하신 주님의 인격적 존재와 은혜로운 통치를 확장하기보다는 항상 받아들이는 입장에 있다.

요즘 교회론의 현장으로서의 성찬과 하나님 나라의 성례로서의 교회에 대해 많은 논의가 있지만, 이것은 우리가 이 사건이 우리를 두 시대 사이에 위태롭게 위치시키는 것을 허용할 때만 유익하다. 성찬이 몸 전체에서 분리된 머리와의 사적 관계에 도전하는 것처럼 올바로 이해된 성찬은 머리와 지체 또는 지체와 지체의 결합으로부터 우리를 보호해 준다.

다시 한번 패로는 "성찬적 모호성"(eucharistic ambiguity)이라는 이런 요점을 유익하게 강조한다.

> 칼빈의 표현을 빌리면, 우리가 모인다고 말해지는 식탁 주변에 계신 그분은 "임재하는 방식으로 또한 부재하는 방식으로" 계신다. … 왜냐하면, 교회가 단지 이념적으로만 아니라 존재론적으로도 세상과 구별되는 것은 성찬의 모호성 때문이다. 그런 모호성을 고백함으로써 성령에 대한 호소가 자기 준거(self-reference)로 축소되는 진부함이나 오히려 신성 모독을 피할 수 있다.
>
> 교회가 자신과 자신이 사는 세상 너머에 있는 실체에 대해 진실성을 가지고 말할 수 있는 것은 자기 존재의 잠정성(provisionality)을 아는 데 있다. 이 문제를 더 긍정적으로 말하면, 교회에는 눈에 보이는 것보다 더 많은 것이 있으며, 그 '더 많은 것'은 성찬이 소개하는 기독론적 수수께끼에 속한다.[206]

---

[206] Farrow, *Ascension and Ecclesia*, 3.

성찬 전례에는 반복, 모방, 연장 가능성 없이 단번에 일어난 일을 기억하고(anamnesis), 현재에 성령을 부르고(epiclesis), 다시 오실 것이라는 고백(epektasis)이 포함되는 것은 이유가 없는 것이 아니다. 이런 방식으로 교회와 신자 개인은 모두 자신의 정체성이 황홀하게, 즉 자기 외부에 존재한다는 것을 인식한다. 이 정체성은 결코 교도권이나 개인의 자유 의지에 따라 자율적으로 결정되는 것이 아니라 '우리 밖에서'(extra nos) 주어지는 것이다.

그리스도는 이제 자연적 몸으로 이 땅에 계시지 않으며, 그분의 교회 몸은 그분의 대리자로서 역할을 할 수 없다. 그러나 성령께서 우리를 그리스도와 연합시켜 믿음과 소망과 사랑의 친교 안에서 서로를 하나로 묶어 주시기 때문에 교회는 승천하신 주님에 의해 고아가 되지 않는다.

따라서 지금도 이 시대의 왕국들에는 우리의 경험적 관찰에는 모호하지만, 공동체일 뿐만 아니라 친교이며, 안식일 절기를 특징짓는 연합 속의 차이(difference-in-union)와 차이 속의 연합(unity-in-difference)의 표징일 뿐만 아니라 예기적 실현인 사회가 펴져 있다.

제7장

보편성과 거룩성

이전 장에서는 이미와 아직 아닌(already and the not-yet) 사이의 종말론적 긴장에 민감한 유비적이고 언약적인 설명으로 분리 없는 구별의 측면에서 머리와 지체의 관계를 정의함으로써 통일성과 복수성, 관련성과 차이점의 존재론적 동등성을 강조했다.

이번 장에서는 이런 논의를 바탕으로 이런 개념을 교회의 보편성과 거룩함에 대한 우리의 이해로 확장한다.

1. 교회의 거룩함

성화는 이미 교회론의 중요한 범주로 소개되어 머리와 몸의 혼동과 머리와 몸을 분리하는 진퇴양난 사이를 탐색하게 해 주었다. 하나님은 본질적 선함과 언약의 타락한 모습 모두에서 피조물을 있는 그대로 취하시고, 특별한 목적을 위해 그것을 주장하시며, 인간의 경우에는 자신의 은혜와 영광으로 그것을 재정의하고 새롭게 하여 자신의 성품을 반영하도록 하신다.

물, 빵, 포도주와 같은 일상생활의 필수품은 큰 변화를 겪지 않고 언약적 서약이라는 사건의 필수적인 부분으로 모집되었다. 자연은 고양되거나 신성화된 것이 아니라 하나님의 소유이며 그분의 소통 목적을 위해 해방된 것이다. 평범한 물과 빵과 포도주를 거룩한 요소로 만드는 것은 하나님의 약속이다.

이와 유사하게 예수님은 겟세마네에서 제자들을 위해 기도하실 때, 그들이 세상에서 제거되는 것이 아니라 세상에서 거룩하게 되기를 기도하셨다.

> 그들을 진리로 거룩하게 하옵소서 아버지의 말씀은 진리니이다(요 17:17).

성화는 내적 갱신의 과정이기 전에, 칭의와 마찬가지로 개인과 교회 존재의 구석구석에 반향을 일으키는 법정적 행위(forensic act)로서 삼위일체 하나님이 하시는 결정적 주장이다.

또한, 성화는 성령의 즉각적 활동이나 거룩하게 하시는 은혜의 주입이 아니라 새롭게 표현되는 문제이다. 우리는 더 이상 "로암미"(Lo-ammi), "내 백성이 아니다"(호 1:9)가 아니라, 하나님의 바로 그 백성이라고 선포된다. 교회는 내적으로나 외적으로나 여전히 더럽혀져 있지만, 그리스도는 "하나님에게서 나와 우리에게 지혜와 의로움과 거룩함과 구원함이 되셨으니, 기록된바 자랑하는 자는 주 안에서 자랑하라"는 것을 교회는 알고 확신 가운데 주의 이름을 부른다.

거룩함의 임함이 우리 존재와 경험의 모든 측면에 축복을 가져다주지만, 거룩함은 우리 밖에서(extra nos) 지체 개개인에게 임하는 것처럼 교회에 임한다. 예를 들어, 이사야 60장에서 땅은 어둠 속에 놓여 있다. 회복을 위한 내재적 자원은 없지만, 약속은 선언적 힘으로 다가온다.

일어나라 빛을 발하라 이는 네 빛이 이르렀고 여호와의 영광이 네 **위에** 임하였음이니라. 보라 어둠이 땅을 덮을 것이며 캄캄함이 만민을 가리려니와 오직 여호와께서 네 **위에** 임하실 것이며 그의 영광이 네 위에 나타나리니(사 60:1-2, 강조 추가).

교회는 결코 태양이 아니라 항상 달이기에 창조함이 아니라 세상의 빛을 반사할 뿐이다. 그 결과 모든 민족의 남은 자들이 시온으로 몰려들 것이다(4-22절).

이사야 62장에서는 구원이 정복의 상급과 함께 신속하게 도착하여 그분의 백성 가운데 다시 그분의 임재를 유지한다.

사람들이 너를 일컬어 거룩한 백성이라 여호와께서 구속하신 자라 하겠고 또 너를 일컬어 찾은 바 된 자요 버림받지 아니한 성읍이라 하리라(사 62:11-12).

출애굽기 34:12-16에 나오는 야웨와 모세 사이의 대화에서 분명히 드러나듯이, 하나님의 임재, 즉 그분의 선택과 구속과 보존 활동은 이스라엘이 이방 민족의 '토부 와보후'(*tōhû wāōhû*), 즉 흑암과 공허에 다시 동화되는 것을 막는 유일한 요소이다(창 1:2).

귀환하는 포로자들의 선지자로서 스가랴는 대제사장 여호수아가 신성한 법정에서 사탄에게 고소를 당하지만, 여호수아의 죄책과 더러운 옷이 벗겨지고 "아름다운 옷"을 입는 환상에 대해 이야기한다(슥 3:4). 법정적 언어와 행동이 있다.

이들은 예표의 사람들이라 내가 내 종 싹을 나게 하리라 만군의 여호와가 말하노라 내가 너 여호수아 앞에 세운 돌을 보라 한 돌에 일곱 눈이 있느니라 내가 거기에 새길 것을 새기며 이 땅의 죄악을 하루에 제거하리라 만군의 여호와가 말하노라 그날에 너희가 각각 포도나무와 무화과나무 아래로 서로 초대하리라 하셨느니라(슥 3:8-10).

거룩한 땅에서의 안식은 그 땅에서 죄책을 없애고 그 백성들이 왕의 옷을 입음으로써 보장된다. 싹(the Branch)은 평화를 중재하는 "보좌 옆의 제사장"이 될 것이다(슥 6:13).

> 그날에는 말방울에까지 여호와께 성결이라 기록될 것이라 여호와의 전에 있는 모든 솥이 제단 앞 주발과 다름이 없을 것이니 … 그날에는 만군의 여호와 전에 가나안 사람이 다시 있지 아니하리라(슥 14:20-21).

다시 말해, 거룩한 것과 부정한 것 또는 깨끗한 것과 부정한 것의 구분이 없어질 것이다. 옛 언약의 세부적인 의식 법규로 상징되는 이스라엘과 열방의 분리는 더 이상 유효하지 않을 것이다.

이 약속의 성취에 대한 계시는 베드로를 당황하게 하고 분개하게 했지만, 이방인을 향한 선교로 이어졌다(행 10:1-11:18). 그리스도 안에서는 심지어 "부정한 자"도 거룩하며, "내 백성이 아닌 백성"(로암미)도 아브라함의 자녀가 될 수 있고(눅 3:8; 요 1:12; 갈 3:13-18; 4:21-5:1; 벧전 2:10), 그들의 자녀도 주님께 거룩한 자가 될 수 있다(고전 7:14).

복음이 이방인을 언약의 백성으로 삼고 이름을 바꾸면서 하나님의 나라는 거룩하게 확장된다. 그러나 이 시대에도 여전히 거룩한 자와 속된 자, 약속의 상속자와 빛보다 어둠을 선호하는 세상 사이의 갈등이 존재한다. 우리를 거룩하게 만드는 신적인 주장은 또한 우리를 이 시대에서 이방인과 나그네로 만든다.

복음의 외적 말씀은 교회를 결정적으로 창조할 뿐만 아니라 점진적으로 파괴하고 방향을 바꾸고 새롭게 한다. 십자가에 달리시기 전날 예수님의 간구는 성취되었다. 즉, 교회는 그분께서 말씀하시기에 거룩하다. 새롭게 하는 거룩함은 무엇보다도 성별에 관한 결정적인 신적 행위이다.

"새 이름"은 이런 결정적인 거룩함, 즉 정죄에서 칭의로, 죽음에서 생명으로, 내 백성이 아닌 백성에서 하나님의 백성으로 즉각적으로 옮겨지는 새로운 정체성이다(사 62:2; 계 2:17). 우리는 내재적 거룩함 때문이 아니라 우리 머리와의 언약적 연합을 통해 개인적으로나 공동체적으로 그런 완전한 의의 수혜자가 되었다. 우리는 그리스도 안에서 우리의 선택과 구속과 부르심으로 인해 거룩하다(엡 1:4-15).

이와 대조적으로 머리와 머리의 지체를 하나의 주제로 통합하는 것의 당연한 결론은 법률적, 유기적, 심지어 성령론적 용어로 이해하든지 간에, 그리스도의 거룩함과 그분의 몸의 거룩함 사이에 필요한 구별이 사라진다는 것이다. 교회의 칭의가 머리의 완전한 의로움에서 비롯되는 대신, 그리스도 자신은 그분의 몸의 고유한 거룩함에 동화된다.

바티칸 1세(Vatican I)는 다음과 같이 말한다.

> 교회 자체는 놀라운 확장성, 탁월한 거룩성, 모든 선한 일에서 무궁무진한 결실, 보편적 일치와 무적의 안정성으로 인해 위대하고 영원한 신뢰의 동기이자 자신의 신성한 사명에 대한 반박할 수 없는 증거이다.[1]

최근 회칙 인류(Humani generis)에 따르면, "그리스도의 신비한 몸과 로마가톨릭교회는 하나이며 동일한 것이지만",[2] 다른 교회에는 "교회의 흔적"(vestigia ecclesiae)이 있다.[3] 따라서 거룩함과 보편성은 그리스도와 그분

---

1 Avery Dulles, SJ, *Models of the Church* (New York: Doubleday, 1974), 123에서 인용.
2 Ibid., 132에서 인용.
3 Ibid., 133. 덜레스는 이런 교도권의 결정을 읽는 방식은 선호하는 교회론적 모델에 따라 크게 달라진다는 점을 상기시켜 준다(Ibid., 140). 바티칸 2세가 순전히 제도적 교회론을 받아들였다면 개신교 교회는 참된 교회로 간주될 수 없었지만, 교회론을 넓힘으로써 앞으로 그 가능성에 대한 문은 열려 있다. 덜레스는 단순한 제도적 교회보다 "성례

의 교회라는 단일 주체, 즉 전체 그리스도의 통일성에서 흘러나온다.

결과적으로, 교회는 항상 거룩하며, 결코 의롭다 함과 죄가 동시에 존재하지 않는다. 교회의 거룩함은 **외적** 의로움 때문이 아니라 교회에 주입되어 흘러나오는 **내재적** 의로움 때문에 교인들의 죄로 인해 절대 손상되지 않는다.

트렌트 공의회의 제도적 모델에서 교도권(magisterium)은 공로의 보물창고에서 성화시키는 이런 은혜를 분배하는 사법적 분배자이며, 보다 유기적 모델(특히, 디오니시우스적 강조를 되살리는)에서 은혜는 단순히 한 분(전체 그리스도)으로부터 다수(인류 전체)에게로 발산된다.

폰 발타자르(von Balthasar)는 참과 거짓, 선택된 자와 선택되지 않은 자의 관점에서 생각하는 대신, 상승하는 계층 구조에 대해 다시 생각해 보라고 권유한다. 그는 중세의 디오니시우스 신비주의에 대해 "교회에서 가장 높고 가장 더럽혀지지 않은 마리아의 거룩함에서부터 저주 직전까지, 사실 그 너머까지, 어떤 면에서 아직 교회의 지체가 아닌 중죄인의 경우에도 거룩함의 모든 단계가 있다고 본다"고 칭찬한다.[4]

특히, 라너의 정식화에서 필요한 것은 낯선 자와 이방인을 그리스도 안으로 통합하는 새로운 창조가 아니라, 그들이 이미 적어도 암묵적으로나마 교회에 속해 있다는 새로운 인식이다. 두 경우 모두 거룩함은 내재적이고, 주입되며, 위계적이다.

전으로서의 교회" 모델을 채택하면 개신교 교회를 "교회 성례전의 불완전한 실현"으로 취급할 수 있다고 제안한다. (성찬의 본질에 대한 논쟁과 같은) 어려움에도 불구하고, 이것은 나에게 에큐메니즘뿐만 아니라 교회의 현실을 더 일반적으로 이해하는 데에도 더 유익한 교회론적 모델인 것처럼 보인다. 이 책 전체에서 나는 "츠빙글리주의"와 "화체설" 사이를 탐색하는 방법으로 표징-표징이 의미하는 유비(sign-signified analogy)를 사용한다.

[4] Ibid., 152.

라너는 다음과 같이 요약한다.

> 중세의 위대한 신학자들이 말하곤 했던 것처럼(St. Thomas, *Summa Theologia*, I,IIae, q. 106, a.1), 교회를 원칙적으로 구성하는 것은 인간의 마음 안에 계신 성령이며, 나머지 모든 것(위계, 교권, 성찬, 성례전)은 이 내적 변화를 위해 봉사하는 것이다.[5]

(웨슬리의 후계자) 존 플레처(John Flecher)가 발전시킨 세대주의 교리를 바탕으로 오순절 신학자 아모스 용(Amos Yong)은 같은 목표를 달성하지만, 그리스도의 말씀이나 교회와의 필요한 연관성 없이 성령의 즉시성을 통해 도달한다.[6] 그러나 언약의 관점에서 볼 때, 예수 그리스도 이외의 다른 사람이나 다른 것에서 거룩함을 찾는 모든 방법은 이미 강조한 대로 기독론과 성령론 사이의 불가분 관계를 간과하는 것이다.

하나님은 분명히 자신이 선택하시는 곳이면 어디에서나 낯선 사람을 만날 수 있지만, 그리스도의 이름을 부르는 것을 통해 은혜 언약 안에서 우리를 만나겠다고 약속하셨다(행 4:12; 빌 2:9-11).

레슬리 뉴비긴(Lesslie Newbigin)은 "익명의 그리스도인"이라는 개념에 대한 개혁파의 영원한 반대를 다음과 같이 잘 표현한다.

> 또한, 우리는 언약에 의하지 않은 자비의 개념을 사용하여 눈에 보이는 교회 밖의 은혜 역사를 충분히 인정하면서도 교회는 눈에 보이는 연속성이 보존된 곳에만 존재한다는 우리의 확신을 그대로 유지할 수 있다고 제안

---

[5] Ibid., 319.
[6] Amos Yong, *The Spirit Poured Out on All Flesh* (Grand Rapids: Baker Academic, 2005), 130. 이를 통해 그는 또한 "신비롭고 보편적인 그리스도의 몸은 그분의 이름을 명시적으로 고백하는 모든 사람으로부터 예수님에 대해 잘 알지 못하지만 성령의 능력으로 영적으로 그분과 연합한 모든 사람들까지 전체 범위를 포함할 것"이라고 단언한다.

함으로써 일관성의 일부 잔재를 보존하려고 시도할 수도 없다. 이런 시도는 우리를 불가능한 상황에 처하게 한다.

만일 하나님께서 그분의 구속 은혜를 그분의 교회의 한계 안팎에서 무차별적으로 베푸실 수 있고 베푸신다면, 교회는 전체 구원 계획의 본질적인 부분이 아니며, 교회의 질서와 성례, 설교와 사역은 그리스도 안에서 하나님의 구원 사역과 내재적이고 본질적인 관계가 없고 단지 하나님 자신이 무시하는 임의적 구성물일 뿐이다.[7]

종교개혁 신학에 따르면 눈에 보이는 교회는 참으로 '혼합된 모임'이지만, 그리스도 안에서 하나님이 언약으로 약속하신 축복의 독점적 장소이다. 이런 확신이 기독교 정체성에 내재된 선교적 정신의 원동력이다.

로마가톨릭과는 대조적으로 많은 복음주의 개신교와 오순절주의 자들은 교회의 가시성을 개별 신자들의 개인적 거룩함과 활동에서 찾는다. 로마가톨릭은 이런 내재적 거룩함을 그 자체로서 역사적 제도와 동일시하는 반면, 독립교회론은 그것을 식별 가능한 회심 경험에서 방언에 이르기까지 개인의 경건과 행동과 동일시하는 경향이 있다.[8]

로마가톨릭과 자유교회론 모두에서 교회의 가시적 거룩함은 내재적이지만 전자 즉 로마가톨릭의 경우 하나에서 다수로, 후자 즉 자유교회론의 경우 다수에서 하나로 흐르고 있다. 자유교회가 회심과 갱신의 내적 경험을 핵심으로 다루는 범위까지 위에서 인용한 로마가톨릭의 입장에 대한

---

[7] Ibid., 79.
[8] Ibid., 84. 용은 웨슬리적인 성결/오순절 전통에서 나타난 차이점들에 대한 유용한 조사를 제공하는데, 여기에는 "하나, 둘, 혹은 심지어 세 개의 '은혜의 역사'가 있는지에 대한 논쟁"이 포함되어 있다(98 참조). 이런 논의 전체에 걸쳐 용은 그리스도인의 삶 전체에 걸쳐서 연속적인 "위기 경험"의 중요성을 옹호한다. 이것은 그러한 경험이 일어날 수도 있고 일어나지 않을 수도 있지만 성령 안에서의 삶이 모든 신자의 공통 재산으로 간주되는 언약적 지향과 대조된다.

라너의 설명, 즉 "교회를 근본적으로 구성하는 것은 사람들의 마음 안에 계신 성령이며, 나머지는 모두 … 이런 내적 변화를 위해 봉사하는 것"이라는 설명에 상당히 동의한다. 그렇다면 두 패러다임 모두에서 사용되는 은혜의 수단(성례전, 의식, 또는 방법이든지 간에)은 무엇보다도 주입되고 내재적이고 내면적인 거룩함을 지향한다.

로마가톨릭이 일반적으로 교회를 장소로 강조한 반면, 복음주의자들과 오순절주의자들은 일반적으로 교회를 사람으로 생각한다.[9] 그러나 두 경우 모두 수용자보다는 행위자로서의 교회에 더 중점을 두고 있다. 로마가톨릭 신학은 미사를 "사람들의 사역"이라고 말하며, 개신교 복음주의자들은 일반적으로 교회를 하나님이 그들을 섬기는 장소라기보다는 하나님과 이웃을 섬기는 플랫폼으로 간주한다.

언약신학은 이 두 패러다임과는 다른 길을 택했다. 지체들의 개인적인 거룩함에 관계없이 (지역뿐만 아니라 더 넓은 집회라는 측면에서 이해된) 교회는 밀 사이에 잡초가 뿌려지더라도 밀이 첫 열매의 모습으로 자라는 신성한 활동의 장이기 때문에 거룩하다.

(루터교뿐만 아니라) 개혁주의 교회론은 세상과 구별되는 교회의 거룩함은 (위계적으로) 조직체나 (민주적으로) 구성원 내부에서 발생하는 것이 아니라 말씀과 성례를 통해 역사하시는 아버지로부터 보내심을 받은 아들과 성령의 사역에서 비롯된다는 점을 강조한다.

이런 사역은 언약적 삶에 외적으로 참여하는 사람들의 불성실과 심지어 불신에도 불구하고 거룩함을 유지한다. 사역자의 개인적인 거룩함조차도 교회의 거룩함의 조건이 아니라 사역을 통해 역사하시는 하나님의 거룩한 행동이다. 이런 법정적 말씀은 신자의 삶과 교회 역사의 모든 변혁적 순간

---

9 나는 바티칸 2세의 문서가 다른 문서들과 함께 "하나님의 백성" 모델을 명시적으로 수용하고 있다는 것을 인정하지만, 이런 (장소로서의 교회) 특성화는 전통적 강조점이라는 측면에서 여전히 유효해 보인다.

을 생성하고 유지하며 스며든다. 오직 하나님의 언약적 행동의 장으로서 교회는 다른 세상 기관이나 사회와는 다른 존재이다.

게다가 개혁주의 신학은 교회가 구약성경과 신약성경 안에 있는 언약 공동체로서 **고백하는** 신자와 **그들의 자녀들로** 구성된다고 주장해 왔다. 가령 부모 중 한 명만 신자라 할지라도 그 자녀들은 거룩하다(고전 7:14). 이것은 내면의 변화나 주입된 은혜가 아니라 단순히 하나님의 약속에 의한 것이다.

언약적 사고에서 나무는 일부 가지가 결국 열매를 맺지 못하고 다른 가지를 위한 공간을 만들기 위해 부러지더라도 거룩하다(롬 11:16-24). 나무가 거룩한 것은 그것이 그리스도와 집단으로 동일하기 때문도 아니고 중생한 자들의 총합이기 때문도 아니라 언약 백성이 그들의 살아 있는 뿌리와 종말론적으로 연결되어 있기 때문이다(16, 18-20절). 어느 주어진 순간, 어떤 지역적 표현으로든 교회는 "혼합된 집합체"이면서도 믿음이 창조되고 유지되는 하나님의 행동 장이 될 것이다.

일단 구원을 말하는 것이 그것으로 인해 존재하게 되는 것보다 우선한다는 것을 깨닫게 되면, 교회는 은혜의 저장소나 회심한 사람들의 총합이 아니라 하나님께서 회심시키는 원형 극장으로서 은혜의 주인이 아니라 수혜자로서 제자리를 잡게 된다. 이것은 회심이 본질에서 교회적 경험이지만, 하나님은 여전히 효과적 주체로 남아 있다는 것을 의미한다.

사죄와 칭의의 법정적 말씀이 선포되면 새로운 창조가 시작되어 그것 자체의 고유한 잠재력을 모두 가져다준다. 결정적으로 성화된 그릇은 성화된 용도로 사용된다. 따라서 언약 회원은 의무를 낳게 되고, 필요한 경우 장로들을 통해 훈계와 징계를 낳는다.

바울이 "신령한 자들을 대함과 같이 너희에게 말할 수 없어서 육신에 속한 자 곧 **그리스도 안에서** 어린아이들을 대함과 같이 하는" 바로 그 사람들은 그렇지만 그리스도 안에서 어린아이이다(고전 3:1, 강조 추가). 이 편지는 심지어 "고린도에 있는 하나님의 교회"에 보내졌다.

> 고린도에 있는 하나님의 교회 곧 그리스도 예수 안에서 거룩하여지고 성도라 부르심을 받은 자들과 또 각처에서 우리의 주 곧 그들과 우리의 주되신 예수 그리스도의 이름을 부르는 모든 자에게 하나님 우리 아버지와 주 예수 그리스도로부터 은혜와 평강이 있기를 원하노라(고전 1:2-3).

죄가 없고 죄를 짓지 않는 교회는 전혀 교회가 아니라 은혜와 용서를 거스르는 종교 단체이다.

웨스트민스터 신앙고백서는 다음과 같이 말한다.

> 하늘 아래 가장 순수한 교회들도 혼합과 오류의 대상이 되며, 어떤 교회들은 타락하여 그리스도의 교회가 아니라 사탄의 회당이 되었다. 그렇지만 하나님의 뜻에 따라 하나님을 예배하는 교회는 항상 지상에 존재할 것이다.[10]

그리스도께서는 자신의 몸의 평화와 순결을 지키기 위해 교회 정치와 권징을 제정하셨지만, 교회 선교의 성공 여부는 교회의 경험이나 경건에 있는 것이 아니라 그리스도에 대한 증거에 달려 있다.

디트리히 본회퍼(Dietrich Bonhoeffer)는 다음과 같이 말한다.

> 설교자의 의도는 세상을 개선하는 것이 아니라 세상을 예수 그리스도에 대한 믿음으로 부르고 그분과 그분의 통치를 통해 성취된 화해를 증거하

---

[10] The Westminster Confession, chap. 25.5, in *Trinity Hymnal*, rev. ed. (Atlanta and Philadelphia: Great Commission Publications, 1990), 863.

는 것이다.[11]

이 점을 언급하면서 본회퍼는 루터교회뿐만 아니라 개혁교회의 입장을 대변한다.

> 루터의 교회 개념에 있어서 '성도의 교제'(sanctorum communio)란 항상 죄인들의 공동체였으며 앞으로도 그럴 것이라는 점이 중요하다. 이런 사실은 궁극적으로 헤겔 이론을 지지할 수 없는 이유이다. 절대정신은 단순히 주관적 영들 속으로 들어가 객관적 영으로 모이는 것이 아니라, 오히려 기독교 교회는 말씀의 교회, 즉 믿음의 교회이다. 진정한 성화는 마지막 것의 전조일 뿐이다. …
> "말씀"은 반석이고 이 반석 위에 관념주의적 영-일원론은 좌초한다. 왜냐하면, 이 말씀은 죄가 여전히 존재하고, 절대정신이 그 통치를 위해 싸워야 하며, 교회는 여전히 죄인들의 교회라는 것을 암시하기 때문이다.[12]

> 교회를 "십자가의 공동체"로 "해체"하고 "부활 공동체"로 "건설"하는 것은 바로 이 말씀이다.[13]

> 죄는 교회의 객관적 영이 아니라 개인에게 귀속되어야 한다고 말한다면, 이것은 이제 교회의 모든 의지의 총합이 새로운 방향을 갖는 한도 내에서 옳을 것이다. 그러나 이것은 경험적 교회공동체가 '전체'로서 행동하는 곳마다 그 행동이 성령의 행동이 될 것이라는 것을 의미하지는 않는다. 이것

---

[11] Dietrich Bonhoeffer, *Ethics* (New York: Macmillan, 1965), 350.
[12] Dietrich Bonhoeffer, *SC*, 212.
[13] Ibid., 212-13.

은 헤겔의 입장에 해당할 것이다.[14]

교회에 거룩함이 눈에 보이지 않음에도 불구하고 성령은 교회를 구별하여 말씀과 성례를 받고 집행하게 하신다.[15]

오스발트 바이어(Oswald Bayer)는 지혜롭게 다음과 같이 상기시킨다.

> 따라서 하나님에 의해 거룩하게 된 제도조차 결코 구원의 길이 될 수 없고, 비록 그것이 거룩하고 계속 거룩하다 하더라도 그 안에서 우리는 잃어버리거나 믿음만으로 구원을 발견할 수도 있다.[16]

레슬리 뉴비긴은 로마서 9장의 논리를 바탕으로 다음과 같이 결론을 내렸다.

> 언약과 언약 백성이 있으며, 하나님은 언약에 신실하시다. 그러나 그 언약의 본질은 모두 순수한 자비와 은혜이다. 사람들이 하나님의 은혜가 필요한 죄인의 언약이 아닌 다른 언약을 근거로 하나님과 어떤 관계를 스스로 주장한다면, 그 언약은 왜곡되었다.
> 그리고 그런 일이 일어난 곳에서 하나님은 그분의 은혜의 주권적 자유로 이런 가식을 파괴하고 "내 백성이 아닌 백성"을 백성으로 부르시고 원가지를 꺾어 야생 가지에 접목하여 사람들에게 부여된 자신의 생명인 생명으로 채우신다. … 본질에서 하나인 사람은 분열되고, 본질에서 거룩한 사람은 더럽혀지고, 본질에서 사도적인 사람은 선교 사명을 잊어버린다.[17]

---

14 Ibid., 214.
15 Ibid., 216.
16 Oswald Bayer, *Living by Grace: Justification and Sanctification*, trans. Geoffrey W. Bromiley (Grand Rapids: Eerdmans, 2003), 62; cf. Martin Luther, LW 37:365.
17 Ibid., 84.

신자와 교회 안에서 계속되는 죄의 신비와 실체를 인정하지 않는 어떤 교회론도 적절하지 않다.[18] 하나님의 은혜는 우주적 사다리에서 등급과 정도에 따라 흘러내리지 않으며, 오히려 모든 신자는 그리스도와 서로가 함께하는 공동 상속자이다.

그리스도 안에 있는 모든 것은 그리스도께서 그들의 거룩함이 되시기 때문에 그분처럼 거룩하다(고전 1:30-31). 그러므로 머리 안에서 몸 전체의 객관적 거룩함이 몸 전체에 **작용하여** 각 지체는 그런 결정적인 정체성의 열매를 점점 더 많이 실현할 것이고, 이는 향상되거나 감소할 수 없다.

한 민족과 장소를 거룩하게 하는 말씀의 우선성에 비추어 본회퍼는 "어떤 경험적 몸 그 '자체'도 교회-공동체에 대한 권위를 주장할 수 없다. 모든 주장은 말씀에서 비롯된다"라고 적절하게 결론을 내린다.[19] 이 견해는 또한 본회퍼가 세상과 제도적 교회와의 구별성을 미화하는 "공동체 낭만주의"에 교회의 거룩성을 부여하는 것을 거부한다.[20]

그는 칼빈의 다음과 같은 말을 인용한다.

> 오직 **일**(*opera*)만이 인식될 수 있고, '주께서 자기 백성을 아신다'는 점에서 **하나님의 손 안에 있는 사람**(*persona, quae in manu Dei est*)은 인식되지 않는다.[21]

따라서 "하나의 거룩하고 보편적이며 사도적인 교회"라는 우리의 고백은 우리의 칭의처럼 항상 경험되는 것이 아닌, 신앙 조항으로 중요하게 남아 있다. "우리 시대는 경험이 부족한 것이 아니라 믿음이 부족한 시대이

---

[18] Ibid.
[19] Ibid., 266.
[20] Ibid., 278.
[21] Ibid., 279.

다. 그러나 오직 믿음만이 교회에 대한 진정한 경험을 만들어 낸다."[22]

심지어 교회의 중생하지 않은 지체들도 어떤 의미에서는 언약 공동체 안에서 성령의 활동의 수혜자이다. 그리고 히브리서(특히, 4, 6, 10장)에 따르면 이것은 그들로 하여금 세례에서 그들에게 의미하고 인친 약속을 받아들일 책임을 그만큼 크게 만든다.

교회는 결코 효력을 발휘하는 행위자가 아니다. 대신 교회는 세상에서 하나님의 성화 사역을 받는 수혜자이자 현장, 즉 성령께서 다가올 시대의 총연습을 주재하고 연출하는 극장이다.

2. 언약과 코이노니아

언약적 주제는 교회론을 하나와 다수, 지역적이고 광범위한 모임의 통합, 선택에서 교회의 비가시성, 언약 공동체 내에서의 교회의 가시성 쪽으로 방향을 정하는 엄청난 잠재력을 가지고 있다.

예를 들어, 최근의 로마가톨릭 교회론은 이런 주제에 호소할 정도까지 코이노니아에서 복수성에 대한 깊은 이해가 있었다.[23] 자유교회 측에서 스탠리 그렌츠(Stanley Grenz)는 언약적 관점이 회중주의가 빠지기 쉬운 개인주의에 도전한다고 지적한다.[24]

그러나 이 시점에서 또 다른 중요한 결정이 내려져야 한다.

교회는 단지 수동적 수혜자인가, 아니면 적극적 구속의 주체가 되는가?

---

22 Ibid., 282.
23 Kilian McDonnell, SJ, "Vatican II (1962-1964), Puebla (1979), Synod (1985): *Koinōnia/Communio* as an Integral Ecclesiology," *Journal of Ecumenical Studies* 25, no. 3 (Summer 1988): 414.
24 Stanley Grenz, *Theology for the Community of God* (Nashville: Broadman & Holman, 1994), 614.

오늘날 전자를 확실하게 주장하는 사람은 에버하르트 융엘(Eberhard Jüngel)이며, 반면에 후자를 확실하게 주장하는 사람은 급진 정교회(Radical Orthodoxy)에서 찰스 피니의 복음주의 개신교 계승자들에 이르기까지 점점 더 많은 사람이 교회가 적극적 구속의 주체임을 옹호하고 있다.

복음주의자들은 제도적 교회를 성육신의 연장선으로 보는 것을 꺼리지만, 아빌라의 테레사(Teresa of Avila)의 다음과 같은 진술의 더 개인주의적인 버전에 매우 익숙해져 있다.

> 그리스도는 지금 이 땅에서 당신의 몸 외에는 몸이 없고, 당신의 손 외에는 손도 없고, 당신의 발 외에는 발도 없다. 당신의 눈을 통해 그분은 사랑으로 세상을 바라보시고, 당신의 발로 선을 행하며 다니신다, 그분은 당신의 손으로 지금 사람들을 축복하신다.[25]

심지어 제프리 웨인라이트(Geoffrey Wainwright)조차도 신약성경의 포합적(incorporative) 언어에 비추어 다음과 같이 묻는다.

> 교회는 그 존재와 말과 몸짓에서 교회가 그 자체로 구성되는 복음의 적극적 전달자가 되는 방식으로, 성령이 변혁적으로 거하시는 그리스도의 지속적 몸으로 어디까지 간주할 수 있고, 실제로 간주해야 하는가?[26]

사실 이런 질문은 우리가 고려하고 있는 다른 질문들을 실질적으로 요약한다.

---

25 David Brown and Ann Loades, "Introduction: The Divine Poet," in *Christ: The Sacramental Word*, ed. David Brown and Ann Loades, Incarnation, Sacrament and Poetry (London: SPCK, 1996), 8

26 Geoffrey Wainwright, "Church and Sacrament(s)," in *The Possibilities of Theology*, ed. John Webster (Edinburgh: T&T Clark, 1994), 103.

교회를 순전히 수동적 은혜의 수혜자로 보는 견해와 적극적 은혜의 전달자로 보는 견해 중 하나를 선택해야 하는가?

이 시리즈의 제3권 『언약과 구원론』(*Covenant and Salvation*, CLC 刊)에서 나는 은혜의 언약에 대한 전통적 개혁파의 설명이 절대적이고 무조건적인 근거가 있으면서 진정한 언약적 동반자 관계를 낳는다고 옹호했다.

이것은 단독설(Monergism)로 시작하여 단지 신인협력설(synergism, 갈 3:3에서 책망하는 움직임)에 의해 완전해지는 방식이 아니다. 오히려 우리는 항상 하나님의 은혜를 수동적으로 받는 존재이자 이웃을 향한 사랑의 능동적 주체이다.

법정적 경륜은 효과적 변화를 만든다. 즉, 말씀은 말씀이 선포하는 대로 행하고, 신자와 교회는 그리스도 안에서 이미 있는 그대로의 모습이 된다. **이런 관점에서 교회는 하나님과의 관계에서 항상 은혜를 받으면서도 이웃을 향한 증거와 사랑, 봉사에 적극적이다.** 교회가 사역을 통해 사람들에게 복음을 전할 때, 교회는 단순히 수동적 은혜의 수혜자나 적극적 전달자가 아니라 그리스도께서 적극적으로 사람들을 자신에게로 끌어들여 자신의 교회 몸을 확장하는 안수된 도구이다.

오직 주님이신 자유로운 성령만이 우리의 일치, 보편성, 거룩성, 사도성을 보장해 주신다. 이런 속성은 교회 자체의 내재적 덕목, 즉 교회 고유의 정통성(orthodoxy, 바른 앎), 정당성(orthopraxy, 바른 실천) 또는 바른 체험(Orthopathy)으로 정의할 수 없다.

성부는 그분의 선택과 구속의 은혜로 인해 우리의 일치, 보편성, 거룩함, 사도성의 원천이시다. 아들은 하나님과의 화해 내용, 구체적 원인 및 근거이시며, 이것이 바로 복음이 교회 존재의 필수적 요소(*sine qua non*)인 이유이다. 성령은 우리 안에서 삼위일체의 일체성과 보편성에 유비적으로 대응하는 진정으로 인간적인 응답, 즉 한 분이 다수 안에 계시고 다수가 한 분 안에 계시는 살아 있고, 음성적이며 성찬적인 교제를 가져오신다.

따라서 우리는 우리의 삶과 경험의 순수성이든, 교회의 교리, 역사, 정치이든지 간에, 개인의 열정이나 공동체적 행위(사효적[ex opere Operato])에 의해 성령을 활용할 수 없다. 오히려 우리가 더 이상 "이 세상[세대]를 본받지 않고" 하나님의 말씀으로 "마음을 새롭게 함으로 변화를 받아"(롬 12:1-2) "영적 예배"를 할 수 있는 것은 "하나님의 자비" 때문이다.

3. 말씀 속의 거룩함과 보편성

루터교와 개혁주의 교회론은 특히 말씀의 창조물인 동시에 의롭다 하심과 죄인으로서의 교회에 관한 많은 공통 주제와 강조를 공유하지만, 벨리-마티 카카이넨(Veli-Matti Kärkkäinen)은 "언약으로서의 교회"라는 관점에서 개혁주의 교회론의 본질을 적절하게 포착한다.[27]

언약은 말씀과 성찬을 통해 가시화되고 접근 가능해지기 때문에, 교회를 단순히 장소가 아닌 사람들로 축소하려는 경향에 저항하는 교회 존재에 대한 객관성이 존재한다. 언약을 만드는 것은 경건한 경험, 제자도 또는 사회적 의제에 의해 사람들이 만드는 것이 아니라 이런 이질적 공동체를 그리스도의 몸으로 정의하는 언약이다. 가시적 교회는 항상 자신의 정체성을 외부로부터 받아야 하는 입장에 놓여 있다.

두 시대 사이의 모호한 위치에 지쳐 다른 복음을 전하거나 성례를 타락시키는 교회는 외형적 형태와 상관없이 더 이상 거룩한 것이 아니라 세상, 즉 지나가는 시대에 동화된다(고전 3:10-17; 갈 1:6-9). 예수 그리스도의 다음과 같은 냉혹한 말씀을 마침내 듣는 사람들이 있을 것임을 부인할 수 없다.

---

27 Veli-Matti Kärkkäinen, *An Introduction to Ecclesiology: Ecumenical, Historical and Global Perspectives* (Downers Grove, IL: InterVarsity Press, 2002), 50–58

내가 너희를 도무지 알지 못하니 불법을 행하는 자들아 내게서 떠나가라(마 7:23).

비록 그들이 주님의 이름으로 기적을 행했다고 항변하더라도 말이다(마 7:22-23). 특정 교회나 교회 단체의 촛대는 세상에서 그리스도를 비추는 증거를 더 이상 하지 않을 때 제거될 수 있다(계 2:5). 교회는 복음 교리 자체를 포기할 뿐만 아니라 복음을 증거하지 못했을 때에도 종말이 올 수 있다.

이런 위험에도 불구하고, 이 시대에 존재하는 교회는 이 사역 안에서 그리고 이 사역을 통해 이미 종말론적 왕국에 참여하고 있다. 교회의 타협적이고 모호하고 분파적이며 죄 많은 특징에도 불구하고 구속의 언약은 우리의 신실하지 못함이 최종적 발언권을 갖지 못하도록 보장한다.

그리스도의 생명은 이제 우리의 생명과 너무도 밀접하게 연결되어 있어서 칼빈은 "그분의 지체가 죽었다면 그분의 생명은 아무것도 아니리라는 것은 불변의 사실"이라고 말할 수 있을 정도이다. 그렇지 않다면 그분의 몸은 "훼손되었을 것이다."[28]

죽은 자의 부활에서 소위 보이지 않는 교회, 즉 하나님만 아는 친교가 완전히 가시화될 것이다. 따라서 전체 그리스도는 확증된다. 그러나 플라톤적 용어보다는 언약적 용어로 확증된다. 이것의 준거 틀은 존재의 사다리가 아닌 평화의 조약이다.

---

28 John Calvin, *Commentary on 1 Corinthians*, on 12:12.

4. 그리스도 안의 거룩함: 보편성과 선택

하이델베르크 요리문답(Heidelberg Catechism)에 따르면, "하나의 거룩한 보편교회"를 긍정한다는 것은 다음과 같은 사실을 의미한다.

> 나는 하나님의 아들이 그분의 성령과 말씀을 통해 세상의 시작부터 끝까지 전 인류 중에서 영생을 위해 선택되고 참된 믿음으로 연합된 공동체를 모으고 보호하며 자신을 위해 보존한다고 믿는다. 그리고 나는 이 공동체의 살아 있는 지체이며 앞으로도 항상 살아 있는 지체일 것이다.[29]

교회의 보편성을 우리의 손에서 완전히 배제하는 선택은 순수한 교회를 보편적 기관과 동일시하든 중생자의 총합과 동일시하든 모든 과대 실현된 종말론을 금지한다. 오직 종말론에서만 가시적 교회는 보편적 교회와 동일시될 것이다. 그리스도와 그분의 몸의 연합, 즉 하나의 거룩하고 보편적이며 사도적인 교회의 연합은 "그리스도 안에서 우리를 택하사 우리로 사랑 안에서 그 앞에 거룩하고 흠이 없게 하시려고" 부르심을 받은 택자들의 종말론적 친교이다(엡 1:4).

칼빈은 일반적으로 어거스틴의 유산과 함께 교회의 보편성을 선택에서 찾는다. "이제 이 사회는 두세 개의 교회가 있을 수 없으므로 일반적(catholic), 즉 보편적이다. 그러나 하나님의 택함을 받은 모든 사람은 그리스도 안에서 서로 연합하고 결합하여 한 머리에 의존하기 때문에 그들은 한 몸으로 함께 성장한다." 결함이 없는 교회는 바로 **이** 교회이다. 교회는 모든 시대에 항상 그 가시적 표현이 있어야 하지만, 교회는 혼합된 집합체이고

29　The Heidelberg Catechism, Lord's Day 21, q. 54, in *The Psalter Hymnal: Doctrinal Standards and Liturgy of the Christian Reformed Church* (Grand Rapids: CRC Publications, 1976), 27.

심지어 택함 받은 자들도 동시에 의롭다 함과 죄가 있으므로 이런 가시성은 항상 모호하다.[30]

따라서 보편성은 궁극적으로 개인의 선택이나 교회의 신실함이나 불신앙의 변덕이 아니라 하나님의 선택적 은혜에 있으며, 역사 속에서 그리스도의 사역을 통해 가시화된다(딤후 1:9-10). 요컨대, 은혜 언약은 종말론에서 선택된 자들의 영화된 친교의 가시적이고 이미 아직은 아닌(already not-yet)의 반은 실현된 형태이다.

선택은 교회의 이미 아직 아닌 사이의 종말론적 긴장을 보존할 뿐 아니라, 그리스도 안에서 통일성과 복수성을 모두 지탱한다. 전체 그리스도의 총체적 모델과 본질적 통일성을 경시하는 복수성에 관한 사회적 모델과는 대조적으로, 언약적 모델은 선택에 뿌리를 두고 있으므로 통일성과 차이를 교회의 존재에 필수적인 것으로서 모두 긍정한다.

우리는 하나의 그리스도(*methexis*)가 아니라 그리스도 안에서 하나(*koinōnia*)이며, 이는 궁극적으로 우리 자신의 선택이 아니라 하나님의 신대 결과이다. 본회퍼는 선택된 것은 교회뿐만이 아니라 **각각의 지체**라고 상기시켜 준다.[31] "따라서 하나님은 실제로 개인들을 보시며, 하나님의 선택은 실제로 개인들에게 적용된다." 그렇지만 이것은 단지 이야기의 일부일 뿐이다.

그리스도께서 그분의 성령으로 창조하시는 친교가 특별한 이유는 그것이 사람들의 기적적 융합 가운데 존재론적 장벽을 극복하기 때문이 아니라, 불경건한 사람들을 의롭게 하고 결과적으로 그리스도 안에서 서로를 위해 그들을 해방시키기 때문이다. 그러나 이런 성령의 역사는 개인적일 뿐만 아니라 사회적, 즉 내가 언급했던 것처럼 언약적이기도 하다.

---

30   John Calvin, *Institutes* 4.1.2-3.
31   Bonhoeffer, *SC*, 162.

본회퍼에 따르면 성령은 각각의 택함 받은 자 안에서 역사하시지만, 정확하게 바로 그렇기 때문에 "그리스도 안에 세워진 교회공동체의 일부인 택함 받은 자들을 움직일 때 성령은 동시에 그들을 실현된 교회공동체 안으로 인도하신다는 결론에 이르게 된다."[32]

이와 대조적으로 헤겔적 일원론은 "구체적 사람을 파괴하고 따라서 공동체에 대한 구체적 개념을 막는다."[33] 따라서 공동체는 항상 관념으로 남을 뿐 결코 실제적 현실이 될 수 없다.

영적 엘리트주의를 정당화하는 것이 아니라, 선택의 교리는 가시적 교회의 실패에도 불구하고 하나님이 한 나라뿐만 아니라 "각 족속과 방언과 백성과 나라 가운데에서"(계 5:9) 남은 자들을 보존하실 것이라는 것을 보장하기 위한 것이다. 그러나 이런 속량받은 복수성은 '**한** 왕국'을 구성한다(10절, 강조 추가).

교회의 일체성과 거룩함과 마찬가지로 교회의 보편성은 보는 것으로 확증되는 것이 아니라 믿음으로 확증된다. 교회의 안전은 역사적 연속성과 구조에 대한 경험적 조사나 회원들의 경건과 열정에 의해 결정되는 것이 아니라 하나님의 선택에 놓여 있다.

언약적 보편성은 교회의 대리성에서 비롯된 위계적 단일성(hierarchical unicity)이나 개인의 선택에서 비롯된 평등주의적 복수성이 아니라 삼위일체의 내적 구속 언약에 근거를 두고 있다.

예수님은 다음과 같이 우리에게 상기시키신다.

> 너희가 나를 택한 것이 아니요 내가 너희를 택하여 세웠나니 이는 너희로 가서 열매를 맺게 하고 또 너희 열매가 항상 있게 하여(요 15:16).

---

32 Ibid., 158-59.
33 Ibid., 194-95.

따라서 우리는 "서로 사랑하라"(17절)는 명령을 받는다. 내가 내 자매와 형제를 위해 이 사람들을 선택한 것이 아니라 하나님이 선택하셨다.

내가 하나님의 자녀가 되려면 이 사람들을 내 형제자매, 그리스도 안에서 한 형제자매로 받아들여야 한다. 지역교회(또는 더 넓은 범위의 교회)는 단순히 인종, 민족, 사회경제적, 세대 또는 소비자 친화성이라는 주어진 조건만으로는 정체성을 연속성 있게 발전시키는 데 자유롭지 못하다. 교회 각각의 특별한 표현은 우리의 선택이 아닌 하나님의 선택에 근거한 보편성을 보여 주기 위해 노력해야 한다.

선택은 보편성이 가시적이고 제도적인 통일성에 의존하는 것을 막는 동시에, 교회가 하나님의 선택적 목적 안에서 온전히 실현되는 보편성을 어떤 의미에서 지금 여기 반영하는 것을 보고자 하는 열망을 불러일으킨다. 그런 점에서 지역교회는 비록 불완전할지라도 최종 완성에서 그들을 기다리는 보편성을 가시적으로 추구해야 할 의무가 그들 앞에 놓여 있다.

필립 워커 부틴(Philip Walker Butin)은 칼빈의 견해에 대해 다음과 같이 관찰한다.

> 신자들의 그리스도와 교회에 대한 소속감이 주로 자신의 기독교적 헌신의 충실성(또는 눈에 보이는 거룩함, 행위, 심지어 주관적으로 이해되는 믿음)에 근거한다면, 그것은 인간의 죄와 실패 앞에서 항상 의심의 대상이 될 것이다. 칼빈은 교회 회원에 대한 이런 주관주의적 이해가 교회의 안정성을 얼마나 약화시킬 수 있는지 잘 알고 있었다. 한편, 교회에 대한 '보이지 않는' 개념이 교회의 필연적으로 공동체적이고 상황화된 존재의 삼위일체론적 근거와 안정성을 확립하는 것을 목표로 하는 것으로 올바르게 이해될 때, 이런 두 관점은 단일 실체의 분리할 수 없는 측면으로 볼 수 있다.[34]

---

[34] Philip Walker Butin, *Revelation, Redemption, and Response: Calvin's Trinitarian Under-*

칼빈은 다음과 같이 말한다.

> 성경이 교회에 대해 때로는 실제로 하나님의 임재 안에 있는 것으로 말하기도 하지만, 하나님과 그리스도를 예배한다고 고백하는 온 땅에 퍼져 있는 수많은 사람 전체를 말한다. … 따라서 마치 우리에게는 보이지 않는 전자의 교회가 오직 하나님의 눈에는 보이는 것처럼, 우리는 인간과 관련하여 '교회'라고 불리는 후자를 경외하고 친교를 유지하라는 명령을 받았다.[35]

따라서 "보이지 않는 것"과 "보이는 것"은 서로 다른 두 개의 교회가 아니라(이 두 개가 '참'과 '거짓'에 해당하지 않는 것은 말할 것도 없이), 영원 가운데 하나님께 알려진 그리스도의 몸과 현재 우리에게 알려진 '혼합 모임'으로서의 교회를 지칭하는 것이다.

하나님이 택하신 자들로 이루어진 보편적 교회는 이 시대의 모든 시대와 장소를 통해 퍼져 나간 보편적 교회가 하나의 표징이 되는 실체이다.

예를 들어, 웨스트민스터 신앙고백서는 먼저 보편적 교회를 "**보이지 않는 것**"으로 정의하며 다음과 같이 규정한다.

> 택하심을 입은 자들의 총수로 구성되는데, 이들은 교회의 머리이신 그리스도 아래 모여 왔고, 모여 있으며, 장차 하나로 모일 것이다. 이 교회는 만물 안에서 만물을 충만케 하시는 그분의 신부요, 몸이요, 충만이다.

그러나 다음 항에서 다음과 같이 말한다.

---

standing of the Divine-Human Relationship (New York: Oxford University Press, 1995), 100.

35 Calvin, *Institutes* 4.1.7.

가시적 교회 또한 복음 아래서는 (율법 아래 있던 이전처럼 한 나라에 제한되지 않고) **또한 일반적이거나** 보편적인데, 이 교회는 전 세계에 걸쳐 참된 신앙을 고백하는 모든 자와 그들의 자녀로 구성된다. 그리고 이 교회는 주 예수 그리스도의 나라이고, 하나님의 집과 권속이며, 이 외에는 정상적 구원의 가능성이 없다(강조 추가).[36]

이와 같이 그것은 표징이 의미하는 것에 참여하지만 언젠가 될 것처럼 아직 그것과 동일하지는 않다.

> 피조물이 고대하는 바는 하나님의 아들들이 나타나는 것이니 (롬 8:19).

교회를 항상 괴롭혀 온 혼란과 오류, 불화에도 불구하고 "하나님의 견고한 터는 '주께서 자기 백성을 아신다'라는 글귀가 새겨진 채 서 있다"(딤후 2:19).

따라서 보이지 않는 교회/보이는 교회의 구별에 대한 개혁주의적 논의는 스탠리 그렌츠가 제안하는 것처럼 "세상 속의 교회를 어떤 순수한 형상이나 이데아의 발현으로 간주하는 플라톤적 개념을 반영하지 않는다."[37]

나는 교회를 지금 우리에게 혼합된 몸(보이는)으로 알려진 선택된 자들의 친교(보이지 않는)로서 보는 어거스틴과 개혁주의 해석 사이의 유사성에 대해 이의를 제기하지 않겠다. 그러나 개혁주의 신학은 이런 이해를 은혜 언약의 역동적 역사에 포함함으로써 이원론적(형상-외관) 정식화를 피했다.

---

36 The Westminster Confession, chap. 25, in *Trinity Hymnal*, 863.
37 Grenz, *Theology for the Community of God*, 623. 이 견해를 "옛 칼빈주의자들"에게 돌리면서, 여기서 그가 언급하는 것은 복음주의 침례교 신학자 밀라드 에릭슨(Millard Erickson)이다. Millard Erickson, *Christian Theology* (Grand Rapids: Baker, 1984), 3:1033.

위의 웨스트민스터 신앙고백서의 진술이 보여 주는 것처럼 보이는 교회는 보이지 않는 교회 못지않게 실체를 가지고 있다. 보이는 교회와 보이지 않는 교회는 실제로 두 개의 교회가 아니라 하나님(이미)과 우리에게(이미 아직 아닌) 알려진 교회이다.

그러나 지역교회가 완성된 하나님 나라와 실제로 어느 정도 일치하는가 보다는 하나님의 선택적 은혜에 교회의 존재를 두어, 삼위일체를 닮고자 하는 우리 자신의 제자도를 통해 우리가 건설하거나 근접하는 나라보다는 우리가 받는 나라에 초점을 맞추고 있다.

에베소서 전체(특히 1장)에 등장하는 '그리스도 안에서'(*en Christo*)라는 표현은 분명 참여와 관련이 있지만, 결혼 비유가 암시하는 것처럼 **연합** 상태에서도 **파트너**로 남아 있는 언약의 동반자들 사이에서 얻는 것은 일종의 **코이노니아**이다. 남편과 아내가 "한 몸"이 된다는 것은 결코 융합이나 동화를 의미할 수 없다. 따라서 보편성의 적절한 지평은 플라톤의 공화국이 아니라 왕실 하사금, 결혼, 가족, 유산 계획의 세계이다.

또한, 에베소서 4장과 고린도전서 8-14장에서 (세례와 설교와 함께) 성만찬이 중요한 역할을 한다. 에베소서에서 각각 택함 받은 자들이 그리스도와 함께 누리는 친교(1장)는 동시에 아테네와 예루살렘의 분열을 허용하지 않는 수평적 성도들의 친교(그리스도도 머리로 속한)를 만들어 낸다. 말씀과 성찬의 사건을 통한 성령의 역사 안에서 교회는 교회의 일체성을 상기시키거나 새롭게 인식하게 될 뿐만 아니라 진리 안에서 점점 더 보편적 교회가 된다(고전 10:17).

교회의 일체성과 보편성에 대한 이런 언약적 해석은 머리와 지체를 구별하면서 동시에 그리스도 안에서 그들의 연합적이고 신비로운 친교를 인정하는 것으로, 교회 실천에 엄청난 함의를 준다. 무엇보다도 이런 언약적 해석은 오늘날 경쟁하는 보편성들이 교회의 성격을 결정하도록 허용하는 광범위한 경향에 도전한다.

우리는 모두 자신의 위치에서 사물을 보지만, 그리스도인에게 가장 결정적인 위치는 "그리스도 안에서"이다. 확실히 우리는 특정 공동체(민족, 국가, 사회경제, 세대 등) 안에서 실체를 해석하지만, 다시 말하지만, 그리스도인에게 가장 결정적인 공동체는 교회이며, 지역교회뿐만 아니라 모든 시대와 장소에 존재하는 가시적 보편적 교회도 마찬가지이다. 이 점은 좀 더 자세히 설명할 필요가 있다.

5. 하나의 말씀, 다수의 언어

성령이 바벨에 심판으로 강림하여 교만한 나라들을 흩어지게 하고 언어를 분열시킨 반면, 동일한 성령이 오순절에 축복으로 강림하여 민족을 하나로 묶고 공통 언어를 주셨다는 것이 빈번하게 관찰된다.

그러나 사도행전 2장을 보면 오순절에 언어의 다양성이 완선히 보존되었음을 알 수 있다. 이 점은 "우리 각 사람이 난 곳 방언으로"라는 말씀처럼 사도행전 곳곳에서 강조된다.

> 다 놀라 신기하게 여겨 이르되 보라 이 말하는 사람들이 다 갈릴리 사람이 아니냐 (행 2:7).

> 우리가 우리 각 사람이 난 곳 방언으로 듣게 되는 것이 어찌 됨이냐 (행 2:8)

> 하나님의 큰 일을 말함을 듣는도다 (행 2:11b).

분명히 외국어를 통역하는 이런 은사는 사도 시대에도 유지되었다(고전 12:10, 30; 14:2-4).

현대와 마찬가지로 평원에 모인 사람들이 하늘에 닿는 탑을 세우려는 프로메테우스의 야망은 패권적 통일성을 만들려 했지만(창 11:1-9), 다양성으로 가득한 세상을 창조하신 성령께서는 그런 다양성과 복수성을 보존하고 계신다.

오순절에 성전 근처에 모인 사람들은 베드로의 복음 선포에 "마음에 찔려" 그날 그리스도를 신뢰했으며, 그 어떤 사회보다 더 완벽하게 하나가 되었지만 다름의 조화를 이루고 있었다(행 2:37-41). 그들이 들은 메시지는 같았지만 "우리가 다 우리의 각 언어로 하나님의 큰 일을 말함을 듣는도다"라는 말씀처럼 각자 자신의 언어로 들었다(2:11). 그들은 같은 것을 **공유했기** 때문에 하나였던 것이지, 같은 것으로 **융합되었기** 때문에 하나가 된 것이 아니다.

그러나 (유대인 개종자로서) 그들이 이미 그 이야기의 일부였던 그 이야기와 그들이 들은 소식은 그들을 갈라놓는 어떤 문화적 차이보다 더 통합적이었다. 우리가 오순절에 접한 것은 수많은 복음이 아닌 수많은 언어였다. 많은 주가 있는 것이 아니라 한 분의 주님만 계시다. 믿음은 여러 가지가 아니라 "성도에게 단번에 주신" 하나의 믿음만 존재하며(유 1:3), 많은 세례가 존재하는 것이 아니라 "하나의 세례"만 존재하며(엡 4:5), 많은 영이 존재하는 것이 아니라 한 분의 진리의 성령이 계시다(엡 4:4).

그러나 현대 교회 환경을 살펴보면 보편성에 대한 이런 설명은 뒤집힌 것 같다. 교리와 실천의 거의 무한한 다양성이 용인되고 심지어 기념되는 반면, 교회는 정치, 사회경제적 지위, 나이, 성별, 문화적 취향과 관련하여 그 어느 때보다 더 주도권을 잡아 가고 있다.

> 사람들은 인종, 언어, 계급의 장벽을 넘지 않고도 기독교인이 되고 싶어 한다. 이 원칙은 부인할 수 없는 사실을 진술한다. ⋯ 전 세계 인구는 모자이크이며, 각 조각은 다른 조각의 남성과 여성에게는 이상하고 종종 사랑

스럽지 않게 보이는 고유한 삶을 가지고 있다.[38]

맥가브란(McGavran)은 이것이 단순히 문화적 나르시시즘에 굴복하는 것이라는 반대를 예상한다. "그들은 빠르게 성장하는 한 민족 교회보다 정말 형제적이고 통합적이며 따라서 '정말 기독교적인'" 느리게 성장하거나 성장하지 않는 교회를 유지하는 것이 더 낫다고 생각한다.[39]

인종에 근거한 강제 분리를 분명히 거부하면서도 맥가브란은 사람들이 진정한 "형제애"를 받아들이기 전에 기독교인이 되어야 하며, 문화적으로 동질적인 단위에서 사람들이 더 빨리 기독교인이 되기 때문에 우리는 그런 선교 목적을 위해 요구되는 무슨 일이든 해야 한다고 주장한다.[40]

남아공 신학자 앨런 보에삭(Allan Boesak)과 존 드 그루치(John de Gruchy)는 경건주의 선교사들이 '동질적' 교회를 개척할 때 바로 이 원칙을 전제로 한 것이 의도치 않게 아파르트헤이트(apartheid, 남아공의 인종차별 정책)를 생겨나게 하는 데 일조했다고 주장한다.[41]

---

[38] Donald McGavran, *Understanding Church Growth*, ed and rev. C. Peter Wagner (Grand Rapids: Eerdmans, 1970), 163.
[39] Ibid., 174.
[40] Ibid., 174-75. C. Peter Wagner defends McGavran's approach in *Our Kind of People: The Ethical Dimensions of Church Growth in America* (Atlanta: John Knox Press, 1979).
[41] 앨런 보에삭(Allan Boesak)은 "문화, 편견, 이데올로기에 맞게 하나님의 말씀을 조작하는 것은 개혁주의 전통과는 거리가 멀다"고 답한다. (*Black and Reformed: Apartheid, Liberation, and the Calvinist Tradition*, ed. Leonard Sweetman [Maryknoll, NY: Orbis, 1984], 87).
존 드 그루치(John de Gruchy)에 따르면, 개혁교회는 성결 설교자 앤드류 머레이(Andrew Murray)와 경건주의 선교사들에 의해 "19세기 중반의 부흥"이 일어나기 전까지 분열되지 않았다. 드 그루치는 "네덜란드 개혁교회가 1857년 총회(Synod)에서 인종에 따라 교회를 나눌 수 있다는 데 동의한 것은 도르트의 엄격한 칼빈주의가 아니라 그러한 복음주의의 지배 아래서 였다"고 말한다. 그는 "이런 발전은 교회 내 분리가 하나님의 말씀에 위배된다는 초기 총회 결정에 반하는 것이라는 사실에도 불구하고 선교론과 실제적 필요성을 근거로 합리화되었다는 사실을 덧붙인다. 선교학적으로는 사람들이 자신의 언어와 문화적 환경에서 가장 잘 복음화되고 하나님을 가장 잘 예배할

각자의 연구용 성경과 경건 자료, 소그룹, '예배 경험'을 위해 각 세대와 인구통계학적 시장이 사용됨에 따라 교회의 인종차별(Ecclesial apartheid)이 확대되고 있다. 남부 캘리포니아에서 내가 잘 알고 있는 몇몇 대형교회에서 음악적 선호도(1950년대 록, 하와이안, 컨트리, 힙합, 대안)에 따라 전문적으로 연출된 주제별 예배를 제공한다.

나는 그리스도가 보편성의 중심이 되고 말씀과 성찬 사역이 수단인 곳에서는 진정한 다문화 및 다세대 공동체가 형성된다는 사실에 점점 더 감명을 받고 있다. 그러나 보편성보다 민족적 고유성을 중시하는 곳에서는 교회가 경쟁하는 보편성을 반영하기 쉽다. 이는 컬트와 문화가 혼동되는 매우 전통적인 교회에서 일어날 수 있다.

우리가 예수님의 사역에서 매우 분명하게 드러난 것을 보는 것처럼 하나님의 선택과 구속의 은혜는 우리로 하여금 '외부인'과 '내부인'을 재정의하게 한다. 게다가 언약 공동체가 특정 민족과 적당하게 동일시되었을 때 만약 고대 교회에서 유대인이 이방인에게 익숙해져야 했다면, 분명히 이방인 자신들도 우리 자신의 선호보다는 하나님의 선택적 은혜로 정의되는 보편성을 받아들여야 한다.

문화적 차이를 제거하기보다는 포용하는 오순절에 생겨난 공동체는 열방에 대한 종말론적 추수를 표현하는 보편성을 반드시 지향한다. 성만찬에 대한 바울의 가장 명확한 가르침이 성도들의 친교에 사회경제적 차이를 허용해야 한다는 현실적 문제에서 비롯되었다는 사실은 우리 시대와의 유사성을 지적한다.

미국 개신교(우리 장로교를 포함)의 역사에서 보편성은 사회경제적 분열뿐만 아니라 노예제도와 인종차별 때문에 더 심각하게 훼손되었다. 그러

수 있다고 주장했는데, 이는 독일 루터교 선교학에 의해 강화된 입장이자 우리 시대의 교회 성장 철학과 어느 정도 유사하다." (*Liberating Reformed Theology: A South African Contribution to an Ecumenical Debate* [Grand Rapids: Eerdmans, 1991], 23-24).

나 이런 분열이 점점 더 죄악으로 인식됨에 따라 해결책은 종파(cultus)에 대한 새로운 관심보다는 오히려 차이를 극복하고 알리는 문화적 방법, 즉 교회 일치를 이루는 복음 사역을 찾는 것이다.

현재의 교회 분열 국면은 사실 선교라는 이름으로 환영받는다. 그것은 민족적 유대나 인종의 보편성이 아니다. 사회경제적 지위와 밀접한 관련이 있기는 하지만 정확히 같은 것은 아니다. 오히려 시장의 보편성이다. 개별 교회뿐만 아니라 각기 고유한 시장을 겨냥한 "교회 안의 교회"가 확산하고 있다.

이런 맥락에서 교회는 성도와 순례자의 친교가 아닌 소비자 또는 관광객의 집합체가 된다. 거의 상서롭지 않은 시장의 보이지 않는 손에 우선순위를 두는 것은 초대 교회의 분열만큼이나 분파적인 모습이다. 전통적인 개신교의 교단 분열에 대한 적절한 애도에도 불구하고, 개인의 선택과 방식상의 선호는 우리 시대에 지역교회뿐만 아니라 지역교회 안의 보편성을 위협한다.

표면적으로는 소비자에게 고유한 '필요 요구'에 호소하여 이런 소비자의 습관에 따라 정의되는 인구통계를 생성함으로써 소비자를 유인하는 것이 마케팅의 본질이다. 모든 사람이 기본 요구 사항이 상당히 유사하다면 끊임없이 변화하는 성격에 맞게 항상 새로운 액세서리를 구매할 동기가 없을 것이다. 개인 구원의 근거를 궁극적으로 자신의 선택에 두는 동일한 논리가 시장 주도의 선택 문화에 쉽게 굴복한다. 사실상 언약은 하나님과의 관계와 성도들의 친교 모두에서 계약이 된다.

우리를 일회용 정체성과 영원한 참신함(계획된 진부함)으로 이끄는 동일한 시장의 힘이 진정한 언약 공동체의 구조를 무너뜨리고 있다. 미국의 인종적 분열이 일요일에 가장 분명하다고 말하곤 했던(그리고 지금도 그렇다) 곳에서, 다른 어느 곳보다 교회에서 심지어 가족들조차 자신들의 시장 틈새시장으로 더 많이 분열되는 경우가 점점 더 늘어나고 있다.

세대적 나르시시즘은 1970년대 이래로 공개적으로 받아들여지는 자기 집착의 한 형태가 되었으며, 각 세대는 그러한 문헌에서 가장 과장된 용어로 소개되었다. 마케팅과 사회학이 '청년'으로 인구통계를 개발했을 때 교회는 '청년 그룹'을 만들었다. 오늘날 대학에 입학하는 사람들이 실제로 주일 공적 예배에 참여한 적이 없는 교회에서 성장했을 가능성이 크다.

'어린이 교회'에서 청소년 예배에 이르기까지 그들만의 틈새 프로그램에 갇혀 있기 때문에 그들이 대학 2학년이 될 즈음에는 절반 이상이 교회에 다니지 않는다고 보고되는 것은 조금도 이상하지 않다. 그들이 교회를 떠난 것으로 간주하는 대신, 그들이 온전히 교회의 일원이었던 적이 있었는지 궁금해할 수도 있다.

몇 년 전만 해도 아이들은 집에서 부모와 함께 교리문답을 배우고 예배 전후에 교회에서 함께 예배를 드렸는데, 이후 미국의 주일학교 운동이 지배적으로 되면서 표면적으로는 선교와 봉사라는 이름으로 지역사회의 '틈새화'를 위한 길을 마련하게 되었다.

우리는 지나친 고정관념을 지닌 세대의 독특함을 이전과는 전혀 다르게 생각하는 법을 배웠다. 교회 분열이 교리에 대한 차이로 한탄되었던 곳에서, 이제는 마치 각 세대가 무에서 창조된 것처럼 '대형교회'와 '신흥 교회'로 칭송받는다. 티모시 고링지(Timothy Gorringe)가 상기시켜 주는 것처럼 "이 세상의 '공동체'는 매주 선호도가 바뀔 수 있는 개별 소비자들의 집합체이다."[42]

'성육신적 사역'과 '다양성'이라는 이름으로 우리는 실제로 교리와 교회 실천에서의 통일성을 도외시하면서 문화적 동질성을 강요하는 시장의 보편성을 영속화하고 있는 것은 아닌가?

---

[42] Timothy Gorringe, *A Theology of the Built Environment* (Cambridge: Cambridge University Press, 2002), 164, from Frederick Tönnies, *Community and Society*, trans. C. Loomis (New York: Harper & Row, 1963), 165

시장의 눈부신 성공 중 하나는 어디에나 존재하는 설교와 교리 교육(미디어), 성찬(광고)을 통해 우리가 선택의 지평을 결정하면서도 우리가 주권적 선택자임을 확신시키는 것이다.

바르트가 경계하는 것처럼 선교라는 이름으로 우리는 "실제로 교회를 분리"할 수 있다. 그러나 "지역적 특성을 지닌 지역 공동체는 다른 공동체와의 관계에서 기본적으로 그리고 본질적으로 다른 공동체가 될 수 없다."

신약성경에서 "교회"라는 복수의 용어는 "진정 근본적으로 서로 다른 다수의 교회를 말하는 것이 아니다"라고 바르트는 지적한다. "교회는 지리적 거리와 관련된 것들로만 구분되는 하나의 동일한 공동체이다.… 일곱 천사를 가진 소아시아의 일곱 교회(계 2-3장)가 무엇을 의미하든, 그 교회들 가운데 어떤 교회도 독자적인 주님이나 성령 또는 복음을 가지고 있지 않다."[43]

보편성은 문화적 취향, 소비자 선호도 또는 정치적 견해의 유사성에 의존하지 않는다. 또한, 보편성은 회심 스토리의 유사성, 성화의 진전, 심지어 우리가 모든 교리의 동일한 정식화를 가지고 있는 것에도 의존하지 않는다. 그러나 보편성은 삼위일체 하나님과 그리스도 안에서 우리의 구원을 위한 이 하나님의 행동, 즉 한 주, 한 믿음, 한 세례에 관한 공통의 고백(*homologein*, 같은 말)이 필요하다.

우리는 고대 팔레스타인 유대인 기독교인들에게 특권을 주기로 결정했기 때문에 바울, 베드로, 요한의 목소리에 귀를 기울이지 않는다. 따라서 교회의 보편성은 우리가 사도들의 인격 안에서 사도들 자신의 목소리에 특권을 부여하는 데서 비롯된 것이 아니라, 우리가 신약성경 정경에 접근할 수 있는 것처럼 사도들의 직분에 특권을 부여한 데서 비롯된다. 왜냐하면, 그들의 직분에서 우리는 모든 문화권의 민족을 새로운 장소로 모으는

---

[43] Karl Barth, *CD* IV/1:672.

하나님의 음성을 들을 수 있기 때문이다.

바울은 골로새 교인들에게 다음과 같이 묻고 권면한다.

> 너희가 세상의 초등학문에서 그리스도와 함께 죽었거든 어찌하여 세상에 사는 것과 같이 규례에 순종하느냐(골 2:20).

> 그러므로 너희가 그리스도와 함께 다시 살리심을 받았으면 위의 것을 찾으라 거기는 그리스도께서 하나님 우편에 앉아 계시느니라(골 3:1).

성경을 인구 통계적으로 읽는 것보다 더 패권적이고 타자에 대한 부주의한 태도는 없다. 이런 태도를 "연대기적 속물주의"라고 표현한 루이스(C. S. Lewis)는 과거에 대한 현대적 편견의 본질을 잘 포착했지만, 이는 교회의 신앙과 실천을 자신의 경험에 맞추려는 다른 형태의 집단적 나르시시즘에도 적용될 수 있다.

이것은 특정 상황을 고려한 해석의 현실을 부정하는 것이 아니라, 성부께서 성령을 통해 아들 안에서 말씀하여 존재하게 된 공동체 안에서 진정으로 특권이 주어져야 할 해석은 단지 우리만의 것이 아니라 모든 시대와 장소에 있는 성도들의 친교를 통해 인정된 해석임을 주장하는 것이다.

그리스도 안에서 우리의 선택과 구속, 그리고 다른 모든 은사를 고려할 때 왜 우리는 우리 교회가 이 사라져 가는 시대에 의해 생성된 보편성에 의해 정의되도록 허용해야 하는가?

성도들의 친교에 사회경제적 분열이라는 세속적 습관을 강요하는 고린도 교인들을 꾸짖었을 때 이방인을 위한 사도 바울은 성찬이 가난한 성도들을 배제하는 저녁 식사 모임으로 변질된 것에 대해 경악을 금치 못했다.

> 너희가 먹고 마실 집이 없느냐 너희가 하나님의 교회를 업신여기고 빈궁한 자들을 부끄럽게 하느냐(고전 11:22, ESV).

바울은 그들이 "너희가 함께 모여서 주의 만찬을 먹을 수 없으니"라고 말할 정도로 식사를 변질시켰다고 말한다(20절, ESV). 우리는 이런 반응을 노인을 배제하는 젊은이들의 모임(또는 그 반대의 경우)과 다양한 문화적 선호를 포함하는 것으로 확장할 수 있다. 우리에게는 음악, 스타일, 정치, 패션, 취미에 대한 취향을 추구할 수 있는 우리만의 집과 소셜 네트워크가 있지 않은가.

실제로 분열하고 정복하는 이런 경쟁의 보편성을 초월하는 유일한 방법은, 진정한 보편성은 우리의 모든 위치를 상대화하는 하나님의 말씀에 의해 결정된다는 것을 다시 한번 인식하는 것이다.

아이러니하게도 각 지역 문화, 세대, 인종, 사회경제적 지위의 표면적 고유성을 강조하면서 교회를 틈새시장으로 나눔으로써 우리는 중국과 나이지리아의 순교자들과 공유하는 신앙에 대해 아는 것보다 우리 자신과 우리와 같은 사람들에 대해 더 많이 알게 된다. 결과적으로, 우리 사역의 맥락에 대한 이런 모든 매력 속에서 우리는 그 단어를 체계적으로 잘못 해석하는 방식을 인식할 가능성이 작다.

성경에 대한 우리의 해석과 오해에 결정적 영향을 미치더라도, 우리 특정 그룹의 경험은 계시의 원천이 아니라 우리가 읽는 내용이 이루어지는 맥락이다. 신약의 복음서는 분명히 특정 집단을 대상으로 쓰였지만 동일한 복음을 전하고 있다. 마찬가지로 서신서들은 "**고린도** 교회"(the church in Corinth)와 다른 지역으로 보내졌지만, "고린도 **교회**"(the church in Corinth)는 이웃 교회보다 예루살렘, 소아시아, 로마에 있는 교회들과 더 밀접하게 연결되어 있었다.

로마 그리스도인은 복장, 문화적 선호도, 심지어 정치적 신념에서도 동료 로마인과 구별되지 않을 수 있지만, 더 깊은 보편성은 신자를 사회적 친화력이 전혀 다른 동료 그리스도인들과 묶어 놓았다. 우리는 인구 통계적 프로필이 아니라 "유대인이나 헬라인이나 종이나 자유인이나 다 한 성령으로 세례를 받아 한 몸이 되었고"(고전 12:13), "우리가 다 한 떡에 참여함"(고전 10:17)으로써 하나가 된다.

복음이 우리 밖에서 우리 모두에게 다가오기 때문에 문화와 복음은 하나님의 말씀하심이라는 단독 행위에 기여하지 **않는다**. 하나님은 이미 평범한 언어와 가장 평범한 요소(물, 빵, 포도주)와 행동(말, 목욕, 식사)을 사용하심으로써 자신의 담론을 우리의 피조물적 유한성에 맞게 조정하셨다. 이런 방식으로 하나님은 모든 시간과 장소에서 사람들이 그리스도를 접할 수 있게 하셨다.

이것이 바로 우리가 틈새 집단에서가 아니라 성경을 함께 듣고 읽어야 하는 이유이며, 따라서 그리스도 안에서 분명히 우리의 것인 이런 보편성은 우리 가운데 더욱 온전히 실현될 수 있다.

우리는 같은 세례를 나누고, 같은 심판과 은혜의 말씀을 듣고, 함께 기도하고 노래하며, 그리스도의 몸과 피를 함께 받아 우리의 죄와 공동의 신앙을 고백할 때 가장 결정적으로 "그리스도 안에" 있는 자신을 찾게 된다. 그곳에서 우리는 우리가 스스로 만들거나 선택하지 않았지만 "각 족속과 방언과 백성과 나라 가운데에서" 제사장 왕국에 편입된 우리 자신을 발견한다(계 5:9, NKJV).

그레고리 빌(Gregory Beale)이 상기시킨 것처럼 이스라엘 역사에서 "세계에 대한 불경건한 왕국의 신흥 지배는 때때로 일종의 패러디로서 에덴동산 나무의 성장에 대한 이미지로 묘사된다. … 그러한 믿지 않는 제국은 '윤리 없이 미적인 것을 즐기기' 위해 정원을 심는다. 그들은 언약 없는 공동체를 추구하기 위해…. '자신을 집단화' 한다(Gage 1984: 60-61)."[44]

(**언약** 관계를 갖는) 종주권 조약의 담보 없이, 삶과 죽음은 지배자나 피지배자의 변덕에 의존하는 **독재** 체제나 **계약** 체제에서 관리되었지만, 초월적, 윤리적 의무에 근거한 것은 아니었다. 그러므로 "다른 나라들과 같은" 왕에 대한 백성들의 끊임없는 요구는 비극적이며 야웨를 신뢰하지 않고 "언약 없는 공동체"를 원하는 것이다. 나는 오늘날 우리가 바로 이 지점에 서 있는 우리 자신을 발견해야 한다고 제안한다.

가능한 한 교회가 섬기는 지역의 특성을 고려할 때, 각 지역교회는 언젠가 완전히 드러날 이런 보편성의 가시적 표현이어야 한다. 이것은 조부모가 자녀와 손자와 함께 예배를 드리는 장소이다. 그리고 이 사라져 가는 시대에 정의된 미시적 이야기보다 더 크고, 더 넓고, 더 풍부한 이야기가 있는, 나이 든 사람이 말과 모범으로 젊은 사람을 가르치는 경우가 다시 한번 있다.

그러나 이곳은 또한 낯선 이들을 환영하는 장소이기도 하다. 공개적인 죄 고백과 사죄를 통해, 기도하고 노래하고 말씀을 듣는 것에서, 세례반과 식탁에서 우리는 인구 통계적으로 가장 결정적인 위치가 "그리스도 안"이라는 것을 기억할 뿐만 아니라, 우리는 실제로 **거기에 위치하게 된다**. 시편 기자가 "주여 주는 대대에 우리의 거처가 되셨나이다"(시 90:1; 참조, 시 100:5, 102:12)라고 노래한 것처럼 말이다.

"해 아래", 즉 이 사라져 가는 시대의 관점에서 보면 "한 세대는 가고 한 세대는 오되" "모든 것이 헛되지만"(전 1:2-4) 영원의 관점 아래에서(sub specie aeternitatis), 언약 공동체의 각 세대는 "그 나라는 대대에 이르는"(단 4:34) 그리스도의 보편적 봄에 참여함으로써 자신을 초월하여 주님께 속한다. 에베소서 4:1-6에서 우리가 유지해야 할 "평안의 매는 줄로 성령이 하

---

[44] Ibid., 126, 129.

나 되게 하신 것"에는 반드시 이런 세대 간 교제가 포함되어야 한다.

특히, 다른 몸, 다른 영, 다른 부름, 주, 신앙, 세례가 우리의 궁극적 충성을 위해 경쟁하는 것처럼 살도록 유혹받을 때 평안의 매를 유지하려면 노력이 필요하다. 이 구절에서 읽은 것처럼 겸손, 온유함, 인내가 필요하다. 젊은이들뿐만 아니라 연로한 성도들도 동료 성도들을 사랑하고 과거뿐만 아니라 미래와의 관계를 유지하려고 노력해야 한다.

언약의 계승에는 모든 면에서 인내가 필요하다. 서로 다른 틈새 그룹과 심지어 예배의 중단에 안주함으로써 우리는 교회의 인종차별을 영속화할 뿐만 아니라 약한 자와 강한 자(롬 14:1-15:6; 갈 6: 1-10), 부자와 가난한 자(딤전 6:17-19), 유대인과 이방인(롬 15:7-21; 골 3:11), 남성과 여성(갈 3:28), 젊은이와 노인(딤전 5:1-10)과 같은 전체 몸을 풍성하게 하는 은혜를 우리 자신과 집단에 박탈한다.

우리가 모두 같은 음악을 듣거나 같은 정치적 의제를 공유하기 때문이 아니라, "우리가 다 한 떡에 참여하고"(고전 10:17), "세례를 받아 한 몸이 되었고"(12:13), 한 성령 안에서 같은 믿음을 품고 있으므로 진정한 관련성을 느낄 수 있다. 바울이 고린도 교인들에게 주의 식탁에서 먹고 마시기 전에 자신을 돌아보라고 경고한 것은 바로 세상의 분열 때문이었다(고전 11:27-34). 보편적 교회의 각 지역 표현은 "그리스도를 경외함으로 피차 복종하라"(엡 5:21)는 엄숙한 의무 아래 있다.

바르트가 "성경의 이상한 신세계"라고 부른 것에서 우리는 하나님의 이야기를 이 지나가는 시대의 우리 삶의 드라마에 맞추려고 하는 대신 구속 드라마의 등장인물들이 된다는 것을 발견한다. 구체적 실천을 통해 하나님의 '공동체 극작품'(community theater)을 지역에서 공연하는 것은 교회의 책임이다.

설교는 정기적으로 우리를 정경에 몰입시켜야 할 뿐만 아니라, 가정과 교회에서 사도들의 가르침과 성찬뿐만 아니라 "교제와 기도"(행 2:42)

와 같은 예배 의식에 결정적 형태를 부여하는 이야기 속에서 공동의 신앙으로 교리 교육을 받아야 한다. 바울은 공적 예배와 사적 예배에서 찬양의 목표조차 "그리스도의 말씀이 너희 속에 풍성히 거하는"이라고 말한다(골 3:16).

언약은 거창한 개념이 아니라 살아 있는 실체이다. 교회가 거룩하다고 말하는 것은 교회가 다르다는 말이며, 세상과 차이는 단순히 보유하는 이론이나 교리에 의해 유지되는 것이 아니라 하나님의 행동(실천) 때문에 유지된다. 교회가 보편적이라고 말하는 것은 모든 시대와 장소에 있는 특정 교회가 공통의 고백으로 일치하고 공통의 정경에 의해 규율된다는 것을 말한다.

국기가 아니라 강단, 세례반, 식탁이 이런 보편적 공동체가 어디에 존재하는지를 나타낸다. 이 언약의 몸의 주체가 우리가 아닌 하나님에 의해 선택된 것처럼, 이 몸을 거룩하게 하고 연합시키는 수단은 하나님의 손에 달려 있다.

우리가 하나님의 관점을 가지고 있지는 않지만, 우리는 분명히 모든 시대와 장소를 상대화하여 이 시대에 우리의 소중한 모든 위치를 위태롭게 만드는 다가올 시대의 도래 때문에 정의되는 공동체에 속해 있다. 이것은 심지어 자신의 교단이나 전통에서 궁극적 정체성을 찾으려는 우리의 성향에도 도전한다.

우리는 하나님의 말씀에 반대하는 우리 자신의 편견을 발견하기 위해 경계하면서 하나님의 말씀을 보편적으로 듣기 위해 노력한다. 이런 관점에서 우리는 개혁주의 신앙이나 정교회 신학 또는 루터교 신앙고백을 말하는 것이 아니라 개혁주의, 정교회 또는 루터교 관점에서 기독교 신앙, 신학 및 신앙고백을 말해야 한다.

언약은 우리에게 교회론적 이론을 제공할 뿐만 아니라 신앙과 실천을 통합하기 위한 구체적 맥락을 제공한다. 상황신학과 정치신학은 종종 우리가 현시대의 상황에 대해 우리보다 더 많이 알고 있다고 가정한다(다른 사람들이 신학자보다 더 잘할 수도 있는 우리의 문화적 분석에 근거하여). 설교자와 신학자들이 기독교 교리를 선포할 때 종종 보이는 거짓 겸손과 비교하면 설교자와 신학자들이 당대의 사회적, 도덕적, 경제적, 정치적 문제를 얼마나 자신 있게 다루는지 놀라울 따름이다.

오늘날 교회는 교리만큼이나 더 나은 세상을 만들고 더 '적절한' 선교를 유지하는 방법에 대한 각자의 이념으로 더 극명하게 나누어져 있다. 그러나 보편성은 진정한 기독교 선교가 역할을 하는 공동체의 필수 요소이다.

복음이 우리를 하나로 묶을 때 공화당원이나 민주당원, 젊은이나 노인, 부자나 가난한 사람, 건강한 사람이나 아픈 사람, 힙합이나 클래식 음악 애호가, 흑인, 백인, 아시아계, 히스패닉계, 기타 인종은 없으며 자기 백성을 창조하기 위해 하늘과 땅의 모든 권세를 가지신 분으로부터 용서받은 동료 죄인일 뿐이다.

6. 언약의 양육: "천 세대까지"

그리스도 안에 있는 위치에서 모든 현실을 해석하려면 진리의 말씀으로 성화돼야 하며(요 17:17), 이는 적어도 부분적으로는 이 세상의 사고방식의 패턴을 더 이상 따르지 않아야 함을 의미한다(롬 12:2).

언약은 우리 외부에서 우리 자신에게 다가오지만, 우리를 안으로 끌어들인다. 언약은 듣고 수동적으로 받아들이는 것으로 우리에게 오지만, 우리에게 방언을 주며 서로를 종으로 만든다. 언약의 근거에 대해 무조건 은혜로 보장되는 언약은 그렇지만 회개와 믿음이라는 적절한 반응을 요구하며, 이런 반응은 한 번만 이루어지는 것이 아니라 그리스도인의 삶 전체에서 이루어지고 개인뿐만 아니라 교회 때문에 공동체적으로 이루어진다.

로버트 젠슨(Robert W. Jenson)이 지적하는 것처럼 많은 사람이 성경 세계와 자신 사이에 느끼는 거리는 학계의 잘못보다는 교회 자체의 잘못에 더 가깝다. "성경이 소외된 가장 중요한 원인은 지난 20년 동안 미국 교회의 성직자들이 교회 내 새신자들에게 교리 교육을 중단했기 때문이다."[45]

공식 수업뿐만 아니라 예배 의식과 노래도 언약의 유산을 세대에서 세대로 이어 주는 매개체이다. 세대 간 보편성의 혼란은 성도들의 친교를 무시하는 끊임없는 혁신만큼이나 젊은이들의 필요를 무시하는 보수주의와 관련이 있다. 이 두 가지 경향에 대해 지적해야 할 점은 교회는 노년층, 청년층, 중장년층의 자발적 모임이 아니라 모든 시간과 장소에 퍼져 있는 포도나무(the Vine, 주님)의 살아 있는 가지라는 점이다.

예를 들어, 본회퍼가 관찰한 것처럼 "가정교회"와 달리 지역 교구교회는 "성도의 교제(sanctorum communio)에 의해 독점적으로 조직된 세상의 한 부분이다."[46] 지역교회는 핵가족과 그 친구들의 모임이 아니라 우리가 평범한 삶의 과정에서 전혀 알지 못했을 수도, 선택하지도 않았을 영적 친척들의 낯선 모임이다. 지역교회는 더 넓은 가시적 교회의 일부로서 "모든 불완전함에도 불구하고 교리의 상대성을 보장한다."[47]

동시에 전통적 교회는 교인들을 당연하게 취급해서는 안 되며, 친교와 돌봄에 맡겨진 보물, 즉 선물로 취급해야 한다. 본회퍼는 회중을 "청중" 또는 "대중"으로 취급할 때마다 개인이 스스로 신앙을 고백하는 문제는 교회의 집단적 신앙 뒤로 물러난다고 상기시킨다.[48] 세례는 하나님의 약속일뿐만 아니라 언약적 양육의 주체로서 자녀에 대한 책임을 지라는 전체 교회에 대한 하나님의 명령이다.

---

45 Carl E. Braaten and Robert W. Jenson, *Reclaiming the Bible for the Church* (Edinburgh: T&T Clark, 1995), 91
46 Bonhoeffer, *SC*, 230.
47 Ibid., 230-31.
48 Ibid., 239-40.

따라서 성도들의 공동체로서 교회는 어머니처럼 자녀들을 가장 거룩한 보물로 품어야 한다. 교회공동체는 '공동체적 삶'을 통해서만 그렇게 할 수 있으며, 만약 교회공동체가 '자발적 협회'라면 세례라는 행위는 무의미할 것이다. 그러나 이것은 교회가 더 이상 아이를 '안고' 있는 것을 상상할 수 없는 곳, 즉 교회가 내부적으로 상처를 입었거나 세례가 아이와의 처음이자 마지막 접촉이 될 것이 확실한 곳에서는 유아 세례가 더 이상 의미가 없다는 것을 의미한다.[49]

본회퍼의 말은 계약 경제(자발적 협회)와 언약 공동체 사이의 중요한 차이를 지적할 뿐만 아니라, 후자를 지지하는 사람들에게 구원이 없는 사회화의 위험을 각인시키는 데에도 도움이 된다. 그러나 해답은 그리스도께서 그분의 백성을 위해 세우신 언약과 그 제도 밖을 바라보는 것이 아니라, 세대 간 온전함을 회복하는 진정한 언약적 경건과 실천을 새롭게 하는 것이다.

7. 지역적이고 보편적인 보편성

지금까지 내가 제안한 거의 모든 것이 교회 통치나 정치에 관한 다양한 견해 내에서 받아들여질 수 있다. 그러나 이 부분에서는 내가 생각하기에 장로교 정치가 언약 교회론의 가장 적절한 표현인 이유를 설명할 것이다.

---

[49] Ibid., 241.

1) 현대 교회론의 교회와 교회들

공식 로마가톨릭 교회론에 따르면 교회의 일치(unity)가 하나의 가시적인 머리를 가진 계층적 사역에 의해 결정되는 단일성(unicity)인 것처럼, 교회의 보편성은 특별한 (지역)교회와 그 사역의 관계에 의해 구성된다. 이런 관점은 라칭거 추기경(현 교황 베네딕트 16세)이 정교하게 정리한 것이다.

> 시간적, 존재론적 우선순위는 보편교회에 있으며, 보편적이 아닌 교회는 교회적 실체조차 갖지 못할 것이다.[50]

따라서 보편성은 교황을 가시적 머리로 하는 전체 그리스도일 뿐이므로 명백한 경험적 속성이다.

어거스틴에게서 발견되는 신앙 안에서 긍정되는 보편교회(즉, 그리스도 안에서 모든 택함 받은 자의 일치)와 현재의 가시적 공동체(즉, 특정 교회) 사이의 긴장은 로마가톨릭을 하나님과 인간 연합의 중심으로 삼는 일대일 대응을 위해 해결된다.

라칭거는 계속해서 "성찬적으로 이해되는 교회는 주교적으로 구성된 교회이다"라고 언급한다.[51] 그러나 동방에 반대해 그는 이런 주교적 사역 자체가 가시적 수장인 교황과의 관계에 의존한다고 덧붙인다.[52]

따라서 보편은 존재론적으로 우위에 있다. 일치는 단일성과 동일하다. 라칭거가 "교제(친교, *communio*)는 보편적이다, 그렇지 않다면 그것은 단순히 아예 존재하지 않는다"는, 다른 점에서 논란의 여지가 없는 주장을 할

---

[50] Joseph Cardinal Ratzinger, *Called to Communion: Understanding the Church Today*, trans. Adrian Walker (San Francisco: Ignatius Press, 1996), 44.
[51] Ibid., 79.
[52] Ibid., 79-80.

때 그가 염두에 둔 것은 바로 이 가시적 위계이다.[53]

게다가 라칭거에 따르면 "교회는 성찬을 거행하는 것이고 성찬은 교회이다. 이 둘은 서로 나란히 서 있는 것이 아니라 오히려 동일하다."[54] 따라서 사람들은 로마가톨릭교회에서만 (이 두 가지 의미에서) 진정으로 이런 성찬을 받는다.[55]

이런 식으로 그리스도의 자연적 몸과 성찬의 몸은 모두 교회적인 것에 동화된다. 교황과 친교를 나누는 주교들은 '전체 그리스도'를 전체 교회에 중재한다. 따라서 보편교회(하나)는 다양한 지역교회(다수)에서 자신을 구체화한다.

동방은 서방의 교황주의가 삼위일체 교리의 잘못된 정식화에서 비롯된 것으로 항상 의심했다. 이미 살펴본 바와 같이, 지지울라스(Zizioulas)는 이런 주장을 되풀이하면서 이런 친교(코이노니아)를 가져올 뿐만 아니라 이런 친교**이거나** 이런 친교를 **구성하는** 이는 바로 성령이시라고 강조한다.[56] 성령으로 인해 그리스도는 교회라는 몸을 가지신다.[57] 이 모든 구성 요소가 수렴되는 사건이 바로 성찬이다.

그렇다면 (라너와 로마가톨릭의 교회론이 일반적으로 말하는 것처럼) "교회의 '본질'이 보편교회에 있다"고 말할 수 없다. 오히려 "한 그리스도 사건은 사건들(복수)의 형태를 취하는데, 이런 사건들은 **하나의 그리스도 사건 자체만큼이나 존재론적으로 일차적이다**. 지역교회는 보편교회만큼이나 교회론에서 일차적이다. 이런 교회론에서 보편이 지역교회보다 우선한다는

---

53 Ibid., 82.
54 Ibid., 42. Joseph Cardinal Ratzinger, *Principles of Catholic Theology: Building Stones for a Fundamental Theology*, trans. Mary Frances McCarthy (San Francisco: Ignatius Press, 1987), 55.
55 Ibid., 45.
56 John Zizioulas, *Being as Communion: Studies in Personhood and the Church* (Crestwood, NY: St. Vladimir's Seminary Press, 1985), 130.
57 Ibid., 131.

것은 생각할 수 없다."⁵⁸ 종말론과 성만찬(성찬 안에서 수렴되는)은 일자와 다자(the one-and-many)의 통일성(integrity)을 보존한다.

> 교회가 성령론의 이런 두 측면을 통해 구성된다면 교회론에서 모든 피라미드 개념은 사라진다. 즉, '하나'와 '다수'가 동일한 존재의 두 측면으로 공존하게 된다. 보편적 차원에서 이것은 지역교회가 사역이나 기관을 통해 하나의 교회(one Church)를 구성하며, 그 기관은 동시에 감독(primus)과 감독인 그가 속한 공의회를 구성한다는 것을 의미한다.
> 지역 차원에서 이것은 지역교회의 수장인 감독(bishop)이 그의 공동체와 사역의 나머지, 특히 노회(presbyterium)의 존재에 의해 영향을 받는다는 것을 의미한다. 다른 사역을 필요로 하지 않는 사역은 없으며, 다른 사역과의 관계없이 충만함, 은혜와 능력의 풍성함을 소유하는 사역은 없다.⁵⁹

또한, 종말론은 교회론이 역사적 기관에 대한 단순한 긍정이 되지 않도록 한다.⁶⁰ 따라서 "대도시, 대교구 또는 총대주교 관할 교구는 그 자체로 교회라고 불릴 수 없으며, 단지 확장에 의해서만 즉 그것이 유일한 교회들… 적당하게 교회로 불러지는… 지역교회에… 기반을 두고 있다는 사실에 의해서만… 교회라고 할 수 있다."⁶¹

지지울라스는 성찬에 참석하는 장로단(장로회[presbyterium])의 존재에서 성찬 공동체의 수장 역할을 하는 개별 장로로의 전환을 재앙으로 간주한다. 왜냐하면, 이런 발전은 본질적으로 공동체 내 **모든** 질서의 보편성과

58　Ibid., 132-33.
59　Ibid., 139.
60　Ibid., 140.
61　Ibid., 252-53.

일치를 부정하는 것이기 때문이다.[62]

주교는 "성찬 주재자라기보다는 행정가"가 되었고, 장로는 "'미사 전문가', '사제'가 되었으며, 그 결과 서구의 중세 교회적 타락과 종교개혁의 잘 알려진 반응뿐만 아니라 동방 교회 자체의 교회적 정경적 삶에 심각한 혼란으로 이어졌다."[63] 그는 이 모든 것이 "하나"일 뿐만 아니라 "다수"인 지역 행사(교회) 자체를 끊임없이 새롭게 창조하는 기념의 온전함을 보존한 복수적 규칙과 표현과 대조를 이룬다고 말한다.

베네딕트 교황(Pope Benedict)과 마찬가지로 지지울라스도 초기 교회 정치의 형태가 "장로회단"(a college of the presbyterium)에서 "공동 장로"(a co-presybter)로서 주교를 가진 본질적으로 장로교였다는 것을 인정한다.[64]

어쨌든 "교구(parochial) 또는 주교(episcopal) 형태로 구상된 성찬 공동체는 반드시 지역적이다. '성찬이 있는 곳에는 교회가 있다'는 원칙은 각 교회가 **다른 지역교회와 독립적으로** '하나의 거룩하고 보편적이고 사도적인 교회'가 될 수 있다는 생각을 암시할 위험이 있다." 로마가톨릭은 보편성을 보편교회와 과잉 동일시하는 반면, 많은 개신교인은 지역교회가 교회 개념을 철저히 다루고 있다고 생각하는 것 같다.[65]

이런 점에서 개혁주의 해석자들은 피라미드형 교회론과 독립교회론 사이의 중간 지점을 마련하려는 지지울라스의 시도에서 칭찬할 만한 점을

---

62 Ibid., 250.
63 Ibid., 250-51.
64 Ibid., 195. "한편으로 [감독은] '공동 장로,' 즉 장로회단 중 하나(아마도 첫 번째 장로회단)로 이해되었다." "이것은 이레네우스가 감독에 대해 장로(presbyters)라는 용어를 사용한 것에서 분명히 알 수 있다(Haer. IV 26:2). 이것은 클레멘트 전서 44장, 베드로 전서 5:1 등에서 유추할 수 있는 것처럼 서방에서 오래된 용법이 살아남은 것으로 받아들여야 한다"(195 n. 85). 라칭거는 *Called to Communion* (122-23)에서 신약성경에서 장로(presbyteroi)와 감독(episcopoi)이 교체 사용하고 있다는 것을 인정한다.
65 Ratzinger, *Principles of Catholic Theology*, 25.

많이 발견할 것이다.

기독론과 성령론은 상호 영향을 주며 분명히 구성적이다. 지지울라스에 따르면 "'보편성'의 주된 내용은 도덕적인 것이 아니라 기독론적이다."

> 교회는 그리스도께 순종하기 때문에 보편적인 것이 아니라,… 특정한 일을 하거나 특정한 방식으로 행동하기 때문에 보편적인 것이다. 무엇보다도 교회가 그리스도의 몸이기 때문에 보편적이다. 교회의 보편성은 교회 자체가 아니라 그리스도께 달려 있다. 교회는 그리스도가 계신 곳에 있기 때문에 보편적이다.[66]

이것은 "**자율적 보편성**(autonomous catholicity), 그 자체로 이해될 수 있는 보편적 정신(catholic ethos)은 없다는 것을 의미한다. 이것은 그리스도의 일치이며 교회가 보편적 존재로 드러내는 것은 그분의 보편성이다." 이것은 교회가 소유하거나 도달해야 하는 것이 아니라 그리스도 자신의 임재이다.[67]

동시에 그것은 성령의 강림(*epiclesis*)에 의존하는 **역동적** 보편성이다.[68] 그것이 단순히 기억하는 문제(anamnesis)라면 그것은 우리 자신의 정신 작용에 달려 있지만 만약 그것이 종말론적 사건이라면 그것은 성령에 의존한다.[69]

> 이것은 "함께함", "개방성" 등에 대한 인간의 시도가 교회의 보편성을 구성할 수 없다는 것을 의미할 뿐만 아니라, 순전히 역사적, 사회학적 차원

---

66 Zizioulas, *Being as Communion*, 158.
67 Ibid., 159.
68 Ibid., 160.
69 Ibid., 160-61.

에서 보편성을 향한 진보적 운동을 위한 어떤 계획도 달성할 수 없다는 것을 의미하기도 한다. **성찬 공동체는 역사를 돌파할 수 있을 뿐이지 결코 역사와 동일시될 수 없다.** 보편성에 대한 요구는 세상에 대한 점진적 정복이 아니라 반보편적인 악마 세력과의 싸움과 주님과 그분의 성령에 대한 지속적인 의존에 대한 '자기 비움'(kenotic) 경험에 대한 요구이다(강조 추가).[70]

종교개혁은 중세 서방교회가 교회의 존재를 역사, 특히 역사적 주교직으로 좁게 정의했기 때문에 일어날 수 있었다고 지지울라스는 언급한다. 이 역사가 이미 그 타당성과 효능을 보장하고 있기 때문에 성찬식을 위해 성령을 부를 필요가 없었다.[71]

자유교회의 관점을 대표하는 미로슬라브 볼프(Miroslav Volf)는 가시적 교회의 정의를 (적절하게 말하자면) 지역 총회로 제한한다. 그는 사회적 삼위일체론을 교회론에 조심스럽게 미묘하게 적용하면서 이를 추구한다.[72] 구조적 측면에서 볼 때, "교회는 아무리 명확하게 표현하더라도 단일 중심-양극(monocentric-bipolar) 공동체가 아니라 근본적으로 다중 중심(polycentric) 공동체이다.[73]

나는 사회적 삼위일체론에 대해 나름대로 의구심을 가지고 있지만, 여기서 나의 주된 관심사는 볼프가 그러한 움직임에 대한 경계에도 불구하고 신적(삼위일체적) 존재와 인간(교회적) 존재 사이에 너무 일의적(univocal) 정체성을 도출한다는 점이다. 이상적 공동체 모델을 식별하는 방법으로 교회론에 접근할 때마다 그 과정에서 삼위일체와 교회의 교리를 모두 왜

---

70 Ibid., 161.
71 Ibid., 185.
72 Miroslav Volf, *After Our Likeness: The Church as the Image of the Trinity* (Grand Rapids: Eerdmans, 1998), 203–5.
73 Ibid., 224.

곡할 수도 있다. 내가 볼 때 볼프나 그가 비판하는 사람들은 삼위일체적 상호 내주(perichoresis)와 언약 공동체 사이의 유비에서 비유사성에 충분한 주의를 기울이지 않는다.

또한, 볼프의 신중한 연구는 설교와 성찬을 통한 신적 행동의 중요성을 인정하지만, 교회의 본질은 여전히 공동체의 행동에 너무 의존한다. 볼프의 개념에서 성례전이 그 타당성을 위해 믿음에 의존하는 것처럼 보편성은 다른 교회(이 모델에서 배타적 지역교회)에 대한 개방적인 주관적 태도에 너무 많이 의존한다.

특히, 다루기 어려워 보이는 분열의 분위기 속에서 이것은 에큐메니즘(ecumenism, 세계교회주의)이 다른 단체의 교회 지위에 관한 주장의 타당성을 인정하는 외향적 지향에서 시작된다는 점을 칭찬할 만하게 상기시켜 준다. 그러나 보편성의 원칙으로서 이것은 에큐메니즘이 개인과 교회의 경건에 지나치게 의존하게 만들 수 있으며 너무 가느다란 실이어서 특정 교회를 더 넓은 몸과 연결할 수 없다.

더욱더 언약적 관점에서 볼 때, '둘 이상'의 증인 가운데 계신 그리스도의 임재는 모든 지역교회를 고립된 공동체라면 결코 될 수 없는 유일한 거룩하고 보편적이며 사도적인 교회의 축소판으로 만들어 준다. 이런 가시적 일치의 완전한 실현은 실제로 완성을 기다리고 있지만, 개인의 성화와 함께 지금도 불완전하게 실현되고 있으며 우리가 추진해야 할 목표, 즉 필수적 과업을 추진하는 지표가 되는 은사를 나타낸다.

'아직 아니'라는 인식은 눈에 보이는 교회의 현실적 분열을 고려할 때 절망과 냉소로 이어질 수밖에 없는 완벽주의적 교회론으로부터 우리를 지켜 준다.

자유교회론은 이런 점에서 종말론적으로 경솔하게 행동하지 말라고 경고하는데, 볼프는 놀라운 솜씨로 이를 수행한다. 더욱이 전 세계 복음주의 단체들의 교제는 종종 제도적 일치보다는 영적 일치에 기초한 비공식적 초교파적, 비교단적 노력의 놀랍도록 성공적인 협력을 촉진해 왔다. 그러나 덜레스가 지적한 것처럼 이원론적 교회론과 종말론적 예비는 지금 여기에서 우리의 분열을 극복하기 위한 책임 회피가 될 수 있다.[74]

자유교회가 현재 가시적 교회 일치의 현실을 과소평가하는 경향이 있다면, 반대편에 있는 로마가톨릭 입장의 위협을 볼프가 지적하는 것은 확실히 옳다.

> 제2차 바티칸 공의회(the Second Vatican Council)는 로마가톨릭교회 이외에 정교회와 성공회를 포함하여 다른 모든 기독교 공동체를 비보편적인 것으로 지정했다(*Unitatis redintegratio* 13, 17; Dulles, *Catholicity*, 132).[75]

그는 이것이 심오하게 "비보편적"이라고 적절하게 결론을 내린다.[76] 이것은 실제로 종교개혁에서 중요한 주장이었으며, 사실상 다른 주교들보다 자신을 높이는 주교는 보편성을 위반하고 불량한 목자가 된다는 고대 교회의 합의에 호소하는 것이었으며, 정교와 로마가톨릭 사이의 논쟁점으로 남아 있다.[77]

볼프는 기독교 단체의 교회적 지위를 계속 격하시키면서 로마가톨릭 자체의 보편성은 이제 그리스도(적어도 그리스도에 대한 신앙)를 넘어 비기독교 종교까지 포함하는 것으로 이해되는 아이러니를 지적한다.[78] 일치는 교회적 존재의 사다리에서 기독교 교회와 다른 종교들을 하강하는 순서로 순위를 매길 때만 우선한다. 이와는 대조적으로 볼프는 교회론의 다른 모든

---

74 Ibid., 148.
75 Ibid., 260 n. 4.
76 Ibid., 261.
77 이 점에 관해 특히 칼빈은 키프리안과 어거스틴에게 호소한다(*Institutes* 4.6.4, 13, 17; 4.7.1–17).
78 Volf, *After Our Likeness*, 263–64.

측면과 마찬가지로 보편성은 "포괄적인 종말론적 틀 안에서 이해해야 한다"고 주장한다.[79]

적어도 지금 여기에는 "지역교회들의 보편성"만이 존재한다고 그가 제안할 때까지 이 모든 것은 유익한 것이다. 따라서 적어도 당분간 이것은 "지역교회 이외의 다른 교회는 허용되지 않는다."[80]

볼프의 사회적 삼위일체론 모델은 일치보다 복수성을 우선시하는 교회론의 방향으로 나아가기 때문에, 적어도 종말의 측면에서는 일치가 필수적이지 않다. 그러나 삼위일체의 통일성 자체가 삼위일체의 복수성보다 존재론적으로 덜 "실제적"이라면 교회는 심지어 종말에서도 그 다양성 속에서도 본질적으로 하나가 될 수 없다.

내가 아래에서 지적하는 것처럼 사도 공동체가 교회를 지역적이고 광범위한 집회로 이해했다면 오순절은 **이미** 다가올 시대의 일치를 미리 맛보게 한 것이었다. 교회를 지역적 발현과 중생한 회원으로 제한할 때, 독립교회론은 전자에 대해서는 과소 실현된 종말론을, 후자에 대해서는 과대 실현된 종말론을 지향하여 보이지 않는 교회와 보이는 교회 사이의 구분을 모호하게 만드는 경향이 있다.

교회는 양과 염소, 잡초와 알곡을 최종적으로 분리하는 것이 아니라 신앙고백을 승인하는 사명을 받았다(마 13:24-43). 동시에 독립교회는 언약 회원의 구체적 표현으로서 지역교회의 우선성과 개인의 회개와 신앙의 필요성을 상기시켜 준다.

---

[79] Ibid., 266.
[80] Ibid., 270.

2) 언약과 연결주의

언약적 교회론은 보편성에 대한 실재론적/관념주의적 정식화뿐만 아니라 주의주의적 정식화에도 도전한다. 항상 놀랍고 파괴적인 복음의 선포에 의해 '위로부터' 구성된 언약 공동체는 자신의 불충실함 역사에도 불구하고 외부로부터 전체 존재와 함께 보편성을 받아들인다.

역사 속에서 '아래로부터'('천 세대에 걸쳐') 구성된 보편성은 말씀과 성찬의 충실한 사역을 통해 매개되어 모든 시대와 장소에 걸쳐 한 세대에서 다른 세대로 신앙의 계승이 이루어진다.

종말론적 좌표와 역사적 좌표라는 이 두 좌표 모두에서 방향을 취하는 언약적 교회론은 각 신자가 눈에 보이는 몸에 연결되어야 하고 각 세대가 그 이전과 뒤를 따르는 사람들과 연결되어야 하는 것처럼 특정(지역) 교회도 구체적이고 가시적이며 지속적인 구조로 표현되는 더욱 넓고 깊은 연대를 통해 "평안의 매는 줄로 성령이 하나 되게 하신 것을 힘써 지켜야" 함을 확언한다(엡 4:3).

이 마지막 요점은 우리를 특히 논란이 되는 정치 문제(polity)로 이끈다. 장로교 정치의 주요 윤곽은 사도행전 15장의 예루살렘 공의회에서 볼 수 있는데, 거기서 지역교회 분쟁이 더 넓은 교회 회의로 옮겨졌다.

보고가 의사 결정 기관으로 "사도들과 장로들"을 여러 번 언급하고 있다는 점이 놀랍다. (바울과 바나바를 포함한) 대표들을 안디옥의 지역교회에서 예루살렘에 소집된 더 넓은 총회로 파송되었다. "그러므로 내 의견에는 이방인 중에서 하나님께로 돌아오는 자들을 괴롭게 하지 말고"(19절)라고 말한 사람은 베드로가 아니라 야고보였다. 그렇지만 최종 판결은 전체 회의의 동의를 기다리고 있었다.

서면 결정을 그 지역교회에 전달하기 위해 "이에 사도와 장로와 온 교회가 그중에서 사람들을 택하여 바울과 바나바와 함께 안디옥으로 보내기를 결정했다"(22-29절). 바울과 디모데와 실라가 "여러 성으로 다녀갈 때 예루살렘에 있는 사도와 장로들이 작정한 규례를 그들에게 주어 지키게 하니 이에 여러 교회가 믿음이 더 굳건해지고 수가 날마다 늘어 갔다" (행 16:4-5).

장로는 "배나 존경해야" 하지만, 이런 이유로 "아무에게나 경솔히 안수하지 말아야 한다"(딤전 5:17, 22). 목사와 장로의 자격은 디모데전서 3:1-7에 집사 직분과 구별되어(8-13절) 명확하게 명시되어 있다. 그래서 바울은 디도에게 자신이 그를 "그레데에 남겨 둔 이유는 남은 일을 정리하고 내가 명한 대로 각 성에 장로들을 세우게 하려 함이니"라고 상기시켜 줄 수 있고 다시 자격을 나열한다(딛 1:5-9).

예루살렘 공의회에서 오순절 성령께서 세우신 연합은 하나가 다수에게 희생하거나 다수가 하나에게 희생하는 것이 아니라 하나로서 다수의 동의에 의해 가시적으로 보존되었다. 언약 공동체는 위계적 일치나 독립적 복수성이 아닌 상호 복종 속에서 위적 및 대인관계적 통치에서 **언약적으로 기능했다**. 나에게 언약적 사도성 개념은 적어도 연결적이지만 비위계적인 정치, 즉 장로교 정치와 같은 것을 암시하는 것처럼 보인다.

제2 스위스 신앙고백서(The Second Helvetic Confession)는 종교개혁자들이 자주 호소하는 교부들이 했던 말의 일부를 반복해서 인용한다. 키프리아누스 외에도 제롬이 인용된다. "마귀의 선동으로 종교인에 대한 애착이 시작되기 전에 장로들의 공동 협의가 교회를 통치했다." 제롬은 장로들 위에 별도의 질서로서 주교가 도입된 것은 "주님의 마련하신 진리보다는 관습에서 비롯된 것"이라고까지 말한다.[81]

종교개혁자들과 개혁주의 신앙고백서가 사도단(the apostolic college)에서 베드로의 중요성을 결코 부정하지 않았지만, 그리스도께서는 모든 사도에

---

[81] Second Helvetic Confession 5.160-62, in *BC*, chap. 18.

게 동등하게 왕국의 열쇠를 주셨고, 그것은 그리스도를 하나님의 아들로 고백하는 것과 관련이 있다고 지적했다(마 16:19; 18:18-20).

나는 장로회 정치가 교회의 존재 자체(esse)보다는 안녕(bene esse)에 속하는 것으로 보지만, 장로회 정치는 초대 교회에서 규정되었을 뿐만 아니라 수행된 언약적 교회론과 가장 일치하는 것으로 보인다. 보편성은 교회에 부여된 은사의 다양성을 환원할 수 없는 복수성으로 표현하지만, 관계적 정치 안에서 표현된다.

따라서 바울은 한 몸의 일치와 환원할 수 없는 복수성 사이를 오갈 수 있다.

> 몸은 한 지체뿐만 아니요 여럿이니(고전 12:14, NKJV).

교회에는 직분자에게 부여되는 은사라는 은혜의 질서가 있지만, 은혜의 위계는 없다(27-31절).

특히, 장로회 정치가 사도 공동체의 가장 초기에 작동했던 헌법이었다는 라칭거와 지지울라스의 인식을 고려할 때, 나는 그러한 정치(최근 복음주의와 오순절 교회론에서 종종 간과되지만)가 위계주의와 평등주의 사이의 선택을 초월할 더 큰 잠재력을 가지고 있다고 생각한다.

관계적 정치에서 볼프가 제안하는 것처럼 교회는 실제로 다중심 공동체로 잘 묘사될 수 있다. 그러나 독립교회 또는 자유교회 정치에서 교회는 적어도 가시적으로는 하나의 다중심 공동체가 될 수 없다. 교회는 그리스도의 몸이지만 (적어도 현재로서는) 하나의 가시적 공적 그리스도의 몸의 일부가 아닌 단지 많은 그런 공동체가 될 수 있을 뿐이다.

이 정의는 교회를 지역 모임으로 제한함으로써 더욱 복잡해진다. 볼프는 주교 모델과 독립 모델 모두 "다른 그리스도인과의 구체적 관계, 즉 모든 그리스도인이 그리스도인이 되고 그 안에서 그 사람이 그리스도인으로

살아가는 관계의 엄청난 교회론적 중요성을 과소평가"하고 있음을 인식한다.[82]

한쪽은 순전히 객관적 조건을 강조하고 다른 쪽은 주관적 조건을 강조하지만 우리는 두 가지 모두를 필요로 한다. 자유교회는 볼프와 함께 "우리가 교회이다"라고 주장하는 것이 옳다.[83]

한 성령께서 유대인과 이방인 모두를 한 몸으로 부르셨기 때문에 "한 몸"이 있다. "주도 한 분이시요 믿음도 하나요 세례도 하나"(엡 4:4-5)이다. 이런 목록에는 "한 목사"가 없으므로 에베소서 4장에서 교회에 부어주신 그리스도의 승리 전리품은 건전한 교리로 그리스도의 몸을 세우기 위한 다양한 전도자와 목사, 교사들이다(7-14절).

지역 및 더 넓은 집회에서 교회는 대표적으로 목사와 장로(예루살렘 공의회에 모인 "사도와 장로"에 대한 반복적 언급에 따라)로 구성되며, 장로는 목사가 아니지만 안수받은 치리자(ordained ruler)라고 주장하면서 장로교 정치는 성직주의(clericalism)를 피한다.

교회의 영적 지도력을 목사와 장로에게 두는 것은 교회의 권력에 대한 중요한 견제와 균형을 제공할 뿐만 아니라, "교회"라는 칭호가 단순히 성직자로 구성된 교도권이 아닌 몸 전체를 가리키도록 하면서도 지역 및 더 광범위한 집회의 실질적 권위를 확인시켜 준다.

심지어 분열된 왕국이라는 비극적 상황에서도 성령은 믿음을 살리고 구약 선지자들의 증거를 통해 남은 자를 보존하셨다. 루터는 참교회가 죄를 고백하고 용서를 받는 죄인의 공동체라는 것을 올바르게 인식했다. 교회의 거룩함과 보편성은 결코 당연한 것이 아니라 항상 선물이며, 이 시대에 항상 모호하고 불완전하게 드러난다.

82　Volf, *After Our Likeness*, 134.
83　Ibid., 135.

바르트는 이것을 다음과 같이 표현했다.

> 언제 기독교 윤리가 바리새적 율법주의와 반율법적 자유주의(antinomian libertinism) 사이에서, '영적' 분파주의와 안일한 체면 사이에서, 지친 경건주의와 열광적인 행동주의 사이에서, 보수주의의 매력과 혁명의 매력(또는 아마 단지 자유분방함의 매력) 사이에서 흔들리지 않았는가?
> 사람들이 그리스도인의 착한 행실만 보고 하늘에 계신 아버지께 영광을 돌리던 때가 언제였는가?(마 5:16) ….
> 예수 그리스도의 몸은 당연히 병들거나 상처를 입을 수 있다.
> 언제 그렇지 않았는가?
> 그러나 이 머리의 몸으로서 그리스도의 몸은 죽을 수 없다.[84]

교회는 사실 말씀의 창조물이다. 에큐메니칼 도전에 직면하여 오직 복음에 대한 이런 확신만이 오직 은혜로만 선택되고, 구속받고, 부르심을 받고, 의롭게 되고, 성화된 교회가 사실 끝까지 견딜 것이라는 우리의 희망을 지탱할 수 있다.

---

[84] Barth, *CD* IV/1:690-91.

제8장

사도성:
역사적 제도와 종말론적 사건

나는 거룩함과 보편성이 "그들을 진리로 거룩하게 하옵소서 아버지의 말씀은 진리니이다"(요 17:17)라는 예수님의 청원에서 수렴된다고 주장했다. 따라서 이 성화의 척도와 수단은 선지자와 사도들에게 맡겨진 메시지에 있다. 사도성 역시 역사적 직분의 내재성이나 개인적 경험 때문에 보장되는 것이 아니라 그리스도께서 정하신 수단을 통한 성령의 효과적인 복음 사역 때문에 보장된다.

우리가 말해 왔던 참된 교회, 즉 하나의 거룩하고 보편적이며 사도적인 교회는 "모든 신자의 회중"이며 (아우크스부르크 신앙고백서 7항; 벨직 신앙고백서 27항) "모든 택함 받은 자의 친교"이다(하이델베르크 요리문답 54항).

그러나 당분간 이런 보편적 교회는 "복음의 교리를 배우고 받아들이고, 예식이 집행되고, 공적 예배가 그 안에서 다소 순수하게 형성되는 대로 다소 순수한 … 구성원인 특정한 교회들"에서 가시적으로 표현된다(웨스트민스터 신앙고백서 25.4).[1]

---

1 The Westminster Confession, chap. 25.5, in *Trinity Hymnal*, rev. ed. (Atlanta and Philadelphia: Great Commission Publications, 1990), 863.

폴 에이비스(Paul Avis)가 관찰했던 것처럼 "종교개혁 신학은 주로 '어떻게 내가 은혜로운 하나님을 얻을 수 있는가', '내가 참교회를 어디서 찾을 수 있는가'와 같은 두 질문에 의해 지배되고 있다. 이 두 질문은 불가분의 관계에 있다."[2]

따라서 사도성을 통해 우리는 교회의 속성과 교회의 표징 사이의 가장 가까운 교차점에 도달한다. 개혁주의 신앙고백서에 세 번째 표징으로 권징이 추가된 것은 교회가 말씀과 성찬을 통해 생성된 **종말론적 사건**의 결과인 동시에 지속적 직분과 교회 질서를 가진 **역사적 제도**라는 사실을 강조한다.[3]

이 두 가지 측면은 성경적 언약 공동체 개념에 있어 매우 중요하다. 이 장에서는 이런 논의를 전개한 후, 언약적 선교신학을 구성하는 교회의 표징(설교와 성례전)을 식별하기 위한 논거를 세운다.

---

[2] Paul D. L. Avis, *The Church in the Theology of the Reformers* (Atlanta: John Knox Press, 1981), 1

[3] 종교개혁 신앙고백서의 대표작인 벨직 신앙고백서(1561년)는 교회의 표징을 다음과 같이 정교하게 설명한다.
"참된 교회는 다음과 같은 특징이 있을 때 인정받을 수 있다. 교회는 복음을 순수하게 전파하고, 그리스도께서 제정하신 대로 성례전을 순수하게 집행하며, 잘못을 바로잡기 위해 교회 권징을 실천한다. 간단히 말해서, 교회는 하나님의 순수한 말씀에 따라 자신을 다스리며, 말씀에 반하는 모든 것을 거부하고 예수 그리스도를 유일한 머리로 모신다. 이런 표식을 통해 참된 교회임을 확신할 수 있으며, 누구도 교회에서 분리되어서는 안 된다. … 거짓 교회에 관해 말하자면 거짓 교회는 하나님의 말씀보다 자신과 교회의 의식에 더 많은 권위를 부여하고, 그리스도의 멍에 메기를 원하지 않으며, 그리스도께서 말씀으로 명령하신 대로 성례를 집행하지 않고 오히려 마음대로 더하거나 빼고, 자신의 기초를 예수 그리스도보다 사람에 두며, 하나님의 말씀에 따라 거룩한 삶을 살고 교회의 잘못과 탐욕, 우상 숭배를 책망하는 사람들을 핍박한다. 이 두 교회는 쉽게 알아볼 수 있고 따라서 서로 구별할 수 있다."

1. 역사적 조직인가 종말론적 사건인가?

지금까지 우리는 두 가지 극단적 경향을 만났다. '역사적 조직'과 '종말론적 사건' 사이의 대조는 고정불변의 대립보다는 오히려 경향을 강조한다는 점을 염두에 두고, 적어도 언약적 접근의 가능성을 다시 한번 지적하는 것으로 충분할 것이다.

1) 역사적 조직

더 이상 은혜의 전령이 아닌 중세 교회는 스스로를 은혜의 소유자로 간주하여 은혜를 적절하다고 생각하는 대로 분배했다. 사실상 대사는 스스로 군주임을 선포했고, 교회론은 기독론, 종말론과 함께 기독론을 질식시킬 위협을 가했다.

이전 장의 요약을 상기하면, 낭만주의 시대의 유기적 유비는 교회를 주로 주권적 권력을 가진 사법 기관으로 보는 트렌트 공의회 이후 로마가톨릭의 관점을 완화했다. 보다 유기적인 개념으로 교회는 항상 성장하지만 항상 자기 일관성(*semper idem*)을 유지하며, 따라서 적어도 궁극적으로는 교도적(magisterial) 판단에 오류가 없는 것으로 이해될 수 있었다.

주권적 정경이나 교도권을 비판하는 현대 개신교 변형에서 신헤겔주의 전체 그리스도(*totus Christus*)는 **합리주의의 씨앗**(semen rationalis)을 공동체의 종교적 경험에 위치시키는 유기적 교회론의 형태를 취했다.

그렇다면 에른스트 트뢸취(Ernst Troeltsch)가 교회를 다른 사회 및 문화 기관과 함께 순전히 역사적이며 따라서 순전히 인간적인 기관으로 간주할 수 있었던 것은 놀라운 일이 아니다.[4] 아이러니하게도 이런 신개신교(the

---

[4] Ernst Troeltsch, *The Social Teaching of the Christian Churches*, 2 vols., trans. Olive Wyon

neo-Protestant)의 전체 그리스도의 신성화된 교회는 세속화된 교회론으로 끝났다.

교회를 그리스도로 대체하는 경향은 교회 스펙트럼 전반에 걸쳐 현대 신앙과 실천에서 식별할 수 있다.

레슬리 뉴비긴(Lesslie Newbigin)은 사계재일(四季齊日, Ember day, 사계의 기도와 단식을 하는 3일간)에 자주 불리는 존 메이슨 닐(John Mason Neale)의 개신교 찬송가를 인용한다.

> 세월이 흐르고 해가 갈수록
> 그분의 은혜가 전해지네
> 주님은 가셨어도
> 거룩한 교회는 여기 있네[5]

뉴비긴은 "교회는 순전히 역사적 기관, 부재한 집주인의 수탁자가 된 것 같다"라고 덧붙인다.[6]

바르트가 지적한 것처럼 "하나님의 말씀에 따라"라는 슬로건의 나머지와 분리된 "항상 개혁되는 교회"(*ecclesia semper reformanda*)는 참된 교회를 시대정신에 뒤지지 않는 현대적 진보와 동일시했다.[7] 나는 개신교 단체들이 복음을 시대정신에 부합시키려는 추진력이 종종 "항상 개혁"하는 활동에서 말씀과는 별개로, 심지어 때로는 말씀에 반하는 성령을 불러 일으켰다고 덧붙일 것이다.

(New York: Harper & Brothers, 1960), esp. 1-38. 그러나 자연주의적 전제는 인상적인 연구 전반에 걸쳐 분명하게 드러난다.

5 Lesslie Newbigin, *The Household of God: Lectures on the Nature of the Church* (New York: Friendship Press, 1954; London: SCM Press, 1957), 83.
6 Ibid.
7 Barth, *CD* IV/1:705.

그러나 바르트가 관찰하는 것처럼, "새 노래를 부르는 것"과 "항상 개혁되는 것"은 단순히 시대정신을 따르는 것이 아니라 용기 있고 순종적인 신앙으로 초대할 때에만 칭찬할 만한 목표가 된다. 그것은 교회가 스스로를 개혁하는 것이 아니라 항상 개혁되고 있으며, 하나님 말씀의 심판에 복종하고 교회의 고백과 실천이 성경과 일치하는지 새롭게 묻는다는 것을 의미한다.[8] 단지 이런 방식으로만 교회는 진정으로 사도적인 것이다.

그러나 전통주의도 성령에 의존하여 그리스도를 외면하는 나름의 방식이 있다. 신조와 신앙고백서가 지켜야 할 보물로 남아 있지만, 우리는 각 세대에서 신조와 신앙고백서를 끌어온 원래의 우물로 돌아갈 때 그것들이 그리스도의 살아 있는 고백을 대신하기보다는 섬긴다는 사실을 쉽게 망각한다.[9]

교회가 육신으로 승천하신 주님을 외면하고 성령에 끊임없이 의존하는 순간, 교회는 지상에서 그리스도의 대체(대리자)로서의 순전히 역사적인 조직으로 쉽게 퇴보한다. 일단 교회가 내재론적 교회론, 숨 막히는 종말론으로 결정적 전환을 하게 되면, 이 역사적 조직을 특정 문화나 문명과 동일시하는 것도 쉬워진다.

이 기준에 따르면 자기 만족적 보수주의나 열광적 급진주의는 적절한 대응이 될 수 없다. 교회의 보편성과 사도성은 오늘날 우리가 성령의 능력으로 선지자와 사도들의 말씀 안에서, 그리고 사도들의 말씀을 통해 우리에게 말씀하시는 하나님의 음성을 들을 때에만 언약의 주님의 정경에 근거하여 실현될 수 있다.

성령께서 우리의 평범한 교회적 존재와 개인적 존재를 은혜롭게 붕괴시키심으로써 야기된 종말론적 사건은 언제나 우선성을 가지지만, 성령

---

8 Ibid.
9 *Abraham Kuyper: A Centennial Reader*, ed. James D. Bratt (Grand Rapids: Eerdmans, 1998), 65-86, 87-124에 있는 신학적 현대주의에 대한 비판과 함께 죽은 보수주의에 대한 다음과 같은 아브라함 카이퍼의 비판을 보라. "Conservatism and Orthodoxy: False and True Preservation"(1870).

의 이런 사역은 즉각적이거나 직접적이지 않으며, 역사적 구조, 제도, 직무, 교회 사역을 해체한다는 의미에서 심지어 특별하지도 않다. 선언적이고 변화시키는 성령의 말씀은 역사적 수평축 위에서 불꽃처럼 터져 나오는 것이 아니라, 위로부터 진리와 능력으로 그 축을 충전하여 항상 새로워지고 끊임없이 개혁되는 역사적 몸을 만들어 낸다.

성례전으로서 말씀은 교회를 분열시키고 시대 간 갈등의 한가운데에 놓이게 하며 때로는 교회가 스스로의 존재를 의심해야 할 지점에까지 이르게 한다. 그러나 정경으로서 이 말씀은 세대에서 세대로 지속되며, 모든 시대와 장소를 통틀어 하나의 거룩하고 보편적이며 사도적인 교회와 함께 특정 장소에서 현대 교회의 역사적 연속성을 규정한다.

레슬리 뉴비긴이 관찰하는 것처럼, 언약적 지향성을 지닌 개혁주의 신학은 교회가 그리스도 안에 가시적으로 통합되어 있음을 로마가톨릭만큼 강력하게 확증한다. 따라서 개혁주의 신학은 눈에 보이는 교회를 보이지 않는 교회로 축소하거나 눈에 보이는 교회를 단순히 하나의 사건으로 간주하는 경향에 저항한다.

> 반면에 교회가 사도 시대부터 연속적으로 계속되어 온 어떤 사회와 단순히 동일시될 때 성령이 아닌 육신이 결정적인 것이 되었다. 그분의 성육신은 "단번에" 육신으로 자신을 드리기 위한 것이었기 때문에 사실 '성육신의 연장'은 없다. 그 제물의 열매, 밀알 하나를 땅에 뿌린 제물의 열매는 그분이 다시 오실 때까지 한 성령 안에서 그분의 몸의 지체가 된 모든 사람에게 그분의 부활하신 생명을 확장하는 것이다. … 가톨릭교회의 교회론이 빠지기 쉬운 근본적 오류는 종말론적인 것을 역사적인 것에 종속시키는 오류이다.[10]

---

[10] Newbigin, *The Household of God*, 82.

이것은 정확하게 교회가 말씀의 창조물임을 인식할 때 걸려있는 것이다. 뉴비긴이 다음과 같이 판단한다.

> 그러나 교회에 대한 소위 가톨릭의 정의에 함축되어 있는 것처럼 보이는 것은 다음과 같다. 즉, 교회가 다른 문제에서는 본질에 속하는 것을 잃어도 하나님이 교회로 받아들일 수 있지만, 분열되지 않은 교회와의 연속성을 잃은 교회는 보편적 교회의 일부로서 그 특징을 완전히 상실한다는 것이다. 교회가 부패에 물들고, 거룩하지 못한 동맹으로 세상에 묶여 있고, 당파로 분열되고, 거짓 가르침으로 가득 차 있고, 선교적 열정이 전혀 없을지라도, 하나님의 자비는 이런 결함을 덮을 만큼 충분히 크므로 이런 것들은 교회 일부분으로 간주해야 한다는 교회의 권리를 파괴하지 않는다. 그러나 교회가 모든 성령의 열매로 가득 차 있어도 사도적 계승이 부족하면 교회 일부가 아니며 하나님의 모든 자비도 교회를 그렇게 만들기에 충분하지 않다.[11]

뉴비긴은 이 모든 것이 율법과 복음으로 돌아온다고 말한다. 로마가톨릭이 "교회의 연속성이 하나님의 뜻이라고 주장하는 데" 있어서 옳지만, "그 뜻을 행하는 것이 우리가 그분의 은혜 안에 서는 조건이라고 제안하는 것은 잘못이다. 개인에게서처럼 교회에 있어서도 의롭게 되는 길은 오직 하나이며, 그것은 '하나님, 죄인인 제게 자비를 베푸소서'라고 말하는 것이다."[12]

따라서 복음은 사도성의 기준이며, 이는 "하나의 믿음", 즉 "믿는 신앙"(*fides quae creditur*)이 있기 때문에 사도들과 역사적 연속성이 있다는 것

---

[11] Ibid., 85.
[12] Ibid., 86.

을 뜻한다. 한 목회자와 교제하는 하나의 질서가 아니라 "성도에게 단번에 주신 믿음"(유 1:3)은 선지자와 사도들로부터 오늘날 우리에게까지 이어지는 끊어지지 않는 실타래이다. 하늘에서 계시되고 성령의 능력으로 이 땅에 선포된 복음은 교회 존재의 종말론적 방향과 역사적 방향 사이에 가시적 연결고리를 만들어 낸다.

동방의 고대 기독교 지도자들은 로마 주교의 우월성을 절대 인정하지 않았다. 키프리아누스(Cyprian)처럼 어떤 이들은 주교의 우월성을 주장하는 것은 분열을 초래할 수 있다고 경고했다. 서방에서도 6세기에 그레고리 대제가 이런 특권을 거부했다. 그는 주교가 "보편적 교황"이라고 부르는 것에 불쾌감을 표시했다.

> 내가 금지한 자랑스러운 연설의 한마디 …. 내 전임자 중 누구도 이런 불경스러운 단어[보편적]를 사용하고 싶어 하지 않았다. … 그러나 나는 자신 있게 이것을 말한다. 왜냐하면, 신을 '보편 주교'라고 부르거나 그렇게 불리기를 원하는 누구든지 자기 과시에서 적그리스도의 선구자이며, 그런 과시에서 그는 자신을 나머지 보다 앞세우기 때문이다.[13]

따라서 그러한 인정에 의존하는 보편성과 사도성의 정의를 요구하는 것은 역사적 근거에서 불가능하다. 그러나 이 시점에서 내가 우려하는 것은 보다 일반적인 문제이다. 교황의 권위나 유효한 주교직을 통한 사도직 계승의 문제 외에도 더 깊은 문제는 교회가 율법에 의해 구원받는지 복음에 의해 구원받는지 여부이다.

---

[13] Gregory I, Letters 1.75-76; 2.170, 171, 179, 166, 169, 222, 225; translation from *Nicene and Post-Nicene Fathers*, series 2, vol. 12.

남인도 교회의 주교였던 뉴비긴은 다음과 같이 주장했다.

> [사도성에 필수적인 유효한 주교직을 만드는 데 있어] 근본적 결함은 언약의 실체가 순수한 자비이며, 하나님은 자신이 원하시는 사람에게 자비를 베풀고, 자신의 백성이라고 불리는 사람들이 불신앙과 죄로 그들의 부르심을 거부할 때 '백성이 아닌 백성'을 자기 백성으로 부르는 주권적 자유를 보유하신다는 사실을 잊는다는 것이다.[14]

뉴비긴은 말씀과 성찬의 유효한 사역이 필수적이지만, 이것이 감독 통치(episcopal government)를 필요로 하지는 않는다고 올바르게 주장한다.

과거와 현재의 일부 사람들이 장로회 정치는 교회의 존재에 필수적이라고 주장하는 것을 고려할 때, 교회 질서를 복음의 수준으로 끌어올리려는 모든 이에게도 같은 주장을 펼칠 수 있다.

교회는 신약성경과 전통에 더 부합하는 하나의 정치를 정당하게 주장할 수 있지만, 하나의 정치를 교회 정체성의 필수 요소로 삼는 것은 사실상 복음 자체를 교회, 아마도 심지어 하나의 교파로 대체하는 것이며, 이브 콩가(Yves Congar)가 한탄한 것처럼 로마가톨릭 신학에서 실제로 이루어진 움직임이다.[15] 트렌트 공의회 작성자 추기경 호시우스(Tridentine divine Cardinal Hosius)에 따르면, "살아 있는 복음은 교회 그 자체이다."[16]

이스라엘은 하나 된 교회였지만 내분과 배교로 인해 북왕국과 남왕국으로 분열되어 남은 자만이 보존되었고 유다 역시 이스라엘을 따라 언약을 파기하여 유배를 당하게 되었다. 자비롭게도 교회는 살아 있는 복음이 아니라 불충실하지만 하나님이 약속을 지키실 것이라는 기쁜 소식의 수혜자

14　Newbigin, *Household of God*, 86.
15　Yves Congar, *I Believe in the Holy Spirit* (New York: Crossroad, 1999), 154.
16　Ibid., 153.

이다. 침범하지 않은 것은 역사적 존재의 기정사실이 아니라 하나님의 선물인 "은혜의 선택"이다.

유효한 사역과 공적 형식을 갖춘 가시적 교회는 언제나 존재할 것이지만, 이런 가시성은 말씀과 성례전에 의해 구성되기 때문에 어떤 고백 공동체도 이 유효한 사도성과의 연결을 잃을 수 있다. 역사적 기관의 가시성이나 구성원들의 삶에서 역사하는 보이지 않는 성령의 능력에 특권을 부여함으로써 교회는 종종 신 중심적 초점(theocentric focus)을 잃게 된다.

교회가 무엇이고 무엇을 하든, 교회는 삼위일체 하나님이 파괴하고 재조직하는 은혜의 현장인 한도 내에서만 보편적이고 사도적일 수 있다.

2) 종말론적 사건

바르트는 현대 로마가톨릭과 개신교의 이런 인간 중심적 경향에 반대해 자신의 획기적인 프로그램을 시작했다. 구속은 개인이든 공동체든 우리의 행동이 아니라 하나님의 행동과 관련이 있으며, 따라서 교회는 단순히 하나님의 행동에 대해 증인으로서 존재한다.

하나님의 은혜를 인간의 소유물로 만드는 것을 두려워한 바르트는 비록 하나님이 인간의 말과 행동을 계시의 증인으로 삼아 **명령하고, 압도하고, 방해하고**, 다른 방식으로 사용할 수 있지만, 하나님은 보통 피조물의 행위를 통해 일하신다는 사실을 긍정하기를 주저하는 것처럼 보인다.

바르트의 실재론적 존재론은 이런 강조를 뒷받침한다. "교회는 성육신이 일어날 때 존재한다."[17] "교회에서 성육신의 지속이나 연장에 대해 말하는 것은 적절하지 않을 뿐만 아니라 심지어 불경스럽다"라고 그는 담대

---

[17] Barth, *CD* IV/1:652.

하고 적절하게 주장한다.[18]

그러나 일부 현대 신학에서 기독론과 교회론의 통합이 신적 행위와 교회 행위의 차이를 사실상 제거한 곳에서, 바르트는 사실상 관련성을 제거한다. 이미 살펴본 것처럼 구별은 종종 하나님과 인간, 신적 말씀과 인간의 말, 성령 세례와 물 세례 사이의 이분법이 된다. 이런 이분법이 각각 영원과 시간의 지도에 속한다는 인상을 거부하기는 어렵다.

특히, 『로마서 주석』(Römerbrief)에서 "하나님 나라"(묵시적이고 종말론적인)는 구별될 뿐만 아니라 가시적 교회(역사적이고 일시적인)와 대비되는 개념으로 설정되어 있다. 교회의 활동은 "포탄이 폭발하여 형성된 분화구에 지나지 않으며 복음이 자신을 드러내는 공허한 공간에 불과하다는 점에서 복음과 관련이 있다."[19]

교회의 말과 행동은 "그것들의 부정으로 인해 거룩하신 분을 향한 표지판일 뿐" 그것들 자체가 절대 신성하지 않다.[20] 바르트는 에서의 교회와 야곱의 교회를 별개의 두 실체가 아니라 관찰할 수 있고 숨겨진 형태의 하나 교회로 언급한다.

종교개혁자들이 이 시대에 교회가 부분적으로 숨겨져 있고 부분적으로 드러난다고 주장하는 곳에서 바르트는 "어떤 기적이 일어나지 않고 결과적으로 정확하게 사람들이 하나님에 대해 듣고 말할 때 거짓말쟁이로 드러나는 곳"인 에서의 교회(the Church of Esau)와 눈에 보이는 교회를 동일시한다.[21] "에서의 교회는 실패와 부패가 발견될 수도 있는 영역이며 분파(schism)와 개혁이 일어나는 곳이다."

18　Ibid., IV/3.3:729.
19　Karl Barth, *The Epistle to the Romans*, trans. Edwyn C. Hoskyns from the 6th ed. (London: Oxford University Press, 1933), 36.
20　Ibid.
21　Ibid., 341.

그러나 야곱의 교회는 그 못지않게 정한 정의가 가능하다. 야곱의 교회는 관찰할 수도 없고, 알 수도 없으며, 불가능한 교회로, 확장도 축소도 불가능하며, 장소도 이름도 역사도 없고, 인간은 그 교회와 소통할 수도 없고, 그 교회에서 파문당하지도 않는다. 그것은 단지 하나님의 자유로운 은혜, 그분의 부르심과 선택이며, 시작과 끝이다.[22]

"우리의 말은 에서의 교회에 관한 것이다. 왜냐하면, 우리는 다른 어떤 것도 말할 수 없기 때문이다." 그러나 우리는 자신의 그림자 같은 존재를 위해 에서의 교회가 의존하는 야곱 교회의 실체를 항상 염두에 둔다.[23]

기적이 일어날 때, 즉 에서의 교회로 알려진 순수한 자연 공동체가 하나님의 말씀을 듣고 말할 때 ("그리고 이것은 바로 기적이다") "그런 역사적 순간에 계시의 영원한 '순간'이 숨겨져 있고 그들은 실존적으로 그들이 말해지고 있는 그대로이다. 그러면 그들은 (그리고 여기에 다시 기적이 있다) 즉 보이지 않는 야곱의 교회이다."[24]

이 견해에 따르면, 눈에 보이는 교회와 하나님의 통치 사이의 관계는 미약하다. 우리는 에서와 같은 교회 일부이며, 에서와 같은 교회에 집착하고, 에서와 같은 교회의 일치를 보존한다고 바르트는 주장한다. 그러나 "교회의 일은 인간의 일이다. 그것은 결코 하나님의 일이 될 수 없다."[25]

"교회는 기적이 일어날 때만 야곱의 교회이다. 그렇지 않으면 에서의 교회에 지나지 않는다."[26] 이것은 실제 교회가 단순히 순간순간이 아니라 "대대로" 확장될 수 있는 가능성 자체에 의문을 제기하는 것처럼 보인다.

---

22 Ibid., 342.
23 Ibid.
24 Ibid., 343.
25 Barth, *The Epistle to the Romans*, 353.
26 Ibid., 366.

이런 공동체의 존재 비밀인 "이런 영적 특징"이라는 측면에서 볼 때, "공동체는 예수 그리스도 자신의 지상 역사적 존재 형태"이다. 아이러니하게도 바르트는 이 기록에서 기독론과 교회론의 신헤겔주의 융합에 접근한다. 그러나 이것은 "아버지 우편에 계신 … 그분의 하늘-역사적 존재 형태와 구별되어야 한다."[27]

이와 관련하여 교회는 경험적 형태에서는 순전히 세속적일 수 있고 그리스도를 증거하는 경우에는 영적인 것으로만 존재할 수 있다.[28] 보이지 않는 것과 보이는 것은 두 개의 교회를 가리키지 않는다. 오히려 "하나는 형식이고 다른 하나는 하나이자 자기 자신인 교회의 신비이다."[29]

내가 바르트를 올바르게 해석한다면, 역사적 조직으로서의 교회는 에서 교회(형태)에 해당하지만 종말론적 사건으로서의 교회는 야곱 교회(신비)에 해당한다. 나는 이런 정식화에서 보이는 두 가지 문제점에 초점을 맞추겠다.

첫째, 바르트는 자연신학에 대한 자신의 비판에도 불구하고 '세속성'을 중립적이고 객관적이며 설명적인 과학이라고 가정하는 것 같은데, 사실 인간의 학문은 종종 교회를 순수한 내재성의 차원으로 환원시키려는 자연주의적 편향을 드러낸다.

다시 말해, 그는 트뢸취의 가시적이고 역사적인 교회론과 같은 것을 다른 것들 가운데 하나의 세속적 기관으로 가정하는 것처럼 보이지만, 교회의 증거가 실제로 천상적 그리스도의 역사적 실존 안에서 그리스도의 계시와 일치하는 그런 애매한 사건들에서만 분명하게 되는 진정한 교회를 반정립(反定立)으로 긍정한다.

---

27 Ibid., 661.
28 Barth, *CD* IV/1:652.
29 Ibid., 669

둘째, 더 중요한 것은 바르트는 하나님이 일하시고 교회가 일한다는 전제하에 교회의 가시적-역사적 형태를 '세속적' 측면에 놓을 수 있지만, 적어도 설교와 성찬의 행위를 은혜의 수단으로 간주할 수 있는 그런 범위는 아닐 정도로 이 평행선들은 교차하지 않는다는 것이다.

그러나 설교, 성례전, 직분, 전례 등의 제도는 그리스도께서 직접 이 시대에 하나님 나라가 침입하는 수단으로서, 일시적 사건으로서뿐만 아니라 역사적 공동체로서 세우신 것이기 때문에 교회의 가시성을 교회의 세속성으로 어떻게 축소할 수 있는가?

특히, 이것은 복음주의자, 오순절주의자 및 자유교회 또는 독립교회 전통의 다른 사람들이 일반적으로 적어도 암묵적으로 가지고 있는 가정을 반영하기 때문에 내가 여기에서 도전하고 싶은 것은 이 두 번째 요점이다.

바르트에게 **내용**(화해로서의 계시)은 전적으로 신적이고 영원한 반면 **형식**은 전적으로 인간적이고 역사적이라는 인상을 종종 받는다. 비록 내용의 비가시성은 점검을 피하지만, 이것은 오직 하나님의 사역 결과이기 때문에 이것의 가시성 안에서 교회는 다른 것들 가운데 하나의 사회적 기관이다.

세속적 형태는 중립적이거나 적어도 대수롭지 않다(adiaphora, 무관심한). 이런 가정은 종종 외형적 형태가 거의 영혼의 감옥으로 취급될 때 덜 정교하게 않은 채 셀 수 없이 많은 종류로 반복된다. 메시지는 신성한 권위를 가져야 하지만, 교회의 가시적 형태, 즉 정치, 예배, 권징이 개입될 뿐만 아니라 위에서부터 아래로 내려오는 단지 인간의 판단 문제일 뿐이다. 위험은 성화가 개인의 영혼에만 적용되고 그리스도의 가시적 몸에는 적용되지 않는 것으로 간주하는 것이다.

개혁주의 기독교인들이 소중히 여기는 "규정적 원칙"에 따르면, 교회는 성경이 명령하지 않은 어떤 것도 참된 신앙과 실천을 위해 처방할 수 없다. 예를 들어, 공적 예배에는 (설교, 죄의 고백, 기도, 세례, 성만찬, 찬송, 구제와 같은) **요소**와 예배의 지정된 시간과 순서, 전례 형식, 건축, 음악 스타일 등과 같은) **상황**이 있다.

이런 것들은 대수롭지 않았기(indifferent) 때문에 후자에 관한 선택은 성화된 지혜에 맡겨졌고 교회는 시간과 장소에 비추어 재량에 따라 그런 것들을 자유롭게 변경할 수 있었다. 교회의 예배와 교회 질서의 모든 것을 심지어 성경적 근거와 무관하게 요소로 만드는 것은 율법주의이고, 성경의 명령에도 불구하고 모든 것을 상황으로 만드는 것은 반율법주의적(antinomian)이다.

바르트는 확실히 반율법주의자는 아니었다. 그러나 보이지 않는 야곱 교회와 보이는 에서 교회라는 그의 이원론적 교회론은 후자를 세속의 중립성에 굴복시킨다. 그는 로마제국이나 비잔틴제국에 있는 교회의 외형적 형태보다 더 명백하게 세속적인 것이 무엇이겠냐고 묻는다.[30]

우리는 모든 외형적 형태와 관련하여 의존적이면서도 자유롭다고 그는 말한다.

> 사실 이 모든 형태는 교회에서 사용되며, **이 모든 형태 가운데 어느 것도 다른 형태보다 목적에 더 적합하지 않으며**, 이런 형태에서 보이지 않는 것, 즉 기독교 공동체 또는 그리스도의 공동체가 가시적으로 드러나도록 한다. 군주제, 귀족제 또는 자유민주주의 헌법 또는 자유 연합의 모델을 질서의 원칙으로 따를 수도 있다. … **모든 것은 본질적으로 세속적이기 때문에** 항상 선택해야 하는 사회학적 가능성도 없고, **또한 항상 거부해야 하는 어떤 가능성도 없다**(강조 추가).[31]

---

30 Barth, *CD* IV/2:740.
31 Ibid., 741.

역사적 현상으로서 교회는 전적으로 인간적이며(에서 교회), 하나님의 선택, 구속, 성화 행위(야곱 교회)와 구별된다.

그렇다면 예를 들어, 그리스도의 교회에 대한 콘스탄티누스적 변용은 어떤 근거로 비판할 수 있는가?

(계시와 같은) 다른 위치(loci)와 마찬가지로 영원한 순간에 흡수된 종말론의 수직적 방향은 실제로 역사의 수평적 방향을 절대 교차하지 않는 것처럼 보인다. 바르트의 교회론을 "가현적"이라고 특징짓는 것은 실수이거나 특히 그의 후기 저작에서 적어도 지나치게 단순화한 것일 것이다.[32]

교회는 사회학자, 종교사학자, 윤리학자에게는 눈에 보이는 것 이상이지만 세상의 실체이다.[33] 교회의 가시성은 이야기 일부일 뿐이며, 따라서 우리는 종교 연구 안에서 기독교의 의미를 철저히 다룰 수 없다.[34] 그러나 교회를 사회학적, 역사적 분석의 대상 이상으로 만드는 교회의 측면은 외형, 의식, 질서가 아니라 교회의 증거, 즉 적어도 그러한 인간적이고 따라서 죄악 된 증거가 하나님에 의해 징발되는 그런 순간에 있다.

교회 정치는 교회의 존재에 필수적이지 않을 뿐만 아니라, 바르트에게 있어서 그리스도께서 "신성한 정부"를 규정하셨다는 (다른 전통과 마찬가지로) 개혁교회들의 주장 자체가 종말론을 역사에 넘겨주는 것으로, 개혁교회들이 결코 로마가톨릭적 경향을 충분히 벗어던지지 못했다는 것을 증거한다.

덜레스는 바르트와 한스 큉(Hans Küng)의 유사점을 지적하면서 경험적 교회는 단순히 인간의 일이 아니며 하나님의 일로서의 왕국과는 구별된다고 반박한다. "우선 신약성경에서 사용된 에클레시아(*ekkelsia*)라는 용어는 종말론적 용어라는 점에 주목할 필요가 있다. 그것은 집회 또는 소집, 더

---

[32] Barth, *CD* IV/3.2:723
[33] Ibid., 723-26.
[34] Ibid., 727.

구체적으로는 종말에 완전히 실현될 성도들의 소집을 의미한다."[35]

그러나 바르트가 주장하는 것처럼 교회는 사라지는 것이 아니라 "그때 진정으로 그 자체로 존재하게 될 것이다. … 예수님이 제자들과 함께 기념하신 종말론적 식사는 하늘나라에서 있을 마지막 메시아 만찬을 미리 맛보는 것이다. … 어떤 것도 열두 제자가 보좌에 앉아 이스라엘 열두 지파를 심판할 때 제자 공동체가 하늘에서 해체될 것이라는 것을 암시하지 않는다."[36]

신약성경은 어디에서나 교회의 해체가 아니라 완성을 예상한다.[37] 전투 교회(ecclesia militans)와 승리 교회(trimphans) 사이의 구별은 여전히 중요하다.[38]

이 점에서 덜레스는 적어도 교회를 우연히 하나님의 사역과 순간적으로 일치하는 세속적 기관 이상으로 이해하는 전통적 개신교(적어도 개혁파)의 이해에 더 가깝다. 완성된 현실이 교회의 폐지라면 현재의 존재가 어떻게 공허한 표징이 아닌 다른 것이 될 수 있겠는가.

레슬리 뉴비긴이 지적하는 것처럼, 바르트가 선포의 사건을 언약 공동체의 역사로 설정할 때 바르트의 해석은 종교개혁자들(심지어 루터까지)을 뛰어넘는다. "종말론적인 것이 역사적인 것을 완전히 밀어냈다."[39]

말씀과 성례전이 교회를 창조하고 유지하는 것은 사실이지만, 뉴비긴은 "그것들이 교회를 **새롭게**(*de novo*) 또는 **무에서**(*ex nihilo*) 창조하지는 않는다"고 올바르게 주장한다. 결국, "복음의 말씀과 성례전의 모든 설정은 실제로 존재하는 기독교 교회의 삶에서 일어나는 사건이다."[40] 반(半)실현된

---

35 Avery Dulles, SJ, *Models of the Church* (New York: Doubleday, 1974), 97-98.
36 Ibid., 98.
37 Ibid., 98-99.
38 Ibid., 99.
39 Newbigin, *The Household of God*, 50.
40 Ibid., 50-51.

종말론적 사건은 모든 시대와 장소로 확장된 언약 공동체의 맥락에서 매주일 일어나며, 교회의 지속적 직분에 맡겨진(넘겨진 것이 아닌) 사역 안에서 교회의 흔적을 남긴다.

언약 공동체는 시간이 걸리며, 계시에 의해 남겨진 분화구는 말할 것도 없이 단순한 사건이 될 수 없다. 백성(synaxis)이자 장소(ekklēsia), 사건이자 제도인 오늘날의 가시적 친교는 말씀, 성례전, 권징이라는 외적 표징으로 사도들과 역사적으로 연결되어 있다.

오늘날 세상에서 하나님의 말씀이 진정으로 선포되고 그리스도의 제도에 따라 성례가 집행되는 곳에는 종말론적 사건으로서의 교회뿐만 아니라 다른 모든 장소와 시대에 있는 다른 모든 교회와 유기적으로 연결된 그리스도의 몸 일부로서 교회가 존재한다.

교회를 언약을 맺고 갱신하는 사건이자 연속 세대를 이어 가는 언약 공동체로 보는 이런 해석은 또한 교회가 단지 완전히 실현된 성찬 사건으로만 존재한다는 존 지지울라스(John Zizioulas)의 견해와도 구별된다. 볼프가 지적하는 것처럼, 이것은 "과대 실현된 종말론"일 뿐만 아니라 "교회는 끊임없이 새롭게 일어나는 사건이지 어떤 영구적인 방식으로 구조적으로 제정된 공동체가 아니다"라는 "현실주의 교회론"을 나타낸다.

> 폴 맥파틀란(Paul McPartlan)은 "그리스도의 어떤 것도 과거로부터 현재로 옮겨지는 것이 아니라 미래로부터 현재에 다시 받아들여질 뿐"이라고 썼을 때 지지울라스를 정확하게 해석하고 있다. … 보이지 않는 교회는 구체적인 집회 속에서 가시화되는 교회이다. 그러나 흩어진 교회를 왜 적절한 의미에서 "교회"라고 불러야 하는지는 매우 분명하지 않다.[41]

---

41   Miroslav Volf, *After Our Likeness: The Church as the Image of the Trinity* (Grand Rapids: Eerdmans, 1998), 102

동시에 바르트와 마찬가지로 지지울라스도 교회의 존재는 언제나 기정사실이 아니라 선물이라는 점을 상기시킨다.

> 에피클레시스(epiclesis, 성령 임재 기도)는 사도들과의 역사적 연속성을 포함해서 교회가 역사적으로 이미 그리스도 안에서 받은 것을 마치 전혀 받지 않은 것처럼, … 마치 역사가 그 자체로 중요하지 않았던 것처럼 하나님으로부터 받기를 요청하는 것을 교회론적으로 의미한다. … 교회는 사도성을 확인하고자 할 때마다 오순절 장면을 반복해서 설정할 필요가 있다.[42]

나는 여전히 이것이 과장된 진술이라고 생각한다. 오순절 장면은 반복해서 설정되는 것이 아니라 성육신, 속죄, 부활과 마찬가지로 현재에 교회가 필요한 것을 교회에 계속 부여하는 교회의 과거에 있었던 구성적이고 반복할 수 없는 사건이다.

내가 아래에서 주장하는 것처럼, 사도 시대는 질적으로 유일무이하다. 그렇지만 지지울라스는 사도성이 단순히 역사적 연속성의 문제가 될 수 없으며, 이 지나가는 시대의 뛰어나고 오래된 기관 이외의 것이 되기 위해서는 성령에 의해 승인받아야 한다는 점을 상기시켜 준다.

청교도 회중주의의 유산보다 분리주의의 유산을 더 많이 반영하는 오늘날 독립 개신교의 전통은 마지못해 종종 교회의 안녕조차도 외형적 형태와 동일시하는 것처럼 보인다. 성령의 역사는 종종 교회의 형식이나 공적 의식과 분리될 뿐만 아니라 그것과 대조되기도 한다. 심지어 복음주의권에서는 설교조차도 점점 더 무관심한 형태의 의사소통으로 간주하고 있다.

다른 미디어가 더 적절하게 가르치고, 교화하고, 설득한다면 어째서 우

---

[42] John Zizioulas, *Being as Communion: Studies in Personhood and the Church* (Crestwood, NY: St. Vladimir's Seminary Press, 1985), 185.

리는 이런 전통적 형식에 제약을 느껴야 하는가?

심지어 성령의 특별한 역사조차도 종종 사건이나 경험이 직접적이고 즉각적이어서 피조물의 행동을 우회하는 정도와 동일시된다. 침례교 신학자 데일 무디(Dale Moody)는 "제도적 조직보다 영적 유기체의 우선성이 이 모든 위대한 신학적 흐름에서 분명하다"라고 결론을 내린다.[43]

교회가 교화와 교제의 목적으로 아무리 필수적일지라도, 현대 복음주의와 오순절 진영에서는 교회를 일반적으로 사람들이 평범한 은혜의 수단을 통해 신앙에 이르는 어머니의 자궁으로 생각하지 않는다. 교회에서 자란 사람들에게도 교회와 자발적으로 동일시되는 효과가 실현될 수 있기 **전에** 급진적 회심 경험을 종종 기대한다.

동시대의 찰스 피니(Charles Finney)가 사용한 "새로운 조치"에 반대하는 글을 쓴 존 윌리엄슨 네빈(John Williamson Nevin)은 "제단의 제도"(제단 소명의 선구자)와 "교리문답의 제도"의 대조를 다음과 같이 지적했다.

> 내가 태어난 옛 장로교 신앙은 전체적으로 언약 가족 종교, 하나님의 거룩한 행위에 의해 세례로 교회 회원이 되고, 이에 따라 젊은이들이 주의 식탁에 오는 것과 직접 관련이 있는 정기적 교리 훈련에 기초를 두고 있었다. 한마디로 모든 것이 성례전적 교육 종교 이론에 따라 진행되었다.

네빈은 이 두 체계는 "기저에 근본적으로 서로 다른 두 가지 종교 이론을 포함하고 있다"고 결론을 내렸다.[44]

교회 역사 전반에 걸친 영-물질 이원론이라는 급진적 운동과 유사하게, 미국 부흥 운동은 개인의 마음속에 즉각적으로 역사하시는 성령의 역사

---

43 Dale Moody, *The Word of Truth* (Grand Rapids: Eerdmans, 1981), 441.
44 John Williamson Nevin, *The Anxious Bench* (London: Taylor & Francis, 1987), 2-5.

와 대조되는 단지 인간의 발명품으로 정치, 의식, 전례, 고백서와 같은 교회의 외형적 형태들 사이의 이분법을 조장했다. 눈에 보이는 교회 행정은 실용적 필요에 따라 진화한 인간의 전통에 불과한 역사의 산물일 뿐, 결코 하나님이 정한 은혜의 수단으로 간주하지 않는 경향이 있다.

그러나 언약적 신앙과 실천은 공식적인 것과 비공식적인 것, 외적이고 보이는 것과 내적이고 보이지 않는 것을 대립시키는 것을 거부한다. 삼위일체는 창조와 역사 안에서 일하시되 결코 동화되지 않으신다. 성령은 신비롭게도 눈에 보이는 구조와 수단을 통해 일하신다. 우리는 단순히 하나님의 초자연적 은총의 행위에 각자의 방식으로 반응하는 개인이 아니라 역사 속에서 계속 이어지는 증인으로서 한 몸으로 성장하고 있다.[45]

사도성은 내재적 역사나 내적 즉각성에 의해 보장되는 것이 아니라 위로부터, 시간 속에서, 시간을 가로질러 주어지는 선물이다. 이 점에서 우리가 고려한 다른 것들과 마찬가지로 단지 말씀과 성례를 통해 역사하시는 성령의 사역만이 세대에 걸쳐 규율을 유지하면서 이런 종류의 통합적 실천(praxis)을 유지할 수 있다.

다시 한번 나는 본회퍼(Bonhoeffer)가 여기서 정확히 올바른 길을 제시하고 있다고 생각한다. 그는 "기본적으로 교회를 오해하는 두 가지 방식이 있다"며 "하나는 역사화이고 다른 하나는 종교화인데, 전자는 교회를 종교 공동체와 혼동하고 후자는 하나님 나라와 혼동한다"고 썼다.

첫째 방식은 신적 활동을 심리적 또는 사회과학적 구조의 산물로 합리화하는데, 이는 "요한복음에서 '너희가 나를 택한 것이 아니요 내가 너희를 택하여 세웠나니'(요 15:16)라는 말씀에 의해 명백히 정죄된다."

---

45 Newbigin, *The Household of God*, 77.

"**둘째 방식**은 인간이 역사에 구속되어 있다는 사실을 진지하게 받아들이지 않는 것인데, 이는 역사성을 가톨릭에서처럼 객관화하여 신격화하거나 단순히 죄와 사망의 법칙에 종속된 우연한 것으로 간주하는 것을 의미한다."[46]

교회는 하나님 은혜의 창조물이지 단순한 세속적 기관이 아니므로 교회의 실체는 사회학적, 문화적 또는 철학적 분석으로 추론할 수 없고 계시의 사실로 받아들여야 한다.[47]

2. 사도성과 사도직

바울은 사도의 특별한 사역에서 목사, 교사, 장로의 평범한 사역으로의 전환을 알리며 "디모데야 네게 부탁한 것을 지키라"(딤전 6:20)라고 지시한다.

> 너는 그리스도 예수 안에 있는 믿음과 사랑으로써 내게 들은 바 바른 말을 본받아 지키고(딤후 1:13).

디모데와 그의 동료 사역자들은 그런 맡김에 추가하는 것이 아니라 "우리 안에 거하시는 성령으로 말미암아 네게 부탁한 아름다운 것을 지키라"는 말씀을 듣는다(14절).

---

[46] Dietrich Bonhoeffer, *Communio: A Theological Study of the Sociology of the Church*, vol. 1 of D*ietrich Bonhoeffer Works*, ed. Joachim von Soosten, English edition ed. Clifford J. Green and trans. Reinhard Krauss and Nancy Lukens (Minneapolis: Fortress Press, 1998), 125-26.
[47] Ibid., 133.

사도들은 그리스도의 증인이었고 바울 자신도 사도직을 교회가 아닌 그리스도로부터 직접 그리고 즉시 받았다는 근거로 사도직을 주장하지만(갈 1:11-23), 일반 목회자는 장로들의 도움을 받아 부지런히 가르쳐야 하고 "바른 교훈을 거스르는" 것을 반박해야 한다.

> 이 교훈은 내게 맡기신바 복되신 하나님의 영광의 복음을 따름이니라(딤전 1:11).

이런 구별은 양적인 것이 아니라 질적인 구별이다. 사도들은 그리스도께 직접 들었고, 그들의 선포와 기록은 성령의 "감동으로" 되었지만(딤후 3:16), 지금 우리는 성령의 조명을 받아 선지자와 사도들의 말씀을 통해, 목회자와 교사들의 입을 통해 그리스도를 듣는다.

사도 시대에는 분명 기록되지 않은 전통이 있었고, 그것을 받은 사람들을 구속하는 전통이 있었지만, 모든 시대와 장소에서 교회 전체에 규범이 되는 이런 모든 전통은 정경으로 확정되었다.

또한, 바울이 디모데에게 가르침을 주는 직분은 특별한 사도적 사역에서 디모데가 시사하는 평범한 사역으로 전환하는 과정에서 감독/목사(*episkopos*), 장로(*presbyteros*), 집사(*diakonos*)의 직분이다. 하나님은 사도로⋯ 선지자로⋯ 삼으셨"(엡 4:11), 치유, 방언, 예언의 은사는 사도 시대의 특별한 사역에서 나타났지만, 이 서신서에는 사도들의 직분을 계승하는 안수에 대한 지침이 없다.

필자의 생각에 교황 직분이나 교회 역사 전체에 걸쳐서 새로운 계시의 선지자라고 주장하는 다양한 개인의 카리스마적 사도성에 대한 호소는 성령이 평범한 사역을 통해 그런 완성된 구속을 적용하실 때 구속 역사에서 특별한 사건과 이런 사건의 "효과적인 역사" 사이의 차이를 설명하지 못한다. 사도들이 증거한 사건이 유일하고 반복할 수 없으며 완성된 사건인

것처럼, 사도들의 직분도 교회 역사에서 특별하고 유일하다.[48]

바울은 자신을 교회 역사에서 기초를 놓는 이야기의 일부로 묘사하면서 "이 닦아 둔 것 외에 능히 다른 터를 닦아 둘 자가 없으니 이 터는 곧 예수 그리스도"(고전 3:11)라고 덧붙인다. 나는 이것을 내용뿐만 아니라 사도직의 역사적-종말론적 고유성에 대한 언급으로 받아들인다.

이런 구분이 타당하다면, 이 기초를 닦는 시대 이후에는 아무도 사도 직분에 대한 소유권을 주장할 수 없다. 실제로 교회는 "자기를 그리스도의 사도로 가장하는 자들"(고후 11:13)을 받아들이지 말라고 경고 받았다.

성전에는 살아 있는 돌이 계속 추가되고 있지만, 건물 자체는 "사도들과 선지자들의 터 위에 세우심을 입은 자라 그리스도 예수께서 친히 모퉁잇돌이 되셨느니라"(엡 2:20). 머리의 인격과 사역이 지체들의 사역과 구별되는 것처럼, 사도들의 기초를 놓는 사역은 후계자들의 세우는 사역과 다르다.

사도들의 설교가 성경이 된 곳에서 우리의 선포, 믿음, 실천은 그 규칙에 부합하는 한도 내에서 사도들과 연속성을 유지한다. 성경을 고대 근동의 배경 속에서 정경으로 이해한다는 것은 성경이 증언하는 구속 사역과 마찬가지로 성경이 더하거나 가감함으로써 수정될 수 없다는 것을 인정하는 것이다(신 4:2; 계 22:18-19).

해석은 항상 바뀔 수 있지만, 규범은 최종적으로(once and for all) 주어졌다. 시내산에서 신정 언약이 체결된 지 수 세기가 지난 후, 신정 언약의 제재는 위반한 상대방에게 발동되었다. 유다 주민들이 바빌론으로 끌려갔을 때, 그들은 시내산과 유배지 사이의 역사적 또는 해석학적 거리를 좁히기 위해 씨름할 필요가 없었다. 유배는 언약과 정경(즉, 시내산 조약)이 완전히

---

[48] 특히, Richard Gaffin Jr., *Perspectives on Pentecost* (Phillipsburg, NJ: Presbyterian and Reformed Publishing Co., 1989)를 보라.

유효하다는 것을 증명했다. 그러나 충만한 시간 속에서 하나님의 구속을 서약했던 아브라함의 언약도 마찬가지였다.

마찬가지로 예수님을 증거하는 정경은 예수님이 자기 희생을 통해 비준한 언약이다. 교회는 이 정경에 호소하고 정경에 규정된 의식을 실천함으로써 언약의 주인이 아닌 종으로서 하늘의 실체에 참여한다. 예수님의 역사가 우리의 역사와 질적으로 구별되는 것처럼, 사도적 정경은 이후의 전통과 구별된다. 하나는 결정적(계시)이고, 다른 하나는 해석적(조명)이다.

그리스도의 강림 사이의 성령 청원적 중간기는 구속사의 새로운 장을 쓰는 시대가 아니다.[49] 오히려 성령께서 사도행전과 종말 사이의 사명을 위해 우리를 준비시키는 시기, 즉 일반 사역의 한가운데서 새 언약 정경과 함께 우리를 준비시키는 시기이다.

교회가 성육신을 연장하거나 그리스도의 속죄 사역을 완성할 수 없는 것처럼, 교회는 오순절을 반복하거나 사도들의 특별한 사역을 연장할 수 없지만, 대신 이 시대 사이의 평범한 사역을 위해 동일한 말씀과 성령을 받아야 한다.

3. 사도성과 일반 사역

앞의 주장에 비추어 볼 때, 언약적 접근 방식은 사람으로서의 교회와 장소로서의 교회 중 하나를 선택하는 것을 거부한다고 말할 수 있다. 모든 성도는 거룩한 성소에 세워지는 산 돌인 제사장이다. 그러나 언약의 백성이 모두 사역자는 아니다. (특히, 바울이 고전 11-12장에서 주장하는 것처럼) 모

---

[49] 이런 주장에 관해서 N. T. Wright, "How Can the Bible Be Authoritative?" *Vox evangelica* 21 (1991): 7-32를 보라.

두가 양이지만 모두가 위대한 목자 아래 있는 목자는 아니다. 한 몸 안에는 서로 다른 은사와 서로 다른 소명이 있다.

그리스도는 하나님과 인간 사이의 유일한 중보자이시지만(딤전 2:5), 에베소서 4장에서 보았듯이 사도와 선지자, 복음 전도자, 목사, 교사를 그의 몸에 주셨다. 이런 다양한 은사는 사역과 감독이라는 특별한 직분을 만들어 낸다.

그러나 그러한 은사는 성례적으로 목회자에게 주입된 자질(또는 로마가톨릭 용어에서처럼 지울 수 없는 "특징"을 지닌)이 아니며, 존재론적으로 평신도보다 더 높은 지위에 오를 수 있도록 하는 은사가 아니다. 이는 단순히 특정 직분을 위한 은사일 뿐이다. 그리스도께서 약속하신 대로, 그분은 우리를 "고아"(요 14:18, NASB)로 남겨두지 않으시고 말씀 사역을 통해 성령으로 함께하시겠다고 약속하셨다.

물론, (이전 번역본과는 대조적으로) 대부분의 현대 번역본이 에베소서 4:11-12을 다음과 같이 번역하고 있기 때문에 이 해석을 긍정하기는 어렵다.

> 그가 어떤 사람은 사도로, 어떤 사람은 선지자로, 어떤 사람은 복음 전하는 자로, 어떤 사람은 목사와 교사로 삼으셨으니 이는 성도를 온전하게 하여(to equip) 봉사의 일을 하게 하며(엡 4:11-12, NRSV, 다른 현대 번역에서도 기본적으로 동일한 구성).

그러나 오래된 번역본들(예: KJV)을 선호하는 충분한 이유가 있다. 이 오래된 번역본(KJV)은 위 구절을 다음과 같이 번역한다

> 그가 어떤 사람은 사도로, 어떤 사람은 선지자로, 어떤 사람은 복음 전도자로, 어떤 사람은 목사와 교사로 주셨으니, 이는 성도를 온전하게 하여 봉사의 일을 하게 하며 그리스도의 몸을 세우게 하려 하심이라.

이 오래된 번역본은 헬라어의 실제 구조를 반영하여 새로운 번역이 모호한 점을 감안해 직책에서 세 줄의 목적 조항을 도출한다. (갖추게 하는 것이 아닌[not equipping]) 성도를 온전케 하는 일을 위해(for the completion) 주어진 사람들이 동일하게 사역과 몸의 교화를 위해서도 주어졌다.[50]

이 말씀에서 그리스도께서는 온몸을 진리 안에서 일치와 성숙과 완성에 이르게 하는 말씀 사역을 위해 사도, 선지자, 복음을 전하는 자, 목사, 교사들을 주셨다. 다른 곳(특히 롬 12장 및 고전 12장)에 언급된 다른 은사도 있기 때문에 이런 직분에서만 그리고 이런 직분만을 통해서 몸이 완성된다고 말하는 것은 아니다. 그러나 여기서의 초점은 건전한 교리를 통해 몸에 연합과 성숙을 가져오는 일에 제한되어 있다.

에베소서 4장에 대한 이런 해석을 지지하는 앤드류 링컨(Andrew Lincoln)은 다음과 같이 말한다.

> 모든 신자의 적극적 역할은 7, 16절에 의해 보호되지만 12절의 주요 문맥은 모든 성도의 역할이 아니라 그리스도의 특정한 은사인 사역자의 기능과 역할이다.

---

[50] 우리의 해석은 주로 엡 4:12a의 "카타르티스몬"(*katartismon*)을 "갖추게 하다"(equip)와 에이스(*eis*)를 "-을 위한"(for)으로 번역할지, 아니면 "완성하다"(complete)와 "안에"(in)로 번역할지에 달려 있다. 사전적으로는 카타르티스몬을 '갖추게 하다' 또는 '완성하다'(또한 '훈련하다')로 번역할 수 있다. 그러나 "완성"(completion)이 이런 주장의 논리에 더 잘 맞는데, 여기서 "완성"은 몸이 성숙해져 가는 것의 유비이다. 이는 "복음 전하는 자,… 목사와 교사"라는 그리스도의 은사를 통해 이루어진다. 또한, 이 은사는 "그리스도의 몸을 세우려 하심이라. 우리가 다 **하나님의 아들을 믿는 것과 아는 일에 하나가 되어** … 우리가 이제부터 어린 아이가 되지 아니하여 사람의 속임수와 간사한 유혹에 빠져 온갖 교훈의 풍조에 밀려 요동하지 않도록"하고 대신 "사랑 안에서 진리를 말하는" 분명한 목적을 위해 주어진다(엡 4:13-14, ESV, 강조 추가).

"카타르티스몬"(katartismon)을 "완성"이라고 번역하는 것은 다른 구절로 보충할 필요가 없는 직설적 의미를 지니고 있으며, "봉사"라는 뜻의 "디아코니아"(diakonia)는 방금 언급한 사역자들의 사역을 가리킬 가능성이 더 높다. 따라서 "다른 견해를 선택하는 것은 성직주의를 피하고 '민주적 교회 모델'을 지지하려는 열심에서 너무 자주 비롯된 것이라는 의심을 피하기 어렵다."[51]

바울이 로마서 12:3-8과 고린도전서 12:4-28에서 강조하는 것처럼, 이것은 계층적 교회 모델이 아니다. 모든 신자는 동일한 지위를 가지고 있지만 몸 안에서 서로 다른 기능을 한다. 이 구절에 언급된 은사에는 환대, 구제, 행정 및 다른 섬김 행위가 포함되지만 에베소서 4장에서는 온몸의 유익을 위해 그리스도께서 교회에 직분을 주신 것만 언급하고 있다.

따라서 요점은 그리스도께서 승천하실 때 그분의 백성에게 말씀의 사역을 선물로 주셨다는 것이다. 이것은 사역자가 아닌 사람들이 서로 사랑하고 섬기도록 은사와 부르심을 받지 않았다는 뜻이 아니라, 이런 내용은 17절 이후 5장까지 이어지는 후반부에 나오는 내용이다. 그들은 섬기기 전에 섬김을 받는다. 이것은 승리한 교회의 머리이신 주님의 놀라운 관대함을 다시 한번 강조하며, 그 결과 그분의 백성들이 먼저 받는 자가 되고, 그 결과 적극적으로 주는 자가 되게 하신다.

몸이 온전히 운영되기 위해서는 모든 지체와 모든 은사가 필요하지만, 몸의 생명은 말씀과 성찬의 사역을 충실히 유지하는 데 달려 있다. 베드로

---

51 Andrew Lincoln, *Ephesians*, Word Biblical Commentary 42 (Dallas: Word, 1990), 253; cf. T. David Gordon, "'Equipping' Ministry in Ephesians 4," Journal of the Evangelical Theological Society 37, no. 1 (March 1994): 69-78. 이 구절에 대한 존 칼빈의 주석을 읽는 것도 흥미롭다(*Commentaries on the Epistles of Paul to the Galatians and Ephesians*, trans. William Pringle [Grand Rapids: Baker, 1996], 277-86). 특별히 더 최근의 번역이 그의 생각에는 전혀 떠오르지 않았기 때문에 더욱 그렇다. 바로 이런 이유 때문에 그는 이 구절의 논증의 흐름을 잘 포착하고 있는 것 같다.

가 관찰한 것처럼 모든 지체가 말씀과 기도에만 전념할 수는 없다(행 6:2-7). 사도들이 집사들을 임명함으로써 그들이 말씀과 기도에 전념할 수 있게 되었을 때 "하나님의 말씀이 점점 왕성해졌다"(7절).

예수 그리스도의 가르침을 직접 받지 못하는 일반 사역자들에게는 그리스도의 양을 먹이기 위해 적절한 훈련과 연구, 상호 훈계와 교정이 얼마나 더 필요하겠는가.

이 사역을 통해 우리 모두는 신앙의 일치, 하나님의 아들에 대한 지식, 그리스도 안에서 성숙함을 얻게 되는 수혜자들이다. 따라서 우리 모두가 이미 그리스도 안에서 공동으로 소유한 것(한 하나님과 아버지, 한 성령, 한 주님, 한 믿음, 한 세례)은 대대로 그리스도에 의해 보존된다.

대사들의 이런 은사를 바탕으로 몸의 다른 지체들은 "이방인이 그 마음의 허망한 것으로 행함같이 행하지 말아야"하고(17절 ESV) 세상에서 자신의 소명을 실천하는 데 필요한 것을 받는다(18-24절). 그들은 수혜자로서 뿐만 아니라 행위자로서도 다음과 같이 행해야 한다.

> 시와 찬송과 신령한 노래들로 서로 화답하며 너희의 마음으로 주께 노래하며 찬송하며 범사에 우리 주 예수 그리스도의 이름으로 항상 아버지 하나님께 감사하며 그리스도를 경외함으로 피차 복종하라(엡 5:15-21, ESV).

우리가 이 구절을 해석하는 방법에 대한 중요한 실제 의미가 있다. 최근 번역의 표현은 이 구절을 "모든 회원 사역"을 위한 표준구(標準句)로 만들었기 때문에 내 생각에는 말씀의 창조물로서의 교회 개념을 효과적으로 약화시키고 있다.

주님은 승천하시며 위대한 왕(the Great King)으로서 신하들에게 폭정을 행사하지 않고 은사를 부어 주신다. 교회는 우선 은혜로 충만하고 그 다음에야 사랑으로 활동할 수 있다. 세속적 소명 안에서 흩어져 있는 그리스도의 몸은 이웃을 위해 역사적 기관이자 종말론적 모임으로서의 교회가 성취할 수 없고 성취하도록 위임받지 못한 많은 일을 할 것이다.

신적 기관으로서 교회의 목적이 그리스도인의 고유한 활동으로서 가치 있는 모든 일을 하는 것이라면, 목사와 교사라는 별도의 직분에 대한 특별한 필요가 존재하지 않는다. 그러나 교회의 일치성, 거룩성, 보편성, 사도성, 즉 교회의 존재가 말씀에 달려 있다면 이런 특별한 직분은 사실 그리스도의 하늘 통치의 선물이다.

따라서 공식적 사역과 그 사역의 직분을 강조하는 것에 반대해 성령론적으로 풍부한 교회론을 설정해서는 안 된다. 본회퍼가 관찰하는 것처럼 "성령에 의해 실현되는 예수 그리스도의 교회는 바로 지금 여기에 있는 교회이다. 우리가 설명한 성도들의 공동체는 '우리 가운데 있다.'"[52]

예수 그리스도의 교회는 영적 교회나 하나님 나라와 **대비되는 것이** 아니라 지금 우리에게 있는 그대로 보이는 그런 나라를 가리키는 '경험적 교회'이다.[53] 경험적 교회는 단순한 종교 공동체가 아니다. "오히려 구체적인 역사적 공동체로서, 그 형태의 상대성과 불완전하고 겸손한 모습에서 그것은 그리스도의 몸이며, 그분의 말씀을 가지고 있기 때문에 지상에 존재하는 그리스도의 임재이다."[54]

공동체(Gemeinde)로서뿐만 아니라 교회(Kirche)로서도 몸은 머리와 청각적, 시각적 유대로 연결되어 있다.

예를 들어, 웨스트민스터 신앙고백서는 다음과 같이 선언한다.

> 그분의 교회의 왕이시자 머리이신 주 예수께서 국가 공직자와는 구별되는 교회 직분자들의 손에 교회 정치를 맡기셨다. 이 직분자들에게 천국의 열

---

[52] Bonhoeffer, *Communio*, 208.
[53] Ibid.
[54] Ibid., 209.

쇠가 맡겨졌다. 그들은 이 열쇠의 권세로 인해 죄를 그대로 둘 수도 있고 용서할 수도 있다. 회개치 않는 자에게는 하나님의 말씀과 권징으로 천국 문을 닫고, 회개하는 죄인에게는 복음의 사역과 필요한 경우에 권징을 사면함으로써 천국을 열어 줄 수 있다.[55]

또한, 더 광범위한 집회에는 그리스도의 이름으로 그분의 말씀에 종속되어 행동할 수 있는 권한이 주어진다. 그러한 결정은 "말씀과 일치할 뿐만 아니라 그 결정이 내려지는 권능이 하나님의 말씀에 따라 정해진 하나님의 규례이기 때문에 경건과 순종으로 받아들여야 한다."[56]

동시에 웨스트민스터 신앙고백서는 그러한 기관들이 잘못을 저지르기도 한다고 지적하며, 나아가 "총회와 공의회는 교회에 관한 주제만 논의하고 결의해야 한다. 특별한 경우에 겸손하게 청원하는 방법이 아니면 국가에 관한 시민 문제에 간섭해서는 안 된다"고 지적한다.[57]

말씀과 성령은 역사적 공동체를 창조하지만, 정확하게 말씀과 성령이기 때문에 말씀과 성령은 항상 그 공동체에 의문을 제기하여 그 공동체의 주제넘은 자율성을 깨뜨리고, 그 결과로 우리 가운데서 그리스도의 행동 사건이 이 지나가는 시대의 역사에 동화되지 않을 것이다.

베드로는 바울의 서신을 "성경"(벧후 3:16)의 범주에 포함시켰다. 그리고 바울은 자신이 베드로를 포함한 어떤 지도자로부터가 아니라 그리스도로부터 직접 사도직을 받았다는 점을 강조했다(갈 1:1-2:14). 그렇지만 두 사도는 공동으로 더 넓은 총회에 자신을 복종시켰다. 이 개념에서 특정 교회는 사도적 교회와의 관계를 잃을 수 있다는 것이 인정된다. 즉, 가지가 잘릴 수 있듯이, (우리가 보게 될 것처럼 등잔대) 신실한 증거가 더 이상 제공되

---

[55] Westminster Confession of Faith 32.1-2, in *BC*
[56] Ibid., 33.2.
[57] Ibid., 33.4.

지 않을 때 촛대가 제거될 수 있다(계 2-3장에 암시됨).

바울은 갈라디아 사람들에게 준엄한 말로 위협을 가했다. 베드로, 야고보, 그리고 이방인 선교에 저항했던 다른 사람들은 그들의 명령이나 통제를 넘어서는 복음에 의해 정의된 상호 교정과 훈계의 과정을 통해 성령에 의해 인도되었다.

복음으로 자신의 몸을 만드신 동일하신 교회의 머리 되신 분이 주권적 명령으로 몸을 다스리신다. 그러나 교회의 한 살아 계신 머리로부터의 이런 지시는 성령에 의해 복수의 목사와 장로들이 모인 총회를 통해 중재된다. 사도들 스스로가 상호 권면을 통해 말씀으로 교정을 받았다면, 일반 사역이 더 큰 권위를 가질 수 없다.

칼빈이 에베소서 4장에 대한 주석에서 지적하는 것처럼, 이 구절에서 신앙과 교리에서 교회의 일치에 필수적인 것으로서 교황직에 대한 언급이 없다는 것은 중요한 의미가 있다.

> 만약 그가 고정된 거주지를 가진 교황의 최고권을 알고 있다면, 전체 교회의 유익을 위해, 우리가 한 몸으로 모인 그의 통치 아래에 있는 전체 회원 위에 위치한 한 명의 목회적 수장을 드러내는 것이 그의 의무가 아니었겠는가.[58]

대사는 증인일 뿐만 아니라 그들이 받은 사명에 의해 권위에 제한을 받는다. 교회의 보편성과 마찬가지로 사도성은 사도적 신앙의 사역에 의해 구성되며, 그리스도가 직접 주재하는 목사와 장로들의 모임에 의해 유지된다.

---

[58] Calvin, *Commentaries on the Epistles of Paul to the Galatians and Ephesians*, 280.

지지울라스는 "대사직"에 대한 이런 안디옥 교회적 강조를 바탕으로 목사가 **다른 사람을 섬길 수 있는** 은혜를 받는다고 지적한다. "이것은 목회자 자신이 그런 은혜가 필요하지 않다는 뜻은 아니다. 요점은 그가 그런 은혜를 '소유하고' 있기 때문이 아니라 공동체의 일원으로서 스스로 얻기 때문에 그런 은혜를 필요로 한다는 것이다."[59] 이런 이유로 지지울라스는 '대리자'와 같은 용어는 마치 이 용어가 "부재하는 누군가를 나타내는 것"처럼 그런 용어에 대해 조심해야 한다고 제안한다.[60]

> 이것의 근본적 의미는 다음과 같다. 후에 신학에서 '사제직'(sacerdotium)이라는 이름으로 불리게 된 것처럼 일반적이고 모호한 용어로서의 제사장직이 없다. … [사제]라는 용어의 참되고 역사적으로 본래적인 의미는 이것이다. 즉, 그리스도(유일한 사제)가 성령 안에서 공동체(그분의 몸, 교회)가 되시면서, 그분의 제사장직은 지금 여기에서 성찬 공동체로서 역사적 실존에서 실현되고 묘사된다. 성찬 공동체에서 그분의 '이미지'는 공동체와 함께 그리고 공동체를 대신하여 성찬 선물을 바치는 이 공동체의 수장이다.

이런 식으로 "공동체 자체가 제사장에게서 흘러나오는 것이 아니라 온 몸의 성찬적 모임(synaxis)에서 나오는 베드로전서 2:5, 9의 의미에서 제사장적"이 된다.[61]

내가 앞 장에서 주장했듯이(특히, 사도행전 15장에 호소하며), 사도 시대에도 교회 권력은 사도 한 사람이나 사도직 집단에 집중된 것이 아니라 "온 교회의 동의"(행 15:22)를 얻어 엄숙한 집회에서의 "사도와 장로"의 합의에 집중되었다. 더 넓은 모임을 구성한 지역 모임의 목사와 장로라는 더

---

59 Ibid., 227-28.
60 Zizioulas, *Being as Communion*, 230.
61 Ibid., 231.

넓은 틀에 분산된 이 힘은 오순절의 일치만큼이나 다양성을 반영했다.

따라서 사도의 계승은 교회의 다른 모든 속성과 마찬가지로 직분으로 안수받은 사람들의 역사적 계승보다는 오히려 교회 사역의 내용에 의해 결정된다. 동시에 그리스도의 이름으로 사역하는 사람들은 교회의 대리를 통해 그리스도에 의해 그 직분으로 부름을 받아야 한다. 즉, 그들은 내적 부르심만으로 스스로를 보낼 수 없고, 반드시 파송을 받아야 하며, 이는 주로 기쁜 소식을 전하는 것과 관련된 사명을 강조한다(롬 10:14-15).

아버지께서 아들을 보내시고, 아버지와 아들이 성령을 보내시고, 사도들을 공동으로 위임하신 것과 유사하게, 목사와 장로는 더 넓은 교회에서 부름을 받아 지역교회로 보내며, 지역교회는 그 대표들을 더 넓은 집회에 파송한다.

(성자나 성령께서 스스로를 보내시지 않은 것처럼) 그들은 그들 자신을 보내지 않으며 또한 하나님으로부터 받은 사명은 그 표식을 가진 교회에 의해 시험되고 검증되기 때문에, 그들이 좋은 소식을 전할 때 듣는 사람들은 그들이 자신의 권위만으로 말하는 것이 아니라는 것을 확신할 수 있다. 일반 목회자들은 은사와 사명을 하나님으로부터 직접 받는 것이 아니라 "장로의 회에서 안수"(딤전 4:14, NKJV)를 통해 받는다.

이런 논증을 고려할 때, 언약적 교회론은 다음과 같은 두 가지 모델 사이에 서 있다는 것이 분명해진다.

첫째, 역사적 계승에 근거한 계층적 사도성 모델
둘째, 사적 계시, 개인적 경험 또는 교회의 가시적 사역으로 확인될 수도 있고 아닐 수도 있는 내적 부르심에 근거한 민주적 모델

제3장에서 나는 로마가톨릭과 급진 개신교가 비슷하게 성령과 지속적 계시에 호소한다는 종교개혁자들의 주장에 주목했으며, 이런 관찰은 최근

오순절주의와 로마가톨릭의 지속적인 사도직 주장 간의 상호 작용에서 입증되었다.[62]

그렇지만 이런 입장 간의 결정적 차이는 다음과 같다. 즉, 로마가톨릭은 이 직분을 교황과 동일시하고 오순절주의는 전통적으로 예언과 사도성을 공식 직분에 묶어 두려는 어떤 시도도 의심해 왔다는 것이다. 교회 질서가 교회 정체성의 원천이 아니라면, 진정한 원천인 메시지는 신실한 사역과 권징의 공적 질서를 낳는다.

각 신자는 한 몸에서 특정한 기능을 위해 은사를 받았지만 "눈이 손을 향해 '나는 네가 필요 없다'고 말할 수 없고, 머리가 발을 향해 '나는 네가 필요 없다'고 말할 수 없는 것처럼" 모두가 눈이나 손이 아니다. 만일 온 몸이 눈이면 듣는 곳은 어디이겠는가(고전 12:12-26).

교회는 엄밀히 말하면 교도권(*magisterium*)이나 목사단(*ministerium*)이 아니라 몸 전체이다. 그러나 목회서신에서 자세히 설명하는 것처럼, 특별한 사도적 소명의 전수 가능한 측면은 목사와 장로라는 평범한 직분에 맡겨져 있다. 따라서 우리는 그리스도와 그분의 말씀의 고유한 권위를 추가함으로 전복시키는 율법주의와 가감하는 반율법적 정신을 피해야 한다.

---

[62] Amos Yong, *The Spirit Poured Out on All Flesh* (Grand Rapids: Baker Academic, 2005), 150-51. 용은 공의회 이후의 로마가톨릭 입장과 공통점을 모색하면서 "교도권이 성령의 인도를 받아 그리스도의 몸을 섬기고 오순절주의자(및 다른 그리스도인)가 그러한 활동을 하나님의 성령에 속한 것으로 식별할 수 있는 한, 오순절주의자들이 교황(또는 감독직)의 임시 권위를 사도적 메시지, 즉 그리스도의 충만의 완전한 실현의 상징적 재표현(re-presentation)으로 인정하는 데 어떤 방해가 있는가?(참조, 엡 4:11-13)"라고 묻는다(150). 그러나 어떤 기독교인 그룹이 말씀, 특히 복음을 참조하지 않고 어떻게 "그러한 활동을 하나님의 성령에 속한 것으로 분별"할 수 있겠는가. 분명히 이것은 특히 칭의와 관련하여 에큐메니칼 합의가 어느 정도 도달했는지를 평가하는 판도라의 상자를 여는 것이다. 그러나 사도직이 오늘날에도 유효하다는 공통의 확신이 동료 오순절주의자들 사이에서 용의 제안을 그럴듯하게 만들 수 있다는 점은 중요하다.

우리는 건전한 교회 질서와 규율에 의해 구원받는 것이 아니라 그것에 의해 섬김을 받는다. 법정적 말씀은 역사 속에서 효과적이고 변혁적이며 규제된 존재를 만들어 낸다. 다시 말해, 복음은 순종으로 이어진다. **신성화**와 **세속화**의 극단 사이에는 복음의 발화 효과 행위를 가져오는 사역을 위해 성령에 의한 피조물적 실체의 **성화**가 있다.[63]

요한복음 17:17에 나오는 예수님의 간구를 통해 우리는 진리의 말씀 안에서 성화는 거룩함과 보편성뿐만 아니라 사도성이라는 주제를 함께 끌어들인다는 점을 인식한다.

4. 표징과 열쇠: 화해의 사역

목사가 주나 주인이 아니라면 목사는 단순한 진행자, 코치, 치료사, 사업가도 아니다. 그들은 자신의 집에 찾아오는 사람들을 환영하는 것처럼 교회에 오는 사람들을 환영하지 않는다. 그것은 그들의 섬김이 아니라 하나님의 섬김이다. 따라서 그들은 그리스도의 이름으로 손을 들어 사람들에게 축복을 내리는 것으로 시작한다.

언약의 대리인인 선지자와 제사장들은 이 행위를 통해 하나님의 호의적 임재를 백성들에게 확신시켜 주었다. "여호와는 그의 얼굴을 네게 비추사"(민 6:25)라는 아론의 축복은 "여호와께서 네게 복을 주시고 너를 지키시기를 원하며"(24절), "여호와는 그 얼굴을 네게로 향하여 드사 평강 주시기를 원하노라"(26절)와 같은 구절에 해당한다.

---

[63] 다음과 같은 최근에 나온 두 책. *Holy Scripture: A Dogmatic Sketch* (Cambridge: Cambridge University Press, 2003), 5–41; and *Holiness* (Grand Rapids: Eerdmans, 2003). 존 웹스터(John Webster)가 이 주제를 풍부하게 발전시켰다.

구두로 하는 이런 말씀은 단순히 관대하고 영감을 주는 생각이나 기도가 아니다. 야웨의 외교관으로서 사역하는 제사장들은 실제로 백성에게 하나님의 축복을 내린다. 이는 율법적이고 언약적인 행동이며, 백성들을 언약의 저주가 아닌 축복 아래 두는 행위적 발언이다.

> 그들은 이같이 **내 이름으로** 이스라엘 자손에게 **축복할지니 내가 그들에게 복을 주리라**(민 6:27, 강조 추가).

다른 많은 예를 인용할 수 있다(시 4:6; 34:16, 18; 벧전 3:10-12에 반복됨). 이런 많은 예에서 우리는 하나님의 얼굴과 헤세드(hesed) 즉 언약의 신실하심으로 하나님의 가까이 계심 사이의 긴밀한 관계를 볼 수 있다.

팔복(마 5:1-11)에서와 같이 하나님이 새 언약에서 그분의 백성에게 언약의 축복을 주시는 것은 성육신하신 말씀, 즉 전형적 선지자, 제사장, 왕으로서 자신을 통해서이다. 이 축복의 선언은 각각 명령이 아니라 지시적인 것이다.

제자들은 심령이 가난하거나 애통하거나 온유하거나 배고프거나 자비롭거나 마음이 청결하거나 화평케 하거나 박해를 받기 때문에 복을 받는 것이 아니다. 오히려 그리스도의 복을 받은 이들은 그런 이유로 세상으로부터 욕을 먹으면서도 원수에게 선을 베푸는 데 인내한다(11-12절). 그들은 이미 복을 받았기 때문에 축복한다.

종주가 자신의 이름을 봉신에게 넘겨줄 때마다 그는 보호와 우정, 안전을 약속한다.

> 누구든지 주의 이름을 부르는 자는 구원을 받으리라(롬 10:13, 욜 2:32 인용; 참조, 행 2:21).

조약의 체결과 마찬가지로 주권자의 이런 부름은 말씀뿐만 아니라 비준 의식에 참여함으로써 이루어진다.

> 내가 구원의 잔을 들고 여호와의 이름을 부르며 여호와의 모든 백성 앞에서 나는 나의 서원을 여호와께 갚으리로다(시 116:13-14).

세속 조약에서와 마찬가지로 성경적 의식은 이방인을 자신의 친교에 초대하는 주권자에게 그들을 묶어 주는 수단이다. 언약의 파트너가 되기 위해 봉신 국가는 종주가 머리인 제국의 일부인 종주의 '아들'이 되었다. 따라서 이런 관계는 배타적이어야 했고, 다른 종주들과 밀실에서 동맹을 맺으면 종주는 질투에 찬 분노를 표출했다.

이런 준거점 안에서 야웨는 "너희를 내 백성으로 삼고 나는 너희의 하나님이 되리니"라고 반복해서 선언한다(출 6:7; 렘 24:7). 그러나 열쇠는 열리기도 하고 닫히기도 했다. 언약의 직분자들에게는 심판을 선포하는 불쾌한 임무도 주어졌다. "로암미 … 너희는 내 백성이 아니요"(호 1:9), "주를 위하여 세운 백성을 준비하리라"(눅 1:17)라는 행복한 소명과 함께 "내가 내 백성 아닌" 사람들에게 그들이 이제 "하나님의 백성"임을 선포해야 했다(롬 9:25; 고후 6:16; 딛 2:14; 벧전 2:10; 계 21:3).

이 중간 시기에 교회의 업무는 구원의 선물을 받고 전달하는 것이지, 선물에 기여하거나 조건을 협상하거나 내용을 결정하는 것이 아니다. 주님 집의 주인이 아니라 섬기는 자로서 교회는 다가올 왕국의 증인일 뿐만 아니라 반실현된 왕국의 출범을 목격하는 존재이다.

하늘 연회에 앉기 위해 길과 샛길에서 손님을 모으는 시대이므로 표적(말씀, 성례전, 권징)이 수행하는 사명은 문을 열고 닫는 일이다. 예수님은 바로 이 점에 대해 당시 종교 지도자들을 비난하셨다.

> 너희는 천국 문을 사람들 앞에서 닫고 너희도 들어가지 않고 들어가려 하는 자도 들어가지 못하게 하는도다 (마 23:13).

예수님은 목자일 뿐만 아니라 양들의 "문"이기도 하다 (요 10:7). 이 문은 지금은 활짝 열려 있지만 곧 **집주인**에 의해 닫히게 될 것이다. 왕국의 식탁에 앉을 권리가 있다고 생각하는 내부자들은 외부자가 될 것이고, "동서남북으로부터" 오는 사람들은 "아브라함과 이삭과 야곱과 모든 선지자"와 함께 잔치에 모인다.

> 나중 된 자로서 먼저 될 자도 있고 먼저 된 자로서 나중 될 자도 있느니라 (눅 13:22-30).

그러므로 교회의 표징에 대한 질문은 구약을 배경으로 하는 열쇠의 주제와 결부되어 있다.

이사야 22장에서는 예루살렘의 멸망이 예언되고, 자기 유익을 구하는 관리들이 비난을 받는다. 그들은 "[그들의] 주인 집에 수치"이다(18절). 따라서 하나님은 "내가 너를 네 관직에서 쫓아내며 네 지위에서 낮추리니" 대신 다른 사람이 임명될 것이라고 선언하신다.

> 내가 또 다윗의 집의 열쇠를 그의 어깨에 두리니 그가 열면 닫을 자가 없겠고 닫으면 열 자가 없으리라 못이 단단한 곳에 박힘 같이 그를 견고하게 하리니 그가 그의 아버지 집에 영광의 보좌가 될 것이요 (사 22:19-23).

그런 점에서 우리는 예수님이 베드로에게 하신 말씀을 듣는다.

또 내가 네게 이르노니 너는 베드로라 내가 이 반석 위에 교회를 세우리니 음부의 권세가 이기지 못하리라 내가 천국 열쇠를 네게 주리니 네가 땅에서 무엇이든지 매면 하늘에서도 매일 것이요 네가 땅에서 무엇이든지 풀면 하늘에서도 풀리리라 (마 16:18-19).

이 직분은 18장에서 예수님이 분쟁 해결을 위한 교회 법정을 설립하면서 "땅에서 무엇이든지 풀면 하늘에서도 풀리리라"(15-20절)라는 말씀에서 사도직 전체로 확장된다.

누가복음의 말미에서 중요한 것은 예수님이 성경을 설명하시고(눅 24:6-8, 13-27) 떡을 떼시는 장면(28-35절)을 통해 낙담한 제자들에게 점차 살아계신 그리스도로 인정받으시고, 그들 가운데 나타나셔서 "너희에게 평강이 있을지어다"(36절)라고 선언하시면서 절정을 이루신다는 점이다.

그리고 요한계시록에서 이사야22장과 직접 연결이 이루어진다.

빌라델비아 교회의 사자에게 편지하라 거룩하고 진실하사 다윗의 열쇠를 가지신 이 곧 열면 닫을 사람이 없고 닫으면 열 사람이 없는 그가 이르시되(계 3:7).

마찬가지로 요한복음 20장에서 부활하신 예수님은 제자들에게 숨을 불어넣으며 "성령을 받으라. 너희가 누구의 죄든지 사하면 사하여질 것이요 누구의 죄든지 그대로 두면 그대로 있으리라"라고 말씀하신다(22-23절). 누구든지 사도들을 영접하는 사람은 그리스도 자신을 영접하는 것이다(마 10:40; 참조. 요한 13:20).

개혁파 신앙고백서와 교리문답에 따르면, 교회 선교의 핵심인 이 문을 열고 닫는 것은 복음 전파, 성례전 집행, 권징이라는 세 가지 표징을 통해 이루어진다. 이런 방식으로 그리스도는 지금 여기에서 선지자, 제사장, 왕으로서의 사역을 수행하신다.

헤르만 리더보스(Herman Ridderbos)는 유대 율법에 명시된 변호사의 힘에서 사도(sāliah) 개념의 기원을 지적한다. 그리스도 자신의 직접 말씀에 대한 이런 선포는 "복음의 내용을 역사적으로 볼 수 있고 들을 수 있는 원래의 형태로 지정한다."[64]

사도 시대 말 이후 교회를 통한 간접적 사역자의 소명은 그리스도뿐만 아니라 그리스도로부터도 이런 대리적 증거를 이어 가고 있다. 설교, 세례, 성찬 허락(또는 허락 거부)을 통해 왕국의 열쇠를 행사한다. 결국, 교회 권징과 관련된 "묶고 푸는 것"은 모든 전례의 사죄, 설교, 세례, 성만찬에서 문제가 된다고 할 수 있다. 이 모든 경우에 다가올 시대는 이 현시대에 들어오고 있다.

하나님의 택한 자에 대한 최후의 심판과 최후의 옹호는 모두 성직자적 방식이 아닌 목회적 방식으로 이루어진다. 교회의 행위는 종말론적 실재와 명백하게 일치하지는 않지만 표징과 인이다. 그리스도의 행위적 말씀은 임명된 직분자들을 통해 매개된다.

승리의 지시("하늘과 땅의 모든 권세를 내게 주셨다")는 명령("그러므로 너희는 가서 모든 민족을 제자로 삼아 세례를 베풀고 … 가르치라", 마 28:18-20)의 근거가 된다. 이것은 그리스도께서 제자들에게 성령을 수여하신 것과 그분의 왕권을 중재하라는 사명 사이의 연관성을 설명한다. 제자들이 그리스도 왕국의 대사인 것은 그들의 인격이 아니라 그들의 직분에 있다(고후 5:12, 18-6:2). 화해의 사역은 (말씀, 성례전, 권징이라는) 표징을 하나로 모으고, 나아가 교회의 표징과 사명을 연결한다.

요약하면, 칭의는 믿음으로 말미암고, 믿음은 그리스도의 선포를 들음으로써 말미암는다. 또한, 그러한 선포는 하늘의 성소에서 지상의 사자를

64　Herman Ridderbos, *Redemptive History and the New Testament Scriptures*, trans. H. De Jongste, revised by Richard B. Gaffin Jr. (Phillipsburg, NJ: Presbyterian & Reformed Publishing Co., 1963; 2nd rev. ed., 1988), 14.

통해 내려온다. 바울은 행위-의의 논리를 대조하는 데, 이런 논리에 따르면 구원을 얻기 위해 하늘로 올라간다. 따라서 사역자(doulos, diaskalos)는 하나님이 "화해의 사역"을 주신 "전령" 또는 "대사"이고 목사는 "그[그리스도] 안에서 하나님의 의가 되게 하려 하심이라"(고후 5:18-21)는 한 가지 목적을 위해 존재한다.

이것이 사역자의 특별한 직분이지만, 그리스도께서 모든 성도로 하여금 일상생활에서 보다 일반적으로 하나님의 권능을 선포하는 증인이 되게 하시는 것은 바로 그들의 사역을 통해서이다(벧전 2:9).

김세윤(Seyoon Kim)이 "화해"의 언어적 배경을 철저히 연구한 브레이텐바흐(Breytenbach)의 말을 빌려 말했듯이, 이 언어조차 고대 조약 체결의 세계에서 차용되었다. 헬라인들은 이 언어를 "하나님과 인간 사이의 관계에 대한 종교적 맥락에서" 사용한 것이 아니라 정치적 또는 군사적 평화 조약의 과정에서 사용했다.

이런 관점에서 바울이 "'화해를 위해' 또는 '호소'(parakalein)하기 위해 전쟁 당사자들에게 '청원'(deomai)하기 위해 보낸 '대사'(presbeis)와 같은 용어를 사용한 것"의 의미를 인식할 수 있다.[65] 이런 배경은 헬레니즘만의 특유한 것이 아니라 조약 맥락에서 구약의 언약 개념을 헬라 관용어로 표현하는 가장 가까운 어휘라고 할 수 있다.

존 웹스터(John Webster)는 고린도후서 5장에서 말하는 이 화해의 사역이 "하나님께서 **주신** 것"임을 현명하게 상기시켜 준다.

---

65 Seyoon Kim, "The Origin of Paul's Concept of Reconciliation," in *The Road from Damascus: The Impact of Paul's Conversion on His Life, Thought, and Ministry*, ed. Richard N. Longenecker (Grand Rapids: Eerdmans, 1997), 104. Cf. C. Breytenbach, *Versöhnung: Eine Studie zur paulinischen Soteriologie* (Neukirchen-Vluyn: Neukirchener Verlag, 1989)

그것은 선출이나 임명의 문제이다. 억압과 소외에 대한 대안이 필요하다는 생생한 감각을 가진 바쁜 상상 공동체의 활동으로 생겨나는 것이 아니다. "화해"는 [교회가 자원한 세상을 개선하는 일반적인 일이 아니라] 엄밀히 말해 교회의 구원 선포 내용에서 파생될 수 있다.[66]

이 화해 사역은 주로 말, "화해의 메시지"(19절)로 묘사되며, 우리는 이 화해의 메시지의 "대사"이다.[67] 그것은 그리스도 정권의 정책을 발표하는 것이지, 교회가 세상에서 유용하거나 중요하다고 생각하는 어떤 "화해" 활동을 위해 그리스도의 이름을 사용하는 것이 아니다.

사도는 비록 "쇠사슬에 매인 사신"(엡 6:20)일지라도 그리스도의 대리인이다. 심지어 사도가 아닌 일반 직분의 사역자인 디모데도 "우리 형제 곧 그리스도의 복음을 전하는 **하나님의 일꾼**(synergon tou theou, God's coworker[저자 역])"(살전 3:2)이라고 말한다.

직분을 맡은 사역자는 그리스도의 말씀과 성령에 의한 그리스도의 구원 통치, 즉 "하나님이 우리를 통하여 너희를 권면하시는 것"을 위해 섬긴다(고후 5:20a). 따라서 하나님과 화목하라는 부르심은 "그리스도 자신을 대신하여" 직접 이루어진다(20b절).[68]

---

66 John Webster, "Christ, Church and Reconciliation," in *Word and Church* (Edinburgh: T&T Clark, 2001), 222.
67 Ibid.
68 Isaiah 49:8 in 2 Cor. 6:2: Is Paul the "Servant"? Mark Gignilliat, "2 Corinthians 6:2: Paul's Eschatological 'Now' and Hermeneutical Invitation," *Westminster Theological Journal* 67 (2005): 147–61.
"고후 6:2에서 이사야 49:8을 바울이 인용한 것은 본문의 최종 정경 형태에 충실한 평이한 의미로 본문을 종말론적으로 읽는 것이며, 이사야 40-55(66)장의 종말론적 세계로 초대하는 것이다. 이사야 40-55장은 바울에게 있어 그리스도의 인격과 사명에 대한 우리의 이해에 있어 지속적인 신학적/종말론적 중요성이 있는 본문이다. 바울에게 있어서 하나님의 종을 통한 하나님의 새로운 구속 활동의 종말론적 현재는 그리스도의 인격과 사역 안에서 실현되었고 계속 실현되고 있으며, 이런 의미에서 바울은 진정으로 "성경 안에 살고 있다"고 할 수 있다. 바울이 이 종을 하나님의 정체성의 일부 우리가 하나님과 함께 일하는 자로서 너희를 권하노니 하나님의 은혜를 헛되이 받지 말라 … 보라 지금은 은혜 받을 만한 때요 보라 지금은 구원의 날이로다 (고후 6:1-2).

열쇠 사역에는 권징이 포함되는데, 개혁파 신앙고백서에서는 설교와 성례전과 함께 참교회의 세 번째 표징으로 권징을 포함시켰다. 아이러니하게도 루터와 칼빈을 율법의 세 번째 사용(즉, 신자들을 인도하는 것)에 대해 대립시키기를 좋아하는 사람들을 위해 칼빈은 그의 저서에서 두 가지 표징만 인정한 반면, 루터는 『공의회와 교회에 관하여』(*On the Councils and the Church*)에서 교회 권징을 표징으로 포함시켰다.

이제 공개적으로나 사적으로 어떤 사람들의 죄가 용서되거나 책망받는 것을 보면 거기에 하나님의 백성이 있다는 것을 알 수 있다. 하나님의 백성이 거기에 없으면 열쇠도 거기에 없다. 그리고 그리스도를 위한 열쇠가 없다면 하나님의 백성도 존재하지 않는다.

그리스도께서는 그들을 공개적 표징과 거룩한 소유로 물려주셨고, 이로써 성령께서 그리스도의 죽음으로 구속된 타락한 죄인들을 다시 거룩하게 하시고, 그리스도인들은 그리스도 안에서 이 세상에서 거룩한 백성임을 고백한다. 그리고 다시 회심하거나 성화되기를 거부하는 자들은 이 거룩한 백성에서 쫓겨날 것이다. 즉, 회개하지 않은 반율법주의자들에게 일어났던 것처럼 열쇠로 묶여 배제될 것이다.[69]

로(빌 2장 참조), 예수 그리스도의 인격과 사역 안에서 성취된 것으로(고후 5:14-21) 동일시하고 있는 것과 그렇게 가까운 곳 안에서 모형론적 충돌과 결합되는 것(고후 5:14-21; 고후 6:2)은 바울이 자신을 이 종으로 동일시하는 입장을 지지할 수 없게 만든다(160).

69　Martin Luther, "On the Councils and the Church," in *LW*, vol. 41, *Church and Ministry*

정치적 우파와 좌파 모두를 막론하고 많은 개신교인이 기독교 규율이라고 간주하는 것을 세속적 도시 국가(polis)에 부과하기를 원하면서 사실상 교회 구성원들의 구체적 보살핌과 규율을 무시하고 있지만, 바울에게는 이것이 정확히 뒤떨어진 것이었다(고전 5: 9-13).

그리스도께서 교회의 열쇠를 합법적으로 부르심과 안수를 받은 종들이 관리하도록 주신 것은 거짓 고발뿐만 아니라 거짓 가르침의 파괴적 영향에 반대해 공동체와 개별 회원을 보존하려는 분명한 목적이 있었기 때문이다. 회원과 직분자들은 교회 법정에서 적법한 절차를 이용해야 한다. 장로교 정치의 요점은 교회의 목회적 권위를 한 명의 목회자나 권력층의 손에 두는 것이 아니라 지역 수준에서 더 넓은 총회에 의지하여 많은 사람에게 분산시키는 것이다.

예수님은 제자들에게 자신의 고유한 열쇠를 위임할 때 표징("땅에서" 목회적으로 묶고 푸는 것)과 표징이 의미하는 것("하늘에서" 교도적으로 묶고 푸는 것)의 결합을 명시적으로 선언하셨다. 하나님이 거룩하고 하늘의 목적을 위해 평범하고 피조물적인 행동을 거룩하게 하신다는 것은 한편으로는 교회의 사법적 권위가 **권위적이 아니라 사역적이며**, 다른 한편으로는 **증거 그 이상이라는 것을** 의미한다.

바르트는 교회와 세상은 그리스도를 필요로 하고 교회는 세상을 필요로 하지만 세상은 교회를 필요로 하지 않는다고까지 말한다.[70] 교회의 사역은 예수님의 사역을 증거할 수는 있지만 그것을 전달하지는 않는다.[71]

III, ed. E. W. Gritsch (Philadelphia: Fortress Press, 1966), 153; cf. David Yeago, "The Office of the Keys: On the Disappearance of Discipline in Protestant Modernity," in *Marks of the Body of Christ*, ed. Carl Braaten and Robert Jenson (Grand Rapids: Eerdmans, 1999), 95-123.

70　Barth, *CD* IV/3:826.
71　Ibid., 835.

내가 보기에 이런 진술은 머리와 몸을 구별하라는 유익한 경고를 넘어 상처를 주는 분리를 향해 가고 있다. 바르트는 오늘날 교회를 그리스도와 함께 대속자로 취급하는 광범위한 경향에 대해 비판적 수정안을 제시하지만, 교회를 통해 목회자가 그리스도를 대신하여 대사 역할을 하도록 분명히 승인하고 사실 명령하는 구절(예: 마 16:19; 18:18-20; 롬 10:8, 14-17; 고후 5:18-21)은 충분히 진지하게 받아들이지 않는다.

고린도후서 5장에는 그리스도의 화해 사역과 교회의 사역이 분명하게 구분되어 있다. 전자는 바르트의 해석대로 "결정적이고 자충족적인 사건"이다.[72] 그러나 "하나님이 우리를 통하여 너희를 권면하시는 것같이 그리스도를 대신하여 사신"(20절)으로서 "우리에게 주셨다"(18절)고 말해지는, 즉 사도와 사역자와 같은 "화복하게 하는 직분"이 또한 있다.

우리가 이미 직면한 이유 때문에 바르트는 마태복음 16:19; 18:18; 요한복음 20:23은 교회에 주어진 대표적, 심지어 사역적 권한을 언급한다는 전통적 개혁 신학의 확언에 저항했다.[73] "교회가 사역을 소홀히 하거나 타락하지 않는 한, 교회에 맡겨진 천국 열쇠를 사용하여 천국을 인간에게 닫을 수 있는가?"[74]

바르트는 개신교 스콜라주의자들(루터교와 개혁파 모두)이 교회를 가시적 통치, 즉 신성한 사역(루터교에서는 목사)이나 신성한 장로 감독회/노회 및 교회 회의/총회(개혁파)라는 관점에서 말할 때 문제가 되는 방향으로 나아갔다고 생각한다.

> 어느 쪽이든 공동체는 두 개의 주체, 즉 작고 우월하며 적극적이고 직접적인 책임을 지는 주체와 크고 종속적이며 수동적이고 간접적인 책임만 지

---

[72] Barth, *CD* IV/1:76.
[73] Ibid., 861.
[74] Ibid.

는 주체로 나뉜다. 따라서 중세의 제도는 새로운 성직자와 평신도 안에서 부활한다.[75]

교회는 일반적으로 하나님의 백성보다는 그 직분자들과 동일시하게 된다.[76]

확실히 바르트는 교회에서 직분을 임명하는 것을 부정하지 않는다.[77] 그러나 이런 직분이 어떻게 **그리스도 자신이 행동하는 수단**이라고 보기는 어렵다.

바르트는 다음과 같이 판단한다.

> 칼빈이 『기독교 강요』(*Institutio*) 제4권 서두에서 말하는 교회에 대한 교리는 사실 교회의 직분이나 사역, 말씀과 성례의 집행은 배타적이고 특별한 계층이 행사해야 하며, 장로와 집사들과 함께 안수받은 장로와 집사로 대표되는 공동체는 부수적으로만 적극적 역할을 할 수 있다는 매우 귀족적인 교리이다.[78]

이 기준에 따르면 사도들이 말씀과 성례전의 사역에 위한 안수를 확실히 규정했기 때문에 사도들 자신이 어떻게 "귀족적" 관점에서 벗어날 수 있는지 알기 어려울 것이다. 예를 들어, 디모데에게 주어지는 다음과 같은 조언이 있다.

---

[75] Ibid., 765.
[76] Ibid., 766.
[77] Ibid.
[78] Barth, *CD* IV/3.1:33.

잘 다스리는 장로들은 배나 존경할 자로 알되 말씀과 가르침에 수고하는 이들에게는 더욱 그리할 것이니라(딤전 5:17, NKJV).

확실히 바르트는 교회 직분을 포기해야 한다고 주장하거나 디모데전서 3장의 자격이 책망할 것이 없고 "믿음의 비밀"을 배우고 굳게 지키며 "가르치기를 잘하며" 뿐만 아니라 "하나님의 교회를 돌보"는 성숙한 그리스도인을 묘사하는 데 엘리트주의적이라는 것을 암시하지 않는다.

또한, 회원들에 의해 선출되거나 지명된 장로와 집사의 대표성이 어떻게 국회나 의회의 대표를 선출하는 것보다 더 교회에서 귀족을 구성할 수 있겠는가?

시민들은 공직을 맡지 않기 때문에 비활동적이 되는가?

적어도 여기서 바르트는 많은 사람이 그러하듯이 사람으로서 교회가 해야 할 모든 일은 장소로서 교회에서 해야 한다고, 즉 "교회 일"(설교하고, 가르치고, 성례를 집행하고, 예배를 인도하고, 지역교회와 더 넓은 집회의 건강을 감독하는 일)이 다른 구성원들의 세속적 소명보다 더 명예로운 것이라고 가정하는 것 같다.

그러나 이것 자체가 성직주의(clericalism)의 한 형태가 아닌가?

우리는 에베소서 4장에서 목회자와 교사의 사역이 한 몸을 세우는 데 필요한 것으로 성도를 온전하게 하고, 각자의 소명 안에서 이웃을 사랑하고 섬기는 것임을 살펴보았다.

바르트는 투레틴(Turretin)과 다른 개신교 스콜라주의 학자들이 교회를 그리스도의 인격적 통치의 중개와 너무 밀접하게 동일시했다고 생각한다.[79] 그는 사역자가 증언을 제공한다는 의미에서 세상에 대한 "대사"라는 것을 인정하지만, 개혁파 신앙고백서와 실천의 공교회론은 사역자를 자기

---

[79] Ibid., 767.

폐쇄적인 "소속된 사람들을 위한 구원의 기관"의 직분자로 만든다고 결론 지었다.[80] 그것은 진정한 선교적 의도가 아닌 "거룩한 이기주의로 이끈다" 고 그는 말한다.[81]

이런 부적절한 개념은 바르트 시대와 장소의 교회 풍경을 지배했으며, 특히 기존 교회가 세속 정부의 피라미드적이고 관료적 형태를 반영하게 되었기 때문에 더욱 그렇다. 그러나 바르트의 비판은 단순히 이론의 왜곡이 아니라 이론 자체를 겨냥한 것이다. 바르트의 설명과는 달리 종교개혁의 교회들은 (그리스도만이 갖고 있는) **치리권**(magisterial authority)과 (교회에 위임된) **목회권**(ministerial authority), 모든 그리스도인의 **일반적** 직분(모든 신자의 제사장직)과 목사, 장로, 집사라는 **특수한** 직분을 신중하게 구분했다.

그러나 바르트에게는 이것이 충분한 자격이 아니라는 것이 분명해진다. 그는 다음과 같이 말한다.

> **교회기 전체를 대표하는 일부에서처럼**(parte pro toto) 우리가 이해해야 할 특정 개인이나 조직이 다른 것보다 뛰어나고 특히 유명하고 내부적으로 그리고 외부적으로 교회의 활동에서 그 정도로 대표성을 갖는다는 것을 독단적으로 공식화하는 것은 말할 것도 없고 결코 인정해서는 안 된다.[82]

표징과 열쇠, 즉 그리스도의 이름으로 행동하는 교회의 권위가 머리와 지체를 구별하지 못하는 율법주의적 방식으로 해석될 때 의심할 여지없이 교회는 선교적 추진력을 잃는다. 사역자들은 나머지 성도들이 제자이자 증인이 되지 않도록 하기 위해 우리가 돈을 지불하는 종교 전문가가 된다.

---

80 Ibid.
81 Ibid.
82 Ibid.

그러나 복음적으로 해석할 때 묶고 푸는 사명은 선교와 동의어이다. 그것은 모든 권세를 받으신 분으로부터 받은 권한이고, "내가 보낸 자를 영접하는 자는 나를 영접하는 것이요 나를 영접하는 자는 나를 보내신 이를 영접하는 것이니라"라는 것을 아는 권한이다(요 13:20).

이 사명은 공식적인 공적 집회에서는 직분자들에게 맡겨져 있지만, 더 넓게 적용하면 그리스도의 몸의 모든 지체를 포함한다. 말씀과 성찬의 사역은 모든 신자를 사역(말씀과 성찬)이 아니라 세상 속에서 그리스도인의 사역을 위해 준비시킨다.

5. 교회의 표징으로 정의되는 교회의 사명

다소 다르게 해석되지만 로마가톨릭과 정교회의 교회론은 올바른 사역(사도직 계승)이 올바른 메시지와 선교를 보장한다고 주장한다. 루터교와 개혁교회는 종종 자신들의 신앙고백 논리와 불일치하게 교리의 순수성과 (적어도 개혁교회 가운데) 교회 질서에 의존한다.

이런 식으로 표징은 세계 선교를 위한 명령으로서가 아니라 교회가 스스로를 정당화하려는 새로운 법이 된다. 최근 복음주의와 오순절 운동은 사역과 메시지를 보장하는 것으로서 선교를 강조해 왔다.

나는 교회의 가시성을 복음을 전파하고 성례를 집행하는 공적 표징에서 찾음으로써 이런 강조점이 더 완전하게 통합될 수 있다고 제안한다. 게다가 이것은 단지 또 다른 형태의 "거룩한 이기주의"와 영적 탈진으로 이어질 수 있는 명령이 직설을 이끄는 것 대신에 직설("하늘과 땅의 모든 권세를 내게 주셨으니"[마 28:18])이 명령(그러므로 "너희는 온 천하에 다니며"[막 16:15])을 이끌어 가도록 보장한다.

복음이 메시지를 결정할 뿐만 아니라 교회 사역과 선교를 정의하기도 한다. 다시 말해, 그리스도께서는 우리가 그분의 이름으로 말하는 것뿐만 아니라 우리가 무엇을 어떻게 할 것인지를 결정할 수 있는 유일한 권한을 가지고 계시므로 선교가 메시지와 일치하도록 한다. 메시지가 선교를 결정하지만 선교가 메시지를 전달한다. 우리는 교리적인 것과 선교적인 것 중 하나를 선택할 수 없다.

따라서 표징이 사명을 정의한다. 설교, 세례, 성만찬은 순종의 수단이 아니라 은혜의 수단, 즉 그리스도를 우리에게 전달해 주시는 하나님의 행위이다. 우리는 이런 수단을 통해 분명 명령을 받을 뿐만 아니라 보증을 받지만, 순종은 "하나님의 모든 자비하심으로"(롬 12:1 KJV) 우리가 드리는 "영적 예배"(합당한 예배)이다.

직설이 명령보다 우선한다. 기도, 봉사와 헌금을 드리는 것, 개인 및 가족 예배, 성경 읽기, 다른 신자들과의 교제, 다른 사람들과 복음을 나누는 것과 같은 이런 모든 것은 중요한 감사의 반응이지만 은혜의 수단은 아니다.

내가 이전 장에서 이미 언급했던 찰스 피니의 부흥 운동의 공통된 유산을 공유하는 미국 개신교인들은 은혜의 수혜자가 되는 데 어려움을 겪고 있다. 교회는 하나님이 주연을 맡는 은혜의 극장이 아니라 사회 공학자, 도덕 개혁가, 이벤트 기획자, 인생 코치와 같은 활동가들의 군대가 된다.

이런 방향성을 고려할 때, "은혜의 수단"이 개인과 사회의 변화, 교회 성장, 일상적 문제 해결의 실제 방법만큼 적절하지 않게 보이는 것은 놀라운 일이 아니다.

중세 교회는 성례를 일곱 가지로 확대했지만, 오늘날 개신교는 설교, 세례, 성만찬에 대한 대안으로 가득 차 있다. 피니가 "죄인을 회심시키기에 충분한 유인책"이라고도 불렀던 이런 "새로운 조치들"은 기본적으로 펠라기우스적 인류학의 실천적 함의에 불과했다.[83] 구속의 적용뿐만 아니라 성취가 처음부터 끝까지 하나님의 사역이라는 확신이 없었다면, 설교와 목욕, 그리고 놀라울 정도로 빈약한 양의 빵과 포도주로 간단한 식사를 하는 것이 주된 전파 방법인 종교를 고안해 낼 사람은 아무도 없었을 것이다.

피니는 칼빈주의와 관련된 복잡한 교리(원죄, 대리적 속죄, 칭의, 중생의 초자연적 성격을 포함하여)에 대해 "교회의 번영에 이보다 더 위험한 교리는 없으며, 이보다 더 터무니없는 교리는 없다"고 결론지었다.[84] 피니는 특별한 "부흥의 계절"을 위해 평범한 은혜의 수단을 기꺼이 제쳐 두었을 뿐만 아니라 "부흥은 기적이 아니다"라고 주장하기도 했다.

> 종교에는 자연의 평범한 힘을 넘어서는 것은 아무것도 없다. 부흥은 자연의 힘을 올바르게 행사하는 것에 놓여 있다. 부흥은 단지 부흥일 뿐이다. … 부흥은 수단을 적용함으로써 생기는 다른 어떤 효과와 마찬가지로 구성된 수단을 올바르게 사용하는 순전히 철학적인 결과이다.[85]

---

[83] 아이러니하게도 피니는 세례와 성만찬을 결코 허용하지 않겠다는 자신의 새로운 조치에 대해 사효적 견해(ex opere operato view, 성례 집전자[대리인]의 개인 성덕과는 관계없이 그리스도의 구원 행위인 성사 그 자체로서 은총이 전해진다는 것-역자 주)를 고수했다. 펠라기우스주의의 주장에 관해서는 피니의 *Systematic Theology* (Minneapolis: Bethany House Publishers, 1976)는 원죄를 명백히 부인하고 중생의 능력이 죄인 자신의 손에 있다고 주장하며, 도덕적 영향과 도덕적 통치 이론에 찬성하여 그리스도의 속죄의 대속적 개념을 거부하고 외적 의에 의한 칭의 교리를 "불가능하고 터무니없는" 것으로 간주한다. 로저 올슨(Roger Olson)은 아르미니우스주의를 옹호하면서 실제로 피니의 신학을 아르미니우스적 경계를 넘어선 것으로 보고 있다(*Arminian Theology* [Downers Grove, IL: InterVarsity Press, 2006], 27). 따라서 빌리그레이엄센터(일리노이주, 휘튼)에 있는 피니에 대한 헌사가 설명하는 것처럼 피니가 복음주의자들 사이에서 저명한 위치를 차지하고 있다는 사실은 더욱 놀랍다. 미국 종교계가 본회퍼를 "종교개혁이 없는 개신교"라고 비난한 것은 놀라운 일이 아니다.
[84] Charles G. Finney, *Lectures on] Revivals of Religion* (1835; revised, 1868; Old Tappan, NJ: Revell, n.d.), 4-5.
[85] Ibid.

가장 유용한 방법, "개종을 유도하기에 충분한 흥분"을 찾으라. 그러면 개종이 일어날 것이다. "하나님은 특별한 대책을 세우지 않으셨다"는 피니의 저서 『조직신학』(*Systematic Theology*)의 한 장의 소제목이다. "그리스도인들이 자주 다시 회심하지 않는 한 부흥은 쇠퇴하고 중단될 것"이라고 그는 경고했다.[86]

사역이 끝날 무렵, 자신의 부흥을 경험한 많은 사람의 상태를 고려하면서 피니는 더 큰 체험을 향한 끝없는 갈망이 영적 탈진으로 이어지지 않을까 걱정했다.[87] 그의 걱정은 정당한 것이었다.

피니의 부흥 운동이 특히 두드러졌던 지역은 현재 역사가들에 의해 환멸과 밀교 종파의 확산의 모태가 된 "불탄 지역"(burned-over district)으로 불린다.[88] 본회퍼가 선언한 것처럼 미국 종교가 "종교개혁 없는 개신교"에 의해 결정적으로 형성되었다면 피니는 그 가장 명확한 대변인이다.

마이클 파스칼로(Michael Pasquarello)는 심지어 수많은 현대 후계자를 인용하면서 피니의 접근 방식 자체는 "실천적 무신론"을 대표하는데 이런 무신론에 따르면 "우리 자신과 말을 말씀과 성령의 임재와 역사에 굴복시킬 필요 없이" 기독교 선교의 성공이 인간의 기술, 스타일, 계획, 카리스마에 의존한다고 까지 제안한다.[89]

위대한 명령은 단지 "가라"고 말했을 뿐이라고 피니는 말한다. "**어떤 형식도 규정하지 않았다.** 어떤…인정하지 않았다. 그리고 [제자들의] 목적은 **가장 효과적인 방법**으로 복음을 알려서… 가능한 한 많은 사람의 관

---

86 Ibid., 321.
87 Keith J. Hardman, *Charles Grandison Finney: Revivalist and Reformer* (Grand Rapids: Baker, 1990), 380–94.
88 예를 들어, Whitney R. Cross, *The Burned-Over District: The Social and Intellectual History of Enthusiastic Religion in Western New York, 1800–1850* (Ithaca, NY: Cornell University Press, 1982).
89 Michael Pasquarello III, *Christian Preaching: A Trinitarian Theology of Proclamation* (Grand Rapids: Baker Academic, 2007), 24.

심을 얻고 순종을 확보하기 위해 어떤 사람도 성경에서 이 일을 하는 어떤 **형태**도 찾을 수 없다."[90]

이런 모든 면에서 제2차 대각성 운동(the Second Great Awakening)은 주류 개신교와 복음주의 개신교 모두에서 오늘날까지 미국 개신교의 진로를 크게 결정한 지각 변동을 나타낸다.

교회가 통상적으로 공적 예배에서 어떤 일을 하든, 피니의 "장기 집회"는 미디어 이벤트였다. 그러나 오늘날 많은 교계에서 장기 집회는 일상적 사역을 대신하고 있다. 우리가 여전히 함께 모여 설교를 듣고, 기도와 찬양을 하고, 죄를 고백하고, 성만찬을 받지만, 진정한 은혜의 수단은 주로 개인적인 영적 훈련이나 잘 계획되고 홍보된 이벤트와 열광적 운동 등 다른 곳에 있는 것처럼 보인다.

구원을 단호한 미국인 개인의 손에 맡긴 상황에서 유일한 과제는 급진적이고 가시적이며 즉각적인 결과를 위한 적절한 영적, 도덕적, 정서적 기술을 찾는 것이었다. 출판, 라디오, 텔레비전, 음악, 정치 로비, 대규모 행사로 이루어진 거대한 제국에서 볼 수 있듯이 복음주의 운동은 하나님이 정하신 십자가의 메시지와 은혜의 수단과 미약하게나마 연결된 사명감에 의해 움직인다는 인상을 준다.

특히, 이런 맥락에서 우리는 교회의 메시지, 표징, 사명을 다시 통합해야 한다. 특히, 이런 맥락에서 우리는 교회의 메시지, 표적, 사명을 다시 통합할 필요가 있다.

자연 환경에 대한 현대적 접근 방식과 관련하여 웬델 베리(Wendell Berry)가 지적한 점은 교회 선교와 유사하다.

---

[90] Ibid.

우리는 불처럼 성장하는 것이 아니라 나무처럼 성장하는 법을 배워야 한다.[91]

부와 권력을 가진 우리의 현재 '지도자들'은 어떤 자리를 진지하게 받아들이는 것, 즉 그 자리가 그 자체로 사랑과 연구, 세심한 노력을 기울일 가치가 있다고 생각하는 것이 무엇을 의미하는지 모른다. 그들은 현대 세계의 권력과 부의 조건에 따라 어느 순간이든 어떤 곳이든 파괴할 준비가 되어 있어야 하기 때문에 어떤 곳이든 진지하게 받아들일 수 없다.[92]

마찬가지로 우리는 교회가 세상을 구원할 수 있다고 생각하는 어떤 이념이나 영적 기술이 아니라 은혜의 언약에 의해 정의된 '실제 장소'라는 사실을 너무 쉽게 잊어버리는 것 같다.

미국 개신교는 교회를 실제로 디자이너 영성 쇼핑몰에서 노숙자나 불안한 떠돌이가 되게 할 정도로 빈번하게 장소에 반대하는 사람들로 식별해 왔다. 지난 30년 동안 가장 잘 알려진 '선교적' 노력에서 교회는 우리를 위한 하나님의 사역이 아니라 하나님을 위한 우리의 사역, 심지어는 서로를 위한 우리의 사역에 초점을 맞추었다.

전통적 교회론이 장소로서의 교회에 중점을 두면서 사람으로서의 교회 개념을 소외시킬 수 있다면, 운동 중심의 접근 방식은 정반대의 실수를 범할 위험이 있다. 이머징 교회 운동의 사려 깊은 대표자인 댄 킴볼(Dan Kimball)은 "실제로 '교회에 가는 것'은 불가능하다"고 말한다.

교회는 건물과 동일시되어서는 안 될 뿐만 아니라(유익한 점), "또한 교회는 모임도 아니다"(그다지 유익하지 않은 점). 오히려 "교회는 사명감을 가

---

[91] Wendell Berry, *Sex, Economy, Freedom and Community* (New York: Pantheon Books, 1993), 13.
[92] Ibid., 22.

지고 함께 모이는 하나님의 백성이다(행 14:27). 우리가 교회이기 때문에 교회에 갈 수 없다."[93] 이런 것에서 킴볼은 전도(선교)와 교회의 표징(은혜의 수단) 사이의 익숙한 대비를 이끌어 낸다.

> 대럴 구더(Darrel Guder)가 편집한 훌륭한 책 『선교하는 교회』(*The Missional Church*)는 종교개혁 이후 교회가 의도하지 않게 자신을 재정의했다는 주장을 펼쳤다. 종교개혁자들은 성경의 권위를 높이고 건전한 교리를 확보하기 위해 노력하면서 복음이 올바르게 전파되고 성례가 올바르게 집행되며 교회 권징이 행사되는 곳, 즉 참된 교회의 표징을 정의했다. 그러나 시간이 지남에 따라 이런 표징은 교회 자체를 실체인 '사람' 대신에 '실체 인 장소'로 정의하는 것으로 좁혀졌다. 교회라는 단어는 설교와 성찬식과 같은 '특정한 일이 일어나는 장소'로 정의되었다.[94]

킴볼은 **예배**와 **모임**을 반복해서 대조했다. 그가 (현재 '전통적' 예배로 간주되는) 대형 교회와 연관 짓는 이전의 강조점은 소비주의적이다. 즉, 내가 거기서 무엇을 얻을 수 있는지에 대한 것이다. 우리는 젊은 기독교인들이 '예배'에 대한 자기 도취적(narcissitic) 개념에 반발하고, 자신의 경험에 익숙한 구도자 중심(seeker-driven)의 접근 방식에 회의적인 이유를 이해할 수 있다.

그러나 예배의 의미가 완전히 다른 의미라면 어떨까?

신약성경에서 이런 행사에 사용된 단어 중 하나는 전례(liturgy)라는 단어에서 유래한 '레이투르게이아'(*leitourgeia*)이다. 이 단어는 '봉사하다'(minister)라는 의미에서 섬김(service, 예배)을 뜻한다. 이는 현대 비즈니

---

[93] Dan Kimball, *The Emerging Church: Vintage Christianity for New Generations* (Grand Rapids: Zondervan, 2003), 91.
[94] Ibid., 93.

스의 기술적 의미에서 서비스 제공자로서의 교회와는 상당히 다른 개념이다.

요컨대, **예배**가 있기 전까지는 **모임**이 없다. 듣고 받기 전까지는 교회가 가고 주는 것도 없고, 칭의 없이는 성화도 없으며, 그리스도를 믿는 믿음 없이는 그리스도를 따르는 것도 없다.

그러나 섬기는 분은 **하나님**이시다. 하나님은 (설교되고, 읽히고, 찬송하고, 기도된) 말씀과 성례전으로 우리에게 오셔서 죄책감과 위로를 주시고, 죽이고 살리시고, 심판하고 의롭게 하시고, 칭의뿐 아니라 성화, 믿음뿐 아니라 소망과 사랑이라는 그리스도의 완성된 사역의 효과를 가져다주신다.

모임, 즉 에클레시아(*ekklēsia*)가 있는 이유는 복음이라고 불리는 설교와 성찬을 통한 하나님의 사역이 있기 때문이다. 복음은 우리가 우리의 일을 할 수 있기 전에 복음의 사역을 한다. 오늘날 전통적 예배와 현대 예배 형식 모두에서 강조점은 하나님의 활동보다는 우리의 활동에 있는 것 같다. 그러나 이것은 기독교인이나 참석할 수 있는 다른 사람들에게 진정으로 복음적인 예배가 되지 못한다.

말씀과 성찬을 통해 하나님이 하시는 일, 즉 언약의 드라마를 상연하시는 하나님을 깨닫는다면 공적 사역은 죽은 의식이 아니라 살아 있는 사건이 될 것이다. 피니에서 현대 교회 성장 운동에 이르는 부흥 운동이 실용적인 기술에서 "새로운 방법"을 찾았다면, 보다 초월적인 지향을 갈망하는 새로운 세대는 보다 신비로운 관행에서 새로운 은혜의 수단을 찾는다. 예를 들어, 브라이언 맥라렌(Brian McLaren)은 다음과 같이 기록한다.

> 내가 가톨릭의 성례적 본질에 대해 좋아하는 것은 바로 이것이다. 몇 가지가 신성한 것을 담을 수 있다는 것을 배움으로써 우리는 다운증후군 아이의 친절한 미소, 강아지의 통통 튀는 환희, 무용수의 우아한 등 아치, 훌륭한 영화의 카메라 작업, 좋은 커피, 좋은 와인, 좋은 친구, 좋은 대화와 같

은 모든 것(모든 좋은 것, 모든 창조된 것)이 궁극적으로 성스러운 것을 담고 있다는 사실에 열린 마음을 갖게 된다. 세 가지 성례 또는 일곱 가지 성례로 시작하면 곧 모든 것이 잠재적으로 성례가 되고 내가 믿기에 그렇게 될 것이다.[95]

그러나 이것은 일반 계시와 특별 계시를 혼동하는 것이다. "하늘이 하나님의 영광을 선포하고"(시 19:1) 있다. 그러나 말씀과 세례, 성찬을 통해 전해지는 복음만이 그리스도의 십자가와 부활에 담긴 하나님의 자비를 말할 수 있다. 창조 안에 있는 하나님의 좋은 선물은 그것을 주신 분께 감사하는 마음으로 우리의 눈을 뜨게 하지만, 하나님의 **좋은 소식**(즉, 복음)은 미소, 우아한 춤, 좋은 포도주 속에 잠재적으로 존재하는 것이 아니다.

볼프하르트 판넨베르크(Wolfhart Pannenberg)는 오늘날 독일 개신교인들 사이에서도 비슷한 경향을 발견했다. 대체로 그들이 자라온 교회가 세례와 전례의 의미에 대해 성찰하지 않기 때문에 많은 사람이 복음주의 전통 밖, 즉 기독교 밖에서 자료를 찾고 있다. 판넨베르크의 조언은 절충주의적 영성뿐만 아니라 내용 없는 형식적 전통주의(form-without-content)를 다룬다.

> 기독교인들은 동양 신비주의의 화려함을 보면서 부끄러워하거나 공허함을 느낄 필요가 없 다. 우리는 우리 전통의 잊힌 영적 보물을 회복하기만 하면 된다.
> 세례 받은 그리스도인이라면 누구나 접근할 수 있고 실제로 그리스도인 기도의 경험 속에서 실현되는 삼위일체의 내적 삶에 참여하는 것을 능가하는 종교적 신비주의는 어디에 있는가?

---

95   Brian McLaren, *A Generous Orthodoxy* (Grand Rapids: Zondervan 2004), 225-26.

우리는 특히 교회의 성례전 안에서 우리에게 부여된 영적 보물을 다시 한 번 인식하기만 하면 된다. 우리는 전례와 성례전을 마치 이것들이 단지 고대의 의식인 것처럼 피상적으로 집행하고 참석하는 방식을 극복해야 한다. 전례와 성례전을 이해하지 못하면 이것들을 기념하는 것은 금방 지루해진다. 그러나 전례와 성례전은 그 자체로 신적 생명을 지니고 있다. 그것은 단지 재발견되기를 기다릴 뿐이다.[96]

판넨베르크는 다음과 같이 덧붙인다.

루터에 따르면 믿음은 우리를 우리 자신 밖에 두는 하나님에 대한 신뢰이다. 그것은 특히 기독교적 신비 체험의 형태이며, 그리스도인의 삶의 모든 측면에 퍼져 있다.[97]

세례는 그리스도의 가시적 몸으로 들어가는 **입문**일 뿐만 아니라 그리스도인이 매일 회개와 믿음으로 **돌아가는** 결정적 사건이다. 설교는 교리적이고 도덕적인 가르침일 뿐만 아니라(물론 이것도 포함하지만), 성령께서 그리스도인들과 교회를 그리스도와의 연합 안에서 창조하고 지탱하는 하나님의 살아 있고 생동하는 음성이기도 하다.

성만찬은 우리 자신의 교회적 실체에 대한 우리의 재확인일 뿐만 아니라, 그런 실체를 끊임없이 생성하고 형성하며 정의하는 하나님의 언약 맹세에 대한 하나님의 재확인이기도 하다.

종교개혁자들이 선포한 교회의 표징 관점에서 볼 때, 보수 복음주의나 포스트 보수 복음주의 모두 하나님이 곤경과 해결책을 모두 파악하실 뿐

---

[96] Wolfhart Pannenberg, "Baptism as Remembered 'Ecstatic' Identity," *in Christ: The Sacramental World*, ed. David Brown and Ann Loades (London: SPCK, 1996), 88.
[97] Ibid., 86.

만 아니라 상처를 주시고 치유하시는 전례자(liturgist), 섬기는 분, 복음 전파자라는 점을 충분히 인식하지 못했다. 교회의 외형적 형태, 즉 가시성을 순전히 인간의 기원, 목표, 방법, 목적의 문제로 삼는 순간 은혜의 자리는 신기루처럼 사라진다.

그렇다면 백성들은 '변화된 삶'을 통해 말씀과 성찬이라는 은혜의 수단이 된다. 이런 관점에서 교회의 가시성은 하나님이 그분의 백성에게, 그리고 그들을 통해 즉 그들의 소명을 통해 세상에서 행하시는 섬김보다는 지역교회 내에서 성도들이 수행하는 섬김에 있다.

따라서 우리는 설교와 성례전, 권징을 통해 이미 모인 양들을 돌보는 것(표징)과 아직 듣고 믿지 않는 잃어버린 양들에게 다가가는 것(선교) 사이에서의 잘못된 선택에 저항해야 한다. 적절한 균형은 다음과 같은 베드로의 오순절 설교에서 찾을 수 있다.

> 이 약속은 너희와 너희 자녀와 모든 먼 데 사람 곧 주 우리 하나님이 얼마든지 부르시는 자들에게 하신 것이라 (행 2:39).

베드로는 언약의 구성원(신자와 그 자녀)에게 복음을 전하는 사역과 세상을 향한 선교 사역을 대조하지 않는다. 대신 사도적 가르침, 성만찬, 교제, 기도를 통해 교회가 확장됨에 따라 범위가 점점 더 넓어지고 있다(40-47절). 신앙고백적 개신교는 일반적으로 사도들의 가르침에, 독립 복음주의와 오순절주의는 교제와 전도에, 보다 전례적인 교회는 "떡을 떼고 기도하는 것"에 초점을 맞추지만, 보다 자유로운 교회는 물질적 필요를 돌보는 데 집중한다.

그러나 진정으로 사도적이며 따라서 선교적인 교회는 이 모든 관심사를 통합하려고 노력할 것이다. 이런 과정에서 우리 교회는 더욱 사도적(선교를 지향하는 표징)일 뿐만 아니라 더욱 보편적이 될 것이다.

말씀은 교회에 있는 사람(가까운 사람)과 교회에 없는 사람(먼 사람) 모두에게 확신과 회심을 가져다준다. 교회는 제자를 만드는 곳일 뿐만 아니라, 한 번만 제자가 되는 것이 아니라 그리스도인의 삶 전체에 걸쳐 제자가 되는 곳이기도 하다.

> 그는 우리의 하나님이시요 우리는 그가 기르시는 백성이며 그의 손이 돌보시는 양이기 때문이라(시 95:7).

하나님은 중심이시며 교회는 그분의 백성인 동시에 그분의 목초지이다. 설교하고 가르치고 증거하기 위해 매주 모이는 성도들의 질서 있는 예배는 선교이다(고전 14:23-25). 그리스도께 편입되는 것은 동시에 그분의 가시적 몸에 편입되는 것이므로, 복음 전도를 세례 및 교회 회원권에서 분리하는 선교를 강조하는 것은 교회론적으로 결함이 있을 뿐만 아니라 구원론적으로도 결함이 있다.

사도행전 전체에서 우리는 교회의 선교를 위해 사용되었던 동일한 은혜의 수단(교회의 표징)이 교회의 영향력을 유지하고 심화시키는 수단이었음을 알 수 있다. 다시 말해, 교인들을 제대로 돌보는 교회는 그리스도의 몸에 아직 편입되지 않은 다른 사람들에 대한 관심도 동시에 드러낼 것이다.

교회가 사명에 충실한 것을 매우 엇갈리게 기록했음에도 불구하고 (세례, 교리 교육, 설교, 성만찬, 기도, 찬송, 돌봄과 위로, 교제 안에서 훈계와 격려, 마지막으로 부활의 소망으로 죽은 자를 장사하는) 교회의 평범한 사역은 순전히 경험적 근거에 기초해 고려될 때도 가장 효과적인 결과를 낳았다.

복음의 신비에 깊이 뿌리내린 사람들은 더 자신감을 가질 뿐만 아니라 일상 삶에서 희망을 나누기 위해 더 열심일 것이다. 또한, 그들은 다른 사람들을 더 열심히 권면하여 낯선 사람들이 화해하는 공적 은총의 수단에 참여하게 할 것이다.

말씀을 듣는 것뿐만 아니라 말씀을 행하는 것, 섬기는 것뿐만 아니라 섬김을 받는 것에도 마땅한 자리가 있다. 그러나 우리가 무엇을 믿고 왜 믿는지 알고 복음이 지시하는 것 위에 풍성하게 공급받을 때 하나님을 향한 믿음과 이웃을 향한 사랑으로 충만해진다.

진리의 허리띠, 의의 호심경, 믿음의 방패, "성령의 검 곧 하나님의 말씀"을 제대로 갖춘 사람은 "평안의 복음이 준비한"(엡 6:13-17) "발에 신"을 신은 자신을 발견하게 될 것이다. 교회가 그리스도의 이름으로 모인 사람들을 위해 사명을 받은 일을 하는 것이야말로 교회가 진정한 대화와 회심을 위한 무대를 실제로 마련하는 것이다.

이것은 진정한 선교적 교회는 설교와 가르침뿐만 아니라 정기적으로 성만찬을 거행할 때에도 거룩하고 은혜로우신 하나님과의 혼란스러운 만남을 불러일으켜야 한다는 것을 의미한다.

왜 성만찬을 그렇게 드물게, 그것도 많은 경우 방문객들이 참석할 가능성이 적은(따라서 불쾌감, 당혹감, 죄책감 또는 흥미를 유발할 수 있는 가능성이 적은) 저녁 예배에 거행해야 할까?

칼빈과 다른 종교개혁자들은 성만찬이 설교와 함께 중심 자리를 차지해야 한다고 주장했지만, 많은 개혁교회와 장로교회의 정기 모임에서 성찬이 이상하게도 사라진 것은 성도들을 빈곤하게 할 뿐만 아니라 선교적 식단도 약화시킨다. 설교와 세례와 함께 성찬은 교회를 처음 생성할 뿐만 아니라, 그리스도의 임재와 육신의 부재에 초점을 맞추고 그분의 재림에 대한 우리의 갈망을 불러일으키는 역할을 한다.

수십 년 전 스코틀랜드의 윌리엄 캔트(H. H. William M. Cant) 목사는 다음과 같이 말한다.

> 물론 우리 주님이 말씀하시는 것은 단순히 다음 주에 대한 명령이 아니지만, 예배에는 이런 내용이 포함될 것이다. … 그러나 명령(imperative)이 있

기 전에 … 반드시 직설(indicative)이 있어야 한다. 부활하신 그분은 우리를 위해 무엇을 하셨는지 말씀하신다.⁹⁸

이런 용서와 화해는 평생 신자에게도 주어지는데, 예배의 어느 곳에서 주어지는가?

우선, 설교에서 주어진다. 오늘날 많은 목회자가 더 "대화적인" 방법과 같은 복음을 전하는 더 의미 있는 방법이 존재한다고 제안하고 있다.

그러나 이것은 부활하신 주님께 듣는 것인가, 아니면 설교자와 서로에게 듣는 것인가?⁹⁹

우리가 그리스도께서 죽은 자와 약하고 연약한 자를 살리실 것을 기대하며 교회에 오는가?¹⁰⁰

그렇다면 예배자들은 개인을 위한 복음의 메시지뿐만 아니라 하나의 거룩하고 부편적이고 사도적인 교회의 다시 회원이 되었다는 강한 의식을 가지고, 그들은 주기도문 안에서 행복하게 연합하는 교제 안에서 하늘과 땅에 있는 온 교회의 기쁘게 믿고 헌신하는 무리에 다시 한번 합류한다는 새로운 인식을 가지고, 이 예배에서 떠나야 하는 것은 확실히 옳다. 부활하신 주님의 임재를 통해 말씀의 섬김 안에서 삶의 변화가 현실이 된다면, 말씀과 성찬의 섬김에서는 얼마나 더 그러하겠는가.¹⁰¹

그리스도의 죽음을 기억하는 것은 성찬의 핵심적 부분이다. "우리는 과거에 그리스도께서 우리를 위해 행하신 일을 기억하고, 우리의 죄를 위해

---

98 William M. Cant, "The Most Urgent Call to the Kirk: The Celebration of Christ in the Liturgy of Word and Sacrament," *Scottish Journal of Theology* 40 (1987): 110.
99 Ibid., 113.
100 Ibid., 114.
101 Ibid., 115.

죽으신 그분의 사랑의 경이로움을 되새기며, 인간적 발전을 위해 노력하는 이 기념의 길을 따라 펠라기우스주의자가 되는 것은 매우 쉽다고 말해야 한다. 우리는 죽고 다시 살아나는 응답을 할 수 있는 능력이 성령을 통해 승천하신 그리스도에게서 나온다는 사실을 매우 쉽게 잊는다."[102]

누가 그리스도의 신비로운 몸의 지체가 될 때까지 그리스도를 따를 수 있을까?[103]

"이런 부활의 신비는 두 가지 측면이 있다"라고 캔트(Cant)는 우리에게 상기시킨다.

> 하강과 상승의 움직임, 즉 카타바시스(*katabasis*, 아래로 내려가기)와 아나바시스(*anabasis*, 위로 올라가기).… 우리가 성찬에 참여할 때, 우리는 그리스도의 영광스러운 인성에 참여하고 하늘의 생명에 참여하는 것으로 들어 올려진다.[104]

세례와 성찬과 함께 선포되고, 가르치고, 노래하고, 기도하는 말씀은 우리를 선교를 위해 준비시킬 뿐만 아니라, 그 자체가 선교적 사건이기도 하다. 왜냐하면, 방문객들은 그 말씀이 전하는 복음과 그 말씀이 만드는 친교를 보고 들을 수 있기 때문이다. 표징이 선교를 정의하고 선교가 표징을 정당화하는 범위까지, 교회는 사도적 정체성을 실현한다.

---

[102] Ibid., 117.
[103] Ibid., 119.
[104] Ibid., 120-21.

제3부

목적지:
시온으로 가는 왕의 행렬

제9장 거룩한 땅, 거룩한 전쟁: 장소 준비하기
제10장 완성: 우리가 받는 왕국의 성찬 전례

제9장

거룩한 땅, 거룩한 전쟁:
장소 준비하기

1095년 11월의 추운 어느 날, 교황 우르반 2세(Pope Urban II)는 내부 전쟁에 시달리던 그리스도교를 깨워 이슬람과의 성전이라는 대의에 동참하도록 독려했다. 그는 "피가 필요하다면 이교도들의 피로 목욕하라"라고 촉구했다.[1]

승천하신 주님을 대신하여 교회는 한 문명을 교회적 몸에 동화시켰다. 교부 유세비우스는 콘스탄티누스에 대해 다음과 같이 말했다.

> 하나님의 은총을 받으신 우리 황제는 마치 신적 주권을 사본으로 받으신 것처럼 하나님 자신을 본받아 이 세상일을 다스리신다.
>
> 따라서 황제는 하나님의 위임을 받아 "전쟁을 통해 진리의 공개적인 적들을 정복하고 징계한다."[2]

---

[1] Robert Payne, *The Dream and the Tomb: A History of the Crusades* (New York: Stein & Day, 1985), 34.
[2] Douglas Farrow, *Ascension and Ecclesia* (Edinburgh: T&T Clark, 1999), 115, from Eusebius, *Oration of the Emperor Constantine* 1.6–2.5.

그리스도교 국가의 현세적이고 가시적인 수장이 교황인지 황제인지에 대한 활발한 논쟁이 종종 있었지만, 유럽을 옛 이스라엘로 비유한 것이 이런 중세적 상상력에 영향을 미쳤다. 군주들은 스스로 되살아난 다윗왕이 되어 그들의 거룩한 기사들과 함께 가나안 족속을 몰아낸다는 환상을 가졌다.

자유민주주의의 논리에 의해 세속화되었지만, 문명과 가치를 확장하라는 신성한 사명을 받은 기독교 국가의 명백한 운명에 대한 거대담론으로서 이스라엘의 국가 언약을 도용하는 행위는 줄어들지 않고 있다.

이스라엘의 출애굽-정복 모티브는 콘스탄티누스부터 조지 W. 부시까지, 보수적인 로마가톨릭과 개신교, 해방신학자들에 이르기까지 정치적 연설에 영감을 주면서 이런 불법적 기원(하나님의 이름을 헛되이 들먹이는 것)은 식민주의와 반식민 혁명을 정당화하는 데 유용한 것으로 입증되었다.

그리스도 왕국을 옛 언약의 신정 왕국과 혼동하고, 세속 왕국이 스스로 신의 은총을 받기로 선택한 것과 혼동하는 것은 십자군진쟁에서 원주민 학살, 남아프리카의 아파르트헤이트(남아프리카공화국의 인종차별 정책), 세르비아의 대량 학살에 이르기까지 그리스도의 이름으로 행해지는 가장 잔혹한 공연의 각본을 제공했다.

매번 출연진이 아무리 달라지더라도 여호수아나 다윗과 가나안 사람들의 역할은 예측할 수 있다. 오늘날 미국에서는 좌우의 종교 로비 단체들이 그리스도의 대의를 특정 정치 이념 및 의제와 연계시키며, 자체 교리, 사역, 선교보다 미국의 국내외 정책에 관한 하나님의 뜻을 더 확신하고 있는 것처럼 보인다.

세속주의와 이슬람의 도전에 초점을 맞춘 복음주의자들과 로마가톨릭 신자들은 점점 더 "유대-기독교" 문화를 살리는 데 힘을 모으고 있다.[3]

---

[3] 로마가톨릭 신자인 릭 샌토럼(Rick Santorum) 전 미국 상원의원(공화당)은 타임지에서

2006년 타임지 기사에서 교황 베네딕트와 이슬람의 관계에 대해 보수적인 가톨릭 학자 마이클 노박(Michael Novak)은 교황에 대해 "그의 역할은 서구 문명을 대표하는 것"이라고 설명했다.[4]

적어도 미국에서는 서구와 이슬람 간의 '문명의 충돌'은 말할 것도 없고, 문화 전쟁이 그리스도의 몸의 패러디에 대한 향수를 불러일으키고 있다. 오늘날 미국의 수백만 보수적 개신교 신자에게 성경의 예언은 1세기에 중동에서 일어난 사건보다 오늘날 중동에서 벌어지고 있는 사건과 더 밀접하게 연관되어 있다.

"무슬림이 무슬림에게"라는 글을 쓴 빈센트 J. 코넬(Vincent J. Cornell)은 다음과 같이 관찰했다.

> 양쪽의 극단주의자들은 성지에 대한 미국의 도덕적, 종말론적 집착을 먹고 산다. 양쪽 모두 십자군전쟁의 기억을 악용하고 있다.[5]

그는 또한 "이슬람"은 그 자체로 "평화"가 아니라 "복종"을 의미한다고 지적한다.[6]

성지는 필연적으로 성전을 불러일으킨다. 이번 장의 첫 번째 부분에서는 성지에 대한 문제를 다루고, 두 번째 부분에서는 성전을 다룬다.

가장 영향력 있는 복음주의자 중 한 명으로 선정되었으며, 보수 정치 작가이자 사제인 리처드 존 노이하우스(Fr. Richard John Neuhaus)가 주도한 "복음주의자와 가톨릭 신자가 함께"라는 계획이 있다.

4 David Van Biema and Jeff Israely, "The Passion of the Pope," *Time*, November 27, 2006, 46.
5 Vincent J. Cornell, "A Muslim to Muslims," in *Dissent from the Homeland: Essays after September 11*, ed. Stanley Hauerwas and Frank Lentricchia (Durham, NC: Duke University Press, 2003), 85.
6 Ibid., 86.

1. 성전(TEMPLE): 하늘에서 이룬 것같이 땅에서도

하나님은 원래의 땅을 거룩하게 하는 대신, 유목민처럼 사막을 가로질러 자신의 영토를 상속받기 위해 끊임없이 자기 백성을 땅 밖으로 불러내셨다. 그러나 이 땅조차도 하나님의 궁극적 거처는 아니었다. 성전 모티브도 언약의 줄거리를 따르고 있다. 그러나 다른 장소와 마찬가지로 어떤 유형의 언약신학을 지지하느냐가 모든 차이를 만든다.

1) 시내산(성막)에서 시온(성전)까지

이스라엘이 시내산에서 시온으로 행진하는 이야기에서 지배적인 것은 하나님이 특정 장소에서 자신을 드러내신다는 개념이지, 그곳에 **거하신다는** 개념이 아니다. 야웨는 봉신 국가의 중재자를 만나기 위해 시내산으로 내려오시지만 단지 그들로 하여금 모든 것을 챙기고 목표를 향해 계속 나아가게 하신다.[7]

아이크로트(Eichrodt)는 언약적 성격을 강조하면서 "만남의 장막"은 "만남의 장소"이지만 가나안 종교의 잠식적 영향은 이스라엘로 하여금 우상숭배적 "산당"을 세우도록 유혹했다고 지적한다.[8] 심지어 야웨가 나타나시는 곳에서도 그분은 자신의 영광(*kābôd*)에 숨겨져 있으며, "이는 계시의 구체적인 역사적 사실 자체가 어떤 성소의 독립성을 선언하는 날, 즉 '성전보다 더 큰 이가 여기 있느니라'라고 스스로 말할 수 있는 사람에게서 성취될 때까지 그렇게 계속될 것이었다."[9]

---

[7] Walther Eichrodt, *Theology of the Old Testament*, trans. J. A. Baker (Philadelphia: Westminster Press, 1961), 1:103.
[8] Ibid., 104.
[9] Ibid., 107. "성전보다 더 큰 이가 여기 있느니라"(마 12:6).

우주 산의 개념은 이스라엘 세계관에만 있는 고유한 개념은 아니다. 이 모티브는 모든 대륙의 문화에서 찾을 수 있다.[10] 창세기 28장에서 야곱이 환상을 받았을 때 야곱의 정신적 지평을 점령했던 가나안의 산당과 메소포타미아의 지구라트(ziggurat)는 화염검을 들고 입구를 지키고 있는 그룹에도 불구하고 낙원으로 돌아가 종교와 문화를 융합하고 자신감을 가지고 천국을 차지하려는 인간의 시도의 중요성을 증명한다.

에덴동산과 "하나님의 거룩한 산"은 에스겔 28:11-19에서 지혜와 아름다움, 완전함을 누렸던 두로 왕의 타락을 묘사하면서 아담에 대한 암시와 함께 상호 연관되어 있다.[11] 따라서 아담적 왕(형상 담지자)과 성전(형상 담지자)은 이미 영광스러운 아름다움이라는 개념으로 연결되어 있다.[12]

시편 36:8-10에서도 성전산과 에덴을 동일시한다.[13] "요컨대, 성전은 창조와 밀접한 관련이 있다"라고 존 레벤슨(Jon D. Levenson)은 말한다.

> 어떤 의미에서 성전은 죽음에 의해 제한되지 않는, 영생, 영원한 생명, **태초의 삶**(in illo tempere), 성스러운 시간, 항상 새롭고, 항상 막 창조된, 본래의 삶으로 가는 관문이다.[14]

레벤슨은 성경의 이미지를 강화한 성현들의 말을 인용한다.

---

[10] Mircea Eliade, *Patterns in Comparative Religion* (Cleveland and New York: Meridian, 1958), 367-87; cf. Richard J. Clifford, *The Cosmic Mountain in Canaan and the Old Testament*, Harvard Semitic Monographs 4 (Cambridge, MA: Harvard University Press, 1972).
[11] Ibid., 128-29.
[12] 하나님의 형상(*imago Dei*)의 일부로서 아름다움의 중성에 관해 참고하려면 다음의 책을 보라. Michael S. Horton, *Lord and Servant: A Covenant Christology* (Louisville, KY: Westminster John Knox Press, 2005), 107-12.
[13] John D. Levenson, *Sinai and Zion: An Entry into the Jewish Bible* (San Francisco: HarperSanFrancisco, 1985), 131.
[14] Ibid., 133.

[하늘과 땅]은 모두 시온에서 창조되었다.[15]

따라서 시온은 시내산이 하지 못했던 우주적이고 보편적인 역할을 맡게 된다. 이사야 51:16과 스가랴 2:10-11에서처럼 "예루살렘과 이스라엘 땅뿐만 아니라 이스라엘 백성까지도 시온으로 지정될 수 있다."[16]

레벤슨이 관찰하는 것처럼 시온산은 다양한 시험의 장소로 식별되는 모리아산이기도 하다. 이 산에서 아브라함이 이삭을 결박하고 천사와 만났으며(창 22 2-14), 다윗이 야웨의 천사를 만났다(대하 3:1; 참조 삼하 24).[17] 이런 사건들은 실제로 "시온/모리아산에 성전이 세워지는 것을 승인하는 역할을 한다."[18]

그리스도인들은 또한 예수님의 생애 사건에서 이 장소의 중요성을 상기하며 아브라함과 다윗과의 연관성 외에도 주님의 천사의 환상은 이 장소가 실제로 희생되신 더 위대한 이삭이자 영원한 왕좌를 상속받은 다윗의 아들 그리스도에 대한 중요한 예표임을 지적할 것이다.

2) 성전 모형론

창조 세계, 특히 하나님 나라의 전초기지인 에덴을 연상시키는 성전은 축소판 우주이다. 유대교와 기독교 해석가들은 일반적으로 에덴 성막/성전 모형론에 동의한다.[19] 제단조차도 자연적인 흙으로 만들어야 했다(잘라 낸 돌이 아닌, 출 20:24-25). 빌(G. K. Beale)도 비슷한 결론을 내렸으며, 신약

---

[15] Ibid., b. *Yoma* 54b에서.
[16] Levenson, *Sinai and Jerusalem*, 137.
[17] Ibid., 94.
[18] Ibid., 95.
[19] Ibid., 139.

성경(특히 계 21:1-22:5)이, 예를 들어, 우리가 열왕기상 6:20-22; 7:8-10; 에스겔 40-48장에서 발견하는 성전에 대한 구체적 묘사를 통합하는 방식을 지적했다.[20]

첫째, 성전의 바깥뜰은 "인간이 살았던 거주 가능한 세계를 나타냈으며", 큰 세면대와 제단은 각각 "하나님의 산"(문자 그대로, 겔 43:16)뿐만 아니라 "바다"(왕상 7:23-26)와 "땅의 품"(문자 그대로, 겔 43:14)으로 식별되었다.[21]

둘째, "눈에 보이는 하늘과 광원을 상징하는" 성소가 있었다.[22] 육안으로 관찰할 수 있는 천체를 상징하는 등잔대의 일곱 빛은 우주적 이미지를 더하는데, 요한계시록은 언약적 증거의 두 경우를 대표하는 일곱 교회와 일곱 하늘 천사를 상징하는 것으로 포착하고 있다.[23] 거룩한 시간(안식일)과 거룩한 공간(성전)은 언약 백성에게 좌표를 제공하여 신정 체제를 원창조 언약과 연결한다.

셋째, 지성소가 존재했는데, 지성소는 "하나님과 그분의 하늘의 무리가 거하는 우주의 보이지 않는 차원을 상징했다."[24] 심지어 제사장의 옷도 같은 색의 천으로 만들어졌다. 또한, "지성소의 작은 모형인 제사장의 흉배에 있는 보석은 지상 또는 천상의 우주를 상징하며, 동일한 보석이 요한계시록 21장의 새 성전의 일부분이다."[25]

---

20 G. K. Beale, *The Temple and the Church's Mission: A Biblical Theology of the Dwelling Place of God* (Downers Grover, IL: InterVarsity Press, 2004).
21 Ibid.
22 Ibid., 32-33. E. Bloch-Smith, "'Who Is the King of Glory?' Solomon's Temple and Its Symbolism,' in *Scripture and Other Artifacts*, ed. M. D. Coogan, J. C. Exum, and L. E. Stager (Louisville, KY: Westminster John Knox Press, 1994), 183-94.
23 Ibid., 34-35.
24 Beale, *The Temple and the Church's Mission*, 35.
25 Ibid., 39.

『주님과 종』(*Lord and Servant*) 제4장에서 나는 이스라엘 하나님의 형상(*Imago Dei*) 개념을 뒷받침하는 언약적 인간론을 살펴보았다. 이런 연관성은 장소뿐만 아니라 한 민족의 정체성을 드러내는 성전 이미지에서 더욱 분명해진다. 유대교와 기독교 해석은 창조에 관한 기록과 성전 건축에 관한 기록 사이의 유사성을 자주 인정해 왔다(창 1:31; 2:1; 2:2; 2:3; 출 39:43; 39:32; 40:33; 39:43).[26]

야웨는 혼돈을 제압하시고 자기 백성과 함께 거하실 성소로서 질서 있는 장소를 창조하신다는 주제는 우리가 이미 정경과 언약 사이의 관계를 고려할 때 접한바 있는 주제이다. "따라서 다윗이 처음에 '여호와께서 주위의 모든 원수를 무찌르사 왕으로 궁에 평안히 살게 하신'(삼하 7:1-6 [NASB], 레벤슨을 따름) 후에야 하나님께 성전을 건축할 생각을 한 것은 우연이 아닐 것이다."

솔로몬이 성전 건축을 맡는다. 왜냐하면, 다윗이 아직 "사방에서 안식"을 얻지 못했고 심지어 자신도 무고한 피를 흘리는 "전사"였기 때문이다(대상 22:8; 28:3). 창조 사역을 마친 후 안식일에 안식하신 하나님 자신의 즉위와 마찬가지로 "하나님이 이스라엘 성전에 거하시는 것은 반대에 대한 염려가 없는 신적 왕의 안식으로 생각되었다."[27]

심지어 하나님의 "왔다 갔다"에 해당하는 동일한 히브리어 언어 형태가 창조(창 3:8)와 성막에서 사용된다(레 26:12; 신 23:14; 삼하 7 6).[28] 창세기 2:15의 "그것을 경작하며 지키게 하시고"(NASB)는 성전과 관련하여 다른 곳에서는 "섬기고 지키라"로 번역된다.[29] 그리고 이후의 성전들과 마찬가지로

---

[26] Ibid., 60-61.
[27] Ibid., 62-63. John D. Levenson, *Creation and the Persistence of Evil: The Jewish Drama of Divine Omnipotence* (San Francisco: Harper & Row, 1988), 107.
[28] Beale, *The Temple and the Church's Mission*, 66.
[29] Ibid.

에덴에는 동쪽을 향한 입구가 있다(창 3:24; 겔 40:6).[30]

최초의 그룹들은 에덴의 동쪽 문에 배치되어 언약이 깨진 후 재진입을 막았으며(창 3:24), 에스겔 28:14, 16의 영광의 이탈과 천사 경비대의 임명 기록에서 반복된다.[31] 성막과 이후 성전의 등대는 생명나무를 상징한다.[32] 따라서 성전은 땅(땅과 바다), 눈에 보이는 하늘, 장엄한 하나님의 보좌를 상징하는 삼중 구조를 나타낸다.

최초의 신성한 산(겔 28:14, 16; 출 15:17; 겔 40:2; 43:12; 계 21:10),[33] 에덴은 또한 온 땅에 영양을 공급하는 물의 원천을 나타내는 첫 번째 사례이다(창 2:10-14; 겔 47:1-12; 슥 14:8-9; 계 7 15-17; 22:1-2).[34]

창세기 2:10에서는 "강이 에덴에서 흘러 나와 동산을 적시고"라고 말하고, 에스겔 47:1과 요한계시록 22:1-2에서는 물이 가장 안쪽 성소에서 흘러나와 온 땅을 새롭게 한다고 말한다.[35] 에스겔은 특히 에덴을 첫 번째 성소로 보고 있다(28:13-18). 영광, 진리, 의로움, 아름다움이라는 하나님의 형상 모티브로 연결될 때 아담과 성전 사이에도 밀접한 연관성이 있다.

희년(Jubilees, 기원전 160년)은 아담과 이스라엘, 에덴과 시온을 유사하게 비유하며 "수목 성전의 제사장으로서의 아담"이라는 그림을 추가한다.[36]

중앙 성전에서 땅 끝까지 하나님의 도시가 구심적으로 확장되는 모습은 성경 전체에서 반복된다. 이는 하나님의 영광스러운 왕국을 다스리고 정복하고 확장하라는 창조 명령에서 시작된다(창 1:28; 2:15).

30　Ibid., 74.
31　Ibid., 70.
32　Ibid., 71.
33　Ibid., 72.
34　Ibid., 73.
35　Ibid., 74.
36　Ibid., 77-78.

성전 숭배의 제도뿐만 아니라 성전 모독도 에덴의 타락의 반복으로 취급된다. "아담의 경우와 마찬가지로 이스라엘이 '에덴동산'에서 성전을 규제하는 법에 순종한 것은 하나의 공동체적인 아담으로서 새로운 사명을 수행하는 과정의 일부였다. 이스라엘의 땅은 에덴동산과 명시적으로 비교되며(창 13:10; 사 51:3; 겔 36:35; 47:12; 욜 2:3), 에덴과의 상응성을 높이기 위해 매우 풍성한 것으로 묘사된다(신 8:7-10; 11:8-17; 겔 47:1-12)."[37]

열방은 반복적으로 바벨과 같은 하나님의 도시를 흉내 내는 것을 세우고, 이스라엘 역시 그 땅에 들어와서 "모든 높은 산과 모든 무성한 나무"(겔 20:28) 위에 우상 숭배 제단을 반복적으로 세운다. 이 모든 것은 "심판만이 임할 수 있었던 에덴의 상황을 재현하려는 죄악되고 왜곡된 시도"이다.[38]

따라서 이스라엘의 불순종에서 이스라엘의 거주지는 저주의 관점에서 "황폐한 성읍"(사 54:1-3)과 "비좁은 공간"(49:20)으로 묘사된다. 하나님의 일반 은총과 복음적 약속이 없었다면 땅이 어둠과 혼돈의 공허(창 3:17-19)로 돌아갈 것이라는 원초적 저주처럼, 성전에서 영광이 떠나면 땅은 생명력이 없는 황무지가 되지만(미 3:12) 남은 자들은 구원을 받게 될 것이다.

나무는 베어질 것이지만 "거룩한 씨가 이 땅의 그루터기니라"(사 6:11-13 NKJV). 백성이 그 장소가 될 것이다. 하나님은 더럽혀진 성전에서 멀리 떨어진 유배지에서도 "내가 잠깐 그들에게 성소가 되리라"(겔 11:16)고 말씀하신다.

종말의 성소에서는 학개 2:5과 스가랴 4:6-9에서처럼 성령이 다시 축복으로 임재하실 것이며, 후자는 이스라엘과 함께하시는 임재, 출애굽기 33:14-17을 암시한다.[39] 하나님은 헤롯의 성전에 대해서는 분명히 말할

---

[37] Ibid.
[38] Ibid.
[39] Ibid., 115.

수 없었던 "이 성전의 나중 영광이 이전 영광보다 크리라"라고 약속하신다(학 2:3-9, ESV).[40]

이사야 66:21-23에 따르면, 새 시대에는 "나는[하나님] 그 가운데에서 [이방인]을 택하여 제사장과 레위인을 삼으리라"(21절, ESV).[41] "매월 초하루와 매 안식일에 모든 혈육이 내 앞에 나아와 예배하리라"(23절). 노아의 방주처럼 모든 민족이 이 종말의 성전으로 모일 것이다(렘 3:16-18). 그러나 이사야 65:17-18(43:18-19와 함께)은 옛 성전이 옛 창조물에 속해 있음을 암시한다.[42]

그리고 현재로서는 열방의 통치자들이 야웨와 그분의 기름 부음 받은 자를 대적하는 계획을 세운다(시 2편). 스가랴 1-2장과 다니엘 2장은 또한 지역화된 성전을 초월할 확장되고 세계적인 왕국을 지적하며, 빌(Beale)은 제2성전 문헌에서 동일한 비전을 제시하는 예를 제공한다.

3) 종말의 성전

> 여자여 내 말을 믿으라 이 산에서도 말고 예루살렘에서도 말고 너희가 아버지께 예배할 때가 이르리라(요 4:21).

삼중 외부인이었던 예수님의 대화 상대는 유대인과 사마리아 사람 사이에 올바른 성소를 둘러싼 오랜 분쟁에 대해 예수님께 의견을 묻는다. 예수님은 그녀의 질문에 답하면서 종교적 다원주의에 대한 막연한 호소가 아니라(22절), 자신을 중심으로 한 종말론적 순간을 언급하며 두 장소를 상대화한다(23-26절).

---

40 Ibid., 116.
41 Ibid., 137.
42 Ibid., 141.

제단에서 피가 흐르고, 연기와 향이 피어오르고, 정교한 제의와 거룩한 성소 자체와 같은 모형론적 표징이 가득한 시대에는 하나님의 주소를 정확히 파악하는 것이 매우 중요하다. 그러나 구속의 역사가 약속에서 성취로, 그림자에서 현실로 전환되는 "때가 오나니 곧 이때라"는 것은 분명하다. 이제부터 진정한 예배는 종교적 건물이 아니라 거룩한 장소인 예수 그리스도 안에서 이루어지는지 여부에 따라 결정될 것이다.

성막에서 제1 성전, 제2 성전으로 시온산에 성전이 건축될 때마다 처음에는 여인들의 궁전, 그다음에는 이방인의 궁전과 같은 연속적 확장이 있었다.[43] 실제로 예루살렘에 중앙 성전이 있더라도 야웨는 성취된 약속으로 가는 길에 유목민 신으로 남아 있었다. 그러나 예수 그리스도는 "이방을 비추는 빛"으로 묘사된다(눅 2:32과 사 49:6을 암시하는 행 26:23).

그리스도 안에는 더 이상 여자의 법정과 이방인의 법정은 존재하지 않는다.

> 그는 우리의 화평이신지라 둘로 하나를 만드사 원수 된 것 곧 중간에 막힌 담을 자기 육체로 허시고, 법조문으로 된 계명의 율법을 폐하셨으니 이는 이 둘로 자기 안에서 한 새 사람을 지어 화평하게 하시고(엡 2:14-15).

> 너희는 유대인이나 헬라인이나 종이나 자유인이나 남자나 여자나 다 그리스도 예수 안에서 하나이니라(갈 3:28).

복음이 예루살렘(지성소)에서 유대(안뜰)로 사마리아와 땅끝(이방인의 안뜰)으로 퍼져 나갈 것이다.

---

43 Ibid., 166.

마태복음 21장(및 유사 구절)은 예수님이 승리의 입성 후 성전산에서 행한 일련의 행위를 보고한다. 예수님은 "부정한 자"를 신성한 경내로 환영하시면서도 상인들을 내쫓으신다. 예수님은 성전을 완전히 우회하여 직접 몸소 죄를 용서하신다.

그런 다음 길가의 황량한 무화과나무를 발견하시고 "네가 열매를 맺지 못하리라"고 저주하셨고, 그 나무는 즉시 시들어 버렸다(19절). 그런 다음 당황한 제자들에게 그들도 동일한 것을 할 뿐만 아니라 "이 산더러", 즉 성전산, 즉 다름 아닌 지상의 시온에 대해서도 "이 산더러 들려 바다에 던져지라 하여도 될 것이요"라고 설명하신다(21절). 당연히 종교 지도자들은 그런 행동에 경악하며 예수님이 어떤 권위로 그런 일을 하시겠다는 것인지 알고 싶어 한다.[44]

벧엘(Bêt' 'Ēl, 하나님의 집)은 이미 선지자들이 예견한 급진적 변화를 겪고 있다.[45] 예수님이 자신을 하늘 문, 하나님의 집, 길 자체로 보셨다는 것은 복음서, 특히 요한복음에서 충분히 분명하게 드러난다. 야곱이 환상에서 본 것처럼(창 28:10-22; 요 1:43-51) 예수님은 천사들이 오르내리는 천국의 계단이시다. 예수님은 하늘에서 내려와 땅에 장막을 치신 말씀(요 1:4-9, 14), 하나님의 집(요 2:19-21), 하늘의 문이자 하늘과 땅 사이의 계단(요 10:7; 14:6)이시다.

사건들이 십자가 사건에 더 가까워질수록 예수님이 실제로 종말의 성소시라는 것이 점차 더 분명해진다. 그분의 몸은 '우주의 중심축'(axis mundi)이고 그분의 육체는 성전 휘장이다. 성전, 제사, 제사장 직분을 대신하시는 분에 대해 종교 지도자들은 "이가 누구이기에 죄도 사하는가"(눅 7:49)

---

44 N. T. Wright, *Jesus and the Victory of God* (Minneapolis: Fortress Press, 1996), 413-27을 인용하는 Ibid., 179-80.
45 이 모든 것은 Wright, *Jesus and the Victory of God*, 413-27에서 훌륭한 기술로 다루어진다.

라고 묻는다. 그리고 "이 신성 모독 하는 자가 누구냐 오직 하나님 외에 누가 능히 죄를 사하겠느냐"(눅 5:21)고 반문한다.

옛 언약, 성전, 제사, 신정 체제의 의식 및 시민법은 예수님과 함께 십자가에서 죽고, 새 성소가 사흘 만에 부활하면서 무덤에 남겨진다. 공의회 앞에서 예수님 재판의 절정은 사실 성전 파괴와 재건에 대한 보고이다.

이에 대제사장은 예수님에게 직접 질문을 던진다.

> 네가 찬송 받을 이의 아들 그리스도냐(막 14:61).

예수님은 "내가 그니라"라고 답하시며 다음과 같이 말씀하셨다.

> 인자가 권능자의 우편에 앉은 것과 하늘 구름을 타고 오는 것을 너희가 보리라 (막 14:62).

그러자 대제사장이 옷을 찢으며 "우리가 어찌 더 증인을 요구하리요 그 신성 모독 하는 말을 너희가 들었도다"라고 말했다(막 14:57-64).

요한복음에서 예수님은 성전을 "깨끗하게" 하신 후 다음과 같이 말씀하신다.

> 너희가 이 성전을 헐라 내가 사흘 동안에 일으키리라(요 2:19).

신약성경에 따르면 그리스도 안에서 손대지 않고 만들어진 종말의 성전이 역사에 등장했다. 대제사장이 모조품이 아닌 진짜 지성소에 자신의 피로 들어가면서 성전 휘장이 위에서 아래로 찢어지고 하늘에 그에 상응하는 징조가 나타난다. 더 이상 그림이 필요 없어지고 그림은 실체로 대체된다.

이것은 시내산 언약을 갱신하려는 또 다른 시도가 아니라 야웨께서 직접 지으신 종말의 성전에서 백성이 산 돌이 됨으로써 그 장소 즉 하나님의 집이 된다. 이제 예복과 영광의 자리가 부여된(마 16:18-19; 18:15-18; 요 20:23; 사 22:22을 연상시키는 계 3:7) 이 마지막 아담의 대리자들에게는 왕국의 열쇠가 주어지며, 그들은 그분의 의로 옷을 입게 된다.

요한계시록에서는 온 우주가 도시이고 도시가 성전이다.

클라인(Kline)은 다음과 같이 지적한다.

> 새 예루살렘에서는 옛 성전과 도시 사이의 수평적 구분이 사라질 뿐만 아니라 하늘과 땅의 성전 사이의 수직적 구분도 사라진다.[46]

선지자와 사도들뿐만 아니라 하나님의 백성 전체가 이제 '성령에 사로잡혀' 제사장 예복을 입고 보좌실에서 증인으로 파송되어 하늘 공의회에 서게 된다.[47]

신약성경에서 그리스도의 얼굴의 영광(고후 4:6)은 하늘로부터의 심판을 드러낸다. 이것은 예수님이 마지막 날에 재림하실 때 나타나는 파루시아의 영광(Parousia-glory)이다(마 16 27; 막 8:38; 눅 9:26).[48] 히브리서 12장에서 이 파루시아 영광은 그분의 목소리와 동일시된다(계 1:10-15).[49]

요한계시록의 하늘 예배 장면에서 번개의 번쩍임과 우레 소리 가운데 24장로들이 하나님 주위에 앉아 있을 때 보좌 앞에는 타오르는 불이 타오르고, 보좌 뒤에는 심판의 활이 더 이상 당겨지지 않고 평온하게 걸려 있다(계 4:2-5).

46　M. G. Kline, *Images of the Spirit* (1980; repr., S. Hamilton, MA: self-published, 1986), 35.
47　Ibid., 94.
48　Ibid., 121-22.
49　Ibid., 122.

요한계시록에서도 타오르는 횃불은 오순절과 마찬가지로 교회의 증거를 연상시킨다. 그리스도의 부활은 "사람의 손으로" 지은 것이 아닌(행 7:48, ESV) 성전, 즉 이스라엘의 성전을 재건하는 것으로 간주된다. "또 그 안에서 너희가 손으로 하지 아니한 할례를 받았으니 곧 육의 몸을 벗는 것이요 그리스도의 할례니라[즉 그리스도의 죽음]"(골 2:11).[50]

"유대교는 하나님이 그분의 두 손으로 … '[출 15:17의] 성전을 짓겠다'고 말함으로써 이것을 강조했다(*Mekilta de-Rabbi Ishmael, Tractate Shirata* 10.40–42)."[51]

따라서 그리스도와 연합한 사람들은 본질적으로 다른 몸에 자신을 접목하는 이교도 숭배와 타협해서는 안 된다(고후 6:16-18; 참조, 삼하 7장, 특히 14절). 썩어 가는 우리의 몸은 썩어 가는 성전처럼 옛 창조에 속하지만, 종말론적으로 새 창조에서 회복될 것이다(고후 4:15-5:5).

말라기 3-4장을 배경으로 바울은 교회를 예수 그리스도를 기초로 세워진 거대한 성전으로 본다(고전 3:11). 이제 각 신자는 영광의 영(Glory-Spirit)으로 충만한 성전이다(고전 3:16-17). 동시에 그들은 오직 그리스도와의 연합을 통해서만 종말론적 성소의 "산 돌"이다(벧전 2:4).

이런 식으로 복음이 생명나무로서 "온 천하에서도 열매를 맺어 자라는"(골 1:6) 이유는 사도행전 전체에서 "하나님의 말씀이 점점 왕성하여"진다는 사실에 기인한다(행 6:7, ESV; 12:24; 19:20).[52] 그리스도만이 그 본질에서 "보이지 아니하는 하나님의 형상"(골 1:15)이지만 우리는 "새 사람을 입었으니" 따라서 "자기를 창조하신 이[하나님]의 형상을 따라 지식에까지 새롭게 하심을 입은 자"(3:10, NASB)들이다.

---

50 Beale, *The Temple and the Church's Mission*, 233-34.
51 Ibid., 235 n. 66.
52 Ibid., 266.

예루살렘 성전을 포함한 다른 어떤 장소도 하나님과 언약을 위반하는 회중을 화해시킬 수 없기 때문에 실제로 영구적이지 않다. 지상의 예루살렘은 심지어 율법의 언약, 하갈, 속박을 상징하지만, 하늘의 예루살렘은 은혜 언약, 사라, 자유를 상징하기도 한다(갈 4:21-5:1).

창조 이후 하나님의 목표는 친교, 기쁨, 평화, 의의 원천으로서 그분의 백성 가운데 거하는 것, 즉 축복 속에 거하는 것이었다. 그러나 모형과 그림자는 그러한 안식일의 비전을 가져올 수 없었고, 설사 가져올 수 있다고 해도 언약 백성에게 일상적으로 모독당했다.

특히, 레벤슨에게서 살펴보았듯이 시온은 하나님의 불가침하고 영구적이며 무조건적이고 은혜로운 서약을 상징하며, 하나님의 언약 백성에게 하나님의 구원 목적이 인간의 순종과 불순종의 변덕 위에 서 있음을 확신시켜 준다. 그러나 레벤슨보다 더 나아가 신약성경에 근거하여 지상의 시온과 시온의 성전 역시 하나님과 인간 사이의 일시적 만남의 장소였으며, 이제는 영원한 성소의 도래와 함께 쓸모가 없어졌다고 말할 수 있다(딤전 2:5; 히 8:1-9:15 등).

2. 종말론과 언약: 거룩한 땅의 약속을 "영성화하는가"?

그렇다면 신약성경은 구약성경의 거룩한 땅에 대한 약속을 "영성화"하는 것일까?

요한계시록 21장은 보좌에서 다음과 같이 큰 소리로 외치는 새 예루살렘을 상상한다.

> 또 내가 새 하늘과 새 땅을 보니 처음 하늘과 처음 땅이 없어졌고 바다도 다시 있지 않더라 또 내가 보매 거룩한 성 새 예루살렘이 하나님께로부터 하늘에서 내려

오니 그 준비한 것이 신부가 남편을 위하여 단장한 것 같더라 내가 들으니 보좌에서 큰 음성이 나서 이르되 보라 하나님의 장막이 사람들과 함께 있으매 하나님이 그들과 함께 계시리니 그들은 하나님의 백성이 되고 하나님은 친히 그들과 함께 계셔서 모든 눈물을 그 눈에서 닦아 주시니 다시는 사망이 없고 애통하는 것이나 곡하는 것이나 아픈 것이 다시 있지 아니하리니 처음 것들이 다 지나갔음이러라 (계 21:1-4).

생명수는 알파와 오메가에게서 흘러나온다(6절).

성 안에서 내가 성전을 보지 못하였으니 이는 주 하나님 곧 전능하신 이와 및 어린 양이 그 성전이심이라(계 21:19).

하나님의 영광은 그 빛이시며 "어린양이 그 등불이 되심이므로"(22-23절) 해나 달도 필요하지 않다.

그러나 그리스도를 성전으로, 신자들을 산 돌로 말하는 이 모든 것이 하나님의 약속의 구체성과 문자 그대로의 성취를 경시하지 않는가?

제2 성전이 파괴된 후 유대교는 종말론적 희망의 중심을 성전에서 토라로 점점 더 옮겨 갔다.

아이크로트(Eichrodt)는 다음과 같이 지적한다.

후기 유대교 시대에 이르러서야 경건은 야웨의 종교가 의식의 종교(religion of observances)로 바뀌는 가장 큰 변화를 겪었고, 모든 종교적 행위를 순종의 행위라는 일방적 분류로 이해하려는 시도 때문에 구원론적 성격이 가려질 수도 있다는 위협이 있었다.

그러나 이런 발전은 구약성경상 경건의 본질적 성격과는 거리가 멀다.[53] 그렇지만, 땅과 성전이 없는 유대교는 토라의 연구와 준수를 대체물로 간주하게 되었다.[54] 특히, 이사야 52:7-10과 에스겔 43:1-7에서 약속된 유배 후 야웨의 재림은 유대교에서 아직 성취된 것으로 간주되지 않았다.[55]

여기에서 기독교와 유대교가 갈라지게 된다. 유대교인들에게 성전 파괴와 디아스포라의 존재는 단지 유배의 연장에 불과했다면, 기독교인들은 그리스도를 종말의 성소로 바라본다.

신약성경(특히, 히브리서)은 유대인 그리스도인들이 시온에 도착했을 때 시내산의 그늘로 돌아가지 않고 이 소망 가운데 인내할 것을 촉구한다. 이 해석은 정통 유대교와 세대주의 복음주의가 예루살렘에서 재건된 성전과 부활한 신정 체제에 대한 기대와는 상당히 대조적이다.

마침내 백성들은 하나님이 평화롭게 거하시는 곳이 되었고, 사방의 적들로부터 안식을 얻게 되었다.

> 백성을 제외한 도시란 무엇인가?
> 사실 백성이 곧 도시이다(Shakespeare, *Coriolanus*, act 3, scene 1).

그리스도 안에서 이 현시대의 잔해에서 성소가 세워지고 있으며, 각 신자는 다른 사람들에게 하나님의 아이콘으로 역할을 하고 있으며 "그와 같은 형상으로 변화하여 영광에서 영광에 이르니 곧 주의 영으로 말미암음이니라"(고후 3:18). 그리스도 안에서 그리고 성령으로 함께 모이는(*synaxis*)

---

53 Eichrodt, *Theology of the Old Testament*, 1:177.
54 N. T. Wright, *The New Testament and the People of God* (Minneapolis: Fortress Press, 1992), 228, quoting m. '*Abot* 3.2.
55 Wright, *The New Testament and the People of God*, 269, citing Neh. 9:36-37.

사람들의 모임은 지상의 종말적 성전, 즉 결혼식 날의 화려함을 입고 하늘에서 내려오는 새 예루살렘 신부를 구성한다.

유대인 신학자 마이클 위쇼그로드(Michael Wyschogrod)는 백성이 장소로 식별되는 것을 받아들이는 데 문제가 없지만, 이를 위해서는 신정 왕국의 최종적 회복이 필요하다고 확신한다.

정통 유대교와 세대주의 복음주의에 따르면, 미래 기대의 초점은 땅, 성전, 제사 등 시내산 언약의 갱신이다. 그때까지 유대인들은 성전 제사와 예배 대신에 기꺼이 토라를 공부하고 지키는 것으로 대체해야 한다. 사람과 장소 모두 거룩하다. "이스라엘에게 약속된 땅을 소유하는 것 자체가 조건부이지만,⋯ 이스라엘 백성이 살아 있는 한 약속의 땅으로 돌아가는 것은 불가피하다."[56]

유대교는 국가적 충성과 종교적 충성을 구분하는 기독교의 "이중 시민권"을 알지 못한다고 그는 말한다.[57] 유대인에게 선택은 무조건적인 것이므로 땅을 잃는 것은 일시적인 하나님의 징벌일 뿐이다.[58]

위쇼그로드는 하나님의 약속이 육신을 입고 실현되는 것을 그렇게 강조하는 종교가(성육신 교리와 함께) 어떻게 하나님의 백성 개념을 그렇게 영성화하여 육체적 이스라엘 백성(유대인)의 선택을 영적 선택으로 바꿀 수 있는지 궁금해 한다.[59] 결국, "이 선택이 순전히 영적인 것이었다면, 이스라엘이 백성이 아니라 교회였다면 땅이 필요하지 않았을 것이다."[60]

---

[56] Michael Wyschogrod, *Abraham's Promise: Judaism and Jewish-Christian Relations*, ed. R. Kendall Soulen (Grand Rapids: Eerdmans, 2004), 94. 그는 특히 이것을 "Incarnation and God's Indwelling of Israel," 165-78, as in "Incarnation," *Pro Ecclesia* 2, no. 2 (Spring 1993): 208-15에서 발전시킨다.
[57] Ibid., 95.
[58] Ibid., 96.
[59] Ibid., 98-99.
[60] Ibid., 100.

위쇼그로드는 하나님의 임재를 식별하는 데 있어 민족과 장소 모두 필수라고 결론을 내린다. "따라서 하나님은 성전과 이스라엘 백성이라는 두 가지 거처 또는 주소를 가지고 계신다."[61]

유대인들에게 있어서 하나님은 유배 이후에도 성전산을 완전히 버리지 않으셨다. "그러나 (열 명의) 유대인 공동체가 모이는 곳이면 신적 임재는 그들과 함께한다. 어디에서나."[62] 위쇼그로드에 따르면 적어도 지금은 성전이 재건될 때까지 하나님은 두 번째 주소(백성)를 점유하고 계신다.

그러나 구약성경이 아브라함에게 모든 민족의 자녀를 약속할 때 영적으로 해석하지 않는 것처럼 신약성경이 성전을 그리스도와 이스라엘 백성을 그분의 몸과 동일시할 때 신약성경도 영적으로 해석하지 않는다. 성전 파괴에 대한 초기 기독교의 반응은 부활한 시내산 신정주의와 함께 제3의 성전을 찾는 것이 아니라, 이 지상 제도가 가리키는 실체로서 그리스도를 바라보는 것이었다.

유형적이고 육체화되고 구체적인 것과 미묘하고 비실체적이며 추상적인 것 사이의 대비가 아니라, 한 민족(시내산 언약)에 국한된 일시적이고 조건적인 언약과 유대인뿐만 아니라 이방인까지 포함하는 영원하고 무조건적인 언약 사이의 대비이다.

예레미야 31장의 새 언약에 대한 예언에는 예루살렘이 의가 있는 우주적 도시로 확장되는 것이 포함된다. 따라서 기독교적 관점에서 볼 때(특히, 히브리서에서 분명하게 드러난다) 지정학적 영토와 재건된 성전에 종말론이 집중되는 것은 시계를 그리스도의 강림 이전의 유배지로 되돌리는 것일 뿐만 아니라 히브리 선지자들이 선포한 세계에도 훨씬 못 미친다. 새 언약의 성취와 함께 한 민족의 보존뿐만 아니라 실제로는 죽은 자의 부활과 영

---

61 Ibid., 169.
62 Ibid., 170.

원한 생명, 즉 국제적 가족을 가진 새로운 창조가 도래한다.

워쇼그로드는 프란츠 로젠츠바이크(Franz Rosenzweig)의 다음과 같은 말을 인용한다.

> [유대교]는 피의 공동체여야 한다. 오직 피만이 미래에 대한 희망에 현재의 보증을 제공하기 때문이다.[63]

그러나 기독교에서 피가 더 이상 구속력이 없다는 것이 아니라 세례로 표시되고 보증된 그리스도의 피가 민족의 피보다 더 두껍고 더 넓다는 것이다.

데이비드 홀베르다(David Holwerda)가 강조하듯이 예수님은 땅과의 연결성을 유지하신다. "온유한 자는 … 그들이 땅을 기업으로 받을 것임이요"라는 말씀은 단순히 지정학적 영토의 일부가 아니다(마 5:5; 시 37:11).[64] 아담과 하와, 아브라함과 사라에게 하신 약속이 종말에 성취된 결과로서, 새 시온은 현재 지상 땅의 경계 안에 포함될 수 없으며, 따라서 우주적 도시인 요한계시록에 있다(계 21:22).

선지자들이 선포한 것처럼(사 60:19), 그곳은 야웨의 조명을 받는 우주적 성소가 될 것이다(계 21:23). 땅이 없어지는 것이 아니라 온 땅이 하나님의 영광으로 가득 차게 될 것이라는 기대가 담겨 있다. 손으로 짓지 않은 성전의 우월성은 비실체성에 대한 추상적 선호가 아니라 "계획하시고 지으실 터가 있는 성"의 건축자이자 건축주가 하나님이라는 사실에 있다(히 11:10).[65]

---

63 Ibid., 128에서 인용.
64 David E. Holwerda, *Jesus and Israel: One Covenant or Two?* (Grand Rapids: Eerdmans, 1994), 85.
65 Michael S. Horton, *Covenant and Eschatology:* The Divine Drama (Louisville, KY: Westminster John Knox Press, 2002), chap. 1.

정통 유대인과 그리스도인 모두 만물을 새롭게 하실 약속된 메시아의 도래를 기다리지만, 복음은 그의 첫 강림으로 이미 일어난 결정적인 일련의 사건에 근거하여 흔들리지 않는 왕국을 개창한다.[66] 몰트만이 관찰한 것처럼, 이번에는 "예루살렘에서 땅 끝까지(행 1.8), 이스라엘에서 이방인으로, 이방인에서 다시 이스라엘로, 다시 예루살렘으로이다(롬 11.26)."[67] 이스라엘 민족이 잊히거나 대부분 이방인의 역사에 흡수된 것이 아니라 구원은 유대인에서 열방으로 오고, 로마서 9-11장에서 바울은 미래에 이스라엘 민족이 살아 있는 포도나무(the Living Vine)에 다시 접목될 위대한 일을 예견하고 있다.

정확하게 (구약성경을 해석하는) 신약성경은 (시내산에서 실현된) 이스라엘 민족의 선택과 (아브라함에게 약속되고 그리스도 안에서 실현된) 모든 민족의 무조건적 선택을 구별하기 때문에 교회에는 땅이 필요하지 않다. 국가, 도시, 정치 활동 위원회는 물론이고 건물, 광장, 신사도 필요하지 않다.

교회는 성스러운 장소와 불경한 장소를 구분하지 않는다. 오늘날 세상에는 지상명령 외에는 성스러운 사명이 없으며, 그리스도인은 비기독교인 이웃과 함께 평범한 연약함과 불의에 대한 공통의 저주를 나누고 우리의 삶을 풍요롭게 하는 공통의 은혜를 함께 나눈다. 신자들은 그리스도 안에 있지만, 세상에서의 소명이 비신자보다 더 거룩한 것은 아니다. 기독교 국가는 존재하지 않으며, 신약성경에는 세속 왕국을 거룩한 왕국으로 변화시킬 청사진이 담겨 있지 않다.

평범한 것은 여전히 하나님의 놀라운 친절과 축복의 영역이며, 신자들은 이 시대에 건강, 부, 행복에 대한 어떤 특권이 없다(마 5:45). 악을 절제

---

66 *The Way of Jesus Christ: Christology in Messianic Dimensions*, trans. Margaret Kohl (London: SCM Press, 1990; Minneapolis: Fortress Press, 1991), 30–31에서 이 요점에 관해 몰트만(Jürgen Moltmann)이 마틴 부버(Martin Buber)와 나눈 뛰어난 상호 소통을 보라.
67 Ibid.

하고, 소금과 빛으로 살아가며, 말과 행동으로 이웃을 사랑하고 섬기는 그리스도인의 행동은 이 일반 은혜의 수단이 된다.

그러나 "땅에서는 외국인과 나그네임을 증언하였고", "본향을 찾았던" 아벨, 노아, 아브라함처럼 우리도 "더 나은 본향을 사모하니 곧 하늘에 있는 것이라 이러므로 하나님이 그들의 하나님이라 일컬음 받으심을 부끄러워하지 아니하시고 그들을 위하여 한 성을 예비하셨느니라"(히 11:13-16).

3. 거룩한 전쟁: 장소 준비

구속사 시대에 지정학적 의미의 성지가 존재하지 않는다면 거룩한 전쟁이 있을 수 있을까?

매우 깊은 분열을 일으키는 이런 논쟁에서 가장 쉬운 대답은 성경의 "공포 테스트"를 거부하거나 우리 자신의 목적을 위해 그것을 불러내는 것이다. 위의 성지에 대한 해석과 일관되게, 나는 이 문제가 우리가 신적 전쟁이라는 주제와 만나는 뚜렷한 언약에 대한 구속사적 설명에 의해 복잡하게 얽혀 있다고 제안한다.

1) 구속사에서의 거룩한 전쟁

거룩함과 전쟁의 연관성은 마치 야웨가 민족주의적 목표와 제국의 야망을 위해 호출될 수 있는 것처럼 성경에서 피상적인 것이 아니다. 이 개념은 거룩한 전쟁 즉 '헤렘'(*herem*)이라는 용어에 담겨 있다. 헌신의 행위를 의미하는 헤렘은 무엇보다도 전사들의 경건함이 아니라 구원이나 심판을 위해 사람, 장소, 사물을 따로 떼어 두는 사법적 행위를 가리킨다. 이는 저주와 축복이라는 조약 자체의 구조, 즉 저주와 축복의 제재 일부이다.

성전(holy war)이라는 주제는 종종 정적이고 시대를 초월한 개념으로 취급된다. 주어진 구절에서 작용하고 있는 언약의 역사에서 특정 언약과 특정 시대에 충분히 주의를 기울이지 않을 때, 해석적 선택은 다소 쉽게 보인다. 즉, 그 구절을 "공포의 본문"으로 거부하거나, 마치 오늘날에도 유효한 것처럼 불러내는 것이다.[68]

이런 선택과는 대조적으로 나는 클라인(M. G. Kline)의 "침입 윤리"(intrusion ethics) 개념이 도움이 된다고 생각했다.[69] 성령의 날은 사법적 판결의 날이다. 영이 흑암의 수면 위를 맴도는(또는 휩쓸고 지나가는) 장면으로 시작되는 창조 이야기(창 1:2)에서처럼, 시간을 "일곱"으로 나눈 것은 하나님의 창조 패턴, 즉 안식일의 승리와 진입을 나타낸다.

『성령의 이미지』(Images of the Spirit)에서 클라인은 하나님이 아담에게 "그 날 '바람'(ruach)이 불 때" 찾아오시는 창세기 3:8로 시작한다. "이 구절은 포르티시모(매우 세게)로 연주해야 한다."[70] 아담과 하와가 하나님과 서로 교제하는 가운데 시원한 바람이 동산에 불어온다는 낭만적 해석과는 달리 이 장면은 심판의 장면이다.

그리고 다윗과 블레셋의 대결이 있다. "그때 다윗이 땅에서 진격하는 것은 여호와가 위에서 진격하시는 것과 일치했고(또는 더 좋게는 상응했다), 여호와가 위에서 진격하시는 것은 나무 꼭대기 위로 걸음 걷는 '소리'에 의해 신호가 보내졌다"(삼하 5:24).[71]

(겔 1:4-28, 특히 24-28절 참조) 우리는 또한 여호수아에게 6일 동안 군대를 이끌고 여리고를 행군하라는 명령도 참고할 수 있다. 제사장들이 언약

---

[68] Phyllis Trible, *Texts of Terror* (London: SCM Press, 2002)
[69] M. G. Kline, *The Structure of Biblical Authority* (Grand Rapids: Eerdmans, 1975); cf. idem, Images of the Spirit, 98-102; idem, *Kingdom Prologue: Genesis Foundations for a Covenantal Worldview* (Overland Park, KS: Two Age Press, 2000), 128, 143-291.
[70] Kline, *Images of the Spirit*, 98.
[71] Ibid., 99.

궤를 메었을 때 "일곱째 날에는 그 성을 일곱 번 돌며 그 [일곱] 제사장들은 [일곱] 나팔을 불 것이며"(수 6:1-4, NKJV). 그런 후에 야웨께서 여리고 성벽을 무너뜨리실 것이라고 약속하신다(5절). 창세기 창조 이야기와의 유사점은 분명하다. 즉, 안식의 "일곱째" 날이 심판-사역의 "6일" 후에 따른다.[72]

따라서 안식일은 다가올 시대의 시작이며, 일상적 활동이 중단되는 침입(irruption, 클라인: "intrusion")이다.[73] 주의 날이 시간이라면, 거룩한 전쟁은 공간에 해당한다. 같은 사건이라도 어떤 언약이 작용하고 있고 그 언약과 그 언약 안에 있는 사람의 관계에 따라 재앙 또는 구원(때로는 둘 다)이 될 수 있다. 이스라엘 역사에 기록된 모든 신적 권한의 활동은 마지막 날의 예기(prolepsis)이며, 이스라엘 자체가 스스로 언약을 더럽히면 이스라엘 역시 "그날의 영"(Spirit of the Day)에 사로잡힐 것이다(마치 야웨께서 아담과 하와가 그날 **바람**[루아흐]이 불 때[창 3:8] 불순종한 후에 그들에게 오셨던 것처럼).

그날은 주 하나님이 심판하러 오시는 날이다. 아모스는 "화 있을신서 여호와의 날을 사모하는 자여"라고 예언한다. 결국, 예루살렘의 멸망과 유배보다 훨씬 더 큰 재앙을 가져올 것이다(암 5:18-20, NKJV).

하나님은 애굽에서 초래한 멸망에서 이스라엘을 "넘어가셨지만"(passed over) 심판에서는 이스라엘을 "지나가실"(pass through) 것이다(17절, 강조 추가). 아브라함과 언약을 맺으셨던 창세기 15장에서는 하나님이 홀로 반쪽을 통과하셨지만, 이제 시내산 언약과 그 철저한 범죄의 여파로 재판을 받고 있는 것은 이스라엘이며, 하나님이 이 민족 언약의 제재를 감수하면서 반쪽을 통과하게 하시는 것은 이스라엘이다(렘 34:18-20).

---

72 Ibid., 109-10.
73 나는 intrusion이라는 용어와 종종 연관되는 현대 우주론적 가정(특히, 하나님이 역사에서 직접적이고 기적적으로 행동하실 때, 그분은 어떻게든 자신의 소유지에 침입한다는 것) 때문에 intrusion보다 irruption을 더 선호한다.

야웨는 심지어 이스라엘의 적들과 함께 전투에 참여하실 것이다(렘 21:3-10). 그렇지만 그분은 남은 자를 통해 이스라엘을 회복시키고 열방을 그 안으로 끌어들일 것입니다.

> 내가 너희를 막대기 아래로 지나가게 하며 언약의 줄로 매려니와 너희 가운데에서 반역하는 자와 내게 범죄하는 자를 모두 제하여 버릴지라 그들을 그 머물러 살던 땅에서는 나오게 하여도 이스라엘 땅에는 들어가지 못하게 하리니 너희가 나는 여호와인 줄을 알리라 (겔 20:37-38a).

우리가 증거의 문턱을 넘을 때 헤렘의 개념이 남아 있지 않는다. 그러나 그 개념의 의미는 더 이상 모형론적 신정주의의 맥락에 의해 결정되지 않는다. 클라인은 다음과 같이 말한다.

> 세례는 심판에 있어서 성령의 파루시아의 표징이다.[74]

> 예수님이 탄생하실 때 그분을 식별하는 표징(세메이온)은 그분의 옷, 포대기에 싸인 옷, 굴욕의 옷, 구유에 누이신 그분의 위치였다(눅 2:12). 그분이 다시 오실 때, 그분의 승귀를 식별하는 (이름) 표징은 그분이 입으신 영광의 옷(Glory-robe), 그분의 영의 옷, 하늘에 서 계신 그분의 지위가 될 것이다.[75]

> 영광의 이름(Glory-Name)을 입으신 그분은 그날의 영으로 주의 날에 오신다.[76]

---

[74] Kline, *Images of the Spirit*, 125.
[75] Ibid., 128-29.
[76] Ibid., 131.

낙원에서 인류가 타락한 직후의 원래 "파루시아의 지연"은 은혜의 언약을 수립하기 위해 결정적 심판을 자비롭게 지연시키고 완성을 연기한 것이었다.[77] 그 과정에서 하나님은 언약 백성을 향한 구속의 은혜를 나타내셨을 뿐만 아니라 반역한 인류를 대하는 하나님의 일반적 방법으로서 일반 은혜도 나타내셨다.

언약 밖의 사람들이 인간 경험의 평범한 기쁨을 포함하여 집행유예를 누렸다면 그것은 은혜의 언약에서 하나님의 궁극적 목적 때문이었다. 마치 그리스도의 두 강림 사이의 지연이 심판 전 종말론적 평화의 중간을 만들어 내는 것처럼, 창세기 3:15의 원시복음(proteevanglium)은 구속과 일반 은혜를 위한 공간을 열어 주는 완성의 지연을 알렸다.

그러나 구속사의 신호 지점에는 역사의 종말에 주님의 날을 예고하는 일반 은혜의 질서를 방해하는 신적 "침입"의 새로운 시대가 있다.

클라인은 다음과 같이 덧붙인다.

> 새 언약과 완성과의 동일시는 인자의 승귀 단계와 보조를 맞추고 있으며, 우리는 그분이 권능의 우편에 앉아 계신 것을 보지만, 아직 하늘 구름을 타고 오시는 것을 보지 못했다. 따라서 구약성경 모형론의 모든 요소에 대응하는 원형(antitype)은 아직 존재하지 않는다.

희생 제물 이미지처럼 일부는 성취되었지만 다른 것들은 미래의 성취를 기다리고 있다.[78]

그렇다면 구속사 안에서 우리가 서 있는 위치에서 볼 때, 믿지 않는 이웃에 대한 신자들의 태도는 일반 은혜에 의해 결정되며, 우리 자신의 손에

77　M. G. Kline, *The Structure of Biblical Authority*, rev. ed. (self-published, 1989), 155.
78　Ibid., 157.

심판을 맡기거나 하나님의 구원 은혜에 보편적으로 참여한다는 환상에 근거한 이웃 사랑에 의해 결정되지 않는다.[79]

은혜 언약의 구성원들은 지정된 예배를 통해 다가올 시대의 미리 맛보기에(prelibation) 참여하며, 문화 안에서 이 시대의 일반 저주와 일반 은혜를 불신자들과 함께 나눈다. 그들은 적들을 위해 기도하고 이교도 통치자들을 몰아내고 거룩한 문화를 세우려 하기보다는 순종한다.

여호수아, 왕과 선지자, 예수님과 사도들의 특별한 시대에 비하면 교회의 평범한 사역조차도 믿을 수 없을 정도로 평온해 보인다. 그러나 성령 안에서 이 시대는 주님께서 마지막 추수를 위해 전 세계에 포도원을 심고 가꾸고 계시는 때이다.

이런 일반 은혜의 시대에는 구원도 심판도 완전히 완성되지 않았다. 그렇지만 이제 높아지신 예수님은 이 땅을 의로 심판하실 것이다. 세례 요한은 예수님께 맡겨진 이 심판을 지적했다(마 3:11-12).

예수님은 온몸이 지옥에 던져질 것을 경고하셨다(5:30). 어떤 선지자나 사도도 마지막 심판에 대해 이렇게 생생하고 반복적으로 말한 적이 없다(8:10-12; 13:40-42, 49-50; 22:13; 24:51; 25:30; 눅 16:19-31). 비유에서 예수님의 동시대 사람들을 위한 내재적 심판과 관련된 언급에 대해 말할 수 있는 것은 무엇이든, 감람나무 담화에서 예수님은 미래의 심판을 염두에 두고 계신다.

> 인자가 자기 영광으로 모든 천사와 함께 올 때에 자기 영광의 보좌에 앉으리니
> (마 25:31).

---

[79] Ibid., 161.

예수님은 (이사야 11장뿐만 아니라) 이사야 2장을 반영하며 열방이 심판 때 인자 앞에 나타날 것이며, 양과 염소처럼 모두 "영생"과 "영벌"로 구분될 것이라고 말씀하신다(마 25:41, 46). 여호수아와 그의 군사 행동에 문제가 있다면, 우리는 예수님에 대해 더 불안해해야 한다.

서신서에서도 같은 엄숙한 기대를 발견할 수 있다. 바울은 다음과 같이 말한다.

> 다만 네 고집과 회개하지 아니한 마음을 따라 진노의 날 곧 하나님의 의로우신 심판이 나타나는 그날에 임할 진노를 네게 쌓는도다(롬 2:5).

악하고 믿지 않는 사람들에게는 "진노와 분노로 하시리라,… 환난과 곤고가 있으리니"(롬 2:5, 8-9). 데살로니가전서 5장은 모든 사람이 평안과 안전을 선포하고 있을 때 "주의 날이 밤에 도둑 같이 이를 것"이라고 경고한다(1-3절). 이 구원과 심판의 사건은 갑작스러운 것처럼 마지막이 될 것이고 "주 예수께서 자기의 능력의 천사들과 함께 하늘로부터 불꽃 가운데에 나타나실 때에, 하나님을 모르는 자들과 우리 주 예수의 복음에 복종하지 않는 자들에게 형벌을 내리실 것이다."

바울은 다음과 같이 말한다.

> 주의 얼굴과 그의 힘의 영광을 떠나 영원한 멸망의 형벌을 받으리로다. 그 날에 그가 강림하사 그의 성도들에게서 영광을 받으시고 모든 믿는 자들에게서 놀랍게 여김을 얻으시리니 이는 (우리의 증거가 너희에게 믿어졌음이라)(살후 1:9-10).

다른 곳에서 우리는 소돔과 고모라가 "영원한 불의 형벌을 받음으로 거울이 되었느니라", 거짓 선생들은 "영원히 예비된 캄캄한 흑암으로 돌아갈 유리하는 별들이라"라는 내용을 읽는다(유 1:7, 13). 베드로후서 3:7은

"경건하지 아니한 사람들의 심판과 멸망의 날"에 대해 말한다.

요한계시록은 거룩한 전쟁이라는 주제에 대해 특별한 취급이 필요하지만, 몇 가지 예로 충분할 것이다.

여섯 번째 인이 열리자, 인간을 두려워하지 않는 온 땅의 힘 있고 부유한 자들이 "산들과 바위에게 말하되 우리 위에 떨어져 보좌에 앉으신 이의 얼굴에서와 그 어린양의 진노에서 우리를 가리라. 그들의 진노의 큰 날이 이르렀으니 누가 능히 서리요"라고 외친다(계 6:15-17).

이어서 성도들에 대한 박해는 말할 것도 없고 악명 높은 교만과 불의, 부도덕으로 가득한 지상 도시의 상징인 큰 바벨론이 무너지는 진노의 대접 환상이 나온다(계 16-18장).

마침내 주님과 그분의 메시아에 대항하여 교만하게 일어나려는 인간의 시도를 상징하는 바벨론은 심판을 받고 멸망하며 성도들은 "할렐루야 하니 그 연기가 세세토록 올라가더라"(19:1-3).

그 후 백마를 탄 자가 짐승과 그 군대를 물리친 후 천 년의 중간 기간이 이어지는데, 나는 이것이 (무천년 방식으로) 그리스도의 재림 사이의 현재 시대를 상징적으로 가리킨다고 생각한다.

마지막으로 사탄은 "불과 유황 못에 던져지니 거기는 그 짐승과 거짓 선지자도 있어 세세토록 밤낮 괴로움을 받으리라"(계 19:11-20:10). 그런 다음 죽은 자들이 심판을 받는다. "이것은 둘째 사망 곧 불못이라"(20:14-15).

이 거룩한 전쟁의 종결은 더 이상 심판, 전쟁, 고통, 아픔, 억압이 없는 새 하늘과 새 땅이다. 그리고 마침내 생명나무가 열방의 치유를 위해 열매를 맺는 곳이 바로 그곳이다(계 21-22장).

따라서 부정하거나 적용할 수 있는 거룩한 전쟁의 일반 원칙은 존재하지 않는다. 문제는 구속사 안에서 우리의 현재 위치이다. 지금이 바로 구원의 시간이다. 그렇다면 마지막 날에 있을 것처럼 지금은 야고보, 요한, 오늘날 그와 비슷한 수많은 영혼이 하나님 나라 전파를 배척한 마을에 대한 최종 심판을 요청했다는 이유로 (비록 이것이 신정 시대에는 적합했지만) 책망을 받는다(눅 9:52-55).[80]

마지막 날의 모형인 신정 정치의 "침입 윤리" 속에 살았던 사람들의 입에서 나오는 저주하는 (심판을 불러일으키는) 시편도, 마지막 심판 때와 마찬가지로 그들의 시대에도 적절하다. 이 땅의 메시야 심판을 예표한 왕인 시편 기자가 이런 저주하는 시편을 말한 것일 수도 있고 심지어 노래한 것일 수도 있다. 그러나 침입의 윤리가 아니라 일반 은혜의 윤리를 따르는 오늘날 그리스도인들의 입에서 그런 말은 부적절하다.[81] 옛 언약은 틀린 것이 아니었지만 이제 쓸모없게 되었다.

따라서 그리스도인들이 시저의 것은 시저에게, 하나님의 것은 하나님께 바치는 이런 때에 국가나 교회가 거룩한 전쟁의 구절을 들먹이는 것은 종말론적으로 성급하게 행동하는 것이고 최후의 심판을 자신의 손에 쥐어 주는 것이다. 불경건한 통치자라도 공동 정의를 실행하는 "하나님의 사역자"로 간주될 수 있다(롬 13:1-7, NKJV).

바울이 빌레몬에게 도망친 노예 오네시모를 처벌하는 대신 영접하고 불의가 있거든 그것을 자기(바울) 앞으로 계산해 달라고 호소할 때 그는 모세의 율법을 들먹이지 않고 세속 법정의 법적 관할권을 인정하고 있다는 것은 흥미로운 일이다.

적대적 이교도 상황에서도 바울은 거룩한 전쟁을 위한 정치적 또는 군사적 전략을 제시하지 않고 세속 권위에 대한 순종과 존중을 명령한다. 사회 구조 개혁에 대한 명확한 의제가 없는 것과 비교해 볼 때 눈에 보이는 교회의 구체적 실천과 구조, 특히 사역과 직분에 대해 매우 상세하게 설명하는 것은 놀랍다.

---

80 Ibid., 162.
81 Ibid.

땅이나 최종 정의에 대한 하나님의 약속에 호소하는 것은 일반 은혜와 일반 정의의 법정에서 아무 소용이 없을 것이다. 이는 현대의 '계몽된' 국가들(인류 폭력 역사상 가장 큰 잔학 행위에 대한 책임이 있음을 잊지 말아야 한다)이 미신을 넘어서서 발전했기 때문이 아니라, 그리스도의 인격 안에 계신 하나님이 심판의 연기를 선언하셨고, 따라서 회개를 위한 공간을 마련하셨기 때문이다.

따라서 회개하지 않는 자들도 이런 신적 인내로부터 유익을 얻는다. 비록 그들이 그런 지연을 신화라는 증거로 악용하더라도 말이다(벧후 3:3-13).

누구도 원수를 사랑하고 핍박을 견디라는 예수님의 단호한 명령을, 끊임없이 주변 이웃을 습격하고 자녀들을 바알에게 제물로 바친, 이스라엘의 우상 숭배하는 이웃을 철저히 멸하라는 옛 언약의 명령과 대조적으로 읽지 않고는 예수님의 단호한 명령을 이해할 수 없다. 야웨는 자신의 땅을 점령한 이교도 국가들의 폭력과 우상 숭배가 극에 달하도록 방치한 채 마침내 자신의 종 이스라엘을 통해 심판을 집행하셨다(창 15:16, 신 9:4-5).

그러나 이스라엘이 이웃 나라를 본받으면 이스라엘도 같은 결과를 겪게 될 것이다.

> 여호와께서 너희 앞에서 멸망시키신 민족들 같이 너희도 멸망하리니 이는 너희가 너희의 하나님 여호와의 소리를 청종하지 아니함이니라(신 8:20; 레 26장).

땅은 이스라엘의 것이 아니라 하나님의 것이며, 하나님의 적들뿐만 아니라 거룩한 민족에게도 추방은 항상 살아 있는 선택지이다. 야웨는 그 땅이 자신의 소유라고 주장할 뿐만 아니라 "너희는 거류민이요 동거하는 자로서 나와 함께 있느니라"(레 25:23, NKJV)라고 덧붙이신다. 성지조차도 하나님이 그분의 백성과 함께 거하시는 영원한 거처가 아니다.

철저하게 신 중심적 관점만이 하나님이 명령하신 행동의 정의를 인식할 수 있다. 위쇼그로드는 다음과 같이 지적한다.

> 임마누엘 칸트(Immanuel Kant)는 시편 79:5-7에서 "지체하는 극단에 이르는 복수를 위한 기도"를 논평하면서 "시편은 영감을 받은 것이므로 그 안에서 형벌이 기도된다면 그것은 잘못일 수 없으며, 우리는 성경보다 더 거룩한 도덕을 가질 수 없다"고 말하는 한 저자를 경멸로 일축할 수 있다. 그리고 대신 다음과 같은 수사학적 질문을 던지며 이 문제를 분명하게 해결한다. "나는 도덕이 성경에 따라 설명되어야 하는지 아니면 성경이 오히려 도덕에 따라 설명되어서는 안 되는지에 대한 질문을 제기한다."[82]

위쇼그로드는 인간 중심적 해석이 아닌 신 중심적 해석으로 우리의 관심을 적절히 유도한다. 그러나 칸트와 그가 비난하는 주석가가 가정하는 것은 이런 지주의 시편이 구속사에서의 위치에 따라 조건이 정해지는 언약적으로 결정된 판결문이라기보다는 거부되거나 원용되는 시대를 초월한 윤리적 원칙이라는 것이다.

이 구절들이 정의의 텍스트가 아니라 공포의 텍스트인지 여부를 결정하는 것은 중립적이고 객관적이며 편견이 없는 판결이 아니다. 다시 한번, 우리가 가나안에서의 최후 심판에 대한 이런 예기(豫期)의 정의를 받아들이지 않는다면, 우리는 예수님과 사도들의 가르침에 훨씬 더 큰 어려움을 겪게 될 것이다.

이스라엘 애굽에서 나왔을 때 이스라엘 자체가 혼합된 무리였기 때문에 이런 전쟁을 인종 청소 및 대량 학살에 비교하는 것은 지나치다고 할 수

---

[82] Wyschogrod, *Abraham's Promise*, 101, quoting Immanuel Kant, *Religion within the Limits*, trans. T. M. Greene and H. H. Hudson (New York: Harper & Row, 1960), 101.

있다. 따라서 이 본문에서 하나님이 그러한 파괴를 명령하실 때 그와 같은 윤리적인 것이 중단되었다는 암시는 전혀 없다. 이런 얘기가 실제로 끔찍한 것은 사실이지만, 타락 이후 또는 그 이후 어느 시점에서든 모든 인류에게 공의로 내려질 수도 있었던 파루시아 심판에는 항상 훨씬 못 미친다.

바울이 지적하는 것처럼 온 인류는 심판의 날을 위해 "진노를 쌓아 두고" 있지만(롬 1:18; 2:5), 지금은 구원의 날이자 일반 은혜의 날이다.

침입 윤리(즉, 일반 은혜법의 유예)의 다른 예로는 이삭의 "희생"과 호세아의 결혼이 있다.[83] 따라서 하나님의 경륜에는 심판의 때가 있고 구원의 때가 있으며 이웃의 공동 아픔과 축복을 나누는 때가 있다. "아버지께서 '다 이루었다'고 말씀하실 때 우리는 그분의 음성을 들어야 한다"라고 클라인은 말한다. "그러나 오늘날 우리가 그분의 음성을 듣고 있다면, 우리는 여전히 그분의 은혜로 선한 사마리아인이 되고자 하는 것이다."[84]

필자가 보기에, 이런 해석은 옛 언약의 헤렘 또는 성전(holy war) 전통(신약성경에서 더 큰 규모로 예상)을 잘못된 것으로 취급하지 못하게 하거나 구속사의 현재 시대에 정당하게 원용(援用)된 것으로 취급하지 못하게 한다.

헤렘이나 성전 전통을 잘못된 것으로 취급하는 견해를 대표하는 카울즈(C. S. Cowles)는 구약의 하나님과 신약의 하나님 사이의 거의 마르시온주의적 대립을 옹호한다.[85] 그는 이런 본문들이 교회 역사에서 "인간 대량 학살"을 정당화하기 위해 사용되었지만 그런 본문들이 실제로는 그러한 목적에 부합한다고 가정하는 것 같다.[86]

---

83 Kline, *The Structure of Biblical Authority*, (1989), 168-69.
84 Ibid.
85 C. S. Cowles, "The Case for Radical Discontinuity," in *Show Them No Mercy: Four Views on God and Canaanite Genocide*, ed. C. S. Cowles, et al. (Grand Rapids: Zondervan, 2003).
86 Cowles, "The Case for Radical Discontinuity," 17.

그리스도인들은 더 이상 하나님을 구원 역사에서 중요했던 만큼 중요하게 '아브라함의 하나님, 이삭의 하나님, 야곱의 하나님'(출 3:6)으로 정의하지 말고 '우리 주 예수 그리스도의 하나님이시요 자비의 아버지시요 모든 위로의 하나님'(고후 1:3)으로 정의해야 한다. … 그렇다면 하나님은 첫 번째 여호수아와 같은 전사가 아니라 두 번째 여호수아와 같은 평화의 왕이시다.[87]

"예수님이 도입하신 것은 유대 신학을 완전히 새롭게 다시 쓴 것에 다름 아니며, 그분이 설교하시면서 구약 본문을 근본적으로 수정하고 심지어 모순되는 것까지 수정하셨다."[88] "구약성경에 묘사된 하나님은 죄인들에 대한 분노로 가득 차 있으셨지만 예수님 안에서 성육신하신 하나님은 그렇지 않으셨다."[89]

예수님의 "'원수를 사랑하라'(마 5:44)는 명령은 모세의 학살 명령을 완전히 기부하는 것이며, 여호수아의 인종 청소 대해 심판을 내리는 것이다.[90] 카울즈(Cowles)에 따르면, "이런 해석학적 변화는 믿지 않는 유대인들에게 너무나 급진적이고 공격적이었기 때문에 그들은 예수님을 십자가에 못 박고, 스데반을 '모세와 하나님을 모독하는 말'(행 6:11)을 했다고 비난하면서 돌로 치고, 바울을 끝까지 괴롭혔다."[91]

예수님이 오셨기 때문에 우리는 정당화될 수 없는 것을 정당화할 의무가 없으며, 오직 "**그리스도 이전**(pre-Chirst), **반그리스도**(sub-Chirst), **적그**

---

[87] Walter Brueggemann, *Theology of the Old Testament* (Minneapolis: Fortress Press, 1977), 107을 언급하는 Ibid.,. 23.
[88] Cowles, "The Case for Radical Discontinuity," 24.
[89] Ibid., 28.
[90] Ibid., 33.
[91] Ibid., 34.

리스도(anti-Christ)로만 묘사될 수 있다"(강조 추가).[92]

포괄적 정죄 또는 적용은 하나님의 펼쳐지는 목적의 미묘함과 드라마를 놓친다. 또한, 카울즈는 예수님이 직접 주재하실, 목격된 어떤 심판보다 훨씬 더 큰 미래의 심판에 관한 예수님 자신의 가르침(예: 마 20:1-16; 21:44; 22:13; 24:1-25:46 및 유사 구절)을 설명하지 못한다.

구약에서 야웨는 전사로 묘사될 뿐만 아니라 요한계시록 19:11-15의 평화의 왕도 "진노"로 가득 차 있고, "피 뿌린 옷을 입고" 만국을 치는 "심판하며 싸우신다."[93] 또한, 구약의 하나님과 신약의 하나님 사이의 마르시온적 대립을 꺼리는 그의 의도에도 불구하고, 카울즈의 결론은 우리에게 정확히 그런 선택을 남기는 듯하다. 그러나 그는 그리스도인들이 아브라함의 하나님을 경배한다는 신약성경의 주장(예수님 자신의 입술에서 나온)과 씨름하지 않는다(마 22:32; 참조, 행 3:13; 7:32).[94]

그렇지만 예수님이 끊임없이 선포하신 왕국은 현재 단계에서는 오로지 죄인의 사죄와 그들이 신비롭고 가시적인 그리스도의 몸으로 편입됨으로써만 나타난다. 그분은 "하늘과 땅의 모든 권세"(마 28:18)를 가지고 계시지만, 당분간은 적을 몰아내기보다는 화해하는 데 그 권세를 사용하신다. 비하(Humiliation)에서 승귀(Exaltation)로 나아가는 과정을 따라 왕국은 현재의 십자가와 은혜에서 종말의 권세와 영광으로 나아간다.

교회의 '표징'(말씀, 성례전, 권징)만이 다른 모든 지상 제도의 가시성과는 달리 현시대에 그리스도의 통치를 가시화한다. 산상수훈(마 5장)에서는 신정 정치의 판이 뒤집어진다. 옛 언약에서는 언약의 축복이 순종에 대한 **보상**으로 주어졌다면, 새 언약의 왕국 정치는 축복(팔복)으로 **시작된다**.

---

92 Ibid., 36.
93 Eugene H. Merrill, "Response to C. S. Cowles," in Cowles, *Show Them No Mercy*, 49.
94 Ibid.

모세가 산 위에서 전한 옛 언약이 "정결한"(유대인)과 "부정한"(이방인) 사이의 가장 날카로운 구분, 하나님의 적들에 대한 거룩한 전쟁, 정확한 보복(lex taliones)을 요구하는 반면, 예수님은 산상수훈에서 자신이 이 율법을 폐하려고 온 것이 아니라 완성하려 오셨다고 말씀하신다. 그분은 결코 부드러운 모세가 아니다.

이제 간음과 살인을 마음으로 분별하고, 이혼에 대한 율법의 허점을 메우고, 맹세를 금지하고, 과도한 불의를 과도한 자선으로 보답하고, 의로운 사람과 불한 사람을 똑같이 돌보시는 하나님을 본받아 원수를 사랑해야 한다. 지금은 인간 사절을 통해 하나님이 즉각적으로 심판하시는 신정주의 시대가 아니라는 것은 분명하다.

이 왕국에는 물리력이나 폭력을 사용할 권한은 없지만(심지어 시민법을 시행하기 위한 홍보를 위해서도), 순교를 각오하고서라도 그렇게 하는 것은 확실히 금지되어 있다. 이 왕국의 신하들은 믿음을 위해 죽을 수는 있어도 믿음을 위해 살인을 해서는 안 된다.

"우뢰의 아들들"이 이 시대에 신적 심판을 집행하고자 할 수도 있지만, 그리스도는 제자들에게 단순히 왕국을 선포하고 세례를 주고 가르치며 교제와 기도와 물질적 돌봄을 나누고 말씀과 함께 성령이 새 언약 공동체를 형성하는 성찬식을 거행하라고 명령하신다. 마지막 추수 때까지 함께 성장하는 밀과 잡초, 양과 염소는 종종 눈에 보이는 교회 안에서 구분할 수 없다.

그러나 표징으로서 교회는 자신의 계급 내에서 심판을 행사한다. 따라서 고린도전서의 주요 목적은 도덕법에 의해 규제되는 복음에 기초하여 올바른 징계를 회복하는 것이다. 사도적 권위가 도전을 받고, 분파가 등장하고, 사회 분열이 그리스도 안에서 확립된 새로운 연합의 유대를 방해하도록 허용되고, 성적 부도덕과 계급 전쟁이 성만찬 거행조차 더럽히고, 신자들은 심지어 서로 간에도 소송을 제기하는 사회 습관을 채택하고 있다.

그래서 바울은 교회가 자체적으로 권징을 행사하고 외부 사람들을 판단하지 말라고 명령한다(고전 5:9-13; 6:9-11). 또한, 교회는 미래의 심판을 세상의 레이더망에 두지만, 심판을 요청하기보다는 선언한다.

사람이 "보라 그리스도가 여기 있다 혹은 저기 있다"라고 말하는 방식으로 하나님 나라가 오지 않는다고 예수님은 말씀하신다(마 24:23). 지금은 왕국이 숨겨져 있지만 마지막 날에는 대격변이 일어날 것이다.

> 번개가 동편에서 나서 서편까지 번쩍임 같이 인자의 임함도 그러하리라(마 24:27).

현재의 현현(거듭남)에서와 마찬가지로 하나님 나라는 모든 사회적 병폐를 개선하기 위해 오는 것이 아니라 완전히 새로운 질서를 도입하기 위해 오며, 성령은 전체 세상이 인식할 수 없는 방식으로 자유롭게 일하고 계신다(요 3:3-8).

이런 해석이 담고 있는 많은 함의 중 하나는 구속사의 이 단계에서 이 시대 왕국 시민으로서 그리스도인의 소명과 하나님 나라의 시민으로서의 소명이 구별된다는 점이다. 우리는 언약 백성의 집회(synaxis)로서 종말론적 안식일을 미리 맛보기 위해 모이지만, 세상 속에서 우리의 공동의 자리를 차지하기 위해 흩어진다.

하나님의 나라는 바벨처럼 지상의 야망으로 하늘로 올라가는 것이 아니라 "하늘에서 내려오는"(계 21:2; 히 12:28과 함께) 것이다. 신앙과 강압, 컬트와 문화, 그리스도의 왕국과 이 시대의 왕국 등은 현재로서는 완전히 구별된다. 즉, 그리스도가 모두 통치하지만 다른 방식으로 통치한다. 공공 정책은 법으로 제정되고 시행되는 반면, 이 시대의 그리스도 왕국 정책은 은혜와 교회의 권징을 통해 선포되고 시행된다.

2) 거룩한 전쟁 주제를 영적으로 해석하기?

신약성경은 신정 정치에서 거룩한 전쟁이라는 주제를 다루고 있지만, 그것은 별개의 정치에 속한다. 이런 접근 방식에 따르면 거룩한 전쟁의 주제를 '영적으로 해석'하는 것은 단지 땅을 고려하는 것에 지나지 않는다.

"우리가 주를 의지하여 우리 대적을 누르고"(시 44:5, NKJV)라는 야웨에 대한 명백한 군사적 인식은 이제 그리스도께서 묶고 푸는 열쇠를 주신 교회를 "음부의 권세가 이기지 못하리라"라는 예수님의 선언(마 16:18-19)에 비추어 들을 수 있다.

마찬가지로 신자들에게 "하나님의 전신 갑옷"을 입으라는 바울의 호소는 거룩한 전쟁이 예고한 실제 전투에 대비하는 것이며, 그 갑옷의 각 부분은 물리적 폭력이 아니라 교회의 사역을 통해 복음을 전하는 은혜의 왕국과 연결되어 있다(엡 6:10-17).

성지 주제(holy-land theme)와 마찬가지로 거룩한 전쟁 모티브는 잇히거나 알레고리화된 것이 아니라 대신 하나님의 언약 경륜의 현재 통치에서 적절한 해석이 주어진다. 죽음과 삶, 심판과 칭의, 죄의 폭압과 살아 계신 하나님을 섬기는 해방 사이의 경쟁이 더 이상 '현실 세계'에 속하지 않는다고 믿는 경우에만 우리는 이것이 정적주의(靜寂主義)적 접근법을 나타낸다고 결론을 내릴 수 있다.

한편, 그러한 구절을 유사 영지주의(quasi-gnostic) 방식으로 내면화하여 육체와 그 열정을 정복하고 순수한 영을 열망하는 개인 내면의 순전히 주관적인 싸움으로 축소하는 경향이 있다. 선지자들에게서 가져온 우주적, 공적, 법정 이미지가 너무 많아서 (사 59장을 명시적으로 전용하는) 에베소서 6장에 대한 이런 해석을 정당화할 수 없다.

다른 한편, "하늘에 있는 악의 영들"을 특정 정치 및 경제 시스템과 동일시하여 "우리의 씨름은 혈과 육을 상대하는 것이 아니요"라는 주장을 뒤집어버릴 수도 있다. 어쨌든 에베소서 6장은 교회가 수행하는 전투의 장비로서 말씀, 복음, 그리스도의 의, 진리, 구원을 가리킨다.

창세기 3장부터 요한계시록까지 이야기를 지배하는 우주적 투쟁은 뱀과 그의 후손, 여자와 그녀의 후손 사이의 전쟁이다. 신약성경이 상상하는 우주 전쟁이 천상에 속한 것이 아니거나 지상의 현실과 무관하지 않다는 것은 창세기 3:15에서 시작되는 뱀과 여자의 싸움의 역사에서 이미 충분히 분명하다. 그것은 이미 가인과 아벨 사이의 위기에서 볼 수 있다.

이제 (원복음 이후) 모든 것이 뱀을 물리치는 메시아의 출현에 달려 있기 때문에, 전투 전략은 약속된 "여자의 후손"을 제거하는 데 집중되어 있다. 그러나 하나님은 죽임을 당한 아벨을 대신해 셋을 일으키시고, 왕국은 메시아적 목표를 향해 계속 전진한다. 결국, 셋 족속은 통혼하여 이방 민족의 거짓 숭배와 메시아의 후손의 종말이라는 측면에서 언약 계보의 통합을 위협한다(창 6장).

그러나 노아와 그의 가족은 남아서 이야기를 이어 간다(6:9-9:28). 그러나 노아와의 언약 직후, 가나안은 저주를 받고 셈은 축복을 받지만 "셈의 장막"에 "야벳을 위한 공간을 만들겠다"는 하나님의 약속과 함께 죄가 위협한다(9:25-27). 이야기 후반부에는 아브람과 사래가 야웨의 소유로 불리면서 셈의 혈통마저 달 숭배에 동화되는 것을 볼 수 있다(창 12장). 애굽에서 아브라함 자손의 외침으로 넘어갈 때, 뱀이 바로(파라오)로 의인화되어 야웨와 뱀의 대결을 마주한다.

심지어 이 땅에서도 이스라엘 자체는 열방을 몰아내는 거룩한 전쟁에서뿐만 아니라 이스라엘 자체의 통치자들의 사악함에서 이 우주 전투의 극장이 된다. 그리고 이스라엘 통치자들의 사악함은 종교적 완전성과 메시아 혈통 측면에서 다시 언약을 위협한다.

종종 이 계승 계보는 하나의 실에 매달려 있다. 아달랴 왕비는 소란의 원인을 알기 위해 성전에 들어갔지만, 단지 그녀가 저질렀던 왕족 학살을 피해 어린 요아스가 도망쳤다는 사실에 놀라게 되는데(왕하 11:13-14), 이 장면은 요한계시록 12장에 나오는 허를 찔러 쫓겨난 용의 분노와 유사하다.

요아스의 통치 기간 동안 바알에게 세운 산당과 신성한 기둥들이 파괴되고 성전이 수리되지만, 그는 결국 여호와께 등을 돌리고 죽임을 당한다(대하 24:17-25). 이 모든 이야기에서 왕국의 문제는 취임 예정자의 "원하는 것과 달음박질"에 달려 있지 않다는 것이 분명해진다. 요아스는 다른 많은 왕만큼이나 나쁜 왕으로 밝혀졌다. 그러나 그는 다윗의 메시아적 아들의 조상이었다.

이 모든 이야기의 배경에는 에덴에서 시작된 우주적 전투가 있으며, 헤롯이 남자 아기들을 학살하면서 절정에 이른다(마 2:13-23). 애굽에서의 "망명"과 나사렛으로의 송환은 이미 이 독특한 아이가 어린 시절에도 이스라엘의 역사를 되짚어 보고 있으며, 그렇게 함으로써 뱀과 그의 인간 대리인에 대한 "여자의 후손"의 승리가 성취되고 있음을 알려 준다.

예수님의 관점에서 볼 때, 예수님의 백성인 그들에게 속해 있지만 지금은 그 칭호를 상실한 왕국에 대해 그들이 반대하는 것은 실제로 이 우주적 전투가 벌어지고 있는 것이다(마 23:33-35). 예수님은 자신을 만류하여 십자가를 지지 못하게 하려는 베드로의 시도조차도 사탄의 음성으로 취급하실 수 있다(16:23).

이런 관점에서 보면 누가복음 10장은 더 큰 의미를 갖는다. 모세가 70명의 장로를 임명했던 것처럼 예수님도 70명의 제자를 보내어 "친히 가시려는 각 동네와 각 지역으로 둘씩 앞서 보내게" 하신다(1절). 창세기 10장에 70개의 나라가 언급되어 있고, (마가복음 6:7의 열두 제자 파송에서처럼) 제자들을 짝 지어 보내는 것은 증언을 확인하기 위한 "두 증인"(신 17:6)의 요건을 충족한다는 점에서 교훈적이다.

첫째, 예수님은 이 군대의 사령관으로서 70인에게 "내가 너희를 보냄이 어린양을 이리 가운데로 보냄과 같도다"라고 말씀하신다(3절). 이것은 우리가 신정국가의 거룩한 전쟁에서 군사 작전에서 접하는 종류의 연설은 아니지만, 이 왕국의 현재 단계와 일치한다. 그들의 유일한 무기(그들은 여분의 샌들 한 켤레도 가져갈 수 없다)는 그리스도에 대한 증거뿐이다.

> 어느 집에 들어가든지 먼저 말하되 이 집이 평안할지어다 하라 만일 평안을 받을 사람이 거기 있으면 너희의 평안이 그에게 머물 것이요 그렇지 않으면 너희에게로 돌아오리라(눅 10:5-6).

우리는 복음을 전파함으로써 하늘 문을 열고 닫는다는 천국 열쇠의 근본 의미를 다시 한번 만나게 된다. 휴전의 기쁜 소식을 전하는 전령처럼, 70인은 평화 조약으로서 하나님 나라를 선포해야 한다.

그들은 거리낌 없이 그들 앞에 놓인 무슨 음식이든지 나누고, 병자를 고치며, "하나님의 나라가 너희에게 가까이 왔다"라고 말해야 한다(8-9절). 마을 사람들이 이 메시지를 거부하면, 전령들은 심지어 발에 묻은 먼지까지 닦아 내며 사람들에게 "그러나 하나님의 나라가 가까이 온 줄을 알라 하라"라고 말해야 한다(11절).

결국, 하나님 나라의 임재는 그 나라를 받아들이는 사람들에게는 좋은 소식이지만 그 나라를 거부하는 사람들에게는 최악의 소식이다.

예수님은 다음과 같이 덧붙이신다.

내가 너희에게 말하노니 그 날에 소돔이 그 동네보다 견디기 쉬우리라 (눅 10: 12).

종말론적 왕국의 임재는 즉각 응답을 요구하지만, 최종 입증과 심판은 왕의 파루시아가 직접 오실 때를 기다린다. 70명의 증인들은 이 메시지를 전하며 반역하는 도시들에 대한 언약의 저주(재앙)를 선포하지만, 심판의 집행은 종말에 하나님의 손에 맡기게 될 것이다.

너희 말을 듣는 자는 곧 내 말을 듣는 것이요 너희를 저버리는 자는 나를 저버리는 것이요 나를 저버리는 자는 나를 보내신 이를 저버리는 것이다 (눅 10:16).

그리고 우리는 70인의 보고와 예수님의 반응을 듣는다.

칠십인이 기뻐하며 돌아와 이르되 주여 주의 이름이면 귀신들도 우리에게 항복하더이다 예수께서 이르시되 사탄이 하늘로부터 번개 같이 떨어지는 것을 내가 보았노라 내가 너희에게 뱀과 전갈을 밟으며 원수의 모든 능력을 제어할 권능을 주었으니 너희를 해칠 자가 결코 없으리라 그러나 귀신들이 너희에게 항복하는 것으로 기뻐하지 말고 너희 이름이 하늘에 기록된 것으로 기뻐하라 (눅 10:17-20).

다음 장에서 예수님은 다음과 같이 선언하신다.

그러나 내가 만일 하나님의 손을 힘입어 귀신을 쫓아낸다면 하나님의 나라가 이미 너희에게 임하였느니라 강한 자가 무장을 하고 자기 집을 지킬 때에는 그 소유가 안전하되 더 강한 자가 와서 그를 굴복시킬 때에는 그가 믿던 무장을 빼앗고 그의 재물을 나누느니라 나와 함께하지 아니하는 자는 나를 반대하는 자요 나와 함께 모으지 아니하는 자는 헤치는 자니라 (눅 11:20-23).

실제 전쟁이 벌어지고 있다는 것은 의심의 여지가 없으며, 이 이야기가 매일 우리에게 보도되는 "전쟁과 전쟁 소문"보다 덜 실제적이거나 덜 중요하다고 상상하는 것은 우리가 이 이야기의 신 중심적 초점을 잊었다는 또 다른 신호이다. 게다가 이런 갈등으로 인해 증인들이 전투에서 목숨을 잃을 수도 있다. 그렇지만 그것은 군사적 정복을 통한 육신이 아닌 말씀과 성령으로 기소된다.

예수님의 예루살렘(즉, 그분의 메시아 왕국)으로의 여정을 십자가와 부활의 관점에서 이해하느냐, 아니면 신정 정치의 회복으로 이해하느냐가 모든 차이를 만들어 낸다. 야고보와 요한은 왕의 행진을 후자에 따라 해석하면서 예수님과 그분의 설교를 거부한 사마리아 마을에 불을 내리기를 원했다(눅 9:51-54). 그러나 "예수께서 돌아보시고 꾸짖으시고 함께 다른 마을로 가시니라"(55-56절)

예수님과 사도들의 사역에서 최종 심판은 거부되거나 실행되지 않지만, 선포되며, 복음을 받아들이는 사람들에게는 그 마지막 날의 판결이 내리는 데 의심의 여지가 남지 않는다.

정복하는 왕과 대속의 어린양은 이 독특한 인격과 그분의 왕국 안에서 하나이며 동일하다. **승리자 그리스도**(*Christus Victor*)가 **하나님의 어린양**(*Agnus Dei*)을 만난다. 예수님은 (창 3:15을 떠올리는 뱀을 밟는다는 표현으로) 악마들까지 정복할 수 있다는 70인의 환희에 대해 그들의 이름이 하늘에 기록되었다는 더 큰 소식으로 응답하신다.

"강한 자"는 결박될 수 있으며, 결과적으로 예수님과 제자들의 특별한 사역은 말씀과 성찬이라는 평범한 사역에 의해 계승된다. 그러나 "혈과 육을 상대하는 것이 아니요 통치자들과 권세들과 이 어둠의 세상 주관자들과 하늘에 있는 악의 영들을 상대하는" 우리의 싸움은 줄어들지 않고 계속된다(엡 6:12).

위에서 상술했던 역사 전체에 걸쳐서 보았듯이, 이런 우주적 전쟁은 개인적이고 제도적이고, 종교적이고 사회적인, 종교 집단적이고 문화적인, 언변이 좋고 정치적인 지상의 대리인을 통해 이루어진다. 그러나 교회는 이런 두 번째 동인들 뒤에 있는 진짜 적, 이런 주요 사항의 전쟁 이면에서 벌어지고 있는 진짜 전쟁은 우리 가정과 우리 마음속에서 벌어지고 있음을 알고 있다. 이 시대의 왕국에서 우리의 책임 있는 행동이 요구하는 분쟁이 무엇이든, 교회는 교회의 선장이 이미 물리친 악의 제국을 약탈하는 임무를 위임받은 유일한 기관이다.

> 우리가 육신으로 행하나 육신에 따라 싸우지 아니하노니, 우리의 싸우는 무기는 육신에 속한 것이 아니요 오직 어떤 견고한 진도 무너뜨리는 하나님의 능력이라 모든 이론을 무너뜨리며 하나님 아는 것을 대적하여 높아짐 것을 다 무너뜨리고 모든 생각을 사로잡아 그리스도에게 복종하게 하니(고후 10:3-5).

인간이 더 깊은 자기 확신에 빠져 그리스도와 그분의 왕국 선포에서 멀어지는 곳마다 전선이 그려진다. 이것은 교회 자체가 이 우주적 전투의 주요 극장이라는 것을 의미한다.

빌(Beale)은 데살로니가후서 2장에서 다음과 같이 관찰한다.

> 바울은 다니엘과 예수님이 예언한 거짓 선생들(마 24:4-5, 23-24 등 참조)이 지금도 우리와 함께 있다. 이것은 종말의 '큰 환난'이 부분적으로 시작되었음을 의미한다. '배도'와 '불법의 사람'이 새 언약 교회의 성전으로 들어온다는 예언이 성취되기 시작했다.[95]

---

95 Beale, *The Temple and the Church's Mission*, 288.

이 모든 구절을 종합하면 더 큰 윤곽이 드러나는 것을 볼 수 있다. 예수님은 지상 사역에서 강자를 결박하시고 그의 도둑질한 물건을 약탈하셔서 이제 땅에서 매이고 풀리는 것은 무엇이든 하늘에서도 매이고 풀리게 하셨다(마 16:19). 마침내 하늘에서 단번에 쫓겨나 밤낮으로 교회를 비난하던 사탄은 그리스도가 살아나면서 "쫓겨났다."

그러나 요한계시록 12장이 우리에게 상기시켜 주듯이, 이것은 승리한 교회(하늘에 모인 성도들)에게는 좋은 소식이지만, 전투 중인 교회(지상에 살아 있는 성도들)에게는 불길한 소식이다. 지난 50년 동안 그리스도를 증거하다 순교한 기독교인의 수는 지난 수 세기 동안의 박해 기간을 모두 합친 것보다 더 많다.[96] 현재 테러와의 전쟁에서 미국과 협력하고 있는 많은 국가에서도 기독교인에 대한 국가 박해는 줄어들지 않고 있다.

자유민주주의 국가의 시민들은 뱀과 여자의 대결을 심각하게 받아들이기 어려울 수 있지만, 박해에도 불구하고(그리고 부분적으로는 박해로 인해) 하나님 나라의 복음이 빠르게 확산되고 있는 세계 다른 지역의 형제자매들은 이 시대의 전쟁에 예민하게 반응하고 있다. 이 모든 구절에서 진정한 헤드라인은 어린양의 인격과 사역, 그리고 증인들의 간증을 통한 어린양의 승리이다. 다시 말해, 큰 이야기는 복음과 세상에서의 복음의 진보에 관한 것이다.

예수님이 가르치시고 모범을 보이셨을 뿐만 아니라 자신의 비하와 승귀을 통해 가져오신 것처럼, 타락한 세상에서 이방인의 권력과 복종의 전체 질서는 그리스도의 왕국에서는 더 이상 통하지 않는다. 예수님은 이 이야기에서 적어도 우리에게는 만물의 주인이신 유일한 주님, 즉 만물의 종이신 주님이 계시다는 것을 증명했다.

---

[96] David B. Barrett, "Annual Statistical Table on Global Mission," *International Bulletin of Missionary Research* 18 (1994): 25.

이 왕이 전쟁을 선포하자 포로들은 기쁨으로 뛰쳐나온다. 부패와 억압, 폭력의 속박으로부터 세상을 해방시키는 희년의 해이다. 이 시대에는 압제자들도 구원받고 있다. 진정한 회개와 화해가 세상에 일어나고 있다.

그렇지만 예수님은 감람나무 담화에서 인자가 마지막 때에 영광과 권능으로 오실 것이라고 설명하신다.

> 인자가 권능의 우편에 앉아 있는 것과 하늘 구름을 타고 오는 것을 너희가 보리라 하시니(마 26:64; 막 14:62; 눅 22:69).

순교자 스데반의 환상(행 7:56)에서도 부분적으로 실현되었고(8:1), 다메섹 신자들에 대한 또 다른 행동을 위해 가는 바울의 환상(9:1-6)에서도 회심 전 바울이 이를 인정했다. 그러나 우리는 여전히 그 현현의 두 번째 부분, 즉 은혜에서 영광으로의 전환을 의미하는 "하늘 구름을 타고 오심"을 기다리고 있다.

갱신이 그 자체의 순서(지금은 칭의와 중생, 그 다음에는 영광과 부활)로 진행되는 것처럼 심판도 우선은 법정적이다. 즉, 열방에 하나님의 말씀을 선포한 다음 언젠가 영광으로 재림하시는 메시아에 의해 역사의 무대에서 가시적으로 집행된다.

거룩한 전쟁을 결코 '영적으로 해석'하지 않는 거룩한 전쟁의 모티브는 성지처럼 창조의 갱신에서 더 깊고 넓다. 영적으로 죽은 자를 살리시는 성령의 역사로 시작되는 갱신은 그들의 육체적 부활로 완성된다. 결국, 영혼뿐만 아니라 육체도 구원받을 것이며, 인간뿐만 아니라 모든 피조물도 구원받을 것이다(롬 8:18-25).

우리가 세속 도시에서 직면하는 가장 평범한 질문조차도 궁극적으로는 죄와 죽음의 문제와 연결되어 있다.

윌리엄 윌리몬(William Willimon)은 다음과 같이 말한다.

포드 자동차는 매년 철강보다 직원 건강 관리에 더 많은 비용을 지출한다. 전 세계가 하나의 병원이 되었다. 죽음이 우리를 잡아당기고 있다는 말이다.[97]

따라서 죄와 죽음의 문제에 대해 이야기하는 것은 이 세상의 문제에서 벗어나기 위한 것이 아니라 오히려 우리가 평소보다 더 심각하게 받아들이기 위한 것이다. 성령이 말씀과 성찬을 통해 그리스도와의 연합을 매개하는 모든 사건은 악의 왕국을 폭력적으로 무너뜨리는 또 다른 사건이며, 죽음이 최후의 승자가 되는 것을 거부하는 것이다.

내가 『언약과 구원론』(Covenant and Salvation, CLC 刊)에서 자세하게 주장했듯이, 심판과 구원의 법정적 측면은 언약의 존재론에서 가장 생성적인 힘이다. 죄와 구원은 무엇보다도 그 자체로 도덕적, 육체적, 역사적 영역을 만들어 내는 사법적 문제이다.

그래서 예수님은 가지를 자르는 것이 아니라 나무를 뿌리까지 끌어올려 모든 의를 이루시고, 상한 마음을 가진 자를 용서하고 축복하시며, 저주를 짊어지고 승천하여 하늘 법정에서 우리를 위해 중보하기 위해 오셨다. 이 과정에서 예수님은 시대의 종말에 일어날 미래의 심판과 완성된 안식을 선포하신다. 이런 완성의 징조는 예수님의 사역에서 나타나지만, 가장 결정적인 사실은 죄인들의 용서이다.

히브리서 기자는 이 거룩한 전쟁을 결코 영적으로 해석하거나 알레고화하지 않고, 우리가 시내산과 피의 제사 질서가 아니라 시온산과 "새 언약의 중보자이신 예수와 및 아벨의 피보다 더 나은 것을 말하는 뿌린 피"(히 12:22-24)에 왔다는 사실을 상기시켜 준다. 이런 비교에서 우리는 그리스도의 자기 제물의 폭력성과 보복을 요구하는 타인의 폭력적 희생 사이의

---

[97] William H. Willimon, *The Intrusive Word: Preaching to the Unbaptized* (Grand Rapids: Eerdmans, 1994), 10–11.

차이를 엿볼 수 있다.

그리스도의 피가 아벨의 피보다 더 나은 말씀을 전하는 이유는 아벨의 피는 복수를 위해 땅에서 외쳤지만(창 4:10-11), 그리스도의 피는 자비를 위해 지성소(the Holy of Holies)에서 외쳤기 때문이다.

따라서 제국주의, 민족주의 또는 해방주의적 열망에 봉사하기 위해 거룩한 전쟁과 거룩한 땅이라는 주제를 영적으로 해석하는 것은 그리스도의 왕국이 아니라 이 시대의 왕국이다. 이런 영적 해석(또는 알레고리화)은 역사적으로 맥락화된 사건이 아니라 알레고리로서 언제 어디서나 누구에게나 전용되고 적용될 수 있기 때문에 매우 치명적이다.

전쟁에서 인간의 피는 여전히 흘릴 것이며, 그중 일부는 우리가 여전히 정당하다고 부르지만 불경스럽게도 신성한, 끝이 없는, 최후의 전쟁이라고 부를 수 있을 뿐이다. 우리는 오늘날 서구에서 한 번도 그리스도교를 부인한 적이 없는 결과인 연극을 살고 있다.

첫째, 우리는 이스라엘의 신정 정치에 대한 이야기를 알레고리화했다. 신화가 작동하려면 여전히 성경적 암시가 필요했다.

윌리엄 블레이크(William Blake)의 자랑에서 정신의 상승이 계몽주의 진보 신화와 얼마나 쉽게 결합되는지 주목하라.

> 나는 우리가 영국의 푸르고 쾌적한 땅에
> 예루살렘을 건설할 때까지
> 정신의 비행을 멈추지 않을 것이며
> 내 손에서 칼이 잠들지 않을 것이다.[98]

---

[98] William Blake, Milton [prefatory poem], in *The Complete Writings of William Blake*, ed. G. Keynes (Oxford: Oxford University Press, 1966), 480.

그러나 그의 열망에도 불구하고 예루살렘은 영국에 건설되지 않았고 다른 모든 제국에서 그랬듯이 대영제국에도 해는 지고 말았다.

바벨에서부터 현대에 이르기까지 하나님의 도성에 대한 패러디는 강력한 관료적 중심에서 바깥으로 원심력 있는 패턴으로 조직화되어 점점 더 큰 "생활 공간"(Lebensraum)을 구축하면서 차이를 제국의 확장된 동질성 속으로 흡수해 왔다. 제3제국(The Third Reich)은 유럽의 모든 분리된 게르만 민족을 '통합'하기 위한 선례로 고대 게르만 신화에 호소했다.

이미 19세기 후반에 에른스트 모리츠 아른트(Ernst Moritz Arndt)는 다음과 같이 서사시적으로 낭송할 수 있었다.

> 독일인의 조국은 어디에 있는가?
> 스와비아(Swabia)인가, 프로이센 땅인가?
> 라인강에서 포도가 자라는 곳인가?
> 갈매기가 발트해의 바닷물을 훑어 보는 곳?
> 아니! 더 위대하고 더 웅장한
> 독일인의 조국이어야 한다!⁹⁹

최근 발칸 분쟁에서 세르비아인들은 종말론적 기대의 지평으로 "더 위대한 세르비아"에 호소했다. 그러나 많은 미국 기독교인에게 미국의 사명은 더 초월적이다. 다민족의 "용광로"였던 미국의 역사를 고려할 때, 우리는 피와 땅에 대한 랩소디에 눈살을 찌푸릴 수 있다. 그렇지만 우리 역시 "바다에서 빛나는 바다까지 형제애로 우리의 선을 관을 씌우신" 하나님을 찬양하며 "공화국의 전투 찬가"에서 그리스도의 파루시아 심판을 연합의

---

99   Ernst Moritz Arndt, "Was ist des Deutschen Vaterland?" in *The Poetry of Germany*, trans. Alfred Baserkville (Baden-Baden, 1876), 150-52, quoted in Yi-Fu Tuan, *Space and Time: The Perspective of Experience* (Minneapolis: University of Minnesota Press, 1977), 177.

구원, 보존 및 발전과 동일시한다.[100]

청교도들과 초월주의자들은 광야로 신성한 심부름을 떠났고, 대호황 시대(Gilded Age)의 사회 복음 운동의 지도자들은 오늘날의 신앙에 기반한 전쟁 수행자들이 얼굴을 붉힐 만한 용어로 지구의 "약소민족"을 "기독교화"하고 문명화하겠다는 하나님과의 언약에 대해 이야기했다.[101]

이런 모든 방식에서 우리는 옛 언약이 의도한 신호를 그리스도께로 옮기고 우리 자신의 국가, 대의 또는 열망으로 끌어들인다. 우리 시대에 '제국'은 시장의 정복을 통해 확산되어 온 땅이 욕망의 글로벌 슈퍼마켓인 맘몬의 영광으로 가득 차게 된다. 보이지 않는 글로벌 시장의 비인격화되고 비실체화된 흐름은 종말론의 진정한 영적 해석을 완성된 형태로 나타낸다.

그러나 그리스도의 왕국은 고난과 십자가를 통해 이 시대에 확장되며, 말씀과 성찬이라는 유형적이고 물질적이며 일상적인 수단으로 그리스도를 선포한다. 이 사라져 가는 시대의 헤드라인에서 간과된 새로운 인류의 중심은 교제와 기도, 현세적 필요를 위한 상호 지원으로 존재하며, 어떤 형제나 자매도 굶주림이나 몸과 영혼의 노숙자로 남겨지지 않도록 한다.

그 결과 참으로 피로써, 그러나 "죄 사함을 얻게 하려고 많은 사람을 위하여 흘리는바 나의 피 곧 언약의 피"(마 26:28, NKJV)로 하나가 된 새로운

---

[100] George Hunsinger, *Disruptive Grace: Studies in the Theology of Karl Barth* (Grand Rapids: Eerdmans, 2002), 42. 조지 헌싱어는 다음과 같이 관찰한다. "예를 들어, 최근 발표된 '기독교와 민주주의: 종교와 민주주의에 관한 연구소의 성명서'라는 제목의 문서를 보라." 이 보고서는 '예수 그리스도는 주님이시다'라는 말로 시작하고 끝을 맺으면서 뻔뻔하게도 이렇게 고백한다. … 우리는 미국이 하나님의 약속과 목적에 있어 특별한 위치를 차지하고 있다고 믿는다.'" 초안 작성자들은 "'이것은 국가적 오만함의 진술이 아니다'"라고 추가해야 할 필요성을 느꼈다고 한다. 보수주의자와 자유주의자는 서로 상충되는 방식으로 그리스도의 왕국을 우화화(따라서 지정학적 체제와 혼동)할 수 있지만, 해석학적 경향은 거의 동일하다.

[101] Garry Wills, *Head and Heart: American Christianities* (New York: Penguin Press, 2007), 391-95.

국가가 탄생할 것이다.

  이 시대의 모든 국가와 제국은 신자들이 "태양 아래" 공통의 저주와 일반 은혜를 이웃과 함께 나누며 살아가는 가인의 도시이다. 바빌론은 자주 흔들리고 보복을 당할 준비가 되어 있는 도시로, 하늘에 닿을 듯한 탑을 세우지만 마지막에는 심판으로 무너진다.

  이와 대조적으로 하나님의 도성은 신랑을 위해 단장한 신부처럼 하늘에서 내려온다(계 21:2). 그 영광의 빛의 예기(豫期)인 예수님의 부활을 근거로 우리는 하나님의 심판을 이해하지 못하는 우리의 무능함을 인내하며 견딜 수 있다.

  그동안 우리는 도시에서 도시로 평화를 선포하며 심판을 호출하지 않으며 다가올 심판에 대해 경고한다. 이 본문을 해석하는 데 있어 우리에게 좌표를 제공하는 것은 두 개의 라이벌 신이 아니라 서로 다른 언약과 시대이다.

  야웨는 현재 열방을 그의 거룩한 땅에서 몰아내는 대신 그들을 자신의 아들에게로 모으고 계신다. 오기를 거부하는 사람들조차도 보존되며 당분간 번성하기도 한다. 예수님이 우리에게 본받으라고 요구하시는 것은 모든 사람에게 공통된 이 신적 돌봄이다(마 5:45). 구원과 심판은 우리 손에 달려 있지 않지만, 종말론적 지평에서 주님의 날은 그 다음으로 큰 사건이다. 우리는 다음과 같은 사실을 상기한다.

> 주의 약속은 어떤 이들이 더디다고 생각하는 것같이 더딘 것이 아니라 오직 주께서는 너희를 대하여 오래 참으사 아무도 멸망하지 아니하고 다 회개하기에 이르기를 원하시느니라 그러나 주의 날이 도둑 같이 오리니 …. 우리는 그의 약속대로 의가 있는 곳인 새 하늘과 새 땅을 바라보도다(벧후 3:9-10, 13).

제10장

완성:
우리가 받는 왕국의 성찬 전례

우리는 "존 칼빈의 전체 작품을, 은혜와 감사의 주제를 전례적으로 제정하는 거룩한 연회를 가진 성찬신학으로 묘사할 수 있다"라는 게리쉬(B. A. Gerrish)의 결론을 접했다.[1]

이 책은 선구자인 그리스도의 승천으로 시작하여 온 교회가 그분의 열차를 타고 도착하는 것으로 끝난다. 지금 여기 교회는 그분의 육체적 승천과 자신의 승천 사이의 생산적이면서도 불안정한 중간에서 믿음, 소망, 사랑을 발견한다.

나는 성경적, 조직적, 실천적 신학을 통합하는 렌즈로서 언약과 종말론의 중요성을 역설하는 것으로 이 시리즈를 시작했다. 이 글과 그 일부인 네 권짜리 프로젝트를 마무리하면서, 이 장에서 언약신학은 필연적으로 전례신학이며 성찬 경륜은 교회 교제의 핵심일 뿐만 아니라 현실 자체의 핵심이라고 주장한다.

---

[1] G. A. Gerrish, *Grace and Gratitude: The Eucharistic Theology of John Calvin* (Minneapolis: Augsburg Fortress Press, 1993), 52; cf. Owen F. Cummings, "The Reformers and Eucharistic Ecclesiology," in *One in Christ* 33, no. 1 (1997): 47–54.

1. 추수 감사절 퍼레이드: 시내산에서 시온까지 왕의 행렬

창조에서 타락, 구속, 그리고 마침내 완성에 이르는 계시의 역사를 요약하는 방법은 여러 가지가 있을 수 있다. 그러나 한 가지 눈에 띄는 주제는 일터에서 안식일까지의 왕실 행렬인 성찬 행렬이다.

이 언약적 응답 송가적 전례의 주요 부분을 고려할 때, 인류는 하나님의 형상대로 창조되었다. 하나님은 창조를 말씀하시며 창세기 1:2의 "공허와 흑암"을 배경으로 창조의 6일을 말씀하시는데, 이는 문자 그대로 24시간이 아니라 각 영역의 창조와 그 통치자를 연관시키는 날의 프레임(day-frame)으로 이해해야 한다고 생각한다.[2]

첫째 날과 넷째 날은 빛의 창조와 낮과 밤을 다스리는 빛의 통치자를 선포하는 날이다. 둘째 날과 다섯째 날에는 하늘과 물이 각각의 지배자인 새와 물고기와 함께 창조되었음을 알려 준다. 셋째 날과 여섯 번째 날에는 동물과 인간이 다스리는 땅과 초목이 창조되었다. 인간은 낭비와 착취가 아니라 창조주 자신의 일과 휴식의 패턴, 즉 적도 없고 임무를 완수한 군주의 휴식을 본받아 섬기면서 하나님 아래서 모든 피조물을 다스리는 삶이 주어졌다.

따라서 창조 이야기는 인류를 왕관으로 삼는 피라미드와 같다.

> 그를 하나님보다 조금 못하게 하시고 영화와 존귀로 관을 씌우셨나이다 주의 손으로 만드신 것을 다스리게 하시고 만물을 그의 발아래 두셨으니(시 8:5-6).

2　M. G. Kline, *Kingdom Prologue: Genesis Foundations for a Covenantal Worldview* (Overland Park, KS: Two Age Press, 2000), 38-40; cf. Mark D. Futato, "Because It Had Rained: A Study of Genesis 2:5-7, *Westminster Theological Journal 60* (1998): 1-21

하나님의 언약의 파트너는 창조 사역과 축하의 안식에 대한 하나님의 고유한 패턴을 반영하여 성찬적 노동과 정복의 '6일'을 통해 광대한 창조 퍼레이드를 이끌고 영원한 약속의 땅으로 바로 들어가는 것이었다.

이것은 안식일의 위엄으로 즉위하는 위대한 왕의 심사를 앞두고 인간 통치자 뒤에 있는 피조물 왕들의 퍼레이드이다.

앨런 리처드슨(Alan Richardson)은 다음과 같이 지적한다.

> 식물, 나무, 해, 달, 별, 새, 물고기 등 모든 것은 성소의 제사장이나 레위인처럼 정해진 코스에서 정식으로 정해진 전례 직분을 수행한다. 그리고 마지막으로 인간은 전체 창조 질서의 대제사장이자 면류관으로서 이 광대한 우주적 신정 제국에서 하나님 아래서 통치권을 행사하며, 여기서 일어나는 모든 일이 하나님의 영광으로 되돌아간다.[3]

목적지는 생명나무를 성례로 하는 하나님의 영원한 안식일 시간과 장소에서 의와 평화 안에서 불멸과 확신을 누리는 것이었다.

에덴은 거룩한 도시였지만, 단지 지상에서 우주적 하나님의 왕국을 위한 전초기지로서, 위대한 왕이신 하나님이 그분의 백성 가운데 거하시는 단지 지상에서 우주적 하나님의 왕국을 위한 전초기지로 의도되었다. 따라서 처음부터 목표는 탄생-죽음-재탄생의 성스러운 순환은 말할 것도 없이 평범한 삶과 역사의 영속성이 아니라 하나님의 사랑과 정의의 법칙을 확장하는 것이었다.

그렇다면 처음부터 인간에게는 성취해야 할 거대한 프로젝트가 있었고, 성공적으로 완수해야 할 시련이 있었으며, 완수해야 할 사명이 있었다. 인

---

[3] Alan Richardson, *Genesis 1–11: The Creation Stories and the Modern World View* (London: SCM Press, 1953), 55.

간은 타고난 자기애를 지닌 생물학적 개체가 아니라 하나님의 언약에 따라 외향적이고 황홀하며 목표 지향적인 존재로 창조되었다.

지상의 낙원과 인간의 시련은 하나님의 창조 사역과 정복자로서 안식일의 영광에 들어가는 것을 비유하기 위한 것이었을 뿐만 아니라, 하늘에서 루시퍼의 반란이 하나님의 도시에서도 벌어지고 있었다.

에덴에서 시온으로 향하는 왕의 행렬에서 피조물을 태우고 우회하던 하나님의 인간 대리 통치자는 적대감, 허영심, 좌절, 그리고 언약 불순종에 대한 제재인 죽음으로 이어지는 막다른 길로 들어섰다.

이번에는 언약의 파트너가 "내가 여기 있나이다"라고 대답하는 대신, "아담아, 어디 있느냐"라는 하나님의 물음에 두려운 침묵으로 응답했다. 더 이상 모든 피조물을 하나님 나라의 영원한 평화로 이끄는 정당한 왕의 직분을 수행하지 않고, 인류는 이제 전 세계를 공포의 행진으로 이끌고 있다. 가인, 라멕, 니므롯, 그리고 바벨, 이집트, 페르시아, 헬라, 로마제국이 이 반란의 중심에 서 있다.

시편 2편은 땅의 왕들이 야웨와 그분의 메시아 앞에서 결속을 끊고 주먹을 휘두르는 모습을 묘사한다. 인간은 하나님의 유비와 종이 되는 대신 창조자이자 주인이 되기를 원했다.

바울은 우리 모두가 반역의 핵심인 배은망덕을 품고 제 갈 길을 간 왕의 직분자로 태어난 상태의 비극을 생생하게 포착한다(롬 1:18-22). 불의로 진리를 억압하는 인류는 감사할 수밖에 없는 창조주를 대신하여 조작하고 통제할 수 있는 우상을 만드는 데 막대한 에너지를 투자한다. 혼란스럽고 왜곡되고 변형되어 쇠약하게 부패한 인간이 아닌 피조계는 자신의 의지가 아니라 대표자인 우두머리의 결정에 따라 허무한 데 굴복하게 되었다(롬 8:20).

그래서 하나님은 가나안의 안식의 땅으로, 그리스도의 출현과 함께 시온으로 새로운 퍼레이드를 시작하셨다. 창조 이야기에서와 마찬가지로 하나님은 "집을 짓기 위해" 내려오셔서 공간(광야 황무지)을 하나님과 인간의 교제를 위한 거주 가능한 장소로 변화시키셨다(사 45:18).

창조의 야웨께서 "공허와 흑암"에서 언약의 교제를 위한 거주 가능한 지형으로 출애굽을 이끄셨던 것처럼, 노예가 된 백성을 해방시키고 광야를 지나 시내산으로, 그리고 마침내 시온산으로 인도하심으로써 이 행진을 반복하신다. 시간은 안식일 완성을 지향하는 역사가 되고, 모형론적으로 가나안 도착과 동일시되며, 공간은 장소가 된다.

존 레벤슨(John D. Levenson)은 깊은 통찰력으로 야웨의 행진(이스라엘을 이끌고 애굽에서 시내산으로, 그리고 시온으로)이라는 주제를 발전시키면서 먼저 "아무도 없는 땅에서 야웨의 집"이라는 주제에 집중한다.[4]

시편 68편(기원전 13세기에서 10세기 사이로 추정)은 전쟁시로, 야웨께 부르짖는 시이다. "고아의 아버지시며 과부의 재판장"이신 야웨께서 일어나서 적들을 흩으시기를 간구한다(1-5절).

> 하나님이 고독한 자들은 가족과 함께 살게 하시며 갇힌 자들은 이끌어 내사 형통하게 하시느니라 오직 거역하는 자들의 거처는 메마른 땅이로다(시 68:6).

다음 구절은 야웨께서 직접 진영을 먹이시고 갈증을 해소해 주시는 "시내산의 하나님"이 이끄는 광야 행군을 묘사한다(7-10절). "주께서 말씀을 주시니 소식을 공포하는 여자들은 큰 무리라." 여자들이 탈취물을 나누는 동안 "여러 군대의 왕들이 도망하고 도망하니(11-14절). 높은 산들이 하나님의 산을 시기하며 바라본다(16절).

군사적 요소와 전례적 요소가 풍부하게 결합되어 있는 다음 구절들은 "시내산에서의 야웨의 행진, 이스라엘의 하나님과 그분의 부하들이 ⋯ 사

---

4 John D. Levenson, *Sinai and Zion: An Entry into the Jewish Bible* (San Francisco: HarperSanFrancisco, 1985), 19.

막을 가로질러 출발했던 군사 작전이 기록되어 있다."[5]

시내산은 행진에서 중요한 만큼 이집트와 가나안(시온)의 중간에 놓여 있다. 안식일은 안식보다는 해야 할 일을 규정하는 율법 언약이며, 승리와 완결된 축복의 장소보다는 시련의 장소이다. 예를 들어, 시편 97편에서는 시내산에서 시온으로 초점이 이동한다(신 33:2; 시 50:2-3; 68:8-9).

> 시내산에서 시온으로 모티브의 이전은 완전하고 돌이킬 수 없는 것이었기 때문에, 야웨는 더 이상 '시내산의 그분'이 아니라 '시온산에 거하시는 분'으로 불리게 되었다(사 8:18). … 하나님의 집이 시내산에서 시온으로 옮겨졌다는 것은 하나님이 더 이상 사람의 영역이 아닌 영역 밖의 땅에 거하시는 것이 아니라 이스라엘 공동체의 경계 안에 거하시는 것으로 간주된다는 것을 의미했다.[6]

그리고 시온 전통에서는 "시내산의 경우에는 거의 상상할 수 없었던 것, 즉 인간 왕조에 대한 신적 지원의 서약이 등장할 것이다."[7]

따라서 시내산에서 시온으로의 행진은 또한 언약의 역사에서 조건과 일시성에서 무조건적이고 영원한 축복으로의 진전을 말해 준다.[8] 하늘의 시온은 (지상의 시온과 달리) "오직 그분의 은혜로만 존재"한다.[9] 예레미야 7장이 "우주 산에서 우주를 빼앗아" 그것을 "단순한 부동산의 문제로 전락시킨" 사람들을 비난하는 이유도 바로 여기에 있다. 그들은 산에 대한 기쁨과 경외심을 열망하지 않는다.

---

5 Ibid., 19. 레벤슨(Levenson)은 이 시편이 기원전 13-10세기로 거슬러 올라간다는 올브라이트(W. F. Albright)의 연대 측정에 동의한다.
6 Ibid., 91.
7 Ibid., 92.
8 Ibid., 165.
9 Ibid., 166.

그들이 왜 그래야 하는가?

그들은 그 위에 서 있다. 시온산의 건물은 하늘의 문에 해 당하는 것이 아니라 하늘의 문이다. 다시 말해, 그들은 높은 예루살렘과 낮은 예루살렘 사이의 섬세한 관계에 대한 감각을 잃어버렸다. 그리고 그들은 낮은 예루살렘이 항상 높은 예루살렘을 완벽하게 반영한다고 가정했다.[10]

나는 (특히, 『언약과 구원론』[Covenant and Salvation, CLC 刊] 제1부에서) 지상의 시온을 하늘에서 내려올 하늘 시온의 모형이나 예표에 불과한 것으로 보지 못한 것은 아브라함 언약과 시내산 언약을 혼동한 결과라고 주장한 바 있다(특히, 갈 4:4의 알레고리).

레벤슨의 요약을 그리스도에 비추어 자세히 설명하면 그리스도의 성육신과 순종과 죽음은 완성된 안식의 약속된 땅이 아니라 인간 반역의 "광야"에서 일어난다고 말할 수 있다.

이 사역에서 참이스라엘인 마지막 아담은 깨어진 언약의 역사를 요약하고 그 언약을 성취한다. 이 때문에 하나님의 말씀(히 4:1-13)이 설교와 성찬(히 6:4-19)을 통해 매개될 때 하나님 말씀에 의해 영향을 받는 거룩한 땅과 거룩한 안식, 새로운 창조에 대한 약속이 남아 있다.

아담과 이스라엘에 의해 중단된 시내산에서 시온으로의 행진은 마침내 예수 그리스도에 의해 완성되었다. 즉, 유대인이든 이방인이든 그리스도를 바라보는 사람들은 시내산이 아닌 시온, 즉 하늘의 예루살렘에 도착하여 축제의 집회를 하고 있다(히 12:18-24).

그리스도께서 새 창조와 정복의 사역을 성취하셨으므로, 시내산 신정체제를 포함한 이전의 모든 역사는 이제 "지나가고", "사라지고", "쓸모없어지는" 옛 질서에 속하게 되었다.

---

[10] Ibid., 169.

그리스도의 부활은 다가올 시대를 열었다. 그래서 아브라함의 약속과 이스라엘의 세상에 대한 사명은 마침내 성취될 수 있다. 젠슨(Robert W. Jenson)이 훌륭하게 언급하는 것처럼 "예수님의 부활이 '먼저' 일어남으로써 종말의 사건에 일종의 틈이 생기고, 교회와 교회의 사명을 위한 과거에 역사였던 것과 같은 중요한 무언가를 위한 공간이 생겼다."[11]

2. 여정을 제대로 이해하기

이야기의 바로 이 지점에서 이스라엘은 여정을 잘못 이해했다. 메시아가 도착하여 로마인들을 몰아내고 유배 생활을 끝내고 그분의 통치를 시작하실 수 있도록 집안 정리에 열심이었던 이스라엘은 특히 바리새인들의 지도 아래 시내산에서 했던 서약을 새롭게 하는 데 집중했다.

제자들은 하늘의 시온으로 향하는 메시아의 열차를 따르기보다는 지상의 모형과 그림자의 단순한 부흥을 기대하고 있었다. 다시 말해, 그들의 목표는 옛 언약과 지정학적 신정주의의 회복과 옛 언약의 예배적이고 의식적 관습의 방해받지 않는 순수성을 회복하는 것이었다.

따라서 이제 그리스도의 사역에서 에덴동산에서 종은 하나님의 말씀에 도전하고 명령과 십자가를 우회하는 능력과 영광의 길을 약속하는 뱀과 대면하는 에덴의 장면이 재설정된다. 그러나 이번에 종은 부적절한 힘의 사용(돌을 빵으로 바꾸는 것)으로 배고픔을 채우기를 거부하고 하나님의 말씀에 전적으로 순종하면서 그런 불법적 제안을 거절한다.

---

11 Ibid., 85.

기록되었으되 사람이 떡으로만 살 것이 아니요 하나님의 입으로부터 나오는 모든 말씀으로 살 것이라(마 4:4).

시험을 받는 사람은 아버지가 아니라 예수님이다(4:7). 예수님은 목적을 위한 수단, 단순히 역사에서 이스라엘의 위치를 재확립하는 메시아가 아니다. 오히려 예수님은 목적이고 목표, 완성, 역사 자체의 중심이다.

예수님이 예루살렘에 가까워질수록 그분의 가르침과 행동은 점점 더 분명해졌고, 그 정도에 따라 제자들은 당혹스러워했다. 특히, 마가복음에서 이런 모습을 볼 수 있다.

8장에 따르면 예수님이 십자가에 못 박히시고 사흘 만에 살아나실 것을 설명하기 시작하자 "베드로가 예수를 붙들고 항변한다"(31-32절). 이 사람은 앞 구절에서 예수님을 메시아라고 선언한 바로 그 동일한 베드로이다(29절). 의심할 여지없이 베드로는 메시아가 십자가에 못 박히지 않고 예루살렘에서 왕관을 쓰실 것이라는 당시의 일반적 견해를 공유했다.

베드로는 자신도 모르게 십자가보다는 영광의 신학에 대한 사탄의 유혹을 반복하고 있었기 때문에(막 1:12-13; 마 4:1-11; 눅 4:1-13), 예수님은 이렇게 말씀하셨다.

돌이키사 제자들을 보시며 베드로를 꾸짖어 이르시되 사탄아 내 뒤로 물러가라 네가 하나님의 일을 생각하지 아니하고 도리어 사람의 일을 생각하는도다(막8:33).

그 후 예수님은 다른 사람을 위해 목숨을 바친다는 것이 무엇을 의미하는지 설명하셨다(34-38절).

다시 9장에서 예수님은 자신의 임박한 죽음과 부활에 대해 반복해서 말씀하신다(30-31절). "그러나 제자들은 이 말씀을 깨닫지 못하고 묻기도 두려워하더라"(32절).

마가복음 10장에서 예수님은 이 말씀을 세 번째로 반복하신다. "예루살렘으로 올라가는 길에 예수께서 그들 앞에 서서 가시는데 그들이 놀라고 따르는 자들은 두려워하더라"(32절). 이것은 그들이 갈릴리에서 기대했던 승리의 입성이 아니다.

예수님은 "다시 열두 제자를 데리시고 자기가 당할 일을 말씀하여 이르시되 보라 우리가 예루살렘에 올라가노니 인자가 대제사장들과 서기관들에게 넘겨지매 그들이 죽이기로 결의하고 이방인들에게 넘겨주겠고,… 그는 삼 일 만에 살아나리라"(32-34절)라고 말씀하셨다.

그리고 다음 구절에서 야고보와 요한은 예수님께 예루살렘에서 영광스럽게 즉위하실 때 자신들을 좌우에 앉게 해 달라고 간청한다(35-37절). 그러나 예수님은 "너희는 너희가 구하는 것을 알지 못하는도다 내가 마시는 잔을 너희가 마실 수 있으며 내가 받는 세례를 너희 받을 수 있느냐 그들이 말하되 할 수 있나이다"(38-39절)라고 말씀하신다.

그들이 단지 이렇게 말할 수 있었던 이유는 그들이 여전히 그 여정을 오해하고 있었기 때문이다. 거기서부터 펼쳐지는 이야기는 흥미뿐만 아니라 실망으로 가득 차 있다. 즉, 베드로는 자신의 메시야를 지키기 위해 체포하려는 군인의 귀를 자르지만 메시아는 그 일로 인해 베드로를 책망하신다(마 26:51-54; 요 18:10-11). 그렇지만 베드로는 자신의 목숨이 두려워 세 번이나 자신의 메시아를 부인한다(막 14:66-72).

마지막으로 누가는 부활 후 예수님이 엠마오로 가는 길에서 낙담한 두 제자를 만났다고 보고한다. 이 만남 직전에 두 천사가 무덤에 있던 여인들에게 다음과 같은 소식을 전했다.

[그가] … 살아나셨느니라 갈릴리에 계실 때에 너희에게 어떻게 말씀하셨는지를 기억하라. 이르시기를 인자가 죄인의 손에 넘겨져 십자가에 못 박히고 제삼일에 다시 살아나야 하리라 하셨느니라 (눅 24:6-7).

그러자 여자들은 "예수의 말씀을 기억하고. 무덤에서 돌아가 이 모든 것을 열한 사도와 다른 모든 이에게 알리니"(눅 24:1-9).

그리고 예수님이 직접 길에 있는 두 제자에게 나타나셔서 낙담한 이유를 물으시니 제자들은 일어났던 일을 예수님께 말하고 "우리는 이 사람이 이스라엘을 속량할 자라고 바랐노라"(21절)라고 결론을 내린다. 그들은 여정을 잘못 이해했다. 그래서 예수님이 다음과 같이 말씀하셨다.

> 이르시되 미련하고 선지자들이 말한 모든 것을 마음에 더디 믿는 자들이여. 그리스도가 이런 고난을 받고 자기의 영광에 들어가야 할 것이 아니냐 하시고. 이에 모세와 모든 선지자의 글로 시작하여 모든 성경에 쓴 바 자기에 관한 것을 자세히 설명하시니라(눅 24: 25-27).

먼저 십자가, 그 후에 영광이다. 예수 그리스도는 모든 의를 성취하시고 "6일"(위 참조)의 사법적 시험을 견디신 후 독생자뿐만 아니라 마지막 아담으로서 아버지 옆 보좌에 앉으셨다. 따라서 예루살렘으로 향하는 길은 승리를 향한 왕의 행진이었지만 골고다를 통과해야 했다. 더 이상 순종에 대한 약속된 축복의 표징이 아닌 시내산 언약은 예수님 외에는 누구도 오를 수 없는 산이었다.

시내산 언약의 위반으로 인해 시내산은 이제 죽음과 심판의 상징이 되었지만, 시내산 언약의 제재는 언약의 규정을 이행하신 분이 "우리를 거스르고 불리하게 하는 법조문으로 쓴 증서를 지우시고 제하여 버리사 십자가에 못 박으시고. 통치자들과 권세들을 무력화하여 드러내어 구경거리로 삼으시고 십자가로 그들을 이기셨느니라"(골 2:14-15).

대부분의 동시대 사람들처럼 제자들은 예수님을 대장으로 모시고 시내산으로 돌아가고 싶었지만 예수님은 그들이 짊어질 수 없는 십자가, 대신 자신이 그들 대신에 지실 십자가라는 것을 알고 계셨기 때문에 제자들은 십자가를 지고 싶지 않았다. 제자들은 목적지, 즉 시내산 언약의 갱신과 그 언약의 저주에서 실제로 구원받는 것보다 훨씬 더 큰 것을 잘못 이해했기 때문에 그 여정을 놓쳤다. 그래서 부활하신 주님은 자신을 중심으로 모든 성경을 설명하신다. 마침내 제자들은 떡을 떼는 장면에서 마침내 주님과 그분의 말씀을 알아차린다(눅 24:28-35).

1장(위)에서 보았듯이 승천으로 이어지는 순간에도 제자들은 예수님께 모여 "주께서 이스라엘 나라를 회복하심이 이때니이까"라고 질문할 수 있었다(행 1:6). 단지 오순절 이후에나 이런 질문이 더 이상 나오지 않았고, 제자들은 땅 끝까지 말씀의 사도로서 권한을 부여받았다.

모든 것은 예수님의 여정을 올바르게 이해하는 데 달려 있다. 베드로와 함께, 우리는 지금 여기에서 영광의 왕국을 이룰 기회가 무르익은 것처럼 보일 때 예수님이 자신의 십자가 처형을 말씀하시는 것으로 인해 그분을 책망하고 싶을 수도 있다. 우리는 예루살렘으로 향하는 왕의 행렬에 동참했을지도 모른다. 왜냐하면, 우리는 그가 실제로 도착한 것처럼 보이는 왕국과는 전혀 다른 왕국에서 구속하고 통치할 것이라고 생각했기 때문이다.

단지 낯선 분이 도중에 우리를 만나 성경을 설명하고 빵을 떼어 주었을 때 비로소 우리는 그분을 잔치의 주인으로 인식하게 된다.

패로(Farrow)는 이를 더 큰 이야기의 관점에서 다음과 같이 설명한다.

> 사도적 사명의 외적 소용돌이는 약속된 것을 받기 위해 예수님이 위로 올라가는 것을 표시하는 바다의 잔물결이다.[12]

하늘에서 (아직 보이지 않는) 그분의 대관식 소식이 오순절의 대혼란 속에서

---

[12] Douglas Farrow, *Ascension and Ecclesia* (Edinburgh: T&T Clark, 1999), 23.

지상에 도달했다.[13]

베드로의 설교는 성령이나 예수님의 부활에 관한 것이 아니라 승천에 관한 것이었다. 오순절은 시편 68편(특히, 18절)에 나오는 승리의 퍼레이드의 메아리이며, 이는 우주 산의 모티브 그리고 홍수, 바벨, 시내산, 성막, 시온, 다윗 왕좌 안에 있는 "상승과 하강의 패턴"과 잘 맞아떨어진다.[14]

빌(Beale)이 지적하는 것처럼 누가의 족보는 예수님에서 아담으로 거슬러 올라가 3:38에서 "그 위는 아담이요 그 위는 하나님이시니라"로 끝이 난다.

> 예수님은 참이스라엘로서 거시적 국가 이스라엘을 대체한 미시적 이스라엘이다. 따라서 연대는 비유적으로 며칠로 축소된다. 사탄에 대한 예수님의 각 대응은 광야에서 이스라엘의 실패에 대한 모세의 대응에서 가져온 것이다(마 4:4의 신 8:3; 마 4:7의 신 6:16; 마 4:10의 신 6:13). 예수님은 이스라엘이 굴복했던 것과 동일한 유혹에 직면하는 데 성공하신다. … 에덴의 유혹을 염두에 두고 있다는 것은 예수님이 광야의 유혹을 성공적으로 견디신 후 들짐승과 함께 계시니 천사들이 수종들더라라는 마가의 언급에서 분명하다(이것은 그분이 실제로 시 91:11-12의 약속된 분이었음을 보여 준다. 91:13과 비교하라).[15]

그렇다면 골고다 이전에도 예수 그리스도께서는 우리의 구속을 이루시고 배은망덕한 백성을 대신하여 성찬 전례를 회복하고 계셨다. 따라서 그

---

13 Ibid., 25.
14 Ibid., 27.
15 G. K. Beale, *The Temple and the Church's Mission: A Biblical Theology of the Dwelling Place of God* (Downers Grove, IL: InterVarsity Press, 2004), 172.

분의 능동적 순종은 수동적 순종만큼이나 구원론적으로 중요하다.

3. 금식 후에는 잔치; 희생 후에는 성찬

이 시대의 통치자들은 왕권의 명예 또는 이상, 애국심 또는 국익을 위해 백성에게 자신을 희생할 것을 요구한다. 이 통치자는 모든 희생을 끝내기 위해 자신을 희생 제물로 바쳤다. 심지어 이스라엘의 언약 관점에서 보더라도 속죄의 희생이 실제로 위대했지만, 이 드라마를 용서의 퍼레이드 이상으로 만드는 것은 이야기 일부일 뿐이다. 이것은 실제로 성찬 경륜을 회복한다. 이 점은 좀 더 자세히 설명할 필요가 있다.

레위기 1-5장에는 제사 제도에 관한 정교한 법규가 기록되어 있는데, 일반적으로 **속죄의 희생 제사**(또는 속건제, guilt offerings)와 **감사의 제사**(또는 감사제, thank offerings)의 두 가지로 분류할 수 있다. 인간의 잘못에 대한 동물 희생은 하나님이 인류를 창조하신 언약적 순종과 사랑의 성찬적(감사) 삶을 결코 대체할 수 없다. 하나님이 기뻐하시는 것은 대표 제물을 드리는 것이 아니라 감사하는 마음으로 자신을 드리는 것이다.

> 우리가 감사함으로 그 앞에 나아가며(시 95:2).

> 감사함으로 그의 문에 들어가며 찬송함으로 그의 궁정에 들어가서 그에게 감사하며 그의 이름을 송축할지어다(시 100:4).

시편 기자는 하나님이 구속하신 사람들을 언급하며 다음과 같이 권한다.

> 여호와의 인자하심과 인생에 행하신 기적으로 말미암아 그를 찬송할 지로다 감사제를 드리며 노래하여 그가 행하신 일을 선포할 지로다(시 107:21-22).

속죄와 감사의 동물 희생은 결코 그 자체로 목적은 아니었다. 시편 기자는 심지어 다음과 같이 외칠 수 있었다.

> 주께서 내 귀를 통하여 내게 들려주시기를 제사와 예물을 기뻐하지 아니하시며 번제와 속죄제를 요구하지 아니하신다 하신지라 그때 내가 말하기를 내가 왔나이다 나를 가리켜 기록한 것이 두루마리 책에 있나이다 나의 하나님이여 내가 주의 뜻 행하기를 즐기오니 주의 법이 나의 심중에 있나이다(시 40:6-8; 참조, 51:16).

하나님과 그분의 백성의 분쟁을 중재하면서 선지자들은 하나님의 언약을 어기면서 감히 제사를 드리는 자들에 대한 시편 기자의 후렴구를 반복한다(호 6:6; 암 4:4; 말 1:8). 예수님도 이 주제를 다루고 계신다(마 9:13).

시편 40:6-8과 같은 말씀을 반제사장 논쟁으로 돌리는 것은 시편 기자가 속건제(용서의 근거를 제공)이실 뿐만 아니라 아담 안의 인류가 가져오지 못한 언약의 신실함(감사 제물)을 마침내 베푸신 그리스도를 가리키고 있다는 점을 놓치고 있다.

이것이 히브리서 기자가 시편을 해석하는 방식이다. 신약성경의 어떤 필자도 그리스도의 대속적 속건 제사의 중요성을 더 강조하고 싶어 하지 않았다. 그러나 그의 요점은 (시편 기자의 요점과 일관되게) 필요한 것은 황소와 염소보다 더 큰 속건 제물(속죄제)뿐만 아니라 속건 제물(속죄제)보다 더 큰 것이라는 것이다.

속죄제는 믿음을 속죄제가 의미했던 실체로 인도함으로써 일시적 공급을 제공했지만, 항상 속죄(satisfaction)를 필요로 하는 부정적 위반을 강조했다. 다시 말해, 속죄제는 죄라는 부채 경륜(debt economy)을 초월하지 못했다고 말할 수 있다. 이런 희생이 실제로 평생의 모든 죄책감을 탕감해 주었다면, 예배자는 대속죄일 이후에도 여전히 "다시 죄를 깨닫는 일"(히 10:2)에 시달리며 집으로 돌아갈 필요가 없었을 것이다.

> 그러나 이 제사들에는 해마다 죄를 기억하게 하는 것이 있나니 이는 황소와 염소의 피가 능히 죄를 없이 하지 못함이라(히 10:3-4).

나는 이것이 시편 기자가 옛 언약 제사 제도의 약점을 인식했을 때 염두에 둔 것이라고 주장한다.

그러나 히브리서 기자는 더 많은 것을 염두에 두고 있다. 예수 그리스도의 자신을 희생 제물로 드리는 제물은 실제로 성전 숭배가 예표했던 용서를 제공하지만, 그분은 더 큰 것을 제공한다. 그분은 죄지은 자들을 대표하실 뿐만 아니라 대표적 율법 성취자이시기에 죄라는 부채 경륜을 종식할 수 있다. 제사보다 더 나은 순종을 보이신 예수님은 개인적 죄가 없으셨을 뿐만 아니라 모든 의를 적극적으로 성취하셨다.

용서도 좋지만, 순종이 더 좋다. 하나님은 빚을 탕감하시는 것을 기뻐하시지만, 그분의 가장 깊은 기쁨, 즉 실제로 요구하시는 것은 하나님의 형상을 지닌 언약 종의 신실한 사랑과 순종이다(헤세드). 하나님이 받으시는 유일한 감사의 제사, 즉 순종하는 삶만이 성찬 행렬을 재개하고 그분과 함께 새로운 피조물을 그분의 영광으로 인도할 수 있다.

그분은 우리를 위해 모범을 보이시거나 단순히 죄책을 위한 희생을 드리는 것이 아니라, 우리 자신의 인성 안에서 우리가 창조된 이유인 감사하는 삶을 바침으로써 이 일을 이루신다.

이 해석은 히브리서 10장의 전체 논증을 가장 잘 이해시켜 준다.

그러므로 주께서 세상에 임하실 때에 이르시되 하나님이 제사와 예물을 원하지 아니하시고 오직 나를 위하여 한 몸을 예비하셨도다 번제와 속죄제는 기뻐하지 아니하시나니 이에 내가 말하기를 하나님이여 보시옵소서 두루마리 책에 나를 가리켜 기록된 것과 같이 하나님의 뜻을 행하러 왔나이다 하셨느니라 위에 말씀하시기를 주께서는 제사와 예물과 번제와 속죄제는 원하지도 아니하고 기뻐하지도 아니하신다고 하셨고 (이는 다 율법을 따라 드리는 것이라) 그 후에 말씀하시기를 보시옵소서 내가 하나님의 뜻을 행하러 왔나이다 하셨으니 그 첫째 것을 폐하심은 둘째 것을 세우려 하심이라 이 뜻을 따라 예수 그리스도의 몸을 단번에 드리심으로 말미암아 우리가 거룩함을 얻었노라 (히 10:5-10).

따라서 예수님은 옛 언약의 일시적 제사를 초월하셨을 뿐만 아니라, 제사 경륜을 폐지하는 것이 아니라 성취함으로써 제사 경륜을 완전히 초월하기도 했다. 그리고 그분은 죄라는 부채 경륜(debt economy)을 성취하셨을 뿐만 아니라 자신의 완전한 순종에 기초한 성찬 경륜을 확립하셨고, 이를 통해 우리가 성화되고 있다.

그리스도의 능동적 순종과 수동적 순종을 함께 붙잡음으로써, 필자는 그리스도의 "내가 여기 있나이다"라는 대표적 외침과 그분의 속죄 희생, 즉 순종의 완전한 성찬 제물인 동시에 죄를 위한 완전한 희생을 연결할 수 있다.

성령 안에서 아버지 앞에서 살며 죄인들을 위해 자신을 내어 주는 이 온전한 삶이 함께 하나님께 드릴 "향기로운 제물과 희생 제물"이 된다(엡 5:2). "내가 여기 있나이다"라는 이 응답은 언약적이고 전례적인 적절한 응답이며, 예수님은 자신을 위해서뿐만 아니라 우리를 대표하여 말과 행동으로 이 응답을 하셨다.

새 아담이신 그리스도는 언약의 백성을 승리의 행렬로 이끌고 약속된 **샬롬**으로 이끄신다. 따라서 그리스도와의 연합 결과로 우리도 향기로운 제물이 될 수 있으며, 우리의 삶은 여전히 부패로 가득 차 있지만 성찬으로 지향하게 될 수 있다.

> 항상 우리를 그리스도 안에서 이기게 하시고 우리로 말미암아 각처에서 그리스도를 아는 냄새를 나타내시는 하나님께 감사하노라 우리는 구원 받는 자들에게나 망하는 자들에게나 하나님 앞에서 그리스도의 향기니 이 사람에게는 사망으로부터 사망에 이르는 냄새요 저 사람에게는 생명으로부터 생명에 이르는 냄새라 누가 이 일을 감당하리요(고후 2:14-16).

"승리의 행렬"에서 그리스도의 인도를 받는다는 이런 언어는 이 은혜 경륜의 언약적이고 대표적인 성격을 강조한다. 이제 시편 68편이 더 깊은 인상을 남긴다.

> 하나님의 병거는 천천이요 만만이라 주께서 그 중에 계심이 시내산 성소에 계심 같도다 주께서 높은 곳으로 오르시며 사로잡은 자들을 취하시고 선물들을 사람들에게서 받으시며 반역자들로부터도 받으시니 여호와 하나님이 그들과 함께 계시기 때문이로다 날마다 우리 짐을 지시는 주 곧 우리의 구원이신 하나님을 찬송할지로다(셀라) 하나님은 우리에게 구원의 하나님이시라 사망에서 벗어남은 주 여호와로 말미암거니와 그의 원수들의 머리 곧 죄를 짓고 다니는 자의 정수리는 하나님이 쳐서 깨뜨리시리로다 … 하나님이여 그들이 주께서 행차하심을 보았으니 곧 나의 하나님, 나의 왕이 성소로 행차하시는 것이라 소고치는 처녀 중에서 노래 부르는 자들은 앞서고 악기를 연주하는 자들은 뒤따르나이다 이스라엘의 근원에서 나온 너희여 대회 중에 하나님 곧 주를 송축할지어다 거기에는 그들을 주관하는 작은 베냐민과 유다의 고관과 그들의 무리와 스불론의 고관과 납달리의 고관이 있도다 네 하나님이 너의 힘을 명령하셨도다 하나님이여 우리를 위하여 행하신 것을 견고하게 하소서 예루살렘에 있는 주의 전을 위하여 왕들이 주께 예물을 드리리이

다 갈밭의 들짐승과 수소의 무리와 만민의 송아지를 꾸짖으시고 은 조각을 발아래에 밟으소서 그가 전쟁을 즐기는 백성을 흩으셨도다 고관들은 애굽에서 나오고 구스인은 하나님을 향하여 그 손을 신속히 들리로다 땅의 왕국들아 하나님께 노래하고 주께 찬송할지어다 (셀라) 옛적 하늘들의 하늘을 타신 자에게 찬송하라 주께서 그 소리를 내시니 웅장한 소리로다 너희는 하나님께 능력을 돌릴지어다 그의 위엄이 이스라엘 위에 있고 그의 능력이 구름 속에 있도다 하나님이여 위엄을 성소에서 나타내시나이다 이스라엘의 하나님은 그의 백성에게 힘과 능력을 주시나니 하나님을 찬송할지어다(시 68:17-35).

우리 자신이 죄책을 위한 제물을 드릴 수 없는 것처럼 적절한 감사의 제사도 드릴 수 없지만, 그리스도의 살아 계시고 죽으신 향기는 그분의 얼굴에서 온몸 구석구석으로 흘러내린다. 심지어 우리의 최선의 노력에 달라붙는 죄의 악취조차도 이 향기에 압도당한다.

그렇다면 그리스도의 속죄 희생의 **충분함**을 선포하는 히브리서 10장이 우리를 11장의 아벨에서 다니엘에 이르는 증인들의 퍼레이드로 이끄는 것은 전혀 놀라운 일이 아니다.

이 주장은 죄라는 부채 경륜(속죄 희생)을 전복하는 것이 아니라 성찬 전례에서 진정한 언약 파트너로서 그리스도 안에서 새로운 창조의 회복이라는 더 큰 것을 성취할 수 있도록 그것을 성취한다. 죄라는 부채 경륜에서 예배자들은 용서받는 과정에서도 끊임없이 자신의 죄를 상기하게 된다. 그러나 마침내 죄에 대한 완전한 희생 제물이 드려짐으로써 양심은 깨끗해져 예배 행렬이 마침내 주님의 언덕을 오르고 영광의 왕의 의로 옷을 입고 주님의 거룩한 곳에 설 수 있게 된다.

이 경륜의 목표는 항상 은혜 아래서 죄책감을 극복하고 두 번째 아담, 즉 충실한 이스라엘이 우리를 기쁨의 행진으로 인도하며 감사의 행렬을 만들어 내는 것이다.

로마서 전체에 열거된 승리의 지표인 "하나님의 자비"를 고려하여 바울은 "너희 몸을 하나님이 기뻐하시는 거룩한 산 제물로 드리라"라는 명령을 내린다(12:1). 신자들은 더 이상 죽은 속죄 제물을 드리지 않고, 옛 언약의 피의 제단을 훨씬 뛰어넘는 "영적 예배"에서 자신의 몸을 감사의 산 제물로 드리게 되는 것이다.

예수 그리스도만이 죄를 위한 충분한 희생 제물이 되셨으며(히 5:1; 9:26; 10:12), 이는 하나님과의 관계에서 빚에 대한 모든 개념을 종식한다. 따라서 찬송가 〈복의 근원 강림하사〉(Come, Thou Fount)의 "주의 귀한 은혜 받고 일생 빚진 자 되네. 주의 은혜 사슬 되어"라는 구절은 잘못된 연결고리를 만들어 낸다. 빚은 은혜와 잘못된 상관 관계이다.

우리는 결코 은혜에 빚진 자가 될 수 없다.

> 누가 주께 먼저 드려서 갚으심을 받겠느냐 이는 만물이 주에게서 나오고 주로 말미암고 주에게로 돌아감이라 그에게 영광이 세세에 있을지어다 아멘(롬 11:35-36).

우리는 한때 율법에 빚진 자들이었지만 그리스도 안에서 의롭다 하심을 받았다. 따라서 그리스도를 믿는 믿음으로 말미암아 하나님과 빚진 관계는 전혀 없다.

> 그러므로 우리는 예수로 말미암아 항상 찬송의 제사를 하나님께 드리자 이는 그 이름을 증언하는 입술의 열매니라(히 13:15).

> 너희도 산 돌 같이 신령한 집으로 세워지고 예수 그리스도로 말미암아 하나님이 기쁘게 받으실 신령한 제사를 지낼 거룩한 제사장이 될지니라(벧전 2:5).

이 해석은 창조, 구속, 완성이라는 주제를 함께 끌어낸다.

시편 24편은 "땅과 거기에 충만한 것과 세계와 그 가운데에 사는 자들은 다 여호와의 것이로다"(KJV)로 시작하는데, 이는 창조에 대한 하나님의 우주적 주권뿐만 아니라 언약의 종이 되신 주님의 성육신, 삶, 죽음, 부활에 근거해서도 확립된다.

히브리서 기자는 다가올 시대는 천사가 아니라 인간이 지배하는 시대라고 말한다.

> 만물을 그 발아래에 복종하게 하셨느니라 하였으니 만물로 그에게 복종하게 하셨은즉 복종하지 않은 것이 하나도 없어야 하겠으나 지금 우리가 만물이 아직 그에게 복종하고 있는 것을 보지 못하고 오직 우리가 천사들보다 잠시 동안 못하게 하심을 입은 자 곧 죽음의 고난 받으심으로 말미암아 영광과 존귀로 관을 쓰신 예수를 보니 이를 행하심은 하나님의 은혜로 말미암아 모든 사람을 위하여 죽음을 맛보려 하심이라 그러므로 만물이 그를 위하고 또한 그로 말미암은 이가 많은 아들들을 이끌어 영광에 들어가게 하시는 일에 그들의 구원의 창시자를 고난을 통하여 온전하게 하심이 합당하도다 거룩하게 하시는 이와 거룩하게 함을 입은 자들이 다 한 근원에서 난지라 그러므로 형제라 부르시기를 부끄러워하지 아니하시고 이르시되 내가 주의 이름을 내 형제들에게 선포하고 내가 주를 교회 중에서 찬송하리라 하셨으며 또다시 내가 그를 의지하리라 하시고 또다시 볼지어다 **나와 및 하나님께서 내게 주신 자녀라** 하셨으니 (히 2:8-13. 강조추가).

그리스도는 이 구절에서 감사의 대상일 뿐만 아니라, 인간 예배자이자 야웨의 종으로서 그분의 섬김을 통해 혜택을 받는 형제들보다 더 완전한 인간이기도 하시다. 어떤 것도 우리에게 속하지 않는다. 즉, 이 땅의 복이든 하늘의 복이든 얻을 것이 없으며, 오직 감사하게 받고 다른 사람들과 나누어야 할 것이다.

이 구절에서 예수님은 이스라엘을 포함한 인류가 실패한 혹독한 윤리적 시험을 통과하신 분일 뿐만 아니라 감사하는 마음으로 예배하는 무리와 함께 성소에 들어가신 분이기도 하다. 그분 안에서 거룩함을 얻은 사람들은 하늘의 회중에서 기쁨으로 그분의 형제자매로 인정받는다. 온전한 순종의 "내가 여기 있나이다"가 마침내 이루어졌다. 그분은 혼자서 그것을 해내셨지만, 그분은 승리에서 혼자가 아니다.

우리는 이웃을 사랑하고 섬기기 위해 문화를 '구속'할 필요가 없다. 그리스도께서는 이미 피조물의 구원을 책임지고 떠맡으셨고, 그분은 피조물의 구원의 첫 열매이시다. 강림하신 그리스도는 또한 만물의 주님으로 승천하셨다.

> 땅과 거기에 충만한 것과 세계와 그 가운데에 사는 자들은 다 여호와의 것이로다 (시 24:1, KJV).

레이프 그레인(Lief Grane)은 이 구절의 의미를 다음과 같이 풍부하게 표현한다.

> 세상은 내 것도 아니고 정부의 것도 아니며, 또한 단지 여러 가지 법이 함께 작용한 결과물도 아니다. 그러나 세상은 하나님의 것이며, 여기에는 이런 법과 제도, 그리고 나와 이 세상과 시대에 결정적인 사람이나 사물이 될 수 있는 모든 것이 포함된다. … 현실의 특징에 관해서는 이렇게 엉성하게 표현할 수 있다. 하나님은 우리 현실의 소유자이시므로 현실의 측정 불가능성과 불일치는 우리의 문제가 아니라 하나님의 문제이며, 그것을 해결할 수 있는 사람이 있다면 그것은 오직 하나님 한 분뿐이다. 그러므로

우리는 그분께 맡겨야 합니다.[16]

하나님의 주권적 은혜에 대한 이런 확신은 우리를 이 시대의 문제에 냉담하거나 무관심하게 만드는 것이 아니라 "우리는 우리의 과제를 자유롭게 실현할 수 있다"는 것을 의미한다.[17]

이런 식으로 나 자신의 자유와 독립성에 대한 질문은 "두 번째가 되었다." "'손, 채널, 수단'을 가진 독재자나 CEO도 모두 하나님의 뜻을 싫든 좋든 실행해야 한다. 그러므로 그들이 무슨 꾀를 내거나 무엇을 하든지 합력하여 선을 이루게' 될 것이다(롬 8:28). 그것은 나를 구속하거나 자유롭게 할 수 없다. 오히려 나는 적어도 피조물에 관해서는 자유로운 사람이다. 왜냐하면, 우리는 모두 다음과 같은 점에서 공통점으로 이것을 가지고 있다. 즉, 우리는 모두 함께 '주님의 것'이다."[18]

따라서 하나님은 창조와 구속, 문화와 종교, 사회와 교회의 주인이시지만 다른 방식으로 주님이시다. 선포와 성찬의 직무를 수행하는 목회자의 얼굴을 통해서, 그리스도 안에서 하나님의 구원 활동에 대한 모든 신자의 증언을 통해서, 그리고 신자와 불신자 모두의 소명을 통해서, 이 모든 것을 통해 하나님은 여전히 구원 은총과 일반 은혜로 세상을 돌보고 계신다.

비록 우리를 감사의 퍼레이드로 이끄시고, 우리를 피조물을 사랑하고 섬기는 수단으로 사용하시지만, "땅은 우리의 것이 아니라 주님의 것"이다. 따라서 그리스도의 감사 퍼레이드에 모이는 사람들은 하이델베르크 요리문답의 첫 번째 대답처럼 "나는 내 것이 아니라 몸과 영혼, 삶과 죽음 모두 나의 모든 죗값을 다 치르시고 나를 마귀의 폭정에서 해방해 주신 나

---

[16] Klaus Schwarzwäller, "The Bondage of the Free Human," in *By Faith Alone: Essays on Justification in Honor of Gerhard O. Forde*, ed. Joseph A. Burgess and Marc Kolden (Grand Rapids: Eerdmans, 2004), 50–51.
[17] Ibid.
[18] Ibid.

의 신실한 구주 예수 그리스도의 것이다."

시편 24편은 우리가 노력해야 할 목표를 보여 주는 것이 아니라, 우리가 동참해야 할 퍼레이드를 보여 준다. 그것은 우리의 영적, 도덕적, 신비적 또는 지적 상승에 대한 알레고리로 적절하게 바뀔 수 없다. 이 전례는 우리에게 더 높은 자아를 주는 것이 아니라, 우리의 옛 자아를 죽이고 그리스도와 함께 그분의 의로 옷을 입고 그분의 은혜를 기뻐하며 우리를 일으켜 세운다.

우리는 더 이상 소비주의와 자기 성취의 퍼레이드에 하나님을 끌어들이려 하지 않고, 마침내 성령의 이끌림에 따라 하나님의 은혜와 감사의 퍼레이드에 참여하게 된다. 그리스도의 생애는 속죄와 감사의 전례, 즉 장례 행진과 혼인 무도회였다.

그러나 그리스도는 혹독한 윤리적 시험을 통과하고 정상에 올랐으니 우리에게 남은 것은 찬양밖에 없다. 하나님의 임재를 성육신하거나 세상을 구속하거나 구원하는 것이 우리의 자리가 아니라, 우리를 위해 이 모든 일을 하신 분을 증거하는 것이 우리의 자리이다. 우리는 그리스도의 독특한 발자취를 따르는 것이 아니라(*imitatio Christi*), 그분만이 성취하신 승리의 열차(*Christus Victor*)를 따르는 것이다.

하나님 앞에서 받아들일 수 있는 속죄의 제물이 되려고 노력하는 것에서 벗어나 이제 우리는 이웃을 위한 하나님의 섬김 수단이자 얼굴, 즉 향기로운 감사의 제물이 될 수 있다. 말씀과 성찬을 통한 하나님의 희생적 행동은 언제나 구속적이지만, 우리의 희생적 행동은 언제나 반응적 성찬이다.

우리의 불완전한 행위조차도 마치 우리가 그리스도의 일을 완성하는 것처럼 하나님께 드리는 섬김이 아니라 하나님이 이웃을 섬기는 수단으로 따뜻하게 받아들여진다. 우리의 기도는 그 미덕 때문이 아니라 기도가 하늘로 올라갈 때 아버지께서 아들의 향기를 알아봐 주시기 때문에 받아들여진다.

칼빈은 우리에게 다음과 같이 상기시킨다.

> 하나님의 두려운 위엄이 떠오르자마자 우리는 그리스도께서 중보자로 오셔서 두려운 영광의 보좌를 은혜의 보좌로 바꿀 때까지 우리 자신의 무가치함을 인식하고 떨며 쫓겨날 수밖에 없다.[19]

우리 모두 시편 기자처럼 기도할 수 있다.

> 주여 내 입술을 열어 주소서 내 입이 주를 찬송하여 전파하리이다 주께서는 제사를 기뻐하지 아니하시나니 그렇지 아니하면 내가 드렸을 것이라 주는 번제를 기뻐하지 아니하시나이다(시 51:15-17).

그리스도의 열차에 휩쓸린 우리는 우리의 합당함도 무가치함도 전혀 중요하지 않다. 또한, 우리는 이 시대의 노예가 되어 허영의 시장(vainity Fair)의 허무주의적 소비주의로 정처 없이 방황하는 것이 아니라, 언젠가 구속받은 나머지 피조물과 함께 목소리를 낼 때까지 이미 진행 중인 성찬 행렬에 동참할 자유를 얻게 되었다.

지금도 우리는 "하나님께 영광을 돌리고 그분을 영원히 즐거워하는 것"이라는 웨스트민스터 소요리문답의 말처럼 우리 존재의 최고 목적을 깨닫기 시작한다. 교회의 주님은 우리를 위한 처소, 즉 "하나님이 계획하시고 지으실 터가 있는 성"을 예비하시기 위해 아버지께 가셨다고 확신시켜 주신다(히 11:10). 이것이 바로 언약의 핵심이다.

> 너희를 내 백성으로 삼고 나는 너희의 하나님이 되리니(출 6:7).

---

[19] John Calvin, *Institutes* 3.20.17.

나는 네 가운데에 머물리라(슥 2:11).

심지어 지금도 말씀과 성찬을 통해 성령은 우리의 영원한 본향에 대한 예표로서 집(house)을 가정(home)으로, 익명의 공간을 "넓은 곳"으로 바꾸어 놓으신다(시 118:5).

요한계시록에서 하늘나라의 환상은 창조의 모든 부분이 제 임무를 수행하고 창조된 혀가 창조의 모든 부분을 노래하는 회복된 전례이다. 천국은 성벽이나 성전이 없는 우주적인 도시로, 주님께서 안전하게 둘러싸고 계시고 어린양이 그 성소가 된다. 마침내 하나님의 아들이자 아담의 아들이신 충실한 전례자가 이끄시는, 회복된 창조물뿐만 아니라 완성된 제국이라는 교향곡이 온 우주에 울려 퍼진다.

> 해와 달아 그를 찬양하며 밝은 별들아 다 그를 찬양할지어다 하늘의 하늘도 그를 찬양하며 하늘 위에 있는 물들도 그를 찬양할지어다 … 세상의 왕들과 모든 백성들과 고관과 땅의 모든 재판관이며 총각과 처녀와 노인과 아이들아 여호와의 이름을 찬양할지어다 그의 이름이 홀로 높으시며 그의 영광이 땅과 하늘 위에 뛰어나심이로다 그가 그의 백성의 뿔을 높이셨으니 그는 모든 성도 곧 그를 가까이하는 백성 이스라엘 자손의 찬양 받을 이시다 할렐루야(시 148:3-4, 11-14).

4. 잔치를 계속하자: 수동적 수혜자(구원)와 능동적 분배자(송영)

대표적 머리이신 그리스도 안에서(그러나 오직 그리스도 안에서만) 교회는 일방적인 하나님의 선물을 받고 절대적 순결로서 호혜적으로 그 선물을 돌려준다. 그 결과로 빚으로 하나님께 드릴 것은 아무것도 남지 않는다. 그러나 그리스도의 개인적이고 대리적인 제물은 사심 없는 자비와는 거리가 멀다. 그것은 다른 사람을 위한 그분의 희생을 자신의 이익, 자기 사랑, 자신의 행복에 대한 열망과 하나로 묶어 준다.

우리는 "교회의 최고 영예"는 "하나님의 아들이 우리와 연합하기 전까지는 자신을 어느 정도 불완전하다고 여기신다"는 칼빈의 말을 다시 상기하게 된다.

> 우리가 그분과 함께하기 전까지 그분은 모든 것을 소유하거나 자신이 완전한 분으로 간주되기를 바라지 않는다는 사실을 안다는 것이 우리에게 얼마나 큰 위로가 되는가![20]

그리스도께서는 잔치의 주인으로서도 손님들과 함께 즐기는 잔치의 공유자 중 한 분이시다. 그러므로 우리는 "믿음의 주요 또 온전하게 하시는 이인 예수를 바라보자 그는 **그 앞에 있는 기쁨을 위하여 십자가를 참으사 부끄러움을 개의치 아니하시더니 하나님 보좌 우편에 앉으셨느니라**" (히 12:2, 강조 추가).

예수님은 하나님께 대한 영원한 감사의 교환으로 우리와 그분과의 교제에 자유롭게 자신의 기쁨을 두셨다.

그러나 교회는 결코 이 행동을 불균형적으로라도 반복할 수 없다. 이것은 오직 그리스도의 완전한 감사의 보답의 결과일 뿐이다. 아버지와 성육신하신 아들 사이의 이 언약적 교환의 수혜자로서 교회는 희생이나 그리스도의 속죄 사역의 연장 선상에서가 아니라 감사의 경륜 속에서 살아간다. **신자들은 구원의 선물을 수동적으로 받는 존재이지만, 이웃에 대한 사랑의 섬김을 통해 주로 드러나는 감사의 삶에서 적극적 예배자가 된다.**

---

20 John Calvin on Eph. 1:23 in *Commentaries on the Epistles of Paul to the Galatians and Ephesians*, trans. William Pringle (Grand Rapids: Eerdmans, 1957), 218.

송영(doxology)으로 나타나지 않는 하나님의 선물은 없으며, 선행의 열매를 맺지 않는 믿음은 없다. 이것이 바로 개혁교회가 일반적으로 그들의 공적 예배를 "대화적"이라고 부르며, 비대칭적이면서도 진정한 언약적 교제의 파트너십을 표현하는 이유이다. 우선순위는 항상 하나님의 주소("하나님의 자비")에 있고, 찬양과 감사는 우리의 합당한 반응이며, 가야 할 다른 곳을 찾을 수 없지만, 이런 송영은 이웃을 위한 섬김에 엄청난 에너지를 생성한다.

여기서 시장(부채)의 논리는 어린양의 혼인 만찬에 예기적으로(proleptically) 참여하는 언약적 잔치인 은혜(감사)의 성찬 논리에 의해 파괴된다. 그러나 우리의 주간 예배가 이 언약적 주고받음에 의해 질서정연하게 이루어질 때, 세상에서의 우리 삶은 더욱 쉽고 합리적으로 같은 형태를 취할 수 있다.

특히, 고린도후서에 나오는 두 가지 중요한 요점에 주목하라.

> 너희 가운데 전파된 하나님의 아들 예수 그리스도는 예 하고 아니라 함이 되지 아니하셨으니 그에게는 예만 되었느니라 하나님의 약속은 얼마든지 그리스도 안에서 예가 되니 그런즉 그로 말미암아 우리가 아멘 하여 하나님께 영광을 돌리게 되느니라"(고후 1:19-20).

예수 그리스도만이 독특하고 유일한 언약의 대표자로서 그분의 보답은 요구와 동일하고, 그분이 그런 요구를 성취하심으로써 모든 후계자에게 죄라는 부채 경륜을 종식하신다. 아버지와 성령조차도 여기서 아들이 하는 일을 하지 않는다. 그분은 우리의 본성을 공유하시지만, 십자가에 매달려 계시기 때문에 살아왔든 또는 살게 될 다른 모든 인간과 격리되어 계신다.

그렇지만 그분은 그 자리에 새로운 경륜을 두시어 "그를 통하여" 우리가 "'아멘' 하여 하나님께 영광을 돌리게" 하신다. 선물을 주셨다. 따라서 우리는 자유롭게 하나님께 감사하고 이웃에게 선한 일을 베풀 수 있다.

사람들이 하나님이 우리의 모든 선의 원천이시며 우리 구원의 어떤 부분도 그들에게 맡기지 않으셨다는 사실을 확신하기 전까지는 "결코 전적으로, 진실하게, 진심으로 하나님께 헌신하지 않을 것"이라고 칼빈은 주장한다.[21] 은혜는 감사를 불러일으킨다. "이런 점에서 경건과 신앙 사이에는 정확한 유사점이 있다"라고 게리쉬는 지적한다. 그리스도에게서 오는 죄의 용서 때문에만 불안한 양심은 하나님이 참으로 선하시며 모든 선의 근원이라는 확신을 가질 수 있다.[22]

따라서 모든 선하고 완전한 선물은 오직 하나님에게서만 세상에 오며, 우리가 축제를 위해 그것을 분배한다. 교회는 죄인들이 그런 선물을 받는 자들인 곳이며 동시에 공동의 소명을 수행하기 위해 흩어진 사람들이 모인 곳이기도 하다. 공동의 소명을 수행하기 위해 흩어진 사람들이 모이는 곳에서 교회는 지배권이 없다.

교회는 언약 공동체에 특정 정치 이념, 정책, 정당 또는 정치인을 포용하라고 명령할 수 없다. 교회는 은혜의 왕국을 증거할 수 있을 뿐이지 영광의 왕국을 새로 세울 수는 없다. 따라서 루터뿐만 아니라 칼빈도 신자는 두 왕국에 모두 참여하지만, 현시대에는 구별되어야 하는 "두 왕국"을 언급한다.[23]

구스타프 빙그렌(Gustav Wingren)은 신자의 선행의 수혜자로서 이웃에 대한 루터의 관심을 잘 요약한다. 루터는 수도원에 살면서 자신과 자신의 구원을 위해 헌신하거나 성에 살면서 세상에 그리스도의 나라를 본받으라고

---

[21] Calvin, *Institutes* 1.2.2.
[22] Ibid., 3.3.19.
[23] Calvin, *Institutes*, 4.20.1-3.

명령하는 대신, 신자는 이웃이 필요로 하는 세상에서 자신의 소명을 통해 이웃을 사랑하고 섬겨야 한다고 주장한다.[24]

"하나님은 우리의 선행이 있어야 하지 않으시지만, 이웃은 필요로 한다."[25] 우리가 우리의 일을 하나님께 바치면서 동시에 "그리스도를 그분의 보좌에서 끌어내리려 시도"하고 이웃을 소홀히 하는데, 그 이유는 그런 일이 "[우리의] 이웃을 위해서가 아니라 하나님 앞에서 행진하기 위한 것이 분명하기 때문이다."[26]

하나님은 우리의 직업을 통해 인간을 섬기러 내려오시므로 선행을 하나님을 위한 우리의 일로 보는 대신, 이제는 하나님이 우리를 통해 행하시는 이웃을 위한 하나님의 일로 보아야 한다는 것이다. 그러므로 우리가 선행을 마치 하나님이 필요로 하시는 것처럼 보여 주려고 할 때 두 가지 질서가 모두 뒤바뀐다. 이와는 대조적으로 하나님의 은혜로운 선물의 풍요로움에 압도될 때 우리는 이웃에 대한 사랑과 섬김의 수평적 행위로 감사를 표현한다.[27]

이런 소명관은 사회생활에 많은 영향을 미쳤다. "『그리스도인의 자유에 관한 논고』(Treatise on Christian Liberty)에서 주요 사상은 그리스도인은 믿음으로 그리스도 안에서, 사랑으로 이웃 안에서 산다는 것이다."[28]

> 이런 선물을 받아들이는 믿음 안에서 인간은 "그리스도가 자신의 사역으로 다스리는 별들로 가득한 하늘"뿐만 아니라 "우리가 우리의 모든 것을 가지고 있는 집인 나무와 풀들로 가득한 곳"인 땅도 깨끗하다는 것을 발

24　Gustav Wingren, *Luther on Vocation*, trans. Carl C. Rasmussen (Philadelphia: Muhlenberg Press, 1957; repr., Evansville, IN: Ballast Press, 1994), 2.
25　Ibid., 10.
26　Ibid., 13, 31.
27　Ibid., 36.
28　Ibid., 42.

견한다. 지상에서 이웃보다 더 기쁘고 사랑스러운 것은 없다. 사랑은 일을 하려고 생각하지 않고 사람들에게서 기쁨을 찾으며, 다른 사람을 위해 선한 일을 할 때, 그것은 행위로서 사랑이 아니라 사랑에서 자연스럽게 흘러나오는 선물로 보일 뿐이다.[29]

따라서 은혜의 제도는 창조의 제도와 충돌하는 것이 아니라 그것을 성취한다. 루터는 사랑하라는 계명은 "자연법"(lex naturae)이라고 주장한다.[30] 그러나 피조물의 양심에 기록된 그 법은 성령에 의해 살아 있는 문자로 새 창조에 휩쓸린 사람들의 마음에 새겨진다.

율법 아래서는 아담 안에서 죄와 죽음, 원망과 절망, 자기 의와 자기 정죄의 순환에 갇히게 된다. 그러나 은혜 아래에서는 그리스도 안에서 우리는 율법과는 별개로 의롭게 될 뿐만 아니라 언약으로 지음 받은 피조물로서 우리 존재의 가장 깊은 곳에서 부르짖는 사랑의 법에 처음으로 응답할 수 있게 된다. 모든 차이를 만드는 것은 변화는 율법 자체가 아니라 우리와 율법과의 관계이다.

부활의 이편에 새날이 밝았으며, 그러므로 율법은 더 이상 죄를 자극하고 심판을 초래하는 끔찍한 유령을 띠지 않는다. 요한일서 2:7-14에서 읽은 것처럼, 율법과 이런 새로운 관계는 우리가 그리스도 안에 있고 그리스도께서 우리 안에 계신다는 측면에서 종말론적으로 정의된다.

사랑의 율법은 "새 계명이 아니다"라고 읽는다. 그러나 다른 의미에서 율법은 다음과 같다.

---

[29] Ibid., 43.
[30] Ibid., 44.

사랑하는 자들아 내가 새 계명을 너희에게 쓰는 것이 아니라 너희가 처음부터 가진 옛 계명이니 이 옛 계명은 너희가 들은바 말씀이거니와 다시 내가 너희에게 새 계명을 쓰노니 **그에게와 너희에게도** 참된 것이라 이는 **어둠이 지나가고 참빛이 벌써 비침이니라** 빛 가운데 있다 하면서 그 형제를 미워하는 자는 지금까지 어둠에 있는 자요 그의 형제를 사랑하는 자는 빛 가운데 거하여 자기 속에 거리낌이 없으나 그의 형제를 미워하는 자는 어둠에 있고 또 어둠에 행하며 갈 곳을 알지 못하나니 이는 그 어둠이 그의 눈을 멀게 하였음이라 자녀들아 내가 너희에게 쓰는 것은 너희 죄가 그의 이름으로 말미암아 **사함을 받았음이요** 아비들아 내가 너희에게 쓰는 것은 너희가 **태초부터 계신 이를 알았음이요** 청년들아 내가 너희에게 쓰는 것은 **너희가 악한 자를 이기었음이라** 아이들아 내가 너희에게 쓴 것은 너희가 아버지를 알았음이요 아비들아 내가 너희에게 쓴 것은 너희가 태초부터 계신 이를 알았음이요 청년들아 내가 너희에게 쓴 것은 너희가 강하고 **하나님의 말씀이 너희 안에 거하시며** 너희가 흉악한 자를 이기었음이라 (요일 2:7-14, 강조 추가).

복음이 우리 자신 밖의 평화와 화해 속에서 우리를 만나는 신적 낯선 존재에게로 우리를 인도하는 것처럼, 복음은 더 이상 자기 정죄나 자기 의에 집착하지 않는 외향적 경건을 위해 우리를 자유롭게 해 준다. 그것은 우리가 주입된 습관의 내적 과정과 우리 자신의 도덕적 진보에 집중하는 것이 아니라 우리 주변의 낯선 동료들에게 관심을 돌릴 수 있게 해 준다.

내가 추천하는 법정적 존재론은 우리의 시선을 믿음 안에서 하나님께로, 사랑 안에서 이웃에게로 돌리는 외향적 존재론이다.

이 사라져 가는 시대의 경륜에서 자유는 자기 소유와 자기 결정, 외부의 제약에서 벗어나 스스로 선택할 수 있는 능력을 의미한다. 이와는 대조적으로 복음은 이런 자율적 자유를 "스스로 구부러진" 인류의 본디 속박으로 드러낸다. "그러나 복음적 자유라는 이 이상한 선물은 무엇인가"라고 존 웹스터(John Webster)는 묻는다.

자유는 거짓, 즉 자유는 형성되지 않고 제약받지 않는 자아실현이라는 거짓에서 거듭날 때만 알 수 있고 행사할 수 있으므로 이상한 선물이다. 복음은 복음이 말하는 인간 상황의 즐거운 반전과 재구성에 근거하기 때문에 복음적이다. 우리는 그것을 이렇게 정의할 수 있다. 복음주의적 자유 안에서 나는 하나님의 은혜와 하나님의 부르심에 너무 묶여 있어서 다른 모든 속박에서 해방되어 진리 안에서 자유롭게 살 수 있게 된다.

"그리스도 예수 안에 있는 생명 성령의 법이 죄와 사망의 법에서 너를 해방하였음이라"(롬 8.2).[31]

그러나 본회퍼(Bonhoeffer)가 "종교개혁 없는 개신교"라고 묘사한 북미의 맥락에서 이런 통찰은 기껏해야 묵살되는 경우가 많다. 본회퍼는 말씀에 의한 비판에서 나오는 근본적 죄의식이 없다면 철저한 은혜와 철저한 용서는 상상할 수 없다고 말했다. 그러나 이것은 바로 미국 기독교가 한 번도 경험해 본 적이 없는 일이다.

"이 때문에 신학적으로 그리스도의 인격과 사역은 뒷전으로 밀려나고 결국에는 오해를 받는 채로 남게 된다. 왜냐하면, 그것이 근본적 심판과 근본적 용서의 유일한 근거로 인식되지 않기 때문이다."[32]

루터교 윤리학자 폴 레만(Paul Lehmann)을 해석하면서 필립 지글러(Philip G. Ziegler)는 다음과 같이 덧붙인다.

---

[31] John Webster, *Holiness* (Grand Rapids: Eerdmans, 2003), 92–93.
[32] Philip G. Ziegler, "Justification and Justice," in *Justification: What's at Stake in the Current Debates*, ed. Mark Husbands and Daniel J. Treier (Downers Grove, IL: InterVarsity Press, 2004), 119, citing "Protestantism without the Reformation," in Bonhoeffer, *No Rusty Swords: Letters, Lectures and Notes, 1928–1936*, ed. Edwin H. Robertson, trans. Edwin H. Robertson and John Bowden (London: Collins, 1965), 92–118.

칭의 윤리는 '행동하시는 하나님의 활동을 진지하게 받아들이는' 윤리가 될 것이다. 왜냐하면, 칭의의 도래는 윤리 문제가 확고히 자리 잡아야 할 현실, 즉 도덕적 영역을 확립하기 때문이다. 이 지점에서 칼빈을 따르는 레만은 칭의란 "창조와 구속 사이의 순례자로서 세상에서 우리의 진정한 위치"를 "세상에서 [인간의] 지식과 행동의 궤도 안에 놓이게 하는 하나님의 행위"라고 말한다. 따라서 예수 그리스도 안에서 인간 피조물에 대한 하나님의 은혜로운 행동의 "당황스러운 결과"에 비추어 선과 권리에 대한 질문을 제기하는 것이 기독교 윤리의 과제이다.[33]

이와 관련하여 믿음에서 흘러나오는 회개는 덕에 대한 걱정을 순종에 대한 소망으로, 의무의 제약을 소명의 선물로 변화시킨다.[34]

하나님의 일방적인 선물은 최초의 창조 때보다 더 많은 인간 사이의 교류를 일으켰다. 하나님은 생명과 호흡, 그 밖의 모든 것을 주시는 분이시므로 우리의 섬김이 필요하지 않다(행 17:25). 신자들과 교회의 목표는 그리스도의 사역을 완성하려는 것이 아니라 단순히 "아멘"을 부르는 것이다. 자연과 역사를 초월하려는 대신 은혜는 피조물을 구속하고 회복시킨다. 우리는 더 신적인 존재가 아니라 더 진정한 인간으로 만들어진다.

관중석에서 "구름 같이 둘러싼 허다한 증인들"의 응원을 받으며 우리는 다음과 같이 해야 한다.

> 믿음의 주요 또 온전하게 하시는 이인 예수를 바라보자 그는 그 앞에 있는 기쁨을 위하여 십자가를 참으사 부끄러움을 개의치 아니하시더니 하나님 보좌 우편에 앉으셨느니라(히 12:1-2).

---

33 Ibid., 129.
34 Ibid., 참고. Gene Edward Veith, *God at Work* (Wheaton, IL: Crossway Books, 2002).

우리는 시내산이 아니라 시온산에서 만민이 모인 가운데 축제와 함께 예배하기 때문에 두려움 없이 지성소에 들어간다(18-27절). 우리는 왕국을 건설하거나 이 세상의 왕국을 그리스도의 나라로 변화시키도록 부름받은 것이 아니며, 이것이 바로 우리가 마침내 하나님을 온전히 신뢰하고 이웃을 사랑하고 섬기도록 해방된 이유이다.

> 그러므로 우리가 흔들리지 않는 나라를 받았은즉 은혜를 받자 이로 말미암아 경건함과 두려움으로 하나님을 기쁘시게 섬길지니 우리 하나님은 소멸하는 불이심이라 (히 12:28-29).

일방적 순간일 뿐만 아니라 계속 주어지는 선물인 순수한 은혜의 이런 법정적 말씀은 우리를 죽음으로 향하는 부족함의 영역에서 부활 생명의 풍성한 영역으로 옮겨 준다. 이것이 바로 영원한 안식일에 우리를 기다리는 잔치를 기대하며 우리가 그리스도의 몸 안에서 이미 맛본 샬롬, 풍성한 맛있는 음식이다.

성찬 전례의 말씀에 따르면, "그리스도는 죽으셨다. 그리스도는 부활하셨다. 그리스도께서 다시 오실 것이다. 그러므로 우리는 잔치를 지키자!"

이 프로젝트를 마무리하면서, 나는 우리가 감히 하나님에 대해, 그리스도 안에서 세상을 화해시키신 하나님과 교회, 그리고 새로운 창조에 대해 말할 수 있는 이유는 하나님이 그것을 세상에 선포하시고 우리를 그분의 증인으로 삼으셨기 때문이라고 제안한다.

우리의 입술이 더듬거리는 것은 자신 있게 말할 수 있는 것이 너무 적어서가 아니라 너무 많기 때문이다. 우리는 허공이 아니라 하나님의 위엄 앞에서 멈춘다. 우리가 말을 더듬는다면, 그것은 가상계(noumenal)를 사유할 수 없다는 논지를 받아들였기 때문도 아니고, 하나님의 실재를 말할 수 없기 때문도 아니며, 초월에 대한 모든 주장이 폭력 행위이기 때문도 아니다. 결국, 우리는 말씀이 육신이 되어 우리 가운데 장막을 치셨다는 보고를 듣고 받아들였다. 오히려 우리는 보고 들은 것 때문에 말을 더듬는 것이다.

한스 우르스 폰 발타자르(Hans Urs von Balthasar)는 다음과 같이 썼다.

> 모든 개념과 단어의 화살이 표적을 찾기 전에 땅에 떨어지기 때문에 '침묵'이 부정적 철학 신학의 끝에 서 있다면, 다른 침묵이 기독교 신학의 끝에 서 있다. 그것은 주어진 선물의 엄청난 양 때문에 마찬가지로 멍해지는 경배의 침묵이다.[35]

T. S. 엘리엇의 『네 개의 사중주』(*Four Quartets*)에서 표현한 말을 인용한다.

> 우리는 탐험을 멈추지 않아야 한다. 그리고 우리의 모든 탐험의 끝은 우리가 처음 시작한 곳에 도착하여 그곳을 처음으로 아는 것이다.[36]

---

[35] Hans Urs von Balthasar, *Theologik*, vol. 2 (Einsiedeln: Johannes-Verlag, 1985), 98.
[36] T. S. Eliot, *The Four Quartets* (1944; London: Faber, 2000), "Little Gidding," V.